Bismarck –
Preußen, Deutschland
und Europa

DEUTSCHES
HISTORISCHES
MUSEUM

BISMARCK – PREUSSEN, DEUTSCHLAND UND EUROPA

Nicolai

Eine Ausstellung des
Deutschen Historischen Museums
im Martin-Gropius-Bau, Berlin,
26. August – 25. November 1990

Die Ausstellung
steht unter der Schirmherrschaft
des Bundespräsidenten
Richard von Weizsäcker

3. Auflage, Oktober 1990

Lektorat
Gesine Asmus

Gestaltung
Eberhard Delius

Umschlagentwurf
Nicolaus Ott + Bernard Stein

Herstellung
Gesine Asmus, Eberhard Delius

Satz
Mega-Satz-Service

Lithographien
O.R.T. Kirchner + Graser GmbH

Druck
H. Heenemann GmbH & Co.

Bindearbeiten
Lüderitz & Bauer GmbH

Alle Berlin

Papier
BVS* matt, holzfrei, weiß, gestrichen
Bilderdruck, 115g/qm der
Papierfabrik Scheufelen, D-7318 Lenningen

ISBN 3-87584-317-7

GELEIT

Warum Bismarck? Vor 100 Jahren, am 20. März 1890, hat der junge Kaiser Wilhelm II. den Reichskanzler aus dem Amt entlassen, »der Lotse ging von Bord«. Ein hinreichender, freilich kein zwingender Grund für eine Ausstellung über Bismarck und seine Zeit. Daß sich das eben gegründete Museum im Herbst 1987 für »Bismarck« als Thema der ersten großen Schau entschloß, hat wenig mit der Beliebtheit von runden Jahreszahlen zu tun. Das eigentliche Motiv lag in der Ahnung, daß an der Schwelle der europäischen Einigung Bedarf genug sei für einen Moment des prüfenden Erinnerns: An die »Zeit der Trikoloren« und an die Rolle der Deutschen im Europa der Staaten und Nationen des 19. Jahrhunderts. Eine vergleichende, die europäische Perspektive ins Zentrum stellende Ausstellungsidee also. Sie hat ein überwältigendes, uns zu großer Dankbarkeit verpflichtendes Echo gefunden. 280 Institutionen bzw. Sammler im In- und Ausland haben sich zur Mitwirkung entschlossen, als Leihgeber wie als wissenschaftliche Berater. Dieser ansteckende Idealismus, zu dem auch der zähe Enthusiasmus des Ausstellungsteams gehört, hat die Ausstellung und ihr reiches Rahmenprogramm befördert.

Niemand konnte vor drei Jahren wissen, wie aktuell das Bismarck-Thema im Sommer 1990 sein würde. Wer nun Sorgen hat, Titel und Veranstaltung könnten in diesem Herbst mißverstanden werden, sollte den Weg durch die Ausstellung machen. Hier ist nichts harmonisiert von den Brüchen und Spannungen der Epoche. An die Errichtung eines neuen Bismarck-Denkmals hat niemand gedacht. »Aufklärung und Verständigung« über die gemeinsame Vergangenheit ist die Devise des Deutschen Historischen Museums. Viele Menschen haben im Vertrauen darauf dem Bismarck-Unternehmen geholfen. Wir hoffen, daß sie mit dem Ergebnis einverstanden sind.

Bundespräsident Richard von Weizsäcker hat die Schirmherrschaft über die Ausstellung übernommen. Für den ehrenvollen Akt sei von Herzen gedankt.

Berlin, Juli 1990 *Christoph Stölzl*

INHALT

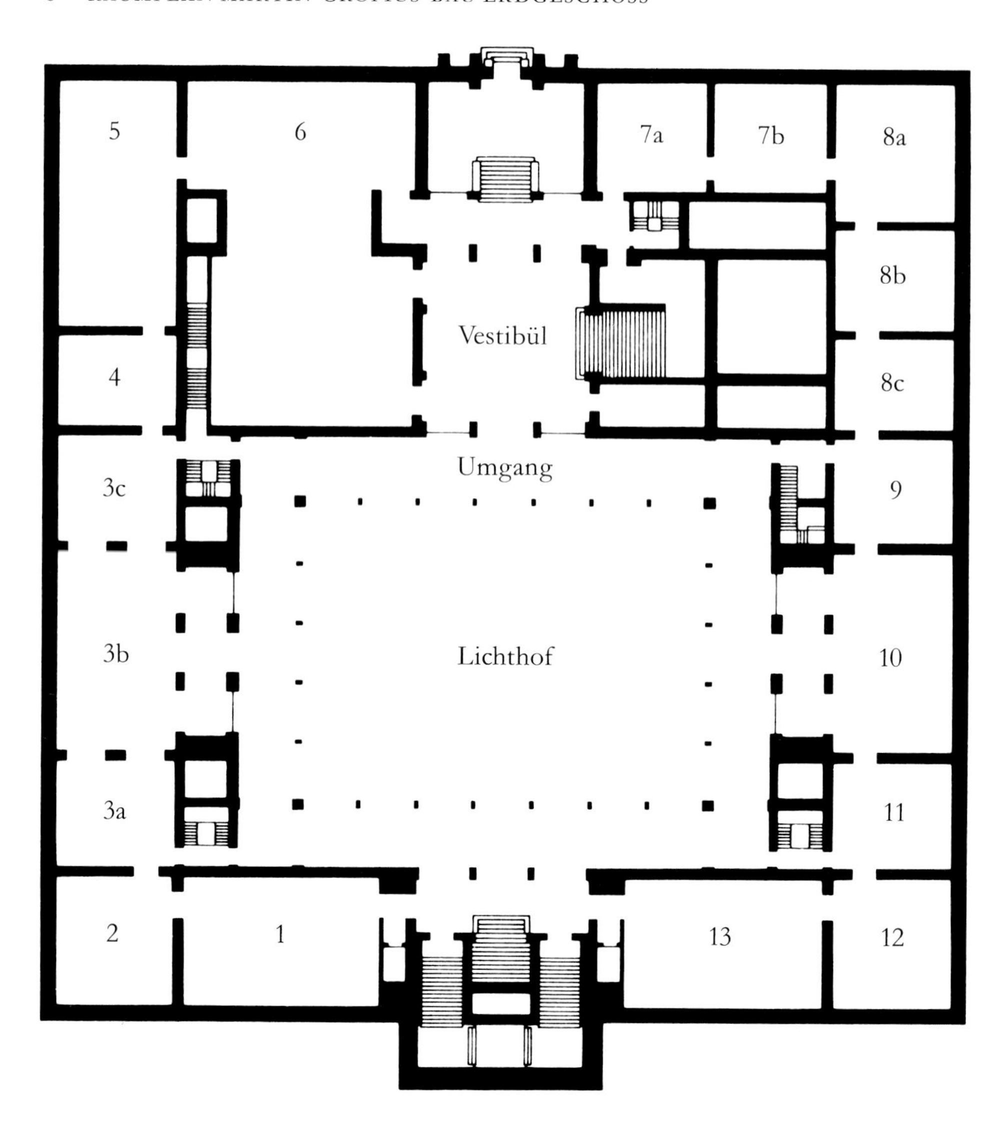

Lichthof Das Jahrhundert Europas
Umgang Der Deutschen Seelensuche
Vestibül Bismarck bei sich selbst
1 Zwischen zwei Welten
2 Vormärz
3a Die Revolution von 1848 – Die europäische Dimension
3b Die Revolution von 1848 – Um Einheit und Freiheit
3c Die Revolution von 1848 – Nationalitätenkonflikt
4 Der Diplomat
5 Vom Europa der Staaten zum Europa der Nationen
6 »Eisen und Blut« – Der deutsche Weg zum Nationalstaat
7a Weichenstellungen in die Moderne – Die großpreußische Staatsbildung
7b Weichenstellungen in die Moderne – Weltausstellung Paris 1867
8a Reichsgründung im Krieg – Sedan
8b Reichsgründung im Krieg – Paris
8c Reichsgründung im Krieg – Versailles
9 Das Reich in Europa
10 Innenansichten – »Gründer« und »Reichsfeinde«
11 »Social-Politik«
12 »Zu neuen Ufern« – Koloniale Erwerbungen
13 Mythos zu Lebzeiten – Bismarck als nationale Kultfigur

PLANUNG UND DURCHFÜHRUNG DER AUSSTELLUNG

WISSENSCHAFTLICHE AUSSTELLUNGSLEITUNG
Prof. Dr. Lothar Gall

PROJEKTLEITUNG
Dr. Marie-Louise Gräfin von Plessen

AUSSTELLUNGSGESTALTUNG
Prof. Mag. arch. Boris Podrecca

RAUMAUTOREN
Heidemarie Anderlik
Burkhard Asmuss
Dr. Leonore Koschnick
Dr. Marie-Louise Gräfin von Plessen
Dr. Martin Roth
Dr. Agnete von Specht
Hartwin Spenkuch

MITARBEIT IM ATELIER PODRECCA
Dipl.-Ing. Gerhard Luckner
Dipl.-Ing. Claus Radler
Dipl.-Ing. Ursina Brunner
Dipl.-Ing. Walter Chramosta
Dipl.-Ing. Anne Kaun

MITARBEIT BEI OBJEKTRECHERCHEN
Maria Berger
PD Dr. Heinrich Dormeier
Katharina von Hagen
Ami Hürlimann
Barbara Lang
Giovanna Minelli
Sabine Vogel

EDV
Burkhard Asmuss
Manfred Rebentisch (Programm)
Dr. Michael Bollé (Datenverwaltung)

VIDEOFILME
Heidemarie Anderlik
Ronald Münch
Hartwin Spenkuch
Dr. Jürgen Haese (Regie)
Multimedia, Hamburg (Produktion)

KARIKATURENPROGRAMM
PD Dr. Heinrich Dormeier
Dr. Susanne Leiste

KATALOGREDAKTION
Dr. Leonore Koschnick
Dr. Felix Hartmann (zeitweilige Mitarbeit)

BILDREDAKTION
Dr. Agnete von Specht

PHOTOGRAPHIE
Arne Psille

ZEITTAFEL
Ronald Münch

KARTOGRAPHIE
Karsten Bremer

PLAKATGESTALTUNG
Nicolaus Ott + Bernard Stein

LEIHVERKEHR
Ilona Haefferer
Christel Krause-Kapitzki
Dipl.-Ing. Gisela Märtz
Kurt Winkler

SEKRETARIAT
Gerda May
Elisabeth Steinhauser-Gleinser

AUSSTELLUNGSPRODUKTION
Dipl.-Ing. Christian Axt
Werner Schulte
Eva Simhart
Dipl.-Ing. Gerd-Walter Miske (Statik)
Dipl.-Ing. Hubert Glatthaar (Prüfstatik)
Michael Flegel (Lichttechnik)
Ulrike Damm (Graphik)

PASSEPARTOUTS UND RAHMUNG
Stefan Böhmer
Aune Tietz

KONSERVATORISCHE BETREUUNG
Dipl.-Rest. Ursula Fuhrer
Friederike Beseler
Josefine Brand
Christine Göppinger
Sharon Jodjaja
Barbara Korbel
Werner Müller
Rüdiger Tertel

TRANSPORTE
Internationale Kunstspedition Hasenkamp, Berlin und Köln

VERSICHERUNG
Voss & Schild, Berlin

Öffentlichkeitsarbeit
Verena Tafel
Rosemarie Seidel
Rita Brebaum
Monika Schmitt
Gabriele Kronenberg (Realisation)

Koordination des Führungsprogramms
Ronald Münch

Koordination des Rahmenprogramms
Dipl.-Ing. Christian Axt
Christel Krause-Kapitzki
Dr. Martin Roth
Rosemarie Seidel

Calap
Die Computer für das Spiel- und Lernprogramm (Computer-Aided-Learning-And-Playing) stellte freundlicherweise die Firma BT-Elektronic zur Verfügung.

Besonderer Dank gilt
Dr. Alfons Arenhövel, Berlin
Dr. Christian Beaufort-Spontin, Wien
Gottfried Graf von Bismarck, Friedrichsruh
François Ewald, Paris
Jean-François Fossier, Paris
Dr. Hans-Walter Hedinger, Hamburg
Waldemar Karolczak, Posen
Prof. Dr. Karl Ernst Laage, Husum
Piotr Michałowski, Posen
Prof. Dr. Stanisław Mossakowski, Warschau
Dr. Günter Natter, Wien
Major Klaus Paprotka, Rastatt
Dr. Liselotte Popelka, Wien
Dr. Hans Schenk, Frankfurt a. M.
Gerd Stolz, Kiel
Prof. Dr. Lech Trzeciakowski, Posen

RAHMENPROGRAMM veranstaltet vom DHM

Europa der Staaten –
Europa der Nationen
Eine Vortragsreihe mit namhaften europäischen Historikern im Otto-Braun-Saal der Staatsbibliothek

Reichsadler und Pleitegeier
Literarische Innenansichten aus der Bismarck-Zeit. Schauspielerlesungen im Schliemann-Saal der Berlinischen Galerie im Martin-Gropius-Bau, zusammengestellt von Dr. Ekhard Haack

Kraftakte und Liebesdienste
Aspekte der Musik in der Bismarck-Ära
Musikalisches Programm im Schliemann-Saal der Berlinischen Galerie im Martin-Gropius-Bau, zusammengestellt von Frieder Reininghaus in Zusammenarbeit mit der Berliner Festspiele GmbH, dem Sender Freies Berlin und dem Rias Berlin

Bismarck in der Karikatur
Ein Filmprogramm im Martin-Gropius-Bau entstanden in Zusammenarbeit mit Multimedia, Hamburg

Von 1814 bis 1914 –
Ein Jahrhundert im Film
Eine Filmreihe im Kino-Saal des Martin-Gropius-Baus
Konzeption und Realisation: Freunde der Deutschen Kinemathek Berlin

Bismarcks Berlin
Architekturphotographien der Gründerjahre
Eine Ausstellung im ersten Obergeschoß des Martin-Gropius-Baus (Umgang), veranstaltet von der Photographischen Sammlung der Berlinischen Galerie

(Zu diesen Veranstaltungen erscheint ein Faltblatt mit ausführlichem Programm)

VERZEICHNIS DER LEIHGEBER

AARHUS
Aarhus Art Museum

ALDERSHOT
The Royal Army Medical Corps, Historical Museum

ALTENBEKEN
Gemeinde Altenbeken

ALTENBURG
Staatliches Lindenau-Museum

AROLSEN
Fürstliche Sammlungen Arolsen

AUGSBURG
Friedrich von Hessing-Stiftung

BAD HOMBURG
Verwaltung der Staatlichen Schlösser und Gärten Hessen

BAD HONNEF A. RH.
Nachlaß Kreis

BAD KISSINGEN
Staatliche Kurverwaltung Bad Kissingen
Stadtarchiv

BERLIN (DDR)
Deutsche Staatsbibliothek Berlin
Märkisches Museum
Museum für Deutsche Geschichte
Staatliche Museen zu Berlin, Nationalgalerie

BERLIN
Akademie der Künste
Amerika Gedenkbibliothek
Archiv für Kunst und Geschichte
Berlin Museum
Berlinische Galerie
Bezirksamt Zehlendorf
Bildarchiv PK
Bundesversicherungsamt
Erbengemeinschaft Gallus
Ev. Gymnasium zum Grauen Kloster
Freie Universität Berlin
  Fachbereich Geschichtswissenschaften
  Fachbereich Wirtschaftswissenschaften
  Universitätsbibliothek
Galerie Alte Technik GmbH
Geheimes Staatsarchiv PK
Landesarchiv Berlin
SKH Dr. Louis Ferdinand Prinz von Preußen
Detlef Lorenz
Museum für Verkehr und Technik
Oberfinanzdirektion Berlin
Postmuseum
Dietrich Schneider
Senatsbibliothek
Staatliche Museen Preußischer Kulturbesitz
  Gipsformerei
  Kunstbibliothek
  Kunstgewerbemuseum
  Museum für Deutsche Volkskunde
  Nationalgalerie
Staatsbibliothek PK
  Handschriftenabteilung
  Kartenabteilung
Technische Universität Berlin
  UB, Abt. Gartenbaubücherei
Verw. der Staatlichen Schlösser und Gärten

BERN
Burgerbibliothek
Schweizerische Landesbibliothek Bern
Stadt- und Universitätsbibliothek Bern

BONN
Friedrich-Ebert-Stiftung
Johann Heinrich Müller-Godeffroy
Politisches Archiv des Auswärtigen Amts
Deutscher Bundestag
Helmut Schmidt

BORDEAUX
Musée des Beaux-Arts

BRAKE
Schiffahrtsmuseum der oldenburgischen Weserhäfen

BRAUNSCHWEIG
Braunschweigisches Landesmuseum

BREMEN
Bremer Landesmuseum für Kunst- und Kulturgeschichte (Focke Museum)
Dr. Lothar Machtan
Staatsarchiv Bremen
Übersee-Museum

BUDAPEST
Nationalbibliothek Széchényi
Magyar Nemzeti Galéria
Magyar Nemzeti Múzeum

BUTZBACH
Museum der Stadt Butzbach

BÜCKEBURG
Philipp-Ernst Fürst zu Schaumburg-Lippe

By
Musée de l'Atelier de Rosa Bonheur

Coburg
Herzogliche Hauptverwaltung
Kunstsammlungen der Veste Coburg
Staatsarchiv Coburg
Stadtarchiv Coburg

Darmstadt
Hessisches Landesmuseum Darmstadt
Schloßmuseum Darmstadt e.V.

Dessau-Mosigkau
Staatliches Museum Schloß Mosigkau

Detmold
Dr. Armin Prinz zur Lippe

Dortmund
Archiv der Hoesch AG
Bundesanstalt für Arbeitsschutz
Museum für Kunst und Kulturgeschichte

Dresden
Stadtmuseum Dresden

Duisburg
Haniel-Archiv

Düren
Leopold-Hoesch-Museum der Stadt Düren

Düsseldorf
Galerie G. Paffrath
Kunstmuseum Düsseldorf
Zentralbibliothek der Bundeswehr

Eckernförde
Heimatmuseum Eckernförde

Erlangen
Stadtarchiv Erlangen

Essen
Friedrich Krupp GmbH
Museum Folkwang Essen
Universitätsbibliothek Essen

Flensburg
Marineschule Mürwik, WAGZ
Städtisches Museum Flensburg

Florenz
Comune di Firenze
Galleria d'Arte Moderna di Palazzo Pitti

Frankfurt a. M.
Archiv und Bücherei der Deutschen Burschenschaft
Bundesarchiv, Außenstelle Frankfurt
Deutsche Bank AG, Historisches Archiv
Deutsches Postmuseum
Historisches Museum Frankfurt
Hoechst AG, Firmenarchiv
Städtische Galerie, Liebieghaus
Stadtarchiv Frankfurt a. M.

Friedrichsruh
Bismarck-Museum
Forstverwaltung Saupark
Fürst Ferdinand von Bismarck
Fürstin Ann Mari von Bismarck
Fürstlich von Bismarck'sche Brennerei
Fürstlich von Bismarck'sches Archiv (Bismarck-Archiv)

Fünfbronn-Spalt
Prinz Ernst August zur Lippe

Genf
Collection Musée International de la Croix-Rouge
République et Canton de Genève

Genua
Comune di Genova

Glücksburg
Prinz Friedrich-Ferdinand zu Schleswig-Holstein †

Goslar
Stadt Goslar, Goslarer Museum

Göttingen
Corps Hannovera
Städtisches Museum
Niedersächsische Staats- und Universitätsbibliothek Göttingen
Universitätsarchiv Göttingen

Graz
Landesmuseum Joanneum

Greiz
Kreisheimatmuseum

Hamburg
Altonaer Museum in Hamburg, Norddeutsches Landesmuseum
Commerzbibliothek der Handelskammer Hamburg
Freie und Hansestadt Hamburg, Kulturbehörde
Hamburger Kunsthalle
Museum für Hamburgische Geschichte
Dr. Hans-Walter Hedinger
Museum für Kunst und Gewerbe
Postmuseum am Stephansplatz
Senat der Freien und Hansestadt Hamburg
Siegfried Sterzing
Staatsarchiv

Hannover
Historisches Museum am Hohen Ufer
Niedersächsisches Landesmuseum, Landesgalerie
Niedersächsische Landesbibliothek

Heinsberg
Kreisheimatmuseum

Hillerød
Det Nationalhistoriske Museum på Frederiksborg

Ingolstadt
Bayerisches Armeemuseum
Deutsches Medizinhistorisches Museum

JÖNKÖPING
Jönköpings läns museum

KASSEL
Brüder Grimm-Museum Kassel
Staatliche Kunstsammlungen Kassel
Stadtarchiv Kassel
Stadtmuseum Kassel

KIEL
Kunsthalle zu Kiel
Schleswig-Holsteinische Landesbibliothek
Stiftung Pommern
Gerd Stolz
Universität Kiel, Theaterwissenschaftl. Slg. im Institut für Literaturwissenschaft

KOPENHAGEN
Det Kongelige Bibliotek
Folketingets Bureau
Ny Carlsberg Glyptotek
Statens Museum for Kunst

KÖLN
Agfa Foto-Historama
Kölnisches Stadtmuseum
Universitäts- und Stadtbibliothek
Zollmuseum beim Zollkriminalinstitut

KRONACH
Frankenwaldmuseum Festung Rosenberg

KUSEL
Stadt- und Heimatmuseum

LADENBURG
Lobdengau Museum

LE MÉE-SUR-SEINE
Musée Henri Chapu

LEIPZIG
Museum für Geschichte der Stadt Leipzig

LIPPSTADT
Sophie Freifrau von Ketteler

LONDON
National Army Museum
National Portrait Gallery
Royal Academy of Arts
The National Trust
The Trustees of the Imperial War Museum

LUDWIGSBURG
Staatsarchiv Ludwigsburg

LUXEMBURG
Musée National d'Histoire et d'Art

LÜBECK
Bibliothek der Hansestadt Lübeck
Der Senat der Hansestadt Lübeck

MAILAND
Civiche raccolte storiche Milano
Pinacoteca di Brera

MAINZ
Christian Adalbert Kupferberg & Cie.
Jenaische Burschenschaft Arminia a. d. Burgkeller
Landesmuseum Mainz

MANNHEIM
Landesmuseum für Technik und Arbeit
Städtische Kunsthalle Mannheim

MARBURG
Marburger Universitätsmuseum für Kunst und Kulturgeschichte

MELDORF
Dithmarscher Landesmuseum

MILWAUKEE/WISCONSIN
Milwaukee Art Museum

MONTAUBAN
Musée Ingres

MÜNCHEN
Bayerische Staatsgemäldesammlungen, Neue Pinakothek
Bayerische Verwaltung der staatlichen Schlösser, Gärten und Seen
Bayerisches Nationalmuseum
Deutsches Museum München
Siegfried Kuhnke
Münchner Stadtmuseum
Städtische Galerie im Lenbachhaus
Stiftung Maximilianeum

MÜNSTER
Westfälisches Landesmuseum für Kunst und Kulturgeschichte

NEUSTADT/HOLSTEIN
Kreismuseum

NEUSTADT/WEINSTRASSE
Städtisches Heimatmuseum

NEW YORK
Leopold Bill von Bredow

NÜRNBERG
Germanisches Nationalmuseum
Verkehrsmuseum Nürnberg

OBERKOCHEN
Optisches Museum Oberkochen des Unternehmens Carl Zeiss

OFFENBACH A. M.
Deutsches Ledermuseum/Deutsches Schuhmuseum

OLDENBURG
Landesmuseum Oldenburg

OSLO
Nasjonalgalleriet

PADERBORN
Erzbischöfliches Generalvikariat

PARIS
Archives Nationales
Bibliothèque historique de la Ville de Paris
Bibliothèque Nationale

Musée Carnavalet
Musée de la Poste
Musée de l'Armée
Musée du Petit Palais
Musée d'Orsay
Musée National des Techniques

PAUILLAC
Château Lafite Rothschild

PLOMBIÈRES-LES-BAINS
Musée de Plombières-les-Bains

POSEN
Archiwum Panstwowe w Poznaniu
Erzbischöfliches Palais
Muzeum Narodowe

POTSDAM
Zentrales Staatsarchiv

RASTATT
Erinnerungsstätte für die Freiheitsbewegungen in der deutschen Geschichte
Heimatmuseum der Stadt
Wehrgeschichtliches Museum Rastatt

REGENSBURG
Fürst Thurn und Taxis Zentralarchiv
Museum Ostdeutsche Galerie Regensburg

RONNEBURG
Joachim von Gerlach

RUDOLSTADT
Staatliche Museen Heidecksburg

SAINT DIÉ
Musée Municipal de Saint-Dié-des-Vosges

SALTØ
Anita Gräfin Scheel-Plessen

SALZBURG
Residenzgalerie

SCHLESWIG
Idstedt-Stiftung
Schleswig-Holsteinisches Landesmuseum

SCHWÄBISCH HALL
Hällisch-Fränkisches Museum

SCHWEINFURT
Sammlung Georg Schäfer

SIEGBURG
Finanzgeschichtliche Sammlung der Bundesfinanzakademie

SOLINGEN
Bergisches Museum Schloß Burg an der Wupper

SØNDERBORG
Museet på Sønderborg Slot

SONDERSHAUSEN
Staatliche Museen Sondershausen

STRASSBURG
Bibliothèque Nationale et Universitaire
Cabinet des Estampes et des Dessins des Musées de la Ville de Strasbourg
Service Départemental de l'Architecture du Bas-Rhin

STUTTGART
Linden-Museum Stuttgart
Staatsgalerie Stuttgart
Verlag Müller und Schindler
Joost Freiherr von Wrangel

THORN
Muzeum Okregowe

TRIER
Stadtbibliothek Trier
Städtisches Museum Simeonstift

TURIN
Museo Nazionale del Risorgimento Italiano

TÜBINGEN
Universitätsbibliothek Tübingen

ULM
Ulmer Museum

VERSAILLES
Musée National du Château de Versailles

WARSCHAU
Muzeum Narodowe

WEIMAR
Kunstsammlungen zu Weimar

WIEN
Bundeskanzleramt
Heeresgeschichtliches Museum Wien
Museen der Stadt Wien, Historisches Museum
Österreichische Galerie
Österreichisches Staatsarchiv
Haus-, Hof- und Staatsarchiv
Kriegsarchiv
UB der Technischen Universität Wien

WILHELMSHAVEN
Küsten-Museum der Stadt Wilhelmshaven

WOLFENBÜTTEL
Niedersächsisches Staatsarchiv in Wolfenbüttel

WORMS
Museum Kunsthaus Heylshof

WÜRZBURG
Institut für Hochschulkunde

ZÜRICH
Schweizerisches Landesmuseum
Schweizerisches Sozialarchiv
Staatsarchiv des Kantons Zürich
Zentralbibliothek Zürich

sowie zahlreiche Privatleihgeber aus dem In- und Ausland, die nicht genannt werden wollen.

ZUR AUSSTELLUNG

Die erste große Ausstellung des Deutschen Historischen Museums gilt einer zentralen Figur der neueren deutschen Geschichte. Sie gilt aber zugleich auch einem ganzen Zeitalter, einem Zeitalter des Umbruchs und der Neugestaltung in praktisch allen Lebensbereichen: dem 19. Jahrhundert und dem Übergang in die moderne Welt in Deutschland und in weiten Teilen Europas. Die Probleme, die dieser Übergang aufwarf, und die – meist wenig dauerhaften – Lösungen, die man zunächst für sie fand, sind in Deutschland, aber auch auf der europäischen Ebene in vielfältiger Weise mit der Person und dem Wirken Otto von Bismarcks verknüpft. Dem entspricht, daß beides, die Person und das Werk, schon unter den Zeitgenossen heftig umkämpft und umstritten war. Diese Kontroverse umfaßte und umfaßt stets weit mehr als den Streit um die Einschätzung einer Person, um individuelle Entscheidungen und Verhaltensweisen. Sie ist selber ein Spiegel und Ausdruck des Ringens der verschiedenen geschichtlichen Kräfte, ihrer Auseinandersetzung um den richtigen Weg in die Zukunft. So vermag eine Ausstellung, die die Gestalt Bismarcks in den Mittelpunkt stellt, zugleich einen anschaulichen Zugang zu jenen – wie die Vorgänge der letzten Monate gezeigt haben – vielfach bis heute höchst aktuellen zentralen Fragen und Problemen der deutschen und europäischen Geschichte und den Auseinandersetzungen um ihre Lösung zu eröffnen.

In diesem Sinne ist die Ausstellung geplant worden, lange bevor die Entwicklung in Osteuropa und in der DDR zu einer Situation geführt hat, die das Verständnis für die Antriebe und Schwierigkeiten einer deutschen Nationalstaatsbildung, mit der sich der Name Bismarcks in erster Linie verbunden hat und verbindet, in spezieller Weise geschärft hat. Aber wenn ihr auch die Zeit nun gewissermaßen entgegengekommen ist, so geht es ihr auch und gerade jetzt nicht um vordergründige Aktualisierung. Im Gegenteil. Nähe und Ferne der Gestalt und der Epoche sollen in der unmittelbaren Anschauung, bei der Betrachtung der Objekte und bildlichen Darstellungen, der prominenten und der alltäglichen Zeugnisse der Zeit gleich deutlich werden, das Fremde und Unvergleichbare ebenso aufscheinen wie das fortdauernd Vertraute und einer lebendigen Tradition Zugehörige. Neben dem bekannten steht überall das unbekannte 19. Jahrhundert, und dem Einmaligen, dem Spezifischen und Unwiederholbaren galt die gleiche Aufmerksamkeit wie dem Typischen und Übergreifend-Generellen. Wie jede Ausstellung ist auch diese eine Einladung zu einer Entdeckungsreise, ja diese ist es, gerade in der gegenwärtigen Situation, vielleicht in besonderem Maße:

Klug für ein andermal macht uns die Geschichte selten, aber gerade die Betrachtung ihrer Vielfalt, der Verbindung des Einmaligen mit dem Übergreifenden und Typischen vermag den Blick zu öffnen oder doch zu schärfen, für die Freiheit des Handelns in der Geschichte. Sie ist viel kleiner als historischer Heroenkult meint, dem diese Ausstellung als letztes dienen will, aber viel größer als das Reden von historischer Bestimmung, historischen Zwangsläufigkeiten oder gar historischen Gesetzen uns nahelegen will. Auch davon wird, wie wir hoffen, der Besucher der Ausstellung einen lebendigen Eindruck mitnehmen.

Die Ausstellung wird ergänzt durch ein umfangreiches Literatur-, Musik- und Filmprogramm, das in Zusammenarbeit mit den Berliner Festspielen, dem Sender Freies Berlin (SFB) und den Freunden der Deutschen Kinemathek Berlin entstanden ist. Diese anderen Töne, Bilder und Worte leuchten die komplexen Facetten und Widersprüche der Epoche mit ihren Mitteln aus und machen nachvollziehbar, was dem Medium Ausstellung nicht möglich ist. Eine Vortragsreihe mit namhaften ausländischen Historikern wird den Problemen der Bismarckschen Reichsgründung aus der jeweiligen nationalen Perspektive wie auch im Lichte der gegenwärtigen Veränderungen in Europa nachgehen.

Unser Dank gilt all denen, die der Ausstellung und dem Rahmenprogramm in zweieinhalbjähriger Vorbereitung konkrete Gestalt gaben, insbesondere auch den Mitarbeitern vieler internationaler Institutionen, deren Rat und Hilfe uns vor manchem Irrtum bewahrte und es ermöglichte, auch entferntestes Quellen- und Bildmaterial zu sichten, zu werten und als Exponat verfügbar zu machen. Er gilt der überaus großzügigen Leihbereitschaft zahlreicher privater und öffentlicher Leihgeber des In- und Auslandes und der DDR-Institutionen, die seit Ende 1989 das Vorhaben unterstützt haben. Und er gilt nicht zuletzt den Direktoren der Berlinischen Galerie und ihrer Photographischen Sammlung, deren kollegiale Mitwirkung die Bismarck-Ausstellung unter dem Dach des Martin-Gropius-Baus erweitert hat: durch die Bereitstellung des Schliemann-Saales für das musikalische und literarische Rahmenprogramm und die Photoausstellung auf der Lichthofgalerie.

Lothar Gall, Marie-Louise von Plessen

ZUR GESTALTUNG DER AUSSTELLUNG

Ausstellungen verhalten sich zu Architektur wie Kurzzeit zu Langzeit. Als »Museen auf Zeit« sind sie von beschränkter Dauer. Nicht die jeweils angewandten architektonischen Mittel überdauern, sondern die kurzlebige Betrachtung ihrer Inhalte. Da sie zwei- und dreidimensional Geschichte(n) erzählen, müssen sie vor allem lesbar sein. Fläche, Körper und Raum werden so zu bestimmenden Elementen der Gestaltung.

Eine historische Ausstellung hat im Gegensatz zu anderen gattungsspezifischen Ausstellungstypen unterschiedlichstes Material zu ordnen. Sie setzt aus verschiedensten Techniken, Maßen und Inhalten das Mosaikbild einer Epoche zusammen. Die hier zu bewältigenden Dimensionen reichen vom Kleinsten zum Größten, von Bismarcks Bleistift bis zu einem Kolossalgemälde mit den Bildmaßen von 454 × 750 cm. Je heterogener die Objekte, desto ruhiger sollte die Gestaltung wirken. Sie wird zur Technik des Hintergrundes, die sich den Dingen einwebt. Die Vielfältigkeit der auszustellenden Materialien führt damit zu einer Ökonomie der tatsächlichen Schritte, zu einem Parallel-Lesen der Bilder und Objekte, die sich im Verständnis zusammenfügen. Rhythmen und Pausen unterstreichen die Abgeschlossenheit der Themen, betonen zugleich aber auch ihre Übergänge.

Die Gestaltung der Bismarck-Ausstellung gründet auf dem Prinzip der Entschlackung, der Immaterialisierung der Ornamentsprache des 19. Jahrhunderts. Sie verzichtet bewußt auf die Schau-Stellung der Objekte. Sie bemüht sich vielmehr um ein Ordnungsprinzip, das ihre Aussage verdichtet und ihre Transparenz erhöht, indem die historische Überlieferung in ihrer Gestalt »vor Augen geführt« wird. Wo die ausgestellten Objekte aussagefähig sind, müssen ihre Botschaft, ihre Wirkung im Raum nicht durch das Mittel der Inszenierung aufbereitet werden.

Die Fülle des heterogenen Materials würde die Wandfläche der Themenräume im Martin-Gropius-Bau sprengen. Die Ausstellungsarchitektur muß also mehr Fläche schaffen. Das Gestaltungsmittel des Labyrinths als Verwirrung der Dinge stünde dem Prinzip der Ordnung entgegen. Dem Besucher soll aber eine anschauliche Überschaubarkeit geboten werden. Als Ordnungsmittel der zu bewältigenden Vielfalt dient das Prinzip des Paravents. Der Paravent – die mobile Wandverkleidung – hat den Vorteil, nicht nur Objekte zu gruppieren, sondern ihre Aussagefähigkeit gemäß den Kapiteln der Raumthemen zu gliedern. Das dynamische Erzählmoment des Paravents soll jedoch nicht zwanghaft und langweilig werden. Daher wird der Paravent unterbrochen. Der Wechsel zwischen Paravent und Wand vollzieht sich dort, wo der

Raum selbst aufgrund der Dramaturgie der Erzählung eine individuelle Gestaltung vorgibt. Zusätzliches Mittel der ordnenden Verdichtung ist die gewählte Farbigkeit, die zwischen monochromer und polychromer Sicht unterscheidet. Gerade das Ordnungsprinzip der Farbe wirkt dieser »unordentlichen Buntheit« des Gegenständlichen durch Polychromie entgegen.

Die Brüche – Wechsel der Paraventfelder, Wechsel der Farbigkeit im Raum – bestimmen die Rhythmen der Wahrnehmung. Sie wirken auf den Aufmerksamkeitspegel des Besuchers und machen ihn wach für ihre Inhalte. Vergrößerte Schriftzitatbilder von Bismarcks Hand verweisen auf die Segmente, die ihm biographisch gewidmet sind.

Die Mitte der Themenräume, der zentrale Lichthof, kann bei einer so großen Schau Synthese der »Ausstellung in der Ausstellung« sein und Leitmotive vereinen, die in den Räumen vertieft und wiederholt werden. Die leitmotivische Zusammenschau dient der Einstimmung und Einleitung. Die Kolossalformate der Historienmalerei des 19. Jahrhunderts fordern räumliche Durchlässigkeit, verlangen Abstand und Sichtbezüge. Durch Auflösung des lichten Raumes in Passagen und Durchgänge sind sie in Dialog zueinander gesetzt, während die Höhe durch eine Rampe erschlossen werden kann, die bis zur Galerie im Obergeschoß führt. Dieser Ebenenwechsel gewährt wie eine filmische Chronologie Ausblick, Anblick, Durchblick und Überblick als parallele Wahrnehmung verschiedener Bildinformationen. Die Rampe führt den Besucher der Ausstellung auf einem ritualisierten Weg zu einer neuen Technik der Anschauung ihrer Mittel. Sie macht den im letzten Raum entwickelten »Mythos« plastisch, den Bismarck als nationale Kultfigur zu Lebzeiten genoß. Sie leitet den Besucher durch die Stationen der ihm gesetzten Denkmale. Dieser Ebenenwechsel erleichtert die Lesbarkeit der Aussage, ohne ein anderes Ausstellungssystem zu erfordern. Zugleich aber neutralisiert er das Pathos, indem er es optisch durchbricht.

Die Außengestaltung am Nord- und Südeingang des Martin-Gropius-Baus dient nicht dem Signet einer Außenwerbung. Sie verweist auf die Inhalte, die die Ausstellung im historischen Zusammenhang aufbereitet. 39 Stahlseile spannen das Gebäude in einen Brennspiegel, der die Strahlen gleichsam bündelt. Sie versinnbildlichen die deutschen Einzelstaaten, die im Deutschen Bund zusammengefaßt und in den deutschen Weg zum Nationalstaat geführt wurden. Sie verbinden als physische, aber immaterielle Bedeutungsträger das Außengebäude mit den Themen der Innenräume, in dem sie den Lichthof durchdringen. Am Haupteingang richtet der Torso eines Bismarck-Denkmals von Reinhold Begas die Blickachse auf die Ausstellung aus. Als Fokus dieses Brennspiegels lenkt die Figur den Blick von außen auf die Durchleuchtung seiner Historizität nach innen. Die gerasterte Augenpartie an der Schwelle zum Eingang lädt in Verbindung mit dem Titel den Besucher zur Auseinandersetzung mit dem hochdramatischen Stoff im Martin-Gropius-Bau ein.

Boris Podrecca

Studie zum Gesamtkonzept

Elementierung der Ausstellung

Der Paravent
Der Bau
Der Weg

Homogene Elemente
1 Die Pilasterreihe
2 Der Raumkubus
3 Der Monolith
4 Der Rahmen
5 Der Freiraum
6 Die Säulenhalle
7 Der Tambour

Heterogene Elemente
Perspektivische Paravents, inhaltlich strukturiert

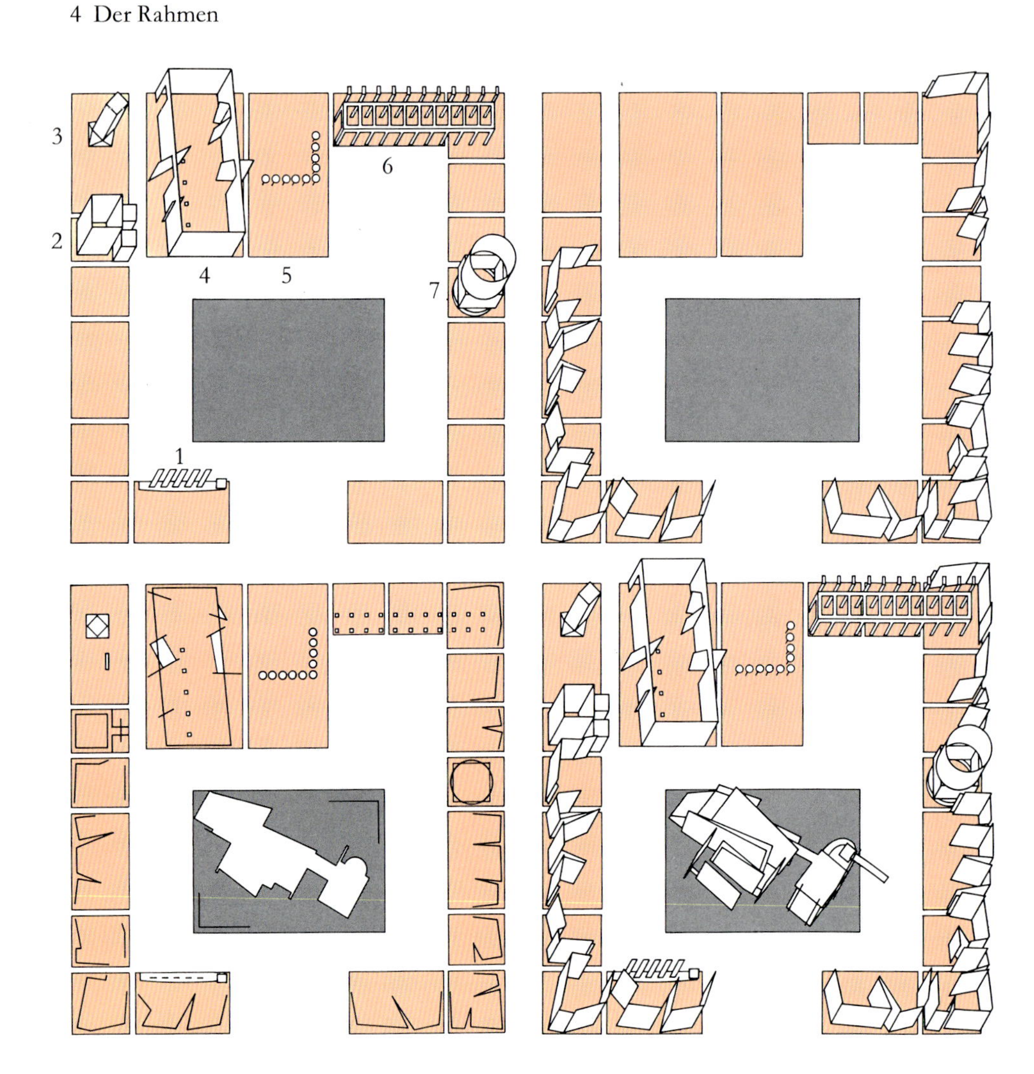

Grundrißschema der Gesamtanlage mit Kontur des Mittelbereiches

Gesamtaxonometrie mit Rampenweg auf die Galerie des Lichthofes

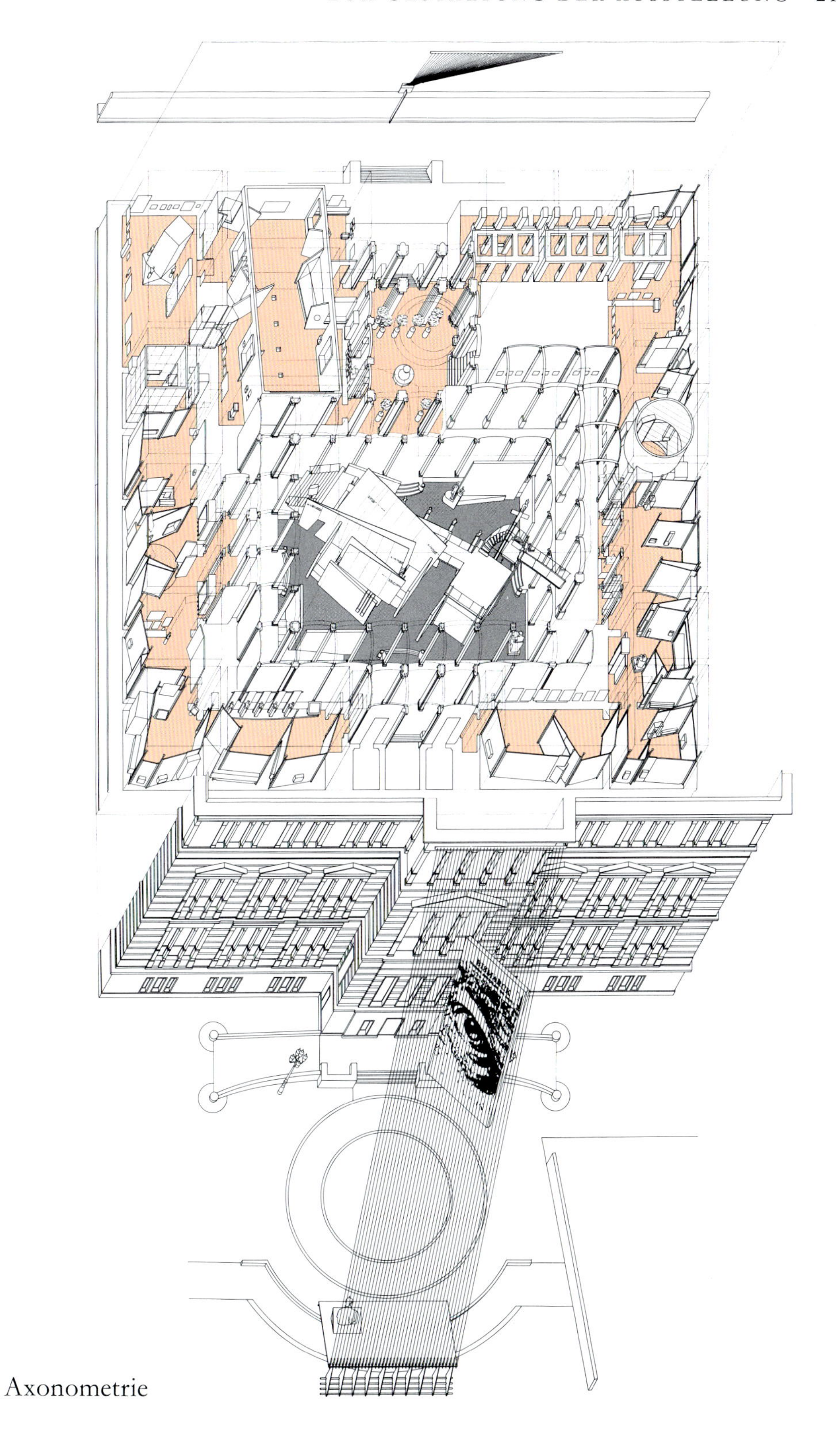

Axonometrie

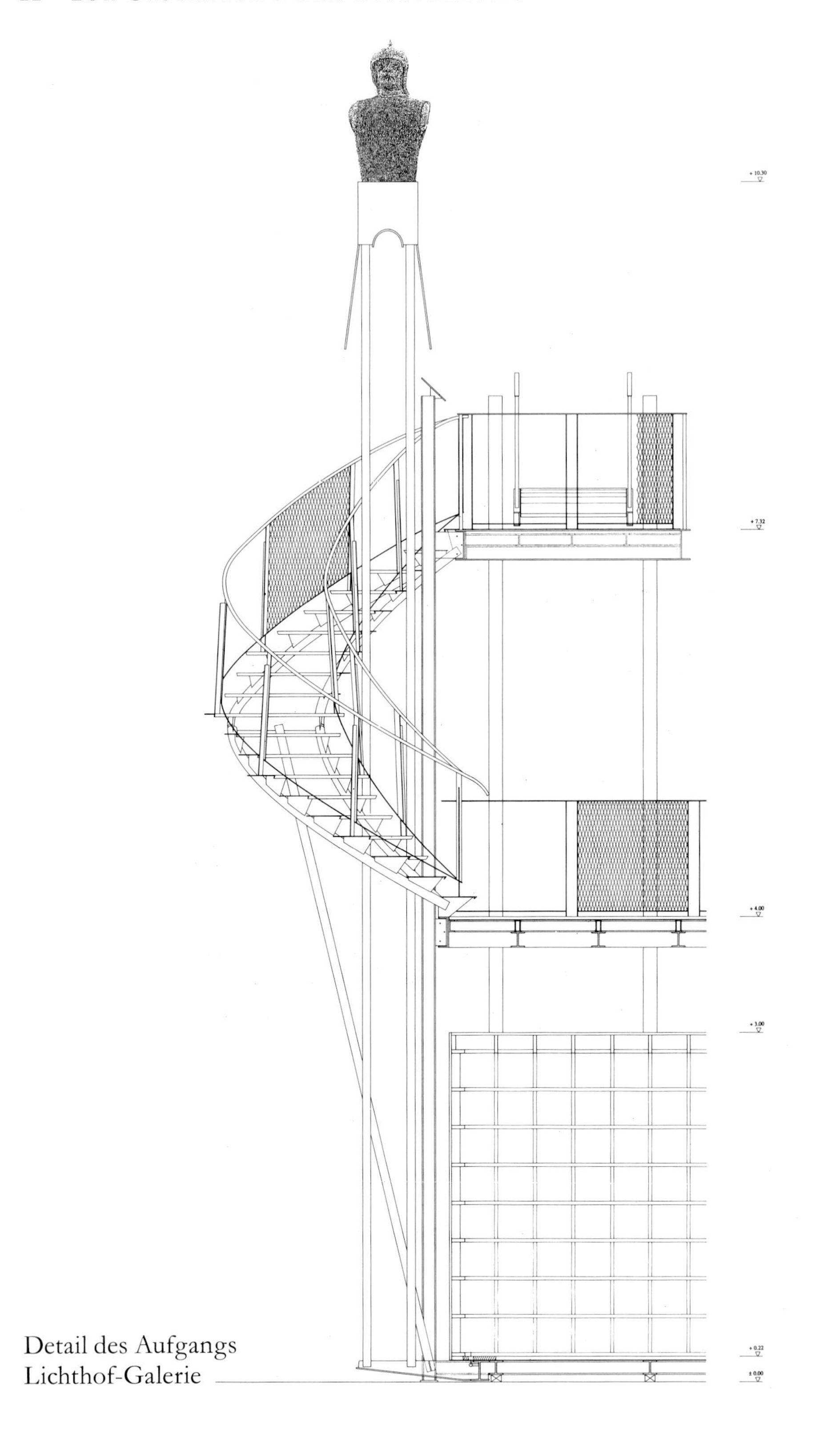

Detail des Aufgangs
Lichthof-Galerie

Der »Weg« im
Lichthof
Modellstudie

BISMARCK – PREUSSEN, DEUTSCHLAND UND EUROPA

Nichts ist vielleicht bezeichnender für eine Epoche als die Art, wie sie mit ihren großen Gestalten zu Rande kommt – denn zu Rande kommen muß sie mit ihnen allemal, will sie aus ihrem Schatten heraustreten und Zukunft gewinnen. Als Bismarck 1890 von der politischen Bühne abtrat, da räumte er äußerst widerstrebend einen Platz, auf dem er bis zum letzten Augenblick höchst gegenwärtig gewesen war. Schon wenig später aber wurde er in der Öffentlichkeit, die seinen Abgang zunächst bis in den Kreis seiner engsten Parteigänger hinein mit deutlicher Erleichterung begrüßt hatte, zu einem Denkmal seiner selbst, ja, geradezu zu einem Mythos.

Es begann ein Prozeß der Archaisierung seiner Person, der Entrückung in ein gegenwartsfernes Heldenzeitalter, das den Gestalten der germanischen Sagenwelt, den Figuren eines Richard Wagner oder auch eines Felix Dahn weit näher war als der Welt des ausgehenden 19. Jahrhunderts. In allegorischen Gemälden fand das seinen unmittelbaren Ausdruck und dann vor allem in den Denkmalen des »eisernen Kanzlers«, die in den folgenden zwei Jahrzehnten zu Hunderten entstanden, gipfelnd in Hugo Lederers, an der Figur des Roland orientiertem Hamburger Monument von 1906. Aber auch die Literatur und die zeitgenössische Publizistik spiegeln diesen Entrückungsprozeß in vielfältiger Weise. Er verstärkte zugleich, in den Worten Max Webers, den »kalten Hauch geschichtlicher Vergänglichkeit«, der die Person Bismarcks zunehmend umgab. Es war, »als öffne der Sachsenwald wie ein moderner Kyffhäuser seine Tiefen«, so beschrieb Weber, einer der scharfsichtigsten Beobachter der politischen und gesellschaftlichen Entwicklungen und Strömungen seiner Zeit, die Szene beim letzten Besuch des ehemaligen Kanzlers in Berlin. Das fügte sich in Stimmung und Perspektive sehr genau in das, was Theodor Fontane mit Blick auf Wilhelm II. die Neigung zum »totalen Bruch mit dem Alten« und zum gleichzeitigen »Wiederherstellenwollen des Uralten« nannte: In den Bildern des der eigenen Zeit entzogenen germanischen Recken wurden die Person und alles, was sich mit ihrem Handeln verband, in dem doppeldeutigen Sinne des Wortes gleichsam »aufgehoben«. »Man darf sich nicht täuschen lassen von den Versuchen, die Gestalt ins Übermenschliche zu erhöhen, sie ins geheimnisvoll Heroische gewaltsam hineinzuzwingen und ihr gegenüber von ›germanischer Reckenhaftigkeit‹, von ›Siegfried‹ oder ›Hagen‹ zu sprechen«, notierte Karl Scheffler 1919 scharfsichtig: »Das alles sprach mehr gegen ein lebendiges Verhältnis als dafür.«

Aus dem Banne einer solchen Mythologisierung und Monumentalisierung hat sich auch eine kritische Betrachtungsweise der Person und ihres Wirkens lange Zeit hindurch nur mit Mühe befreien können. Die Neigung zur Diabolisierung war oft nur die Kehrseite der Verherrlichung und Monumentalisierung, und beides litt unter der Entrückung aus den lebensweltlichen Zusammenhängen, der Tendenz zur Archaisierung und zur Überdimensionierung. Der Riesengestalt trat ein Geschlecht von Zwergen gegenüber, ganz gleich ob man den Riesen nun dämonisierte oder überschwenglich feierte.

Bismarck gleichsam in das 19. Jahrhundert zurückzuführen, in eine Epoche also, die von ihren Bedingungen, in ihren Zwängen und Verflechtungen selbst dem Geschicktesten und Einflußreichsten nur einen relativ begrenzten Spielraum ließ, ist eines der Ziele dieser Ausstellung. Ein anderes ist, jene Bedingungen, Zwänge und Verflechtungen selbst in den Mittelpunkt zu rücken und die Person und ihr Wirken aus ihnen zu erhellen und umgekehrt im Spiegel des Lebensweges dieser einen Person das Übergreifende sichtbar werden zu lassen.

Dabei erscheint Untergegangenes und Fremdgewordenes mit noch Gegenwärtigem, ja, Aktuellem immer wieder in irritierender, aufstörender und zum Nachdenken anregender Weise vermischt. Die Landkarten eines noch ganz anderen Europa spiegeln den bis heute gärenden Konflikt zwischen historisch gewachsener Staatenwelt und moderner Nationalidee wieder. Hinter den Kämpfen der sich rasch wandelnden gesellschaftlichen Gruppen erscheinen die modernen Parteien und Interessenverbände. Die Geschichte der europäischen Revolution von 1848/49 enthüllt Strukturen und Bedingungszusammenhänge, aber auch Stimmungen, Symbole und Hoffnungen, die den Zeitgenossen des Jahres 1989 aus ihrer unmittelbaren Gegenwartserfahrung heraus nicht unvertraut sind. Der Deutsche Bund, der über anderthalb Jahrzehnte den Handlungsrahmen des Außenpolitikers Bismarck markierte und seine Überlegungen über die »deutsche Frage« entscheidend beeinflußte, erscheint in diesen Tagen als Perspektive und Denkmuster wieder am Horizont. Der Norddeutsche Bund, jene kurzlebige Vorstufe zum Deutschen Reich von 1871, läßt in geradezu dramatischer Ballung alle die Probleme aufscheinen, die sich aus der Verbindung von Staaten unterschiedlicher politischer, wirtschaftlicher und gesellschaftlicher Ordnung ergeben. Und andersherum: Das Untergegangene, das historisch Versunkene – Preußen, die Monarchie, der Adel als politische und gesellschaftliche Führungsschicht – enthüllt zugleich in seinem Untergang, in seinem Versinken Errungenschaften wie Probleme und Defizite der modernen Gesellschaft. Kurzum, ein Laboratorium wird sichtbar, in dem mit Ingredienzien hantiert wurde, die uns teils sehr fremd geworden und teils noch höchst vertraut sind, und in dem manche Mischungen erzeugt wurden, die den nachfolgenden Generationen dann um die Ohren flogen.

Viele, ja die meisten der Handelnden wurden dabei zu Zauberlehrlingen, und Stoff zu einem Heldenepos bietet die Geschichte in dieser Phase nur sehr begrenzt. Wohl aber bietet sie reiches Anschauungsmaterial, im buchstäblichen wie im übertragenen Sinne – Anschauungsmaterial über eine Zeit, die in ihrem Reichtum an politischen, an gesellschaftlichen, an wirtschaftlichen, an geistigen und künstlerischen Möglichkeiten, in ihren sicher vielfach gefährlichen, ja, zerstörerischen, aber auch produktiven Gegensätzlichkeiten und Widersprüchen lange Zeit hinter den Klischees der nachfolgenden Epoche versteckt blieb, die sie überwinden wollte und überwunden zu haben glaubte.

Es gilt also, nach manchen vergleichbaren Anläufen in den vergangenen Jahren, ein Jahrhundert wiederzuentdecken – mit Blick auf eine seiner repräsentativen Figuren, konzentriert auf deren Lebensweg und Lebensleistung sowie auf die speziellen Probleme, die sich dabei stellten und stellen. Sie werden mit den Stichworten: Preußen, Deutschland und Europa zugleich umschrieben und markiert.

Preußen, das steht neben vielem anderen für die in Bismarck gleichsam gipfelnde Anstrengung, überaus Heterogenes zusammenzubinden, ja zusammenzuzwingen: die überlieferte, aristokratisch und ständisch geformte gesellschaftliche Ordnung mit der Rationalität moderner Staatlichkeit, die alten Lebensformen mit größtmöglicher wirtschaftlicher Effektivität, die Bewahrung des politischen und gesellschaftlichen Status quo mit der Mobilisierung aller machtpolitischen Ressourcen, Potsdam mit Köln, Hinterpommern mit dem Ruhrgebiet, den Gardeoffizier mit dem Stahlarbeiter. Deutschland, das umschreibt weit mehr als eine territoriale und eine machtpolitische Frage. Es gibt das Stichwort für einen Katalog von politischen, von gesellschaftlichen, von wirtschaftlichen, von geistig-kulturellen Erwartungen und Hoffnungen bis hin zur reinen Utopie, zu nationalen Chiliasmen mit perspektivischen Fluchtpunkten in fernen Vergangenheiten oder in einer ebenso fernen Zukunft. »Deutschlands Wiedergeburt«, »Deutschlands Erneuerung« – diese Parolen des Hambacher Festes von 1832 hingen über allen Erörterungen der »deutschen Frage«, erhöhten den Erwartungsdruck und gaben den diesbezüglichen Diskussionen etwas seltsam Schweifendes und im einzelnen oft Vages. 1848 hat Bismarck im Hinblick darauf von den »deutschen Phantastereien« gesprochen, die im Inneren ebenso wie in der Außenpolitik alle bestehende Ordnung bedrohten. Später, als er das Bündnis mit dem »deutschen Volk« suchte, hat er sich zurückhaltender ausgedrückt. Aber die Einschätzung, daß in dem Erwartungspotential, das mit dem Wort Deutschland beschworen wurde, zugleich große Gefahren steckten, hat er zu keinem Zeitpunkt ganz aufgegeben.

Die Gegengewichte, die Bismarck in die Waagschale zu bringen versuchte, hießen Preußen und eben Europa. Im Auge hatte er dabei in erster Linie das Europa der Mächte, so wie es 1815, im Jahr seiner Geburt, auf dem Wiener Kongreß neu ausbalanciert worden war. Aber Europa meinte doch zugleich sehr viel mehr, und Bismarck hat dies bei aller Skepsis gegenüber einem phrasenhaften Gebrauch des Begriffes durchaus gesehen und in Rechnung gestellt. Es umschrieb die großen, die einzelnen Nationen übergreifenden Entwicklungen und Entwicklungstendenzen in Staat, Wirtschaft und Gesellschaft: den den ganzen Kontinent erfassenden sozialen Wandel, die wirtschaftliche Revolution der Epoche, die Verstaatlichung weiter Bereiche des Lebens in den einzelnen politischen Gemeinschaften, den Siegeszug des nationalen Gedankens sowie das Vordringen liberaler und demokratischer und im weiteren sozialistischer Ideen. Es umschrieb die in Antike und Christentum wurzelnde übergreifende geistige Einheit der europäischen Völker, ihre gemeinsamen Kulturwerte und Kulturentwicklungen, ihre Humanitätsidee. Und es bezeichnete nicht zuletzt das gemeinsame Interesse an Freiheit und Unabhängigkeit der verschiedenen europäischen Staaten und Nationen, ein Interesse, das zwar im einzelnen kaum je auf einen gemeinsamen Nenner zu bringen war, aber ein verbindendes Element doch stets aufs neue in dem gemeinsamen Willen zur Abwehr des Vormachtanspruchs eines übermächtig werdenden Staates oder einer gefährlich expandierenden Nation fand. Deutschland und die deutsche Entwicklung in dieser Weise aus europäischer Perspektive zu sehen – das hatte Bismarck früh gelernt, und die Schlußfolgerungen, die er daraus zog, spiegeln sich in seinem politischen Wirken und in seinem Lebensweg deutlich wider.

Auch in dieser Hinsicht führt der biographische Zugang unmittelbar an die Probleme heran, wie andererseits die Biographie, der politische Lebensweg Bismarcks von jenen Problemen her zusätzlich erhellt werden. Es eröffnet sich von hier aus eine Vielfalt der Perspektiven, aus denen das einzelne Objekt, der einzelne Vorgang jeweils in sehr unterschiedlicher Beleuchtung und sehr verschiedenartiger Dimension erscheinen, je nachdem ob der preußische, der deutsche, der europäische oder der biographische Zusammenhang in den Mittelpunkt gerückt werden.

Von den Eindeutigkeiten des monumentalisierten oder diabolisierten Bismarckbildes rückt die Gestalt des preußischen Ministerpräsidenten und ersten Kanzlers des 1871 gegründeten Reichs auf diese Weise sehr weit weg. Sie erscheint als eine vielfältig gebrochene, ja, höchst ambivalente Figur und insofern als Spiegelbild und Repräsentant ihres, des 19. Jahrhunderts, von dem man sie nach 1890 so weit zu entfernen versucht hat. Preußischer Junker und Enkel eines bürgerlichen Kabinettsrates Friedrichs des Großen; Rechtsaußen der konservativen Partei und insgeheim schon früh überzeugt, daß die Devise für die Rechte lauten müsse: »Lieber Revolution machen als erleiden«; ein Mann des flachen Landes, der drei Viertel seines Lebens in der Großstadt verbrachte; langjähriger schärfster politischer Gegner der Liberalen, der ihren Grundsätzen in Wirtschaft und Gesellschaft wie kein anderer zum Siege verhalf; »Stockpreuße« und Kritiker der nationalen Idee, der den deutschen Nationalstaat gründete; engagierter Verteidiger der politischen und gesellschaftlichen Stellung des Adels, der deren Grundlagen unterminierte; Feind der Demokratie, der das demokratische Wahlrecht einführte – das bezeichnet nur einen Teil der Ambivalenzen dieses Lebens, das durch solche scheinbaren Unvereinbarkeiten geradezu charakterisiert wird.

Eine der Lieblingsparabeln Bismarcks war das Bild vom Strom, den die Verhältnisse, das Leben, die Politik bildeten und den der Mensch nicht lenken, sondern auf dem er nur versuchen könne mehr oder weniger geschickt zu fahren. Damit hat Bismarck, lange bevor er sein Leben, sein politisches Wirken, vor allem in seinen Memoiren, den »Gedanken und Erinnerungen«, in bestimmter Weise und bestimmter Richtung zu stilisieren versuchte, um damit Politik zu machen, gleichsam das Interpretationsmuster für dieses Leben gegeben: Von den Bewegungen des Schiffes auf die Richtung, die Windungen, die Strömungen und die Geschwindigkeit des Stromes zu schließen, auf seine Stauungen, Brechungen und Untiefen, auf seinen Verlauf und auf sein Umfeld.

Auch dieses Muster darf man natürlich nicht überstrapazieren: Ein anderer Steuermann hätte vielleicht das Schiff auch auf anderem Kurs erfolgreich steuern können, wie ja auch der Hegelsche »Weltgeist« unterschiedliche »Geschäftsführer« haben kann. Die Individualität geht im Allgemeinen niemals ganz auf. Aber die Perspektive auf das, was sich als möglich erwiesen hat und was nicht, ist doch sehr aufschlußreich und geeignet, vor manchen Illusionen zu bewahren und den Blick auf die harte Realität der Fakten und Verhältnisse zu lenken.

Diese Perspektive zeigt einen Mann, der im Widerstand gegen seine Zeit oder doch gegen viele ihrer scheinbar oder tatsächlich vorherrschenden Kräfte und Strömungen zum Mann dieser Zeit wurde, weil sein Widerstand ihn fast stets nur so weit gehen ließ, wie es unvermeidlich war, wollte er nicht beiseitegedrückt werden.

Das galt schon für den »Gegenrevolutionär« von 1848. Sich hinter die alten Bastionen der Macht, in das Büro des Beamten, die Kaserne, das Palais des Diplomaten oder das Schloß des Gutsherrn, zurückzuziehen, war seine Sache nicht. Er organisierte den Widerstand gegen die zunächst scheinbar auf der ganzen Linie siegreiche Revolution mit Mitteln, die von außen gesehen denen der politischen Gegner fast aufs Haar glichen: der Volksverein und die populäre Zeitung, Wahlkampagnen und parlamentarische Feldzüge gehörten ebenso dazu wie der Appell an breitere Bevölkerungsschichten und an spezielle Interessen, die Organisation einer konservativen Partei und die Proklamierung eines zukunftsorientierten Programms.

Nicht so sehr im Salon, im engen Kreis der unmittelbaren Gesinnungsfreunde, in der Hofgesellschaft vollzog sich denn auch Bismarcks politischer Aufstieg, sondern auf der Tribüne des Parlaments, in der Volksversammlung, mit der Feder des Journalisten. Hochkonservativ in den Anschauungen und Überzeugungen und hochmodern in den Mitteln und Methoden – das war die Freund und Feind irritierende Mischung, die ihn bekannt machte, sein Profil in der Öffentlichkeit schärfte und ihm zugleich Durchsetzungskraft verlieh. Ihn sozusagen im Normalfall einzusetzen, zögerten Krone und Regierung wie seine Parteifreunde immer wieder. »Roter Reaktionär, riecht nach Blut«, soll der preußische König, Friedrich Wilhelm IV., damals auf einer Liste möglicher Ministerkandidaten hinter seinem Namen notiert haben. Sobald es aber brannte, drängte sich sein Name vor allen anderen auf. So rettete er schließlich Ende 1850 in der erregten Debatte über das preußische Zurückweichen vor Österreich und Rußland im Vertrag von Olmütz die Regierung aus einer zunächst fast aussichtslos erscheinenden parlamentarischen Lage. Zum Lohn entsandte der Monarch ihn, der es bis dahin nicht einmal zum Assessor gebracht hatte, ein halbes Jahr später, gerade sechsunddreißigjährig, als Bundestagsgesandten nach Frankfurt, um hier die Rückkehr in die alte Ordnung zu besiegeln.

»Der Mensch würde auch das Kommando einer Fregatte oder eine Steinoperation übernehmen«, meinten damals die Zeitungen, und der spätere Wilhelm I. sprach verächtlich von »diesem Landwehrleutnant«, der, ohne jede Erfahrung auf dem diplomatischen Feld, zum Bundestagsgesandten gemacht worden sei. Daß der neue Mann auf dem zum damaligen Zeitpunkt vielleicht wichtigsten diplomatischen Posten der preußischen Monarchie mehr war als eine Desperadonatur, als ein geschickter Gesinnungskarrierist, demonstrierte er in den folgenden Jahren dann freilich nicht nur seinen politischen Freunden, sondern auch seinen Gegnern und Kritikern. Aus dem »Stockpreußen«, aus dem »Junker«, der, bei aller Beweglichkeit und aller rhetorischen und taktischen Begabung, nach verbreiteter Ansicht in seinem politischen und gesellschaftlichen Horizont eng begrenzt war, wurde, so konzentriert er auf »sein« Preußen blieb, ein Diplomat, der stets in europäischen Dimensionen dachte und die Kirchturmperspektive vieler seiner politischen Gesinnungsfreunde weit hinter sich ließ.

Viele von ihnen begannen schon damals bedenklich den Kopf zu schütteln, und der Gedanke griff um sich, der angeblich so hochkonservative neue Bundestagsgesandte orientiere sich vor allem an dem Machbaren und an der Macht und denke bei letzterer in erster Linie an seine eigene. Seine politischen Partner seien ihm nur »Postpferde, mit denen er bis zur nächsten Station fährt«, notierte ein Zeitgenosse bereits in den fünfziger Jahren, als Bismarck noch weithin als Lordsiegelbewahrer des konservativen Gedankens galt.

Sich am Machbaren zu orientieren und die zu seiner Durchsetzung nötigen Machtmittel nicht aus dem Auge zu verlieren, dafür fanden die Liberalen in jenen Jahren das Stichwort »Realpolitik«. Sie versicherten nachdrücklich, daß ein Bekenntnis zu einer solchen Realpolitik nicht gleichbedeutend sei mit dem Verzicht auf die alten Ideale und Zielvorstellungen. Das tat vom entgegengesetzten Ende des politischen Spektrums her auch Bismarck. Hier wie dort aber verschoben sich auf diese Weise doch die Gewichte und Orientierungen. Erfolgreich auf dem Strom der Zeit zu fahren, wurde auf beiden Seiten unausgesprochen zur obersten politischen Maxime.

Das enthielt die Elemente der künftigen Konflikte wie auch der Annäherungen und Kompromisse. Vor allem aber umschrieb es die Orientierung an den Verhältnissen und damit einen Perspektivenwechsel, der im Rückblick, im Banne des Wirkens der großen Einzelpersönlichkeit, leicht verdeckt wird.

Sicher, als im September 1862 Wilhelm I. auf dem Höhepunkt des Verfassungskonfliktes den inzwischen nach St. Petersburg und dann nach Paris versetzten einstigen Bundestagsgesandten als »Retter in der Not« an die Spitze der preußischen Regierung berief, da vollzog er eine Weichenstellung von geradezu welthistorischer Bedeutung. Man kann kaum daran zweifeln, daß sich ohne diese Berufung die Liberalen binnen kurzem durchgesetzt hätten, die im

Parlament, im preußischen Abgeordnetenhaus, über eine Zweidrittelmehrheit verfügten und auch den Kronprinzen auf ihrer Seite hatten. Die Bedeutung, die in einer solchen Entscheidungssituation eine einzelne Persönlichkeit, ein großer Einzelner erlangen kann, ist hier ganz unübersehbar. Aber um sich erfolgreich behaupten zu können, mußte dieser große Einzelne dann doch dem Strom der Zeit folgen, rückhaltloser, als es viele Zeitgenossen zunächst zu erkennen vermochten. Bismarck selber hat das sehr genau gewußt, und auch, daß er auf diesem Wege schon bald zum Zauberlehrling werden konnte. Das war der Preis, den es zu zahlen galt, und es gehörte zu Bismarcks heikelsten und schwierigsten Aufgaben, jene, in deren Namen und Auftrag er handelte, über die Höhe der Kosten im Unklaren zu halten.

Neun Jahre hindurch, von 1862 bis 1871, hat er nicht nur seine innenpolitischen Gegner, die Liberalen und ihre Gesinnungsfreunde im übrigen Deutschland, in Atem gehalten, sondern auch die europäischen Kabinette. Überall, wo es brannte oder zu brennen begann, in Russisch-Polen, in Schleswig-Holstein, im Verhältnis zwischen den deutschen Staaten, dann in den Beziehungen zu Frankreich, schaltete er sich sofort aktiv handelnd ein, schürte einerseits den Brand und half andererseits auch wieder, ihn zu begrenzen oder zu löschen – wobei nie ganz sicher war, wo das eine begann und das andere aufhörte und wo er selber etwa mit Feuer gelegt hatte. Auch rätselte man damals wie später stets aufs neue, welche Aktion – auch im Verhältnis von Innen- und Außenpolitik – jeweils welcher anderen diente.

Unbestreitbar aber war, daß er Erfolg hatte, außerordentlichen Erfolg, zunächst auf außenpolitischem Gebiet, in der Schleswig-Holstein-Frage und im Verhältnis zu Österreich, der Vormacht des Deutschen Bundes, dann zunehmend auch auf dem Feld der Innenpolitik. Hier begann die Front nach dem Sieg über Dänemark, mit den diplomatischen Erfolgen auf der europäischen Ebene wie im Verhältnis zu Österreich zu bröckeln. Stimmen regten sich, die davon sprachen, die Geschichte gehe oft verschlungene Wege und man dürfe über den Konflikten der Vergangenheit nicht die erregenden Perspektiven hinsichtlich der deutschen Frage übersehen. Als dann nach Königgrätz und dem Erfolg der Konservativen bei den Wahlen zum preußischen Abgeordnetenhaus am gleichen 3. Juli 1866 der »Konfliktminister« nicht nur außen-, sondern auch innenpolitisch statt des erwarteten Siegfriedens einen Verständigungsfrieden anbot, da war kein Halten mehr. Ein erheblicher Teil der liberalen Opposition schwenkte, flankiert von entsprechenden Gruppen der außerpreußischen Parteifreunde, um zu einer Politik der begrenzten Kooperation – in der nationalen Frage, aber dann zunehmend auch auf anderen Feldern. Hieraus entwickelte sich eine politische und vor allem parlamentarische Zusammenarbeit, die mehr als zehn Jahre dauerte.

Das Koordinatensystem aber blieb auf beiden Seiten auch in dieser Zeit grundverschieden. Wie überall in Europa so sahen auch in Deutschland die Liberalen aller Schattierungen, ja, die gesamte Linke im Nationalstaat vor allem ein Mittel, die überlieferten Verhältnisse und Strukturen in Staat, Wirtschaft und Gesellschaft aufzubrechen und von Grund auf zu verändern. Sie waren sehr wesentlich an den historisch gewachsenen Staat, den »Partikularstaat«, wie die Liberalen sagten, gebunden. Demgemäß sollte dieser zwar nicht völlig in dem neuen, dem Nationalstaat aufgehen, aber doch durch ihn in vieler Beziehung mediatisiert werden – insbesondere der nach dem Ausscheiden Österreichs 1866 bei weitem mächtigste unter ihnen, nämlich Preußen. Davon wollte Bismarck nichts wissen. Im Gegenteil, er war zeitweise geneigt, das neue, von ihm wesentlich geschaffene Reich als eine Art Großpreußen zu verstehen. Jedenfalls blieben die obersten Bezugspunkte seines politischen Denkens noch lange Zeit, vielleicht sogar bis zum Ende, Preußen und natürlich sein Herrscherhaus, dessen »Lehensmann«, dessen »kurbrandenburgischer Vasall« zu sein, sein politisches wie persönliches Selbstverständnis wie kaum etwas anderes umschrieb. Und mit dem Stichwort Preußen war für ihn, als entscheidendes Bedingungsgeflecht für die Existenz und Stellung des Landes, der Bezug zur europäischen Staatenwelt, zur europäischen Ordnung unmittelbar gegeben. Anders als die Liberalen mißtraute er, der entscheidend dazu beigetragen hatte, die Verhältnisse in Mitteleuropa von Grund auf umzugestalten, hier zunehmend jeder Veränderung. Als Kanzler und Außenminister des neuen Reiches tat er alles, um jene Ordnung nach den »Modifikationen« der Jahre 1864, 1866 und 1870/71 in ihrer Grundstruktur zu erhalten.

Darüber wurde Bismarck mehr und mehr zu einem neuen Metternich – mit dem gleichen Mißtrauen gegenüber allen neuen politischen und gesellschaftlichen Bewegungen und auch gegenüber dem Nationalismus wie der österreichische Staatskanzler. In Bismarcks Zeit wurden jene Bewegungen vor allem durch die katholische Partei, das »Zentrum«, und die Arbeiterpartei, die Sozialdemokratie, verkörpert. Wie Metternich sah auch der Kanzler der neuen heimlichen Vormacht des Kontinents kein anderes Mittel, solcher neuen Bewegungen Herr zu werden, als eine ständig verschärfte Repressionspolitik. Und wie die beherrschende politische Gestalt der ersten Jahrhunderthälfte, so führte auch Bismarck dieser Weg schließlich in eine Sackgasse, so sehr er sich mit seiner – für sich genommen in vielem beispielgebenden – Sozialpolitik in den achtziger Jahren bemühte, aus jener Sackgasse auszubrechen.

Der Vergleich führt noch weiter. Beide, Metternich wie Bismarck, suchten im weiteren Verlauf ihres politischen Lebens innen- wie außenpolitisch eine Ordnung zu bewahren, ja, zu zementieren, über die die Zeit in immer schnellerem Tempo hinwegzugehen begann. Sie hatten ihr, in nüchterner, ganz unsentimentaler Einschätzung der in ihr und auf sie wirkenden Kräfte, Interessen und Anschauungen, zunächst ein Höchstmaß an Erfolgen abgerungen, an Erfolgen für ihren Staat wie auch für sich persönlich. Dann aber schwand langsam zwar nicht das taktische Geschick, die Fähigkeit, sich auf Veränderungen und sich rasch wandelnde Verhältnisse einzustellen, wohl aber die Bereitschaft, sich vom immer rascher fließenden Strom der Zeit noch einmal zu ganz neuen Ufern tragen zu lassen. Dabei kann dahin gestellt bleiben, ob eine derartige

Bereitschaft bei einem etablierten, bei aller Beweglichkeit doch durch seine eigene Vergangenheit gebundenen Politiker sich überhaupt praktisch hätte durchsetzen lassen: Hier liegen wohl Grenzen jeder, auch der dynamischsten und wandlungsfähigsten politischen Existenz.

»Kurzsichtige und weitsichtige Augen geben beide unrichtiges Augenmaß«, schrieb Bismarck einmal auf dem Höhepunkt seiner politischen Karriere, im Jahre 1869: »Doch halte ich den letztern Fehler für einen *praktischen* Staatsmann den gefährlicheren, weil er die unmittelbar vorliegenden Dinge übersehen läßt.« In diesem Sinne hat er, ein »Genie des Gegenwärtigen«, wie man ihn zu Recht genannt hat, die zu beschreitenden Wege und mögliche Alternativen zu ihnen eher kurzfristig ins Auge gefaßt und sich generell mit Prognosen und mit Spekulationen über die künftige Entwicklung eher zurückgehalten. Aber wenn er auch in immer neuen Wendungen wiederholt hat, daß man »in der Politik ... nicht einen Plan für lange Zeit festlegen und blind in seinem Sinne vorgehen« könne, so hat er doch gleichzeitig betont, daß man sich »im großen die zu verfolgende Richtung vorzeichnen« und diese dann »unverrückt im Auge behalten« müsse. Diese »Richtung« ließ sich, so sehr das viele Zeitgenossen überrascht hat, bis 1871 im Einklang mit wesentlichen Tendenzen der Zeit, zumal mit dem sie bündelnden nationalen Gedanken, verfolgen, danach in zunehmendem Maße nur noch gegen sie.

In jenem Wechsel von Zusammenspiel und Widerspiel werden noch einmal die Grundkonstellationen der Epoche besonders deutlich sichtbar, die sich im Lebensweg Otto von Bismarcks in so vielfältiger Weise spiegeln. Je nachdem, ob man sie aus der europäischen, der deutschen, der preußischen oder der speziell biographischen Perspektive betrachtet, wie dies die Ausstellung in vielfältigem Wechsel von der jeweiligen Schwerpunktbildung und von den verschiedenen Objekten her anbietet, erscheinen jene Konstellationen und die in ihnen wirkenden Kräfte, Ideen und Interessen in mannigfachen Brechungen. Aber das Muster ist doch sehr deutlich und mit ihm zugleich die Tatsache, daß die Entwicklung in zunehmendem Maße nicht nur, bei allen fortdauernden äußeren Erfolgen, die politische Stellung Bismarcks, sondern auch sein Werk bedrohte.

Für letzteres, für die Gefährdungen des deutschen Nationalstaates, hatte der Kanzler im Alter ein immer deutlicheres Gespür bis hin zu wahren Katastrophenszenarien, die im Rückblick manches prophetisches Element enthalten. Und er ahnte, auch wenn er das niemals offen zuzugeben bereit war, daß die Gefahr eben nicht nur von den Kräften der Veränderung ausging, die er immer wieder beschwor: einem sich noch steigernden Nationalismus, der Verschärfung der wirtschaftlichen und sozialen Gegensätze und ihrer Ausbeutung durch die verschiedenen Parteien, der Überbetonung des Machtgedankens im Inneren und nach außen. Nicht minder problematisch war das starre Festhalten am Status quo, an einer sich zunehmend überlebenden innen- wie außenpolitischen Ordnung, wie er selber es in ständig steigendem Maße repräsentierte.

Da sich die Gegenwart nicht festhalten und die Vergangenheit nicht wiederherstellen ließ, war Rettung vor den in der Tat dem Reich in vielfältiger Weise drohenden Gefahren nur von einem entschlossenen Schritt in die Zukunft zu erwarten. Ihn selber zu vollziehen, ging in jeder Hinsicht, von den Umständen wie vor allem auch von seiner eigenen Bereitschaft her, über Bismarcks Möglichkeiten hinaus. Hinter seinem wachsenden Pessimismus schien jedoch, bei aller Abneigung gegenüber Spekulationen, auch eine solche Perspektive gelegentlich auf, die Perspektive eines deutschen Nationalstaats auf ganz anderen Grundlagen, als er sie ihm gegeben und zu erhalten versucht hatte. In einem Gespräch mit einer langjährigen Vertrauten, der Baronin Spitzemberg, erklärte der fast 78jährige im März 1893 einmal: »Es kann ja sein, daß Gott für Deutschland noch eine zweite Zeit des Zerfalles und darauf eine neue Ruhmeszeit vorhat auf einer neuen Basis, der Republik – das aber berührt mich nicht mehr.« Daß ein solcher republikanischer deutscher Nationalstaat fester in Europa eingebunden und sich in dieser Perspektive in seinen Zielen und in seiner Politik besser zu beschränken in der Lage sein würde, hätte er wahrscheinlich, skeptisch wie er in dieser Hinsicht war, bezweifelt. Aber so wenig wahrscheinlich es ist, daß Menschen aus der Geschichte lernen, so wenig sollte man es ganz ausschließen.

Lothar Gall

Lichthof

DAS JAHRHUNDERT EUROPAS

Das Zeitalter Bismarcks war von starken inneren und äußeren Spannungen bestimmt. Der nach Herkunft, Lebensführung und Kultur hochkonservativ geprägte märkische Landadelige lebte und regierte in Jahrzehnten tiefgreifender sozialer, kultureller und ökonomischer Veränderungen in Preußen, Deutschland und Europa. Klassenstrukturen verdrängten die vorrevolutionäre ständische Ordnung. Die bürgerliche Gesellschaft durchdrang mehr und mehr die Wirtschafts- und Lebensformen des Adels und der von ihm gestellten politischen Elite. Nach der Krise der vor- und frühindustriellen Gesellschaft mit ihrem Pauperismus wurde die Industrialisierung auch im deutschen Bereich zum bestimmenden Faktor der Epoche. Neue soziale Bewegungen entstanden.

Auf die anwachsende Arbeiterbewegung reagierte Bismarck nach 1870/71 in doppelter Weise: einerseits mit der Unterdrückung der Sozialisten und anderer Oppositioneller und andererseits mit dem Aufbau eines Sozialversicherungssystems, das weithin Schule machte. Altes und Neues in der Gesellschaft und Kultur stieß aufeinander und wurde zu vielfältigen Kompromissen gezwungen. Diese unterschiedlichen Kräfte und Strömungen sind von der darstellenden Kunst mit großer Bildkraft überliefert worden. Die Kolossalformate der »streng realistischen« Historienmalerei leiten im Verein mit folgenreichen Vertrags- und Druckwerken – so das Gründungsdokument des Deutschen Bundes vom 8. Juni 1815 oder das Manifest der Kommunistischen Partei von 1848 – in die Ausstellung ein.

Vom Vorabend der Schlacht bei Waterloo 1815 bis zum Beginn des Ersten Weltkrieges – verdeutlicht von einer Germania, die als wehrhafte Personifikation des Deutschen Reiches Schwert und Schild erhebt – reicht die Zeitachse des Lichthofpanoramas. Zwei Objekte – »Gassed« von Gilbert Rogers und ein Feld-Arzneikasten – verweisen auf die Apokalypse des Ersten Weltkrieges, die ein neues Zeitalter einleitete.

Während Engelbert Seibertz' Entwurf zu einem Fresko die »Staatsmänner der Restaurationsperiode« versammelt, jene alten gesellschaftlichen Eliten, die bis weit in die zweite Jahrhunderthälfte politisch den Ton angaben, zeigt die »Aufsichtsratssitzung bei Krupp« die neuen Eliten des bürgerlichen Kapitals. Die Schwerindustrie, aber auch das rasche Wachstum der Elektroindustrie und der Chemie – als noch junge Produktionszweige – hatten das Deutsche Reich um 1900 zur drittgrößten Industriemacht nach den USA und Großbritannien aufsteigen lassen. An der Schwelle zum 20. Jahrhundert eröffneten sich für die zwischen Fortschritt und Beharren widerstreitenden Kräfte sowie zwischen alten und neuen Eliten weitere Konfliktfelder: Auseinandersetzungen um Verfassungsfragen und Parlamentarismus, um Forderungen der Arbeiterbewegung und die Folgen des Wirtschaftswachstums für den sozialen Frieden, um Imperialismus und Hegemonialstreben des jungen Deutschen Reiches im europäischen Mächtesystem.

Monumentale Schlachtengemälde der preußischen Historienmaler Camphausen und Sell bilden den Kontrast zu großformatigen Bildzeugnissen sozialkritischer Künstler: Im Gegensatz zu deren detailreicher Heroisierung militärischer Szenen haben der Bayer Hubert von Herkomer, der Däne Henningsen oder der Italiener Pelizza da Volpedo Themen der Arbeiterbewegung und der sozialen Frage aufgegriffen. Diesen Sujets der Bilder entspricht die Befürchtung des sozialkonservativen Staatssozialisten Carl von Rodbertus-Jagetzow vom November 1871: Wie Napoleons Armeen auf den Schneefeldern Rußlands verblutet seien, so werde »die sociale Frage auch der russische Feldzug von Bismarcks Ruhm sein«. Die Bismarck-Apotheosen, zu Lebzeiten und postum entstanden, sind nur eine schmale Auswahl aus der Vielzahl von Denkmalen, die seiner Mythisierung dienten. Sie bezeugen die Vorliebe des ausgehenden 19. Jahrhunderts für das Historienmonument.

Geknüpft an den Leitfaden der biographischen Stationen der Hauptfigur, vermitteln jene Ansichten und Denkmale die Spannungen, Kämpfe und Kompromisse innerhalb der überkommenen Ordnung, die nach tiefgreifenden Modifikationen 1815 halbwegs neu befestigt war, zwar zunehmend fragwürdig erschien, aber doch in wesentlichen Elementen bis zum Ersten Weltkrieg überdauerte. In Frage gestellt wurde sie immer nachhaltiger von neuen Kräften: Emanzipation, Rationalisierung und Modernisierung machten sich geltend – ob revolutionär oder reformerisch. Sie wirkten auf die Elemente der Beharrung mit fortschreitender Dynamik. Konservatismus und radikaler Veränderungswille standen gegeneinander, soziale Konflikte schwelten, Nationalitätenkonflikte verschärften sich in ganz Europa und beeinträchtigten die Beziehungen der Großmächte. Kriege mit hohen Menschenopfern wurden geführt, um Einflußsphären zu wahren, um Einigungsbewegungen zu steuern und außenpolitische Machtkonstellationen zu sichern. Die Standbilder Alfred Krupps und Joseph-Eugène Schneiders weisen auf den Aufschwung der Schwerindustrie und des Rüstungskapitals in diesen Jahrzehnten hin.

Doch es wuchsen auch die Bemühungen zur Verminderung der Kriegsfolgen durch die Gründung des Internationalen Roten Kreuzes in der Genfer Konvention von 1864. Die Neutralitätsbestimmungen für die medizinische Versorgung im Felde wurde im Gründungsjahr von 16 Staaten unterzeichnet. Diesen Akt der Zivilisation hielt Charles Edouard Armand-Dumaresq auf seinem Kolossalgemälde fest. Oft gab es heftige Auseinandersetzungen über die Art der Kriegsführung und das Verhältnis von Zielen und Mitteln. Einen solchen Konflikt zwischen militärischer und politischer Führung hat Anton von Werner in seinem patriotischen Gemälde »Kriegsrat in Versailles« 1881 rekonstruiert. Doch das Grauen der Feldzüge von Sewastopol, Solferino, Düppel,

Königgrätz oder Sedan verhinderte nicht die Bereitschaft, Kriege weiterhin als »Fortsetzung der Politik mit anderen Mitteln« zu führen, auch wenn mancher Heerführer – wie der preußische Kronprinz Friedrich Wilhelm 1866 in seinem Tagebuch – betroffen über die Folgen nachsann: »Das Schlachtfeld zu bereiten, war grauenvoll, und es lassen sich die entsetzlichen Verstümmelungen, die sich dem Blick darstellten, gar nicht beschreiben. Der Krieg ist doch etwas Furchtbares, und derjenige Nichtmilitär, der mit einem Federstrich am grünen Tisch denselben herbeiführt, ahnt nicht, was er heraufbeschwört.« Otto von Faber du Faur hat in seinem pathetischen Großgemälde »Ambulanz« von 1883 den Blick für das Geschehen hinter den Kulissen der Kampfhandlungen geöffnet. Nicht nur infolge der Verwundungen durch Gewehrgeschosse und Artillerie sowie durch Hieb- und Stichwaffen, sondern auch wegen mangelnder aseptischer Wundbehandlung bei Ruhr- und Typhusinfektionen starben Tausende in den Kriegs- und Reservelazaretten. Bei einem Tischgespräch auf seinem pommerschen Gut Varzin sann Fürst Bismarck im Oktober 1877 über seine politische Verantwortung nach: »Ohne mich hätte es drei große Kriege nicht gegeben, wären achtzigtausend Menschen nicht umgekommen, und Eltern, Brüder, Schwestern, Witwen trauerten nicht. Das habe ich indes mit Gott abgemacht. Aber Freude habe ich gar keine gehabt von allem, was ich getan habe, dagegen viel Verdruß, Sorge und Mühe.«

Das 19. Jahrhundert ist auch das Zeitalter der wirtschaftlich wie politisch bedingten Wanderungsbewegungen. Vielfach waren gerade die kühnsten Köpfe zur Emigration gezwungen. Die Nationalitätenkonflikte prägten den dramatischen Charakter dieser Epoche, aber auch soziale und technische Umwälzungen veränderten Europa: Infolge von Bevölkerungswachstum und Landflucht machten die Haupt- und Residenzstädte Europas einen rasanten Urbanisierungsprozeß durch. Das Eisenbahnnetz verkürzte die Entfernungen, Telegraphie und Depeschendienste beschleunigten den Nachrichtenfluß. Das Zeitgefühl änderte sich ebenso wie die Wahrnehmung von Wirklichkeit. Photographie und Film traten neben die bildenden Künste. Die Politik bediente sich dieser Neuerungen und förderte so ihre Entfaltung.

All diese Widersprüche und Gleichzeitigkeiten vereinen sich in der Biographie Bismarcks, eines Mannes, den seine Zeitgenossen ebenso kontrovers beurteilten wie die Nachwelt. Sein Kompromiß zwischen dem überkommenen dynastisch-monarchischen und dem nationalstaatlichen Prinzip erwies sich in den drei »Reichseinigungskriegen« von 1864, 1866 und 1870/71 als konfliktmindernd. Aber das Aufbrechen der Nationalitätenkonflikte, die Durchsetzung und Entfaltung des Nationalstaatsprinzips waren gesamteuropäische Probleme und nicht auf Deutschland beschränkt. Ihre konkrete Form und ihre Folgen für das europäische Gefüge unterschieden sich von Land zu Land. Den Kampf der Polen um ihre politische Unabhängigkeit, der Italiener hinter Cavour und Garibaldi um die nationale Einigung, der Ungarn um nationale Souveränität, der Deutschen und anderer europäischer Völker um Einheit und Freiheit, um Recht und Verfassung, um Glaubensfreiheit und

Wahlmündigkeit verband bei allen Unterschieden ein gemeinsames Ziel: die politische Partizipation gegen die Kräfte der Restauration durchzusetzen. Parlamentarismus und Parteiensystem, eine bewußte politische Öffentlichkeit, aber auch Streiks und Arbeitskämpfe schufen neue politische Gewichtungen und Mehrheitsverhältnisse, an denen sich die Regenten und die Regierungen spätestens seit der 1848er Revolution in allen europäischen Staaten zu orientieren hatten.

1876 äußerte sich Otto von Bismarck eher zynisch über die Bedeutung Europas: »Ich habe das Wort Europa immer im Munde derjenigen Politiker gefunden, die von anderen Mächten etwas verlangten, was sie im eigenen Namen nicht zu fordern wagten«. Trotz konservativer Grundhaltung befähigte ihn sein Geschick, die Modernisierungskräfte seiner Zeit wahrzunehmen, sie zu beeinflussen, zu prägen und sich gegebenenfalls ihrer zu bedienen. Das europäische Staatensystem wurde 1815, in Bismarcks Geburtsjahr, nach der endgültigen Niederlage Napoleons in der Schlacht von Waterloo auf dem Wiener Kongreß neu gefügt. 1898, in Bismarcks Todesjahr, beendete der englische Publizist W. Stead seinen emphatischen Nekrolog auf den ersten Kanzler des Deutschen Reiches mit den Worten: »... und nun, da auch er ins stille Land gegangen ist, scheint Deutschland ohne Bismarck wie eine Schweiz ohne ihre Alpen«.

Wenn die Gestaltung im Lichthof mit der Monumentalität der von Bismarck überlieferten Porträtbüsten konfrontiert, so wird doch sein Übermaß durch den Blick der Zeitgenossen auf ihn auch relativiert: Ihre scharfe Sicht seines politischen Wirkens innerhalb Deutschlands und auf der europäischen Bühne dokumentieren und kommentieren die zu Filmen verarbeiteten Karikaturen des In- und Auslandes.

Der Widerstreit des monarchisch-bürokratischen Herrschaftsprinzips gegen die Forderungen des Liberalismus' und der Demokratie stand im Zentrum der Verfassungsgeschichte jener Jahrzehnte. Revolution, Verfassungskonflikt, Norddeutscher Bund, Reichsverfassung, Ausbau des Reiches – das sind die Stationen des Bismarckschen Kompromisses. Die für Modernisierungsprozesse typischen Elemente bestimmten in jenen Jahrzehnten die Dramaturgie der politischen Bühne. Sie waren verknüpft, überlagerten und verstärkten einander. In der Person Bismarcks gewannen sie konkrete Gestalt.

Marie-Louise von Plessen

L/1

L/1 »17. Juni, 7 Uhr abends«*

John-Lewis Brown (1829–1890)
1869; bez.u.l.: John Lewis Brown 1869
Öl/Lw; 124 × 158 cm
Bordeaux, Musée des Beaux-Arts (M 6267)

Das Gemälde veranschaulicht die zunehmende Militarisierung Frankreichs im Jahre 1869 und verweist zugleich auf die Epochenwende von 1815, dem Geburtsjahr Otto von Bismarcks. Das Bild zeigt die düstere Stimmung des Abends vor der Entscheidungsschlacht bei Waterloo. Der Ankauf noch im Entstehungsjahr beweist die Popularität Browns als Salonmaler. Napoleon III. förderte die historisierende Militärmalerei zur Stärkung kämpferischen Nationalgeistes.

L/2 »Extra-Blatt«

Mitteilung über »die offizielle Anzeige, daß Bonaparte am 23. [Juni 1815] abgedankt hat«, Frankfurt a. M., 27. Juni 1815
18,5 × 21 cm
Frankfurt a. M., Historisches Museum
[C 27.6994 (K 361)]

Der Wiener Kongreß hatte gerade seine Arbeit vollendet, als die Schlacht von Waterloo am 18. Juni 1815 endgültig über das Schicksal Napoleons entschied. Am 20. November 1815 beendete der Zweite Friede von Paris den letzten napoleonischen Krieg und die Herrschaft der Hundert Tage. Partner und Unterzeichner waren der wiedereingesetzte König Ludwig XVIII. für Frankreich, ferner Österreich, Preußen und Rußland.

L/3 Die Staatsmänner der Restaurationsperiode

Entwurf zu einem Fresko des Maximilianeums, München
Engelbert Seibertz (1813–1905)
Öl/Lw; 84 × 148 cm
München, Stiftung Maximilianeum

Seibertz entwarf das Fresko für den Regierungssitz König Max II. Josephs (erbaut

L/28

L/6

1857–74). In der Art von Staffagefiguren, die Vertragswerke in Händen haltend, sind von links nach rechts vor der Büste Max' II. aufgereiht: an der linken Seite der bayerische Rechtsgelehrte Kanzler Kreittmayr, im Vordergrund Freiherr von der Pfordten; in der Mitte der französische Außenminister Fürst Talleyrand, der bayerische Minister Graf Montgelas, der preußische Staatskanzler Fürst Hardenberg, der österreichische Staatskanzler Fürst Metternich, im Hintergrund der Diplomat Friedrich von Gentz; an der rechten Seite die englischen Staatsmänner William Pitt und Robert Walpole.
Die Komposition ist überhöht von der Friedensgöttin und Allegorien der Geschichte, der Geographie und der Altertumskunde sowie der Furie des Krieges.

L/4 Die Wiener Bundesakte vom 8. Juni 1815

Roter Samteinband; 32 × 22,5 cm
Frankfurt a. M., Bundesarchiv, Außenstelle (DB 1 U/1)

Nach der Niederlage Napoleons bemühten sich die Delegierten des Wiener Kongresses unter Vorsitz Metternichs, eine friedliche Neuordnung Europas durch Lösung aller Gebiets- und Machtfragen zu bewerkstelligen. Restauration, Legitimität und Solidarität waren dabei die leitenden Prinzipien. Der Kongreß restaurierte, indem er revolutionäre Herrschaftsbildungen rückgängig machte und vorrevolutionäre Staaten und Herrschaftsrechte wiederherstellte. Während die Wiener Kongreßakte die territorialen Fragen der Neuordnung regelte, wurden die Verhältnisse der deutschen Einzelstaaten zueinander in der Deutschen Bundesakte geklärt. Der Deutsche Bund blieb bis 1866 das System für die politische Ordnung Mitteleuropas. Die Bundesakte wurde in die Kongreßakte aufgenommen.

L/5 Der Übergang auf Alsen 1864

Wilhelm Camphausen (1818–1885)
1866; bez.u.r.: W. Camphausen. 1866
Öl/Lw; 165 × 284 cm
Berlin, DHM

Das heroisierende Kriegsgemälde Camphausens, der als preußischer Armeemaler an den Feldzügen teilnahm, erfaßt eine Szene aus dem deutsch-dänischen Krieg. Aufgrund der Konflikte um die dänische Erbfolge nach dem Tod König Frederiks VII. am 11. November 1863 hatte sich die Dauerkrise um die schleswig-holsteinische Frage verschärft. Die Erstürmung der Düppeler Schanzen und der Übergang der preußischen Truppen auf die Halbinsel Alsen im April 1864 waren entscheidend für den Sieg der Verbündeten. Der Dänenkönig mußte im Oktober im Frieden von Wien all seinen Rechten auf die Herzogtümer Schleswig, Holstein und Lauenburg entsagen.

L/6 Beginn der Verfolgung von Königgrätz*

Christian Sell (1831–1883)
1872; bez.u.l.: Chr. Sell 1872
Öl/Lw; 185 × 283 cm
Berlin, Nationalgalerie SMPK (A I 76)

Der preußisch-österreichische Konflikt kulminierte am 3. Juli 1866 in der Schlacht von Königgrätz. Das Ende des Deutschen Bundes und die Begründung des Norddeutschen Bundes waren entscheidende Schritte auf dem Weg zu einer kleindeutschen Lösung der nationalen Frage. Der preußische Armeemaler Sell, der wie Camphausen an den Feldzügen von 1864 und 1866 teilgenommen hatte, verherrlichte König Wilhelm und die hohe Generalität im zweiten der sogenannten »Reichseinigungskriege«.

L/7 Kriegsrat in Versailles*

Anton von Werner (1843–1915)
1900; bez.u.l.: AvW 1900
Öl/Lw; 298 × 400 cm (m.R.)
Hamburg, Hamburger Kunsthalle (3550)

Anton von Werners Gemälde für ein nicht ausgeführtes Wandbild im Hamburger Rathaus zu den Feldzügen des deutsch-französischen Krieges zeigt den Kriegsrat, der am 6. Dezember 1870 im preußischen Hauptquartier in Versailles die Konflikte zwischen militärischer und politischer Führung offenbarte (v.l.n.r.): Generalleutnant Leonhard von Blumenthal, Kronprinz Friedrich Wilhelm von Preußen, Generalleutnant Theophil von

L/7

Podbielski, König Wilhelm, die Infanteriegeneräle Helmuth von Moltke und Albrecht von Roon sowie der preußische Ministerpräsident und Kanzler des Norddeutschen Bundes Otto von Bismarck. Während Moltke Paris aushungern wollte, drängte Bismarck im Interesse einer raschen Beendigung des Krieges auf die Bombardierung der Hauptstadt. Die Waffenstillstandsbedingungen für Frankreich waren hart: Schleifen der Stadtmauern, Übergabe der Armee, Zahlung einer Kriegsentschädigung von fünf Milliarden Goldfrancs.

L/8

L/8 Kopf eines Sterbenden*

Emile Antoine Bourdelle (1861–1929)
1893–96; Bronze; H 36 cm
Berlin, Privatbesitz

Der französische Bildhauer Bourdelle, neben Auguste Rodin der bedeutendste des späten 19. Jahrhunderts, schuf diesen Probeguß für das »Monument aux Morts, aux Combattants et Serviteurs du Tarn-et-Garonne 1870/71«, das 1902 auf der »Place Antoine Bourdelle« in seinem Geburtsort Montauban aufgestellt wurde.

L/9 Alfred Krupp (1818–1884)*

Ernst Herter (1846–1917)
1899; Bronze; H ca. 250 cm
Berlin, TUB

Nach dem frühen Tod des Vaters leitete Alfred Krupp mit 14 Jahren zunächst allein, später mit seinen Brüdern Hermann und Friedrich die Gußstahlfabrik, die er dank Neuerungen in der Eisenbahntechnik und im Gußstahlverfahren zur größten Gußstahlfabrik der Welt ausbaute. Im Boom der Gründerzeit vergrößerte er sein Essener Imperium durch Ankauf mehrerer Zechen und Gruben und gab seinem Repräsentationsbedürfnis durch den Bau eines schloßartigen Herrenhauses auf dem »Hügel« Ausdruck. Im Deutschen Reich war er der führende Montanindustrielle.

L/10 Vierpfündige Gußstahlkanone C 64

Kaliber 7.85; auf Lafette montiert
Friedrich Krupp, Essen
1871; B 198 cm, L 311 cm; Rad-Dm 152 cm, Gußstahlrohr 751 kg
Köln, Kölnisches Stadtmuseum
(KSM 1972/508)

Indem Krupp die neuesten Entwicklungen wie das Bessemer-Verfahren und die Siemens-Martin-Methode zur Erzeugung von Gußstahl für schwere Artilleriegeschütze nutzte, waren Krupp-Kanonen seit den sechziger Jahren und vor allem im deutsch-französi-

L/9

schen Krieg eine gefürchtete und unentbehrliche Kampfwaffe. Zunächst konnte Krupp seine Gußstahlkanonen, deren Prototyp er bereits 1847 entwickelt hatte, nicht absetzen, obwohl sie auf den Weltausstellungen in London und Paris gezeigt worden waren. 1859 schließlich begann die preußische Artillerie mit dem Ankauf der ersten Kanonen.

L/11

L/11 Joseph-Eugène Schneider (1805–1875)*

Modell für ein Denkmal
Henri Chapu (1833–1891)
1875/79; Gips; H 106 cm
Le Mée-sur-Seine (Seine-et-Marne), Musée Henri Chapu

Zum Gedenken an den Firmengründer stellten die Arbeiter der Hüttenwerke von Le Creusot (Saône et Loire) 1879 auf dem zentralen Platz ein Standbild auf, das im Jahr zuvor auf der Weltausstellung in Paris gezeigt worden war. Schneider hatte mit seinem Bruder Adolphe 1836 die Metall-Hüttenwerke gekauft und als Kommanditgesellschaft unter dem Namen »Frères Schneider & Cie.« in Betrieb genommen. Nach Adolphes Tod im Jahre 1845 erweiterte Joseph-Eugène den Betrieb zu einem der international bedeutendsten des Maschinen- und Waffenbaus. Für die französische Heeresausrüstung erlangte er ähnliche Bedeutung wie Krupp für die deutsche.

L/12 Die Unterzeichnung der Genfer Konvention am 22. August 1864 im Genfer Rathaus*

Charles Edouard Armand-Dumaresq (1826–1895)
1872; bez.u.l.: Armand-Dumaresq 1872
Öl/Lw; 130 × 200 cm
Genf, République et Canton de Genève, Grand Conseil

Die Erinnerungen an das Leiden der Kriegsverwundeten im Italienfeldzug, die Henri Dunant in seiner Schrift »Souvenir de Solferino« (Genf 1862) festhielt, bewegten die europäische Öffentlichkeit derart, daß von seinem Werk der Anstoß zur Gründung des Roten Kreuzes ausging. 16 Staaten traten der Genfer Konvention bei, der seine Gedanken zugrundegelegt wurden. Die Konvention verfolgte den Zweck, »das Schicksal der verwundeten Soldaten der Armeen im Felde« durch international anerkannte Schutzbestimmungen und Neutralitätsvereinbarungen zu verbessern.
Preußen trat bereits 1866 der Genfer Konvention bei. Erstmals wurden Ärzte, Sanitätspersonal, Verbandsplätze und Materialien mit dem Zeichen der Neutralität versehen. So löste das staatliche Rote Kreuz die Johanniterordensverbände und kirchlichen Privatvereine ab, die sich bisher der Verwundeten auf den Schlachtfeldern angenommen hatten. Die Leitung des Militärsanitätswesens übernahm eine am 1. Oktober 1868 beim Kriegsministerium eingerichtete Medizinalabteilung unter dem Generalstabsarzt. Jeder Soldat trug von nun an das von Florence Nightingale im Krimkrieg 1853 entwickelte Verbandspäckchen mit blecherner Erkennungsmarke (vgl. 5/5).

L/12

L/13 Ambulanz*

Otto von Faber du Faur (1828–1901)
1883; bez.u.r.: O. von Faber du Faur
Öl/Lw; 340 × 292 cm
Stuttgart, Staatsgalerie Stuttgart (1764)

Die Kriegsereignisse der Jahre 1870/71 gaben Faber du Faur, der als Rittmeister in einem württembergischen Regiment gedient hatte, reichlich Stoff zu künstlerischer Gestaltung in großformatiger Ausführung. So malte er 1872 die »Übergabe der französischen Kavalleriepferde nach der Schlacht von Sedan« und 1883 den »Verbandsplatz hinter einer französischen Barrikade«. Dieses auch als »Ambulanz« bezeichnete Großgemälde dürfte sich auf den Pariser Communeaufstand der Monate März bis Mai 1871 beziehen, den General MacMahon Ende Mai in der »Blutigen Woche« mit Zehntausenden von Toten niedergeschlagen hatte. Für das Königliche Stuttgarter Museum, die spätere Staatsgalerie, entstanden zwei weitere Kolossalwerke zu Episoden aus dem deutsch-französischen Krieg.

L/14 Briefe Otto von Bismarcks an seine Braut und spätere Gattin Johanna

1847–87; Handschriften
Friedrichsruh, Fürst Ferdinand von Bismarck

Einen Einblick in das Denken Bismarcks als Privatmann und Politiker geben die zahlreichen Briefe, die Bismarck in 47 Jahren Ehe an seine Frau Johanna schrieb. In seinen Briefen findet sich neben Alltäglichem, Prosaischem und Selbstbesinnlichem auch die Politik, die Bismarcks Gedanken stets beschäftigte.

L/15 Otto von Bismarck*

Carl Cauer (1828–1885)
1872; Marmor; H 107 cm (mit Plinthe)
Privatbesitz

Drei Ereignisse der Jahre 1870/71 ließen Bismarck denkmalswürdig erscheinen: der Sieg von Sedan am 2. September 1870, die Kaiserproklamation in Versailles am 18. Januar 1871 und die Verkündung der Reichsverfassung am 16. April 1871. Der Bildhauer Carl Cauer aus Bad Kreuznach (dort hielt sich Bismarck einige Male zur Kur auf) schuf einen Denk-

L/13

L/15

malstypus, der in den folgenden 30 Jahren in unzähligen Varianten wiederholt wurde: der Reichskanzler in der Interimsuniform der Kürassiere, die er im allgemeinen im Reichstag trug. In der Rechten hält er die Verfassungsurkunde. Cauers Statue war allerdings noch nicht für ein öffentliches Denkmal, sondern für einen privaten Auftraggeber bestimmt.

L/16 Büste des Otto von Bismarck

Friedrich Drake (1805–1882)
(Original 1873); Gips; H 75 cm
Berlin, Gipsformerei SMPK (3321)

Friedrich Drake, ein Vertreter der klassizistischen Berliner Bildhauerschule in der Tradition Schadows und Rauchs, schuf 1873 die Porträtbüsten Bismarcks und Moltkes für das neuerbaute Berliner Rathaus (= Rotes Rathaus). Im selben Jahr vollendete er auch die Figur der Viktoria für die Berliner Siegessäule, die den preußischen Kriegsherren der Jahre 1864, 1866 und 1870/71, König Wilhelm, Kronprinz Friedrich Wilhelm, Bismarck, Roon und Moltke, gewidmet ist (heutiger Standort: Großer Stern). Die originale Marmorfassung der Bismarck-Büste ist nicht erhalten.

L/17 Büste Wilhelms I. (1797–1888)*

Reinhold Begas (1831–1911)
1881; Marmor; H 77,5 cm
Privatbesitz

Wilhelm I., seit 1861 preußischer König und 1871 zum Deutschen Kaiser proklamiert, stand als Politiker häufig im Schatten seines Kanzlers, genoß aber als Vaterfigur beim Volk hohes Ansehen. Der Hofbildhauer der Hohenzollern, Reinhold Begas, errichtete auch das Kaiser-Wilhelm-Nationaldenkmal neben dem Berliner Stadtschloß (1897; zerstört) und das Bismarck-Denkmal vor dem Reichstag (1901), das 1938/39 in den Tiergarten in die Nähe des Großen Sterns versetzt wurde.

L/18 Büste des Otto von Bismarck

Reinhold Begas (1831–1911)
1886; Bronze; H 68 cm
Privatbesitz

L/17

Bevor Begas 1897 den Wettbewerb für das Bismarck-Denkmal vor dem Reichstag gewann, hatte er bereits verschiedene Porträtbüsten des Kanzlers geschaffen, u. a. eine eher schlichte Fassung in Marmor für die Berliner Nationalgalerie (1887), die dem hier gezeigten Bronzeguß entspricht, und eine Bronzebüste mit barocker Draperie für die Feldherrnhalle des Berliner Zeughauses.

L/19 Büste des Kronprinzen Friedrich Wilhelm (1831–1888)

Reinhold Begas (1831–1911)
Gips; H 82 cm
Berlin, Gipsformerei SMPK

Friedrich Wilhelm, dessen spätere Herrschaft als Kaiser Friedrich III. 1888 lediglich 99 Tage dauerte, vertrat in vielen politischen Fragen liberale Positionen und geriet damit häufig in Widerspruch zu Bismarck. Begas modellierte mehrere Büsten des Kronprinzen und schuf auch den Sarkophag Kaiser Friedrichs III.

L/20 Büste des Otto von Bismarck

Harro Magnussen (1861–1908)
Nach 1890; Bronze; H 80 cm
Privatbesitz

Die Büste mit der Bezeichnung »ALTREICHSKANZLER« zeigt Bismarck mit dem Eisernen Kreuz. Für den Begas-Schüler Magnussen wurde Bismarck zum bevorzugten Modell: Er schuf verschiedene Büsten von ihm (vgl. 13/40), Statuetten und Denkmäler, darunter ein Bronzestandbild in Kiel und eine Marmorstatue für die Ruhmeshalle in Görlitz.

L/21 Otto von Bismarck als Schmied des Deutschen Reiches*

Um 1900; Bronze; H 200 cm
Berlin, Berlin Museum (KGM 82/11)

Die Plastik gehörte ursprünglich zum Fassadenschmuck einer repräsentativen Berliner Stadtvilla in der Kaiser-Allee (heute Bundesallee), Ecke Prinzregentenstraße. Das 1900/01 errichtete Haus wurde 1968 abgerissen. Die Erscheinung Bismarcks in zünftiger

L/21

Arbeitskleidung, ausgestattet mit Hammer und Amboß, entspricht einem Gemälde von Guido Schmitt, auf dem der Kanzler Germania das geschmiedete Reichsschwert überreicht (vgl. 13/43).

L/22 Schießscheibe »Deutschlands Sieges- und Ehrenhalle 1870/71«

Lorenz Kaim (1813–1885)
1872; bez.: L Kaim pinx
Öl/Holz; 156 × 170 cm
Kronach, Frankenwaldmuseum, Festung Kronenberg (LNR 26/F 10/67)

Kaim war ein in Kronach ansässiger Maler und Zeichenlehrer, der mit dieser Schießscheibe für die Schützengesellschaft seiner Stadt ein sehr volkstümliches Erinnerungsstück an die Ereignisse der Jahre 1870/71 schuf. Er malte eine von Lorbeerkränzen und Eichenblättern umrankte Festarchitektur, in deren Zentrum Germania thront. Während rechts und links von ihr u. a. Kaiser Wilhelm I., der Kronprinz, Bismarck, Moltke und

L/23

Roon sowie einige deutsche Landesfürsten aufgereiht sind, stehen zu ihren Füßen einfache Soldaten. Zahlreiche Wappen und Spruchbänder verdeutlichen die »Botschaft« der Darstellung, beispielsweise: »Mit nimmerwelken Kränzen schmücke, Germania, deine Soehne, / Die Tapfern alle, den Niedrigsten und den hoechsten ehrengleich«.

L/23 Bismarck-Apotheose*

Ludwig Rudow (1850–1907)
1890; bez.u.l.: Rudow. pinx. 1890
Öl/Lw; 103 × 81 cm
New York, Leopold B. von Bredow

Die »Apotheose« wurde von Rudow anläßlich der Entlassung des Kanzlers 1890 gemalt. Sie zeigt Bismarck, umgeben von den allegorischen Figuren Viktoria, Germania und der Muse Klio, die in ihrer Chronik die Seite »1870/71« aufgeschlagen hat. Repräsentanten des deutschen Volkes stehen jubelnd im Vordergrund: Bürger und Bauern, Alte und Kinder, ein Maler und ein Corps-Student.

L/24 »Germanias letzter Gruß«*

Alexander Zick (1845–1907)
1898/99; bez.u.l.: A Zick
Gouache; 76 × 118 cm
Berlin, Archiv für Kunst und Geschichte

Nachdem Bismarck am 30. Juli 1898 im Alter von 83 Jahren gestorben war, wurde sein Erscheinungsbild zunehmend glorifiziert: Auf dem Gemälde von Zick verabschiedet sich der gottähnliche, von Walküren gen Himmel entführte Held von der zurückbleibenden Germania und den geeinten deutschen Stämmen.

L/25 Otto von Bismarck mit Helm und Brustharnisch

Abguß vom Bremer Reiterstandbild
Adolf von Hildebrand (1847–1921)
1910; bez.a.d.Rückseite: AH 1910
Bronze; H 126 cm
Frankfurt a. M., Skulpturen-Sammlung der Städtischen Galerie im Liebieg-Haus
(SG P 17)

Die Entscheidung, in Bremen ein Bismarck-Denkmal zu errichten, fiel im August 1898, wenige Tage nach dem Tod Bismarcks. Hildebrand wählte mit dem Reiterstandbild einen Denkmalstyp, der im allgemeinen Monarchen vorbehalten war. Pferd und Reiter stellte er auf einen 6,50 Meter hohen Sockel nördlich der Domfassade. Der Abguß zeigt nur den oberen Teil der Komposition. 1942 wurde das Standbild vom Sockel genommen und im Dom eingemauert, 1952 trotz starker Widerstände erneut aufgestellt.

L/26 »Weltverkehr«

Johannes Schilling (1828–1910)
1903; Bronze; H ca. 260 cm
Hamburg, Freie und Hansestadt Hamburg, Kulturbehörde

Die Figurengruppe war Teil eines Denkmäler-Ensembles, das 1900–03 gegenüber dem Hamburger Rathaus errichtet wurde (heutiger Standort: Sievekingplatz, Wallanlagen). Dazu gehörten neben dem zentralen Reiterstandbild Kaiser Wilhelms I. vier allegorische Darstellungen: »Einheitliches Recht«, »Ein-

L/24

heitliches Geld«, »Sozialversicherungsgesetze« (vgl. 11/25) und »Weltverkehr«. Die Folgen der Reichsgründung für Justiz und Wirtschaft sowie der Fortschritt auf industriellem und sozialem Gebiet sollten verherrlicht werden. Zwei Jungen symbolisieren Telephon und Post und damit den »Weltverkehr«.

L/27 Burmeister und Wains Eisengießerei*

Peter Severin Krøyer (1851–1909)
1885; bez.u.r.: S. Krøyer-85
Öl/Lw; 144 × 194 cm
Kopenhagen, Statens Museum for Kunst (3605)

Der dänische Maler Krøyer schuf dieses Gemälde zur Verherrlichung der Industrie in Anlehnung an Adolph Menzels »Eisenwalzwerk« von 1875. In der Bildmitte ist der Auftraggeber mit Zylinder als Großindustrieller inmitten seiner Arbeiter hervorgehoben, die weißglühendes Eisen in eine Gußform füllen.

L/28 S.M. Panzer Corvette »Oldenburg« auf der Werft des »Vulcan«*

Carl Hochhaus (1852–1935)
1886; bez. u.r.: Berlin 1886. C. Hochhaus
Öl/Lw; 134 × 315 cm
Berlin (DDR), Staatliche Museen zu Berlin, Nationalgalerie (A I 908)

Der Anton von Werner-Schüler Hochhaus stellt in den Vordergrund seines Monumentalgemäldes schmiede- und metallverarbeitende Tätigkeiten beim Bau der Panzerkorvette »Oldenburg« auf der Werf des »Vulcan« in Bredow bei Stettin. Sämtliche Arbeiten im Schiffbaubereich wurden nach dem Akkordsystem entlohnt. Seit 1871 übernahm die »Vulcan«-Werft Aufträge für Kriegsschiffe, nach 1887 spezialisierte sich das Unternehmen auf die Produktion von Schnelldampfern für die Transatlantik-Linien: Die Dampfer »Fürst Bismarck« der HAPAG, 1891 fertiggestellt (vgl. 13/31), und »Kaiser Wilhelm der Große« des Norddeutschen Lloyd (1897, vgl. 12/41) bewältigten die Ozean-Route in jeweils neuen Rekordzeiten.
(Abbildung S. 40/41)

L/27

L/29 Im Streik*

Hubert von Herkomer (1849–1914)
1891; bez.u.r.: H von Herkomer 91
Öl/Lw; 228 × 126,4 cm
London, Royal Academy of Arts

Der aus Bayern stammende Herkomer hatte als Illustrator eines Londoner Wochenblattes seinen Blick für das Alltagsleben geschärft und einen Reportagestil entwickelt, den er auch in späteren Gemälden beibehielt. Das Bild »Im Streik« – entstanden anläßlich seiner Wahl zum Mitglied der Londoner »Royal Academy of Arts« – reagierte auf die zunehmende Bedeutung der internationalen Streikbewegung.

L/30 Verlassen*

Frants Peter Didrik Henningsen
(1850–1908)
1888; Öl/Lw; 189 × 100 cm
Aarhus, Art Museum (AAK 52)

Ähnlich wie Herkomers Bild vermittelt der dänische Maler Henningsen das bürgerliche Entsetzen vor dem »Gefängnis der Armut«, dem das verelendete Großstadtproletariat aus eigener Kraft nicht entrinnen konnte.

L/31 »Fiumana«*

Studie zu »Il Quarto Stato« (Der Vierte Stand)
Giuseppe Pellizza da Volpedo (1868–1907)
1896; Öl/Lw; 275 × 450 cm
Mailand, Pinacoteca di Brera

»Fiumana« (Strom) symbolisiert den unaufhaltsamen Aufstieg des Vierten Standes. Der sozialkritische Genueser Pellizza malte dieses Bild als dritten Entwurf für sein Monumentalgemälde »Il Cammino dei lavoratori – Il Quarto Stato« (Mailand, Civica Galleria d'arte moderna), das er in den Jahren 1898–1901 fertigstellte. Es gilt als Hauptwerk der sozial engagierten realistischen Malerei. Als Mitglied der sozialistischen Arbeiterpartei Italiens orientierte Pellizza seine Darstellungen u. a. an Friedrich Engels' »Die Entwicklung des Sozialismus von der Utopie zur Wissenschaft« (1880).

L/29

L/30

L/32 Karl Marx/Friedrich Engels: Manifest der Kommunistischen Partei

London: Office der »Bildungs=Gesellschaft für Arbeiter«, J. E. Burghard 1848
(Einband nicht original)
Berlin, DHM (1988/808)

Kein Parteiprogramm hat die Geschichte der Arbeiterbewegung so geprägt wie diese im Auftrag des Bundes der Kommunisten verfaßte epochemachende politische Flugschrift. »Überleg Dir doch das Glaubensbekenntnis Dienstag etwas. Ich glaube, wir tun am besten, wir lassen die Katechismusform weg und titulieren das Ding ›Kommunistisches Manifest‹« (Engels an Marx am 23./24. November 1847 aus Paris). Der Erstdruck erfolgte in London im Februar 1848 mit 23 Seiten Umfang. Bei diesem Exemplar handelt es sich wohl um einen der in Deutschland mit vorgegebenem Erscheinungsort London hergestellten Neudrucke, die seit der Jahreswende 1850/51 durch die Kölner Zentralbehörde des Bundes der Kommunisten massenhaft verbreitet wurden.

L/33 Reichstagssitzung 1905*

Georg Waltenberger (1865–1961)
Öl/Lw; ca. 200 × 250 cm
Bonn, Der Präsident des Deutschen Bundestags

Nach den Reichstagswahlen von 1903 und entsprechend der aktualisierten Fraktionsliste vom 24. Dezember 1904 entfielen von den 397 Mandaten u. a. auf das »Zentrum« 100, die Sozialdemokraten 77, die »Deutsch-Konservativen« 52, die Nationalliberalen 51, die Freikonservative Reichspartei 22 und die Freisinnige Volkspartei 21.

L/33

L/34 Aufsichtsrat und Direktorium der Firma Friedr. Krupp AG im Jahre der Hundertjahrfeier 1912*

Hubert von Herkomer (1849–1914)
1912/13; bez.u.l.: von Herkomer 1912/13
Öl/Lw; 356 × 561 cm
Essen, Friedrich Krupp GmbH

Wie viele Großunternehmen der Jahrhundertwende trennte auch Krupp zur Verbesserung der wirtschaftlichen Ertragslage Eigentum und Unternehmensleitung. Dem Aufsichtsrat des 1903 in eine Aktiengesellschaft umgewandelten Industrieunternehmens gehörten u.a. Alfred Hugenberg und Gustav Krupp von Bohlen und Halbach an (8. bzw. 9. von links). Die erste Skizze zu dem Bild entstand bereits 1911 in Essen. Herkomer hat dann 1912 in seinem Atelier in England nach und nach alle dargestellten Personen porträtiert und das Gemälde 1913 fertiggestellt. Der Künstler malte den Adel und das wohlhabende Bürgertum (vgl. 10/19 u. 20), schilderte aber auch das soziale Elend (vgl. L/29). Sowohl vom deutschen Kaiser als auch vom englischen König wurden ihm Adelstitel verliehen.

L/35 Die Huldigung der deutschen Bundesfürsten anläßlich des 60. Regierungsjubiläums Kaiser Franz Josephs in Schönbrunn, 7. Mai 1908*

Franz von Matsch (1861–1942)
1908; bez.u.l.: F. Matsch
Öl/Lw; 260 × 278 cm
Wien, Museen der Stadt Wien (37 197)

Kaiser Franz Joseph zu gratulieren, sind von links nach rechts aufgereiht: Friedrich II., Großherzog von Baden; Fürst Leopold IV. zur Lippe; Friedrich August III., König von Sachsen; Wilhelm Ernst, Großherzog von Sachsen-Weimar; Luitpold, Prinzregent von Bayern; Kaiser Wilhelm II.; Friedrich II., Herzog von Anhalt; Wilhelm II., König von Württemberg; Friedrich August, Großherzog von Oldenburg; Friedrich Franz IV., Großherzog von Mecklenburg-Schwerin; Georg Fürst zu Schaumburg-Lippe; Dr. Bur-

L/34

L/35

chard, Bürgermeister von Hamburg. Mit Stadtratsbeschluß vom 6. Mai 1908 erhielt der Wiener Hofmaler Matsch den Auftrag, das Ereignis im Marie-Antoinette-Zimmer des Schönbrunner Schlosses festzuhalten. Er entwarf auch den Kupferrahmen mit den Monogrammen der beiden Kaiser und den Wappen der Bundesfürsten. Zwei Jahre brauchte er zur Fertigstellung der gesamten Gemälde.

L/36 Botschafterkonferenz in London, 18. Dezember 1912 – August 1913

Reproduktion einer Lithographie aus:
Illustrirte Zeitung, 23. Januar 1913
41 × 58 cm
Berlin, DHM (1986/20)

Die Darstellung vollzieht die Sitzung der Vertreter der Großmächte im englischen Außenministerium auf der sogenannten Londoner Konferenz nach. Diese letzte Friedenskonferenz vor dem Ersten Weltkrieg dauerte bis in den August 1913. Sie sollte das besonders durch die deutsche Flottenpolitik geschürte Wettrüsten eindämmen und damit die Gefahr eines Krieges abwenden. Die Vertreter der Großmächte bemühten sich vergebens darum, die Balkankrise zu beenden. Am linken Ende des Tisches der englische Minister der Auswärtigen Angelegenheiten Edward Grey im Gespräch mit dem russischen Botschafter Benckendorff, der französische Botschafter Paul Cambon (sitzend) im Gespräch mit dem deutschen Botschafter Karl von Lichnowsky; zur Rechten der österreich-ungarische Botschafter Albert von Mensdorff-Pouilly und der italienische Botschafter Gugliemo Imperiali di Francavilla.

L/31

L/39

L/37 »An meine Völker«

Kaiserliches Manifest aus Anlaß der Kriegserklärung Österreich-Ungarns an Serbien, 28. Juli 1914
38,2 × 27,7 cm
Wien, Haus-, Hof- und Staatsarchiv, Kabinettskanzlei (Beilage ad Zl. 1886/1914)

Als am 28. Juni 1914 der österreichische Thronfolger Erzherzog Franz Ferdinand und seine Gemahlin von dem bosnischen Studenten Princip im Auftrag der Geheimorganisation »Schwarze Hand« in Sarajewo ermordet wurden, erreichte die Balkankrise ihren Höhepunkt. Trotz englischer und deutscher Vermittlungsversuche um direkte Verhandlungen Österreich-Ungarns mit Rußland erklärte Österreich-Ungarn Serbien den Krieg. Am 1. August folgte das deutsche Kaiserreich mit der Kriegserklärung an Rußland. Der Erste Weltkrieg war eröffnet.

L/38 Sturmangriff

Carl Strathmann (1866–1939)
1914; Öl/Lw; 201,5 × 246 cm (m.R.)
München, Münchner Stadtmuseum
(G 71/196)

Strathmann läßt ein bayerisches Infanteriekorps in den Krieg stürmen. Mit scheinbar ungebrochener Kriegsbegeisterung zeigt er die allgemeine Euphorie, dem Ruf zu den Waffen zu folgen. An der Düsseldorfer Kunstakademie ausgebildet, wurde Strathmann schon zu Lebzeiten von Künstlerfreunden wegen seiner Stil- und Gattungsmischungen kritisiert. 1893 beteiligte er sich erstmals an der Münchner Secessions-Ausstellung, 1900 wurde er Mitbegründer der Deutschen Werkstätten, für die er verschiedene Materialentwürfe fertigte, 1907 dann Mitglied des Deutschen Künstlerbundes und der Berliner Secession.

L/39 Der Tod als Ritter*

Carl Strathmann (1866–1939)
Um 1902; bez.u.r.: C. Strathmann
Öl/Lw; 108 × 65 cm
München, Münchner Stadtmuseum
(G 71/190)

Strathmann greift mit diesem Bild die um die Jahrhundertwende weitverbreitete »Weltuntergangsstimmung« auf. In apokalyptischen Visionen prophezeiten viele Künstler das Ende des Abendlandes.

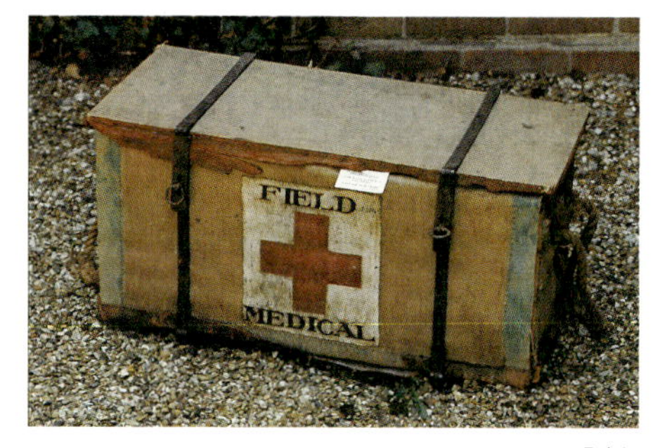

L/41

L/40

L/40 »Gassed« – In Arduis fidelis*

Gilbert Rogers
Bez.u.l.: Gilbert Rogers
Öl/Lw; 122 × 172,5 cm
London, The Trustees of the Imperial War Museum (3819)

Während des Ersten Weltkrieges diente der frühere Porträtmaler Rogers viereinhalb Jahre in Frankreich und Flandern im Royal Army Medical Corps. Zum Dienstoffizier der medizinischen Abteilung des Imperial War Museums bestellt, hielt er mit weiteren neun Künstlern im offiziellen Auftrag das Kriegsgeschehen fest. In dieser Periode entstand auch das Bild des toten Sanitäters mit Gasmaske auf dem Schlachtfeld von Flandern, das seinem Titel »›Vergast‹ – In schwierigen Zeiten treu« in drastischer Weise gerecht wird und das Grauen des Kriegsalltags mit dem Einsatz von Giftgas schildert.

L/41 Field Medical pannier no 2*

Leinen, Leder, Metall; ca. 37 × 70 × 30 cm
London, The Trustees of the Imperial War Museum

Dieser Feld-Arzneikasten mit Erste-Hilfe-Materialien wurde während des Ersten Weltkrieges auf Grundlage eines Patents von 1905 eigens für den Abwurf aus englischen Flugzeugen entwickelt.

L/42 »Germania 1914«*

Friedrich August von Kaulbach (1850–1920)
1914; bez.u.l.: F. A. Kaulbach
Leimfarbe/Nessel; 192 × 147 cm
Berlin, DHM (1988/82)

Zu Beginn des Ersten Weltkrieges malte Kaulbach die Germania als Personifikation des Deutschen Reiches in wehrhafter Gestalt als Heroine des Kriegspathos. Schon im Zusammenhang mit dem deutsch-französischen Krieg 1870/71 war Germania in aggressiver Pose dargestellt worden (vgl. U/19), während sie auf dem 1883 eingeweihten Niederwalddenkmal als zwölf Meter hohe Walküre zwar triumphierend, jedoch friedfertig die deutsche Kaiserkrone emporhält (vgl. 13/46).

L/42

Umgang
DER DEUTSCHEN SEELENSUCHE

Das 19. Jahrhundert gilt als die letzte Erfolgsära akademischer Historienmalerei. Bei dieser Bewertung wird häufig nicht klar genug zwischen Darstellungen historischer Begebenheiten einerseits und aktueller Ereignismalerei andererseits unterschieden. Für die Zeit zwischen den Freiheitskriegen 1813/14 und den Kriegen von 1864 und 1866 sucht man vergebens nach repräsentativen Gemälden zur Illustration zeitgenössischer politischer Ereignisse, mit Ausnahme vereinzelter Darstellungen vor allem anläßlich der 1848er Revolution. Die Wende zur aktuellen Geschichtsmalerei vollzog sich in Deutschland erst in Folge der Reichsgründung 1871; Anton von Werners »Kaiserproklamation in Versailles« (1877/1882/1885, vgl. Raum 8c) steht dafür als berühmtestes Beispiel. Der »Mythos der deutschen Einheit« hatte zuvor eine eigene »Ikonographie des Reichsgedankens« entstehen lassen.

1842 stellte der Kulturphilosoph Friedrich Theodor Vischer in den »Deutschen Jahrbüchern für Wissenschaft und Kunst« noch fest, daß die Gegenwart gar nichts Darstellenswertes zu bieten habe, da sie über keine Substanz verfüge und das Bewußtsein ohne Heimat sei. – »Dies ist nun freilich für den Künstler ein schwacher Trost; künftige Thaten kann er nicht malen und gegenwärtige giebt es nicht ... Was bleibt denn aber, wenn dies Alles noch keinen hinreichenden Inhalt giebt? Das bleibt, woraus die Zeit selbst ihre großen Lehren für die Zukunft nimmt; der unendliche Stoff bleibt, aus dem die werdelustige Zeit die Kraft zu neuem Leben schöpft: die Vergangenheit, die *Geschichte*. Wir wollen wieder Geschichte haben, und darum ist die Geschichte, die da war, unsre Nahrung.« Durch eine Rückbesinnung auf die »großartigen« Momente deutscher Geschichte hoffte man das gegenwärtige Vakuum an zeitgemäßen Wertvorstellungen zu überdecken und beschwor damit die Zukunft einer vereinten deutschen Nation. Am besten geeignet erschienen dazu germanische Heldensagen und die deutsche Kaiserzeit des Mittelalters. Gleichzeitig rückte auch die Architektur des Mittelalters, speziell die Gotik, in den Mittelpunkt historischen Interesses.

Die Entdeckung der Gotik als »deutscher Nationalstil« begann mit Berichten über das Straßburger Münster, die Marienburg und den Kölner Dom Ende des 18. Jahrhunderts. Kurz darauf setzte die Denkmalpflege im Bereich mittelalterlicher Bauwerke ein: 1804 wurde die Marienburg von der preußischen Verwaltung als erhaltungswürdig eingestuft. Die Baumaßnahmen zur Wiederherstellung leitete in den ersten Jahrzehnten der Oberpräsident West- und Ostpreußens, Theodor von Schön. Er wollte aus dem Schloß ein »Nationalmonument« machen, ein Denkmal zur Erinnerung an die Freiheitskriege und an die preußischen Reformen. 1854 schrieb er, auf seine Arbeit zurückblickend: »Mögen die Thaten des Edikts vom 9. Oktober 1807, mag die Landesbewaffnung vom Jahre 1813, ... mögen die 400 neuen Schulen in West-Preußen, ... vor Allem mag die Marienburg sprechen.«

Zu den »Entdeckern« des Kölner Doms als deutsches Nationaldenkmal gehörte neben Sulpiz Boisserée (»Geschichte und Beschreibung des Doms von Köln«, 1823–32) auch Goethe, der die »Ruine« erstmals 1774 besucht hatte und 1815 gemeinsam mit dem Freiherrn vom Stein eine ausführliche Besichtigung unternahm. Bereits 1772 hatte Goethe den Erbauern des Straßburger Münsters eine anonym veröffentlichte Flugschrift »Von deutscher Baukunst« gewidmet. Friedrich Wilhelm IV. legte 1842 den Grundstein zur Fertigstellung des Kölner Domes, und die Begeisterung für das Projekt führte zur Gründung zahlloser Unterstützungsvereine. Heinrich Heine beispielsweise war 1842 in Paris Vizepräsident des Hilfsvereins zum Aufbau des Kölner Domes. Bereits 1844 stellte er allerdings die ideellen Hintergründe des Unternehmens in Frage: »Er ward nicht vollendet – und das ist gut./Denn eben die Nichtvollendung/Macht ihn zum Denkmal von Deutschlands Kraft/Und protestantischer Sendung.« Ferdinand Freiligrath brachte seine Kritik 1842 noch wesentlich deutlicher zum Ausdruck: Das Dombauprojekt sei »eine Kinderrassel, die der Nation nur in die Hand gegeben wird, um wichtigeres (freie Presse und Constitution) drüber zu vergessen«. Die Auseinandersetzungen um Sinn und Unsinn des Projekts waren auch im Jahr der Domvollendung 1880 noch nicht beigelegt (vgl. 1/67).

Finanzkräftige Auftraggeber – neben den Landesfürsten waren es vor allem die neugegründeten, bürgerlichen Kunstvereine – erwarteten auch von der bildenden Kunst im Zuge der allgemeinen Rückbesinnung auf die nationale Vergangenheit eine Veranschaulichung großer Ereignisse deutscher Geschichte. Das Interesse an mittelalterlichen Motiven, insbesondere an denen der Staufergeschichte, war durch das Auftauchen entsprechender literarischer Werke ausgelöst worden: Um die Mitte des 18. Jahrhunderts hatten Johann Jakob Bodmer (1742) und Johann Gottfried Herder (1767) die Staufer für die Literatur wiederentdeckt. Der Maler Wilhelm Tischbein wies auf die Bedeutung Bodmers hin: Dieser werbe mit seinen Verserzählungen für den Gedanken, »man solle der Nation die Taten edler und großer deutscher Männer in Werken der Dichter und Maler als Heiligtümer aufstellen; dies bilde den Charakter des Volkes, erwecke und nähre die Vaterlandsliebe und errege den Geist und die Kraft zu edler Nacheiferung«.

Zu Beginn des 19. Jahrhunderts galt Friedrich Barbarossa als die glanzvollste Gestalt der deutschen Kaiserzeit. Beziehungen zur Gegenwart wurden unter anderem anläßlich der Freiheitskriege hergestellt, die Theodor Körner 1814 in »Leyer und Schwert« als »Kreuzzug« und »heilgen Krieg« bezeichnete. 1817 schrieb Friedrich Rückert sein Gedicht »Friedrich Barbarossa im Kyffhäuser«, das den deutschen Kaiser zusätzlich populär machte und zu einer Symbolfigur der Bestrebungen nach deutscher Einheit werden ließ. 1823–25 erschienen Friedrich von Raumers sechs Bände zur »Geschichte der Hohenstaufen«, daraufhin dramatisierten Raupach, Grabbe und andere den historischen Stoff, und an die bedeutendsten Historienmaler – Cornelius, Lessing, Rethel, Schnorr von Carolsfeld, Schwind etc. – ergingen Aufträge, private Schlösser (Burg Stolzenfels, Schloß Cappenberg, Schloß Heltorf) und öffentliche Gebäude (Frankfurter Römer, Aachener Rathaus) mit Wandbildern nach Motiven der Staufergeschichte auszuschmücken. Gasparo Spontini komponierte die Hochzeitsoper »Agnes von Hohenstaufen«, die anläßlich der Heirat von Prinz Wilhelm von Preußen (dem späteren Kaiser) und Augusta von Sachsen-Weimar 1829 in Berlin aufgeführt wurde. In der Folgezeit entstanden weitere Barbarossa-Gedichte, unter anderem von Freiligrath, Hoffmann von Fallersleben, Arndt, Geibel und Freytag. Zunehmend regte sich aber auch Kritik an diesem Staufer-Kult. So polemisierte beispielsweise Georg Herwegh gegen ein weltfremdes Kaiserbild, das für den national denkenden Demokraten nur die Stützung eines überholten feudalen Herrschaftssystems bedeuten könne.

Eine ganze Reihe literarischer Werke bot den Künstlern Stoff für Darstellungen des Cheruskerfürsten Arminius (Hermann) und seiner Heldentaten, darunter »Hermann« von Joh. Elias Schlegel (1737) und von Wieland (1751), die »Hermann-Trilogie« von Klopstock (1769/1787), Kleists »Hermannsschlacht« (1808) sowie »Die Hermannsschlacht« von Grabbe (1838).

Das Nibelungenlied, im 13. Jahrhundert in Anlehnung an germanische Sagen entstanden und 1757 von Bodmer wiederentdeckt, gewann nach 1807 eine immer größere Popularität. So erschien es Friedrich Schlegel geeignet, der Nation »ein Bild ihres Ruhmes, ihrer alten Würde und Freiheit im Spiegel ihrer Vorzeit vorzuhalten«. Der Stoff wurde von Dichtern und Malern dankbar aufgegriffen, schließlich auch von Richard Wagner, der 1863 den »Ring des Nibelungen« veröffentlichte. Nach 1871, als Wagner seine Pläne für das Bayreuther Festspielhaus entwickelte und an der Vertonung des »Ringes« arbeitete, schäumte die nationale Begeisterung über: »Der Nibelungencyclus aber verdient es wahrlich, daß das höchste dafür aufgeboten, dafür geleistet werde, um so mehr jetzt, wo Alldeutschland einig und treu um das deutsche Banner geschart die Früchte des glorreichsten Sieges genießt. Genießen wir auch die Früchte auf musikalisch-dramatischem Gebiete und feiern wir die Wiedergeburt des deutschen Nationaldramas!« (Franz Merloff, 1873)

Von den zahlreichen nationalen Identifikationsfiguren des 19. Jahrhunderts – Arminius, Siegfried, Friedrich Barbarossa, Luther, Schiller etc. – konnte sich nach 1871 schließlich die Germania als die Personifikation des neugegründeten deutschen Reiches durchsetzen. Auch die benachbarten Nationen hatten sich weibliche Symbolfiguren geschaffen, z. B. »Italia«, Marianne als »La France«, »Mutter Dänemark« und »Polonia«. Bereits auf Stichen des 17. und 18. Jahrhunderts findet man Germania, ausgestattet mit einer Mauerkrone und einer Karte des »Imperium Romanum«. In der ersten Hälfte des 19. Jahrhunderts wechselten die Attribute: Der Schild mit dem doppelköpfigen Reichsadler und die gesprengten Fesseln symbolisierten nun den Wunsch nach Einheit und Freiheit. 1848 kamen auch noch die deutschen Farben Schwarz-Rot-Gold hinzu; ein Bild der Germania erhielt einen Ehrenplatz in der Frankfurter Paulskirche (vgl. 3b/23).

Heinrich Heine sah Germania noch als liebliche Jungfrau mit goldlockigem Haar, ganz ähnlich der Loreley. In der zweiten Hälfte des Jahrhunderts wandelte sich jedoch ihr Erscheinungsbild; sie nahm als »Wacht am Rhein« den Platz der Loreley ein. Bilder aus der Zeit nach 1860 zeigen sie mit Schwert und Kettenhemd, in angriffslustiger Pose den Blick gen Westen gerichtet (vgl. 6/131). Auf dem Niederwalddenkmal, 1877–83 von Friedrich Schilling errichtet, hält sie die Kaiserkrone stolz in der erhobenen Hand. Um 1900 schmückte ihr Bild auch Briefmarken und Geldscheine. Die Heroisierung der Gestalt erlebte 1914 nochmals einen Höhepunkt, als Friedrich August von Kaulbach auf einem Gemälde Germania erneut gegen Frankreich in den Krieg ziehen ließ (vgl. L/42). Bezeichnenderweise haben sich letztendlich alle nationalen Symbolfiguren des 19. Jahrhunderts vor allem durch ihre kriegerischen Fähigkeiten und ihre Tapferkeit gegenüber der *äußeren* Bedrohung ausgezeichnet. Das Bild der Germania als Vorkämpferin für Einheit und *innere* Freiheit von 1848 blieb Episode.

Leonore Koschnick

U/1 »Schloß Marienburg in Preussen. Nach seinen vorzüglichsten aeussern und innern Ansichten dargestellt«

a) »Schloss=Kirche«
b) »Kapitel=Saal im vormaligen Zustande«
c) »Fassade des Kapitel=Saals«*

Friedrich Frick (1774–1850) [a) nach Friedrich Gilly (1772–1800)]
Berlin 1799–1803, Bl. VII, XI, XII
3 Aquatinten; ca. 50 × 40 cm (a) bzw. 40 × 50 cm (b, c)
Nürnberg, GNM, Graphische Slg. (Wq MAR 18/1 Tafelbd., gr. 2°)

Die Marienburg, 1309 bis 1457 Hochmeistersitz des Deutschen Ordens und während der folgenden drei Jahrhunderte in polnischem Besitz, gehörte seit der ersten Teilung Polens 1772 zu Preußen. Als sich der preußische Oberbaurat David Gilly 1794 vor Ort über den Erhaltungszustand der Anlage informierte, nutzte sein Sohn Friedrich die Gelegenheit und fertigte eine Reihe von Zeichnungen des vom Verfall bedrohten Bauwerks an. Diese dienten 1799 Frick als Vorlagen für eine Serie von Aquatintablättern, die in der Öffentlichkeit ein großes Echo hervorrief.

U/2 Marienburg an der Nogat*

Julius Tempeltey (1802–1870) nach Domenico Quaglio (1786–1837)
Um 1840; Lithographie; 44,7 × 56,5 cm
Nürnberg, GNM, Graphische Slg. (Kapsel 1575, L 4131)

Als der bayerische Hofmaler D. Quaglio 1833/34 die Marienburg aufsuchte, waren die ersten Restaurierungsarbeiten bereits abgeschlossen. Die Finanzierung der Baumaßnahmen hatte der preußische Staat übernommen, da das Schloß als Nationaldenkmal anerkannt war, u.a. weil der Deutsche Orden »Basis und Grundstein zum jetzigen preußischen Staate als Großmacht« gelegt habe.

U/1c

U/2

U/3 Kaiser Friedrich II. verleiht 1226 dem Hochmeister Hermann von Salza die Ordensfahne

Karl Wilhelm Wach (1787–1845)
Um 1824; Öl/Lw/Karton; 53,2 × 31,5 cm
Berlin, Verwaltung der Staatlichen Schlösser und Gärten (GK I 30144)

Das Gemälde gehört zu einem Zyklus von zehn Bildern mit Darstellungen aus der Geschichte des Deutschen Ordens. Karl Wilhelm Kolbe und K. W. Wach hatten zuerst Entwürfe auf Kartons geliefert, nach denen der Berliner Glasmaler Heinrich Müller 1821–27 die Fenster für den Sommerremter der Marienburg neu gestaltete. Die hier gezeigten Gemälde wurden nach den Entwürfen für den Prinzen Friedrich von Preußen gemalt.
Der Zyklus beginnt mit einer Darstellung der Kreuzfahrer in Jerusalem und wird mit der Verleihung der Ordensfahne mit dem schwarzen Adler an Hermann von Salza 1226 fortgesetzt: Der Deutsche Orden erhielt in diesem Jahr die Rechte zur Gründung eines autonomen Staates in Preußen. Im unteren Bereich des Gemäldes zeigt ein Engel das alte Wappen des Ordens: ein schwarzes Kreuz auf weißem Grund. 1813, anläßlich der Freiheitskriege, stiftete Friedrich Wilhelm III. mit dem Eisernen Kreuz einen Orden in Erinnerung an die mittelalterlichen Kreuzzüge.

U/4 Einzug des Hochmeisters Siegfried von Feuchtwangen mit seinen Rittern in die Marienburg

Karl Wilhelm Kolbe d. J. (1781–1853)
1825; Öl/Lw; 52,3 × 39 cm
Berlin, Nationalgalerie SMPK (S.W. 117)

1309 wurde der Hochmeistersitz des Ordens von Venedig in die noch nicht fertiggestellte Marienburg verlegt. Siegfried von Feuchtwangen ließ in den folgenden Jahren den mittleren Teil des Schlosses errichten.

U/5 Empfang der englischen Gesandtschaft vor der Marienburg

Karl Wilhelm Kolbe d. J. (1781–1853)
Um 1824; Öl/Lw; ca. 52 × 39 cm
Berlin, Verwaltung der Staatlichen Schlösser und Gärten

Im Hintergrund der Begrüßungsszene, die den Empfang der englischen Gesandtschaft durch den Hochmeister Konrad Zöllner von Rothenstein 1388 darstellt, ist die Westfassade der Marienburg mit dem Hochmeisterpalast zu erkennen.

U/6 Der Historische Festzug anläßlich der Vollendung des Kölner Doms vor dem Kaiserpavillon

Vincent Stoltenberg-Lerche (1837–1892)
1884; bez. a.d. Rahmen: Gestiftet vom Comité des Festes der Vollendung des Domes 1881
Öl/Lw; 125 × 149 cm (m.R.)
Köln, Kölnisches Stadtmuseum (HM 1940/221)

Der Festzug zur Kölner Domvollendung fand am 16. Oktober 1880 unter den Augen Kaiser Wilhelms I. statt. Gegenüber der Ehrentribüne ist auf dem Gemälde einer der 28 Umzugswagen zu erkennen, die mit ihren Aufbauten an die Stationen des Dombaus seit der Grundsteinlegung im 13. Jahrhundert erinnern sollten. Anläßlich der zweiten Grundsteinlegung 1842 hatte Friedrich Wilhelm IV. die Einheit von Katholiken und Protestanten beschworen. Darüber hinaus war der Dom für viele ein »Symbol des Reiches, was wir bauen wollen« (Joseph Görres, 1814, vgl. 1/67).

U/7 Die Lutherstube in Wittenberg, Luther und Melanchthon im Gespräch*

Carl Friedrich Hampe (1772–1848)
1821; bez.u.r.: C. Fr. Hampe.1821
Öl/Lw; 63 × 83 cm
Berlin (DDR), Staatliche Museen zu Berlin, Nationalgalerie (W.S.66)

U/7

Die Künstler des 19. Jahrhunderts sahen in Luther eine nationale Symbolfigur der Reformationszeit. In zahlreichen graphischen Bilderzyklen wurden sein Widerstand gegen die Vorherrschaft Roms sowie seine Rolle als Volkserzieher und Förderer der deutschen Sprache illustriert. 1804 folgten die Architekten Heinrich Gentz, Leo von Klenze und Karl Friedrich Schinkel sowie der Bildhauer Gottfried Schadow einem Aufruf des Pädagogen Christian Gotthilf Salzmann, für Luther ein Denkmal zu entwerfen. Das Gemälde von Hampe zeigt den Reformator mit Melanchthon im Gespräch über die Heilige Schrift. Die Übersetzung der Bibel gilt als eines der größten Verdienste Luthers um die deutsche Kultur.

U/8 Luther im Familienkreis Johanns des Beständigen

Gustav König (1808–1869)
1836/39; Öl/Lw; 89 × 107 cm
München, Bayerische Verwaltung der staatlichen Schlösser, Gärten und Seen [Coburg, Schloß Ehrenburg, M 420 (Coburger Landesstiftung)]

Mit seinem Werk »Dr. Martin Luther der deutsche Reformator. In bildlichen Darstellungen von Gustav König«, das 1851 erstmals erschien und in zahlreichen weiteren Auflagen und Raubdrucken eine große Verbreitung fand (1930 wurde eine Gesamtauflage von rund 80000 Exemplaren ermittelt), trug der Künstler Gustav König wesentlich zu der im 19. Jahrhundert aufkommenden Popularität Luthers bei. Im Auftrag Herzog Ernsts I. von Sachsen-Coburg schuf er 1836–41 außerdem einen Gemäldezyklus, bestehend aus sieben Darstellungen sächsischer Reformationsfürsten. Dazu gehört die Szene, in der Luther der Familie des Kurfürsten von Sachsen seine Bibelinterpretation erklärt. Um einen Tisch versammelt sind dargestellt (v. l. n. r.): Melanchthon, die Schwiegertochter des Kurfürsten, Sibylla von Cleve, mit ihrem kleinen Sohn, sodann Lucas Cranach d.Ä., Luther, dessen Frau Katharina von Bora (?), der Sohn des Kurfürsten, Johann Friedrich der Großmütige, und schließlich der Kurfürst selbst.

U/9 Kyffhäuser

Edmund Friedrich Kanoldt (1845–1904)
1870; Öl/Lw; 135 × 100 cm
Mannheim, Städtische Kunsthalle Mannheim (M 891)

Der Kyffhäuser ist ein Bergrücken südlich des Unterharzes. Der Sage nach soll Kaiser Friedrich Barbarossa dort noch immer auf seine Rückkehr warten. Heinrich Heine sinnierte darüber in »Deutschland. Ein Wintermärchen« (1844):

»Kyffhäuser ist der Berg genannt,
Und drinnen ist eine Höhle;
Die Ampeln erhellen so geisterhaft
Die hochgewölbten Säle.
...
Der Kaiser bewohnt den vierten Saal.
Schon seit Jahrhunderten sitzt er
Auf steinernem Stuhl, am steinernen Tisch,
Das Haupt auf den Armen stützt er.
...
Der Kaiser hält ein strenges Gericht,
Er will die Mörder bestrafen -
Die Mörder, die gemeuchelt einst
Die teure, wundersame,
Goldlockichte Jungfrau Germania...«

U/10 Hünengrab im Walde*

Heinrich Schilking (1815–1895)
1841; Öl/Lw; 121,7 × 106,5 cm
Münster, Westfälisches Landesmuseum Münster (WKV 320) (Leihgabe des Westfälischen Kunstvereins)

Der westfälische Maler Heinrich Schilking hatte eine Vorliebe für romantische Waldlandschaften. Das Hünengrab im Vordergrund ist ebenso eine Anspielung auf deutsche Mythen wie die im Zentrum stehende knorrige Eiche. So heißt es in Friedrich Gottlieb Klopstocks »Hermanns Schlacht« (1769): »O Vaterland, o Vaterland, ... du gleichst der dicksten, schattigsten Eiche, im innersten Hain, der ältesten, heiligsten Eiche, o Vaterland!«

U/10

U/13

U/11 Die Sage

Wilhelm von Kaulbach (1805–1874) und
Julius Muhr (1819–1865)
1852; bez.u.l.: W. Kaulbach
Öl/Lw; 268 × 235 cm
Posen, Muzeum Narodowe (Mo 2002)

Das Gemälde ist die zweite Fassung nach einem Wandbild im Neuen Museum in Berlin (1945 zerstört). Zu dem Zyklus im Museum gehörten auch Personifikationen der Geschichte, der Wissenschaft und der Dichtkunst. Die Wiederholung seines Werkes überließ Kaulbach zu großen Teilen Muhr.
»Die Sage« sitzt auf einem Hünengrab und verkündet, was ihr zwei Raben – Odins geweihte Vögel Hugin und Munin – berichten. Mit einem Runenstab zieht sie eine Krone mit der Inschrift »Einiges Deutschland« zu sich heran.

U/12 Vater Rhein*

Moritz von Schwind (1804–1871)
1848; Öl/Lw; 220 × 456 cm
Posen, Muzeum Narodowe (Mo 1800)

Das Monumentalgemälde »Vater Rhein«, als Hymne auf den »deutschen Schicksalsstrom« gedacht, steckt voller Anspielungen auf Märchen und Heldensagen sowie auf Kunst- und Geschichtsdenkmäler. Dem Käufer des Bildes, Graf von Raczynski, lieferte Schwind eine »Übersetzung« mit:
»Der Rhein, umgeben von Nixen, die den Nibelungenschatz tragen, … begleitet seinen Gesang auf der Fidel des Volker. Dem Publico wird zugemutet, in den drei am Ufer sitzenden Rheinstädten den Gegenstand seines Liedes zu erkennen. Speyer mit den Kaisergräbern als Geschichte, Worms die Heimat der Nibelungen als Sage und Mainz mit der

österreichischen und preußischen Fahne und Festungsinsignien als unsere neue Wirtschaft ... Seine Zuhörerschaft, bzw. Nebenflüsse, sind kenntlich durch die Gebäude und Attribute, die sie tragen.«
Im folgenden zählt Schwind auf: die Ill mit dem Straßburger Münster, die Dreisam mit dem Freiburger Turm »tannenbekränzt und schwarzhaarig, weil aus dem Schwarzwald kommend«, der hintere Rhein als Hirtenknabe mit dem Schweizer Wappen, die Oos mit der Baden-Badener Trinkhalle, Badischer Fahne und Wappen, die Mosel mit Glas und preußischem Wappen, die Sieg mit dem Kölner Dom, der Neckar als Student, das Pfälzer und Württemberger Wappen tragend, der Main mit dem Frankfurter Römer und dem Frankfurter Wappen am Ruder und schließlich der Main-Donau-Kanal als Bursche mit weiß-blauem Band im Haar, die Kehlheimer Befreiungshalle präsentierend.
Das Gemälde, 1848 erstmals in München und 1850 in Berlin gezeigt, wurde von Schwind, bevor er es 1858 schließlich verkaufen konnte, im Detail mehrfach verändert: In den Vorentwürfen hielt die Personifikation der Stadt Mainz die österreichische und die preußische Fahne in der Hand, 1848 wurde daraus das schwarz-rot-goldene »Banner deutscher Einheit«. 1853 berichtete Schwind, er habe »die schwarz-rot-goldene Fahne in Gottes Namen eingezogen«; die Farben Österreichs und Preußens kehrten zurück.

U/13 Lorelei (Lurley)*

Carl Begas d. Ä. (1797–1854)
1835; Öl/Lw; 124 × 136 cm
Heinsberg, Kreisheimatmuseum

Der »Lurleyberg«, ein Fels am rechten Ufer des Rheins, war bereits im Mittelalter sagenumwoben; im 13. Jahrhundert glaubte man dort den Nibelungenhort verborgen. 1800 erfand Clemens Brentano in einer Ballade die Phantasiegestalt »Die Lore Lay«. Durch Heinrich Heines Gedicht von 1824 wurde die »schönste Jungfrau« mit dem goldenen Haar allgemein bekannt und populär.

U/14

U|12

U/14 Hagen versenkt den Nibelungenhort*

Peter Cornelius (1783–1867)
1859; Öl/Lw; 80 × 100 cm
Berlin, Nationalgalerie SMPK (S.W.38)

Cornelius war der erste Künstler, der das Nibelungen-Thema 1812 in einer Serie von Zeichnungen aufgriff. Für das 1859 fertiggestellte Gemälde »Hagen versenkt den Nibelungenhort« lieferte er selbst eine Erklärung mit aktuellem Bezug: »Unter dem Nibelungenhort denke ich mir das Sinnbild aller deutscher Macht, Glück und Herrlichkeit, welches alles im Rhein versenkt liegt und mit ihm dem Vaterland erhalten [bleibt] oder verloren geht.« 1856 hatte der preußische Kronprinz dasselbe Motiv als Zeichnung von der Rheinprovinz als Geschenk erhalten, verbunden mit der Hoffnung, er werde den versenkten Schatz »deutscher Herrlichkeit« heben.

U/15 Bühnenbildentwurf zum »Ring des Nibelungen« von Richard Wagner

»Siegfried«, 2. Aufzug: Tiefer Wald, nach der Münchner Dekoration von 1878
Heinrich Döll (1824–1892)
1878; Öl/Lw; 74 × 96 cm
Kiel, Theaterwissenschaftliche Slg. im Institut für Literaturwissenschaft der Universität Kiel

Richard Wagner veröffentlichte seinen »Ring des Nibelungen« 1863. Die Uraufführung des vierteiligen Opernzyklus' fand 1876 in Anwesenheit Kaiser Wilhelms I. im neuerrichteten Bayreuther Festspielhaus statt, allerdings mit nur mäßigem Erfolg und großen finanziellen Verlusten. Lediglich der dritte Teil des Zyklus', »Siegfried«, fand einhellige Zustimmung. Nachdem die Ausstattung der Uraufführung 1876 in Bayreuth allgemein kritisiert worden war, entwarfen Heinrich Döll und Christian Jank für die Aufführung des »Ringes« 1878 im Münchner Hoftheater neue Bühnenbilder.

U/16 Kriegerische Germanen

Anton von Werner (1843–1915) zugeschrieben
Gouache; 68 × 98 cm
Berlin, Berlinische Galerie, Studiensammlung Waldemar Grzimek

Das Aufgreifen des Motivs der kriegerischen Germanen, vor allem in der Zeit des deutsch-französischen Krieges 1870/71, ist vergleichbar mit der Verbreitung der Kreuzfahrerdarstellungen anläßlich der Freiheitskriege 1813/14. Auch diesmal sollten die Bilder vor allem der moralischen Aufrüstung dienen.

U/17 Verfolgte Germanin

Karl Theodor von Piloty (1826–1886)
Um 1871; bez.u.r.: Piloty
Öl/Holz; 80,8 × 52,5 cm
Schweinfurt, Slg. Georg Schäfer (7851)

Piloty, seit 1856 Professor und ab 1874 auch Direktor der Münchner Akademie, malte nach 1870 eine Reihe von Historienbildern mit Motiven aus der römisch-germanischen Geschichte. Beim Publikum fanden die Darstellungen viel Beifall und wurden als Anspielungen auf die jüngsten Ereignisse verstanden: Die von römischen Kriegern (=Franzosen) aus dem Hinterhalt überfallene Germanin wehrt den Angriff erfolgreich ab.

U/18 »Nach Walhall!«

Adalbert von Rössler (1853–1922)
1887; bez.u.l.: Adalbert v. Roessler.87.
Öl/Lw; 165 × 131 cm
Posen, Muzeum Narodowe (Mo 1674)

Aus den Wolken naht Odin, der Gott des Krieges, auf einem Pferd sitzend, um die Seelen der beiden auf dem Schlachtfeld liegenden germanischen Krieger nach Walhall zu bringen. Das Gemälde wurde 1887 auf der Großen Berliner Kunstausstellung gezeigt und als Huldigung an die im Krieg 1870/71 gefallenen deutschen Soldaten aufgefaßt.

U/19

U/20

U/19 Die Wacht am Rhein (Germania)*

Hermann Wislicenus (1825–1899)
1874; bez.u.r.: H. Wislicenus 1874
Öl/Lw; 104 × 77 cm
Goslar, Goslarer Museum (7851)

Das Gemälde ist eine Wiederholung der ersten Fassung, die 1872 bei einem Brand der Düsseldorfer Akademie vernichtet wurde. Der Titel »Die Wacht am Rhein« bezieht sich auf das gleichnamige Gedicht von Schneckenburger (1840). Hermann Wislicenus, spezialisiert auf nationale Geschichtsmalerei, erhielt wenig später den Auftrag, die Goslarer Kaiserpfalz mit einem Bilderzyklus auszuschmücken, mit der »Wiedererstehung des Reiches 1871« als Höhepunkt.

U/20 Germania und der hl. Michael*

Ferdinand Keller (1842–1922)
Um 1890; bez.u.r.: F. Keller
Öl/Lw; 72,5 × 92 cm
Oldenburg, Landesmuseum Oldenburg (12.625)

Die skizzenhafte Malweise läßt vermuten, daß das Bild als Entwurf für ein Monumentalgemälde gedacht war. Der heilige Michael, neben Germania eine der wichtigsten Identifikationsfiguren der Deutschen im 19. Jahrhundert, zeigt sich in wehrhafter Rüstung und trägt einen Schild mit der Inschrift »MIT GOTT FÜR...«. Ganz ähnlich wurde auch Bismarck von vielen Künstlern dargestellt (vgl. L/25 und Raum 13).

Vestibül

BISMARCK BEI SICH SELBST

»Sein Selbstgefühl war, ähnlich wie bei Friedrich dem Großen und Napoleon, mit einer starken Dosis Menschenverachtung gepaart und diese verleitete ihn nicht selten, Freunde und Feinde zu unterschätzen. Er sah in Freunden dann willenlose Werkzeuge seiner Pläne, Schachfiguren, die er beliebig auf dem Brette seiner Politik hin- und herschieben, und auch opfern konnte, wenn dies ins Spiel paßte, in seinen Feinden nur Schurken und Dummköpfe. Freunde konnte er nur gebrauchen, wenn sie sich vollständig mit ihm identifizierten. Er betrachtete sie mit Mißtrauen, sobald sie sich erlaubten, eine andere Meinung zu haben wie er, oder eine Haltung einzunehmen, die seinen Erwartungen nicht entsprach.« So charakterisierte Christoph Tiedemann, von 1878 bis 1881 Chef der Reichskanzlei und engster Mitarbeiter Bismarcks, seinen Vorgesetzten. Bismarck wirkte auf seine Umgebung respekteinflößend, aber seine Eigenart, einsame Entscheidungen zu treffen, auf jede Kritik allergisch zu reagieren und am liebsten nur treu ergebene Geister um sich zu versammeln, wurde von vielen, auch von auswärtigen Politikern, als nachteilig empfunden. Der österreichische Gesandte in Berlin, Károlyi, schrieb am 4. April 1875 an seinen Außenminister Andrássy, er vermisse in Berlin eine politische Kultur: »Fürst Bismarck liebt es und hat seine ganze Existenz danach eingerichtet, sich bloß mit Untergebenen und Gleichgesinnten ganz ungeniert zu umgeben, und sein Geschäftsleben bewegt sich auch meist in diesen Kreisen. Auf keinem Terrain ist ... der gesellig-politische Verkehr, der zum Beispiel in Paris, London und St. Petersburg eine große und nützliche Rolle in der Politik spielt, so armselig und ressourcelos wie auf dem Berliner.«

Mit Mißstimmungen und körperlichen Beschwerden, beispielsweise Magenkrämpfen, reagierte Bismarck auf politische Widerstände. Er liebte gutes Essen und Trinken, und sein Appetit versetzte nahezu jeden, der Gelegenheit hatte, im Hause Bismarck zu speisen, in Erstaunen. Sogar im Krieg 1870/71 führte er »einen guten Tisch, der sich da, wo die Umstände es erlaubten [u. a. in Versailles], zur Opulenz erhob«, dank »Spenden aus der Heimat«: Spickgänse, Wild, »edle Fische«, Fasane, Baumkuchen, gutes Bier und herausragende Weine sowie »andere hochachtbare Dinge«, berichtete sein Mitarbeiter Moritz Busch. Lucius von Ballhausen beobachtete 1874, daß er, »nachdem er schon Suppe, eine große fette Forelle und Kalbsbraten verzehrt hatte, ... noch drei oder vier von diesen großen schweren ... Möweneiern [aß], welche er aus Schlesien geschenkt erhalten ... Dabei war er nach seiner Meinung noch auf Krankenkost gesetzt.« Und auch Baronin Spitzemberg, Stammgast im Hause Bismarck, zeigte sich immer wieder beeindruckt von den Tafelfreuden: »Der

Fürst schmaust mit bestem Appetit und echt pommerschem Raffinement; Hummer, Gänsebrust und Gänsesulz, Sprotten und Hering, Rauchfleisch und Pute, ›eines nach dem andern sieht man in seinen Magen wandern‹.«

Bismarck hatte nicht nur Probleme mit seinem Gewicht, auch seine besondere Art der Tageseinteilung machte ihm gesundheitlich zu schaffen. In Varzin und Friedrichsruh erschien er zwischen zwölf und ein Uhr zum Frühstück, gegen zwei Uhr unternahm er, gemeinsam mit einem Mitarbeiter, einen drei- bis vierstündigen Ritt, auf dem auch Geschäftliches besprochen wurde. »Um 6 Uhr wurde diniert, immer vier Gänge mit Sekt, Tischwein und Portwein ... Um 9 Uhr zog sich der Fürst in sein Arbeitszimmer zurück. Etwas nach Mitternacht war Postschluß. Die Diener erschienen, um die Briefe und sonstigen Postsachen zu kuvertieren und zu siegeln. Um halb 1 Uhr war die Tagesarbeit getan. Es folgte die Teestunde im Zimmer der Fürstin, die sich gewöhnlich auf Stunden ausdehnte.« (Tiedemann)

Weder die Bäderreisen der sechziger Jahre nach Karlsbad, Badgastein und Baden-Baden in Begleitung des preußischen Königs noch die regelmäßigen Aufenthalte in Kissingen seit 1874 oder die Ratschläge der Hausärzte Struck und Frerich hatten Bismarck von einer gesünderen Lebensweise überzeugen können. Erst als Ernst Schweninger im Sommer 1883 die Gesundheitsüberwachung übernahm und Diätkost sowie einen geänderten Tagesablauf verordnete, stellten sich Erfolge ein, so daß Hildegard von Spitzemberg im November des Jahres überrascht in ihr Tagebuch notieren konnte, Bismarck sei »kaum mehr zu erkennen als der schwerfällige, angeschwemmte Mann von diesem Frühjahr: ... wie er ... so leichtfüßig daherschritt, jugendlich schlank von Wuchs, freilich darauf der weiße Kopf mit dem durch das Abmagern sehr faltigen Gesichte.« Und Ballhausen registrierte im Dezember 1883: »Er war sehr mager geworden, aber rüstig und schmerzfrei, macht lange Spaziergänge und hält unter steter Aufsicht Schweningers strenge Diät. Der augenscheinliche Erfolg des vorgeschriebenen Regimes stimmt ihn willig ... Seine jetzige Zeiteinteilung ist: 7 Uhr aufstehen, 10 bis 12 1/2 Uhr Gehen und Sprechen mit Besuchern, dann gemeinschaftliches Dejeuner. Gehen allein, bis es dunkel wird. 6 Uhr Diner, ein bis zwei Pfeifen, 9 1/2 Uhr pünktlich zieht er sich zurück.« Die Erfolge Schweningers waren allerdings nicht von Dauer. Sobald der Arzt seinem Patienten den Rücken zukehrte, stellte sich die alte Eßlust wieder ein. Außerdem machten Bismarck Schlaflosigkeit und Gesichtsschmerzen zu schaffen. Gegen die Schlaflosigkeit hatte er schon früher Morphium bekommen, das ihm nun auch Schweninger nicht verwehren konnte.

Daß Bismarck trotz der Probleme mit seiner Gesundheit ein so hohes Alter erreichte (83 Jahre), war vor allem dem Rückhalt, den er bei seiner Frau Johanna fand, und der Geborgenheit im Familienkreise zuzuschreiben. Über Johanna kam Baronin Spitzemberg zu einem durchaus differenzierten Urteil: »Daß sie nur liebende Frau und dazu schwach und abgöttisch liebende Mutter war, ist ja unzweifelhaft, ebenso, daß sie ihres großen Gatten politische Pläne ehrlich haßte als ihrem Glücke schädlich und seiner Gesundheit. Aber ihre

Herzenswärme, ihre Treue, ihre originelle, durch keine Stellung verflachte, mächtige Individualität ist doch auch wert, kennengelernt zu werden.«

Ablenkung von den politischen Geschäften suchte Bismarck beim Reiten und Jagen sowie auf langen Spaziergängen mit seinen Hunden. Er las viel, Malerei und Musik interessierten ihn weniger: »Ich habe Richard Wagner gekannt, aber es war mir unmöglich, mir etwas aus ihm zu machen ... Auch Musik zu hören habe ich aufgegeben, ich kann die Melodie nachher nicht aus dem Kopfe kriegen, und dann lockt mir die Musik Tränen aus den Augen, und es ermüdet mich sehr, wenn ich mich habe rühren lassen« (Bismarck zum englischen Maler Richmond, November 1887). Mit Gefühlsäußerungen tat er sich schwer. Als 1877 seine geliebte Dogge Sultan starb, suchte er seine Tränen gegenüber Tiedemann zu verbergen. Am folgenden Tag erklärte er, »es sei sündlich, so wie er getan, sein Herz an ein Tier zu hängen, er habe aber nichts Lieberes auf der Welt gehabt«.

Bei Reit- und Wanderausflügen gewann er sein seelisches Gleichgewicht zurück, und Belege für sein enges Verhältnis zur Natur sind zahlreich überliefert. Vor allem in Briefen an Johanna schilderte er die auf Exkursionen gesammelten Eindrücke: »Wenn ich gefrühstückt und gezeitungt habe, wandre ich mit Jagdstiefeln in die Wälder ... und entwerfe Schonungen ... Es gibt hier ... Bäche, Moore, Heiden, Ginster, Rehe, Auerhähne, undurchdringliche Buch- und Eichenaufschläge und andere Dinge, an denen ich meine Freude habe, wenn ich dem Terzett von Taube, Reiher und Weihe lausche«, schrieb er 1867 aus Varzin, und 1889 zeigte er in Friedrichsruh Baronin Spitzemberg »seinen geliebten Wald, die verschiedenen Schonungen, die er angelegt«. Er erzählte ihr, er habe einen Hügel mit »Niederholz« bepflanzt, der ihn an Pommern erinnern sollte. Dort habe er »als alter Mann im Sommer oft lang ausgestreckt im Heidekraut gelegen und gen Himmel geguckt ›sich und die Welt zu vergessen‹!« Bismarck selbst wurde aufgrund seiner Eigenarten – dem ausgeprägten Selbstwertgefühl und der Unbeirrbarkeit seiner politischen Entscheidungen – von seinen Anhängern häufig mit einer Eiche verglichen. Die Eiche galt seit dem 18. Jahrhundert als Symbol der deutschen Seele und des deutschen Nationalcharakters.

Leonore Koschnick

V/1

V/1 Badgastein mit Wasserfall*

Thomas Ender (1793–1875)
Öl/Lw; 33 × 25 cm
Salzburg, Residenzgalerie (3)

In den sechziger Jahren begleitete Bismarck den preußischen König einige Male auf seinen Bäderreisen, um die laufenden politischen Geschäfte zu erledigen. Er fand aber auch Zeit für ausgedehnte Spaziergänge, Jagdgesellschaften und ein tägliches Bad in den Heilquellen. Die Stationen der Bäderreisen waren stets dieselben: Karlsbad, Badgastein, Bad Ischl und Baden-Baden. Die »geräuschvolle Thätigkeit des Wassersturzes« in Badgastein ging Bismarck jedoch bisweilen auf die Nerven, wie er im August 1865 seiner Frau schrieb: »Man athmet auf, wenn man einen Ort erreicht, wo man den brutalen Lärm des Wasserfalls nicht hört.«

V/2 Bad Ischl

Ludwig Halauschka (1827–1882)
Öl/Lw; 35 × 47 cm
Salzburg, Residenzgalerie (40)

Bismarcks Aufenthalte in Bad Ischl während der jährlichen Bäderrundreisen waren meist nur von kurzer Dauer. Dort residierte in den Sommermonaten das österreichische Kaiserpaar. Nach einer Einladung zum Tee zeigte sich auch Bismarck von der Schönheit Kaiserin Elisabeths beeindruckt.

V/3 Konversationshaus und Anlagen in Bad Kissingen

Photographie; 29 × 38 cm
Wien, Museen der Stadt Wien, Historisches Museum (182.046)

Die Quellen von Kissingen waren bereits im 16. Jahrhundert für ihre heilende Wirkung bekannt, jedoch erst im 19. Jahrhundert gewann das Städtchen als Badeort an Bedeutung. Während 1840 erst 3200 Gäste gezählt wurden, waren es 1880 bereits 12000 und 1900 sogar 20000. Bismarck besuchte Kissingen in den Jahren 1874 bis 1893 fünfzehnmal, meist in Begleitung der gesamten Familie. 1871 wurde der Ort an das Eisenbahnnetz angeschlossen und 1883 auch dem Namen nach zum Bad erhoben.

V/4 Ansicht der Oberen Saline in Bad Kissingen

Pilartz
Photographie; 22,5 × 30,5 cm
Bad Kissingen, Stadtarchiv

In diesem Gebäude stand der Familie Bismarck für ihre Aufenthalte in Kissingen eine Wohnung zur Verfügung. Die Bäder wurden in der unteren Saline genommen. Bismarck benutzte einen Fußweg, den niemand sonst betreten durfte und der seit dem Attentat im Jahre 1874 (vgl. 10/43) von Gendarmen bewacht wurde.

V/5 Eine Seite aus dem Gästebuch der Oberen Saline in Bad Kissingen

30 × 20 cm
Bad Kissingen, Stadtarchiv

Die Einträge belegen die Aufenthalte Bismarcks in Kissingen von 1876 bis 1892.

V/6 Glückwunschadresse der Stadt Bad Kissingen zum 70. Geburtstag Otto von Bismarcks am 1. April 1885

32 × 48,5 cm
Bad Kissingen, Stadtarchiv

Die Illustrationen zeigen die »Eiserne Quellenhalle« und das Gradiergebäude sowie das Arbeitszimmer und den Salon Bismarcks in der Oberen Saline. Die Gußeisenkonstruktion der 1842 nach Plänen von Friedrich Gaertner errichteten Quellenhalle überdeckte die Brunnen Rakoczy und Pandur, im Sudhaus des Gradiergebäudes wurden Salzdampfbäder verabreicht.

V/7 Tageskaraffe für den Maxbrunnen in Bad Kissingen

Gravur: Max Wasser, 2 Glas am Morgen/ 1 Glas am Mittag/1 Glas zur Nacht
2. Hälfte 19. Jh.
Kristallglas, geschliffen und geätzt;
H 24,5 cm, Dm 12 cm
Bad Kissingen, Staatliche Kurverwaltung
(S. 45 – Nr. 72)

V/11

V/12

Neben dem Maxbrunnen verfügt Kissingen über zwei weitere Quellen – Rakoczy und Pandur. In der weiteren Umgebung liegen noch der Schönbornsprudel, der Runde Brunnen und der Luitpoldsprudel. Alle werden für Trinkkuren und für Bäder genutzt. Das Wasser soll bei Magen-, Darm-, Leber- und Gallenerkrankungen, Herz-, Gefäß- und Stoffwechselkrankheiten, Nervenleiden und Rheuma heilsam wirken.

V/8 Brunnenbecher mit einer Ansicht des Kursaals in Bad Kissingen

Um 1870; Glas; H 13 cm, Dm 7,6 cm
Bad Kissingen, Staatliche Kurverwaltung
(S. 45 – Nr. 69)

Der Kursaal wurde 1834–38 nach Plänen von Friedrich Gaertner errichtet.

V/9 Bismarcks Wohnung in Bad Kissingen

a) Schlafzimmer
b) Empfangszimmer
c) Arbeitszimmer

B. Dittmar
3 Postkarten; je 9 × 14 cm
Bad Kissingen, Stadtarchiv

V/15

V/10 Rundsofa mit Aufsatzfigur aus der Wohnung Bismarcks in Bad Kissingen

Holz, Textil; 120 × 227 × 197 cm; Aufsatz: Gips, H 102 cm; bez.: Lilli Finzelberg 1893
Augsburg, Hessing Stiftung Augsburg

Das Sofa stand in der Mitte des Empfangszimmers in der Oberen Saline. Die Gipsstatuette eines Bauernjungen, genannt »Der kleine Gratulant«, war ein Geschenk der Berliner Bildhauerin Finzelberg an Bismarck.

V/11 Otto von Bismarck*

Pilartz
1890; Photographie; 29 × 21 cm
Bad Kissingen, Stadtarchiv

Während Bismarck sich in späteren Jahren in der Berliner Öffentlichkeit nur in der Kürassieruniform zeigte, trug er »in Varzin und Friedrichsruh, in Kissingen und Gastein einen bequemen Hausrock und ein weißes Halstuch, das den Stehkragen ersetzte, auf dem Kopf einen weichen Filzhut«. Nur ein einziges Mal sah ihn Christoph Tiedemann, als Chef der Reichskanzlei 1878–81 Bismarcks engster Mitarbeiter, in einem Zivilgesellschaftsanzug, und zwar in Badgastein anläßlich einer Einladung zur kaiserlichen Tafel: »Angetan mit einem etwas zu engen Gehrock, vorsündlichen Vatermördern und einem Zylinder von ungeheuerlichen Dimensionen, bot er einen so grotesken Anblick, daß die Fürstin geradezu entsetzt war und ihn beschwor, wenigstens doch einen weichen Filzhut aufzusetzen.«

V/12 Johanna von Bismarck (1824–1894)*

Pilartz
Photographie; 14,5 × 10,5 cm
Bad Kissingen, Stadtarchiv

Auch Johanna von Bismarck legte keinen großen Wert auf elegante Kleidung. Baronin Spitzemberg notierte am 16. November 1887 in ihr Tagebuch: »Fürst und Fürstin gehen morgen zum Hofdiner, ein großes Ereignis; ich möchte nur den alten Lappen sehen, den die teure Frau aus ihrem Kleiderspinte dazu hervorsucht und seelenvergnügt antut!«

V/17

V/13 Zwei Filzhüte und eine Jagdmütze, von Bismarck getragen

Um 1890
Friedrichsruh, Bismarck-Museum

V/14 »Wer hat die größten Stiefel an?«

In: Extra=Blatt dem Geburtstagskinde zum 1. April 1885
35 × 51,3 cm
Nürnberg, GNM, Graphische Slg. (Kapsel 1330[a], HB 13043)

Bismarcks Stiefel waren ebenso wie die vom »Kladderadatsch« erfundenen drei Haare auf der Glatze ein »Markenzeichen«. In der illustrierten Erzählung zum 70. Geburtstag des Kanzlers wird der deutsch-französische Krieg von 1870/71 ironisch als Wettstreit zwischen Napoleon III. und Bismarck unter dem Motto »Wer hat die größten Stiefel an?« dargestellt.

V/15 Bismarcks Stiefel*

Anton von Werner (1843–1915)
1882; bez.u.l.: AvW 1882.
Öl/Lw; 46,5 × 20 cm
Offenbach, Deutsches Ledermuseum/Deutsches Schuhmuseum (7049)

Wie auf dem Bild zu erkennen, trug Bismarck Stiefel, die weit über die Knie reichten – daher die beeindruckende Größe seines Schuhwerks. Anton von Werner hatte im Krieg 1870/71 zahlreiche Detailzeichnungen angefertigt, die er später in seine Historienbilder einarbeitete. Das Stiefel-Bild war eine Vorstudie zum Diorama der Schlacht bei Sedan.

V/16 Bismarcks Stulpenstiefel

Um 1890; Leder mit Holzspannern
Friedrichsruh, Bismarck-Museum

V/17 »Fürst Bismarck Wage«*

Postkarte; 9 × 14 cm
Bad Kissingen, Stadtarchiv

V/21

Die Postkarte zeigt eine Ansicht des »Kleinen Pavillons« in Kissingen, in dem die Bismarck-Waage (mit Sessel) stand. Eine Tabelle gibt den Verlauf der Bismarckschen Gewichtsschwankungen von 1874 bis 1893 wieder: Der höchste Wert wurde 1879 mit 247 Pfund notiert, der niedrigste 1893 mit 196 Pfund!

V/18 »Bismarck-Waage«

Personenwaage aus dem »Kleinen Pavillon« in Bad Kissingen
Holz, Metall, Textil; 123 × 75 × 98 cm
Bad Kissingen, Staatliche Kurverwaltung

Es gab in Kissingen vier dieser Waagen, die der Gewichtskontrolle der Kurgäste dienten. Auf seinen täglichen Spaziergängen suchte Bismarck regelmäßig »seine« Waage im »Kleinen Pavillon« auf.

V/19 Brief Otto von Bismarcks an den britischen Gouverneur von Helgoland, Sir Henry Maxse, Berlin, 21. April 1869

Handschrift; 27 × 21 cm
Berlin, GStA PK (Rep. 90, B. Nr. 354, Acc. 20/1975)

Da die Vorliebe Bismarcks für gutes Essen und Trinken, insbesondere für Luxusdelikatessen wie Kaviar, Hummer und Gänseleberpastete, allgemein bekannt war, erhielt er von überall Geschenksendungen verzehrbaren Inhalts. In dem Brief bedankt er sich für eine »liebenswürdige Zuschrift und für die derselben so reichlich beigefügte Ausbeute der hohen Jagd von Helgoland … Ich darf aber versichern, daß der eindruck der segnungen Ihres strandes und der vollkommenheit welche der hummer an demselben erreicht, noch heut ebenso lebhaft bei mir ist, wie in dem augenblicke wo ich die erste scheere dieser ausgezeichneten schaaltiere brach…«

V/20 Ernst Schweninger (1850–1924)*

Franz von Lenbach (1836–1904)
1888; bez. u.r.: F. Lenbach 1888
Öl/Holz; 63,8 × 51,5 cm
Friedrichsruh, Bismarck-Museum

Seit dem Sommer 1883 war Ernst Schweninger der Leibarzt Bismarcks. Nachdem seine Diätverordnungen schon bald erfolgreich waren – Bismarck und seine Frau hatten Ende des Jahres jeweils etwa 40 Pfund abgenommen –, ersuchte der Kanzler Kultusminister Goßler, dem Arzt zu einem akademischen

Lehrstuhl zu verhelfen. Er könne ohne ihn nicht gesund leben, und sein Vergehen, wegen dessen er aus der Münchner Fakultät entfernt worden sei, dürfe man nicht so streng nehmen. (Bei diesem Vergehen handelt es sich um ein Sittlichkeitsdelikt, für das Schweninger zu einer mehrmonatigen Gefängnisstrafe verurteilt worden war.) Ballhausen notierte am 29. Juli 1884: »Minister Goßler erklärte sich bereit, das Unmögliche zu tun, nachdem Schweninger durch Ernennung in eine Reichscharge rehabilitiert sei.« Schweningers Berufung auf einen Lehrstuhl war von der Berliner Universität abgelehnt worden, der Kultusminister sorgte jedoch für die Einrichtung einer außerordentlichen Professur. Bismarck wollte den »schwarzen Tyrannen« stets in seiner Nähe wissen, da er allein nicht genügend Energie aufbrachte, die Diätvorschriften einzuhalten.

V/20

V/21 Pillenschachtel aus der »Apotheke zum König Salomo Berlin W.« für Bismarck*

1897; ca. 7 × 4 × 1 cm
Hamburg, Dr. Hans-Walter Hedinger

Auf der Schachtel wird handschriftlich eine Dosierungsanweisung gegeben: »Sr. Durchlaucht dem Fürsten Bismark. Mehrmals täglich ein Pulver zu nehmen. 28. 4. 97«

V/22 Literarische Werke von Autoren, die Bismarck besonders gern gelesen hat

a) »Shak[e]speare's dramatische Werke, übersetzt von Aug. Wilh. v. Schlegel und Ludwig Tieck«
12 Bde., Berlin: G. Reimer 1839/40

b) »Schillers sämmtliche Werke in zwölf Bänden«
Stuttgart und Tübingen: J. G. Cotta 1847

c) J. L. Uhland, Gedichte
Leipzig: Reclam 1892

d) H. Heine, Sämtliche Werke
6 Bde., Philadelphia: J. Weik o. J. (5. Aufl.)

e) A. v. Chamisso, Werke
3 Bde., Leipzig: Weitmann 1852 (3. Aufl.)

f) F. Rückert, Gesammelte Werke
Bd. 6, Erlangen: K. Heyer 1838 (3. Aufl.)

Berlin, Privatbesitz (a, b)
Saltø, Anita Gräfin Scheel-Plessen (c-f)

Bismarck ließ sich die Gedichte von Chamisso, Uhland, Rückert und Heine mehrfach schenken, um sie in jedem seiner Wohnsitze griffbereit zu haben. »Wenn ich dann so recht verärgert und abgemattet bin, lese ich am liebsten diese deutschen Lyriker, das erquickt mich«, erklärte er gegenüber der Baronin Spitzemberg, der außerdem auffiel, daß Bismarck »stets Schiller oder einen Lyriker auf seinem Tische liegen [hatte] oder einen Schmöker, an dem er sich ›vom Denken ausruht‹«. Austen Chamberlain, 1887 als Zuhörer im preußischen Landtag, war äußerst erfreut darüber, daß der Kanzler so häufig Shakespeare zitierte.

V/23

V/23 Bismarck als Siebzigjähriger zu Pferde*

Aus: Heinrich Reimer, Bismarck. Das Jahrhundert der deutschen Einigung 1815–1915 in Wort und Bild, Hamburg o. J.
Photographie (Reproduktion)
Berlin, DHM

V/24 Otto von Bismarck im Park von Friedrichsruh mit seinen beiden Doggen, 14. Juni 1886*

A. Bockmann
Photographie (Reproduktion von 1892)
Friedrichsruh, Bismarck-Museum

Bismarck zeigte gegenüber seinen Doggen, von denen er meist zwei um sich hatte, eine große Anhänglichkeit. Sie waren auch auf Reisen dabei. Tiedemann berichtete von einer Eisenbahnfahrt, bei der »unser Salonwagen auf jeder Station mit größter Aufmerksamkeit angestarrt [wurde], namentlich da Tiras die Honneurs machte und durch das Fenster mit dem Publikum Beziehungen anzuknüpfen suchte«.

V/25 Hofjagd bei Letzlingen*

Eduard Grawert (gest. 1864)
Bez.: E. Grawert
Öl/Lw; 50 × 66 cm
Berlin, Verwaltung der Staatlichen Schlösser und Gärten (Gk I 2783)

Der preußische König Friedrich Wilhelm IV., auf dem Gemälde an der Seite König Friedrich Augusts II. von Sachsen zu erkennen, lud alljährlich zur Hofjagd nach Letzlingen ein; das Waldrevier lag in der südlichen Altmark. Otto von Bismarck wurde erstmals im Oktober 1850 zu diesem gesellschaftlichen Ereignis gebeten, aber auch sonst ließ er selten eine Gelegenheit aus, sich waidmännisch zu betätigen. Am 9. August 1857 berichtete er Johanna in einem Brief über eine Jagd im südlichen Schweden: »Die Rehböcke sind stärker hier, als ich jemals welche gesehn habe, und die Gegend schöner, als ich dachte.« In den sechziger Jahren nahm Bismarck »...trotz drängender Geschäfte nicht selten Einladungen zu Hofjagden an. Das Bedürfnis der Nervenstärkung zog ihn in die Wälder.« (Keudells Erinnerungen)

V/24

V/25

V/26 Stockständer

Abwurfstange eines Urhirschen der Eiszeit aus dem Kasseburger Moor im Sachsenwald
Hirschhorn/Holz; H 210 cm, Dm ca.70 cm
Friedrichsruh, Bismarck-Museum

Dieses Fundstück aus dem Sachsenwald diente im Friedrichsruher Hausflur als Garderoben- und Hutständer.

V/27 Scheibe aus dem Stamm einer 1888 auf Bismarcks Weisung im Sachsenwald gepflanzten Douglasie

Friedrichsruh 1888–1988
Holz; Dm 65 cm
Friedrichsruh, Forstverwaltung Saupark

Bismarck betrieb die Forstwirtschaft mit großem Engagement. 1889 zeigte er der Baronin Spitzemberg die neu angelegten Schonungen im Sachsenwald mit den unterschiedlichsten Baumarten, darunter Föhren, Lärchen und Eichen sowie amerikanische Edelhölzer.

V/28 Sechs Douglasien und sechs Eichen aus dem Sachsenwald

Friedrichsruh 1990
H je ca. 250 cm
Berlin, DHM

V/29 Haarsträhne Otto von Bismarcks

1898; in Lederfutteral mit Goldprägung, verglast; 12 × 5,5 cm
München, Bayerisches Nationalmuseum

Bereits zu Lebzeiten Bismarcks sammelte sein Friseur, Friedrich Wilhelm Röhrig, das abgeschnittene Haar des Altkanzlers und übergab es einem Notar zur Verwahrung. Einzelne Strähnen wurden dann in Schmuckstücke oder wertvolle Lederfutterale eingelassen. Das Bayerische Nationalmuseum erhielt sein Exemplar mit einer Locke als Geschenk nach Bismarcks Tod.

Raum 1

ZWISCHEN ZWEI WELTEN

Das Geburtsjahr Otto von Bismarcks, 1815, stand ganz im Zeichen des Wiener Kongresses, dem Versuch einer grundlegenden innen- und außenpolitischen Neuordnung Europas nach einer 25jährigen Epoche revolutionärer Erschütterungen, zahlreicher Kriege und schließlich der französischen Vorherrschaft unter Napoleon. Unter der Führung der Großmächte Österreich, Rußland, Großbritannien und Preußen wurden in Wien das Gleichgewicht der Mächte und die Legitimität der Dynastien zu den Leitformeln für die europäische Neugestaltung. Der österreichische Außenminister und spätere Staatskanzler Fürst Metternich hat als führender Kopf der Koalition gegen Napoleon, der in der Schlacht bei Waterloo am 30. Mai 1815 von einem alliierten Truppenaufgebot endgültig besiegt worden war, dem Kongreß diesen Weg gewiesen. Allerdings mußten sich die Mächte »wie im Wege des Vergleichs mit der Revolution in den Besitz der europäischen Erde teilen« (Karl von Rotteck). Der Kongreß hatte sich die Überwindung der Revolution zum Ziel gesetzt, aber er trat auch ihr Erbe an. Dieser Zwiespalt hat alle Maßnahmen und Schritte geprägt.

Zunächst wurden die territorialen Umwälzungen der Napoleonischen Ära zu einem Teil wieder rückgängig gemacht: Frankreich wurde – mit geringfügigen Korrekturen – auf das Gebiet von 1790 beschränkt; alle von Napoleon eingesetzten, als illegitim geltenden Herrscher wurden abgesetzt. Das bedeutete die Wiedereinsetzung alter Dynastien in Spanien und in der Schweiz, in Holland – das um die ehemals österreichischen Niederlande erweitert wurde – und Italien. Dort wurden der Kirchenstaat teilweise wiederhergestellt, Herrscher aus dem habsburgischen Hause in Modena und der Toskana erneut eingesetzt; Österreich erhielt die Lombardei und Venetien. In Deutschland wurden das Königreich Westfalen und das Großherzogtum Berg aufgelöst. Nicht zur Disposition standen jedoch die meisten Veränderungen, die seit dem Reichsdeputationshauptschluß von 1803 und der Gründung des Rheinbundes 1806 die deutsche Staatenwelt grundlegend verwandelt und im selben Jahr zum Untergang des »Heiligen Römischen Reiches Deutscher Nation« geführt hatten.

Die Neugestaltung Deutschlands auf dem Wiener Kongreß ist nachhaltig von diesen Ausgangsbedingungen geprägt worden. Als Ersatz für das untergegangene Reich entstand der Deutsche Bund, eine unauflösliche Verbindung von 39 Staaten, das heißt 35 souveränen Fürstenstaaten und vier Freien Städten: Frankfurt, Hamburg, Bremen und Lübeck. Dabei wurden auch ausländische Monarchen Bundesmitglieder, die in Personalunion ehemalige Reichsterritorien regierten: die Könige von England (für Hannover), der Niederlande (für Luxemburg) und Dänemarks (für Holstein mit Lauenburg). Österreich und Preußen gehörten nur mit ihren alten Reichsteilen dem Bund an. Aufgaben und Befugnisse des Bundes und das Verhältnis der Mitgliedstaaten zueinander regelte die Bundesakte, die am 8. Juni 1815 verabschiedet wurde. Der neue Bund war einerseits eine klare Absage an die Erwartungen und Forderungen der frühen nationalen Bewegung in Deutschland, schien aber andererseits mit dem Artikel 13 der Bundesakte, der »allen Bundesstaaten ... eine landständische Verfassung« in Aussicht stellte, neue Perspektiven zu eröffnen.

Die Neuordnung Deutschlands war ein zentraler Bestandteil der Neuordnung der europäischen Mächte, unter deren ausdrückliche Garantie der Deutsche Bund gestellt wurde. Dieses Mächtesystem war mit der Wiedereinbeziehung Frankreichs auf das vorrevolutionäre Gleichgewicht – die Pentarchie des 18. Jahrhunderts – zurückgeführt worden. Daneben aber begründeten die drei Monarchen der konservativen Ostmächte Rußland, Österreich und Preußen am 26. September 1815 den Bund der »Heiligen Allianz«, eine symbolische Bekräftigung des Prinzips der Restauration. Ihr traten fast alle europäischen Staaten bei.

Infolge der eigentümlichen Verknüpfung dieser Wiederherstellung vorrevolutionärer Verhältnisse und der pragmatischen Berücksichtigung des machtpolitischen Status quo mit dem übergreifenden Anspruch der Legitimität war den territorialen Regelungen des Wiener Kongresses eine bemerkenswerte Dauer beschieden; sie sollten dem Gleichgewicht in Europa bis zu den italienischen und deutschen Einigungskriegen der fünfziger und sechziger Jahre, in gewissem Sinne sogar bis zum Ersten Weltkrieg Halt geben. Die innenpolitische Restauration des »Systems Metternich« bestimmte zwar auch die folgenden Jahrzehnte, wurde jedoch immer nachhaltiger von den neuen Kräften der liberalen und nationalen Bewegung in Frage gestellt und mußte schließlich vor ihnen in der Revolution von 1848 kapitulieren.

Für Preußen war das wichtigste Ergebnis des Wiener Kongresses die Vergrößerung seines Territoriums nach Westen: Als Entschädigung für einige Gebiete Polens, die bei der dritten Teilung des Landes 1795 erworben worden waren und nun dem Zaren zugesprochen wurden, erhielt Preußen den nördlichen Teil Sachsens und vor allem die Provinzen Rheinland und Westfalen. Diese Neuerwerbungen, in deren linksrheinischen Teilen das napoleonische Recht gültig blieb, öffneten nicht nur kulturell den Blick des gesamten Landes nach Westen, sondern hatten auch Preußens Aufstieg zur stärksten deutschen Wirtschaftsmacht zur Folge. Alt- und Neupreußen blieben jedoch territorial getrennt durch das Königreich Hannover und die hessischen Fürstentümer. Damit schuf der Wiener Kongreß fundamentale Rahmenbedingungen für die spätere Politik Preußens, die auf die Überwindung der Spaltung des Landes abzielte. Mit einer Gesamtbevölkerung von gut zehn Millionen Einwohnern 1815, die bis 1848 auf rund 16 Millionen anstieg, zog Preußen innerhalb Deutschlands mit Österreich annähernd gleich.

Bereits in den Jahren vor dem Wiener Kongreß war in Preußen eine neue Führungsriege nach vorn gerückt, die aus der Niederlage gegen Napoleon 1806 Konsequenzen gezogen und eine Reihe von Reformen auf den Weg gebracht hatte. Sie sollten durch Freisetzung der individuellen politischen und ökonomischen Kräfte der Bürger eine neue Gesellschaft und einen neuen Staat konstituieren und damit den Wiederaufstieg des Landes einleiten. Es waren vor allem Friedrich Karl Freiherr vom und zum Stein, Karl August von Hardenberg, Wilhelm von Humboldt, Gerhard von Scharnhorst und August Neidhardt von Gneisenau, die Friedrich Wilhelm III. zur Billigung wichtiger Erlasse bewegen konnten: zur Liberalisierung des Grunderwerbsrechts und zur Abschaffung der Erbuntertänigkeit der Bauern, zur Aufhebung der Zünfte mit eingeschränkter Gewerbefreiheit, zur Durchsetzung der städtischen Selbstverwaltung sowie einer durchgreifenden Schul- und Hochschulreform, zur Öffnung des Offizierskorps für Bürgerliche und Einführung eines leistungsbezogenen Beförderungssystems. Aus der Sicht Steins war eine Umstrukturierung des gesamten Verwaltungsapparates notwendig, um all diese gesellschaftlichen und militärischen Reformen durchsetzen zu können.

1815 schien Preußen auf dem Weg zu einem modernen Staat mit liberalen Institutionen zu sein. Friedrich Wilhelm III. versprach seinen Untertanen am 22. Mai des Jahres zum wiederholten Male als Dank für den Sieg über Napoleon und die Vertreibung der französischen Truppen eine moderne Verfassung. Die Reformversuche wurden aber längst nicht von allen Bevölkerungsgruppen getragen, schon gar nicht von der bis dahin unangefochten privilegierten Adelsschicht. Nur eine Minderheit des Adels – darunter bezeichnenderweise viele »Ausländer« wie der Nassauer Stein oder der Hannoveraner Hardenberg – kämpfte zusammen mit aufgeklärten Bürgern und Staatsbeamten gegen die alten Strukturen und damit auch gegen die alteingesessenen ostelbischen Junker.

Zwischen diesen zwei Welten – aufgeklärtem Bürgertum und konservativem Adel – wuchs Otto von Bismarck auf, der am 1. April 1815 auf dem väterlichen Gut Schönhausen in der Altmark bei Magdeburg geboren worden war. Die Mutter Wilhelmine entstammte einer alten Gelehrtenfamilie, der Großvater Anastasius Ludwig Mencken hatte die Position eines Königlichen Kabinettsrats innegehabt. Die Vorfahren väterlicherseits dagegen waren schon seit Jahrhunderten Rittergutsbesitzer und hatten im preußischen Heer als Offiziere Karriere gemacht. Die unterschiedliche Herkunft der Eltern wirkte sich auf die Kindheit Otto von Bismarcks aus: Die ersten Lebensjahre durfte er noch auf dem väterlichen Gut Kniephof in Pommern, wohin die Familie 1816 umgezogen war, verbringen, dann schickte ihn die Mutter nach Berlin in die Plamannsche Lehranstalt. Dieses Institut hatte der Pädagoge Johann Ernst Plamann nach den Lehren Pestalozzis eingerichtet. Die Erziehungsmethoden waren streng, galten jedoch als vorbildlich. Von 1827 bis 1830 ging Otto auf das Friedrich-Wilhelm-Gymnasium, 1832 schloß er seine Schulbildung am Gymnasium zum Grauen Kloster ab. In dieser Zeit unterhielten die Eltern eine Wohnung in Berlin, in der die gesamte Familie während der Wintermonate zusammentraf. Vermutlich wäre Wilhelmine von Bismarck gern ganz in die Stadt übergesiedelt – das Leben auf dem Lande bot einer geistig anspruchsvollen Frau wenig Abwechslung.

Dem Vater, Ferdinand von Bismarck, fühlte sich Otto wesentlich mehr verbunden als der Mutter. Trotzdem absolvierte er, wie von ihr erwartet, von 1832 bis 1835 in Göttingen und Berlin ein Jurastudium und trat nach einjähriger Tätigkeit am Berliner Stadtgericht 1836 in Aachen eine Stelle als Regierungsreferendar an, um sich auf eine Karriere im Staatsdienst vorzubereiten. Im Alter von 22 Jahren brach er dann aus der vorbestimmten Bahn aus: Nachdem er im Sommer 1837, seiner ersten großen Liebe folgend, monatelang kreuz und quer und ohne genehmigten Urlaub durch Deutschland gereist war, wurde er in Aachen entlassen. In Potsdam nahm er die praktische Ausbildung noch einmal auf, brach sie aber auch dort schnell wieder ab. 1838 verpflichtete er sich zum einjährigen Militärdienst, besuchte nebenbei die Landwirtschaftsakademie in Eldena und faßte schließlich den Entschluß, sich auf die pommerschen Familiengüter zurückzuziehen. Bezeichnenderweise quittierte er – mit moralischer Unterstützung des Vaters – den Staatsdienst erst endgültig, nachdem seine Mutter Anfang 1839 gestorben war. Hatte Otto von Bismarck bis dahin weitgehend nach den Wünschen der Mutter gelebt, trat er nun in die Fußstapfen seines Vaters.

Zwei Jahre lang fand er eine gewisse Befriedigung darin, zusammen mit seinem Bruder die verschuldeten Güter wirtschaftlich emporzubringen. Als Junggeselle lebte er allein auf Kniephof, wo ihm die geistigen Anregungen, die er in der Studienzeit vor allem den Freunden Motley und Keyserling zu verdanken hatte, fehlten. Die wiederaufkommende Mißstimmung und Ziellosigkeit versuchte er 1842 durch monatelange Reisen durch England, Frankreich und Italien zu bekämpfen. Einen Ausweg aus dieser Lebenskrise fand er erst durch menschliche Begegnungen und Diskussionen über existenzielle Fragen im Kreise der pietistisch gesonnenen Standesgenossen in Pommern, wo er auch seine Braut Johanna von Puttkamer kennenlernte. Nach dem Tod seines Vaters 1845 siedelte er nach Schönhausen, dem Stammsitz der Familie, über. 1847 wurden mit Johanna Verlobung und Hochzeit gefeiert, und im selben Jahr unternahm er auch die ersten Schritte auf dem politischen Parkett.

Auf seiner England-Reise war Bismarck mit dem parlamentarischen System konfrontiert worden; dieses hat ihn in seinen konservativen Grundpositionen jedoch ebenso wenig beeinflussen können wie die politischen Forderungen des aufgeklärten rheinischen Bürgertums, das er während der Zeit in Aachen kennengelernt hatte. Die Rheinländer traten gegenüber den Altpreußen sehr selbstbewußt auf: 1818 hatten sie den König in einer Petition an sein Verfassungsversprechen erinnert und sich dafür seinen Unmut zugezogen; außerdem verteidigten sie ihren Katholizismus gegenüber der Vorherrschaft der Protestanten. Vor allem aufgrund des wirtschaftlichen Wachstums gewannen sie an Macht: Einzelne Unternehmer wie Friedrich Harkort und Alfred

Krupp studierten die englischen Methoden der industriellen Fertigung und führten sie in Preußen ein. An Rhein und Ruhr entstand eine Industrieregion, die das früher führende Schlesien mit seinen Erz- und Kohlevorkommen und seinem zurückgebliebenen Textilgewerbe schon bald in den Schatten stellte.

Entscheidend für den wirtschaftlichen Aufschwung Preußens insgesamt waren der Abbau der Zollschranken sowie der Ausbau des Eisenbahnnetzes, vielfach auf Initiative privater Gesellschaften, beginnend mit den Strecken Berlin-Potsdam (1838) und Berlin-Anhalt (1841). Auch für Bismarck brachte das neue Verkehrsmittel Vorteile, da nun die Reise zu den Gütern Schönhausen (Altmark) und Kniephof (Pommern) schneller und komfortabler zu bewältigen war. Die Fahrt von Berlin nach Stettin dauerte Ende der vierziger Jahre vier Stunden und dreißig Minuten.

Leonore Koschnick, Marie-Louise von Plessen

1/5a

1/1 Anzeige der Geburt Otto von Bismarcks am 1. April 1815, Schönhausen, 2. April 1815

In: Königlich privilegirte Zeitung, Dienstag, 11. April 1815
Friedrichsruh, Bismarck-Archiv (N 32)

1/2 Zeitungsbericht über den Verlauf des Wiener Kongresses am 1. April 1815

In: Allgemeine Zeitung, Nr. 97, Freitag, 7. April 1815
Berlin, Staatsbibliothek PK (2 Zsn 26 583)

Die »Allgemeine Zeitung« berichtete wie viele andere Presseorgane ausführlich über die Ereignisse in Wien. In den Nachrichten vom 1. April – dem Geburtstag Otto von Bismarcks – heißt es u. a.: »Auch die Stimmung der Fürsten und Feldherren ist herrlicher denn je«, und an anderer Stelle: »Die deutschen Verfassungsangelegenheiten dürften vorläufig suspendirt werden.«

1/3 Zeitungsbericht über den Verlauf des Wiener Kongresses am 1. April 1815

In: Berlinische Nachrichten von Staats- und gelehrten Sachen, Nr. 41, 6. April 1815
Berlin, Landesarchiv Berlin (53/3560)

1/4 »General-Karte von Europa«

Maßstab ca. 1:8750000
Carl Jungmann nach Carl Ferdinand Weiland (1782–1847)
Weimar: Geographisches Institut
1835; Kupferstich, Grenzen koloriert; 49 × 61 cm
Berlin, Staatsbibliothek PK, Kartenabteilung (Kart. F 810)

Die politische Landkarte Europas wurde auf dem Wiener Kongreß neu geordnet; u. a. einigten sich die fünf europäischen Großmächte am 8. Februar 1815 auf die Teilung Sachsens und Polens: Der nördliche Teil Sachsens fiel an Preußen, der Rest bildete das Königreich Sachsen. Das Herzogtum Warschau wurde als »Königreich Polen« mit Rußland gegen Abgabe russisch-polnischer Teile an Preußen und Österreich in Personalunion vereint.

1/5a Sitzung des Wiener Kongresses, 1814/15*

Jean Godefroy (1771–1839) nach Jean Baptiste Isabey (1767–1855)
1819; Kupferstich; 60,9 × 82,5 cm
Berlin, DHM (1988/290)

Auf dem berühmten Kupferstich »Congrès de Vienne« von Godefroy nach dem Gemälde von Isabey sind die Bevollmächtigten der acht Signatarmächte des zweiten Friedensvertrages von Paris vereint. Vertreten waren in dieser Runde, die auch am 13. März 1815 die Ächtung Napoleons »als Feind und Störer des Weltfriedens« unterzeichnet hatte, die Delegierten für Österreich (Metternich), Portugal (Palmella), Spanien (Labrador), Preußen (Hardenberg, Humboldt), Frankreich (Talleyrand), Rußland (Razumoffsky), England (Wellington) und Schweden (Löwenhjelm).

1/5b Erläuterungsblatt zu Isabeys »Congrès de Vienne«

Federlithographie; 34 × 71 cm
Wien, Museen der Stadt Wien (88.745/2)

1/6

1/7

1/6 Franz I. von Österreich (1768–1835) mit den Kronen der k.k. Erblande*

Johann Baptist Lampi d. J. (1775–1857)
1806;Öl/Lw; 205,5 × 141,5 cm
Wien, Museen der Stadt Wien (47.264)

Franz I., Kaiser von Österreich von 1804 bis 1835, mußte in den Koalitionskriegen gegen Napoleon schwerste Gebietsverluste hinnehmen. Die Habsburger Monarchie blieb zeitweise auf Böhmen, Ungarn, Ober- und Niederösterreich und die Steiermark beschränkt. Um Rang und Würde im Vergleich mit dem neuen Kaisertum Napoleons zu wahren, proklamierte er 1804 das alle Erblande umfassende Kaisertum Österreich und trat am 6. August 1806 als Römisch-Deutscher Kaiser Franz II. ab, da die Krone des alten Reichs nichts mehr galt. Aus politischen Gründen stimmte er der Heirat seiner Tochter Marie-Louise mit dem selbsternannten Kaiser der Franzosen zu. Nach dem Scheitern seiner Vermittlungsversuche im russischen Feldzug schloß er sich der Quadrupelallianz an (Rußland, England, Preußen, Österreich), die die Politik des Wiener Kongresses begründete. Franz I. beharrte auf der Erhaltung der monarchischen Legitimität als Voraussetzung politischer und sozialer Ordnung, sein Staatskanzler festigte diese Grundsätze später im »System Metternich«.

1/7 Klemens Lothar Wenzel Fürst von Metternich (1773–1859)*

Thomas Lawrence (1769–1830)
1818/19; Öl/Lw; 130,2 × 96,3 cm
Wien, Bundeskanzleramt (BkA 111-1/56)

Der bevorzugte Hofmaler des englischen Prinzregenten George, Lawrence, begann 1814 in London eine Porträtserie alliierter Souveräne, ihrer Minister und Generäle, darunter Metternich, Wellington und der Generalfeldmarschall von Blücher. Weitere Porträts europäischer Potentaten, die für die Waterloo Gallery in Schloß Windsor bestimmt waren, schuf Lawrence 1817 in Aachen. Dort malte er die Kaiser von Österreich und Rußland, den König von Preußen, Hardenberg und nochmals Metternich sowie den russischen Gesandten Nesselrode. Während des Wiener Kongresses saßen ihm u.a. Schwarzenberg und Friedrich von Gentz Porträt (vgl. 1/9).

1/8 Aktenmappe Metternichs

Wien, um 1814/15
Leder, Goldpressung, Leinen, Metallverschluß; H 32 cm, B 48,5 cm
Wien, Museen der Stadt Wien (178.776)

Metternich war zweifellos der wichtigste Politiker Österreichs in der ersten Hälfte des 19. Jahrhunderts. Nach Gesandtschaftsposten in Dresden, in Berlin und in Paris versuchte er seit 1809 als Außenminister, Napoleons Hegemonialpolitik zu begegnen. Gewissermaßen als »Ministerpräsident« der Koalition gegen den französischen Kaiser leitete er nach dessen Niederlage und Abdankung die Verhandlungen auf dem Wiener Kongreß. 1821 zum Haus-, Hof- und Staatskanzler ernannt, verfolgte er mit seiner Innenpolitik im Deutschen Bund demokratische, liberale und nationale Tendenzen mit scharfen restriktiven Maßnahmen wie Zensur und Inhaftierungen politischer Gegner. Diese Maßnahmen gewährleisteten trotz zahlreicher Gegenkräfte bis zu seinem Sturz in der 1848er Revolution den Bestand der Restauration.

1/9 Friedrich von Gentz (1764–1832)*

Kopie von William Sequire (?) nach Thomas Lawrence (1769–1830)
Öl/Lw; 76,5 × 64 cm
Berlin, DHM (1986/9)

Der Sohn des Berliner Münzdirektors und Schüler Kants, Friedrich von Gentz, veröffentlichte zunächst eine kommentierte Übersetzung von Edmund Burke's »Reflections on the Revolution in France« und trat auch mit einer eigenen Zeitschrift in Berlin hervor (»Neue Deutsche Monatsschrift«), in der er sich für einen gemeinsamen politischen Kurs von Preußen und Österreich einsetzte. Seit 1802 verfaßte er als kaiserlicher Rat in Metternichs Diensten Denkschriften antinapoleonischen Inhalts und zeichnete seine Erlebnisse in den Koalitionskriegen in Tagebüchern auf. Während des Wiener Kongresses entfaltete er sein publizistisches Talent entschieden für österreichische Interessen gegen preußische Positionen als Protokollführer der Verhandlungen und Verfasser offizieller Aktenstücke und Gesandtschaftsberichte wie auch der Wiener Schlußakte.

1/9

1/10

1/10 Robert Stewart Viscount Castlereagh (1769–1822)*

George-Peter-Alexander Healy (1808–1894) nach Thomas Lawrence (1769–1830)
Öl/Lw; 73 × 55 cm
Versailles, Musée National du Château de Versailles (MV 4660)

Der britische Staatsmann Castlereagh, seit 1812 Außenminister, vertrat Großbritannien im ersten Jahr bei den Wiener Verhandlungen. Er gehörte der von den vier Alliierten von Chaumont auf acht Mitglieder erweiterten Kommission an, die unter Vorsitz Metternichs den Kongreß eröffnet hatte. Sie verhandelte u.a. die Schiffahrt auf dem Rhein und seinen Nebenflüssen, die Handelsschiffahrt auf der Weichsel und, von Castlereagh besonders befürwortet, die Abschaffung des Sklavenhandels. Castlereaghs Ziel war eine stabile Friedenspolitik auf der Basis des Gleichgewichts der Mächte in Europa, neben der Stärkung Preußens und Österreichs auch Frankreichs unter der Herrschaft der wiedereingesetzten Bourbonen. Die Heilige Allianz bezeichnete er als »Mischung von sublimer Mystik und Unsinn«.

1/11

1/11 Arthur Wellesley, Duke of Wellington (1769–1852)*

Alfred Comte d'Orsay (1801–1852)
1845; bez.: Comte d'Orsay Pinx[t]. July 1845
Öl/Lw; 135 × 104 cm
London, National Portrait Gallery (405)

Nach Castlereaghs Rückberufung in das britische Parlament wurde seit dem 15. Februar 1815 der Herzog von Wellington Englands Bevollmächtigter auf dem Wiener Kongreß. Nach der überraschenden Rückkehr Napoleons übernahm er die Führung einer britisch-holländisch-deutschen Armee in Belgien, mit der er, unterstützt von preußischen Truppen unter Führung Generalfeldmarschall von Blüchers, bei Belle-Alliance (Waterloo) das Heer Napoleons besiegte.

1/12 Alexander I. von Rußland, Franz I. von Österreich und Friedrich Wilhelm III. von Preußen*

Um 1815; Öl/Holz; 14,7 × 18,2 cm
Berlin, Verwaltung der Staatlichen Schlösser und Gärten (Gk I 30113)

Die brüderliche Solidarität der christlichen Monarchen, die Europa von der Herrschaft Napoleons befreit hatten, fand mit der Unterzeichnung der Akte zur Heiligen Allianz ihren symbolischen Ausdruck. Mit dem von der christlichen Mystik geprägten russischen Zaren Alexander I. unterzeichneten am 26. September 1815 in Paris Franz I. von Österreich und Friedrich Wilhelm III. von Preußen den Heiligen Bund. Ihm traten alle europäischen Monarchen mit Ausnahme des englischen Prinzregenten George bei, dessen Unterschrift gemäß der parlamentarischen Verfassung Großbritanniens ohne Mitzeichnung seiner verantwortlichen Minister keine Rechtsfähigkeit besaß. Zum Beitritt nicht aufgefordert wurden der Papst und der Vertreter der Pforte.

1/13 Akzession der Freien Stadt Frankfurt zur Heiligen Allianz, 27. September 1817*

Pergamentlibell in Samthülle mit Atlasschleifen, Wachssiegel an gedrehter Siegelschnur; 35,5 × 45 cm (aufgeschl.)
Wien, Haus-, Hof- und Staatsarchiv (AUR ad 1815 September 26)

Seit dem Reichsdeputationshauptschluß (Regensburg, 25. Februar 1803), der die Auflösung des deutschen Kleinstaatensystems zur Folge hatte, bestand die Stadt Frankfurt als eine der wenigen freien Reichsstädte neben den drei Hansestädten Lübeck, Hamburg und Bremen und anfangs auch noch Augsburg und Nürnberg fort; sie wurde dann Hauptstadt des neugeschaffenen Großherzogtums Frankfurt. Damit verlor die Stadt wie alle übrigen der ehemals 52 freien Reichsstädte und wie zahlreiche kirchliche Hoheitsgebiete und alle Reichsritter ihre politische Unabhängigkeit. Der Beitritt des nach 1814 als »Freie Stadt« politisch wieder unabhängigen Frankfurt zur Heiligen Allianz dokumentiert die Durchführung der Vertragsbestimmungen bei den Mitgliedstaaten des Deutschen Bundes nach dem 26. September 1815. Am 5. November 1816 wurde in der »Freien Stadt« die erste Sitzung der Bundesversammlung mit den Gesandten der Gliedstaaten feierlich eröffnet.

1/12

1/14 Ratifikationsurkunde Kaiser Franz' I. von Österreich zur Deutschen Bundesakte, Paris, 15. Juli 1815

Handschrift, Samteinband mit Lacksiegel in vergoldeter Kapsel; 39 × 52 cm (aufgeschl.), Kapsel Dm 13 cm
Frankfurt a. M., Bundesarchiv, Außenstelle (DB 1 U/45)

Österreich war mit 9,5 Millionen Einwohnern die führende Macht im Bund der 35 Fürstenstaaten und der vier Freien Städte. Die Präambel der Deutschen Bundesakte hält einleitend fest, »daß die Souveränen Fürsten und Freien Städte Deutschlands, den gemeinsamen Wunsch hegend, den Artikel 6 des 1. Pariser Friedens in Erfüllung zu setzen, und von den Vorteilen überzeugt, welche aus einer festen und dauerhaften Verbindung für die Sicherheit und Unabhängigkeit Deutschlands und die Ruhe und das Gleichgewicht Europas hervorgehen würden«, vereinbart haben, sich zu einem beständigen Bunde bei gleichen Rechten für alle Bundesglieder zu vereinigen. Artikel 1 führt weiter aus: »Die Souveränen Fürsten und Freien Städte Deutschlands mit Einschluß Ihrer Majestäten des Kaisers von Oesterreich und der Könige von Preußen, von Dänemark und der Niederlande, und zwar der Kaiser von Oesterreich, der König von Preußen, beyde für die gesamten vormals zum deutschen Reich gehörigen Besitzungen, der König von Dänemark für Holstein, der König der Niederlande für das Großherzogthum Luxemburg, vereinigen sich zu einem beständigen Bunde, welcher der deutsche Bund heißen soll.«

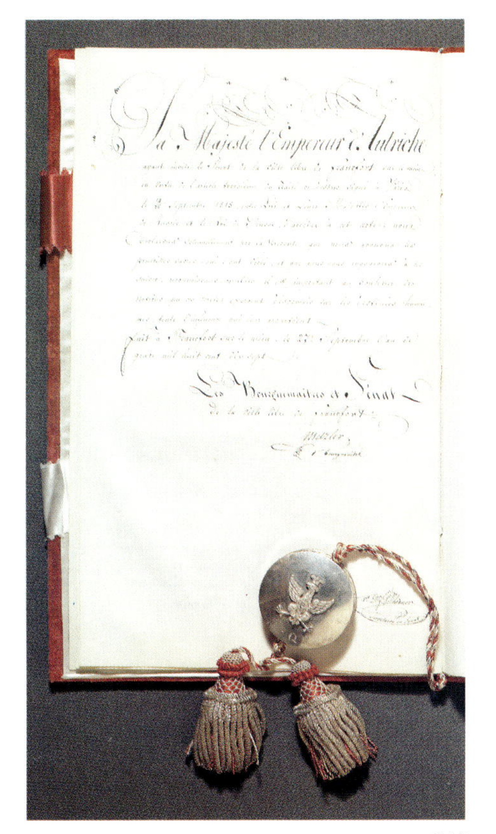

1/13

1/15 Ratifikationsurkunde Friedrich Wilhelms III., König von Preußen, zur Deutschen Bundesakte, Berlin, 8. Juni 1815

Handschrift, Samteinband mit Lacksiegel in Silberkapsel; 39 × 54 cm (aufgeschl.), Kapsel Dm 14,5 cm
Frankfurt a. M., Bundesarchiv, Außenstelle (DB 1 U/5)

Das Königreich Preußen war mit etwa acht Millionen Einwohnern nach Österreich der zweitgrößte Staat im Deutschen Bund. Seine Provinzen Posen, West- und Ostpreußen mit ca. 2,5 Millionen Einwohnern zählten nicht zum Territorialbestand des Bundes.

1/16 Ratifikationsurkunde Frederiks VI., König zu Dänemark, zur Deutschen Bundesakte, Schloß Frederiksborg, 14. Juli 1815

Handschrift, Samteinband mit Wachssiegel in Silberkapsel; 45 × 66 cm (aufgeschl.), Kapsel Dm 18 cm
Frankfurt a. M., Bundesarchiv, Außenstelle (DB U1/13)

Als Regent in Personalunion für die Herzogtümer Holstein und Lauenburg gehörte der König von Dänemark dem Deutschen Bund an.

1/17 Ratifikationsurkunde des Prinzregenten George im Namen seines Vaters Georg III., König von Großbritannien, König von Hannover, zur Deutschen Bundesakte, London, Carlton House, 18. Juli 1815

Handschrift, Samteinband mit Lacksiegel in Messingkapsel; 39 × 54 cm (aufgeschl.)
Frankfurt a. M., Bundesarchiv, Außenstelle (DB U1/8)

Aufgrund der Personalunion des Königreichs Hannover mit dem englischen Königshaus ergab sich eine unmittelbare Verbindung Großbritanniens zum Deutschen Bund. Die Wahrung des inneren und äußeren Status quo stand entsprechend der englischen Politik auch im Mittelpunkt der hannoverschen Interessen.

1/18 »Charte von Deutschland« »Nach dem Wiener Congreß und den darauf erfolgten Veraenderungen berichtigt...«*

Maßstab ca. 1:2000000
Daniel Friedrich Sotzmann (1754–1840)
Nürnberg: A. G. Schneider und Weigel
1816; Kupferstich, Grenzen koloriert; 52 × 63,5 cm
Berlin, Staatsbibliothek PK, Kartenabteilung (Kart. L 598)

1/19 »General-Karte von Deutschland nebst der Schweiz«

Maßstab 1:1050000
Heinrich Kiepert (1818–1899) nach Carl Ferdinand Weiland (1782–1847)
Weimar: Geographisches Institut
1851; Stich (4 Teile), Grenzen koloriert; 117 × 113 cm
Berlin, Staatsbibliothek PK, Kartenabteilung [Kart. L 952 (1–4)]

1/20 »Verhältniss-Karte von den Deutschen Bundesstaaten / Zur Übersicht und Vergleichung des Flächenraums, der Bevölkerung, der Staatseinkünfte u.s.w. dieser Länder«

Beilage zu August Friedrich Wilhelm Crome, Geographisch=statistische Darstellung der Staatskräfte von den sämmtlichen zum deutschen Staatenbunde gehörigen Ländern ..., Leipzig: Fleischer 1820
Kolorierter Stahlstich; 67 × 88 cm
Berlin, FUB, Fachbereich Wirtschaftswissenschaften WE 2, Arbeitsbereich Wirtschafts- und Sozialgeschichte (Q 453)

Die offizielle Bundes-Matrikel, die 1818 zur proportionalen Aufteilung der Kontingente des Bundesheeres aufgestellt wurde, zählt 35 Fürstenstaaten und 4 Freie Städte unterschiedlichster Territorialgrößen mit einer Gesamteinwohnerzahl von rund 30 Millionen auf: 4 Freie Städte (Lübeck, Frankfurt, Bremen, Hamburg), 2 Großmächte (Preußen und Österreich) sowie 33 Mittel- und Kleinstaaten: Anhalt-Bernburg, Anhalt-Dessau, Anhalt-Köthen, Baden, Bayern, Braunschweig, Hannover, Großherzogtum Hessen, Hessen-Homburg, Hohenzollern-Hechingen, Hohenzollern-Sigmaringen, Holstein mit Lauenburg, Holstein-Oldenburg, Kurhessen, Liechtenstein, Lippe, Luxemburg, Mecklenburg-Schwerin, Mecklenburg-Strelitz, Nassau, Reuß – ältere Linie, Reuß – jüngere Linie, Sachsen, Sachsen-Coburg, Sachsen-Gotha, Sachsen-Hildburghausen, Sachsen-Meiningen, Sachsen-Weimar, Schaumburg-Lippe, Schwarzburg-Rudolstadt, Schwarzburg-Sondershausen, Waldeck, Württemberg.

1/18

1/21 »Charte der Preussischen Monarchie in drey Blättern«

»Zuerst im Jahre 1812 ... entworfen, im Jahre 1815 ... nach den Beschlüssen des Wiener Congresses begränzt«

Maßstab ca. 1:1 040 000
Friedrich Wilhelm Streit (gest. 1839)
Weimar: Geographisches Institut
1815; Kupferstich, Grenzen koloriert;
64 × 123 cm
Berlin, Staatsbibliothek PK, Kartenabteilung (Kart. N 350/1)

1/22 Denkschrift über die Umbildung der preußischen Verwaltung, Nassau, Juni 1807

Heinrich Friedrich Karl Reichsfreiherr vom und zum Stein (1757–1831)
Handschrift, nachträglich in Leder gebunden; 36 × 23 cm
Berlin, Staatsbibliothek PK, Handschriftenabteilung (Ms boruss, fol. 823)

Durch die Reform der Verwaltung sollte nach den Vorstellungen Steins der gesamte preußische Regierungsapparat klarer strukturiert werden. Mit der Einrichtung eines Staatsrates verband sich die Hoffnung auf ein Zusammenwirken aller Kräfte an der Spitze des Staates. Ehemalige und amtierende Minister, Sektionschefs, Berater der Prinzen und des Königs sollten gemeinsam ein Entscheidungsgremium bilden. Für die Provinzen, Kreise und Gemeinden wurde in der Denkschrift die Selbstverwaltung gefordert.

1/23 »Die neue Staatsverfassung der Preußischen Monarchie«

1810; 65 × 57 cm
Berlin, GStA PK (I. HA, Rep. 90, Nr. 886, Bl. 13)

Als Karl August von Hardenberg 1810 von Friedrich Wilhelm III. zum Staatskanzler ernannt wurde, entwickelte er, abweichend von den Reformplänen Steins, eine Funktionsteilung der Staatsorgane, die nicht auf Gleichberechtigung von Ministern und Sektionschefs abzielte, sondern ihm selbst als Staatskanzler eine dominierende Rolle und den direkten Zugang zum König einräumte. Die Verwaltung des Staates wurde in Provinzen, Regierungs-Bezirke und Kreise gegliedert. Bereits 1808 waren die Fachministerien für Inneres, Verwaltung (Finanzen), Justiz, Krieg und Äußeres eingerichtet worden.

1/24 »Edikt, den erleichterten Besitz und freien Gebrauch des Grundeigentums sowie die persönlichen Verhältnisse der Landbewohner betreffend«, Memel, 9. Oktober 1807

In: Sammlung der für die Königlich Preußischen Staaten erschienenen Gesetze und Verordnungen von 1806 bis zum 27. Oktober 1810, Berlin 1822
Berlin, Senatsbibliothek (Ges 8 1807)

Der Adel büßte aufgrund dieses Erlasses einige Privilegien ein, da nun auch Bürgerliche und Bauern Grund und Boden, insbesondere Rittergüter, erwerben durften. Außerdem verloren die Gutsherren das Recht, über Wohnsitz, Heirat und den Werdegang der Kinder ihres Gesindes zu bestimmen.
Umgekehrt durften jetzt aber auch Adelige ein Gewerbe betreiben; so wurden Standesgrenzen aufgeweicht, die Besitzverhältnisse änderten sich jedoch nur langsam.

1/25 »Edikt über die Einführung einer allgemeinen Gewerbesteuer, Berlin, 2. November 1810«

In: Gesetz-Sammlung für die Königlich Preußischen Staaten, Bd.1, Berlin 1810
Berlin, Senatsbibliothek (Ges 8 1810–11)

Nachdem am 20. Oktober 1810 bereits das Edikt über die Einführung der Gewerbefreiheit erlassen worden war, sollte mit der neuen Gewerbesteuer das komplizierte alte Abgabensystem reformiert werden. Die Gewerbesteuer wurde abhängig von der Betriebsgröße gleichmäßig für Stadt und Land und alle Stände erhoben. Pläne zur Reform der Grundsteuer scheiterten dagegen am Widerstand des Adels.

1/26 Büste des Freiherrn vom und zum Stein (1757–1831)*

Hermann Schievelbein (1817–1867) zugeschrieben
Mitte 19. Jh.; Gips; H 66 cm
Berlin (DDR), Deutsche Staatsbibliothek (K 248)

Stein, 1804 zum preußischen Akzise-, Zoll-, Fabriken- und Handelsminister ernannt, führte als erstes einige Neuerungen wie das Papiergeld und die »Statistischen Bureaus« ein. Im Januar 1807 vorübergehend entlassen, nutzte er die Zeit zur Entwicklung einer großen Reformdenkschrift und wurde schon im Juli desselben Jahres erneut berufen. Drei Monate darauf setzte er als Erster Minister das Edikt zum erleichterten Besitz des Grundeigentums durch. Weitere Reformen wie die Städteordnung (1808) und eine Reorganisation des Staatsministeriums wurden von Stein auf den Weg gebracht, ohne daß er sie vollenden konnte, da er 1808 sein Amt auf Druck Napoleons räumen mußte. Vorübergehend diente Stein dann dem Zaren als Berater. Auf dem Wiener Kongreß trat er als Gegner Metternichs hervor und kämpfte vergeblich für eine verbesserte Stellung des »dritten Deutschland« zwischen Österreich und Preußen im Rahmen eines Deutschen Reiches unter Führung eines wiederhergestellten deutschen Kaisertums.

1/27 Büste des Karl August von Hardenberg (1750–1822)

Christian Daniel Rauch (1777–1857)
(Original 1816); Gips; H 80 cm
Berlin, DHM

Neben Stein war Hardenberg der maßgebliche Reformer des preußischen Staatsapparates. Bevor er 1791 als Staats- und Kriegsminister nach Preußen berufen wurde, hatte er bereits in Braunschweig und Ansbach-Bayreuth Ministerämter bekleidet. Weitere Stationen seiner Karriere: 1798 Provinzialminister, 1804 Außenminister, 1806 Entlassung auf Geheiß Napoleons, 1807 kurzfristig Erster Minister des preußischen Staates. 1810 übernahm er als Staatskanzler die Leitung der gesamten preußischen Politik. Hardenberg erreichte beim König die Billigung wichtiger Reformen, so der Gewerbefreiheit, der Säkularisierung des Kirchengutes und der Judenemanzipation. Andere politische Ziele wie die Liberalisierung des Staatsapparates waren spätestens nach den Karlsbader Beschlüssen 1819 nicht mehr durchführbar. Hardenberg vertrat 1814/15 zusammen mit Wilhelm von Humboldt Preußen auf dem Wiener Kongreß.

1/26

1/28 Büste des Wilhelm von Humboldt (1767–1835)

Bertel Thorvaldsen (1770–1844)
(Original 1804); Gips; H 53 cm (m.S.)
Berlin, DHM

Humboldt war der entscheidende Initiator bildungspolitischer Reformen in Preußen. Nach dem Jura- und Philosophiestudium hatte er seine Laufbahn im preußischen Staatsdienst als Referendar am Berliner Kammergericht begonnen. Später lebte er lange Zeit im Ausland, davon allein sieben Jahre als preußischer Gesandter in Rom. 1809 wurde er zum Leiter der Sektion Kultus und Unterricht im preußischen Innenministerium ernannt. Er entwickelte die Leitlinien eines neuen, humanistischen Erziehungs- und Bildungssystems und setzte die Gründung der Berliner Universität durch.

1/29 Büste des Gerhard Johann David von Scharnhorst (1755–1813)

Christian Daniel Rauch (1777–1857)
(Original 1818); Gips; H 63 cm
Berlin, DHM

Scharnhorst führte parallel zu den Reformen Steins und in Zusammenarbeit mit Gneisenau eine Heeresreform durch und gab den Anstoß zur 1813/14 eingeführten allgemeinen Wehrpflicht. Im Juli 1807 hatte ihn Friedrich Wilhelm III. zum Direktor des Kriegsdepartements, Chef des Generalstabes und Vorsitzenden der militärischen Reorganisationskommission ernannt, nachdem Scharnhorst 1801 vom hannoverschen zum preußischen Heer gewechselt war und 1806/07 an den Feldzügen gegen Napoleon teilgenommen hatte. Seit 1808 leitete er das neugeschaffene Kriegsministerium. 1813 starb er an den Folgen einer Kriegsverletzung.

1/30 Büste des August Wilhelm Antonius Neidhardt von Gneisenau (1760–1831)

Friedrich Christian Tieck (1776–1851)
(Original 1821); Gips; H 68 cm
Berlin, DHM

1/31

Gneisenau, seit 1786 Offizier im preußischen Dienst, kämpfte im Kreis der Reformer für ein neues Selbstverständnis der Armee. Er sah auch im Soldaten zuerst den Staatsbürger und baute auf das Verantwortungsbewußtsein jedes einzelnen. Gneisenau wurde in den Befreiungskriegen zum wichtigsten Gegenspieler Napoleons. 1816 nahm er seinen Abschied, da seine Erwartungen hinsichtlich eines freiheitlichen Nationalstaates sich nicht erfüllten.

1/31 Otto von Bismarcks männliche Ahnen*

Öl/Holz; 162 × 95 cm (m.R.)
Friedrichsruh, Fürstin Ann Mari von Bismarck

Das Bild zeigt die Ahnen der Schönhauser Linie: Valentin von Bismarck (1580–1620) und seine vier Söhne. Der Stammbaum der Familie Bismarck läßt sich bis in das 13. Jahrhundert zurückverfolgen. 1562 wurde das rechts der Elbe in der Altmark gelegene Dorf Schönhausen, neben der Propstei Krevese und dem Dorf Fischbeck (Schönhausen benachbart), einer der Stammsitze der Bismarcks. Otto von Bismarck war ein Sprößling dieser Schönhauser Linie.

1/32 Otto von Bismarcks weibliche Ahnen*

Öl/Holz; 162 × 95 cm (m.R.)
Friedrichsruh, Fürstin Ann Mari von Bismarck

Dieses Gruppenbildnis weiblicher Vorfahren [Valentin von Bismarcks Gemahlin Bertha (1582–1642) mit ihren vier Töchtern] gehört zu den zahlreichen Gemälden, die im Schönhauser Schloß das Bewußtsein für die Familientradition wachhielten.

1/33 Karl Alexander von Bismarck (1727–1797)

Öl/Lw; 77 × 67 cm (oval, m.R.)
Friedrichsruh, Fürstin Ann Mari von Bismarck

Karl Alexander von Bismarck, der Großvater Ottos, diente lange Jahre in der Armee Friedrichs II. Er kämpfte in den Schlachten von Kollin, Leuthen und Hochkirch, wurde schwer verwundet und übernahm 1775 das Gut Schönhausen.

1/34 Christiane Charlotte Gottliebe von Bismarck (1741–1772)

Öl/Lw; 77 × 67 cm (oval, m.R.)
Friedrichsruh, Fürstin Ann Mari von Bismarck

Christiane Charlotte Gottliebe von Bismarck, geborene Schönefeld, die Großmutter Ottos, war mit Karl Alexander von Bismarck verheiratet und hatte sieben Kinder: eine Tochter und sechs Söhne, von denen allerdings zwei bereits im Säuglingsalter starben. Sie selbst wurde nur 30 Jahre alt.

1/35 Anastasius Ludwig Mencken (1752–1801)

Frisch (vermutl. Johann Christoph, 1738–1848)
Kupferstich; 18,5 × 15,5 cm (m.R.)
Friedrichsruh, Fürstin Ann Mari von Bismarck

Der aus einer Leipziger Gelehrtenfamilie stammende Anastasius Ludwig Mencken, Otto von Bismarcks Großvater mütterlicherseits, diente Friedrich II. als Kabinettssekretär für auswärtige Angelegenheiten, fiel vorübergehend bei Friedrich Wilhelm II. in Ungnade und machte schließlich unter Friedrich Wilhelm III. als Königlicher Kabinettsrat Karriere. Er suchte Kontakt zu den wichtigsten Vertretern der Aufklärung – den Autoren der »Berlinischen Monatsschrift« – und befürwortete einen aufgeklärten Absolutismus.

1/36 Johanna Elisabeth Mencken (1755–1818)

Pastell; 28,5 × 23,5 cm
Friedrichsruh, Fürstin Ann Mari von Bismarck

Johanna Elisabeth, Tochter eines pommerschen Gutsverwalters und Witwe eines wohlhabenden Potsdamer Tabaksfabrikanten, heiratete 1785 Anastasius Ludwig Mencken. Sie hatten zusammen eine Tochter, Wilhelmine Luise, und einen Sohn. Sie war die Großmutter Otto von Bismarcks.

1/37

1/32

1/37 Karl Wilhelm Ferdinand von Bismarck (1771–1845)*

Aquarell; 37 × 31 cm
Friedrichsruh, Bismarck-Museum

Ferdinand von Bismarck, Ottos Vater, war der Jüngste von insgesamt fünf Geschwistern. Nach dem Militärdienst übernahm er die Gutsherrschaft von Schönhausen, während zwei seiner Brüder dem preußischen Heer als Offiziere verbunden blieben. 1806 heiratete er die Potsdamer Beamtentochter Wilhelmine Mencken. Im Gegensatz zu seiner gebildeten, anspruchsvollen Frau besaß Ferdinand ein eher bodenständiges Naturell; Otto, der jüngste Sohn, hing an seinem Vater, auch wenn er sich gelegentlich an dessen ungehobelten Umgangsformen störte.

1/38

1/38 Wilhelmine Luise von Bismarck (1789–1839)*

Frédéric Frégevize (1770–1849)
1823; Öl/Lw; 89 × 75 cm (m.R.)
Friedrichsruh, Fürstin Ann Mari von Bismarck

Mit siebzehn hatte Wilhelmine Mencken den achtzehn Jahre älteren Ferdinand von Bismarck geheiratet; von insgesamt fünf Kindern, die sie zur Welt brachte, überlebten nur drei: Bernhard, Otto und Malwine. Otto von Bismarck empfand seine Mutter als hartherzig und kalt – ohne Verständnis für seine kindlichen Bedürfnisse. Sie förderte eine fundierte Ausbildung der Söhne, von denen sie vor allem intellektuelle Anregungen erwartete. Mit dem eintönigen Leben auf dem Lande war sie unzufrieden; sie starb im Alter von 49 Jahren.

1/39 Stammbaum der Familie Mencken

Otto Moser
1868; bez.: nach Archiv Quellen entworfen und gezeichnet von Otto Moser in Leipzig 1868
Zeichnung; 35,4 × 31 cm
Friedrichsruh, Bismarck-Archiv (N 33)

1/42

1/41

Die Vorfahren Wilhelmine Menckens waren in der Mehrzahl Staatsbeamte und Gelehrte, die im 17. und 18. Jahrhundert an den Universitäten in Leipzig und Helmstedt wirkten.

1/40 »Der König Ankäos / eine Ballade aus Natalia mit Begleitung der Guitarre in Musik gesetzt ...«

Titelblatt der Notenschrift
Friedrich Westenholz (1778–1840)
Berlin: Rudolph Werckmeister
24,5 × 43,5 cm
Friedrichsruh, Bismarck-Archiv (N 34)

Diese Notenschrift ist einer der wenigen erhaltenen Belege für die persönlichen Neigungen der Mutter Otto von Bismarcks. Als Kind einer bildungsbeflissenen Familie hatte sie auch das Klavierspielen gelernt; ihr Mann Ferdinand entwickelte dagegen keinerlei musische Interessen.

1/41 Gut Schönhausen (Altmark)*

A. Müller-Schönhausen (geb. 1838)
1863; bez.u.r.: Müller Schönh. 63
Aquarell; 27 × 36,7 cm
Friedrichsruh, Bismarck-Museum

Auf dem Gut Schönhausen, rechts der Elbe im Kreis Jerichow gegenüber von Tangermünde gelegen, wurde Otto Eduard Leopold von Bismarck am 1. April 1815 geboren. Das dreistöckige Herrenhaus hatte August von Bismarck 1695–1700 errichten lassen. 1816 zog die Familie für einige Jahre nach Pommern auf das neu erworbene Gut Kniephof. Später lebten Wilhelmine und Ferdinand von

Bismarck wieder in Schönhausen. Seit 1839 bewirtschafteten die beiden Söhne Bernhard und Otto gemeinsam die drei pommerschen Güter Kniephof, Külz und Jarchelin. Seit 1830 war der größere Teil von Schönhausen (Schönhausen II) im Besitz eines Bürgerlichen, des Stadtrats Gaertner aus Magdeburg.

1/42 Otto von Bismarck im elften Lebensjahr*

Franz Krüger (1797–1857)
1825; Kreidezeichnung, Deckweiß;
44,5 × 37 cm (m.R.)
Friedrichsruh, Fürstin Ann Mari von Bismarck

Das Porträt des Jungen entstand in der unglücklichsten Phase seiner Kindheit, als er auf Wunsch der Mutter in der Plamannschen Lehranstalt in Berlin untergebracht war. Von Januar 1822 bis September 1827 lebte er in dieser als vorbildlich geltenden und streng geführten Internatsschule. Nur die Ferien durfte das Kind bei den Eltern in Kniephof oder bei seinem Onkel Fritz in Templin verbringen.
Franz Krüger, seit 1825 preußischer Hofmaler, stand in keinem persönlichen Verhältnis zur Familie Bismarck; er wurde zum bevorzugten Porträtmaler der Berliner Gesellschaft.

1/43 Ansicht des Grauen Klosters, Berlin

1847; bez.: 18 HB. 47
Öl/Lw; 37 × 59 cm
Berlin, Evangelisches Gymnasium zum Grauen Kloster

Das ehemalige, 1271 gegründete Franziskanerkloster beherbergte seit 1574 das berühmte »Gymnasium zum Grauen Kloster«, die älteste höhere Lehranstalt in Berlin. Der im Kern mittelalterliche, zwei Höfe umschließende Bau wurde 1842–45 umgestaltet: Die Westfassade wurde von zwei schlanken Türmen eingerahmt, und ein Säulengang begrenzte die Kirche zur Klosterstraße hin. Das 1847 datierte Gemälde zeigt in vermutlich dokumentarischer Absicht den Zustand vor den umstrittenen Umbauten, so wie ihn auch der junge Otto von Bismarck, der das Gymnasium 1830–32 besuchte, gekannt hat.

1/44 Otto von Bismarck als Student*

Philipp Petri (1800–1868)
1833; später bez. a.d.R.: gemalt von Petri in Göttingen 1833
Öl/Porzellan; 15 × 13 cm
Friedrichsruh, Fürstin Ann Mari von Bismarck

1832–35 studierte Otto von Bismarck in Göttingen und Berlin Jura, im Juni 1836 wurde er in Aachen als Regierungsreferendar vereidigt. Doch die Verwaltungstätigkeit interessierte ihn wenig; um so intensiver genoß er das gesellschaftliche Leben der Bäderstadt. 1837 reiste er vier Monate lang mit der Familie seiner ersten großen Liebe, der Engländerin Isabella Loraine-Smith, kreuz und quer durch Deutschland.

1/45 Einladungskarte zu einer Treibjagd am Samstag, 2. Januar 1837*

8,4 × 12 cm
Friedrichsruh, Bismarck-Archiv (A 55 b)

Otto von Bismarck war ein begeisterter Reiter und nahm auch gern an Jagdgesellschaften teil – bis zur Aufhebung des privilegierten Jagdrechts 1848 in Preußen ein dem Adel vorbehaltenes Vergnügen.

1/46 »An den Königl. Regierungs-Referendar...«

Brief Ferdinand von Bismarcks an seinen Sohn Otto, Berlin, 14. August 1838
Handschrift; 21,2 × 17,2 cm
Friedrichsruh, Bismarck-Archiv (N 32)

Im August 1838 war Otto von Bismarck nur noch auf dem Papier Regierungs-Referendar, denn seit März absolvierte er sein Militärdienstjahr: erst in Potsdam und ab Oktober in Greifswald, wo er zugleich die Landwirtschaftsakademie in Eldena besuchte und so den Rückzug auf die pommerschen Güter vorbereitete.

1/44

Der Vater ermutigte ihn in seinen Plänen: »Gestern war Bülow hier, er ist auch der Meinung, daß Du besser thust, ein Guth zu bewirthschaften, als im Staatsdienst zu bleiben. Wer im Staatsdienst ginge, wäre gewiß, daß er sein Vermögen zersetzte, nur reiche Leute könten ihn wählen, wir sehen dies ja an den Herren Minister und Generalität, daß diejenigen welche kein Vermögen hätten, würden von Gläubigern gequält und von ihren Schulden fast erdrückt und auf ein häusliches Familienglück müßten sie ganz verzichten. Sie kämen erst in die Lage es ausführen zu können, wenn sie es nicht mehr genießen könnten. Und der Frauen ihr Hauptgeschäft wäre, einen siechen Hypokonder der sich um sein ganzes Lebensglück gebracht hätte, zu pflegen. Diese lasse Dir angelegen sein und behalte eine Abschrift von dem Brief.«

1/47 Urkunde über die Verleihung einer Rettungsmedaille an Otto von Bismarck »Auf höchsten Befehl Seiner Majestät des Königs«, 13. September 1842

Formular mit handschriftlichen Eintragungen; 34 × 21 cm
Friedrichsruh, Bismarck-Archiv (A 32)

Bismarck hatte am 24. Juni 1842 seinen Reitknecht vor dem Ertrinken gerettet. Noch im hohen Alter war er stolz auf diese Tat. Die ihm dafür verliehene Medaille wurde ihm auf eigenen Wunsch mit ins Grab gegeben.

1/48 »An den Rittergutsbesitzer Herrn von Bismarck ...«

Bestätigung der Anstellung als Referendar am Regierungs-Collegium in Potsdam, Potsdam, 15. April 1844
Handschrift, Siegellack; 34,5 × 42 cm
Friedrichsruh, Bismarck-Archiv (A 32)

Am 7. April 1844 hatte Otto von Bismarck, gelangweilt und unzufrieden mit seinem Leben als »Krautjunker«, beim Regierungspräsidium in Potsdam einen Antrag auf Wiederaufnahme in den Staatsdienst gestellt. Die Antwort fiel, trotz Zusage, wenig schmeichelhaft aus und erinnerte an das schon einmal vorzeitig abgebrochene Dienstverhältnis

Herrn v. Bismarck
wird auf Samstag d 2 Januar 18[illegible]7
zu einem Treibjagen
höflichst eingeladen und um Mitführung des nöthigen
Jagdwaffen-Passes ersucht von
[illegible]
Der Sammelplatz ist Morgens präcis [illegible] Uhr [illegible]
Zu haben bei F. W. Maas gr. Gallengaße N° 5.

1/45

(Dezember 1837 bis März 1838). Bismarck trat am 3. Mai 1844 seine neue Stellung an, ließ sich aber bereits am 15. Mai wieder beurlauben und kehrte nicht mehr zurück, da er »die Leute und Geschäfte grade so schaal und unersprießlich gefunden [habe] wie früher«.

1/49 Die Thier-Chemie oder die organische Chemie in ihrer Anwendung auf Physiologie und Pathologie

Justus Liebig (1803–1873)
Braunschweig: Friedrich Vieweg und Sohn
1843 (2. Aufl.)
Berlin, Staatsbibliothek PK (Ms 8975[2])

Auf den pommerschen Gütern der Familie Bismarck wurde in erster Linie Getreide angebaut und Schafzucht betrieben. Um die hochverschuldeten Höfe wieder rentabel bewirtschaften zu können, informierte sich Bismarck auch über die neuesten wissenschaftlichen Erkenntnisse in den Bereichen der Düngemittelforschung und der Agrartechnik.

1/50 »Beschreibung einer Maschine zum Schneiden von Stroh, Heu und anderen vegetabilischen Materien. Von Gardner«

Mit Konstruktionszeichnungen der »Hekselmaschine« von Gardner
In: Berliner Gewerbe-, Industrie- und Handelsblatt, Bd. 11, Nr. 3, 10. April 1844
A. F. Neukranz (Hg.)
Berlin, TUB, UB, Gartenbaubücherei (8 Zf 89/11)

1/51 Hand-Matrikel der in sämmtlichen Kreisen des Preussischen Staats auf Kreis- und Landtagen vertretenen Rittergüter

Karl Friedrich Rauer (Hg.)
Berlin 1857
Berlin, Privatbesitz

In der Hand-Matrikel werden die Besitzverhältnisse im Kreis Naugard dargelegt: Külz und Jarchelin waren seit 1837 Eigentum von

1/54

Bernhard von Bismarck, Kniephof dagegen ging erst nach dem Tod des Vaters 1845 offiziell in den Besitz Otto von Bismarcks über. Das Verzeichnis enthält auch einige aufschlußreiche Statistiken über die allgemeinen Eigentumsverhältnisse: Während in ganz Pommern bis 1856 lediglich 696 von insgesamt 1742 Rittergütern in den Besitz von Bürgerlichen übergegangen waren, gehörten im Kreis Naugard bereits 29 von 50 Rittergütern Nichtadeligen.

1/52 Rechnung »für Herrn von Bismarck Hochwohlgeboren auf Schönhausen bei Fischbeck« vom »Hoflieferant Sr. Maj. des Königs«, Potsdam, 15. Oktober 1847

Rückseitig handschriftliche Notizen Bismarcks
28 × 21,7 cm
Friedrichsruh, Bismarck-Archiv (A 55b)

Die Rechnung über eine Lieferung von u. a. zwölf holländischen Heringen ist an das Gut Schönhausen adressiert. Dorthin war Bismarck im Februar 1846 übergesiedelt, nachdem er den Stammsitz der Familie von seinem im November 1845 verstorbenen Vater geerbt hatte. Kniephof wurde verpachtet.

1/53 Bernhard von Bismarck (1810–1893)

E. Boltz
1844; bez.: E. Boltz
Öl/Lw; 57 × 48 cm (m.R.)
Friedrichsruh, Fürstin Ann Mari von Bismarck

Bernhard von Bismarck hatte in seiner Jugend einen wesentlich geradlinigeren Weg genommen als der jüngere Bruder Otto. Nach Schule, Studium in Leipzig und Militärzeit ließ er sich auf den pommerschen Gütern nieder. 1841 wurde er Landrat in Naugard.

1/54 Johanna von Puttkamer (1824–1894)*

1847; kolorierte Photographie in Klappetui, Samt; 10,5 × 18 cm (geöffnet)
Friedrichsruh, Bismarck-Museum

Auf einer von Freunden arrangierten Harzreise im Sommer 1846 lernte Otto von Bismarck seine spätere Braut, Johanna von Puttkamer, näher kennen. Im Gegensatz zu den hübschen und lebenslustigen Frauen, für die sich Bismarck früher interessiert und um die er vergeblich geworben hatte, wirkte Johanna ein wenig bieder und unscheinbar; dafür bot sie zuverlässigen Rückhalt und bedingungslose Treue. Streng im pietistischen Bibelglauben erzogen, war sie von stark gefühlsbetonter Frömmigkeit. Abgesehen von musisch-literarischen Neigungen schien sie von den geistigen Strömungen der Zeit kaum berührt.

1/55 Otto von Bismarcks Brautwerbebrief an Herrn Heinrich von Puttkamer, Schönhausen, 21. Dezember 1846

Handschrift; 28,5 × 22,5 cm
Friedrichsruh, Bismarck-Archiv (A 1)

Bismarcks Brautwerbebrief gilt als ein diplomatisches Meisterwerk. Er wurde vor Übersendung an den Brautvater von Moritz von Blanckenburg, einem guten Freund, zensiert. Als Mitglied des pommerschen Pietistenkreises war er mit den Verhältnissen im Hause Puttkamer bestens vertraut. Bismarck beginnt sein Schreiben mit der »Bitte um das Höchste, was Sie auf dieser Welt zu vergeben haben, um die Hand Ihres Fräulein Tochter ...« Im weiteren erläutert Bismarck u. a. ausführlich seine Haltung zum Christentum. Er bekundet in jeder Hinsicht seinen guten Willen, ohne die Glaubenszweifel vergangener Jahre zu leugnen oder, auf die Zukunft gerichtet, falsche Versprechungen zu machen.

1/56 Verlobungsanzeige von Otto von Bismarck und Johanna von Puttkamer, Reinfeld, 12. Januar 1847

22,5 × 14 cm
Friedrichsruh, Bismarck-Archiv (A 1)

Wie die Verlobung fand auch die Hochzeit von Otto und Johanna am 28. Juli 1847 ebenfalls im Elternhaus der Braut in Reinfeld statt.

1/57 Abschrift eines Gedichtes von Lord Byron in einem Brief Otto von Bismarcks an seine Braut Johanna von Puttkamer, Schönhausen, 1. Februar 1847

Mit Briefumschlag, rückseitig Bismarcksches Siegel
Handschrift, Siegellack; 23 × 22 cm
Friedrichsruh, Bismarck-Archiv (A 1)

Seit der Berliner Studienzeit 1835/36 zählte Otto von Bismarck Byron zu seinen Lieblingsautoren. Um seine Englischkenntnisse zu verbessern, las er dessen Werke in Originalfassung, und bei passender Gelegenheit zitierte er gern Passagen, die seiner Stimmungslage entsprachen – schwankend zwischen romantischer Begeisterung und Selbstmitleid.

1/58 The complete works of Lord Byron in one volume

George Gordon Byron (1788–1824)
Paris: Baudrys european library 1835
Berlin, Staatsbibliothek PK (4 Zb 7077)

Auf dem Frontispiz ein Bildnis des Lord George Gordon Byron (Stahlstich von Blanchard)

1/65

1/59 George Gordon, 6. Lord Byron (1788–1824)

Richard Westall (1765–1836)
1813; bez.o.r.: Gordon Lord Byron/
Painted by Richd Westall, R.A./1813
Öl/Lw; 91,4 × 71,1 cm
London, National Portrait Gallery (4243)

George Gordon Byron, Enkel eines englischen Weltumseglers und Südseeforschers, gehörte in der ersten Hälfte des 19. Jahrhunderts zu den populärsten Dichtern Europas. In seinen Werken verarbeitete er persönliche Erfahrungen, die bei den Lesern Sehnsucht nach Abenteuer und Freiheit wachriefen: Liebesaffären, die nicht unbedingt den gesellschaftlichen Normen entsprachen, oder die Freiheitskämpfe in Italien und in Griechenland, an denen er teilgenommen hatte. Viele seiner Veröffentlichungen (»The corsair«, 1814, »Manfred«, 1817, »Don Juan«, 1819/24, etc.) sind Ausdruck eines innerlich zerrissenen Lebensgefühls.

1/60 »Charte von der Königlich Preussischen Provinz Pommern«

Maßstab ca. 1:630000
Carl Ferdinand Weiland (1782–1847)
Weimar: Geographisches Institut
1825; Kupferstich, Grenzen koloriert;
41,6 × 57,7 cm
Nürnberg, GNM (La 1232, Kapsel 1157[a])

Otto von Bismarck verbrachte seine Kindheit bis zur Einschulung in Berlin auf dem Gut Kniephof in Pommern, wohin die Familie 1816 von seinem Geburtsort Schönhausen übergesiedelt war. 1839 kehrte er als Gutsherr dorthin zurück: Der Vater hatte ihm und seinem Bruder Bernhard die Güter Kniephof, Külz und Jarchelin, alle im Kreis Naugard gelegen, zur Bewirtschaftung überlassen. Bismarcks Braut Johanna von Puttkamer stammte ebenfalls aus Pommern: aus Reinfeld, Kreis Rummelsburg, in der östlichsten Ecke der Provinz.

1/61 »Erinnerung an die Berlin-Stettiner Eisenbahn« Mit Städteansichten entlang der Eisenbahnlinie Berlin-Stettin

Adolf Günther
Um 1843; kolorierte Lithographie;
44 × 59,7 cm
Berlin, Berlin Museum (GDR 73/65)

Die ehemals weit abgelegene Provinz Pommern wurde durch die Eisenbahnverbindung Berlin-Stettin 1843 dem Zentrum Preußens ein Stück nähergerückt. Erbaut worden war sie auf Initiative Stettiner Geschäftsleute, die gleichzeitig den Hafen der Stadt modernisierten und Hamburg als Güterumschlagplatz Konkurrenz machen wollten.

1/62 »Die Berlin-Stettiner Eisenbahn«

In: Allgemeine Landwirthschaftliche Zeitung auf das Jahr 1840, Jg. 38, Nr. 13, Halle, 26. März 1840
F. A. Rüder (Hg.)
Berlin, TUB, UB, Gartenbaubücherei (8 Zf 80/38)

Auch die landwirtschaftliche Fachpresse beschäftigte sich mit dem Thema Eisenbahnbau. Die Verbindung Berlin-Stettin bescherte den Rittergütern Pommerns einen wirtschaftlichen Aufschwung, da sie den Anschluß an überregionale Märkte gewannen. Ein zusätzlicher Grund, warum Bismarck in späteren Jahren den weiteren Eisenbahnausbau nach Hinterpommern befürwortete.

1/63 Ansicht von Stettin

Frédéric Frégevize (1770–1849)
Öl/Lw; 37,5 × 51 cm
Kiel, Stiftung Pommern (B 1150/17483)

Das Gemälde zeigt den Blick auf Stettin von Norden, deutlich zu erkennen das Schloß und die Jakobikirche. Bis 1847 war für die von Berlin nach Pommern fahrenden Eisenbahnzüge Stettin Endstation. Die Fahrzeit betrug 4 Stunden und 30 Minuten. Um auf die Güter der Familien Bismarck und Puttkamer zu gelangen, standen den Reisenden noch einige Stunden Fahrt mit der Kutsche bevor.

1/64 »Industrieller Zeitspiegel«

In: Beilage zum Innerösterr. Industrie- und Gewerbeblatt, Jg. 6, 1844, Tf. 1
Carl von Frankenstein (Hg.)
Wien, Universitätsbibliothek der TU Wien (4527)

Der »Industrielle Zeitspiegel« gibt einen Überblick über die neuesten Erfindungen der vierziger Jahre. Vorgestellt werden u. a. auf dem Gebiet des Maschinenwesens eine Flugmaschine und ein Luftdampfwagen, im Bereich der Landwirtschaft Maschinen zur Getreidereinigung und zum Heuwenden, zum Thema Technik und Mechanik eine Schnellpresse und schließlich als Beispiele aus der Physik und Chemie »Voigtländer's Daguerreotyp« und ein magnetischer Telegraph. Eine Eisenbahnkarte Deutschlands zeigt nicht nur die bereits fertiggestellten Strecken, sondern auch »Im Bau begriffene« und »Projectirte«.

1/65 Eisenbahnviadukt bei Altenbeken*

1853; Öl/Lw; 78 × 109 cm
Altenbeken, Gemeinde Altenbeken

In den preußischen Westprovinzen Rheinland und Westfalen wurde der Eisenbahnbau ebenfalls zügig vorangetrieben. Eine der ersten Hauptstrecken war die 1847 fertiggestellte Verbindung Köln-Minden. 1850–53 wurde von dieser Strecke ab Hamm eine Querverbindung über Paderborn Richtung Kassel geschaffen, die an Altenbeken vorbeiführte. Die Veränderung der Landschaft durch Eisenbahnviadukte und andere Bauwerke des industriellen Fortschritts bot den Künstlern willkommene Bildmotive, dabei wurde allerdings eine romantische, vorindustrielle Sichtweise beibehalten.

1/66 Das Lendersdorfer Walzwerk*

Carl Schütz (geb. 1796)
1838; Öl/Lw; 77 × 110 cm
Düren, Leopold-Hoesch-Museum (altes Inv. 69)

Lendersdorf bei Düren lag am Rande der sich in rasanter Geschwindigkeit ausbildenden

1/66

linksrheinischen Industrieregion. Die seit den dreißiger Jahren errichteten modernen Eisenwalzwerke produzierten vor allem Eisenbahnschienen.

1/67 Der Kölner Dom in seiner antizipierten Vollendung von Westen*

Carl Georg Enslen (1792–1866)
1839; Öl/Lw; 176,5 × 121,5 cm
Zürich, Schweizerisches Landesmuseum
(Dep. 3167)

Der Kölner Dom, so wie er sich heute präsentiert, ist zu großen Teilen ein Werk des 19. Jahrhunderts. An den Stationen seiner Vollendung – von der »Wiederentdeckung« des im Mittelalter unvollendet gebliebenen Baus nach dem Anschluß des Rheinlandes an Preußen 1815 über die Grundsteinlegung 1842 bis zur Einweihungsfeier 1880 – sind viele politische Hoffnungen und Konflikte dieser Epoche abzulesen. Romantiker wie Friedrich Schlegel sahen in der Gotik und speziell im Kölner Dom ein Symbol sowohl des Christentums als auch des Vaterlandes. Daß der gotische Stil in Frankreich seinen Ursprung hatte, wurde nur widerstrebend zur Kenntnis genommen.

Nach der Verhaftung des Kölner Erzbischofs Clemens August Freiherr Droste zu Vischering 1837 konstituierte sich in den Rheinlanden eine katholische Opposition gegen Preußen, die im Kölner Dom nur noch ein Bollwerk des Katholizismus gegen die dominierenden Protestanten sah und das Dombauprojekt entsprechend zu beeinflussen suchte. Als der Konflikt beigelegt war, verkündete Friedrich Wilhelm IV. anläßlich der Grundsteinlegung 1842 wiederum, der Dom sei »Symbol der Versöhnung der Konfessionen«.

Diese Erwartung sollte sich nicht erfüllen; bereits 1847 kam es erneut zu Streitigkeiten. In den siebziger Jahren, kurz vor der Vollendung (vgl. U/6), erlebten die politischen Auseinandersetzungen um den Dom in Folge des Kulturkampfes nochmals einen Höhepunkt.

1/67

Raum 2

VORMÄRZ

Im Mai 1832 kam der gerade siebzehnjährige Otto von Bismarck nach Göttingen, um dort nach dem Willen seiner ehrgeizigen Mutter Jura zu studieren. Für Göttingen sprachen die engen Beziehungen zwischen Hannover und England, denn an der einzigen Universität des Königreichs Hannover, der Georgia Augusta, studierten zahlreiche Engländer und Amerikaner. Dieser Umgang, so die Hoffnung, könnte dem jungen Bismarck für sein berufliches Fortkommen nützlich sein. Doch für sein Studium und die spätere Karriere tat er in Göttingen wenig. Auch Politik, so scheint es, hat ihn zu dieser Zeit kaum interessiert: Während er seine neu gewonnene Freiheit als Student genoß, versammelten sich am 27. Mai 1832 vor der Schloßruine bei Hambach mehr als 20000 national und liberal gesinnte Bürger, darunter zahlreiche Studenten, um für eine politische Erneuerung Deutschlands zu demonstrieren.

Früher als andere soziale Gruppen hatten Studenten ihren Unmut über die als unbefriedigend empfundene »Neuordnung« auf dem Wiener Kongreß artikuliert. National eingestellte Studenten, die in großer Zahl im Lützowschen Freikorps gegen die napoleonische Armee gekämpft hatten, schlossen sich 1815 in Jena unter dem Motto »Ehre, Freiheit, Vaterland« zur »Urburschenschaft« zusammen. Ihre Gründungsfahne in den Farben Rot und Schwarz mit schlichter goldener Paspelierung wurde ein Jahr später durch eine neue ersetzt, deren rot-schwarz-rotes Fahnentuch mit goldenen Fransen und einem goldenen Eichenzweig verziert war. Als am 18. Oktober 1817 rund 500 Studenten den 300. Jahrestag der Reformation Luthers sowie den Jahrestag der Völkerschlacht bei Leipzig zum Anlaß nahmen, um auf der Wartburg für nationale Einheit zu demonstrieren, führten sie die rot-schwarz-rote Fahne der Jenaer Burschenschaft mit; einer der Fahnenträger war der Theologiestudent Karl Ludwig Sand. Auch schwarz-rot-goldene Kokarden waren auf dem Wartburgfest erstmals zu sehen.

Aber auch chauvinistische Untertöne waren dort zu vernehmen: Eine Gruppe um den »Turnvater« Jahn verbrannte »reaktionäre«, »undeutsche« Bücher und Schriften wie die Bundesakte, aber auch den Code Napoléon, das im Rheinland nach wie vor gültige Zivilgesetzbuch. Nicht die antifranzösischen Ressentiments waren den im Deutschen Bund zusammengeschlossenen Regenten ein Dorn im Auge, sondern die Forderungen nach einem geeinten Nationalstaat und freiheitlichen Verfassungen. Sie wurden als direkter Angriff auf die bestehende staatliche Ordnung verstanden. Als Karl Ludwig Sand am 23. März 1819 den in russischen Diensten stehenden Schriftsteller August von Kotzebue wegen dessen Kritik an den Burschenschaften und deren nationaler

Gesinnung ermordete, reagierte der Deutsche Bund auf Betreiben Metternichs mit großer Härte: Die Karlsbader Beschlüsse verboten die Burschenschaften, verschärften die Überwachung der Universitäten und schränkten die »Preßfreiheit« weiter ein. Wie verbreitet die Unzufriedenheit mit dem reaktionären »System Metternich« war, zeigt die Idealisierung des 1820 hingerichteten Sand: Splitter seines Blutgerüsts wurden wie Reliquien verehrt, Lithographien mit Stationen seines Lebens sowie zahlreiche Porträts waren Ausdruck radikaler Ablehnung der Unterdrückungspolitik des Deutschen Bundes.

Massenwirksam wurde der zunächst auf Burschenschaften und akademische Kreise beschränkte Protest nach der französischen Juli-Revolution von 1830. So kam es z. B. im September in Lüneburg, Hildesheim und Hannover zu spontanen Kundgebungen für höhere Löhne und niedrigere Brotpreise. Im rund 10000 Einwohner zählenden Göttingen eskalierte der Protest zum förmlichen Aufstand: Am 8. Januar 1831 stürmten bewaffnete Bürger und Studenten das Rathaus und bildeten eine Bürgergarde sowie einen provisorischen »Gemeinderat«, der alle Beschwerden dem in London residierenden König vortragen sollte. Als eine Woche später eine starke Streitmacht gegen Göttingen vorrückte, kapitulierten die Aufständischen. Dem Kommandanten der Bürgergarde, Johann Ernst Arminius Rauschenplatt, der bis 1848 als überzeugter Radikaler an zahlreichen revolutionären Ereignissen maßgeblich beteiligt war, gelang es, aus Göttingen zu fliehen. Trotz der Kapitulation hatte der Göttinger Aufstand einen gewissen Erfolg: Der leitende Staatsminister wurde entlassen, und das Königreich Hannover erhielt 1833 eine neue Verfassung. 1837 erhoben die »Göttinger Sieben« ihren denkwürdigen Protest gegen die Aufhebung dieser Verfassung nach der Thronbesteigung von König Ernst August.

Von besonderer Bedeutung war der Verfassungskampf in Kurhessen. Wirtschaftliche Mißstände hatten 1830 ernste Unruhen und Plünderungen zur Folge. Soeben aus Wien zurückgekehrt, wo Kurfürst Wilhelm II. sich vergeblich bemüht hatte, seine – von der Bevölkerung gehaßte – Mätresse in den Fürstenstand erheben zu lassen, versprach er angesichts der bedrohlichen Lage, die Landstände zu Verfassungsberatungen einzuberufen. Dennoch weiteten sich die Unruhen aus: Bauern stürmten Schlösser und verbrannten Zehntregister. In Hanau wurde das Mauthaus als Symbol der wirtschafts- und handelsfeindlichen Zollpolitik des Kurfürsten zerstört. Vor diesem Hintergrund forderte der Bundestag in Frankfurt die kurhessische Regierung einstimmig zu energischen Gegenmaßnahmen auf und bereitete eine militärische Intervention vor. Auf die Spitze getrieben wurde der Konflikt mit dem Deutschen Bund, als der Kurfürst am 5. Januar 1831 die liberale kurhessische Verfassung mit ihrer »Ministerverantwortlichkeit« unterzeichnete. Der Bundestag allerdings sah hierin eine Preisgabe monarchischer Souveränitätsrechte, die nach Artikel 57 der Wiener Schlußakte unbedingt gewahrt werden sollten. Nur zwei Tage nach Unterzeichnung der Verfassung kam es zu einem neuen Konflikt mit den Landständen, als der Kurfürst sich wegen der ablehnenden Haltung der Kasseler Bevölkerung genötigt sah, mit seiner Mätresse nach Hanau zu ziehen. Vom Landtag vor die Wahl gestellt, entweder in die Residenzstadt Kassel zurückzukehren oder dem Thron zu entsagen, versuchte der Kurfürst den Konflikt zu entschärfen, indem er den Kurprinzen Friedrich Wilhelm zum Mitregenten bestellte.

Neben den Wunsch nach nationaler Einheit trat immer deutlicher die Forderung nach bürgerlichen Freiheitsrechten. In den konstitutionellen Staaten Süddeutschlands riefen Liberale und Republikaner zahlreiche »Preßvereine« ins Leben. Historische Bedeutung erlangte der im Januar 1832 in Zweibrükken/Pfalz von Philipp Siebenpfeiffer und Johann Georg August Wirth mitbegründete »Preß- und Vaterlandsverein«, der sein eigentliches Ziel in der »Wiederherstellung der deutschen Nationaleinheit unter einer demokratisch-republikanischen Verfassung« sah; bis September 1832 zählte der »Preßverein« mehr als 5000 Mitglieder. Da sich Beschlagnahmungen oppositioneller Zeitungen häuften, ging der »Preßverein« verstärkt dazu über, Feste und Volksversammlungen als Mittel politischer Bewußtseinsbildung einzusetzen: Für den 27. Mai 1832 lud die Neustädter Filiale des »Preßvereins« zu einem Fest vor der Hambacher Schloßruine. Der in allen liberalen Zeitungen Süddeutschlands abgedruckten Einladung folgten mehr als 20 000 Männer und Frauen aller Stände aus dem Gebiet des Deutschen Bundes, aus England und Frankreich, aber auch aus Polen. Sie hißten eine schwarz-rot-goldene Fahne mit dem Aufdruck »Deutschlands Wiedergeburt«, daneben die polnischen Farben, und verkündeten so weithin sichtbar ihr politisches Anliegen. Im Unterschied zum Fest auf der Wartburg von 1817, wo noch die schwarze Tracht der Altdeutschen das Bild bestimmt hatte, wurden 1832 beim Hambacher Fest schon erste Visionen einer »conföderierten europäischen Republik« entwickelt. Antifranzösische Töne, etwa bei Wirth, waren aber auch in Hambach nicht zu überhören.

Die Reaktion ließ an Deutlichkeit nichts zu wünschen übrig. »Mit Volksrepräsentationen im modernen Sinne, mit der Preßfreiheit und den politischen Vereinen muß jeder Staat zugrunde gehen«, meinte Metternich in einem Brief vom 10. Juni 1832 und drängte bei den Mitgliedsstaaten des Deutschen Bundes auf drakonische Maßnahmen gegen die »demagogischen Umtriebe«: Noch im selben Monat wurden die landständischen Rechte sowie die Rede- und »Preßfreiheit« beschnitten. Eine Woche später erließ der Bundestag erneut »Maßregeln« gegen die Vereins- und Versammlungsfreiheit, gegen Presse und Universitäten; vor allem aber wurde das Tragen der »deutschen Farben« untersagt. Polizeiliche Verfolgungen, Amtsenthebungen und mehrjährige Haftstrafen für die Hauptredner des Hambacher Festes trugen zur weiteren Verschärfung der politischen Auseinandersetzung bei. Die Tätigkeit der Oppositionellen verlagerte sich mehr und mehr in den Untergrund, aber auch in die angrenzenden Staaten, vor allem nach Frankreich und in die Schweiz.

Zu einer Emigrationswelle kam es 1833, nachdem der Versuch einer Gruppe von etwa 50 Radikalen gescheitert war, durch den Sturm auf die

Frankfurter Hauptwache und die Konstablerwache das Fanal für eine allgemeine Revolution zu setzen. Da auch einige polnische Freiheitskämpfer an diesem »Frankfurter Attentat« beteiligt waren, bot sich dem Deutschen Bund ein willkommener Anlaß, um endlich gegen die weitverbreitete Polenbegeisterung vorzugehen, die in den Augen der staatlichen Obrigkeit nichts anderes war als eine demonstrative, provozierende Solidarisierung mit Aufständischen. Um die Tätigkeit der »Demagogen« besser verfolgen zu können, schuf der Deutsche Bund im Juni 1833 in Frankfurt eine neue »Bundes-Zentralbehörde«, die bis August 1842 bestand und Nachforschungen über mehr als 2100 Personen anstellte. Einmal vom weit verzweigten Mitarbeiter- und Spitzelnetz dieser Behörde erfaßt, blieb den Verfolgten kaum eine andere Möglichkeit als die Flucht ins Ausland. Zahlreiche Anhänger des »Jungen Deutschland«, Literaten wie etwa Georg Büchner, der in seinem »Hessischen Landboten« sozialrevolutionäre Thesen vertrat, aber auch viele von der Notwendigkeit demokratischer Neuerungen überzeugte Handwerksgesellen mußten in die Schweiz emigrieren, wo sie sich häufig zu politischen Vereinen zusammenschlossen.

Am 15. April 1834 gründeten radikale Kräfte, vor allem aus Italien, Deutschland und Polen, in der Schweiz das »Junge Europa« und kämpften für eine »conföderierte europäische Republik«. Die Zentren der Reaktion in Wien und Berlin begegneten dieser Herausforderung mit neuer Unterdrückung und Verfolgung. Aber trotz staatlicher Willkür und Zensur, die Ideale der französischen Revolution – Freiheit, Gleichheit und Brüderlichkeit – ließen sich nicht unterdrücken; der Kampf um Verfassungsrechte, um politische Mitbestimmung und um einen deutschen Nationalstaat hielt bis zur Revolution von 1848 an.

Heidemarie Anderlik, Burkhard Asmuss

2/1 Johann Christian Eberlein (1770–1815)

Um 1800; Aquarell; 44,5 × 57,2 cm
Göttingen, Städtisches Museum (1940/209)

Am 10. Mai 1832 wurde Otto von Bismarck an der juristischen Fakultät der Universität Göttingen immatrikuliert. Nach dem Wunsch seiner Mutter sollte er im weltoffenen Göttingen zu einem »gebildeten Menschen« erzogen werden und sich so auf den diplomatischen Dienst vorbereiten. Die drei Semester, die Otto von Bismarck in Göttingen verbrachte, dienten aber weniger dem Studium, sondern standen ganz im Zeichen seiner Zugehörigkeit zum Corps Hannovera, einer landsmannschaftlichen Verbindung. In seinen »Gedanken und Erinnerungen« meinte Bismarck rückblickend, er habe während seiner Studienzeit zuwenig studiert, zuviel Zeit mit Kartenspielen verbracht, zuviel Bier getrunken und zuviel Schulden gemacht.

2/2 Studienurkunde der Königlich-Großbritannisch-Hannoverschen Georg Augusts Universität für Leopold Eduard Otto von Bismarck, Göttingen, 11. September 1833

Formular mit handschriftlichen Eintragungen; 35,7 × 23 cm
Friedrichsruh, Bismarck-Archiv (A 32)

Bereits nach drei Semestern verließ Bismarck die Göttinger Universität. Hatte er in seinem ersten Semester täglich noch fünf Stunden belegt, so waren es im dritten nur noch zwei. »Hinsichtlich seines Betragens«, so das wenig ruhmvolle Abgangszeugnis der Göttinger Universität, »wird bemerkt, daß, außer einigen weniger erheblichen Rügen, zehn Tage Carcer [Gefängnis] wegen Gegenwart bey einem Pistolenduelle; sodann ... drei Tage Carcer wegen Gegenwart bey einem anderen Duelle und vier Tage strenges Carcer wegen Überschreitung des für die Gesellschaften der Studierenden vorgeschriebenen Regulativs gegen ihn erkannt worden sind«.

2/3 Conventsprotokolle des Corps Hannovera, Bd. 2, Göttingen 1832

Broschierte Kladde; 18 × 13 cm
Göttingen, Corps Hannovera

In Göttingen angekommen, nahm Bismarck zunächst Kontakt zur Burschenschaft auf. Seine anfängliche Sympathie schlug allerdings bald in Ablehnung um. Statt der politisch aktiven Burschenschaft beizutreten, wandte Bismarck sich dem besonders vornehm geltenden Corps Hannovera zu, einer eher unpolitischen studentischen Vereinigung: Am 5. Juli 1832 wurde er als Corps-Mitglied vorgeschlagen (Renonce), am 9. August einstimmig als Vollmitglied aufgenommen, und am 6. September bekleidete er sein erstes Amt als Fuchsmajor. Die aufgeschlagene Seite der Convents-Protokolle zeigt einen Vermerk vom 14. Dezember 1832, demzufolge Bismarck »einen Rüffel« erhielt, »weil er auf dem letzten Convent betrunken erschienen war«.

2/4 Pfeifenkopf mit dem Wappen des Corps Hannovera

Göttingen (?) 1832
Porzellan; H 14,5 cm, Dm 3,5 cm
Göttingen, Corps Hannovera

Diesen Pfeifenkopf widmete das Corps-Mitglied Hoppenstedt seinem Freund A. Wuthmann, der als »Leibbursche« für Bismarcks Aufnahme ins Corps bürgte. Die enge Freundschaft zwischen Bismarck und Wuthmann dauerte bis zu dessen Tod 1878. Auch Bismarcks Freundschaft zu seinem Kommilitonen John Motley, einem Nordamerikaner, der sich als Historiker und Diplomat der Vereinigten Staaten einen Namen machte, bestand bis Motleys Tod.

2/5 Otto von Bismarck*

Göttingen 1832/33; bez.: »Otto Baron v. Bismark a[us] Pommern vulgo Kindskopf, Kassube, Baribal etc pp / olim meminisse juvabit« sowie Motto »nunquam retrorsum«
Scherenschnitt (Reproduktion);
16,6 × 12,5 cm (m.R.)
Göttingen, Corps Hannovera

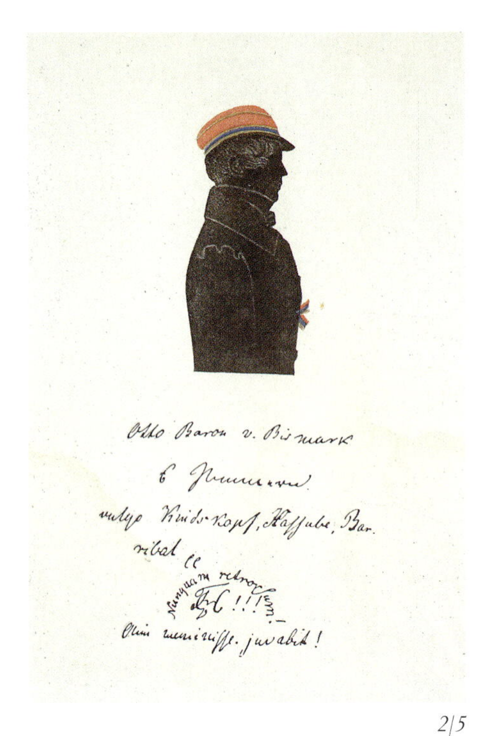

2/5

Von seinen Freunden im Corps wurde der siebzehnjährige Bismarck »Kind«, bzw. »Kindskopf« genannt. Die Bezeichnung »Kassube« bezieht sich auf Pommern, das Bismarck während seines Studiums häufig als Heimat angab, der Begriff »Baribal« (nordamerikanischer Schwarzbär) dürfte sich auf Bismarcks Fechtleidenschaft beziehen.

2/6 Prunktönnchen des Corps Hannovera

Göttingen, um 1832
Filz; H 7,5 cm, Dm 18,5 cm
Göttingen, Corps Hannovera

Die Mütze, im Jargon der Studenten ein »Prunktönnchen«, stammt nach Form und Zirkel aus der Zeit von Bismarcks Zugehörigkeit zum Corps. Bei den Corps-Mitgliedern fanden nicht nur Duelle oder »Kneipp-« und »Bier-Abende« großen Zuspruch, sondern es wurden auch zahlreiche Wanderungen in nahegelegene Städte wie Kassel oder Jena unternommen.

2/7 Paukbuch des Corps Hannovera

Göttingen 1831/32
Handschrift; 23,5 × 42,6 cm (aufgeschl.)
Göttingen, Corps Hannovera

Im Paukbuch des Corps wird Bismarck erstmals am 5. August 1832 als Sekundant und am 10. August 1832 als Paukant genannt. Er war ein ausgesprochen aktiver Fechter. Bei seinen 25 Göttinger Mensuren erhielt er insgesamt sieben »kommentmäßige Blutige [Treffer]«, von denen aber nur einer sichtbar blieb, sowie einen – umstrittenen – »inkommentmäßigen Blutigen«. In Göttingen nahm Bismarck nie aktiv, sondern nur als Sekundant oder Unparteiischer an Pistolen- oder Säbelduellen teil. Zu einem – unblutigen – Pistolenduell kam es allerdings 1852, nachdem die politische Gegnerschaft Bismarcks mit dem liberalen Abgeordneten für Hagen in Westfalen, dem Freiherrn Georg von Vincke, in persönliche Feindschaft umgeschlagen war. Auf dem Höhepunkt des Budget-Konflikts um die Heeresreform 1865 forderte Bismarck auch den liberalen Politiker und Arzt Rudolf Virchow zum Duell heraus.

2/8 Göttinger Mensur

Rohde (vermutlich Carl Rohde, 1806–1873)
1829; kolorierte Lithographie;
52 × 61 cm (m.R.)
Würzburg, Institut für Hochschulkunde

Mensuren und Duelle fanden in aller Regel in (Hinterzimmern von) Gasthöfen, den »Pauklokalen«, statt. Zu einem Duell konnte es sehr schnell kommen, wie Motley seinen Eltern schrieb: Schon die Bemerkung »Dummer Junge« führte nach dem Ehrverständnis der Studenten zu einem Duell.

2/9 Otto von Bismarcks Fechtausrüstung: Fechtmaske und zwei Degen*

Metall, Leder, Stoff; Degen L 110 cm,
Maske H 35 cm
Friedrichsruh, Bismarck-Museum

Bismarck galt als einer der besten Fechter Göttingens. Seine diesbezüglichen Fertigkeiten, um die sich zahlreiche Legenden bildeten, verdankte er vor allem seinem »Leibburschen« Wuthmann sowie dem Unterricht beim alten Fechtmeister Kastropp, der seit 1819 in Göttingen Universitätsfechtmeister war.

2/10 »Rapport über hieselbst begangene Policei=Contraventionen«, Göttingen, 16. April 1833

Formular mit handschriftlichen Eintragungen; 20,8 × 32 cm
Göttingen, Universitätsarchiv Göttingen [Universitätsgericht (CI CLVI, 8)]

Bismarck wurde nicht nur häufig vor das Universitätsgericht zitiert, sondern geriet auch öfter mit der Polizei in Konflikt: Im vorliegenden Fall wurde ihm vorgeworfen, mit drei weiteren Studenten mutwillig »in der Nacht von dem 15. auf den 16. [April 1833] mehre Latternen entzweigeschlagen« zu haben.

2/11 »Drei Studenten im Carcer«

E. L. Ripenhausen
Um 1825; Radierung; 18 × 11,5 cm
Göttingen, Städtisches Museum (1954/304)

Im Karzer konnte es auch gemütlich zugehen, wie die Darstellung selbstbewußten Studentenlebens zeigt: Man las, rauchte, spielte und feierte. Obwohl den Studenten das Halten von Hunden untersagt war, symbolisiert der Hund im Karzer, daß die Studenten sich gerne über Verbote der akademischen Behörden hinwegsetzten. Auch Bismarck erschreckte so manches Universitätsmitglied mit seinem – bissigen – Hund »Ariel«.

2/12 Unterer Teil der Göttinger Karzertür

Holz; 76 × 50 cm
Göttingen, Städtisches Museum

Weil er als »Unparteiischer« das Pistolenduell zwischen Knight und von Grabow geleitet hatte, bekam Bismarck zehn Tage Karzer. Einen zusätzlichen Tag erhielt er, weil er der ersten Ladung des Universitätsgerichts nicht

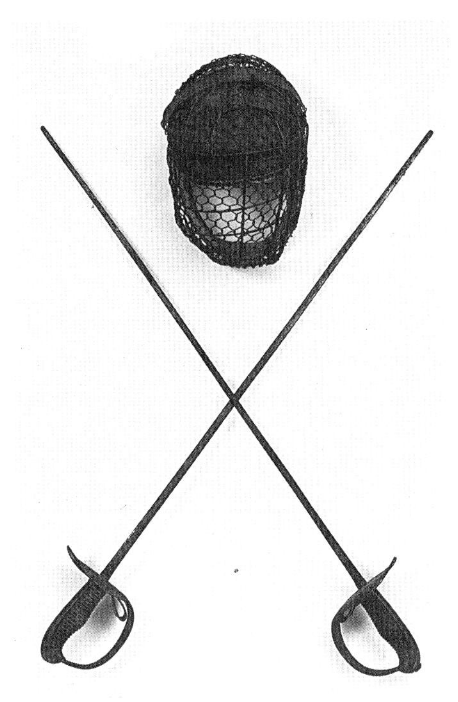

2/9

folgte. Als er seine Strafe verbüßte, schnitzte er in die Zellentür seinen Namen und »Han. XID« [Han(novera) XI D(ies=Tage)]. Da Bismarck im Sommer 1833 vor dem Universitätsgericht zugab, bei einem weiteren Duell zugegen gewesen zu sein, und dabei auch die Namen anderer Corps-Mitglieder verriet, ritzte ein Kommilitone in die Karzertür das (heute nicht mehr vorhandene) Wort »Petzer«.

2/13 Friedrich Ludwig Jahn (1778–1852)*

Ludwig Heine
Bez.l. über der Schulter: Heine
Öl/Holz; 19 × 15 cm
Berlin, DHM (1988/1497)

Der »Turnvater« Jahn gehörte zu den geistigen Vätern der Jenaer Burschenschaft. Bereits 1810 hatte er zusammen mit Friedrich Friesen den Deutschen Bund gegründet. Diese Vereinigung von Lehrern und Offizieren zur Befreiung Deutschlands von der französischen Herrschaft formulierte in einem Statutenentwurf als Sinn der Burschenfrei-

2/13

heit, »sich frei und selbständig nach eigentümlicher Weise im Lernen und Leben zum deutschen Mann zu bilden«. Nach den Karlsbader Beschlüssen von 1819 wurde Jahn eines der ersten Opfer der einsetzenden »Demagogenverfolgung«.

2/14 Gründerfahne*

Kopie; Textil; 102 × 142 cm
Mainz, Jenaische Burschenschaft Arminia a. d. Burgkeller

Die rot-schwarze Fahne mit goldener Paspelierung ist eine Kopie der Gründungsfahne der Jenaer Burschenschaft (das Original befindet sich ebenfalls in Mainz). Rot und Schwarz bestimmten die Gründer der Jenaer Burschenschaft in ihrer Verfassung vom 12. Juni 1815 zu ihren Farben. Als Vorbild für die Farbwahl soll die Uniform des Lützowschen Freikorps, dem viele der Gründer angehörten, gedient haben. Bei den Siegesfeiern anläßlich der Schlacht von Waterloo und des Einzugs der Verbündeten in Paris am 18. Oktober 1815 wehte die Fahne auf dem Marktplatz in Jena.

2/15 Mütze in den Farben der Burschenschaften

Textil; Dm ca. 18 cm
Würzburg, Institut für Hochschulkunde

Burschenbänder und Mützen wurden stets in den Farben der jeweiligen Korporation getragen, während sich Form und Ausgestaltung der Mützen mit der Mode änderten.

2/16 Stoßrapier in den Farben Schwarz-Gold-Rot

Um 1820; Eisen (?); L 97,5 cm
Würzburg, Institut für Hochschulkunde (Slg. VAC)

Das Stoßrapier, auch als »Pariser« oder »Parisien« bezeichnet, verfügt über ein kleines, dreikantiges Stichblatt und ein in den Farben der Burschenschaften schwarz-gold-rot lackiertes Blatt. Im 18. Jahrhundert aufgekommen, war diese Fechtwaffe, die schwere Verletzungen verursachen konnte, bis 1860 in Gebrauch.

2/17 Burschenfahrt auf die Wartburg, 18. Oktober 1817

1817; Radierung; 19 × 27 cm
Würzburg, Institut für Hochschulkunde (Slg. VAC, V-1, K. 224)

2/14

2/19

Dem Aufruf der Jenaer Burschenschaft für eine Gedenkfeier auf der Wartburg folgten etwa 500 der insgesamt 8000 Studenten in Deutschland. Am Morgen des 18. Oktober 1817 begann auf dem Marktplatz in Eisenach der Zug der – fast ausschließlich protestantischen – Studenten zur Wartburg. Der Anstieg auf den Wartenberg ist wie eine Prozession dargestellt: In Zweierreihen schreiten die Studenten den Hügel hinauf, die Fahne der Jenaer Burschenschaft wird dem Zug vorangetragen. In den Reden auf der Wartburg und in ihrer Schrift »Grundsätze und Beschlüsse« bekannten sich die Burschenschaftler zur politischen, religiösen und wirtschaftlichen Einheit Deutschlands.

2/18 Die Wartburgfeier

Wenzel Pobuda (geb. 1797)
Um 1818; Stahlstich; 9 × 11,7 cm
Würzburg, Institut für Hochschulkunde

Die dargestellte Szene zeigt die Bücherverbrennung am Abend des 18. Oktober 1817 vor den Mauern der Wartburg. Der Berliner Student Maßmann begann – in symbolischer Nachahmung der Verbrennung der Bannbulle durch Luther – mit dem Verbrennen von mehr als 20 »undeutschen« Büchern. In die Flammen geworfen wurden Schriften wie Hallers »Restauration der Staatswissenschaft« und Kotzebues »Deutsche Geschichte«. Es folgten ein hessischer Zopf, ein österreichischer Korporalstock und ein preußischer Gardisten-Schnürleib. Das Holz für die Siegesfeier hatte der Großherzog von Weimar gespendet.

2/19 Karl Ludwig Sand (1795–1820)*

Wendelin Moosbrugger (1760–1849)
Um 1819; Öl/Lw; 32 × 25 cm (m.R.)
Frankfurt a. M., Archiv und Bücherei der Deutschen Burschenschaft

Karl Ludwig Sand studierte in Tübingen Theologie, bevor er 1815 zum Kampf gegen Napoleon ins Feld zog. Nach seiner Rückkehr setzte er seine Studien in Erlangen und Jena fort. Hier erfuhr er vom Literaturstreit zwischen dem Historiker Heinrich Luden und dem Dichter August von Kotzebue, der sich als russischer Staatsrat gegen die Burschenschaften und das Wartburgfest wandte. Sand machte es zu seiner Sache, dem »Landesverräther das Schwert ins Gekröse zu stoßen«. Am 23. März 1819 erstach er Kotzebue. Sand wurde von Wendelin Moosbrugger im Mannheimer Gefängnis porträtiert. Von dem Gemälde sind verschiedene Fassungen bekannt.

2/20 Splitter vom Blutgerüst Karl Ludwig Sands

1820; Holzsplitter, gerahmt;
20 × 15 cm (m.R.)
Frankfurt a. M., Archiv und Bücherei der Deutschen Burschenschaft

Die Verehrung Karl Ludwig Sands fand einen Höhepunkt im Reliquienkult um seine Person. Neben den – mit Blut bespritzten – Holzsplittern vom Mannheimer Blutgerüst wurden Haarlocken und Briefe sowie Bilder seiner Person gesammelt.

2/21 »Den Manen Karl Ludwig Sand's…«

Um 1820; Aquarell; 42 × 28 cm
Würzburg, Institut für Hochschulkunde

Die wichtigsten Stationen im Leben Sands werden auf diesem Blatt illustriert. Ein von Sand geschriebenes Stammbuchblatt ist in der Mitte des Aquarells in die Krone einer Eiche eingefügt, darüber ein Brustbild Sands, umrahmt von einem Eichenkranz. Sand trägt die Tracht der 1817 aufgelösten Burschenschaft Teutonia, die deutschen Farben schmücken den Eichenkranz.

2/22 Protokoll einer Sitzung des Karlsbader Kongresses, 24. August 1819

Handschrift; 34,5 × 43,5 cm (aufgeschl.)
Wien, Haus-, Hof- und Staatsarchiv, Staatskanzlei [Kongreßakten 19 (alt 33/Karlsbad), 123–128]

Nach der Ermordung Kotzebues trafen sich vom 6. bis zum 31. August 1819 die Minister von zehn Mitgliedsstaaten des Deutschen Bundes in Karlsbad. In der 23. Sitzung vom 31. August wurden vier Entwürfe für neue Bundesgesetze beschlossen: 1. Universitätsgesetz (Einsetzung eines landesherrlichen Bevollmächtigten zur Überwachung der bestehenden Gesetze und der akademischen Lehrer), 2. Preßgesetz (Genehmigungspflicht für Druckschriften), 3. Untersuchungsgesetz (Einrichtung einer Zentralkommission in Mainz zur Verfolgung revolutionärer Umtriebe und demagogischer Verbindungen), 4. Exekutionsordnung (Verkündung und Vollziehung der Bundesgesetze durch die einzelnen deutschen Länder). Die Gesetzentwürfe traten am 20. September 1819 durch Bundesbeschluß in Kraft und wurden mit Änderungen bis 1848 beibehalten.

2/23 »Die denkwürdigsten Tage des Jahres 1830« (Nürnberger Bilderbogen)*

Johann Andreas Endter
1830; Lithographie; 50,8 × 43,4 cm
Nürnberg, GNM (Kapsel 1329a, HB 25192)

Nach den revolutionären Ereignissen 1830 in Frankreich kam es auch in anderen Ländern zu Unruhen: Eine Revolution führte zur Abtrennung Belgiens von den Niederlanden; in der Schweiz wurden in mehreren Kantonen liberale Verfassungen eingeführt; in Italien und Polen entbrannten heftige Kämpfe für die nationale Unabhängigkeit; in der preußischen Rheinprovinz kam es aus sozialer Not zu spontanen Arbeiterunruhen; in Sachsen, Braunschweig und Hessen bewirkten Unruhen den Erlaß von Verfassungen.

2/24 Empfang der polnischen Emigranten in Deutschland

Jean-Baptist Madou (1796–1877)
Lithographie; 20 × 24 cm
Posen, Muzeum Narodowe (MNP Gl 2310)

Auf dem Wiener Kongreß war Polen erneut unter Preußen, Österreich und Rußland aufgeteilt worden. In »Kongreßpolen«, das mit Rußland in Personalunion verbunden war, kam es nach der Pariser Juli-Revolution von 1830 zum blutigen Aufstand gegen die Fremdherrschaft: Am 29. November wurde Warschau handstreichartig eingenommen. Uneinig über die weitere Gestaltung und Zielsetzung ihres nationalen und sozialen Freiheitskampfes, nahmen im Frühjahr 1831 rund 40000 Bewaffnete den aussichtslosen Kampf gegen die 115000 Mann starken russischen Interventionstruppen auf. Nach der Niederlage mußten Tausende polnischer Bürger ihre Heimat verlassen.

2/25 Überreichung einer Bittschrift an den hessischen Kurfürsten Wilhelm II., 15. September 1830*

Nach einer Zeichnung von Ludwig Emil Grimm (1790–1863)
1830; Lithographie; 60 × 98 cm (m.R.)
Kassel, Stadtarchiv Kassel (42)

Die denkwürdigsten Tage
des Jahres 1830.
GEDÄCHTNISSTAFEL
in 12. Tableaux
Nürnberg in der J. A. Endterischen Handlung.
Landung in Algier d. 14. Juni
Einzug des Herzog von Orleans als General-Verweser v. Frankreich in d. Stadthaus, d. 31. Juli.
Abreise Karl X. v. Rambouillet den 3. Aug.
Aufstandt in Brüssel den 28. Septem.
Vertheidigung des Parks in Brüssel, den 23. 27. Sept.
Aufstandt in Leipzig d. 4. Septemb.
Zerstörung d. Polizeyhauses z. Dresden
Ruinen d. Schlosses v. Braunschweig d. 8. Sep.
Scene in der grofsen Woche in Paris den 29. Juli.
Demolirung d. Licentamts in Hanau d. 24. Sept.
Bombardement von Antwerpen, den 27. October.
Aufstand in Warschau, den 29. November.

2|23

2/25

Am 15. September überreichte der Kasseler Magistrat dem Kurfürsten eine Petition zur Einberufung der Landstände. Der Augenblick der Übergabe ist vom Künstler minutiös festgehalten worden. Während Bürgermeister Carl Schomburg dem Kurfürsten Wilhelm II. (links im Bild) das Schreiben überreicht, signalisiert ein Mitglied der Abordnung den vor dem Schloß wartenden Bürgern durch Winken mit einem Tuch (rechts im Bild) diese bedeutsame Handlung.

2/26 Stammbuch Ludwig Hassenpflugs

Widmung: »Siegen kommt nicht vom liegen. Zum Andenken an Ihren Freund Jacob Grimm. Caßel am 30 Dec. 1813.«
1810–17; 10,5 × 17 cm
Kassel, Brüder Grimm-Museum
(Graphische Slg. Autogr. 295)

»Siegen kommt nicht vom liegen«, schrieb Grimm 1813 ins Stammbuch seines Freundes (seit 1822 auch Schwagers) Hassenpflug, der zu dieser Zeit im kurhessischen freiwilligen Jägerkorps gegen Napoleon kämpfte. Der Jurist Ludwig Hassenpflug leitete seit 1832 die Ministerien der Justiz und des Innern in Kurhessen. In seiner Amtszeit setzte er Gesetze zur Ablösung der Reallasten, Gleichstellung der Juden und den Erlaß einer Städte- und Gemeindeordnung durch, geriet jedoch zunehmend in Gegensatz zu den Ständen, die von ihrem Recht der Ministeranklage Gebrauch machten, aber damit keinen Erfolg hatten. 1837 wurde er nach Unstimmigkeiten mit dem Regenten Friedrich Wilhelm entlassen.

2/27 Bericht des österreichischen Gouvernements der Bundesfestung Mainz an die Bundesversammlung in Frankfurt, 26. Mai 1832

Handschrift; 34,7 × 21,7 cm; Kokarde und Schleife in Schwarz-Rot-Gold mit schwarzgelb gedrehter Schnur auf Papier genäht; 27,8 × 17,6 cm
Wien, Haus-, Hof- und Staatsarchiv
[Abt. Gesandtschaftsarchiv Bundespräs. Frankfurt 96 (alt 29), fol. 11–12]

Ende April 1832 luden 32 Neustädter Bürger öffentlich zum Hambacher Fest ein, um sich dort über die Neugestaltung eines demokratischen Nationalstaats zu verständigen. Kurz nachdem die Einladung publiziert war, verbot die zuständige rheinbayerische Kreisregierung dieses Fest: Man befürchtete einen

Angriff gegen die bestehende politische Ordnung. Nach massiven Protesten der Organisatoren und weiter Teile der interessierten Öffentlichkeit wurde das Verbot am 15. Mai zwar zurückgezogen, wenn aber die staatlichen Behörden bei Festteilnehmern auf Embleme nationaler und liberaler Opposition stießen, so wurden sie – wie diese schwarz-rot-goldene Kokarde – konsequent konfisziert.

2/28 Hambacher Fahne »Deutschlands Wiedergeburt«

1832; Textil; 174 × 290 × 20 cm (Glaskasten)
Neustadt/Weinstraße, Städtisches Heimatmuseum

Ausgehend von einer idealisierten »germanischen Freiheit«, die dem »dunklen« Mittelalter mit seinen Privilegien von Adel und Klerus entgegengestellt wurde, sahen viele Teilnehmer des »Hambacher Festes« in der Reformation Luthers und im Bauernkrieg (1524/25) den Versuch eines Aufbruchs in eine bessere Zukunft. Diese Tradition sollte mit dem Hambacher Fest fortgesetzt werden, um »Deutschlands Wiedergeburt« zu erreichen und einen geeinten Nationalstaat zu schaffen. Johann Philipp Abresch, ein Neustädter Kaufmann, trug die schwarz-rot-goldene Fahne am 27. Mai 1832 dem Zug zum Hambacher Schloß voran. Weil er im August eine Protestadresse gegen die Bundesbeschlüsse vom 28. Juli 1832 unterzeichnete, wurden sechs Tage Haft gegen ihn verhängt; wegen Beleidigung eines Vertreters der staatlichen Ordnung am Jahrestag des Festes wurde er 1835 zu einem Monat Gefängnis verurteilt.

2/29 Hambacher Tuch*

Heim & Sohn, St. Gallen
1832; 71 × 71 cm
Rastatt, Erinnerungsstätte für die Freiheitsbewegungen in der deutschen Geschichte (Dauerleihgabe des Kurpfälzischen Museums, Heidelberg)

Erinnerungstücher wie dieses wurden nach dem Hambacher Fest in großer Zahl hergestellt und galten als Ausdruck liberaler Gesinnung. In der Mitte des Tuches ist der Zug zum Hambacher Schloß dargestellt. Auf dem Schloßturm weht deutlich erkennbar die »Hambacher Fahne«. Umrahmt wird die Darstellung von sechzehn Porträtbüsten liberaler Politiker und Publizisten, unter ihnen Siebenpfeiffer, Rotteck, Welcker, Jordan, Abresch, Wirt und Uhland. In den vier Eckfeldern finden sich Allegorien der Weisheit, der Tapferkeit, der Besonnenheit und der Gerechtigkeit.

2/29

2/30

2/30 Schwarz-rot-goldene Kokarde der Wachenstürmer*

Montiert mit einem Holzstich »Überrumpelung der Konstablerwache«
1833; Seidenrips; Dm ca. 7 cm
Frankfurt a. M., Historisches Museum
[X 19 040]

Nummer.	Name und Heimaths-Ort des Flüchtigen.	Stand desselben.	Grund der Anschuldigung.	Zeitpunct der Entweichung.	Muthmaßlicher jetziger Aufenthalt.	Signalement.	Gericht, bei welchem die Untersuchung anhängig, und an welches der Flüchtling im Fall seiner Verhaftung abzuliefern wäre.	Tag, an welchem der Steckbrief oder die öffentliche Vorladung erlassen worden.
16	Breidenstein, Friedrich, aus Homburg.	Rechtscandidat.	Theilnahme an dem revolutionären Angriffe auf die Kurfürstlich-Hessische Zollstätte zu Preungesheim am 3. April 1833, so wie an den revolutionären Umtriebe in Gießen.	April 1833.	Frankreich oder Schweiz.	Größe: höchstens 6 Fuß 2 Zoll neuen Gr. Heß. Maaßes; Haare: hellblond, ungelockt; Stirn: niedrig; Augenbraunen: blond; Augen: blaugrau; Blick: finster; Nase: etwas dick und stumpf; Mund: gewöhnlich; Kinn: rund; Bart: röthlich; Gesichtsfarbe: bleich; Gesichtsform: oval und vollkommen; Statur: mehr schwächlich als stark. Zeichen: Eine Hiebnarbe auf der Nase und auf der rechten Hand.	Großherzoglich-Hessische Untersuchungscommission zu Friedberg.	22. Juli 1833.
17	Brücher, Wilhelm, aus Lengfeld im Großherzogthum Hessen.	Barbiergeselle.	Theilnahme an einem Complotte zur Befreiung politischer Gefangenen, und an dem revolutionären Männerbunde.	2. Mai 1834.	Frankreich.	Alter: 18 Jahre; Statur: schlank; Haare und Augenbraunen } blond; Augen: grau; Nase: spitz; Mund: gewöhnlich; Kinn: rund; Gesichtsform: schmal; Gesichtsfarbe: gesund.	Peinliches Verhöramt der freien Stadt Frankfurt.	2. Mai 1835.
18	Büchner, Georg, aus Darmstadt.	Stud. med.	Abfassung und Verbreitung revolutionärer Schriften.	Frühjahr 1835.	Schweiz.	Alter: 21 Jahre; Größe: 6 Fuß 9 Zoll neuen Heß. Maaßes; Haare: blond; Augen: grau; Nase: stark; Mund: klein; Bart: blond; Kinn: rund; Angesicht: oval; Gesichtsfarbe: frisch; Statur: kräftig, schlank. Besondere Kennzeichen: Ist kurzsichtig.	Großherzogl. Hessisches Hofgericht in Gießen.	13. Juni 1835.
19	Bunsen, Gustav, aus Frankfurt am Main.	Dr. med.	Theilnahme an der Frankfurter Meuterei vom 3. April 1833.	4. April 1833.	Nordamerika.	Alter: 28 Jahre; Größe: 5 Fuß 3 Zoll; Haare: schwarz; Stirn: etwas bedeckt; Augenbraunen: schwarz; Augen: schwarzbraun; Nase: gebogen, mehr als mittelmäßig groß; Mund: gewöhnlich; Bart: schwarz und stark; Kinn: breit und etwas gespalten; Gesicht: oval; Gesichtsfarbe: gebräunte; Statur: untersetzt.	Peinliches Verhöramt der freien Stadt Frankfurt.	9. April 1833.
20	Cassebeer, Wilhelm, aus Bergen in Kurhessen.	Dr. med. und Amts-Wundarzt.	Aufruhrstiftung.	Januar 1832.	Saargemünd in Frankreich.	Alter: 44 Jahre; Größe: 5 Fuß 7 Zoll; Haare: blond und dünne; Stirn: frei; Augenbraunen: blond; Augen: bläulich; Nase: länglich; Mund: mittel; Zähne: fehlerhaft; Kinn: spitz; Bart: blond; Gesichtsfarbe: blaß und kränklich, Gesicht: oval; Statur: schlank.	Kurfürstlich-Hessisches Justizamt Bergen.	2. März 1832.
21	Claussing, Ludwig, aus Unteröwisheim.	Stud. cam. aus Heidelberg.	Theilnahme an der Heidelberger Burschenschaft und nächster Versuch eines Mordes.	24. Mai 1833.	England.	Alter: 23 Jahre; Größe: 5 Fuß 2 Zoll; Statur: klein und untersetzt; Haare: schwarzbraun; Stirn: hoch; Augen: braun; Nase: spitz; Mund: klein; Zähne. gut; Gesichtsfarbe: bräunlich, gelb.	Großherzogl. Badisches Universitätsamt in Heidelberg.	25. Mai 1833.
22	Courturier, Friedrich, aus Homburg.	Schönfärber.	Theilnahme an einem Complotte zur Befreiung des Correktionssträflings Dr. Wirth in Rheinbayern.	April 1834.	Amerika.	Alter: 29 Jahre; Größe: 6 Fuß; Haare: schwarz; Stirn: hohe; Backenbart: schwarz; Augen und Augenbraunen } schwarzbraun; Nase: spitz; Gesicht: länglich.	K. Bayer. Appellationsgericht in Zweybrücken.	27. April 1834.

2/31

Am 3. April 1833 griffen abends rund 50 Personen, darunter viele Studenten, aber auch einige polnische Emigranten, überraschend die beiden Quartiere der Frankfurter Stadtpolizei an. Anschließend wollten sie das Thurn- und Taxis'sche Palais in der Großen Eschenheimer Straße, die Versammlungsstätte des Bundestages, besetzen und die Republik ausrufen. Obwohl es den mit schwarz-rot-goldenen Kokarden und Armbinden geschmückten Aufständischen gelang, die Haupt- und die Konstablerwache einzunehmen, blieb die erhoffte Unterstützung durch die Frankfurter Bevölkerung aus. Nach wenigen Stunden war der als Fanal für die Revolution gedachte »Wachensturm« vom Frankfurter Militär niedergeschlagen.

2/31 »Tabellarisches Verzeichniß der deutschen politischen Flüchtlinge und anderer im Auslande befindlicher Verdächtigen« Frankfurt a. M., 9. Juli 1835*

31,5 × 20,5 cm
Frankfurt a. M., Bundesarchiv, Außenstelle (DB 1/120)

Hatte der Deutsche Bund 1819 auf die Ermordung Kotzebues mit den Karlsbader Beschlüssen und auf das Hambacher Fest u. a. mit der Einsetzung einer »Bundesüberwachungskommission« reagiert, so beantwortete er den »Wachensturm« mit der Errichtung einer neuen »Zentralbehörde für politische Untersuchungen«. Bereits nach einem Jahr, 1833, legte die zentrale Überwachungsbehörde ein Verzeichnis von 137 politischen Flüchtlingen vor, die sich vor allem nach Frankreich und in die Schweiz gerettet hatten. Die Liste von 1835 enthält nicht nur ein Verzeichnis politischer Flüchtlinge, sondern auch ein »Verzeichnis der im Ausland befindlichen Verdächtigen und solcher Individuen, welche als offenbare Feinde der in Deutschland bestehenden Ordnung erscheinen«. In diesem Sinne wurde Georg Büchner ebenso erfaßt wie Gustav Bunsen, der am Frankfurter Wachensturm teilgenommen hatte.

2/32 Die Göttinger Sieben

Eduard Ritmüller (1805–1868)
1837; Lithographie; 52 × 47 cm
Bad Homburg, Verwaltung der Staatlichen Schlösser und Gärten Hessen (1.2.624)

Großes Aufsehen erregten die sieben Göttinger Professoren Friedrich Christoph Dahlmann, Eduard Albrecht, Jacob und Wilhelm Grimm, Georg Gottfried Gervinus, Heinrich Ewald sowie Wilhelm Weber, als sie am 18. November 1837 gegen die Aufhebung der Verfassung des Königreichs Hannover schriftlich Protest einlegten. Sie leiteten ihren Protest nicht aus dem Naturrecht oder kirchlichen Dogmen ab, sondern erstmals in der deutschen Geschichte wurde die normative Kraft der Verfassung als absolute Größe gesetzt, an die auch ein souveräner Monarch gebunden sei. Den Protest der sieben Göttinger Professoren beantwortete der hochkonservative König Ernst August umgehend mit ihrer Entlassung.

2/33 »Freiheitsweste«*

Um 1832; Textil
Jönköping, Jönköpings läns museum (JM 7154)

2/33

In den Westenstoff sind schwarz-rot-goldene Streifen eingewebt. Auf dem Schwarz wiederholt sich das Wort »FREIHEIT« in goldenen Lettern. Die deutschen Farben, seit dem Hambacher Fest von 1832 endgültig Symbol für Freiheit und nationale Einheit, waren seit dem 5. Juli 1832 innerhalb der Staaten des Deutschen Bundes verboten.

2/35

2/34 »Der hessische Landbote. Erste Botschaft«

Georg Büchner (1813–1837)
Darmstadt [Marburg]: August Ludwig Rühle, November 1834
Flugschrift; 24 × 14 cm
Ludwigsburg, Staatsarchiv Ludwigsburg (E 319 Büschel 45/72 ad 53)

Die illegale Flugschrift »Der Hessische Landbote« zeichnete sich durch ihren sozialrevolutionären Inhalt aus. Das Motto des »Landbotens« »Friede den Hütten! Krieg den Palästen!« rief zum Kampf der Armen gegen die Reichen auf. Zudem versuchte die Flugschrift, die Bauern auch durch statistisches Material über ihre soziale und wirtschaftliche Situation aufzuklären. Im März 1834 hatte der Medizinstudent Georg Büchner das Manuskript verfaßt, das von Friedrich Ludwig Weidig überarbeitet und betitelt wurde. Bekannt sind vom »Landboten« eine Juli- und eine November-Fassung.

2/35 Friedrich Ludwig Weidig (1791–1837)*

Um 1848/49; Lithographie; 28 × 23 cm
Butzbach, Museum der Stadt Butzbach, Weidig-Forschungsarchiv (H 2909)

Der Pfarrer und Lehrer Friedrich Ludwig Weidig eröffnete 1814 nach dem Vorbild Jahns den ersten Turnplatz im Großherzogtum Hessen. In den dreißiger Jahren hielt er Verbindung zu revolutionären Kreisen, die den »Hessischen Landboten« verbreiteten. 1835 wurde er verhaftet und angeklagt, am 23. Februar 1837 beging er in der Haft Selbstmord. Das nach seinem Tode entstandene Porträt wurde von Carl Schild in Gießen nach der Zeichnung eines Weidig-Schülers gedruckt.

2/36 Gottesdienst in der Zuchthauskirche*

Wilhelm Joseph Heine (1813–1839)
1838; bez.u.r.: W. Heine.1838
Öl/Lw; 78 × 108 cm
Berlin (DDR), Staatliche Museen zu Berlin, Nationalgalerie (W.S. 77)

Der Tod des Pfarrers Weidig im Darmstädter Gefängnis hatte eine Pressekampagne des liberalen rheinischen Bürgertums für eine öffentliche Gerichtsbarkeit zur Folge. Diese Forderung machte der Düsseldorfer Maler Heine zum Thema seines Gemäldes. In der Mitte des Bildes lehnt Weidig in gebeugter Haltung mit gefalteten Händen an einer Säule. Links von ihm steht vermutlich der Künstler mit verschränkten Armen und herausforderndem Blick. Der Kunstverein Leipzig kaufte das Gemälde, von dem zwei Kopien angefertigt wurden, und ließ es als Lithographie verbreiten.

2/37 Eidgenössische Fahne

Mit dem Namen des Kantons Zürich im weißen Kreuz
1840; ca. 150 × 150 cm (m.R.)
Zürich, Schweizerisches Landesmuseum

Nach 1830 verstärkten sich unter französischem Einfluß auch in der Schweiz die Forderungen nach Pressefreiheit, Volkssouveränität, Religions- und Gewerbefreiheit. In elf der 22 Kantone, darunter Zürich, Luzern und Bern, wurden die Verfassungen demokratisiert. Die Verbesserung des Asylrechts machte die Schweiz zur Zufluchtsstätte politisch Verfolgter aus ganz Europa. Das weiße Kreuz auf rotem Grund wurde weltweit bekannt. Auf Initiative des Generals Guillaume-Henri Dufour hatte die schweizerische Tagsatzung 1840 die Einführung dieser Fahne als nationales Symbol beschlossen.

2/38 Einreisegenehmigung der Zürcher Polizei für Georg Büchner, 28. September 1836

Handschrift; 27,3 × 21,2 cm
Zürich, Staatsarchiv des Kantons Zürich (U 108b)

Zürich war nach 1830 zur Stadt der Emigranten, zum Sammelplatz von »Anarchisten und Revolutionärs« geworden, wie die Untersuchungs-Kommission in Frankfurt erbittert konstatierte. Der Medizinstudent und Literat Georg Büchner wurde »wegen Abfassung und Verbreitung revolutionärer Schriften« seit 1835 steckbrieflich in dem Gebiet des Deutschen Bundes gesucht. Die Einreise in die Schweiz ermöglichte ihm der liberale Zürcher Bürgermeister Johann Jakob Hess, Vorsitzender des Großen Rats des Kantons Zürich und Präsident des Polizeirats.

2/39 Handwerksgesellenversammlung im Steinhölzli bei Bern, 24. Juli 1834

1834; Aquatinta; 22,5 × 32 cm (Plr.)
Bern, Burgerbibliothek

Am 24. Juli 1834 fand in der Kaffeewirtschaft »Im Steinhölzli« bei Bern eine Nachfeier des Hambacher Fests statt, zu der sich rund 150 Handwerksgesellen versammelten. Hierbei wurden schwarz-rot-goldene Fahnen geschwenkt und demonstrativ Papierfähnchen verschiedener Bundesstaaten zerrissen. Die österreichische Fahne wurde mit Füßen getreten. Nach diplomatischen Protesten des Bundes wurde es deutschen Handwerkern verboten, in Länder zu wandern, die »dergleichen Versammlungen« duldeten.

2/36

2/40 Giuseppe Mazzini (1805–1872)*

Emilie Venturi Ashurst
1846; Öl/Lw; 44,5 × 35,6 cm
Genua, Comune di Genova

Der Jurist Giuseppe Mazzini aus Genua gehörte zu den Vorkämpfern für die Freiheit und Einheit Italiens. Zunächst im Geheimbund der »Carbonari« aktiv, gründete er 1831 in Frankreich die »Giovine Italia« (Junges Italien). 1848/49 nahm er an der italienischen Revolution in Mailand und Rom an der Seite Garibaldis teil (vgl. Raum 5).

2/41 »Das junge Europa. An die Patrioten der Schweiz«

Verbrüderungsakte zur Gründung der Bewegung »Junges Europa« durch Giuseppe Mazzini in der deutschsprachigen Version, 15. April 1834
Handschrift, zwei Seiten; je 27 × 21,3 cm
Zürich, Staatsarchiv des Kantons Zürich
[p 187.1 (2c)]

Am 15. April 1834 begründete Mazzini in der Schweiz das »Junge Europa«. In dieser Organisation sollten alle republikanischen Bewegungen zusammengefaßt werden. Mitbegründer waren deutsche, polnische und italienische Exilanten, darunter Carl Theodor Barth, einer der Redner auf dem Hambacher Fest.

2/42 »Generalbericht an den Staatsrath von Neuchatel über die geheime deutsche Propaganda, über die Klubbs des jungen Deutschlands und über den Lemanbund«

Zürich: Meyer und Zeller 1846
Berlin, Staatsbibliothek PK (1899.6327)

Als Sektion des »Jungen Europas« wurde 1834 der Geheimbund »Junges Deutschland« gegründet. Er hatte etwa 250 Mitglieder – überwiegend Handwerksgesellen und Akademiker –, die in vielen Orten der Schweiz in Klubs zusammengeschlossen waren. Aus dem »Jungen Deutschland« entwickelte sich die erste deutsche sozialrevolutionäre Bewe-

2/40

gung, die vom Ausland her agitierte. In dem Polizeibericht an den Staatsrat von Neuchatel ist der Inhalt einer Bücherkiste aufgeführt, die beim »Klub La Chaux-de-Fonds« in Biel aufgefunden wurde. Für die Ausstellung wurde diese Bücherkiste neu zusammengestellt (vgl. nebenstehende Liste).

2/43 Büste des Klemens Lothar Wenzel Fürst von Metternich (1773–1859)

Joseph Anton Courigier [Kuriger] (1750–1830)
Um 1810; Bronze, vergoldete Metallbasis; H 64 cm
Wien, Museen der Stadt Wien (1.942)

Der österreichische Staatskanzler Metternich steht stellvertretend für die Unterdrückung aller freiheitlichen und nationalen Bewegungen in Deutschland bis 1848. Metternich war überzeugt, daß zwischen der Radikalisierung der revolutionären Bewegung und den Landesverfassungen ein ursächlicher Zusammenhang bestehe.

Liste der beschlagnahmten Bücher des »Klub La Chaux-de-Fonds«

Christian Albrecht: Herausforderung der Priester aller Religionen von dem Propheten Albrecht zur Rechtung über den wahren und falschen Gott, Götter, Götzen und allerlei Bildbuhlerei, auf dem Grund des Lichtes und der Vernunft
Reinach 1843
Zürich, Zentralbibliothek Zürich

Fr[iedmund] von A[rnim]: Die Rechte jedes Menschen
Bern: Jenni Sohn 1844
Bern, Stadt- und Universitätsbibliothek

(Moritz Barmann): Die Ereignisse im Kanton Wallis ... Nebst einer geschichtlichen Einleitung und einer Schlußbetrachtung von Ludwig Snell
Zürich/Winterthur: Literar. Comptoir 1844
Berlin, Staatsbibliothek PK

August Becker: Was wollen die Kommunisten?
Lausanne 1844
Zürich, Schweizerisches Sozialarchiv

Wilhelm Marr (Hg.): Blätter der Gegenwart für sociales Leben
Lausanne, Dezember 1844 – Mai 1845
Bern, Landesbibliothek

(Rudolf von Gottschall): Censur-Flüchtlinge, Zwölf Freiheitslieder
Zürich/Winterthur 1843
Berlin, FUB, UB

(William Ellery) Channing: Zwei Reden über die Erhebung der niederen Volksklassen
Zürich/Winterthur: Literar. Comptoir 1843
Zürich, Zentralbibliothek Zürich

Friedrich Feuerbach: Die Religion der Zukunft
Zürich/Winterthur: Literar. Comptoir 1843
Berlin, Staatsbibliothek PK

Julius Fröbel: Das Verbrechen der Religionsstörung nach den Gesetzen des Kantons Zürich. Eine Beleuchtung zur Belehrung des Volkes, angeknüpft an den Prozeß des literar. Comptoirs

Ein und zwanzig Bogen aus der Schweiz
Zürich/Winterthur: Literar. Comptoir 1844
Berlin, Staatsbibliothek PK

(Karl Fröbel): Zum Schutz der Arbeiter gegen Willkür der Polizei im Kanton Zürich. Eine Bekämpfung der volksfeindlichen Absichten, enthalten in dem »Entwurf eines Polizeigesetzes für Handwerksgesellen, Lehrlinge, Fabrikarbeiter, Tagelöhner und Dienstboten« ...
Zürich 1843
Zürich, Schweizerisches Sozialarchiv

(Christian Wilhelm Glück/Philipp Ludwig Snell): Die Jesuiten in ihrer Wirksamkeit bis auf unsere Tage, besonders in der Schweiz
Bern: Jenni Sohn 1845
Zürich, Zentralbibliothek Zürich

Die Möwe. Deutsche Gedichte. Neu aufgelegt von mehreren Deutschen
o.O. 1835
Zürich, Zentralbibliothek Zürich

Harro Harring: Das Volk
Straßburg 1832
Zürich, Zentralbibliothek Zürich

(Georg Herwegh): Gedichte eines Lebendigen. Mit einer Dedikation an den Verstorbenen
Zürich/Winterthur: Literar. Comptoir 1841
Berlin, Staatsbibliothek PK

(August Heinrich Hoffmann von Fallersleben): Deutsche Lieder aus der Schweiz
Zürich/Winterthur: Literar. Comptoir 1841
Berlin, FUB, UB

Gustav Kombst: Der deutsche Bundestag gegen Ende des Jahres 1832. Eine politische Skizze
Straßburg 1836
Zürich, Zentralbibliothek Zürich

Über den Kommunismus in der Schweiz. Eine Beleuchtung des Kommissionalberichts des Herrn Dr. Bluntschli über die Kommunisten in der Schweiz [angeblich] nach den bei Weitling vorgefundenen Papieren
Bern: Jenni Sohn 1843
Berlin, FUB, UB

(Georg Kuhlmann): Die Neue Welt oder das Reich des Geistes auf Erden. Verkündigung
Genf 1845
Bern, Schweizerische Landesbibliothek

(Heinrich Kurz): Die Schweiz und ihre Bundesverfassung
Zürich/Winterthur: Literar. Comptoir 1843
Berlin, Staatsbibliothek PK

Richard Lahautière: Kleiner Katechismus der Socialreform. Über das gesellschaftliche Gesetz
Biel 1841
Zürich, Zentralbibliothek Zürich

Hugues Félicité Robert de Lamenais: Buch des Volkes
Biel 1838
Zürich, Zentralbibliothek Zürich

Wilhelm M[arr]: Georg Herwegh und die Königlich-preußischen Hofpoeten. Von Victor Hermann
Schaffhausen: Brodtmannsche Buchh. 1843
Berlin, Staatsbibliothek PK

Die Politik der deutschen Minister im Widerspruch mit den Interessen der deutschen Fürsten und des deutschen Volkes
Glarus: Fridolin Schmidt 1844
Zürich, Zentralbibliothek Zürich

Wilhelm Schulz: Der Tod des Pfarrers Dr. Friedrich Ludwig Weidig. Ein aktenmäßiger und urkundlich belegter Beitrag zur Beurteilung des geheimen Strafprozesses und der politischen Zustände Deutschlands
Zürich/Winterthur: Literar. Comptoir 1843
Berlin, FUB, UB

Die Schweiz im Jahre 1843
Zürich/Winterthur: Literar. Comptoir 1842
Zürich, Zentralbibliothek Zürich

David Friedrich Strauß: Leicht faßliche Bearbeitung des Lebens Jesu ... Mit besonderer Berücksichtigung schweizerischer Leser
Zürich/Winterthur: Literar. Comptoir 1841
Berlin, Staatsbibliothek PK

Wilhelm Weitling: Kerkerpoesien
Hamburg 1844
Berlin, FUB, UB

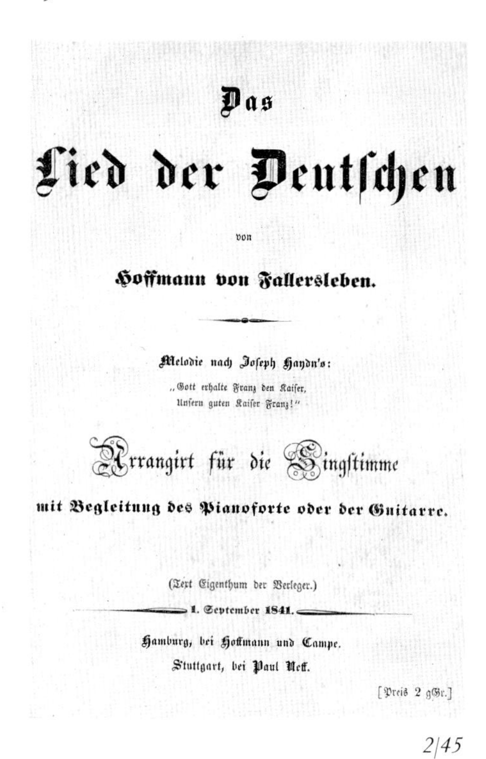
Das
Lied der Deutschen
von
Hoffmann von Fallersleben.

Melodie nach Joseph Haydn's:
„Gott erhalte Franz den Kaiser,
Unsern guten Kaiser Franz!"

Arrangirt für die Singstimme
mit Begleitung des Pianoforte oder der Guitarre.

(Text Eigenthum der Verleger.)
1. September 1841.
Hamburg, bei Hoffmann und Campe.
Stuttgart, bei Paul Neff.
[Preis 2 gGr.]

2/45

2/44 »Alphabetisches Verzeichnis derjenigen Personen, gegen welche nach den Akten der Bundeszentralbehörde bezüglich revolutionärer Umtriebe im Untersuchungswege eingeschritten worden ist«

Frankfurt a. M. 1833–38
Handschrift; 40 × 58 cm (aufgeschl.)
Frankfurt a. M., Bundesarchiv, Außenstelle (DB 8/7)

Nach dem Wachensturm in Frankfurt wurde am 20. Juni 1833 eine Bundes-Zentralbehörde in Frankfurt zur Feststellung und Untersuchung revolutionärer Umtriebe eingerichtet. Die Frankfurter Behörde führte bis zum 8. August 1838 ein Gesamtverzeichnis aller verdächtigten Personen, das sogenannte »Schwarze Buch«. Als Nr. 1770 findet sich der Eintrag: »Weidig Friedrich Ludwig Dr. philos. früher Rektor zu Butzbach, dann Pfarrer zu Obergleen / Teilnahme an dem dem Frankfurter Attentat vorangegangenen Complott. Abfassung und Verbreitung hochverrätherischer Schriften / Die Untersuchung war noch im Gange, als der Angeschuldigte sich am 23. Febr. 1837 in dem Gefängnisse zu Darmstadt selbst entleibte.«

2/45 »Das Lied der Deutschen / Arrangirt für die Singstimme mit Begleitung des Pianoforte oder der Guitarre«*

August Heinrich Hoffmann von Fallersleben (1798–1874)
Hamburg/Stuttgart: Hoffmann & Campe/ Paul Neff, 1. September 1841 (Erstdruck)
27 × 18 cm
Berlin, DHM (1987/281)

1841 auf der zu England gehörenden Insel Helgoland entstanden, spiegelt das »Lied der Deutschen« die Sehnsucht nach nationaler Einheit, aber auch nach »Recht und Freiheit«. Um gegen die Privilegien des Adels zu protestieren, hatte der Verfasser des Textes, August Heinrich Hoffmann, seinem Namen das Attribut »von Fallersleben« angehängt. Wegen des Wunsches nach »Recht und Freiheit« stieß das Lied in konservativen Kreisen zunächst auf Ablehnung. Nach der Reichsgründung von 1871 rückte jedoch der nationale Aspekt des Liedes zunehmend in den Mittelpunkt und machte die Hymne »hoffähig«. Sie wurde häufig bei Bismarck-Huldigungen gesungen. 1922 erklärte Reichspräsident Friedrich Ebert das »Lied der Deutschen« zur Nationalhymne. 1945 zunächst vom Alliierten Kontrollrat verboten, bestimmte Bundespräsident Heuß das Lied im Mai 1952 zur Nationalhymne der Bundesrepublik Deutschland; gesungen wird bei offiziellen Anlässen aber nur die dritte Strophe.

Raum 3a

DIE REVOLUTION VON 1848 – DIE EUROPÄISCHE DIMENSION

Schon seit 1846 hatten Krisen und Konflikte in verschiedenen Teilen Europas wachsende Unruhe ausgelöst. Die europäischen Revolutionen nahmen 1848 von Paris ihren Ausgang: Auf eine Forderung der demonstrierenden Opposition nach Ausweitung des Wahlrechts reagierte am 22. Februar die Regierung des »Bürgerkönigs« Louis Philippe mit dem Einsatz des Militärs. Aber große Teile der Bevölkerung und der Nationalgarde solidarisierten sich mit den Aufständischen, Barrikaden entstanden überall in der Stadt, und zwei Tage später war der Sieg der Revolution so vollständig, daß nicht nur die Regierung gestürzt war, sondern auch der König abgedankt hatte und in Frankreich wieder eine Republik proklamiert worden war.

Doch die von der provisorischen Regierung für den 23. April anberaumten Wahlen brachten eine Parlamentsmehrheit für die konservativen Republikaner, die die sozialen Anfangserrungenschaften der Februar-Revolution, so das Recht auf Arbeit, einzuschränken begannen. Dagegen richtete sich der Aufstand der Pariser Unterschichten, der am 26. Juni von den Ordnungskräften unter General Cavaignac brutal niedergeschlagen wurde. Diese Schlacht war mit 3000 Toten der blutige Höhepunkt der Revolutionsgeschichte des 19. Jahrhundert und galt auch im übrigen Europa als Wendepunkt für die revolutionären Bewegungen.

Hatten die Pariser Februar-Ereignisse bereits als Fanal gewirkt, so trafen im Vielvölkerstaat des Habsburgerreich alle Krisenerscheinungen von 1848/49 zusammen. In den städtischen Zentren ging es ähnlich wie in Paris um soziale Verbesserungen und politische Mitwirkung; existenzgefährdend für die Monarchie waren jedoch die Autonomieforderungen der Nationalitäten. Große Entwicklungsunterschiede bedingten eine starke Regionalisierung der Revolutionsabläufe, aber gerade deshalb konnte sich die Zentralregierung zwischen den disparaten revolutionären Kräften behaupten.

Die Revolution in Wien, die als wichtiger Bestandteil des gesamtdeutschen Revolutionsverlaufs auch den Fortgang der Diskussionen um Einheit und Freiheit Deutschlands (vgl. Raum 3b) mitbestimmte, begann am 13. März 1848: Während der Beratungen der gemäßigten niederösterreichischen Stände über politische Forderungen an die Regierung kam es zu einer Massendemonstration. Zögernd eingesetzte Truppen schossen auf Demonstranten. Das Militär wurde jedoch auf Forderungen der Bürger abgezogen. Noch in derselben Nacht trat der verhaßte Staatskanzler Metternich zurück und floh nach England. Die Nachricht wirkte wie ein Dammbruch: In den Vorstädten Wiens brach ein proletarischer Aufstand los gegen alles, was die Unterschichten für die Verursacher ihres sozialen Elends hielten: Leihhäuser, Steuerämter und Fabriken.

Eine neue Regierung – zusammengesetzt aus hohen Beamten und Adligen – bewilligte eine bürgerliche Nationalgarde und den Studenten eine »Akademische Legion«; die Pressefreiheit wurde eingeführt und ein Verfassungsversprechen abgegeben. Ihre geringe Konzessionsbereitschaft gegenüber den bürgerlichen Kräften verlieh zusammen mit der Radikalität der Unterschichten der Wiener Revolution ihre besondere Dynamik.

Eine weitere Zuspitzung erreichte die Revolution mit den Wiener Mai-Unruhen, die in den ersten Barrikadenkämpfen von Bürgern, Studenten und Arbeitern gegen die unflexible Regierung gipfelten. Nachdem der Hof am 17. Mai nach Innsbruck geflohen war und weitere Revolten von Kleinbürgern im September die bereits vorhandenen Gegensätze zusätzlich verschärft hatten, stand Fürst Windischgrätz bei der Niederschlagung der Oktoberrevolution keiner geschlossenen Abwehrfront mehr gegenüber: Eine spontane Volksbewegung hatte verhindern können, daß die in Wien stationierten Truppen gegen die aufständischen Ungarn geschickt wurden. Nachdem aber das Bürgertum aus Angst vor den Radikalen die Stadt verlassen hatte, wurde der Aufstand der zurückgebliebenen Arbeiter und Handwerker Ende Oktober von den weit überlegenen Truppen Windischgrätz' blutig niedergeschlagen: Die Wiener Revolution war an ihren inneren Spaltungen und der Kampfentschlossenheit der Reaktion gescheitert.

Die böhmische Nationalbewegung hatte, angespornt von den Revolutionen im habsburgischen Vielvölkerstaat, im März 1848 unter Führung des tschechischen Historikers František Palacký ihre Ziele formuliert, in denen sich soziale und politische Forderungen mit nationalen Autonomieansprüchen verbanden. Der Anfang Juni nach Prag einberufene Slawenkongreß hatte das Bewußtsein der Öffentlichkeit für die Probleme der staatenlosen slawischen Nationalitäten weiter geschärft. Vor diesem Hintergrund eskalierte der Konflikt mit Österreich im Prager Juni-Aufstand, der überwiegend von tschechischen Arbeitern und Studenten getragen wurde. Aber ihre Barrikaden hielten dem Ansturm der Soldaten des Fürsten Windischgrätz nicht lange stand, der mit seinem endgültigen Sieg über die Prager Revolution am 15./16. Juni – eine Woche vor Cavaignac – der europäischen Gegenrevolution Hoffnung auf eine Wende eröffnete.

Nationaldemokratisch war auch die ungarische Revolutionsbewegung, die der aus dem Kleinadel stammende Lajos Kossuth am 3. März 1848 mit seinen vor dem ungarischen Reichstag in Preßburg erhobenen Forderungen nach nationaler Autonomie und politischen wie sozialen Reformen auslöste. Nachdem der Reichstag diese unterstützte, beugte sich der Kaiser am 16. März dem revolutionären Druck: Lajos Graf Batthyány bildete eine Regierung, die Ungarn – jetzt nur noch in Personalunion mit Österreich verbunden – auf den Weg zu einem autonomen, modernen Verfassungsstaat führen sollte. Allerdings schloß das Zensuswahlrecht das kleine Bürger- und Bauerntum von den

Wahlen aus, und auch die »Bauernbefreiung« erfaßte nicht einmal die Hälfte der Landbevölkerung.

Als Haupthindernis für den Erfolg der Revolution erwies sich jedoch die Weigerung, den nichtmagyarischen Nationalitäten die gleichen Rechte zuzugestehen wie dem ungarischen Staatsvolk. Besonders die Kroaten leisteten unter Führung ihres Banus Joseph Jellačić seit März 1848 starken Widerstand und fielen im September in Ungarn ein. Schließlich hatte nach dem Ende der Wiener Revolution die kaiserliche Zentrale wieder genügend Kräfte frei, um nach Aufkündigung der Zugeständnisse militärisch gegen die Magyaren vorzugehen. Doch die im Dezember 1848 nach Ungarn vorrückende Armee traf zunächst auf den entschlossenen Widerstand eines abwehrbereiten Gegners. Am 14. April 1849 erklärte der nach Debrecen ausgewichene Reichstag Ungarn zu einem unabhängigen Staat. Das dramatische Ende der ungarischen Revolution kam, nachdem der Zar im Juni auf österreichischer Seite in den Krieg eingetreten war: Vor einem weit überlegenen Gegner mußten die Ungarn am 11. August 1849 bei Világos kapitulieren. Grausame Rache und Unterwerfung kennzeichneten das österreichische Vorgehen gegen die Ungarn: Noch auf Jahre sollte ein Ausgleich zwischen den Hauptvölkern der Habsburger Monarchie erschwert bleiben.

Die revolutionären Bewegungen in Italien standen im Zeichen liberalkonstitutioneller Bewegungen in den Einzelstaaten, aber auch der Forderung nach nationaler Einheit, die sich insbesondere gegen die österreichische Fremdherrschaft im Norden richtete. Die Revolution begann bereits im Januar 1848: Nach einem Aufstand in Sizilien mußte Ferdinand II. am 19. Januar in Neapel eine Konstitution versprechen. Auch in Florenz, Turin und Rom wurde nun eine Verfassung gewährt, beschleunigt durch die Nachrichten von der Pariser Februar-Revolution. Nachdem auch die revolutionären Ereignisse in Wien und Ungarn bekannt wurden, erhob sich am 17. März Venedig, am folgenden Tag Mailand gegen die habsburgische Herrschaft. Beide Städte waren nach heftigen Straßenkämpfen, an denen vor allem Arbeiter und andere Angehörige der Unterschichten teilgenommen hatten, bald befreit, Mailand auch mit Hilfe benachbarter Bauern aus der Lombardei. Dort bildete sich eine provisorische Regierung mit einem starken republikanischen Flügel. Die österreichischen Truppen unter der Führung des Generals Radetzky mußten sich zurückziehen.

Als der König von Piemont-Sardinien mit einem Heer in die Lombardei einrückte, um mit Truppenunterstützung aus anderen italienischen Staaten gegen die Österreicher zu kämpfen, wurde Carlo Alberto zum gefeierten Nationalhelden der Italiener, auf den sich die Hoffnungen der italienischen Einigungsbewegungen konzentrierten. Doch den nationalrevolutionären Kampf gegen Österreich verband er mit dem Bestreben, die republikanischen Kräfte in der Lombardei zu unterdrücken. Das brachte ihn in Gegensatz zur demokratischen Bewegung in Norditalien. Daher blieb schließlich die schlecht vorbereitete piemontesische Armee im Kampf gegen Radetzky allein. Fast gleichzeitig mit der Niederwerfung des Prager Aufstandes durch Windischgrätz siegte das österreichische Heer am 11. Juni bei Vicenza, und am 25. Juli 1848 wurden die piemontesischen Truppen bei Custoza entscheidend geschlagen, so daß Mailand am 6. August wieder in die Hand Radetzkys fiel. Die italienische Revolution war in ihrer ersten und entscheidenden Phase nicht zuletzt an inneren Widersprüchen gescheitert.

Der erneute Versuch Carlo Albertos, gegen Österreich Krieg zu führen, endete im Fiasko der Schlacht bei Novara am 23. März 1849. Vittorio Emanuele II. unterzeichnete an Stelle seines zurückgetretenen Vaters den Friedensvertrag am 6. August 1849, in dem das Haus Savoyen den endgültigen Verzicht auf die Unterstützung revolutionärer Bewegungen zusagen mußte.

Mit Ausnahme Piemont-Sardiniens, das seine Verfassung behielt, wurden die vorrevolutionären Ordnungen überall in den italienischen Einzelstaaten wiederhergestellt. Da die neuerliche Fremdherrschaft in Teilen des Landes als drückender denn je empfunden wurde, blieb die nationale Einigung Italiens eine zentrale politische Forderung der folgenden Jahre.

Marie-Louise von Plessen, Martin Roth

3a/1

3a/1 Abtransport eines am 23. Februar 1848 Gefallenen*

Pierre Andrieu (1821–1892)
1848; bez.u.l.: Décembre 1848 Andrieu
Lavierte Zeichnung; 26,8 × 22,4 cm
Paris, Musée Carnavalet (D.3)

Die Pariser Unruhen am 22. und 23. Februar 1848 waren der Auftakt für die Aufstände in Europa. Die politische Unzufriedenheit mündete in heftige Straßenkämpfe mit mehr als 1500 Barrikaden. Nach dem Sturz des Bürgerkönigs Louis Philippe wurde am 24. Februar die »Zweite Republik« ausgerufen. Konservative Republikaner, Liberale und Sozialisten bildeten die Regierung. Pierre Andrieu, ein Schüler Eugène Delacroix', zeichnete ein Opfer des Barrikadenkampfes in den Farben der Trikolore als Verweis auf die Nationalgardisten, die sich den Aufständischen angeschlossen hatten.

3a/2 Sturm auf das Château d'Eau am Palais Royal in Paris am 24. Februar 1848

Eugène Hagenauer
1848; bez.u.l.: Hagenauer 1848
Öl/Lw; 59,5 × 73 cm
Paris, Musée Carnavalet (P.435)

Die Pariser Aufständischen stürmten zunächst das Château d'Eau, den Regierungssitz am Palais Royal. Die neugegründete republikanische Regierung verkündete in den ersten Tagen Versammlungs-, Presse- und Vereinigungsfreiheit, die Abschaffung der Sklaverei in den meisten französischen Territorien und die Aufhebung der Todesstrafe für politische Verbrechen. Der Sturz Louis Philippes und die Ausrufung der Republik bestärkten die oppositionellen Kräfte in weiten Teilen Europas.

3a/3 Die Republik*

Henri-Joseph-Armand Cambon (1819–1885)
1848; Öl/Lw; 73 × 53 cm
Montauban (Tarn-et-Garonne), Musée Ingres (16.1.33)

Die Inschrift am Sockel der Allegorie nennt die Tage der revolutionären Erhebung vom 22. bis 24. Februar 1848, welche die republikanische Regierung am 18. März zur Ausschreibung eines künstlerischen Wettbewerbs veranlaßte. Cambon beteiligte sich daran mit diesem Entwurf einer idealen Frauengestalt: Der Regenbogen der neuen Zeit überspannt die als antikische Göttin gewandete Heroin mit leuchtendem Lockenkranz in einer Strahlenaura. Das römische Schwert, die Trikolore und der Helm belegen weibliche Wehrfähigkeit. Weitere Symbole sind die theatralisch vom rechten Arm zum Zeichen der Brüderlichkeit emporgehaltenen, ineinander verschränkten Hände, der Winkel auf schwarzem Block als Hinweis auf die Gleichheit, die Schwurhand als Sinnbild der Gerechtigkeit, der Bienenstock als Zeichen eines fleißigen Gemeinwesens und der Löwe als Allegorie der Stärke, der die züngelnde Schlange beherrscht.

3a/4 Die ersten Opfer der Revolution: »Scene am 13ten März 1848 beim Landhaus in Wien«

J. Albrecht
Kolorierte Lithographie; 29 × 22,4 cm
Wien, Museen der Stadt Wien (20.107)

In Wien kam es nach der Einberufung der niederösterreichischen Ständeversammlung am 13. März 1848 zu Revolutionsunruhen. Eine große Menschenmenge trug den Ständen die revolutionären Forderungen vor. Der Einsatz von Militär leitete heftige Kämpfe ein, in deren Folge in der Innenstadt fünf, in den Vorstädten 55 Menschen getötet wurden.

3a/5 Waffenausgabe an die Studenten, 13. März 1848

Ferdinand Hofbauer (1801–1864)
Wien: Eduard Sieger
Kolorierte Lithographie; 45 × 61 cm
Wien, Museen der Stadt Wien (87.609)

Am 13. März hatten die Aufständischen erreicht, daß die Regierung einigen Reformforderungen nachgeben mußte – so dem Ruf nach allgemeiner Volksbewaffnung. Noch in der Nacht wurde mit der Waffenausgabe begonnen.

3a/6 Gewehr mit Bajonett der Österreichischen Nationalgarde 1848

1798; Stahl, Messing; L 138 cm
(Lauf 106 cm), Bajonett 47 cm
Wien, Museen der Stadt Wien (55.019/1)

Mit Armeegewehren, die für die Bürgerwehr umgearbeitet worden waren, wurde 1848 ein Teil der Nationalgarde bewaffnet.

3a/7 Defilée der Nationalgarde am Hof in Wien

Öl/Kupfer; 46,8 × 63,2 cm
Wien, Heeresgeschichtliches Museum
(B I 16.615)

Die vom Wiener Bürgertum gebildete Nationalgarde demonstrierte vor den erleuchteten Fenstern der Hofburg ihre Macht. Der konzessionsbereite Flügel am Wiener Hof überzeugte die Anhänger Metternichs, kurz vor Ablauf der von der Bürgerwehr gestellten Frist, den Staatskanzler zum Abschied zu bewegen. Er floh noch in der Nacht vom 13. zum 14. März nach England.

3a/8 »Der erste Buchhandel der freyen Presse 1848«*

Johann Nepomuk Höfel (1786–1864)
1848; bez.u.r.: IOH. HÖFEL, 1848
Aquarell; 20,5 × 27,2 cm
Wien, Museen der Stadt Wien (88.677)

Die Aufständischen in Wien forderten die Abschaffung der Zensur und die Verkündung der Pressefreiheit. Nachdem am 14. März 1848 die freie Presse proklamiert worden war, etablierte sich schnell ein reger Straßenverkauf von Flugschriften, Karikaturen und Zeichnungen.

3a/9 Zug der Arbeiter in die Stadt zum Barrikadenbau, 26. Mai 1848

Franz Gaul d. J. (1837–1906)
Aquarell und Deckfarben; 26,9 × 37 cm
Wien, Museen der Stadt Wien (88.690)

Nachträglich beschriftet:
»Am 26. Mai 1848 dem ersten Barrikadentage. In den Nachmittagsstunden des genannten Tages zog eine große Masse bewaffneter Eisenbahnarbeiter, geführt von einem Studenten der akademischen Legion zum Sukkurs der Legion in die Stadt. Dieselben kamen gemengt mit Weibern, die ebenfalls bewaffnet waren von der Südbahn. Die Skizze stellt dar, wie die Masse mit Krampen, Schaufeln, Hämmern, Eisenstangen u. Sensen bewaffnet, an der großen Barrikade bei der sogenannten ›steinernen Brücke‹ (die später an anderer Stelle durch die Elisabethbrücke ersetzt wurde) über den Wienfluß, nächst dem Naschmarkt[,] vorbeizieht. Rückwärts reitet eine Abteilung Cürassiere durch die lange Pappelallee in der Richtung des Schwarzenbergpalais, die längs des Wienflusses heraufgeritten kamen.«

3a/10 Die Barrikade auf dem Michaelerplatz in der Nacht vom 26. auf den 27. Mai 1848*

Anton Ziegler (1793–1869)
1848; bez.u.r.: 27. Mai/1848/A. Ziegler
Öl/Lw; 68,7 × 55 cm
Wien, Museen der Stadt Wien (31.471)

3a/3

3a/8

Die Revolutionsereignisse erreichten im Mai 1848 in Wien ihren zweiten Höhepunkt, als infolge von Protestaktionen gegen das am 25. April 1848 verkündete Wahlrecht, das keine Beteiligung der Unterschichten vorsah, die Regierung die Akademische Legion aufzulösen versuchte. Die Lage entspannte sich, als Ferdinand I. in das kaisertreue Innsbruck auswich. Ein »Ausschuß der Bürger, Nationalgarde und Studenten zur Aufrechterhaltung der Ordnung und für die Wahrung der Volksrechte« blieb bis zur Neubildung der Regierung und der Einberufung des Reichstages im Juli 1848 die maßgebliche Institution.

3a/11 Büste des Alfred Fürst zu Windischgrätz (1787–1862)

Emanuel Max (1810–1901)
1863; bez.: Em. Max fec. Prag 1863
Marmor; H 79 cm
Wien, Heeresgeschichtliches Museum (Depot, B I 19034)

Windischgrätz, ein Vertrauter Metternichs, ging als Militär konservativer Prägung mit unnachgiebiger Härte gegen die Revolutionäre vor. Die Wiener Revolution scheiterte endgültig, als Ende Oktober die Aufständischen, vor allem Arbeiter und Handwerker, von seinen zahlenmäßig weit überlegenen Truppen geschlagen wurden. Harte Vergeltungsmaßnahmen, so die standrechtliche Erschießung Robert Blums, demonstrierten der europäischen Öffentlichkeit die Kampfbereitschaft der österreichischen Gegenrevolution.

3a/12 Revolutionäre von 1848 im Arrest*

Heinrich Hollpein (1814–1884)
1851; bez.u.r.: Hollpein 1851
Öl/Lw; 127 × 159 cm
Wien, Museen der Stadt Wien (66.329)

Verfolgungen, Verhaftungen und Gefängnisaufenthalte waren europaweit das Schicksal vieler, die sich für politische Rechte eingesetzt hatten. Bei den von Hollpein porträtierten

3a/10

3a/12

Gefangenen handelt es sich um Leopold Koller vom Garde-Grenadier-Regiment, Ferdinand von Eisenbach, einen pensionierten Hauptmann der kaiserlichen Armee aus Graz, und einen unbekannten Gefangenen. Der am Kopf Verwundete ist der Porträtmaler Josef Matthias Aigner (1818–1886), Kommandant der Akademischen Legion. Er wurde Ende November 1848 zum Tode verurteilt, später jedoch begnadigt.

3a/13 Standrechtliche Erschießung des Kommandanten der Nationalgarde, Cäsar Wenzel Messenhauser, 16. November 1848

Weixlgärtner (vermutlich Eduard Weixelgärtner, 1816–1873)
1848; Lithographie; 27,2 × 34 cm
Wien, Museen der Stadt Wien (87.568)

Messenhauser (geb. 1813) zählte zu den Opfern der Gegenrevolution. Nach der Niederlage der Aufständischen am 31. Oktober 1848 wurde er zum Tode verurteilt und standrechtlich erschossen. Als Offizier der Deutschmeister war er 1848 zum Kommandanten der Wiener Nationalgarde ernannt worden und für die Verteidigung Wiens verantwortlich.

3a/14 František Palacký (1798–1876)*

Adolf Dauthage (1825–1883)
1855; Lithographie; 55,2 × 37 cm
Wien, Museen der Stadt Wien (92.721)

Der tschechische Politiker Palacký wurde vom Frankfurter Vorparlament aufgefordert, als Vertreter Böhmens die Nationalversammlung mit vorzubereiten. Seine politischen Forderungen – keine Einverleibung Böhmens in den zukünftigen deutschen Nationalstaat, Erhalt des österreichischen Vielvölkerstaats bei voller Autonomie der Nationalitäten – veranlaßten ihn als Führer der tschechischen Nationalbewegung zu einem Absagebrief an das Paulskirchenparlament.

3a/15 »Das Bombardement von Prag«

»Extrablatt«, Berlin, 15. Juni 1848
36 × 28,5 cm
Berlin, AGB (Slg. 1848, Mappe 33, Bl. 32)

Einen Höhepunkt erreichte der Nationalitätenkonflikt im Habsburgerstaat, als am 2. Juni 1848 in Prag der Slawenkongreß einberufen wurde. Wenn auch der Kongreß mit seinem Ziel scheiterte, eine territoriale Neuordnung Österreichs im Sinne des Selbstbestimmungsrechts der Nationalitäten zu schaffen, so stärkte er doch das nationale Bewußtsein der slawischen Völker. Das Ende der böhmischen Revolution kennzeichnete der Prager Juni-Aufstand im unmittelbaren Anschluß an den Slawenkongreß. Der hauptsächlich von tschechischen Arbeitern und Studenten getragene Protest wurde von den Truppen des Fürsten Windischgrätz niedergeschlagen.

3a/16 »Theure Genossen, liebe Brüder«

Aufruf des Banus Jellačić, Prag, 22. Oktober 1848
42 × 26,6 cm
Berlin, AGB (Slg. 1848, Mappe 33, Bl. 29)

Der Banus von Kroatien, dem eine entscheidende Rolle bei der Niederschlagung der ungarischen Revolution zukam, stellte sich mit diesem Aufruf auf die Seite der slawischen Sammelbewegung:
»Groß war meine Freude, als ich sah, wie die tschechischen Brüder, von derselben Ueberzeugung geleitet, die durch die Rückkehr der Reichstagsdeputirten noch gekräftigt wurde, die siegreichen Banner vor Wien brachten, daß sie mir und meinen Kriegern die Bruderhand reichen, um dort entweder heldenmüthig zu siegen oder ruhmvoll zu fallen. Nur die Ueberzeugung, daß ich gegen den Feind des Sclaventhums ziehe, führte mich vor Wien, und ich hege die Hoffnung, daß ihr Männer nicht nur meine That verstehet, sondern auch unterstützen werdet.«

3a/14

3a/18

3a/17 Lajos Graf Batthyány von Német-Ujvár (1806–1849)

Miklós Barabás (1810–1898)
Öl/Lw; 137 × 97,5 cm
Budapest, Magyar Nemzeti Múzeum (2062)

Am 17. März 1848 wurde Batthyány zum Präsidenten des ersten ungarischen Reformministeriums ernannt, dessen Einsetzung der Kaiser unter dem Druck der revolutionären Ereignisse zustimmen mußte. Nach der Niederschlagung des Aufstandes durch österreichische und russische Truppen wurde Batthyány am 6. Oktober 1849 in Pest hingerichtet, obwohl er den bewaffneten Kampf um die Verteidigung der 1848 errungenen Rechte nicht mitverantwortet hatte. Für dieses Urteil bestand keinerlei Rechtsgrundlage.

3a/18 Lajos Kossuth (1802–1894)*

Öl/Lw; 75,5 × 63 cm
Budapest, Magyar Nemzeti Múzeum (1.684)

Zunächst Minister im Kabinett Batthyány, wurde Kossuth nach der Thronentsetzung der Habsburger 1849 zum Reichsverweser gewählt. Nach der blutigen Niederschlagung der Revolution in der Schlacht von Világos floh Kossuth in die Türkei, bereiste England und die Vereinigten Staaten. Im Exil in Italien verfolgte er den Plan einer Donaukonföderation mit Ungarn als Zentrum. Bis zu seinem Tod im Jahre 1894 in Turin blieb er ein unversöhnlicher Gegner der Wiener Regierung.

3a/19

3a/19 Gyula Graf Andrássy (1823–1890)*

Bertalan Székely (1835–1910)
Öl/Holz; 58 × 42,5 cm
Budapest, Magyar Nemzeti Múzeum (1606)

Andrássy kämpfte 1848/49 zunächst im ungarischen Revolutionskrieg und ging dann als Diplomat der ungarischen Revolutionsbewegung nach Konstantinopel. Nach dem Scheitern der Revolution setzte er sich dafür ein, daß die ungarischen Flüchtlinge nicht an Österreich ausgeliefert wurden. In Abwesenheit zum Tode verurteilt, wurde Andrássy 1857 amnestiert und kehrte nach Ungarn zurück. Er war maßgeblich am Zustandekommen des österreichisch-ungarischen Ausgleichs beteiligt, wurde 1867 ungarischer Ministerpräsident und später österreichisch-ungarischer Außenminister.

3a/20 István Graf Széchényi (1791–1860)*

Jószef Schoefft (1807–1888)
Bez.u.r.: Schoefft Jos.
Öl/Lw; 150 × 113 cm
Budapest, Magyar Nemzeti Galéria,
Leihgabe des Bakonyi Múzeum Veszprem
(L.U. 85.3)

Széchényi plante und realisierte die großen Reformarbeiten der zwei Jahrzehnte vor 1848 in Ungarn: u. a. Gründung der Akademie der Wissenschaften, Befreiung der Bauern, Ausbau der Verkehrswege und Regulierung der Donau und Theiß. Er war als Verkehrsminister Mitglied des von Batthyány im April 1848 gegründeten ersten liberalen Reformkabinetts.

3a/20

3a/25

3a/21 »Kossuth's letzte Aufforderung an die Ungarn«, September 1848

Flugblatt; 38,2 × 46 cm
Nürnberg, GNM, Graphische Slg.
(Kapsel 1330, HB 30243)

Neben den Tschechen, Polen und Deutschen gehörten die Magyaren zu den vier größten Nationalitätengruppen des Habsburgerreiches. Da selbst innerhalb Ungarns nationale Konflikte bestanden, nutzte Österreich die militärische Hilfe kroatischer Truppen unter dem Banus von Kroatien, General Joseph Jellačić (1801–1859). Auch Kossuth rief angesichts der militärischen Intervention von Jellačić zur Landesverteidigung auf und blieb bei seinem radikalen Kurs: keine Verhandlungen mit der Krone, offener Kampf gegen die Macht des Kaisers.

3a/22 Die Kapitulation der Ungarn bei Világos

Heinrich Gerhart
Lithographie; 28,9 × 44,7 cm
Wien, Museen der Stadt Wien (88.634)

Am 13. August 1849 kapitulierte Arthur Görgey mit 35000 Soldaten bei Világos vor dem russischen General Rüdiger. Die militärische Hilfe des Zaren Nikolaus I. für Kaiser Franz Joseph, der im Dezember 1848 den Thron bestiegen hatte, diente vor allem der Sicherung der traditionellen Dynastien nach dem Legitimitätsprinzip.

3a/23 Liste der »Verurtheilungen zu Arad«, 1849/50

Alfonz Calzada
Handschrift und Zeichnung; 25,5 × 33,1 cm
Budapest, Nationalbibliothek Széchényi, Handschriftenabteilung (Fol. Germ. 1123)

Von den in der Schlacht bei Világos arretierten ungarischen Generälen wurden 13 am 6. Oktober in Arad zum Tode verurteilt. Einige wurden gehängt, andere erschossen. Österreich unterwarf Ungarn erneut seinem zentralistischen Regime und rächte sich an den Besiegten.

3a/24 Büste des Josef Graf Radetzky von Radetz (1766–1858)*

Giovanni Emanueli (1816–1894)
Marmor; H 88,5 cm
Wien, Heeresgeschichtliches Museum
(B I 18530)

Radetzky, Sproß einer altböhmischen Adelsfamilie, war seit seinem 16. Lebensjahr Zögling der Militärakademie des Wiener Theresianums. Nach Feldzügen 1788/89 gegen die Türkei, das revolutionäre Frankreich und die nach Österreich einrückenden napoleonischen Truppen war er auch über 30 Jahre später 1848/49 als General-Kommandeur der Lombardei und Venetiens mit der Aufgabe betraut, die revolutionären Bewegungen in Italien zu ersticken.

3a/24

3a/25 Der Kampf um die Porta Tosa in Mailand, 22. März 1848*

Carlo Canella
Öl/Lw; 75 × 98 cm
Mailand, Civiche raccolte storiche Milano

Nachdem die Nachrichten von den revolutionären Ereignissen in Ungarn und Wien Mailand erreicht hatten, wurden dort bereits in den ersten Märztagen Barrikaden errichtet. Am 18. März 1848 begann der bewaffnete Kampf gegen die dort stationierten österreichischen Truppen Radetzkys. Die Bevölkerung der umliegenden Städte beteiligte sich an den Kämpfen, so daß Radetzky nach fünf Tagen zum Rückzug gezwungen war.

3a/26 Carlo Alberto auf dem Balkon der Casa Greppi, 5. August 1848

Carlo Bossoli (1815–1884)
Tempera/Papier; 73 × 58,8 cm (m.R.)
Mailand, Civiche raccolte storiche Milano

Teile der italienischen Revolutionsbewegung sahen König Carlo Alberto von Piemont-Sardinien als Führer an. Auf ihn konzentrierten sich vor allem die Hoffnungen der italienischen Einigungsbewegungen. Doch nach der Niederlage bei Custoza gegen Österreich enttäuschte er diese Wünsche: Nachdem er sich noch am 5. August den Mailändern auf dem Balkon der Casa Greppi gezeigt hatte, vereinbarte er gegen ihren Willen die Feuereinstellung mit Radetzky. Am folgenden Tag zog dieser wieder in die Stadt ein.

3a/27 Totenbestattung auf dem Schlachtfeld im Feldzug 1848/49*

August von Pettenkofen (1822–1889)
Öl/Holz; 20,2 × 32,2 cm
Wien, Heeresgeschichtliches Museum
(B I 30.165)

Nach heftigen Gefechten errangen Radetzkys Truppen erst bei Novara den entscheidenden Sieg über die Aufständischen. Bei Novara trafen 90000 Italiener auf 70000 Österreicher. Zur Ergänzung der stark dezimierten Truppen wurden Freiwilligenverbände eingesetzt. Carlo Alberto dankte zugunsten seines Soh-

3a/27

nes Vittorio Emanuele II. ab. Einem Waffenstillstand folgte im August 1849 der Friede von Mailand. Österreich verpflichtete sich, auf Eingriffe in die Verhältnisse des Königreichs zu verzichten und räumte sich zugleich die Möglichkeit einer gegenrevolutionären Politik in Oberitalien ein.

3a/28 Verwundetentransport

August von Pettenkofen (1822–1889)
1853; Öl/Lw; 26,5 × 35 cm
Wien, Österreichische Galerie (6000)

Pettenkofen, der zu Beginn der vierziger Jahre des 19. Jahrhunderts in Padua seinen Militärdienst geleistet hatte, illustrierte seit 1848 die österreichischen Kriegsereignisse. Seine Darstellungen geben ein realistisches Bild der verlustreichen Kriege, zu denen vor allem die Schlachten bei Vicenza (9. Juni 1848) und Custoza (25. Juli 1848) zählen. Radetzky gelang es, mit den Siegen über das piemontesische Heer unter Carlo Alberto bei Mortara (21. März 1849) und Novara (23. März 1849) die Loslösung der zu Österreich gehörenden italienischen Provinzen Lombardo-Venetiens zu verhindern.

3a/29 Die Füsilierung des Ugo Bassi, 18. August 1849*

Alessandro Lanfredini (1826–1900)
Um 1860; Öl/Lw; 100 × 156 cm
Florenz, Comune di Firenze, Biblioteca della Società Toscana del Risorgimento Italiano
[208 (247)]

Lanfredini zeigt das Schicksal des Priesters Ugo Bassi (geb. 1800) in drastischer Deutlichkeit: Als Gefolgsmann Garibaldis wurde er am 18. August 1849 in Bologna von der österreichischen Armee hingerichtet. Nicht selten führten Priester die Revolutionäre im Kampf gegen die österreichische Fremdherrschaft. Selbst aus dem Kirchenstaat kamen Freiwillige in die Lombardei. Die Erschießung des Priesters Bassi verletzte die religiösen Gefühle der Bevölkerung zutiefst. Zahlreiche populäre Erzählungen und bildliche Darstellungen feiern ihn als Märtyrer und Volkshelden.

3a/29

3a/30 Apotheose auf Joseph Wenzel Graf Radetzky von Radetz (1766–1858)

J. Haller nach Ferdinand Tewele
Kolorierte Lithographie; 97 × 64,8 cm
Mailand, Civiche raccolte storiche Milano

Bereits seit 1831 war Radetzky Kommandeur der österreichischen Truppen in Lombardo-Venetien. Den Auftakt der Gegenrevolution in Italien setzte sein Sieg über das piemontesische Heer am 25. Juli 1848 bei Custoza und die Rückeroberung des von Revolutionären eingenommenen Mailand am 6. August 1848. Nach dem Sieg seiner Truppen am 23. März 1849 bei Novara kehrte der 83jährige nach Wien zurück. Als er 1858 im Alter von 92 Jahren starb, hatte er mehr als 72 Jahre gedient. Sein Leichnam wurde auf dem vom österreichischen Heereslieferanten Pargfrieder errichteten »Heldenberg« bei Kleinhelfendorf in Niederösterreich beigesetzt.

3a/31 Steckbrief gegen Giuseppe Mazzini, Innsbruck, 30. Juli 1852

23,5 × 18 cm
Genua, Comune di Genova

Die Ereignisse der Jahre 1848/49 trieben in ganz Europa viele Revolutionäre in Flucht und Emigration. Zu ihnen gehörte auch Mazzini (1805–1872), der Begründer der »Giovine Italia«. Schon 1831 hatte er Carlo Alberto aufgefordert, sich an die Spitze der Nationalbewegung zu stellen. Im März 1848 nahm er an den Aufständen in Mailand teil. Seine Parole »Dio e popolo« blieb allerdings weitgehend ungehört, sein Einfluß auf die Kämpfenden begrenzt. Im März 1849 war er Mitglied des Triumvirats der Römischen Republik. Nach deren Scheitern lebte er im schweizerischen und englischen Exil. Von dort aus beteiligte er sich an der Organisation verschiedener Aufstände, so 1852/53 in Mantua und Mailand, 1854 in der Toskana, 1870 in Sizilien. Im Jahr seiner Rückkehr nach Italien 1872 starb er in Pisa.

Raum 3b

DIE REVOLUTION VON 1848 – UM EINHEIT UND FREIHEIT

In Deutschland erhielten die nationalstaatlichen und liberalen Hoffnungen spürbaren Auftrieb, als Friedrich Wilhelm IV. am 7. Juni 1840 den preußischen Thron bestieg. Aber schon im September machte er deutlich, daß er nicht bereit sei, Preußen in eine konstitutionelle Monarchie umzuwandeln: Als die ost- und westpreußischen Provinzialstände den König bei der traditionellen Huldigungsfeier in Königsberg baten, das Verfassungsversprechen von 1815 einzulösen, wies der Monarch alle »auf Pergament geschriebenen Staatsgrundgesetze« energisch zurück. Einen Höhepunkt erreichte die langjährige Auseinandersetzung, als Friedrich Wilhelm IV. am 3. Februar 1847 – vor dem Hintergrund einer ausgeprägten Wirtschaftskrise – alle Provinzialstände zum ersten Vereinigten Landtag nach Berlin einberief, um ihre Zustimmung zu einer neuen Staatsanleihe zu erhalten. In seiner »Thronrede« zur Eröffnung des Landtags lehnte er am 11. April erneut eine Verfassung ab: »Daß sich zwischen unseren Herr Gott im Himmel und dieses Land ein beschriebenes Blatt gleichsam als eine zweite Vorsehung eindränge, um uns mit seinen Paragraphen zu regieren und durch sie alte, heilige Treue zu ersetzen«, sei ihm ein unerträglicher Gedanke. Da der von seinem Gottesgnadentum tief überzeugte König sich auch während der Landtagsverhandlungen nicht bereit zeigte, dem »Vereinigten Landtag« als »preußischer Nationalrepräsentation« Verfassungsrechte zuzugestehen, sondern jede »konstitutionelle Neuerungssucht« zurückwies, lehnte die Mehrheit der 613 Ständevertreter alle Forderungen des Königs ab: Otto von Bismarck, seit dem 8. Mai 1847 als Nachrücker im Vereinigten Landtag, erlebte voller Ingrimm, wie die preußischen Stände sich ihrem König verweigerten; der Opposition warf er vor, sie schmiede »aus dem Anleihe-Bewilligungsrecht Waffen ..., um der Regierung Concessionen abzudringen«.

Besonders in Süddeutschland erhoben die Liberalen und Demokraten weitreichende Forderungen. Auf einer von Gustav Struve und Friedrich Hecker geleiteten Versammlung verlangten die süddeutschen Demokraten am 12. September 1847 im badischen Offenburg u. a. die Aufhebung der Karlsbader Beschlüsse, den »Ausgleich des Mißverhältnisses zwischen Kapital und Arbeit« sowie eine progressive Einkommensbesteuerung. Diesen Forderungen der Demokraten stellten Liberale wie Carl Theodor Welcker, Friedrich Daniel Bassermann, Heinrich von Gagern und David Hansemann am 10. Oktober in Heppenheim gemäßigtere Ziele entgegen: Unter deutlichem Einfluß der rheinischen Unternehmer befaßten die »Heppenheimer« sich stärker mit wirtschaftlichen Fragen. Sie plädierten für den Ausbau des Zollvereins und favorisierten in der nationalen Frage einen kleindeutschen Weg. Demokraten und Liberalen gemeinsam war die Forderung nach einem nationalen Parlament, einer Verfassung sowie Presse-, Vereins-, Versammlungs- und Gewissensfreiheit. Schon dies war ein zentraler Angriff auf die tradierten Strukturen des politischen Systems, bedeutete doch ein konstitutioneller Nationalstaat die Preisgabe monarchischer Souveränitätsrechte und den Ausschluß aller auswärtigen Staaten aus dem Deutschen Bund.

Als der revolutionäre Funke 1848 von Frankreich nach Deutschland übersprang, empfahlen sich die Liberalen breiten Volksschichten als Wegbereiter politischer und sozialer Reformen, gleichzeitig aber auch den Regierenden als Garanten von Recht und Ordnung. Sie trugen entscheidend dazu bei, daß beim ersten Ansturm der Revolution die zentralen »Märzforderungen« in den süddeutschen Staaten erfüllt wurden; in Berlin kam es zu blutigen Barrikadenkämpfen. Dann aber stellte der preußische König sich »an die Spitze der nationalen Bewegung«, bildete seine Regierung um und bekannte sich zur Konstitution sowie zu einem einheitlichen deutschen Nationalstaat. Als er am 21. März bei seinem Umritt durch Berlin die deutschen Farben trug und verkündete, Preußen werde fortan in Deutschland aufgehen, schien die Revolution auch in Preußen erfolgreich verlaufen zu sein.

Wie zahlreiche andere Landadlige erwog auch der 32jährige Bismarck vorübergehend, mit seinen Bauern nach Berlin zu ziehen, um in das politische Geschehen einzugreifen. Dem überzeugten Royalisten, von der Preisgabe monarchischer Rechte durch Friedrich Wilhelm IV. tief enttäuscht, ging es allerdings weniger um die Unterstützung des Königs als vielmehr um die Wiederherstellung der traditionellen Rechte der preußischen Monarchie. Um die Lage zu sondieren, traf Bismarck am 20. März in Potsdam ein, wo es ihm gelang, zu General Karl von Prittwitz, dem Befehlshaber der Berliner Truppen, vorzudringen. Zwar wies der General jedes militärische Vorgehen gegen Berlin zurück, aber er ermutigte Bismarck, sich bei den Armeekorps in Magdeburg und Stettin nach der Bereitschaft zum militärischen Gegenschlag zu erkundigen. Trotz der Drohung des kommandierenden Generals in Magdeburg, er werde Bismarck wegen »gegenrevolutionärer Machenschaften als Hochverräter« verhaften lassen, ersuchte Bismarck am 23. März die Gemahlin des nach London geflohenen Prinzen Wilhelm – allerdings vergeblich – um die Erlaubnis, im Namen des Thronfolgers einen militärischen Gegenschlag vorzubereiten. Erst als der König am 25. März vor den Offizieren seiner Gardetruppen meinte, er habe sich noch nie so sicher gefühlt wie unter dem Schutz seiner Bürgerwehr, gab Bismarck auf. Statt auf die militärische Niederwerfung der Revolution setzten die frondierenden Royalisten jetzt auf publizistische Überzeugungsarbeit: In Versammlungen, mit Flugschriften sowie durch Gründung der konservativen »Kreuz-Zeitung« versuchten sie, gegenrevolutionäre Kräfte zu formieren. Vor allem das Scheitern der liberalen Polenpolitik, der es nicht gelungen war, den Aufbau eines polnischen Nationalstaats mit den Interessen der im Großherzogtum Posen lebenden deutschen Bevölkerung in Einklang zu bringen, wurde zur Agitation genutzt. Fanden die Konservativen mit ihren Warnungen vor der »Preisgabe nationaler Interessen« auch starken Widerhall, so standen sie im Kampf gegen eine Konstitution doch auf verlorenem Posten. Als der am 2. April erneut einberufene Vereinigte Landtag dem König für seine Bereitschaft zur Einführung einer Verfassung dankte, stimmten nur zwei Abgeordnete dagegen: Bismarck-Schönhausen und Thadden-Trieglaff.

Angesichts der revolutionären Stimmung zeigte sich auch der Bundestag in Frankfurt von der Notwendigkeit durchgreifender Reformen überzeugt. Schon am 10. März hatte er 17 »Männer des öffentlichen Vertrauens« mit der Ausarbeitung einer Bundesverfassung beauftragt; am 30. März erhielt dieser »Siebzehner-Ausschuß« außerdem die Aufgabe, Wahlen zu einer verfassunggebenden Nationalversammlung vorzubereiten. Ohne staatliches Mandat hatten Liberale und Demokraten bereits am 5. März auf einer Versammlung in Heidelberg beschlossen, Personen des öffentlichen Lebens zu einem sogenannten Vorparlament zusammenzurufen, das die Wahl zur Nationalrepräsentation vorbereiten sollte. Am 31. März nahmen die 573 Mitglieder des Vorparlaments in der Frankfurter Paulskirche ihre Arbeit auf, die sich unmittelbar auf das Wahlgesetz des Deutschen Bundes vom 7. April auswirkte: Über das Gebiet des Bundes hinausgehend, sollten auch Ost- und Westpreußen sowie das Großherzogtum Posen und das Herzogtum Schleswig die Deutsche Nationalversammlung mitwählen. In Frankfurt, Hamburg und Bremen sowie in Kurhessen, Württemberg, Schleswig und Holstein wurden die Abgeordneten direkt gewählt, in allen anderen Bundesstaaten indirekt. Eine besondere Schwierigkeit gab es in den slawischen Teilen Österreichs: Der Führer der tschechischen Nationalbewegung, František Palacký, lehnte es ausdrücklich ab, an den Wahlen zu einem deutschen Nationalparlament teilzunehmen, und unterstrich die Zugehörigkeit von Böhmen und Mähren zum österreichischen Vielvölkerstaat.

Wichtigste Aufgabe der seit dem 18. Mai in Frankfurt tagenden Nationalversammlung war die Ausarbeitung einer Reichsverfassung. Um die eigene Souveränität zu unterstreichen und über ein eigenes Exekutivorgan zu verfügen, wählten die Abgeordneten am 29. Juni mit 436 von 548 Stimmen den populären Erzherzog Johann von Österreich zum Reichsverweser. Vom Bundestag zu seiner Wahl beglückwünscht, war der Reichsverweser damit als höchste Reichsinstanz ebenso offiziell anerkannt wie sein am 15. Juli gebildetes Kabinett. Aber ohne die Verfügungsgewalt über eigene Truppen blieben Reichsregierung und Nationalversammlung weitgehend vom Wohlwollen Österreichs und Preußens abhängig: Als Preußen aus eigenstaatlichem Kalkül am 26. August 1848 in Malmö einen Waffenstillstandsvertrag mit Dänemark unterzeichnete, legten Nationalversammlung, Reichsregierung und weite Teile der national eingestellten Öffentlichkeit heftigen Protest ein, aber nach drei Wochen sah die Frankfurter Nationalversammlung sich am 16. September schließlich doch gezwungen, das preußische Verhalten mit 257 zu 236 Stimmen zu akzeptieren. Mit diesem »Umfallen« hatte die Nationalversammlung einen erheblichen Teil ihrer Reputation eingebüßt; nur zwei Tage später löste die radikale Linke in Frankfurt unter der Parole »gegen die 257 Volksverräter« eine zweite Revolutionswelle aus. Daß in dieser Phase der Revolution soziale Aspekte stärker akzentuiert wurden, zeigt der zweite Badische Aufstand, zu dessen Auftakt Struve am 21. September in Lörrach die »deutsche soziale Republik« ausrief; nach weniger als einer Woche war allerdings auch dieser Aufstand niedergeschlagen. Die Gegenrevolution marschierte. Während die Reaktion in Wien am 9. November ihren Sieg mit der »standrechtlichen Erschießung« von Robert Blum demonstrierte, ließ General von Wrangel nur einen Tag später die aus Schleswig und Holstein abgezogenen Truppen in Berlin einrücken. Unter dem am 12. November verhängten Belagerungszustand regte sich nur geringer Widerstand; die Liberalen sahen Teile ihrer Forderungen mit der am 5. Dezember vom König oktroyierten Verfassung erfüllt.

Als die Frankfurter Nationalversammlung am 23. Dezember die Grundrechte des deutschen Volks verabschiedete, war das Kräfteringen bereits entschieden: Österreich, Preußen, Hannover und Bayern verweigerten ihre Anerkennung. In scheinbarer Unabhängigkeit beriet die Nationalversammlung noch bis in den März 1849 über die Reichsverfassung. Doch auch die nach über 200 Sitzungen endlich am 28. März verabschiedete Verfassung konnte das Scheitern der Revolution nicht mehr verhindern: Der preußische König wies das ihm von der Frankfurter Nationalversammlung angetragene Erbkaisertum ebenso zurück, wie er die Reichsverfassung ablehnte. Daß die Zweite Kammer des preußischen Abgeordnetenhauses sich mit großer Mehrheit für sie ausgesprochen hatte, war zu diesem Zeitpunkt bereits ohne Bedeutung. Zwar hatten sich insgesamt 28 deutsche Staaten offiziell für die Verfassung erklärt, aber neben Preußen waren mit Österreich, Sachsen, Hannover, Württemberg und Bayern die wichtigsten Staaten gegen das Verfassungswerk der Paulskirche. Als die Nationalversammlung am 4. Mai mit knapper Mehrheit alle deutschen Regierungen und Parlamente aufforderte, die Reichsverfassung anzuerkennen, begann mit der »Reichsverfassungskampagne« die letzte Etappe der Revolution: Kompromißlos wurde sächsisches und preußisches Militär in Dresden eingesetzt, nachdem der sächsische Landtag für die Einführung der Reichsverfassung gestimmt hatte. Obwohl der Aufstand in Dresden nach sechstägigem Kampf am 9. Mai zusammenbrach, nahmen zur selben Zeit Demokraten und Republikaner in der Pfalz und in Baden erneut den Kampf auf, der mit besonderer Schärfe ausgefochten wurde, nachdem die regulären Truppen des Großherzogs von Baden sich nahezu geschlossen mit den Aufständischen solidarisiert hatten. An der Spitze von rund 50000 Soldaten zog der preußische Thronfolger Prinz Wilhelm im Juni nach Baden, um dort die letzten Unruhen blutig zu unterdrücken.

Heidemarie Anderlik, Burkhard Asmuss

3b/1

3b/1 Der Sturm auf das Backhaus am Breslauer Neumarkt*

Philipp Hoyoll (1816–1872)
1846; bez.o.r.: Ph. Hoyoll/Brsl 1846
Öl/Lw; 71 × 99 cm
Regensburg, Museum Ostdeutsche Galerie Regensburg (MOG 13336)

Das Zusammentreffen einer schweren Mißernte 1846/47 mit einer von England ausgehenden Wirtschaftskrise führte in Deutschland, der Schweiz, Frankreich und Belgien zu Massenarbeitslosigkeit, einer Verknappung von Lebensmitteln und einem Anstieg der Preise. An unzähligen Orten kam es zu spontanen Hungerrevolten. Wie Hoyolls schemenhafte Darstellung anrückender Soldaten zeigt, wurden die Unruhen in aller Regel durch Militär niedergeschlagen.

3b/2 Die schlesischen Weber

Carl Wilhelm Hübner (1814–1879)
1844; Öl/Lw; 77,5 × 104,5 cm
Düsseldorf, Kunstmuseum (M 1976-I)

Das Weberhandwerk befand sich seit Anfang der vierziger Jahre in einer schweren Krise. Englische Produzenten überschwemmten den Weltmarkt mit billigem, an mechanischen Webstühlen hergestelltem Tuch. Qualität und Preis deutscher Stoffe konnten der englischen Konkurrenz nicht standhalten. Zwei Monate vor dem großen Weberaufstand in Schlesien thematisierte Carl Hübner 1844 mit diesem Bild das Elend der schlesischen Weber: In der Halle vor dem Kontor eines reichen Tuchhändlers bieten arme Weber mit ihren Familien ihre in Heimarbeit hergestellten Stoffe zum Kauf an. Der Händler prüft die Qualität der Ware, kauft oder weist sie als minderwertig zurück. Auf vielen Ausstellungen der Zeit gezeigt, erlangte Hübners Gemälde einen hohen Bekanntheitsgrad. Friedrich Engels hielt 1844 die Aussage des Bildes für wirksamer als »hundert Flugschriften«.

3b/3

3b/3 Deutsche Auswanderer*

Carl Wilhelm Hübner (1814–1879)
1846; Öl/Lw; 127 × 163,5 cm
Oslo, Nationalgalerie (159)

Mit der Wirtschaftskrise von 1846/47 stieg auch die Zahl der Auswanderer. Noch im Entstehungsjahr erwarb die Nationalgalerie Oslo dieses Bild, das die Auswirkungen des Pauperismus auf den einzelnen Menschen betont. Die Düsseldorfer Demokraten, denen der Künstler verbunden war, brandmarkten die Auswanderung als »soziale Krankheit«.

3b/4 Das Lesekabinett

Johann Peter Hasenclever (1801–1853)
1843; bez.u.r.: J. P. Hasenclever.1843
Öl/Lw; 71 × 100 cm
Berlin (DDR), Staatliche Museen zu Berlin, Nationalgalerie (W.S.71)

Im Vormärz trugen Lesekabinette, -zirkel und -bibliotheken wesentlich zur politischen Meinungsbildung der Bürger bei. Hasenclever stellte die Lesegesellschaft als gemütliche Runde dar, die beim Schein einer Gaslaterne Zeitungen studiert. Mit diesem Bild kritisierte der Künstler die Tatenlosigkeit des Bürgertums.

3b/5 Friedrich Wilhelm IV. in seinem Arbeitszimmer im Berliner Stadtschloß*

Kopie nach Franz Krüger (1797–1857)
Öl/Lw; 62 × 50 cm
Berlin, DHM (1988/437)

Als Friedrich Wilhelm IV. (1795–1861) am 7. Juni 1840 den preußischen Thron bestieg, setzte das national und liberal gesinnte Bürgertum große Hoffnungen in ihn. Die Berufung von Jacob und Wilhelm Grimm an die Berliner Akademie der Wissenschaften sowie von Ernst Moritz Arndt und Friedrich Christoph Dahlmann an die Bonner Universität schien auch die 1810 und 1815 versprochene Verfassung in greifbare Nähe zu rücken. Mit seiner Teilnahme am Kölner Dombaufest dokumentierte Friedrich Wilhelm IV. 1842 die Beilegung des Konflikts mit der Katholischen Kirche und den neuen »Geist der deutschen Einigkeit«. Überzeugt, daß seine Stellung als Monarch auf göttlicher Gnade beruhe, wies er allerdings bereits den bloßen Gedanken an eine Verfassung entschieden zurück.

3b/6 »Preussens 1ter vereinigter Landtag«, mit einer Liste der Abgeordneten vom 11. April 1847

C. von Stockhausen
46,5 × 67 cm
Berlin, Staatsbibliothek PK, Kartenabteilung (Kart. N 2060)

Am 3. Februar 1847 gab Friedrich Wilhelm IV. einer lange erhobenen Forderung nach und berief einen Vereinigten Landtag nach Berlin ein, der u.a. eine Anleihe für den Bau der Ostbahn von Berlin nach Königsberg bewilligen sollte. Zum Ende der Sitzungsperiode am 26. Juni 1847 waren die Fronten verhärtet: Der Landtag beharrte auf seinem vom König zurückgewiesenen Anspruch, regelmäßig zu tagen, und lehnte alle Vorlagen der Krone ab.

3b/7 Otto von Bismarck als Landtagsabgeordneter*

P. Graff
1848; Daguerreotypie; 12 × 10 cm
Friedrichsruh, Bismarck-Museum

Seit dem 8. Mai 1847 nahm Bismarck als Vertreter für einen erkrankten Abgeordneten der Ritterschaft am Vereinigten Landtag teil. Wie er seiner Braut Johanna schrieb, wandte er sich in seinen Wortmeldungen und Reden mit »Bissigkeit gegen die Lügen der Opposition, die mit schönen Worten böse Werke verdeckt«. Bei den preußischen Konservativen wie Adolf von Thadden-Trieglaff, Ernst von Senfft-Pilsach, Ernst von Bülow-Cummerow und den Brüdern Leopold und Ernst Ludwig von Gerlach festigte er damit seinen Ruf als Gegner des bürgerlichen Liberalismus.

3b/5

3b/8 Sitzungssaal des Königlichen Kammergerichts während der Verhandlung des Polen-Prozesses 1847*

Adolf Günther
Berlin: W. Ammon, vorm. L. Zöllner
Lithographie; 27,4 × 35,2 cm
Posen, Muzeum Narodowe (MNP Gl 2346)

Im Großherzogtum Posen wollte Friedrich Wilhelm IV. durch eine relativ liberale Verwaltung die polnische Nationalbewegung für den preußischen Staat gewinnen. Die Hoffnung, die polnische Bevölkerung würde einen »preußischen Patriotismus« entwickeln, zerschlug sich 1846, als die polnische Unabhängigkeitsbewegung in Paris Aufstände in Galizien und Posen plante. Während in Galizien ein blutiger Aufstand ausbrach, wurde die Verschwörung in Posen verraten: Gegen 254 Verdächtige wurde vom 2. August bis zum 2. Dezember 1847 in Berlin – erstmals öffentlich – verhandelt. Vor allem Ludwik Mierosławski (vgl. 3b/79) begeisterte die Öffentlichkeit mit eindrucksvollen Verteidigungsreden. 134 Angeklagte wurden freigesprochen, und 112 erhielten Freiheitsstrafen. Acht zum Tode Verurteilte, unter ihnen Mierosławski, wurden vom König zu lebenslanger Haft begnadigt.

3b/9 »Befreiung der Polen aus dem Zellengefängnisse am 20ten März 1848«

F. AB.
Berlin: W. Rawitz
Lithographie; 31 × 26 cm
Berlin, Staatsbibliothek PK, Handschriftenabteilung (YB 17096 m)

Während der März-Revolution wurden die in Berlin-Moabit inhaftierten Polen, unter ihnen auch Mierosławski, von einer begeisterten Volksmenge befreit. Ausgesprochen kritisch äußerte sich Otto von Bismarck in einem – von der »Magdeburger Zeitung« nicht abgedruckten – Manuskript zur Polenbegeisterung: »Die Befreiung der wegen Landesverrats verurteilten Polen ist eine der Errungenschaften des Berliner Märzkampfes ... Die Berliner haben die Polen mit ihrem Blut befreit... Ich hätte es erklärlich gefunden, wenn der erste Aufschwung deutscher Kraft und Einheit sich damit Luft gemacht hätte, Frankreich das Elsaß abzufordern und die deutsche Fahne auf den Dom von Straßburg zu pflanzen«.

3b/7

3b/8

3b/10 Triumphmarsch der Polen vor dem Königlichen Schloß nach ihrer Befreiung vom 20. März 1848*

Gottlob Berger
Lithographie; 46 × 57,1 cm
Posen, Muzeum Narodowe (MNP TPN 2336)

Nach ihrer Befreiung aus dem Moabiter Gefängnis wurden die polnischen Patrioten im Triumphzug durch Berlin geführt. Auf dem Balkon des Schlosses begrüßte sie der König, der am 24. März in einer Kabinettsordre die »nationale Reorganisation« des Großherzogtums Posen ankündigte. Polnische Patrioten wie Mierosławski verstanden darunter die Bildung eines unabhängigen Großherzogtums »unter dem bloßen Schutze Preußens«.

3b/11 Aufruf an das Volk von Berlin, 8. April 1848

A. Cybulski (im Auftrage des Posener National-Central-Comités)
Berlin: Carl Schulze
42 × 25,5 cm
Berlin, AGB (Slg. 1848, Mappe 6)

Bereits am 20. März hatte sich in Posen ein zehnköpfiges Nationalkomitee gebildet, das Teile der Verwaltung des Großherzogtums übernahm und ein Freiwilligenheer zur Befreiung Russisch-Polens aufstellte. Ernste Konflikte mit der deutschen Bevölkerung der Provinz Posen, die mit den Plänen einer Untergliederung Posens in einen polnischen und einen deutschen Teil auftauchten, gingen dem Flugblatt des Nationalkomitees voraus, in dem das »heldenmütige Volk« von Berlin

3b/10

zum gemeinsamen Kampf »gegen die asiatische Willkürherrschaft« des russischen Zaren aufgefordert wird.

3b/12 Zweisprachiger Aufruf des bewaffneten Corps der Berliner Universität an die polnischen und deutschen Brüder im Großherzogtum Posen, 26. April 1848

Berlin: Ernst Litfaß
36, × 42,5 cm
Berlin, AGB (Slg. 1848, Mappe 35)

Je unwahrscheinlicher ein Krieg Preußens gegen Rußland wurde, desto stärker traten die nationalen Spannungen zwischen Polen und Deutschen hervor. Letztere sahen sich durch die Tätigkeit des polnischen Nationalkomitees zunehmend bedrängt. So wurden in Berlin zahlreiche Berichte über angebliche oder tatsächliche Ausschreitungen von Polen verbreitet. Ohne auf die eigentliche Problematik, den nur schwer zu lösenden Konflikt der beiden rivalisierenden Nationalitäten, einzugehen, mahnten die Studenten die Polen zur Zurückhaltung. Widrigenfalls, so die Drohung, werde man dem »frevelhaften Unternehmen mit den Waffen in der Hand ein Ende« machen.

3b/13 Die Schlacht bei Miłosław, 30. April 1848

Polykarp Gumiński
Lithographie; 40,2 × 48,3 cm
Posen, Muzeum Narodowe (MNP TPN 538)

Am 14. April beschloß die preußische Regierung, westliche und nördliche Landkreise nicht zu reorganisieren, und am 25. April wurde u. a. die Stadt Posen zu »urdeutschem« Gebiet erklärt. Die Folge war eine Radikalisierung der Politik des Nationalkomitees, das nicht mehr bereit war, die ursprünglich gegen Rußland zusammengezogenen Truppen aufzulösen. Als preußisches Militär polnische Verbände bei Miłosław attackierte, gelang es unter Führung von Mierosławski, den Angriff abzuwehren. Doch auch dieser Erfolg der polnischen »Sensenmänner« konnte die Niederlage nicht aufhalten: Am 9. Mai 1848 kapitulierten die polnischen Kämpfer.

3b/14 Polnische Gefangene in Magdeburg 1849*

Polykarp Gumiński
1849; bez.u.l.: Polykarp Gumiński
Magdeburg 1849
Öl/Lw; 88 × 75,5 cm
Posen, Muzeum Narodowe (MNP Mp 1193)

Nach der Niederwerfung des Posener Aufstandes wurden zahlreiche Aufständische in Magdeburg inhaftiert. Der Gefangene im weißen Hemd ist der Maler Gumiński.

3b/15 »Berlin, den 18ten März 1848. Kampf an der Barricade auf der Taubenstrasse«

H. Oeser
Kolorierte Lithographie; 21 × 29,7 cm
Würzburg, Institut für Hochschulkunde, (Slg. VAC, VIII Be 2)

Proteste der Bevölkerung veranlaßten den König am 18. März, zentralen Märzforderungen nachzukommen: Gegen 14 Uhr wurde vor etwa 10000 Menschen im Schloßhof bekanntgegeben, daß die Pressefreiheit eingeführt, eine Konstitution erlassen und der Landtag umgehend einberufen werden sollte. Als Rufe nach Abzug des Militärs aus Berlin laut wurden, ließ der König den Schloßplatz räumen. Nachdem erste Schüsse gefallen waren, kam es zu blutigen Straßenkämpfen und dem Bau von Barrikaden.

3b/16 »Barricade am Cölnischen Rathause in der Nacht vom 18–19 März 1848«

Haag
Kolorierte Lithographie; 30,3 × 40,4 cm
Nürnberg, GNM, Graphische Slg. (Kapsel 1330, HB 12520)

Heftig umkämpft war die Barrikade am Köllnischen Rathaus, die erst nach dem Einsatz von Kanonen genommen werden konnte. Um weiteres Blutvergießen zu verhindern, befahl Friedrich Wilhelm IV. seinen Truppen in der Nacht vom 18. zum 19. März, alle Angriffe auf die Barrikaden einzustellen. Diese Anordnung stieß in den hochkonservativen Kreisen um den Prinzen Wilhelm auf Unverständnis.

3b/17 »An meine lieben Berliner«

Flugblatt
Berlin: F. Reichardt
43 × 47,5 cm
Berlin, AGB (Slg. 1848, Mappe 2)

Mit diesem Flugblatt forderte Friedrich Wilhelm IV. die Berliner auf, die Barrikaden zu räumen; im Gegenzug würde das Militär sich auf die Besetzung der »notwendigen Gebäude« wie das Schloß und das Zeughaus beschränken. Da die Barrikaden aber nicht aufgegeben wurden, kam es einer Kapitulation gleich, als die Truppen trotzdem zurückgezogen wurden. Vermutlich auf Befehl des Innenministers von Bodelschwingh zog das Militär bis zum Abend des 19. März ganz aus Berlin ab.

3b/18 »Das merkwürdige Jahr 1848. S. Majestät Friedrich Wilhelm IV. König von Preußen verkündet in den Straßen seiner Hauptstadt die Einheit der deutschen Nation«, Berlin, 21. März 1848

Kolorierte Lithographie; 33,5 × 41 cm
Nürnberg, GNM, Graphische Slg. (Kapsel 1329[a], HB 25192, FR III)

Bei seinem Umritt durch Berlin trug der preußische König am 21. März eine schwarz-rot-goldene Armbinde. Preußen werde fortan in Deutschland aufgehen, verkündete er und forderte für ganz Deutschland »Einheit mit Freiheit«. An das preußische Militär erging der Befehl, neben der preußischen Kokarde auch eine schwarz-rot-goldene zu tragen.

3b/19 »Friedrichshain. Begräbnis und Einsegnung der am 18. und 19. März Gefallenen«

C. F. G. Loeillot de Mars
Lithographie; 29,8 × 40 cm
Berlin, Staatsbibliothek PK, Handschriftenabteilung (YB 17143 KI)

Berliner Magistrat und Stadtverordnetenversammlung gaben am 20. März bekannt, daß den im »letzten Kampfe gefallenen Brüdern ein feierliches Begräbnis« auf Kosten der Stadt zuteil werden solle. Unter großer Anteilnahme geleitete die Bevölkerung am 22. März 183 Särge der Märzgefallenen zum Friedrichshain, wo die Toten feierlich beigesetzt wurden. Bismarck schilderte in seinen »Gedanken und Erinnerungen«, er habe den Trauermarsch an der Ecke Karolinenstraße/Unter den Linden beobachtet und festgestellt, daß auch der polnische Freiheitskämpfer Mierosławski am Trauerzug teilnahm und größere Aufmerksamkeit erregte als der preußische König tags zuvor bei seinem Umritt.

3b/20 Einzug der Mitglieder des Vorparlaments in die Paulskirche

Jean Nicolas Ventadour (geb. 1822)
Frankfurt: E.G.May
Getönte Lithographie; 28 × 24 cm
Frankfurt a. M., Bundesarchiv, Außenstelle (ZSg 5/45)

Am 31. März versammelten sich die 573 Mitglieder des Vorparlaments in der Paulskirche, um über die Durchführung von Wahlen zur Deutschen Nationalversammlung zu beraten. Die aus allen deutschen Ländern stammenden Mitglieder des Vorparlaments waren keine gewählten Mandatsträger. Noch vor Ausbruch der eigentlichen Revolution hatten 51 führende Liberale und Demokraten in Heidelberg am 5. März einen Siebenerausschuß gewählt, der am 12. März die Mitglieder des Vorparlaments einlud. Eingeladen wurden

3b|14

Vertreter landständischer oder gesetzgebender Körperschaften und Persönlichkeiten aus dem Bürgertum.

3b/21 Fackelzug auf dem Roßmarkt, März 1848

Federtuschzeichnung; 20 × 27 cm
Frankfurt a. M., Historisches Museum
(C 30246)

Nachdem der Heidelberger Professor Karl Mittermaier zum Präsidenten des Vorparlaments gewählt worden war, gab es am Abend des 31. März einen imposanten Fackelzug zum fahnengeschmückten Roßmarkt, wo Mittermaier von einem Balkon des »Englischen Hofes« eine Ansprache hielt. Zu stellvertretenden Vorsitzenden gewählt wurden Robert Blum, Friedrich Christoph Dahlmann, Johann Adam von Itzstein und Sylvester Jordan.

3b/22 »Zur Erinnerung an das Vor-Parlament in Frankfurt a/M.«, 31. März – 3. April 1848*

Franz Heister (1813–1873)
Lithographie; 49,8 × 35,9 cm
Nürnberg, GNM, Graphische Slg. (Kapsel 1330, HB 16811)

In den Mittelpunkt seines Erinnerungsblatts stellte Heister die Germania aus der Paulskirche: Ihre schwarz-rot-goldene Fahne symbolisiert die geeinte Nation, die zersprengten Ketten am Boden deuten die neu gewonnene Freiheit an. Während das Schwert militärische Stärke demonstriert, signalisiert der Ölzweig Friedensbereitschaft. Auf den sechs Vignetten sind Szenen des Vorparlaments dargestellt, der untere Bildteil zeigt das Innere der Paulskirche.

3b/23 Germania

Kopie nach Philipp Veith (1793–1877)
(Original 1848); Öl/Lw; 465 × 300 cm
Berlin, DHM

Vermutlich im Auftrag des Bundestages wurde der Platz über dem Präsidentenpult in der Paulskirche mit dem Bild der Germania geschmückt. Philipp Veith, der bereits 1834–36 im Städelschen Kunstinstitut ein Germania-Fresko geschaffen hatte, malte die »Paulskirchen-Germania« in nur wenigen Tagen. Nach Auflösung des Deutschen Bundes 1866 kam das Gemälde in den Bestand des 1852 gegründeten Germanischen Nationalmuseums in Nürnberg.

3b/24 Deutsche Fahne

1848; Leinen; 225 × 133 cm
Köln, Kölnisches Stadtmuseum
(KSM Nr. 59; RBA L 1875/16)

Seit dem Hambacher Fest 1832 waren die deutschen Farben verboten (vgl. 2/28, 29). Unter dem unmittelbaren Eindruck der Pariser Februar-Revolution und der Unruhen in Süddeutschland erklärte der Bundestag am 9. März 1848 jedoch Schwarz-Rot-Gold mit der Begründung, sie seien die »Farben des ehemaligen deutschen Reichspaniers«, zu den neuen Bundesfarben.

3b/25 Deutsche Fahne*

1848; Textil, Holz, Metall; 173 × 165 cm
Kusel, Stadt- und Heimatmuseum

Die schwarz-rot-goldene Fahne der Kuseler Bürgerwehr wurde von Frauen aus Kusel genäht. Am 3. September 1848 fand die feierliche Weihe und Übergabe der Fahne statt. Auf der Rückseite ist der Reichsadler, auf der Vorderseite die Aufschrift »Bürgerwehr/von/Cusel/1848« eingestickt.

3b/26 »Schwarz=Roth=Gold« Gedicht von Ferdinand Freiligrath, London, 17. März 1848

Flugblatt
21 × 18 cm
Frankfurt a. M., Stadtarchiv (S 3/A 2257)

Im Londoner Exil formulierte Ferdinand Freiligrath (1810–1876) seine Kritik an der revolutionären Bewegung: Das Volk dürfe sein Recht nicht als Gnadenakt der Fürsten annehmen. Freiheit könne es nur in der Republik finden, erkämpft mit schwarzem Pulver, rotem Blut und goldener Flamme.

Zur Erinnerung an das Vor-Parlament
in Frankfurt a/M
GERMANIA

3b/22

3b/25

3b/27 »Verordnung über die Wahl der Preußischen Abgeordneten zur Deutschen National=Versammlung«, Berlin, 11. April 1848

Berlin: Decker
37 × 23 cm
Berlin, AGB (Slg. 1848, Mappe 6)

Am 30. März hatte der Bundestag beschlossen, in allen »dem deutschen Staatensystem angehörigen Provinzen ... Wahlen von Nationalvertretern anzuordnen«. Auf Drängen des Vorparlaments verabschiedete er am 7. April konkrete Ausführungsbestimmungen. Wie in den meisten anderen deutschen Ländern, so wurde auch in Preußen nach dem indirekten Mehrheitswahlrecht gewählt. Wahlberechtigt war jeder »großjährige« Preuße. Je 500 männliche Urwähler sollten einen Wahlmann bestimmen, und auf je 50000 Einwohner sollte ein Abgeordneter kommen.

3b/28 »Eröffnung der Nationalversammlung, in der Paulskirche zu Frankfurt a/M, den 18ten Mai 1848«

Franz Heister (1813–1873)
Lithographie; 45 × 53 cm
Nürnberg, GNM, Graphische Slg. (Kapsel 1330, HB 16822)

Von den insgesamt 587 in die Nationalversammlung gewählten Abgeordneten nahmen am 18. Mai aus organisatorischen Gründen nur etwa 330 an der Eröffnungssitzung teil. Nahezu vollständig versammelt waren die Abgeordneten seit dem Herbst, als sich die Auseinandersetzung mit der wieder erstarkten Reaktion zuspitzte.

3b/29 »Die deutsche National-Versammlung in der Paulskirche zu Frankfurt a/M«*

Eduard Meyer nach Paul Bürde
1848; Lithographie; 58,8 × 79,4 cm
Berlin, DHM (1990/408)

In der Nationalversammlung war der Anteil von Beamten, Universitätsprofessoren und Lehrern sowie Advokaten außerordentlich hoch; sie stellten gut die Hälfte aller Abgeordneten. Handel, Industrie und Handwerk waren demgegenüber in der Paulskirche – ganz anders als etwa in den französischen Parlamenten – nur schwach vertreten. Obwohl die »Unselbständigen«, die proletarischen Schichten, nur in wenigen deutschen Staaten von der Wahl ausgeschlossen waren, gab es in der Nationalversammlung keinen »Arbeiter«. Kritiker sahen in der Nationalversammlung ein reines »Honoratiorenparlament«.

3b/30 »Die deutsche National-versammlung in der Paulskirche zu Frankfurt«

Namensschlüssel
46 × 63 cm
Frankfurt a. M., Historisches Museum (C 19 933)

3b/31 Büste des Heinrich Wilhelm August Freiherrn von Gagern (1799–1880)

Nach einem vergrößerten Abguß; Gips;
H 68 cm
Berlin, DHM

Heinrich von Gagern wurde am 19. Mai mit der großen Mehrheit von 305 von 397 anwesenden Abgeordneten zunächst zum vorläufi-

3b/29

gen Präsidenten der Nationalversammlung gewählt. Als Wortführer der Liberalen plädierte Gagern am 24. Juni 1848 für die Wahl des Erzherzogs Johann von Österreich zum Reichsverweser. Am 15. Dezember übernahm er das Amt des Ministerpräsidenten der Reichsregierung und war zugleich Reichsminister des Innern und der Auswärtigen Angelegenheiten. Als Ministerpräsident vertrat er den Plan eines Doppelbunds: Unter Ausschluß Österreichs sollten sich alle deutschen Staaten zu einem engeren Bund zusammenschließen, und das gesamte Gebiet der österreichischen Monarchie sollte mit dem engeren Bund eine Union bilden. Nach dem Scheitern dieses Plans votierte er für die kleindeutsche Lösung.

3b/32 Album der deutschen National-Versammlung

Heinrich Hasselhorst und Philipp Winterwerb nach Seib
Mainz: Carl Jügel 1849
Mappe mit 54 Porträts und einer Darstellung der Sitzverteilung in der Paulskirche, Lithographien; 39 × 30,5 cm
Berlin, Staatsbibliothek PK, Handschriftenabteilung (2° Rz 9346 r)

Von den Mitgliedern des ersten in Deutschland gewählten Parlaments entstanden 1848/49 diverse Porträt-Alben, die in zahlreichen Zeitungen der interessierten Öffentlichkeit zum Kauf angeboten wurden. Nach photographischen Vorlagen zeichneten Hasselhorst und Winterwerb, beide Schüler am Städelschen Institut, die Lithographien. Wie die Anzeigen versprachen, sollten in den Alben Vertreter aller politischen Strömungen abgebildet und »keine markanten Persönlichkeiten« ausgelassen werden.

3b/33 Ausweis Nr. 495 für Jacob Grimm als Teilnehmer an der Deutschen Nationalversammlung, 22. Mai 1848

18,5 × 12,8 cm
Berlin, Staatsbibliothek PK, Handschriftenabteilung (Nachl. Grimm 415)

Der Sprach- und Literaturwissenschaftler Jacob Grimm, 1837 als einer der »Göttinger Sieben« aus dem Universitätsdienst entlassen, wurde im November 1840 gemeinsam mit seinem Bruder Wilhelm an die Berliner Akademie berufen. Der am 5. März von der Heidelberger Versammlung konstituierte »Siebenerausschuß« berief Jacob Grimm in das Vorparlament. Am 22. Mai 1848 erhielt er seinen Ausweis als Mitglied der Nationalversammlung, gewählt vom 29. Wahlbezirk der Rheinprovinz (vgl. 2/32).

3b/34 Antrag von Jacob Grimm zur Beratung der Grundrechte des deutschen Volkes in der Deutschen Nationalversammlung*

1848; Handschrift; 19 × 20,5 cm
Kassel, Brüder Grimm-Museum, Graphische Slg. (Autogr. 361)

Am 24. Mai wählte die Nationalversammlung einen dreißigköpfigen Verfassungsausschuß, dessen Entwurf der »Grundrechte des deutschen Volks« am 19. Juni dem Plenum zur Diskussion zugeleitet wurde. Jacob Grimm forderte, dem 1. Artikel folgende zwei Sätze voranzustellen: »Das deutsche Volk ist ein Volk von Freien, und deutscher Boden duldet keine Knechtschaft. Fremde Unfreie, die auf ihm verweilen, macht er frei«. Der Antrag wurde abgelehnt.

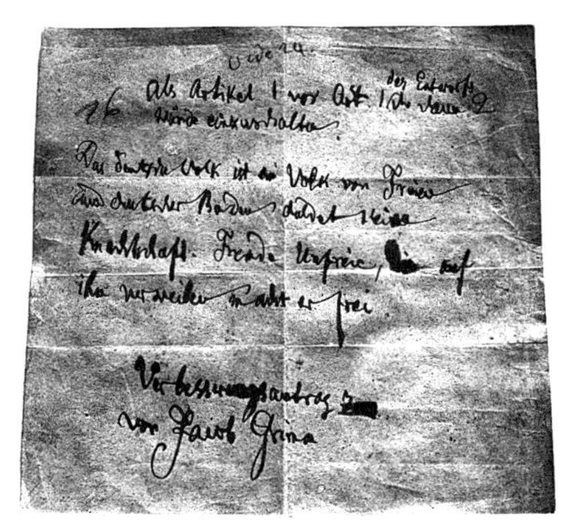

Das deutsche Volk ist ein Volk von Freien und deutscher Boden duldet keine Knechtschaft. Fremde Unfreie, die auf ihm verweilen macht er frei.

Verbesserungsantrag von Jacob Grimm

3b/34

3b/35 »Die Grundrechte des Deutschen Volkes. Der Reichsverweser«, 21. Dezember 1848

L. von Elliot
1848; Lithographie; 60,3 × 42,5 cm
Nürnberg, GNM, Graphische Slg. (Kapsel 1330, HB 14060)

Erst am 20. Dezember 1848 verabschiedete die Nationalversammlung den Grundrechtskatalog. Sollten die Grundrechte ursprünglich mit der Reichsverfassung in Kraft treten, so beschlossen die Mitglieder der Nationalversammlung am 21. Dezember, die Grundrechte sofort als Reichsgesetz in Kraft zu setzen. Nach den Grundrechten sollten u. a. alle Deutschen »vor dem Gesetz gleich« sein, der Adel als Stand abgeschafft sowie Meinungs-, Presse-, Versammlungs- und Vereinsfreiheit gewährleistet werden. Damit waren wesentliche Rechtsvoraussetzungen für eine moderne bürgerliche Gesellschaft geschaffen.

3b/36 »Verfassung des Deutschen Reiches«, Amtliche Ausgabe, 28. März 1849

Frankfurt a. M.: E. Krebs-Schmitt
Frankfurt a. M., Bundesarchiv, Außenstelle (DB 52/9)

In der 100. Sitzung des Plenums, am 19. Oktober 1848, begann die Nationalversammlung mit der Beratung der Reichsverfassung. Verabschiedet wurde sie am 28. März 1849, nach langen Diskussionen zwischen Liberalen und Demokraten, zwischen Konstitutionellen und Republikanern, zwischen »Großdeutschen« und den schließlich siegreichen »Kleindeutschen«. Bei der Verabschiedung waren Österreich und Preußen, aber auch Bayern, Württemberg, Sachsen und Hannover nicht mehr bereit, die Reichsverfassung anzuerkennen. Mit der knappen Mehrheit von 190 zu 188 Stimmen forderte daraufhin die Nationalversammlung am 4. Mai alle Regierungen und Parlamente auf, die Verfassung zu »Anerkennung und Geltung« zu bringen. Mit dieser Aufforderung begann die »Reichsverfassungskampagne« und damit der letzte Akt der Revolution.

3b/37 »Einzug des Erzherzog-Reichsverwesers Johann von Oesterreich in Frankfurt a. M. den 11. July 1848«

L. von Elliot
Lithographie; 53 × 37 cm
Nürnberg, GNM, Graphische Slg. (Kapsel 1330, HB 14132)

Eine Einheit der berittenen Frankfurter Bürgerwehr eskortierte den Reichsverweser in die Stadt. Von der Stadtgrenze aus begleitete ihn auch der Präsident der Nationalversammlung, Heinrich von Gagern. Durch die schwarz-rot-gold beflaggten und von jubelnden Menschen gesäumten Straßen ging es zum vorläufigen Quartier des Reichsverwesers, dem »Russischen Hof«.

3b/38 Brustband des Reichsverwesers in den deutschen Farben

B 1,5 cm, L 92 cm
Graz, Landesmuseum Joanneum, Abt. für Kunstgewerbe (22.059)

Am 12. Juli wurde der Erzherzog feierlich vom Bundestag empfangen: Die Versammlung übertrug ihm »namens der deutschen Regierungen die Ausübung ... ihrer verfassungsmäßigen Befugnisse und Verpflichtungen«. Seine eigene, seit 1816 währende Tätigkeit erklärte der Bundestag für beendet. Nach dem Gesetz vom 28. Juni 1848 sollte der »Provisorischen Zentralgewalt« auch die gesamte bewaffnete Macht unterstellt werden. Als aber der (provisorische) Reichskriegsminister Eduard von Peucker forderte, alle deutschen Bundestruppen sollten dem Reichsverweser am 6. August 1848 huldigen und dabei die deutschen Farben tragen, wies vor allem Preußen dieses Ansinnen zurück.

3b/39 Ernennungsurkunde für das Mitglied der verfassunggebenden Nationalversammlung Johann Gustav Heckscher zum Reichsminister der Justiz, Frankfurt a. M., 15. Juli 1848

Handschrift; 33 × 20,2 cm
Berlin, DHM (1989/1294.1)

Der Hamburger Advokat und Redakteur Johann Gustav Heckscher (1797 – 1865), Teilnehmer der Freiheitskriege und Burschenschaftler, war Abgeordneter der Nationalversammlung (18. Mai 1848 – April 1849) und Mitglied der provisorischen Regierung (15. Juli – 6. September 1848). Danach war er vom 27. September bis zum 30. Dezember außerordentlicher Reichsgesandter in Italien (Turin, Neapel, Rom). Von Januar bis April setzte er sich in der Nationalversammlung für die großdeutsche Lösung ein.

3b/40 Zwei Stempel der »Provisorischen Zentralgewalt«

Reichsministerium der Auswärtigen Angelegenheiten, Reichsministerium des Innern
Metall, Holz; H je 10 cm
Frankfurt a. M., Bundesarchiv, Außenstelle

Gezeigt wird eine Auswahl der erhaltenen Siegelstempel der provisorischen Reichsregierung. Neben den einzelnen Ministerien und Gesandtschaften verfügten auch die Kommandanten der ersten deutschen Flotte über ein eigenes Siegel.

3b/41 Einführungsgesetz über die »Grundrechte des deutschen Volkes«, Frankfurt a. M., 27. Dezember 1848*

Handschrift, Papiersiegel
Frankfurt a. M., Bundesarchiv, Außenstelle

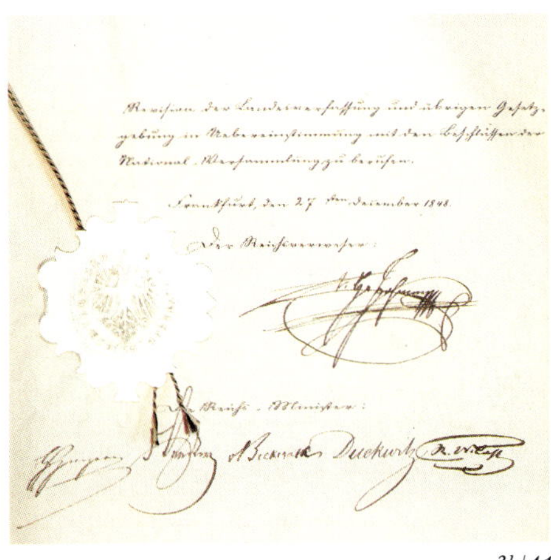

3b/41

3b/42

3b/43

3b/46

3b/47

Mit der Unterzeichnung des »Einführungsgesetzes über die Grundrechte« durch den Reichsverweser waren die Grundrechte de jure für das ganze Reichsgebiet verbindlich. Auf einer Sitzung des »Gesamt-Reichsministeriums« am 23. Dezember 1848 hatten Preußen, Österreich, Bayern und Hannover die Grundrechte jedoch schon abgelehnt. Das »Gesamt-Reichsministerium« arbeitete nicht nur eng mit der Nationalversammlung zusammen, sondern es versuchte auch, sich mit den Bevollmächtigten der Länder politisch abzustimmen.

3b/42 »Bivouac auf dem Roßmarkt«*

1848; kolorierte Lithographie; 30 × 36,5 cm
Frankfurt a. M., Bundesarchiv, Außenstelle (ZSg 5/92)

Am 16. September nahm die Nationalversammlung mit 257 gegen 236 Stimmen den Malmöer Waffenstillstandsvertrag an. Die radikale Linke, die darin einen Verrat am deutschen Volk sah, forderte ihre Anhänger zum Verlassen der Nationalversammlung auf. Weil für den 18. September eine bewaffnete Volksversammlung geplant war, erbaten der Frankfurter Senat und die Reichsregierung Truppen aus der Reichsfestung Mainz. Ihr Lager errichteten die Bundestruppen auf dem Roßmarkt.

3b/43 »Der Abgeordnete Rößler von Oels verkündet den Waffenstillstand« in Frankfurt*

W. Völker
1848; kolorierte Lithographie; 27 × 33,5 cm
Frankfurt a. M., Bundesarchiv, Außenstelle (ZSg 5/91)

Als die Bundestruppen am Morgen des 18. September in Frankfurt einzogen, verbarrikadierten mehr als 1000 Personen in wenigen Stunden die gesamte Altstadt. Während eines halbstündigen Waffenstillstands versuchten Abgeordnete der Paulskirche am Nachmittag, zwischen Soldaten und Aufständischen zu vermitteln: Der schlesische Abgeordnete Gustav Adolf Rößler, bekannt wegen seiner gelben Kleidung als »Reichskanarienvogel«, schwenkt die weiße Fahne des Parlamentärs. Den angreifenden preußischen Soldaten gebietet ein Offizier Einhalt. Auf der Barrikade weht eine rote Fahne.

3b/44 »Erstürmung einer Barrikade in der Döngesgasse«, Frankfurt a. M., 18. September 1848

1848; kolorierte Lithographie; 33,5 × 50 cm
Nürnberg, GNM, Graphische Slg. (Kapsel 1330, HB 12535)

Zwischen 15 und 17 Uhr verschärften sich die Kämpfe in der Töngesgasse. Eine Entscheidung konnten die angreifenden preußischen, österreichischen und hessischen Soldaten jedoch erst erzwingen, nachdem Geschütze eingetroffen waren.

3b/45 »Ankunft der Hessen-Darmstädter Artillerie und Chevauxlegers an der Constabler-Wache«

Jean Nicolas Ventadour (geb. 1822)
1848; kolorierte Lithographie; 28 × 23 cm
Frankfurt a. M., Bundesarchiv, Außenstelle (ZSg 5/56)

Zur Sicherung der Geschütze zieht an der Konstablerwache auf der Oberen Zeil Hessen-Darmstädtische Kavallerie ein. Dem Zug voran reitet der Abgeordnete Alfons von Boddien. Die Geschütze wurden sofort gegen die Barrikaden in der Allerheiligen-, Fahr- und Töngesgasse eingesetzt.

3b/46 »Ermordung der Abgeordneten von Auerswald u. von Lichnowsky«*

W. Völker
1848; kolorierte Lithographie; 26,5 × 34 cm
Frankfurt a. M., Bundesarchiv, Außenstelle (ZSg 5/38)

Beim Versuch, weitere Bundestruppen in die Stadt zu schleusen, wurden die Abgeordneten Felix Fürst von Lichnowsky und General Hans von Auerswald auf einem Gartengelände vor dem Allerheiligentor von Aufständischen gefangengenommen. Während Auerswald bereits tot im Graben liegt, schlagen

Männer und eine mit einem Regenschirm bewaffnete Frau auf Lichnowsky ein, der wenig später seinen Verletzungen erlag.

3b/47 »Leichenbegängnis der gebliebenen Abgeordneten und Reichstruppen«*

1848; kolorierte Lithographie; 27,5 × 33 cm
Frankfurt a. M., Bundesarchiv, Außenstelle (ZSg 5/93)

Am 21. September wurden Auerswald, Lichnowsky und die gefallenen Soldaten in einem prunkvollen Leichenzug zu Grabe getragen. Eine Leichenfeier für die Barrikadenkämpfer hatte Reichsinnenminister Schmerling verboten. An der Spitze des Zuges reitet ein österreichischer General, gefolgt von österreichischen, preußischen, württembergischen, bayerischen und kurhessischen Soldaten. Auf dem ersten Leichenwagen steht der Sarg eines preußischen Soldaten neben dem Sarg von Auerswald, auf dem zweiten der Sarg Lichnowskys und der eines österreichischen Soldaten. Den weiteren Leichenwagen folgen Abgeordnete der Paulskirche, danach der Reichsverweser, Honoratioren der Stadt, ein Musikkorps, Militär und Bürger.

3b/48 Wilhelm von Preußen (1797–1888)*

Öl/Lw; 74 × 65 cm
Mainz, Landesmuseum Mainz (321)

Der preußische Thronfolger, der das Land auf Druck der Öffentlichkeit am 22. März 1848 verlassen mußte, wurde nach seiner Rückkehr wichtigste Stütze der Kamarilla und der Gegenrevolution. Das Porträt ist ein Geschenk des Prinzen an die Stadt Mainz, wo er von 1854 bis 1857 Gouverneur der Bundesfestung war.

3b/49 »Soll der Prinz v. Preussen zurückkommen? Eine Frage an das Volk«

Maueranschlag
1848; 49 × 34,5 cm
Berlin, AGB (Slg. 1848, Mappe 9)

3b/48

Der Maueranschlag spricht sich für die Rückkehr des Prinzen aus, falls er bereit sei, »zu allem Geschehenem seine Zustimmung« zu geben und – wie der König – »Worte des Friedens, der Versöhnung an das Volk richte«. Vor allem aber müsse er die (zu diesem Zeitpunkt noch gar nicht ausgearbeitete) Verfassung beschwören. Eine entsprechende Erklärung des Prinzen, der während seiner Abwesenheit von einem Posener Wahlkreis in die Preußische Nationalversammlung gewählt worden war, wurde am 4. Juni in Berlin veröffentlicht. Unmittelbar nach seiner Rückkehr hielt Prinz Wilhelm am 8. Juni in der Berliner Nationalversammlung eine Rede, die scharfe Proteste auf der Linken auslöste.

3b/50 »Rede des Herrn von Bülow-Cummerow bei der Eröffnung der Generalversammlung des Vereins zum Schutz des Eigenthums und zur Förderung des Wohlstandes aller Volksklassen«, 18. August 1848

32 × 22 cm
Berlin, AGB (Slg. 1848, Mappe 17)

Der hochkonservative Schriftsteller und Agrarpolitiker Ernst Gottfried Georg von Bülow-Cummerow (1775–1851) gründete im Juli 1848 den »Verein zum Schutze des Eigenthums und zur Förderung des Wohlstandes aller Klassen des Volkes«, eine Vereinigung von Agrariern. An der ersten Generalversammlung des Vereins nahmen auch viele ehemalige Mitglieder des Vereinigten Landtages teil. Nach der März-Revolution politisch im Abseits, bildeten sie bei dieser Versammlung das außerparlamentarische »Junkerparlament«; zu den Teilnehmern zählte auch der Junker Otto von Bismarck. Die vorliegende Rede rief zum gemeinsamen Kampf gegen die Revolution auf.

3b/51 »Gegen Demokraten helfen nur Soldaten«

Berlin: Decker, November 1848
21,3 × 13 cm
Berlin, AGB (Slg. 1848, Mappe 23)

Der Titel dieser von Gustav von Griesheim (1798–1854), dem führenden Kopf der preußischen Militärpartei, anonym veröffentlichten Flugschrift wurde zum vielzitierten Schlagwort der Gegenrevolution: Das Militär wird als verläßlichste Stütze des preußischen Königs dargestellt. Veröffentlicht wurde die Flugschrift, nachdem Wrangel am 10. November mit seinen Truppen in Berlin einmarschiert war und die im Schauspielhaus tagende Nationalversammlung aufgelöst hatte.

3b/52 »Neues Preußisches Sonntagsblatt. Wöchentliche Zugabe der Neuen Preußischen Zeitung«, No. 3, 31. Dezember 1848*

24,6 × 19,5 cm
Berlin, AGB (Slg. 1848, Mappe 24)

Den Kopf des »Neuen Preußischen Sonntagsblattes« schmückt ein (preußischer) Adler, der die Schlange (der Revolution) bezwingt. Dazu fügt sich das Datum des 9. November 1848: An diesem Tag wurde als erstes taktisches Mittel des gegenrevolutionären Staatsstreichs die Preußische Nationalversammlung durch die neugebildete Regierung Brandenburg aufgefordert, sich auf den 27. November in die Provinzstadt Brandenburg zu vertagen. Das Sonntagsblatt ist die Neujahrsbeilage der im Juli 1848 gegründeten »Neuen Preußischen Zeitung«, der sogenannten Kreuzzeitung. Den Geist der reaktionären Zeitung bestimmten die Brüder Leopold und Ernst Ludwig von Gerlach, Hans von Kleist-Retzow, Friedrich Julius Stahl, Hermann Wagener und Otto von Bismarck.

3b/53 »Empfang der Kaiserdeputation in Berlin«, 2. April 1849

C. G. Lohse
Lithographie; 15,5 × 21 cm
Frankfurt a. M., Bundesarchiv, Außenstelle (ZSg 5/61a)

Am 28. März 1849 wählten 290 der 538 anwesenden Abgeordneten der Nationalversammlung den preußischen König Friedrich Wilhelm IV. zum »Kaiser der Deutschen«. Nach der Reichsverfassung vom 28. März 1849 war die Kaiserwahl alleiniges Entscheidungsrecht des Parlaments, bedurfte jedoch der Zustimmung des Gewählten. Um diese Zustimmung einzuholen, traf am 2. April auf dem Anhaltischen Bahnhof in Berlin eine dreiunddreißigköpfige Kaiserdeputation ein.

3b/54 »Die Kaiserdeputation im königl. Schlosse in Berlin«, 3. April 1849

C. G. Lohse
Lithographie; 15 × 21,5 cm
Frankfurt a. M., Bundesarchiv, Außenstelle (ZSg 5/61b)

Die Deputation wurde am 3. April im Thronsaal des Berliner Schlosses von Friedrich Wilhelm IV. empfangen. Um in den Thronsaal zu gelangen, durfte die Deputation nicht das Eosander-Hauptportal benutzen, sondern mußte einen Nebeneingang nehmen. Die Szene zeigt, wie der Präsident der Nationalversammlung, Eduard Martin Simson, dem König seine Wahl zum Kaiser der Deutschen mitteilt. Rechts neben dem Thron steht der Prinz von Preußen. Friedrich Wilhelm IV. erteilte der Deputation eine wortreiche Absage: »Ohne das freie Einverständnis der gekrönten Häupter, der Fürsten und Freien Städte Deutschlands« könne er diese Wahl nicht annehmen.

Neues
Preußisches Sonntagsblatt.

Wöchentliche Zugabe der Neuen Preußischen Zeitung.

Sonntag, den 31. Dezember.

№ 3. 1848.

Der 9. November 1848.

☞ Auf vielseitiges Verlangen haben wir uns entschlossen, mit dem **1. Januar k. Js.** ein besonderes Abonnement auf das Neue Preußische Sonntagsblatt zu eröffnen. Das Blatt kann bei allen Postämtern bestellt werden, und beträgt der Preis für Ein Exemplar Fünf Silbergroschen. Bestellungen über Dreißig Exemplare können auch direct bei uns gemacht werden, und werden wir alsdann einen ermäßigten Preis je nach der Zahl der Exemplare eintreten lassen.

Berlin, den 28. December 1848. Die Redaction.

Es ist das letzte Mal in diesem Jahre 1848, daß das Sonntagsblatt zu Euch kommt, Ihr lieben Landsleute, und darum ist's auch wohl an der Zeit, einen Blick rückwärts zu werfen und zu betrachten, was dieses Jahr uns gebracht und was es uns genommen hat. Hört mich an, ihr preußischen Brüder, eine große Lehre ist es, die uns und allen Völkern das vergangene Jahr giebt. Im Januar war Preußen ein großes, mächtiges und hochgeehrtes Land; war auch Dies und Jenes nicht ganz schön und gut darin, es war doch überall beim Könige, wie bei seinen Räthen, der beste Wille, zu ändern und zu verbessern so viel als möglich, denn vollkommen ist bekanntlich nichts unter dem Monde. So war's bei uns im Januar. Da kam der Februar, und mit ihm die französische Revolution, die den dortigen König verjagte und eine Republik stiftete, Hals über Kopf. Im März machten eine Menge von deutschen Stämmen, wie Affen, das nach, was die Franzosen vorgemacht hatten. Unser Preußen blieb ruhig dabei, denn was die andern deutschen Länder durch Revolutionmachen erreichen wollten, das hatten wir fast Alles längst seit vierzig Jahren. Das preußische Volk dachte deshalb nicht an Revolution; König, Soldaten und Volk waren einig und Alles war gut abgegangen. Das war es, was die Ränker und Stänker, die Juden und Polen, die Leute, die überall nichts zu verlieren hatten, die Häuptlinge der Empörer, fürchteten; sie vertheilten sich nach Wien und Berlin, und der 19. März, unseligen Angedenkens, mußte unsere Schande bekennen. Jetzt wissen wir zwar, es waren keine Berliner, auch keine Preußen, sondern Gesindel aus fremden Ländern; aber doch haben wir uns nicht geschämt, sie eine Zeitlang für Landeskinder auszugeben und uns mit ihren Niederträchtigkeiten groß zu thun. Nur unsere Soldaten, die haben sich Nichts vorzuwerfen, würden auch in Berlin bald aufgeräumt haben, wenn der König die Leute nicht für besser gehalten hätte, als sie waren. So aber

3b/57

3b/55 Zeigertelegraph*

Siemens & Halske, Berlin
Um 1856; Metall, Glas, Holz;
ca. 150 × 60 × 80 cm
Berlin, Museum für Verkehr und Technik (VBM/E-2465)

Über eine 1847–49 von Siemens & Halske zwischen Berlin und Frankfurt gebaute unterirdische Telegraphenlinie wurde auch das Ergebnis der Kaiserwahl schon lange vor dem Eintreffen der »Kaiserdeputation« nach Berlin übermittelt. Unmittelbar nach der Wahl hatte der preußische Außenminister Heinrich Friedrich von Arnim-Heinrichsdorf den Bevollmächtigten Preußens in Frankfurt, Ludolf Camphausen, telegraphisch aufgefordert, er solle versuchen, die Reise der Deputation nach Berlin zu verhindern.

3b/56 Schreiben Friedrich Wilhelms IV. wegen der Ausrufung des Belagerungszustandes in Berlin an den General von Wrangel, 16. Oktober 1848

Handschrift; 26 × 22 cm
Stuttgart, Joost Freiherr von Wrangel

Als es im Oktober 1848 wieder zu Unruhen in der Berliner Arbeiterschaft kam, forderte Friedrich Wilhelm IV. General Friedrich Heinrich von Wrangel auf, sich mit dem Ministerpräsidenten Ernst von Pfuel über eine Verhängung des Belagerungszustandes in der Hauptstadt zu verständigen. Dieser wurde am 10. November – nach Einmarsch der Truppen unter Wrangel – verkündet; die preußische Nationalversammlung wurde nach Brandenburg verlegt.

3b/57 »Urwähler«*

Adolph Menzel (1815–1905)
1849; bez.u.r.: Urwähler Januar 1849
Farbige Kreide; 23,5 × 31 cm
Essen, Museum Folkwang

Am 5. Dezember 1848 löste König Friedrich Wilhelm IV. die Preußische Nationalversammlung endgültig auf, oktroyierte eine Verfassung und ordnete Wahlen für die beiden Parlamentskammern an. Das Wahlgesetz für die Erste Kammer sah ein Zensuswahlrecht vor. Die Zweite Kammer wurde wie bei den Urwahlen im Mai 1848 zur Preußischen Nationalversammlung nach dem allgemeinen und gleichen, aber indirekten Wahlrecht gewählt. Menzels Zeichnung zeigt eine Versammlung von Urwählern, die in Preußen am 22. Januar ihre Wahlmänner wählten.

3b/58 »Der Wahlmann Und Der Deputirten-Candidat«*

»Gratis Prämie zum neuesten Preuss. National=Kalender für 1850«
Berlin: Friedr. Gerhard
1849/50; Lithographie; 50 × 39 cm
Berlin, AGB (Slg. 1848, Mappe 55)

3b/58

Dargestellt ist eine Szene von den Wahlen zur Zweiten Kammer im Januar 1849: Freundlich und gewinnend spricht der wohlgekleidete Wahlkandidat mit einem Urwähler über die Tagespolitik und verweist auf die »Neue Preußische Zeitung«. Auch Bismarck nahm an dieser Wahl teil und wurde mit knapper Mehrheit gewählt. Er schrieb an seinen Bruder: »Ich habe mich oft innerlich verhöhnt und amüsiert, wenn ich ... die verschiedenen ›Tiefenbacher‹ über die wahre Politik des Tages aufzuklären und durch persönliche Liebenswürdigkeit zu gewinnen suchte«.

3b/55

3b/59 »Vollständige Liste der Abgeordneten zur zweiten Kammer nebst Angabe ihrer Partheistellung«

Berlin: Brandes & Schultze 1849
34,5 × 24,5 cm
Berlin, AGB (Slg. 1848, Mappe 25)

Nachdem sich die Zweite Kammer am 21. April 1849 mehrheitlich für die Anerkennung der Reichsverfassung ausgesprochen hatte, löste der König sie am 27. April 1849 auf. Nach Einführung des Dreiklassenwahlrechts fanden am 17. Juli 1849 erneut Wahlen zur Zweiten Kammer statt. Otto von Bismarck wurde wiedergewählt.

3b/60

3b/60 Allegorie auf die Niederschlagung der Revolution von 1848*

1848–50; Öl/Holz; 52,2 × 37 cm
Berlin, DHM (1987/303)

Satan fährt zur Hölle, die rote Fahne, Symbol für Demokratie und Republik, mit sich reißend, verjagt vom Flammenschwert des Engels mit dem goldenen Schild. Himmlische Mächte sind der bedrohten Stadt zu Hilfe geeilt, die schützend ihre Kinder in die Arme schließt. Das Kind mit dem Krummschwert aber ist Opfer des Kampfes geworden. Noch liegen Gewerbe und Landwirtschaft am Boden, doch einen neuen Anfang verheißend, wölbt sich der Regenbogen über den Himmel, schüttet ein Friedensengel sein Füllhorn über der Stadt und ihren Kindern aus. Zitate der Bibel aufgreifend, wird der Sieg des von Gott eingesetzten Königtums über die Revolution verherrlicht. Als Friedrich Wilhelm IV. am 3. April 1849 die ihm angetragene Kaiserkrone ablehnte, versprach er, das »preußische Schild und Schwert gegen äußere und innere Feinde« einzusetzen.

3b/61 Der Rheinische Demokratenkongreß zu Köln am 13./14. August 1848

Gedrucktes Faltblatt; 20,5 × 12,5 cm
Köln, Kölnisches Stadtmuseum
(HB 1936/181)

Seit März 1848 hatten sich in Deutschland zahlreiche demokratische Vereine gebildet, die fast ausschließlich von Intellektuellen sowie Handwerkern und Arbeitern getragen wurden. Vom 14. bis zum 16. Juni trafen sich in Frankfurt 234 Delegierte von 89 Vereinen zum »ersten Demokratenkongreß«, um die politische Arbeit besser zu koordinieren. Köln wurde als Kreisvorort für die Rheinprovinz/Westfalen bestimmt. Aus je zwei Vertretern des »Arbeiter-Vereins«, der »Demokratischen Gesellschaft« und des »Vereins der Arbeiter und Arbeitgeber« wurde ein mehrheitlich kommunistisch orientierter Kreisausschuß gebildet. Auf seine Einladung versammelten sich – zeitgleich mit dem Dombaufest – am 13./14. August in Köln Vertreter von 17 demokratischen Vereinen des Rheinlands.

3b/62

3b/62 Fahne der »Demokratischen Gesellschaft« von 1848*

Textil; 182 × 202 cm
Köln, Kölnisches Stadtmuseum
(HM 1888/B 23)

Das rote Tuch der am 25. April 1848 gestifteten Fahne signalisiert das politische Programm der »Demokratischen Gesellschaft« in Köln, die sich der Französischen Revolution von 1789 verpflichtet fühlte, wie die schwarz aufgemalten Worte »Freiheit, Gleichheit, Brüderlichkeit« zeigen: Von Karl Marx mitbegründet, vertrat die Gesellschaft ein radikal-demokratisches Programm. Zu politischen Richtungskämpfen kam es zwischen dem sozialdemokratisch orientierten Gottfried Kinkel und dem radikaleren Kreis um Karl Marx und die »Neue Rheinische Zeitung«.

3b/63 Arbeiter vor dem Stadtrat, 1848*

Johann Peter Hasenclever (1810–1853)
1848/49; bez.u.l.: J P Hasenclever.
1848–1849
Öl/Lw; 91 × 133 cm
Solingen, Bergisches Museum Schloß Burg an der Wupper (M/Öl 66.16)

Unter roten Fahnen protestierten am 8. Oktober 1848 über 5000 Arbeiter und Kleinbürger in Düsseldorf-Gerresheim gegen ihre Arbeitslosigkeit. Am nächsten Tag zog eine Delegation der Arbeiter in das Düsseldorfer

3b/63

Rathaus und trug dort ihre Forderungen vor. Auf dem Gemälde von Hasenclever drücken die Gesichter der eng zusammengerückten Magistratsmitglieder Verunsicherung aus. Unterstützt von der durch das Fenster sichtbaren Volksmenge, treten die vier Delegierten sehr selbstsicher auf. Wenn einer von ihnen vor dem Magistrat die Mütze zieht, so ist das wohl weniger eine Geste der Ergebenheit, sondern eher Hohn über die Handlungsunfähigkeit der städtischen Obrigkeit.

3b/64 Politische Gefangene des Jahres 1848 im Trierer Gefängnis

Johann Velten (1807–1883)
1848; bez.u.l.: Velten déterminé
Öl/Lw; 78 × 93 cm
Trier, Städtisches Museum Simeonstift
(III/72)

Charakteristisch für die Revolution von 1848 waren zahllose lokale Protestaktionen: Mit ihrer Wirtschaftslage unzufriedene Winzer und Bauern versuchten am 26. November in Bernkastel, die Festnahme eines ihrer Wortführer zu verhindern und gingen gegen eine Polizeitruppe gewaltsam vor. Als am nächsten Tag die Ruhe wiederhergestellt war, wurden zahlreiche Personen festgenommen. Der Maler selbst, dem »revolutionäre Umtriebe« vorgeworfen wurden, betrachtet die Gefängnisszene vom linken Bildrand aus. Da vergleichbare Prozesse zu diesem Zeitpunkt bereits niedergeschlagen waren, konnten auch die 13 Inhaftierten mit einem Freispruch rechnen; sie wurden am 6. Juni 1849 von einem Geschworenengericht freigesprochen.

3b/65 Robert Blum (1807–1848)*

Um 1848; Öl/Lw; 58 × 44,5 cm
Köln, Kölnisches Stadtmuseum
(HM 1926/404)

Der Leipziger Buchhändler Robert Blum war eine der populärsten Personen der Revolution. Als weit über Leipzig hinaus bekannter Demokrat wurde er im März 1848 ins Vorparlament berufen und dort zu einem der vier Vizepräsidenten gewählt. In der Frankfurter Nationalversammlung arbeitete er im Verfassungsausschuß mit und wurde zum Wortführer der demokratischen Fraktion im »Deutschen Hof«. Mit drei weiteren Abgeordneten wurde Blum am 12. Oktober 1848 von der demokratischen Fraktion der Nationalversammlung nach Wien geschickt, um dort den Aufständischen eine Solidaritätsadresse zu überbringen. Blum, der sich in Wien aktiv für die Aufständischen einsetzte, wurde am 2. November – bei der Beantragung eines Passes nach Frankfurt – gefangengenommen. Auf Anweisung des österreichischen Ministerpräsidenten Felix Fürst zu Schwarzenberg ließ Alfred Fürst zu Windischgrätz, ein Schwager Schwarzenbergs, den Abgeordneten Blum nach kurzem Prozeß vor einem Kriegsgericht am 9. November erschießen. Empörung hat dieser Willkürakt vor allem auch deshalb ausgelöst, weil die österreichische Reaktion mit Robert Blum einen Exponenten des revolutionären Prinzips beseitigen wollte, um die Frankfurter Nationalversammlung zu brüskieren.

3b/66 Mitglieder der »Linken« in der deutschen Nationalversammlung, 1848

1849; Lithographie; 43,5 × 60,3 cm
Köln, Kölnisches Stadtmuseum
(HM 1912/142)

Nach der Erschießung von Blum wurden zahlreiche Gedenkblätter und Erinnerungsstücke des »Märtyrers der Revolution« gesammelt. Das ausgestellte Blatt zeigt Blum mit den Mitgliedern der linken Fraktion der Nationalversammlung. Der Kranz in seiner rechten Hand weist auf seinen Tod hin.

3b/67a Abschiedsbrief von Robert Blum an seine Frau, Wien, 9. November 1848

Zeitgenössisches Faksimile; 28 × 22,2 cm
Berlin, AGB (Slg. 1848, Mappe 51)

Vom Abschiedsbrief Robert Blums an seine Frau wurden zahlreiche zeitgenössische Kopien angefertigt. Sie waren begehrte Sammlungsstücke.

3b/67b Haushaltsbuch von Robert Blum

Handschrift; 17,5 × 11 cm
Leipzig, Museum für Geschichte der Stadt Leipzig (Rp. 68.27)

3b/65

3b/68 »An die Bewohner Frankfurts und seiner Umgebung« Sammlungsliste für die Hinterbliebenen Robert Blums, 16. November 1848

Handschrift; 38 × 23,7 cm
Frankfurt a. M., Stadtarchiv (S 3/A 3330)

Unmittelbar nach der Erschießung Blums hatte sich in Frankfurt ein »Centralcomité aus Reichstagsabgeordneten« konstituiert, das zur Unterstützung der Witwe und ihrer Kinder eine Sammlung durchführte. Insgesamt wurden fast 40 000 Taler gespendet (ein Steueraufseher verdiente zu dieser Zeit in Preußen pro Jahr 240 bis 300 Taler).

3b/69 »Barrikade an der Großen Frauengasse zu Dresden«

C. G. Lohse
1849; Lithographie; 15 × 20,5 cm
Frankfurt a. M., Bundesarchiv, Außenstelle (ZSg 5/69a)

Als die sächsischen Kammern König Friedrich August II. aufforderten, die von der Frankfurter Nationalversammlung verabschiedete Reichsverfassung anzuerkennen, löste der König am 28. April 1849 den Landtag auf. Am 3. Mai verbreitete sich in Dresden die Nachricht, die sächsische Regierung habe in Berlin um militärische Hilfe nachgesucht. Als empörte Arbeiter und Demokraten sich daraufhin vor dem Zeughaus versammelten und die Ausgabe von Waffen forderten, wurden sie unter Kartätschenfeuer genommen. In wenigen Stunden entstanden in der Altstadt mehr als 100 Barrikaden, die häufig nach den Instruktionen des Baumeisters Gottfried Semper gebaut wurden. Besonders umkämpft war die Barrikade an der Großen Frauengasse beim Hotel »Stadt Rom«.

3b/70 »Die Erstürmung der ›Stadt Rom‹ und der Sturm auf die Barrikade an der großen Frauengasse zu Dresden«

C. G. Lohse
1849; Lithographie; 15 × 21 cm
Frankfurt a. M., Bundesarchiv, Außenstelle (ZSg 5/70a)

Am 5. Mai rückten preußische und sächsische Truppen gegen die Barrikaden vor. Das Hotel »Stadt Rom«, in dem sich Aufständische verschanzt hatten, und die Barrikade an der Großen Frauengasse wurden seit den Vormittagsstunden des 6. März mit schwerem Geschütz beschossen und nachmittags von Sturmkolonnen eingenommen. In Dresden nahmen Michail Bakunin, der russische Revolutionär und Anarchist, sowie der damals schon sehr bekannte Komponist und Kapellmeister Richard Wagner aktiv an der Erhebung teil.

3b/71 »Die Ruinen des großen Opernhauses und des Zwingers in Dresden«

C. G. Lohse
1849; Lithographie; 15,5 × 21 cm
Frankfurt a. M., Bundesarchiv, Außenstelle (ZSg 5/68b)

Die Kämpfe in Dresden verursachten große Zerstörungen: Gegen die Barrikadenkämpfer setzte das Militär Artillerie ein, während gleichzeitig Soldaten umliegende Häuser stürmten und dort die Brandmauern durchbrachen, um die Barrikadenkämpfer von oben unter Beschuß nehmen zu können. Am Morgen des 6. Mai gingen das Opernhaus und der Zwingerpavillon in Flammen auf.

3b/72 »Abführung der Gefangenen über die Elbbrücke zu Dresden, am 9. Mai 1849«

C. G. Lohse
1849; Lithographie; 15 × 21 cm
Frankfurt a. M., Bundesarchiv, Außenstelle (ZSg 5/70b)

Die teilweise nur mit Knüppeln, Piken, Sensen und Hellebarden bewaffneten 3000 Aufständischen waren am 9. Mai geschlagen, dem größten Teil von ihnen gelang jedoch die Flucht. Das siegreiche Militär nahm blutige Rache. Etwa 50 Gefangene wurden beim Abtransport von der Elbbrücke gestoßen. Insgesamt forderten die Kämpfe in Dresden rund 250 Tote. Gegen mehr als 860 Dresdner wurde gerichtlich ermittelt, die Hälfte davon sollen Arbeiter gewesen sein.

3b/73 Barrikadenkampf in Dresden, Mai 1849

Julius von Scholtz (1825–1893)
1849; Öl/Lw; 23 × 34 cm
Dresden, Stadtmuseum (1978/K 157)

Indem Scholtz auf seinem Gemälde vom Dresdner Barrikadenkampf auch angesehene Bürger porträtierte, trat er den Anschuldigungen der offiziösen Presse entgegen, die den »kriminellen Charakter« des Aufstands hervorhob.

3b/74 Fahnenband des Füsilier-Bataillons des Kaiser Alexander Garde-Grenadier-Regiments Nr. 1 für die Niederwerfung des Aufstandes in Dresden

L ca. 75 cm
Rastatt, Wehrgeschichtliches Museum (001646)

Als Dank für den Einsatz bei der Niederwerfung des Dresdner Aufstands stiftete König Friedrich August II. von Sachsen dem preußischen Füsilier-Bataillon am 20. Juni 1849 dieses Fahnenband. Überreicht wurde es beim Abmarsch des Bataillons am 15. September.

3b/75 »An mein Volk!« Bekanntmachung des preußischen Königs über die Ablehnung der Kaiserkrone, Charlottenburg, 15. Mai 1849

Berlin: Decker
47 × 68 cm
Berlin, AGB (Slg. 1848, Mappe 10)

Entschlossen, die letzten Brandherde der Revolution auszutreten, rechtfertigte Friedrich Wilhelm IV. am 15. Mai seine Politik der zurückliegenden Wochen: Er habe am 14. Mai die preußischen Abgeordneten aus Frankfurt zurückberufen, weil in der Nationalversammlung eine Partei herrsche, »die im Bunde steht mit den Menschen des Schrekkens, welche die Einheit Deutschlands zum Vorwande nehmen, in Wahrheit aber den Kampf der Gottlosigkeit, des Eidbruches und der Raubsucht gegen die Throne entzünden, um mit ihnen den Schutz des Rechtes, der Freiheit und des Eigenthums umzustürzen«. Es gelte, »Ordnung und Gesetz herzustellen im eigenen Lande und in den übrigen deutschen Ländern«, in denen die Hilfe Preußens gewünscht werde.

3b/76 Hecker-Uniform*

1848; Hut, Hemd und Pulverflasche
Rastatt, Wehrgeschichtliches Museum (8173/8176/15164)

Die Uniform des badischen Advokaten Friedrich Hecker wurde 1848/49 typisch für die Freischärler in Deutschland. Sie bestand aus einem blusenartigen Hemd, Gürtel und Filzhut mit Feder. Vor 1848 zählte Hecker zu den bekannten Führern der liberalen Opposition in Baden. Im März 1848 setzte er sich mit Gustav Struve auf Volksversammlungen für die Abschaffung der Monarchie ein. Im April 1848 versuchte er vergeblich, mit einem gewaltsamen Aufstand die Republik in Baden einzuführen; der »Heckerzug« hatte allerdings nicht den erhofften Zulauf.

3b/76

3b/77 Uniform der Rastatter Bürgerwehr

Nach 1847
Rastatt, Heimatmuseum der Stadt (D.I.5)

Im Mai 1849 vollzog sich in Baden ein Aufstand von beispielloser Brisanz, als Bürgerwehr und reguläre Linientruppen sich gegen die Regierung erhoben und den Großherzog zur Flucht zwangen: Die in der Bundesfestung Rastatt stationierten Soldaten forderten die Freilassung der inhaftierten politischen Gefangenen sowie den Kampf für die Durchsetzung und Anerkennung der Reichsverfassung in allen deutschen Staaten. Nach der Flucht des Großherzogs übernahm ein Exekutivkomitee badischer Demokraten die Regierungsgeschäfte und wurde von der Bevölkerung, von Richtern, Verwaltungsbeamten sowie vom Militär fast ausnahmslos anerkannt.

3b/78 Preußische Infanterie hält in dem Gefecht von Waghäusel am 21. Juni 1849 die Zuckerfabrik besetzt

Friedrich Kaiser (1815–1890)
Berlin: C. Stechmest
Lithographie; 33,5 × 45,3 cm
Berlin, Staatsbibliothek PK, Handschriftenabteilung (YB 19083 m)

Um legal gegen die Revolutionsregierung vorgehen zu können, forderte Preußen den Großherzog auf, ein Ersuchen um militärische Hilfe an Preußen zu richten. Nachdem der Großherzog zunächst beim Reichsverweser in Frankfurt um Bundestruppen nachsuchte, richtete er am 9. Juni ein gleiches Gesuch an Preußen. 54000 Mann marschierten daraufhin unter dem Oberbefehl von Prinz Wilhelm in Baden ein. Bei Heppenheim und Waghäusel kam es zu ersten größeren Gefechten zwischen der badischen Revolutionsarmee und den Interventionstruppen. Die badische Armee, befehligt von Mierosławski, erlitt bei Waghäusel eine Niederlage.

3b/79 Ludwik Mierosławski (1814–1878)

Franciszek Oehme
Braunschweig: Oehme et Müller
Lithographie; 27,7 × 19,6 cm
Posen, Muzeum Narodowe (MNP TPN 2310)

Mierosławski, als Sohn eines polnischen Emigranten 1814 in Frankreich geboren, war zeitweilig militärischer Führer des Badischen Aufstands. Bereits 1830 hatte er an der polnischen Erhebung gegen Rußland teilgenommen. Nach dem gescheiterten Aufstandsversuch von 1846, der anschließend in Berlin verbrachten Haft sowie seinen revolutionären Aktivitäten im Großherzogtum Posen, in Sizilien und Baden nahm Mierosławski 1863 am polnischen Aufstand gegen Rußland teil.

3b/80 »Die Preussen kummen!« Fünf Szenen aus der Niederwerfung des Badischen Aufstands

Friedrich Kaiser (1815–1890)
Berlin: L. Lentze
Lithographie; 33,5 × 45 cm
Berlin, Staatsbibliothek PK, Handschriftenabteilung (YB 19057 m)

Den entscheidenden Durchbruch erreichten die preußischen Truppen am 30. Juni an der Murg. Der geschlagenen Revolutionsarmee – badische Soldaten, Freischärler und Karlsruher Arbeiterbataillon – blieb nur die Flucht. Bis zum Abend des 30. Juni flohen etwa 6000 Mann in die Festung Rastatt.

3b/81 »Eine Escorte«, Juni 1849

Friedrich Kaiser (1815–1890)
Getönte Lithographie; 20 × 26,5 cm
Berlin, Staatsbibliothek PK, Handschriftenabteilung (YB 19068 m)

Preußische Kavallerie führt Gefangene der badischen Revolutionsarmee nach der Niederlage an der Murg ab.

3b/82 Bayerischer Kavalleriesäbel

Um 1840
Ladenburg, Lobdengau Museum

Schwere Kämpfe um eine Neckar-Brücke lieferten sich Reichstruppen und Aufständische bei Ladenburg. Drei Schüler des Carl-Benz-Gymnasiums fanden nach einem Hochwasser im April 1988 diesen Säbel eines bayerischen Soldaten.

3b/83 »Szenen aus dem Lager der Königl. Preussischen Truppen vor Rastadt im Juli 1849«

Friedrich Kaiser (1815–1890)
Berlin: F. Lentze
Lithographie; 45,6 × 32 cm
Berlin, Staatsbibliothek PK, Handschriftenabteilung (YB 19123 m)

Unter dem Befehl Generalleutnants von der Gröben begann das II. preußische Armeekorps am 29. Juni 1849 mit der Belagerung und Beschießung der Festung Rastatt. Nach dem Zusammenbruch der Revolutionsregierung ergab sich die Festung Rastatt schließlich auf »Gnade und Ungnade«.

3b/84 Militärische Ausrüstungsgegenstände eines aufständischen badischen Soldaten

Brotbeutel, Tornister, Schulterriemen, Perkussionsgewehr
Leder, Fell, Holz, Metall
Rastatt, Heimatmuseum der Stadt

Bei der Übergabe der Festung Rastatt wurden Soldaten und Bürgerwehr entwaffnet. In Dreier-Kolonnen marschierten sie am 23. Juli 1849 aus den drei Festungstoren, dem Karlsruher, dem Niederbühler und dem Kehler Tor. Einigen Soldaten gelang es, Waffen und Uniform zu verstecken und heimlich zu entkommen. Die Ausrüstung eines Soldaten wurde 1967 bei Bauarbeiten auf dem Dachstuhl des Rastätter Gymnasiums gefunden.

3b/85 Standartenwimpel der Rastatter Bürgerwehr, in den Farben Schwarz-Rot-Gold

1848; 49,5 × 43,5 cm
Rastatt, Heimatmuseum der Stadt (D,I,6)

Nach der Kapitulation wurden in der Festung alle Fahnen mit deutschen Farben eingezogen, so auch dieser Wimpel.

3b/86 Bürgerwehr 1848*

Eduard Grawert (gest. 1864)
1848; bez.: E. Grawert 1848
Öl/Lw; 39 × 32 cm
Berlin, SKH Dr. Louis Ferdinand Prinz von Preußen

Mit Ausbruch der Revolution verstärkte sich die Forderung nach einer allgemeinen Volksbewaffnung. Wie in anderen Städten, so mußte auch in Berlin am 19. März 1848 die Bildung einer Bürgerwehr gestattet werden. Nachdem die Truppen aus Berlin abgezogen waren, übernahm die Bürgerwehr auch den Schutz des Schlosses und der Person des Königs. Grawert, ein dem Hause Hohenzollern nahestehender Maler, stellte die Berliner Bürgerwehr vom März 1848 sehr kritisch dar: Von den drei Bürgerwehrleuten im Schloß sind zwei eingeschlafen, nur einer wacht im Treppenhaus vor den Gemächern des Königs.

3b/87 Hut des Münchner Bürgerwehr Freikorps, 9. Kompanie

Mit weiß-blauer Kokarde und schwarz-rotgoldenem Band
1848; Filz, Seidenrips; 18 × 35 cm
Ingolstadt, Bayerisches Armeemuseum

In München genehmigte König Ludwig I. am 6. März 1848 die Bildung von Freikorps zur Unterstützung von Militär und Landwehr.

3b/86

Eigene Korps gab es für Bürger, für Studenten, Turner, Künstler, Staatsdienst-Aspiranten und Politechniker. An ihren Hüten trugen sie Bänder und Kokarden in bayerischen und deutschen Farben.

3b/88 Hut der Münchner Schützenkompanie des Künstlerfreikorps

Mit schwarz-rot-goldener Kokarde, weißblauem Band und Federn
1848; Filz, Seidenrips, Federn; 18 × 33 cm
Ingolstadt, Bayerisches Armeemuseum (386/68)

Die Uniformhüte der Münchner Freikorps waren in Form und Farbe verschieden. Das Künstlerfreikorps wählte grünen Filz mit Federschmuck. Ludwig Thiersch, der diesen Hut vermutlich trug, war ein bekannter Münchner Historienmaler aus der Schule des Schnorr von Carolsfeld.

3b/89 »Bildung der Bürgergarde«, Aufruf des Magistrats der Residenzstadt Coburg, 14. März 1848

32 × 40 cm
Coburg, Stadtarchiv (A 576)

3b/92

In Coburg leisteten die Bürger dem Aufruf zur Bildung einer 500 Mann starken Bürgergarde begeistert Folge und stellten die Stadt unter ihren Schutz. Herzog Ernst II. rüstete sie mit Waffen aus und übernahm am 30. März 1848 mit der Vereidigung von Bürgerwehr und Militär auf die Landesverfassung den Oberbefehl.

3b/90 Leitfaden für Bürgerwehrmänner

J. C. Röder
Berlin: Weyl & Comp. 1848
Coburg, Stadtarchiv (Coburgica I/374)

Die in Berlin erschienene Schrift eines ehemaligen preußischen Offiziers bietet eine Einführung in Waffenhandhabung, Wachdienst und Exerzieren. Nach dieser Anleitung sollten sich die Bürger selbst ausbilden.

3b/91 Inventarium der Bürgerwehr in Coburg, 1850

Handschrift; 34,5 × 22,5 cm
Coburg, Stadtarchiv (A 579)

Die Coburger Bürgerwehr bestand Ende 1849 aus 549 Mann, eingeteilt in vier reguläre Kompanien, eine Schützenkompanie und ein Musikkorps. Im Inventarverzeichnis sind neben der gesamten Ausrüstung alle Einsätze und Verluste der 1850 aufgelösten Bürgerwehr verzeichnet.

3b/92 Trommel der Kasseler Bürgergarde 1848*

Blech, Fell; H 37 cm, Dm 39 cm
Kassel, Staatliche Kunstsammlungen
(NT 175)

Die Bürgergarde wurde in Kassel bereits nach dem Erlaß der kurhessischen Verfassung am 5. Januar 1831 eingeführt. Die schwarz-rot-golden lackierte Trommel stammt aus den Märztagen 1848. Im Verfassungsstreit von 1850 wurde die Kasseler Bürgergarde am 4. Oktober aufgelöst. Gemeinsam mit dem Militär hatte die Bürgergarde dem Kurfürsten Friedrich Wilhelm I. und seinem Minister Ludwig Hassenpflug den Gehorsam verweigert, als das Steuerbewilligungsrecht der Landstände durch ein Steuernotverordnungsrecht umgangen werden sollte.

3b/93 Schwarz-rot-goldene Schärpen der Kölner Bürgerwehr

1848; Textil; L 168 – 207 cm, B 4 cm
Köln, Kölnisches Stadtmuseum
(HM 1901/39 u. 40; HM 1918/121 b)

Wegen fehlender Finanzmittel war der Kölner Stadtrat nicht in der Lage, den Bürgerwehrmännern eine entsprechende Uniform zu stellen. Deshalb erhielten sie schwarz-rot-goldene Schärpen, die sie als Bürgerwehrmänner ausweisen sollten.

3b/94 Revolution und Reaktion in Berlin 1848/49

1990; Videofilm (VHS); L 7:55 Min.
Bildauswahl und Kommentar:
Ronald Münch
Regie: Jürgen Haese
Produktion: Multimedia, Hamburg
Berlin, DHM

Dieser Videofilm dokumentiert nach zeitgenössischen Darstellungen wichtige Stationen der revolutionären Ereignisse in Berlin 1848/49 und beleuchtet den wachsenden politischen Einfluß der Konservativen und der Kamarilla bis zum Ende der Revolution in Preußen und Deutschland.

Raum 3c

DIE REVOLUTION VON 1848 – NATIONALITÄTENKONFLIKT

»Daß der unglückliche Krieg in Schleswig-Holstein, in den uns die unbesonnene und leichtfertige Politik des Jahres 1848 verflochten hat«, beendet werde, so Bismarck am 3. Dezember 1850 in seiner bekannten »Olmütz-Rede«, sei wünschenswert. Er selbst bestehe nachdrücklich »auf Wahrung der wirklichen Rechte der Schleswig-Holsteiner«, aber genauso entschieden lehne er das Bestreben ab, ihre »vermeintlichen oder wahren Rechte gegen den Landesherrn mit revolutionärer Waffengewalt« durchzusetzen. Während Bismarck im bewaffneten Kampf der Schleswig-Holsteiner gegen ihren Landesherrn, den dänischen König, einen durch nichts zu rechtfertigenden revolutionären Akt sah, verstand die deutsche Öffentlichkeit diesen Krieg als legitime Abwehr der dynastischen Ansprüche des dänischen Königs.

Entwickelt hatte sich der drei Jahre dauernde Krieg 1848 aus dem Streit um die nationale Zugehörigkeit des Herzogtums Schleswig: Ebenso wie die Herzogtümer Holstein und Lauenburg war Schleswig mit der dänischen Krone in Personalunion verbunden; im Unterschied zu Holstein und Lauenburg hatte es aber nie zum Deutschen Bund gehört, sondern war altes dänisches Reichslehen. Im Zuge des überall in Europa aufkommenden Nationalgefühls entfesselte die Frage der dänischen Thronfolge im Herzogtum Schleswig, in dem Deutsche und Dänen seit Jahrhunderten friedlich zusammengelebt hatten, bis dahin unbekannte nationale Emotionen. Die Dänen verstärkten ihre Bemühungen, das Königreich Dänemark mit dem Herzogtum Schleswig zu einem Nationalstaat zu verschmelzen, dessen Südgrenze die Eider bilden sollte. Gegen die von den »Eiderdänen« angestrebte Trennung des Herzogtums Schleswig von Holstein protestierten die deutschgesinnten Schleswig-Holsteiner und forderten ihrerseits die Einverleibung Schleswigs in einen deutschen Einheitsstaat. Dabei beriefen sie sich auf den 1460 abgeschlossenen Ripener Vertrag, in dem die Stände beider Länder festgelegt hatten, daß Schleswig und Holstein immer zusammenbleiben sollten (»up ewig ungedeelt«).

Als die »Eiderdänen« ihren König, der ja gleichzeitig Herzog von Schleswig, Holstein und Lauenburg war, drängten, angesichts des bevorstehenden Thronwechsels den Gesamtbesitz seines Hauses für unteilbar zu erklären, beschlossen die deutsch gesinnten holsteinischen Stände im Dezember 1844 das »Schleswig-Holsteinische Programm«: Schleswig und Holstein seien gegenüber Dänemark selbständig, in beiden Herzogtümern gelte das deutsche Erbrecht (in männlicher Linie), und die enge Verbindung zwischen ihnen dürfe nicht angetastet werden. Am 8. Juli 1846 griff der dänische König

Christian VIII. mit einem »Offenen Brief« in den Streit ein und betonte, das dänische Erbrecht (in weiblicher Linie) gelte auch in Schleswig, falls sein einziger Sohn Friedrich kinderlos sterben sollte. Während die europäischen Großmächte England, Frankreich und Rußland mit dem »eiderdänischen« Standpunkt Christians VIII. sympathisierten und eine Stärkung Deutschlands zwischen Nord- und Ostsee als Bedrohung ihrer eigenen politischen und wirtschaftlichen Interessen empfanden, erhob sich in Deutschland ein Sturm des Protests gegen den »Offenen Brief«. Liberalen und Demokraten schien unvorstellbar, daß Schleswig nicht dem deutschen Nationalstaat angegliedert würde; aber auch die deutschen Dynasten, allen voran die Monarchen Preußens, Hannovers und Bayerns, nahmen sich der »schleswig-holsteinischen Frage« an und stellten sich damit an die Spitze der »nationalen Bewegung«.

Nachdem Christian VIII. am 20. Januar 1848 verstorben war, berief sein Sohn und Nachfolger Frederik VII. eine Kommission, um einen liberalen Verfassungsentwurf für den dänischen Gesamtstaat beraten zu lassen. Als die »Eiderdänen« daraufhin eine gemeinsame Verfassung für Dänemark und Schleswig, jedoch eine separate für Holstein forderten, gingen die Schleswig-Holsteiner zum aktiven Widerstand über. Am 18. März verabschiedeten sie eine Petition an ihren Herzog, den dänischen König, und verlangten insbesondere die Aufnahme Schleswigs in den Deutschen Bund. Bevor jedoch diese Petition in Kopenhagen überreicht wurde, hatte Friedrich VII. ein »eiderdänisches« Ministerium gebildet, das am 21. März die Einverleibung Schleswigs in den dänischen Staat verfügte. Orla Lehmann, der führende »Eiderdäne«, formulierte drei Tage später eine scharfe Zurückweisung der schleswig-holsteinischen Forderungen und lehnte auch den Vorschlag ab, die Gemeinden in Schleswig über ihre nationale Zugehörigkeit abstimmen zu lassen. Unmittelbar nachdem die Bildung des »eiderdänischen« Ministeriums am 23. März in Schleswig bekannt wurde, proklamierten die national-liberalen Führer der schleswig-holsteinischen Bewegung in der Nacht vom 23. zum 24. März in Kiel eine Provisorische Regierung. Sie verzichteten bewußt auf eine förmliche Unabhängigkeitserklärung der Herzogtümer und betonten, daß sie die Regierung im Namen des Königs führen wollten, da ihr Landesherr unter dem Einfluß der eiderdänischen Partei stehe und seine politische Entscheidungsfreiheit verloren habe. Diese Form der Auflehnung gegen die legitime Landeshoheit blieb während der gesamten Revolution von 1848/49 einzigartig. Damit begann ein Krieg, der deutscherseits als freiheitliche »Erhebung«, dänischerseits als unrechtmäßiger »Aufruhr« verstanden wurde.

Vordringlichste Aufgabe der Provisorischen Regierung war die Abwehr der nach dem »Einverleibungsbefehl« vom 21. März in Schleswig einrückenden dänischen Truppen. Handstreichartig gelang es rund 400 Freiwilligen, am Vormittag des 24. März unter dem Prinzen von Noer, einem Mitglied der Provisorischen Regierung, die Festung Rendsburg einzunehmen und 13000 Gewehre, zahlreiche Geschütze mitsamt Munition und die Hauptkasse mit 2,5 Millionen Taler zu erobern. Als die Besatzung der Festung vor die Wahl gestellt wurde, sich der Provisorischen Regierung anzuschließen oder für Dänemark zu kämpfen, entschieden sich die Mannschaften fast einstimmig für die Provisorische Regierung, die Offiziere ebenso einhellig für den dänischen König. Die Soldaten der Festung Rendsburg bildeten den personellen Grundstock der »Schleswig-Holsteinischen Armee«, der sich 1848 rund 2500 Freiwillige aus ganz Deutschland anschlossen. Je länger sich der Krieg hinzog, desto deutlicher zeigte sich, daß insbesondere nicht alle Schleswiger bereit waren, gegen ihren Landesherrn zu den Waffen zu greifen; häufig standen sich Mitglieder einer Familie als Freiwillige auf deutscher und dänischer Seite gegenüber.

Unmittelbar nach den Berliner Barrikadenkämpfen (vgl. Raum 3b) sicherte der preußische König Friedrich Wilhelm IV. den Schleswig-Holsteinern am 24. März militärische Unterstützung zu und betonte, er werde »als Schirmer des bestehenden Rechts ... in den Herzogtümern eintreten und sie mit geeigneten Mitteln gegen Übergriffe und Angriffe schützen«. Am 4. April billigte auch der Bundestag die zwischenzeitlich von Preußen und den Staaten des 10. Bundeskorps eingeleiteten »Abwehrmaßnahmen«. Eindringlich warnte der in Berlin lebende Jurist Peter Vedel seine dänischen Landsleute vor einem Krieg gegen die deutschen Staaten: Wie könne der »Schandfleck«, der vor allem dem preußischen »Heer von den Barrikaden in Berlin anhaftet, besser abgewaschen werden als im Blut der verhaßten Dänen?«, meinte Vedel und mahnte eine friedliche Lösung des Nationalitätenkonflikts an. Aber schon am 10. April überschritten preußische Truppen die Eider, um Schleswig für die Provisorische Regierung in Besitz zu nehmen, zwei Tage später folgten die Bundestruppen. Angesichts der Bundesintervention legte der vom dänischen König für Holstein und Lauenburg bestellte Bundesgesandte sein Amt nieder, und am 22. April akkreditierte der Bund den von der Provisorischen Regierung zum Bundestag entsandten Kieler Professor von Madai als Vertreter Holsteins. Damit hatte der Bund die staatsrechtliche Anerkennung der revolutionären Regierung ausgesprochen. Nachdem der preußische General von Wrangel am 21. April 1848 auch den Oberbefehl über das mit 9000 Mann heranrückende 10. Bundeskorps übernommen hatte, gelang es den deutschen Truppen bis Ende April, das Herzogtum Schleswig zu besetzen. Als Wrangel jedoch die Grenze nach Dänemark überschritt und in Jütland einmarschierte, quittierten zahlreiche Freiwillige ihren Dienst. Zwar konnten die deutschen Truppen die Festung Fredericia nehmen, einen Übergang auf die strategisch wichtigen Inseln verhinderte jedoch die dänische Flotte, die seit dem 1. Mai planmäßig deutsche Seestädte blockierte und so die ohnehin spürbare Ernährungs- und Wirtschaftskrise drastisch verschärfte: Über Stettin wurden 1847 noch Waren für 6,7 Millionen Taler ausgeführt, 1848 erreichte der Export über Stettin nur 1,5 Millionen Taler.

Aber nicht der Seekrieg mit seinen wirtschaftlichen Folgen bewegte Preußen zum Einlenken, sondern die Kriegsdrohungen Englands und Rußlands, die sich auf ihre 1720 und 1773 unterzeichneten Bestandsgarantien für die dänische Monarchie beriefen. Am 19. Mai schlug auch der englische Außenminister Palmerston vor, Schleswig zu teilen und den dänisch besiedelten Teil mit Dänemark, den deutsch besiedelten mit Holstein zu verbinden. Als dieser Vorschlag von dänischer und von schleswig-holsteinischer Seite zurückgewiesen wurde, ließ die preußische Regierung Jütland räumen, um Verhandlungsbereitschaft zu signalisieren. Gegen den massiven Protest der deutschen Öffentlichkeit, der Nationalversammlung und der Reichsregierung schloß Preußen im Namen des Deutschen Bundes am 26. August 1848 in Malmö einen auf sieben Monate befristeten Waffenstillstand, der eine politische Preisgabe der Provisorischen Regierung bedeutete und in Deutschland eine neue Aufstandswelle auslöste. Da während des Waffenstillstands keine tragfähige Lösung des nationalen Konflikts gefunden wurde, kündigte die dänische Regierung am 26. Februar 1849 den Malmöer Waffenstillstand. Eine Woche später überschritt das auf 41 000 Mann verstärkte dänische Heer die schleswigsche Grenze und nahm wieder den Kampf auf gegen die ebenfalls beträchtlich vergrößerte Reichsarmee und die schleswig-holsteinischen Truppen. Gleich zu Beginn der Kampfhandlungen löste der Sieg über ein dänisches Landungsgeschwader bei Eckernförde am 5. April auf deutscher Seite kaum beschreibbaren Jubel aus, dem bestürzte Trauer folgte, als die Schleswig-Holsteiner am 6. Juli bei Fredericia empfindlich geschlagen wurden. Militärisch hoffnungslos wurde die Lage der Schleswig-Holsteiner, als Preußen nur noch wenig Neigung zeigte, den Kampf gegen Dänemark fortzusetzen und auf russischen Druck am 10. Juli 1849 einen zweiten Waffenstillstand schloß; nur 2000 preußische Soldaten blieben südlich einer Demarkationslinie Tondern/Flensburg stationiert. Ein Jahr später, am 2. Juli 1850, unterzeichnete Preußen – zugleich im Namen des wieder handlungsfähigen Deutschen Bundes – in Berlin einen Friedensvertrag mit Dänemark.

Mit dem Ausscheiden Preußens war der Krieg jedoch keinesfalls beendet. Nach dem zweiten »Verrat« Preußens schlossen sich wiederum Tausende von national-begeisterten Freiwilligen der Schleswig-Holsteinischen Armee an, die am 25. Juli 1850 in der kriegsentscheidenden Schlacht bei Idstedt rund 2800 Mann verlor. Dennoch setzten die Schleswig-Holsteiner ihren aussichtslosen Kampf fort und griffen das von Dänen besetzte Friedrichstadt an. Ein vom 26. September bis zum 4. Oktober dauerndes Bombardement, militärisch vollkommen sinnlos, brachte Tod und neues Leid. Unter dem Druck der europäischen Großmächte mußte Preußen sich am 29. November 1850 in Olmütz bereit erklären, gemeinsam mit Österreich gegen die ehemaligen Verbündeten in Schleswig und Holstein vorzugehen, um dort »verfassungsmäßige Zustände« herzustellen. Der Nationalitätenkonflikt war damit bis zum nächsten Krieg 1864 vertagt, »gelöst« wurde er erst 1920 mit einer Volksabstimmung.

Burkhard Asmuss

3c/1

3c/1 »Nationalitäten- und Sprachenkarte des Herzogthums Schleswig«*

Hermann Biernatzki
1849; kolorierte Lithographie; 36 × 46 cm
Kiel, Schleswig-Holsteinische Landesbibliothek (Y 11:15)

Bis zum 19. Jahrhundert hatte sich im Herzogtum Schleswig eine so starke Vermischung ethnischer Gruppen herausgebildet, daß es unmöglich war, zwischen dem mehrheitlich dänisch-sprechenden Norden und dem überwiegend (platt)deutsch-sprechenden Süden eine eindeutige Grenze zu ziehen. Neben der sprachlichen »Gemengelage« hatte der im 19. Jahrhundert entstandene Nationalitätenkonflikt zwischen Deutschen und Dänen auch eine soziale Komponente: Während viele Städte in Nordschleswig von einem einflußreichen, deutsch-empfindenden Bürgertum dominiert wurden, waren in Südschleswig weite Bereiche von dänischen Bauern besiedelt.

3c/2 »Wir Christian der Achte … Thun kund hiemit«, Schloß Sorgenfrei, 8. Juli 1846

45 × 37,5 cm
Kiel, Schleswig-Holsteinische Landesbibliothek (E 350)

In seinem »Offenen Brief« äußerte sich der dänische König Christian VIII. zur Erbfolge im dänischen Staatsverband: Das dänische Erbfolgerecht gelte auch für die Herzogtümer Schleswig und Lauenburg; ob es auch für alle Teile des Herzogtums Holstein verbindlich sei, bleibe zunächst fraglich. Damit hatte Christian VIII. die Position der »Eiderdänen« übernommen, die sich für eine Einverleibung des Herzogtums Schleswig und für die Ausdehnung Dänemarks bis zur Eider einsetzten. Bei den deutsch gesinnten Schleswig-Holsteinern stieß die Möglichkeit einer Trennung Schleswigs vom Herzogtum Holstein auf strikte Ablehnung.

Mitbürger!

Unser Herzog ist durch eine Volksbewegung in Kopenhagen gezwungen worden, seine bisherigen Rathgeber zu entlassen, und eine feindliche Stellung gegen die Herzogthümer einzunehmen.

Der Wille des Landesherrn ist nicht mehr frei, und das Land ohne Regierung.

Wir werden es nicht dulden wollen, daß deutsches Land dem Raube der Dänen Preis gegeben werde. Große Gefahren erfordern große Entschließungen; zur Vertheidigung der Grenze, zur Aufrechthaltung der Ordnung bedarf es einer leitenden Behörde.

Folgend der dringenden Nothwendigkeit und gestärkt durch das uns bisher bewiesene Zutrauen, haben wir, dem ergangenen Rufe folgend, vorläufig die Leitung der Regierung übernommen, welche wir zur Aufrechthaltung der Rechte des Landes und der Rechte unsers angestammten Herzogs in seinem Namen führen werden.

Wir werden sofort die vereinigte Ständeversammlung berufen und die übernommene Gewalt zurückgeben, sobald der Landesherr wiederum frei sein wird oder von der Ständeversammlung andere Personen mit der Leitung der Landesangelegenheiten beauftragt werden.

Wir werden uns mit aller Kraft der Einheits- und Freiheits-Bestrebungen Deutschlands anschließen.

Wir fordern alle wohlgesinnten Einwohner des Landes auf, sich mit uns zu vereinigen. Laßt uns durch Festigkeit und Ordnung dem deutschen Vaterlande ein würdiges Zeugniß des patriotischen Geistes geben, der die Einwohner Schleswigholsteins erfüllt.

Der abwesende Advocat Bremer wird aufgefordert werden, der provisorischen Regierung beizutreten.

Kiel, den 24. März 1848.

Die provisorische Regierung:

Beseler. Friederich, Prinz zu Schleswigholstein.
F. Reventlou. M. T. Schmidt.

3c/3

3c/3 »Mitbürger« Proklamation der Konstituierung der Provisorischen Regierung, Kiel, 24. März 1848*

37 × 22 cm
Kiel, Schleswig-Holsteinische Landesbibliothek (SH 85)

Am 18. März forderten Deputierte der Stände Schleswigs und Holsteins in einer Petition an den dänischen König u.a. eine gemeinsame, freie Verfassung für Holstein und Schleswig sowie die Aufnahme des Herzogtums Schleswig in den Deutschen Bund. Als diese Forderungen am 20. März in Kopenhagen bekannt wurden, verlangte dort eine Bürgerversammlung die umgehende Bildung eines »eiderdänischen« Ministeriums. Unmittelbar nach dessen Konstituierung wurde im Gegenzug eine Provisorische Regierung in Kiel gebildet. Damit begann ein blutiger Krieg, den die Dänen als (unrechtmäßigen) »Aufruhr«, die Deutschen aber als (freiheitliche) »Erhebung« verstanden.

3c/4 »Die Proklamierung der Schleswig-Holsteinischen provisorischen Regierung«, Kiel, 24. März 1848

1848; Lithographie; 41 × 52 cm
Schleswig, Idstedt-Stiftung

Die Lithographie zeigt die wichtigsten Führer der Schleswig-Holsteinischen Bewegung. Nicht alle dargestellten Personen waren bei der Bildung der Provisorischen Regierung anwesend. Nach einer dramatischen Nachtsitzung verkündet der Advokat Wilhelm Beseler vor dem Kieler Rathaus die Konstituierung der Provisorischen Regierung.

3c/5 Aufruf der Provisorischen Regierung »zur Bildung freiwilliger Corps«, Rendsburg, 28. März 1848

42 × 24 cm
Schleswig, Idstedt-Stiftung

Am 21. März verfügte das »eiderdänische« Kabinett die Einverleibung Schleswigs in den dänischen Staat und ließ Truppen in Nordschleswig einmarschieren. Um die im Aufbau befindliche Schleswig-Holsteinische Armee zu unterstützen, rief die Provisorische Regierung zur Bildung freiwilliger Corps auf. Gemeinsam mit der regulären Schleswig-Holsteinischen Armee erlitten die schlecht ausgebildeten Freiwilligen, vor allem Studenten und Turner aus Kiel, schon am 9. April eine schwere Niederlage, als sie nördlich von Flensburg bei Bau auf dänische Einheiten trafen. Erst nachdem bayerische Offiziere wie Hauptmann Aldosser, Leutnant Bothmer und Major von der Tann die Ausbildung der Freischärler übernommen hatten, gewannen die Freikorps an militärischer Schlagkraft.

3c/6 Akten-Konvolut aus der Frankfurter Nationalversammlung »zur Schleswig=Holstein'schen Frage«

1848; 34 × 23,5 cm
Frankfurt a. M., Bundesarchiv, Außenstelle (Zsg 9/5089)

Mit keiner anderen »außenpolitischen« Frage hatte sich die Nationalversammlung so intensiv auseinanderzusetzen wie mit dem Konflikt um die Herzogtümer Holstein und Schleswig. Auf Antrag der Provisorischen Regierung in Kiel hatte das Frankfurter Vorparlament auf seiner ersten Sitzung am 31. März die Aufnahme des Herzogtums Schleswig in den Deutschen Bund empfohlen. Der Bundestag allerdings beschränkte sich am 12. April auf die Anerkennung der Provisorischen Regierung und vermied – ebenso wie später die Frankfurter Nationalversammlung – die staatsrechtlich fragwürdige Aufnahme Schleswigs in den Deutschen Bund.

3c/7 »Dem deutschen Volke, seinen Fürsten und Regierungen: daß, wer geknechtet, werde frei, in dem alten Recht das Neue sei«

Otto Speckter (1807–1871)
Mai 1848; Lithographie; 41,4 × 25,3 cm
Hamburg, Hamburger Kunsthalle (40417)

Wie viele andere Patrioten, so spielte auch Speckter, der durch zahlreiche Buchillustrationen weit über Deutschland hinaus bekannt war, mit dem Gedanken, sich den in Schleswig-Holstein kämpfenden Freiwilligen anzuschließen. Exemplare der ausgestellten Lithographie schickte er an zahlreiche Mitglieder der Nationalversammlung, aber auch an verschiedene Regenten. Vom preußischen König erhielt er dafür ein »huldvoll anerkennendes Schreiben«.

3c/8 »Schleswig-Holstein stammverwandt«

Schnupftuch mit dem Text des »Schleswig-Holstein-Lieds«
1848/51; 62 × 62 cm
Neustadt/Holstein, Kreismuseum des Landkreises Ostholstein (32/1964)

Tücher in den schleswig-holsteinischen Landesfarben Blau-Weiß-Rot waren ausgesprochen beliebt und verbreitet. Das auf dem Tuch abgedruckte »Schleswig-Holstein-Lied« wurde erstmals im Juli 1844 auf dem Sängerfest in Schleswig vor 12000 Teilnehmern vorgetragen.

3c/9

3c/9 Christian Carl Magnussen inmitten seiner Freischar auf der Insel Fehmarn*

Detlev Conrad Blunck (1799–1854)
Öl/Lw; 65 × 50,5 cm
Posen, Muzeum Narodowe (Mo 2048)

Wahrscheinlich handelt es sich bei dem Redner in der Bildmitte um Christian Carl Magnussen, einen Arzt aus Altona, der Führer einer Kompagnie des III. Freikorps war. Die Freikorps wurden Anfang Juli 1848 zwar fast vollständig aufgelöst, eine kleine Gruppe von Freiwilligen wurde jedoch am 17. Juli nach Fehmarn beordert, um dort die Bewachung der Küsten zu verstärken. Da unter den Freischärlern auf dem rechten Bildrand eine auffallend gut gekleidete Frau zu erkennen ist, dürfte es sich bei den Freiwilligen auf Fehmarn weniger um »Auswärtige« als um Bürger und Adlige aus Schleswig-Holstein gehandelt haben.

3c/10 Aufruf zur Gründung einer deutschen Kriegsflotte, Osnabrück, Mai 1848

38 × 21 cm
Flensburg, Marineschule Mürwik, Wehrgeschichtliches Ausbildungszentrum (4306)

Während der Revolution reichte die »Flottenbegeisterung« bis weit in die Kreise der äußersten Linken, die dem traditionell vom Adel dominierten Heer ausgesprochen kritisch gegenüberstand. Selbst radikal-demokratische Dichter wie Georg Herwegh und Ferdinand Freiligrath verfaßten Flottenlieder, in denen sich Freiheitspathos und nationaler Chauvinismus vermischten. 1848 verfügten die Seestädte des Deutschen Bundes mit 6800 Schiffen und rund 45000 Mann Besatzung zwar über eine ansehnliche Handelsflotte, jedoch über kein ausreichend armiertes Kriegsschiff. Die wirkungsvolle Blockade deutscher Seehäfen durch die dänische Marine stärkte den Wunsch nach einer schlagkräftigen Marine.

3c/11 Beschluß des »Kieler Ausschusses für die Errichtung der deutschen Flotte«, 1848

Mit handschriftlichem Anschreiben an den Gutsbesitzer Hagemann
22 × 27 cm
Flensburg, Marineschule Mürwik, Wehrgeschichtliches Ausbildungszentrum (4188)

Der Wunsch nach einer Flotte (vgl. 3c/26) wurde in ganz Deutschland von zahlreichen »Flottenvereinen« propagiert. Einflußreichster Verein in Schleswig-Holstein war der Kieler Ausschuß, dem u.a. die Maschinenbauer Johann Schweffel und August Ferdinand Howaldt angehörten: Im Mai 1848 wandte sich der Kieler Ausschuß mit verschiedenen Rundschreiben an die Öffentlichkeit und bat um Geldspenden. Sogar aus Rio de Janeiro erhielt der Kieler Ausschuß eine Spende in Höhe von 30 Mark Courant (entsprach dem Monatsgehalt eines See-Unteroffiziers).

3c/12 Weibliche Allegorie des Deutschen Bundes auf dem Bug des Schiffes »Vaterland«*

Um 1850; Öl/Lw; ca. 72 × 55 cm
Bremen, Bremer Landesmuseum für Kunst- und Kulturgeschichte (Focke Museum) (29.272)

Die weibliche Personifikation Deutschlands steht als Galionsfigur auf dem Bug des Schiffes »Vaterland«. Am 14. Juni 1848 bewilligte die Nationalversammlung sechs Millionen Taler als Grundstock für eine deutsche Flotte. Lag die Verantwortung für die Bundesflotte zunächst beim Reichshandels- und Marineministerium, so schuf die Nationalversammlung am 8. November 1848 eine selbständige Marinebehörde. Im Dezember lehnte es die österreichische Regierung unter Schwarzenberg ab, die fälligen Matrikularbeiträge für die Flotte zu zahlen. Als Preußen das zum Anlaß für den Aufbau einer eigenen Kriegsmarine nahm, schlossen sich die meisten deutschen Staaten dem Widerstand gegen die bürgerlich-nationale Flottenpolitik an.

3c/13 Karl Rudolf Bromme, gen. Brommy (1804–1860)*

Um 1850; Öl/Lw; ca. 45 × 35 cm
Bremen, Bremer Landesmuseum für Kunst- und Kulturgeschichte (Focke Museum) (F 470)

Der am 30. September 1804 in Anger bei Leipzig geborene Brommy ließ sich mit 13 Jahren in Hamburg zum Seemann ausbilden; anschließend reiste er nach Westindien und Nordamerika. Als Leutnant zur See kämpfte er 1827 im griechischen Unabhängigkeitskrieg gegen die Türkei. Seit 1843 lebte er in Berlin. Nachdem er der preußischen Regierung vergeblich Vorschläge zum Aufbau einer preußischen Kriegsflotte unterbreitet hatte, berief ihn die Nationalversammlung 1848 nach Frankfurt. Im Frühjahr 1849 übernahm er das Oberkommando der Nordseeflottille, die Ende 1849 lediglich aus 9 Dampfschiffen, 2 Großseglern und 27 Kanonenbooten bestand.

3c/12

3c/13

3c/14 »Mitbürger!« Bekanntmachung der Statthalterschaft der Herzogtümer Schleswig-Holstein zum Gefecht bei Eckernförde, Gottorf, 6. April 1849

26,5 × 18,5 cm
Kiel, Schleswig-Holsteinische Landesbibliothek

Am 4. April 1849 war ein dänisches Geschwader von sieben Schiffen in die Eckernförder Bucht eingelaufen. Am nächsten Morgen eröffneten die Segelschiffe »Christian VIII.« und »Gefion« das Feuer auf die beiden Strandbatterien. Nach einer dreiviertel Stunde geriet die schlecht geankerte Fregatte »Gefion« ins Treiben, wenig später war auch das Linienschiff »Christian VIII.« manövrierunfähig. Nach ergebnislosen Waffenstillstandsverhandlungen wurde der Kampf am Nachmittag wieder aufgenommen: Nach nur kurzem Feuerwechsel strich zunächst die »Gefion« ihre Flagge, danach das Linienschiff. Da der Kommandant der Strandbatterien, ein ehemaliger preußischer Artillerieleutnant, mit dem Seekriegsbrauch des Flaggestreichens nichts anzufangen wußte, ließ er das Feuer fortsetzen, bis ein dänischer Seeoffizier die Kapitulation überbrachte. Während die Besatzung des in Brand geschossenen Linienschiffs evakuiert wurde, explodierte es; dabei verloren von 664 Seeleuten über 100 ihr Leben. Der unerwartete, aber militärisch bedeutungslose Sieg über das dänische Geschwader löste vor allem in Schleswig-Holstein einen wahren Freudentaumel aus.

3c/15 Modell der Fregatte »Gefion«

Holz, Knochen, Fischbein; 45 × 58 × 19 cm (Kasten)
Bremen, Bremer Landesmuseum für Kunst- und Kulturgeschichte (Focke Museum) (F 926)

Die hölzerne Fregatte war am 27. September 1843 vom Stapel gelaufen. Aus ihren 48 Kanonen feuerte sie im Gefecht von Eckernförde über 2000 Schuß ab. Von der Besatzung verloren 38 Mann an diesem Tag ihr Leben; 27 der 30 Schwerverletzten mußten Amputationen über sich ergehen lassen. Nach der Eroberung der »Gefion« wurde das Schiff zunächst in »Eckernförde« umbenannt und der deutschen Bundesflotte zugeschlagen; nach deren Auflösung erhielt Preußen 1852 die Fregatte als Kompensation für seine Matrikularbeiträge zum Aufbau der Bundesflotte. Zum Schulschiff umgebaut, erhielt die »Gefion« wieder ihren ursprünglichen Namen und wurde seit 1864 als Artillerieschulschiff eingesetzt. Auf der »Kaiserlichen Werft« in Kiel wurde das Schiff 1891 abgewrackt.

3c/16 »Die Zerstörung und Eroberung der dänischen Schiffe Christian VIII. und Gefion durch die Schleswig-Holsteiner und Nassauer unter dem Oberbefehl Sr. Durchl. des Herzogs Ernst von Sachsen Coburg-Gotha«*

Otto Speckter (1807–1871)
Kolorierte Lithographie; 19,6 × 35 cm
Coburg, Kunstsammlungen der Veste Coburg (Coburger Landesstiftung) (VI, 288,4)

Speckters Lithographie zeigt das in Brand geschossene Linienschiff »Christian VIII.« sowie die manövrierunfähige Fregatte »Gefion«. Der für die Ostsee ungewöhnlich hohe Wellengang deutet an, daß der auffrischende Ostwind die beiden Schiffe immer weiter an

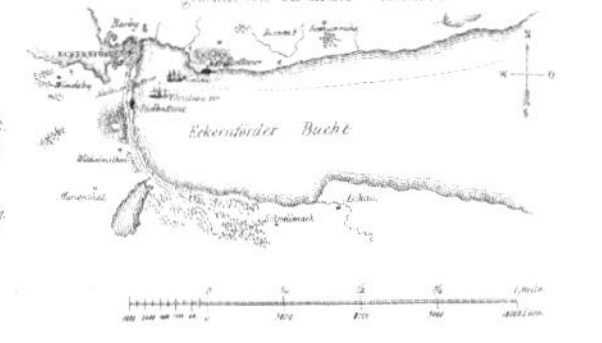

3c/16

die Strandbatterien herantrieb, deren Anlage der damalige preußische Artillerieoffizier Werner Siemens durchgesetzt hatte.

3c/17 Vier Erinnerungsbilder zum Gefecht bei Eckernförde

a) »Treffen bei Eckernförde, am 5. April 1849, morgens 7 Uhr, Pflegehaus-Bataillon Reuss«
b) Die dänischen Schiffe »Christian VIII.« und »Gefion« im Gefecht mit den Küstenbatterien
c) Gefecht bei Eckernförde gesehen vom Borbyer Ufer
d) Explosion des Linienschiffes »Christian VIII.«

Georg von Berg
1849/50; bez. u.l.: Gr. Berg, Cbg 1849 (b), bez.u.r.: G. Berg, Cbg. 1850 (c,d)
Wasser- und Deckfarben; 37 × 49 cm (a,c,d), 28,5 × 52,5 cm (b)
Coburg, Kunstsammlungen der Veste Coburg (Coburger Landesstiftung)
(Z 179/80/82/84)

Als Hommage an Herzog Ernst II. von Sachsen-Coburg-Gotha malte Berg diese vier Erinnerungsbilder. Ernst II. bezeichnete sich zwar gerne als »Sieger von Eckernförde«, den Ausgang des Gefechts hatte er aber kaum beeinflußt: Die ihm unterstellte Reservebrigade war zur Küstenbewachung bei Gettorf stationiert und traf erst in Eckernförde ein, als das Gefecht gegen Mittag für einige Stunden unterbrochen wurde. Als »rangältester Offizier« nahm Herzog Ernst lediglich den Degen des dänischen Kommandanten bei der Kapitulation entgegen. Dem Coburger Herzog, 1859 einer der Mitbegründer des Deutschen National-Vereins, bedeutete der Sieg von Eckernförde jedoch soviel, daß er weder Kosten noch Mühen scheute, die Galionsfigur von

»Christian VIII.« auf seine Veste nach Coburg bringen zu lassen; seit 1958 befindet sie sich im Schleswig-Holsteinischen Landesmuseum in Schleswig.

3c/18 Kommandantenwimpel der Fregatte »Gefion« in den dänischen Farben (Danebrog)

B ca. 20 cm, L ca. 280 cm
Flensburg, Marineschule Mürwik, Wehrgeschichtliches Ausbildungszentrum (711)

3c/19 Zerschossener Stiefel eines Matrosen des dänischen Linienschiffes »Christian VIII.«

Vor 1849; Leder; H 35 cm
Eckernförde, Heimatmuseum Eckernförde (IS 26)

3c/20 Enterbeil des dänischen Linienschiffes »Christian VIII.«

Vor 1849; Eisen, Holz; L 75 cm
Eckernförde, Heimatmuseum Eckernförde (IS 5)

3c/21 Bergungsstück vom dänischen Linienschiff »Christian VIII.«

Vor 1848; Holz, Eisenbeschlag; ca. 30 × 50 cm
Eckernförde, Heimatmuseum Eckernförde (1986/104)

Ursprünglich als Teil einer Ankerwinde angesehen, dürfte es sich bei diesem 1979 aus der Ostsee geborgenen Objekt wohl eher um die Radnabe der Lafette einer Schiffskanone oder um die Radnabe eines Landungswagens handeln. Das dänische Geschwader hatte 250 Mann Landungstruppen an Bord.

3c/22 Trosse des dänischen Linienschiffes »Christian VIII.«

Vor 1849; Geflochtenes Tauwerk; L ca. 150 cm, Dm ca. 25 cm
Eckernförde, Heimatmuseum Eckernförde (AB 95)

3c/23 Zwei Plankenstücke des Linienschiffes »Christian VIII.«

Holz; 35,5 × 11,5 cm bzw. 35,5 × 7 cm
Neustadt/Holstein, Kreismuseum des Landkreises Ostholstein (61/230)

3c/24 Modell eines 30-Pfünder-Schiffsgeschützes, eingesetzt auf dem dänischen Linienschiff »Christian VIII.«

Nach 1849; Holz, Eisen; Rohr: L 38 cm, Dm 7 cm, Kaliber 2 cm
Coburg, Kunstsammlungen der Veste Coburg (Coburger Landesstiftung) (XXVII 13)

Das Geschützmodell ist angeblich aus dem Metall einer eingeschmolzenen Kanone des Schiffes »Christian VIII.« gefertigt.

3c/25 Schmuckkästchen aus dem Holz des am 5. April 1849 zerstörten Schiffes »Christian VIII.«

Nach 1849; Holz, mit Papier ausgeschlagen; 4,8 × 8,6 × 17 cm
Kiel, Gerd Stolz

An den Sieg von Eckernförde schloß sich ein wahrer Kult an: Noch 1849 wurde das unter Wasser liegende Wrack des Linienschiffs gesprengt, und zahlreiche Wrackteile konnten durch den Einsatz einer mühsam nach Eckernförde transportierten 13000 Pfund schweren Taucherglocke geborgen werden. Wie nationale Reliquien wurde alles, was mit dem Gefecht in Verbindung stand, behandelt. Aus dem Schiffsholz wurden zahlreiche Schränke und Schmuckkästchen hergestellt und einfache Plankenstücke als museale Objekte gehandelt; aus dem Metall der Schiffskanonen wurden kleine Kanonenmodelle gegossen, vor allem aber Tapferkeits- und Erinnerungsmedaillen geprägt (vgl. 3c/32). 1979 gelang es Tauchern der Bundesmarine, weitere Wrackteile zu bergen (vgl. 3c/21).

3c/33

3c/26 Die Schleswig-Holsteinische Flotte im Kieler Hafen

1850; Öl/Holz; 44,5 × 75 cm
Kiel, Gerd Stolz

Mit den kriegerischen Auseinandersetzungen begann 1848 auch der Aufbau einer Schleswig-Holsteinischen Marine, die sich durch einige bemerkenswerte technische Neuerungen auszeichnete: Das nach dem populären Freikorps-Führer benannte Kanonenboot »von der Tann« war weltweit eines der ersten dampfschraubengetriebenen Schiffe. Auch am Bau des ersten deutschen U-Boots »Brandtaucher« war die Schleswig-Holsteinische Marine-Kommission maßgeblich beteiligt. Nach Plänen des früheren bayerischen Unteroffiziers Wilhelm Valentin Bauer fertigte die Eisengießerei Schweffel & Howaldt in Kiel einen Tauchapparat, mit dem Brandbomben an feindlichen Schiffen angebracht werden sollten. Am 1. Februar 1851 sank der »Brandtaucher« jedoch bei einem Tauchversuch.

3c/27 Offiziersschärpe der Schleswig-Holsteinischen Armee

Um 1850; B 7 cm, L ca. 300 cm
Schleswig, Idstedt-Stiftung

Hatten sich die Mannschaften der in den beiden Herzogtümern befindlichen Truppen im März 1848 zum allergrößten Teil der Provisorischen Regierung angeschlossen, so fühlten sich die Offiziere in aller Regel ihrem Eid gegenüber dem dänischen König als Landesherrn verpflichtet und lehnten es ab, gegen ihn zu Felde zu ziehen. Um dem gravierenden Offiziersmangel in der Schleswig-Holsteinischen Armee zu begegnen, wurden in Preußen Offiziere beurlaubt, wenn sie in Schleswig-Holstein kämpfen wollten. Ende 1848 stammten nicht weniger als 123 der 305 Offiziere aus Preußen. Als die Schleswig-Holsteinische Armee am 16. Januar 1851 aufgelöst wurde, bestand sie aus rund 860 Offizieren und 42400 Soldaten.

3c/28 Tschako eines Jägers der Schleswig-Holsteinischen Armee

Um 1850; Textil/Leder, Roßhaar, Messingbeschlag; L ca. 35 cm
Schleswig, Idstedt-Stiftung

Ausgebildet und uniformiert wurde die Schleswig-Holsteinische Armee nach preußischem Muster. An den Helmen und Tschakos war der Doppeladler angebracht, der als Symbol des Alten Reiches vom Deutschen Bund übernommen worden war; die Brust des Adlers ziert das schleswig-holsteinische Wappen mit Herzogshut. Den Zusammenhang mit der deutschen Revolutionsbewegung versinnbildlichen die Kokarden: Nach einem Armee-Befehl vom 7. September 1848 hatten alle Angehörigen der Schleswig-Holsteinischen Armee an der linken Seite ihrer Kopfbedeckung die schleswig-holsteinische, an der rechten die deutsche Kokarde zu tragen.

3c/29 Signalhorn der Schleswig-Holsteinischen Armee

Um 1840; Blech; L ca. 40 cm
Schleswig, Idstedt-Stiftung

Um im Gefechtslärm überhaupt wahrnehmbare Befehle geben zu können, wurden Signalhörner eingesetzt, deren Trage-Kordeln fast immer in den Landesfarben gehalten waren.

3c/30 Schwarz-rot-goldene Armbinde eines badischen Offiziers

Aufschrift: »Gott schütze dich, Baden«
1849; ca. 6 × 15 cm
Rastatt, Wehrgeschichtliches Museum (015 271)

Armbinden wie diese wurden von den Soldaten der Reichsarmee getragen, die im Herzogtum Schleswig kämpften, nachdem Dänemark zum 26. März 1849 den Malmöer Waffenstillstand aufgekündigt hatte.

3c/31 Deutsche Erinnerungs- und Tapferkeitsauszeichnungen, 1848/49

Anhalt-Bernburg, Baden, Bayern, Braunschweig, Frankfurt/Main, Hessen-Homburg, Mecklenburg-Schwerin, Nassau, Oldenburg, Preußen, Reuß, Sachsen, Sachsen-Altenburg, Sachsen-Coburg-Gotha (für das Gefecht bei Eckernförde), Schaumburg-Lippe, Waldeck, Württemberg
Metall; Dm 3 – 5 cm
Schleswig, Idstedt-Stiftung

Das große Interesse, mit dem die deutsche Öffentlichkeit den Kampf der Schleswig-Holsteiner verfolgte, spiegelt sich in der Vielzahl der deutschen Staaten, die im Rahmen des 10. Bundes-Armeekorps, bzw. der Reichsarmee Soldaten nach Schleswig-Holstein sandten und sie später mit Erinnerungs- und Tapferkeitsmedaillen auszeichneten.

3c/32 Erinnerungszeichen für die Feldzüge der Jahre 1848/49

1850; Eisen, Textil; 2,9 × 2,9 cm
Schleswig, Idstedt-Stiftung

Die Erinnerungszeichen aus Metall der Kanonen des dänischen Kriegsschiffes »Christian VIII.« galten als besondere Auszeichnung: In Anlehnung an das »Eiserne Kreuz« der Befreiungskriege 1813–15 wurde allen Offizieren, Unteroffizieren und Mannschaften der Schleswig-Holsteinischen Armee, den Freikorpsangehörigen und Freiwilligen, die »im Feuer« gestanden hatten, ein eisernes Kreuz am blau-weiß-roten Band verliehen.

3c/33 »Entlassene Schleswig-Holsteiner von befreundeten deutschen Brüdern aufgenommen. Allen biedern Deutschen gewidmet«*

Oskar Wisniewski (1819–1891)
1850/51; Lithographie; 45,2 × 50,5 cm
Kiel, Schleswig-Holsteinische Landesbibliothek (E 395)

Nach Ende des Krieges machten sich die von der dänischen Regierung eingesetzten Behörden daran, illoyales Verhalten zu bestrafen. Vor allem exponierte Verfechter der »schleswig-holsteinischen Idee« mußten die Herzog-

3c/38

tümer verlassen: So wurde etwa dem in Husum lebenden Schriftsteller Theodor Storm am 22. November 1852 seine Bestallung als Advokat entzogen. Ihm wurde insbesondere eine Petition vom Mai 1849 vorgehalten, die er mit 256 weiteren Husumer Bürgern unterzeichnet hatte: Die Petition forderte den Magistrat auf, dem dänischen König mitzuteilen, er habe alle Rechte als Herzog verloren; des weiteren sollte die Personalunion mit Dänemark für immer aufgehoben werden.

3c/34 Waffenstillstandsvertrag von Malmö, 26. August 1848

Französisches Original mit deutscher und dänischer Übersetzung
Handschrift; 34 × 45 cm
Frankfurt a. M., Bundesarchiv, Außenstelle (DB U1/86)

Als Preußen dem Druck der europäischen Großmächte nachgab und sich zur Unterzeichnung des Waffenstillstands von Malmö entschloß, reagierte die deutsche Öffentlichkeit mit ungläubigem Entsetzen: Nicht nur die in Schleswig-Holstein kämpfenden Truppen fühlten sich verraten, sondern auch die Nationalversammlung war durch diesen Schritt brüskiert und lehnte den Waffenstillstand zunächst ab. Als sie dann in politisch auswegloser Lage ihre Zustimmung gab, nahm insbesondere die Linke den »nationalen Verrat« Preußens zum Anlaß für die zweite Revolutionswelle.

3c/35 Karte von Südjütland und dem Herzogtum Schleswig

Maßstab 1:240000
Hans Christian Klingsey
1836; Stich; 73 × 56,7 cm
Berlin, GStA PK (III. HA. IAAe 338)

Im Berliner Waffenstillstand vom 10. Juli 1849 hatten Dänemark und Preußen sich verpflichtet, eine Demarkationslinie zu ziehen, hinter die sich die gegnerischen Truppen zurückziehen sollten: Unter Vermittlung des englischen Bevollmächtigten, General Westmorland, verständigten sich der dänische und preußische Unterhändler am 30. Juli 1849 auf eine entsprechende Linie, die mit einem gelben Stift auf der Landkarte eingetragen wurde. Wie schon bei vorangegangenen Teilungsvorschlägen des Herzogtums Schleswig wurde eine Grenze definiert, die sich nur geringfügig von der heutigen, nach der Volksabstimmung von 1920 festgelegten, unterscheidet.

3c/36 Dänische Ratifikationsurkunde zum Berliner Friedensvertrag zwischen dem Deutschen Bund und Dänemark, 2. Juli 1850

Handschrift; goldbesetzter Samteinband, Lacksiegel in Metallkapsel; 38 × 26 cm, Kapsel: Dm 13 cm
Frankfurt a. M., Bundesarchiv, Außenstelle

Nachdem Preußen am 2. Juli 1850 im Namen des Deutschen Bundes einen Friedensvertrag mit Dänemark geschlossen hatte, wurden die preußischen Besatzungstruppen vereinbarungsgemäß aus Schleswig abgezogen. Da die Herzogtümer jetzt nicht mehr auf Unterstützung der deutschen Staaten rechnen konnten, setzten sie ihren – nun auch militärisch aussichtslosen – Kampf allein fort. Schon am 25. Juli erlitt die Schleswig-Holsteinische Armee bei Idstedt eine verheerende Niederlage. Nahezu 10% aller Soldaten büßten ihr Leben ein: auf dänischer Seite 3798 Mann, auf schleswig-holsteinischer 2828.

3c/37 Deklaration des »Königl. Dänischen Commandanten der Stadt Schleswig«, du Plat, 28. Juli 1850

28 × 23 cm
Schleswig, Idstedt-Stiftung

Nach der Schlacht von Idstedt wurden über das von dänischen Truppen besetzte Gebiet zahlreiche Sanktionen verhängt: Die Bevölkerung der Stadt Schleswig mußte z. B. sämtliche Waffen und Fahnen in den deutschen und schleswig-holsteinischen Farben abliefern. Auch entsprechende Kokarden durften nicht mehr getragen werden. Bei Zuwiderhandlungen wurden Geldstrafen sowie zusätzlich »5 Tage auf Wasser und Brod« angedroht. Außerdem untersagten die dänischen Behörden das Singen des Schleswig-Holstein-Liedes.

3c/39

3c/38 »Mutter Dänemark«*

Elisabeth Jerichau-Baumann (1819–1881)
1851; bez.: Elisabeth Jerichau-Baumann
Öl/Lw; 149 × 119 cm
Kopenhagen, Ny Carlsberg Glyptotek (891)

Ikonographisch unterscheidet sich die »Mutter Dänemark« kaum von den Darstellungen der Germania: »Mutter Dänemark« schreitet als blonde Frauengestalt in bäuerlicher Tracht vor dem Meeresstrand durch ein Kornfeld. Das Schwert in ihrer Rechten bezeugt Verteidigungsbereitschaft, während der »Danebrog«, die dänische Fahne, in ihrer linken Hand nationale Identität ausdrückt. Trotz der eindeutigen Symbolik ist die farbkräftige Malweise nicht typisch für die dänische Malerei, sondern weist die Künstlerin als Mitglied der Düsseldorfer Malerschule aus: Die in Polen geborene Elisabeth Jerichau-Baumann hatte in Rom den dänischen Bildhauer J. A. Jerichau geheiratet, mit dem sie 1849 nach Dänemark zog. Angeregt vom dänischen Nationalgefühl, schuf sie mit ihrem Gemälde eine Figur, die noch heute als Personifikation Dänemarks gilt.

3c/39 Reservesoldaten von 1848 auf dem Marsch*

Nicolai François Habbe (1827–1889)
1870 (Kopie des Originals von 1851);
bez.u.r.: N. Habbe 1870
Öl/Lw; 64 × 79 cm
Berlin, DHM (1989/1394)

Mit gleicher Leidenschaft wie in Deutschland nahm sich die Bevölkerung in Dänemark ihrer Soldaten an: Als im März 1848 Mobilisierungsprobleme auftraten, warteten Hunderte von Bauern mit ihren Wagen am Ende der Bahnlinie Kopenhagen-Roskilde, um die Soldaten zur Fähre nach Korsör zu bringen. Gerade die Anteilnahme der ländlichen Bevölkerung ist verständlich, waren doch in Dänemark – wie in den Herzogtümern – bei

3c/40

Kriegsbeginn nur die Bauern wehrpflichtig. In Dänemark wurde die allgemeine Wehrpflicht im September 1848 eingeführt.

3c/40 »Blutsbrüderschaft! Nicht nur im Festsaal, sondern auch wo Stahl und Blei nach Norden rufen!«*

Niels Simonsen (1807–1885)
1848; Lithographie; 32,5 × 24 cm
Hillerød, Nationalhistoriske Museum på Frederiksborg

Zahlreiche Freiwillige aus Norwegen und Schweden kämpften auf dänischer Seite. Schon Mitte der vierziger Jahre hatten die Monarchen der drei skandinavischen Länder ihre Beziehungen mit dem Ziel intensiviert, eine politische und staatliche Union zu gründen.

3c/41 Erinnerungsmedaille für die skandinavischen Freiwilligen im dänischen Heer, 1848

Kopenhagen 1850; Bronze; Dm 4 cm
Schleswig, Idstedt-Stiftung

Auf Kosten dänischer Privatleute wurden 1850 in Kopenhagen 3 goldene, 369 silberne und 812 bronzene Erinnerungsmedaillen für die Freiwilligen aus Norwegen und Schweden geprägt.

3c/42 Dänische Kriegsgedenkmünze 1848/50

Paris 1875; Bronze, Seidenrips; Dm ca. 3 cm
Schleswig, Idstedt-Stiftung

Vier Jahre nach der französischen Niederlage von 1870/71 wurden in Paris 46000 Bronzemedaillen für die Soldaten der dänischen Armee von 1848/50 geprägt; verliehen wurden sie im Februar 1877.

3c/43 Einzug der siegreichen Truppen in Kopenhagen, 1. September 1849*

David Monies (1812–1894)
1850; bez.u.l.: D. Monies 1850
Öl/Lw; 133 × 118 cm
Hillerød, Nationalhistoriske Museum på Frederiksborg (A 388)

Nach ihrem Sieg vom 6. Juli 1849 über schleswig-holsteinische Truppen und dem preußisch-dänischen Waffenstillstand vom 10. Juli 1849 wurden die zurückkehrenden Soldaten in Kopenhagen begeistert gefeiert: Das vergleichsweise kleine Dänemark hatte dem übermächtigen Nachbarn aus dem Süden, wenngleich mit Hilfe der europäischen Großmächte, standgehalten. Neben der allgemeinen Freude drückte Monies auf seinem Gemälde auch Trauer aus: Eine schwarzgekleidete Witwe mit einem kleinen Kind an der Hand betrachtet nachdenklich, wie ein heimkehrender Soldat von seiner glücklichen Familie begrüßt wird.

3c/44 Entwurf zu dem Gemälde »Die verfassunggebende dänische Reichsversammlung«

Constantin Hansen (1804–1880)
Um 1860; Öl/Lw; 109 × 155 cm
Kopenhagen, Folketingets Bureau

3c/43

1859 regte der »Eiderdäne« Orla Lehmann seinen Freund Hansen an, ein repräsentatives Bild der verfassunggebenden Reichsversammlung zu schaffen. Von 1860 bis 1864 arbeitete Hansen an seinem Monumentalgemälde, auf dem er rund 100 Politiker porträtierte: Am 23. Oktober 1848 trat die dänische Reichsversammlung im Saal des Obersten Gerichts in Christiansborg zusammen, um eine Verfassung für das Königreich Dänemark auszuarbeiten. Am 5. Juni 1849 versammelte sich die Reichsversammlung ein letztes Mal, als Frederik VII. die liberale Verfassung unterzeichnete.

3c/45

3c/45 Modell des Idstedter Löwen*

Herman Vilhelm Bissen (1798–1868)
1859/60; Bronze/Marmorsockel; H 47 cm
Hillerød, Nationalhistoriske Museum på Frederiksborg (A 2047)

Zwölf Jahre nach der Schlacht bei Idstedt wurde der von Bissen geschaffene Idstedter Löwe am 25. Juli 1862 als Zeichen des dänischen Sieges auf dem Flensburger Friedhof enthüllt: Stolz, kampfbereit und furchtlos blickte er nach Süden. Im weiteren Verlauf der Geschichte erging es dem Idstedter Löwen wie zahlreichen anderen Nationaldenkmälern: Nach dem preußisch-österreichischen Sieg über Dänemark 1864 wurde er vom Sockel gestürzt (vgl. 6/69).

Raum 4

DER DIPLOMAT

Der preußische König Friedrich Wilhelm IV. lehnte die Wahl zum »Kaiser der Deutschen« am 28. April 1849 endgültig ab. Während preußisches Militär zur Niederschlagung der Revolution im übrigen Deutschland entsandt wurde, bemühte sich Friedrich Wilhelm, die »nationale Frage« durch ein Bündnis der Fürsten zu lösen. Bis Ende 1849 hatten sich ungeachtet massiver Proteste Österreichs 26 kleinere deutsche Staaten unter preußischem Vorsitz zur »Union« zusammengeschlossen. Über eine Unionsverfassung sollte ein 1850 nach Erfurt einberufener Reichstag beraten. Als Vertreter des Wahlkreises Rathenow/Brandenburg zog Bismarck in das nach dem Dreiklassenwahlrecht gewählte Volkshaus des Reichstages ein. Kern seiner Kritik an der Unionsverfassung war die Befürchtung, Preußen könne in einem Bundesstaat seine Vormachtstellung einbüßen. Bismarck verlieh seinem politischen Credo »Preußen sind wir, und Preußen wollen wir bleiben« in Erfurt auch symbolischen Ausdruck: Den schwarz-rot-goldenen Schmuck an den Sitzplätzen der preußischen Konservativen entfernte er und ersetzte ihn durch Bänder in den preußischen Farben Weiß und Schwarz.

Obwohl der Erfurter Reichstag mehrheitlich der Unionsverfassung zustimmte, zögerte die preußische Regierung die Realisierung der Union hinaus. Beeinflußt wurde sie von der vehementen Kritik der Ultrakonservativen und vor allem durch die strikte Ablehnung des russischen Kaisers Nikolaus I., der in der »parlamentarischen« Unionsverfassung eine revolutionäre Gefahr sah. Unterdessen arbeitete die österreichische Regierung Schwarzenberg an der Wiederherstellung der Bundesversammlung in Frankfurt, die am 2. September 1850 erstmals wieder zusammentrat. Nach preußischer Auffassung war die Wiederherstellung des Bundes ein unzulässiger Akt, da die Mehrheit der deutschen Staaten dem nicht zugestimmt hatte. Verärgert war Preußen außerdem über den in Frankfurt eingebrachten Antrag des dänischen Königs auf Bundesintervention zur Niederwerfung der »holsteinischen Rebellen«.

Der Verfassungsstreit zwischen den kurhessischen Ständen und Kurfürst Friedrich Wilhelm I. brachte Preußen in eine politisch brisante Lage, als die kurhessische Regierung am 17. September 1850 ebenfalls einen Antrag auf Bundesintervention stellte. Am 1. November 1850 marschierten Bundestruppen in Kurhessen ein. Da Preußen glaubte, aus machtpolitischen Erwägungen Österreich entgegentreten zu müssen, sah es sich unvermittelt in der Situation, den Widerstand des kurhessischen Volkes gegen seinen Landesherrn zu unterstützen. Ein Vorgehen, das Kaiser Nikolaus schärfstens mißbilligte und das am 2. November zum Sturz des preußischen Außenministers Radowitz führte.

Der neue Ministerpräsident Manteuffel, der auch die Leitung des Außenministeriums übernahm, versuchte die Kriegsgefahr abzuwenden und einen Ausgleich mit Österreich zu erzielen. Am 29. November 1850 unterzeichneten Manteuffel und Schwarzenberg die »Olmützer Punktation«, in der Preußen auf ein Eingreifen in Kurhessen und die Fortführung der Unionspolitik verzichtete. Damit wurde das Ende der preußischen Unionspolitik besiegelt. Dieses Eingeständnis der Niederlage gegenüber Österreich löste im machtbewußten Preußen eine wahre Protestwelle aus: In der Zweiten Kammer stellten die Liberalen einen Mißtrauensantrag gegen die Regierung, und selbst den Konservativen fiel es schwer, die »Schmach von Olmütz« zu rechtfertigen. Bismarck allerdings stellte sich mit seiner berühmten Olmütz-Rede vom 3. Dezember 1850 schützend vor die Regierung. Eine gemeinsame Politik der »gleichberechtigten Schutzmächte Deutschlands« sei besser für die »preußische Ehre« als eine »schmachvolle Verbindung mit der Demokratie«.

Am 15. Juli 1851 ernannte Friedrich Wilhelm IV. Bismarck zum preußischen Bundestagsgesandten in Frankfurt. Voller Leidenschaft setzte Bismarck sich für eine Gleichstellung der beiden Großmächte im Bund ein und versuchte, die Präsidialfunktion Österreichs auf eine bloße Ehrenstellung zu reduzieren. Wie Bismarck bald erkannte, war dies ein Unterfangen, das nur schwer mit den staatspolitischen Interessen Österreichs in Übereinstimmung zu bringen war. Schwarzenberg, Bismarcks Gegenspieler, verfolgte konsequent den Plan, den Deutschen Bund stärker an Österreich zu binden und dadurch die Habsburger Monarchie gegenüber den nationalen Erhebungen auf dem Balkan und in Oberitalien zu stärken. Für Preußen sah diese Konzeption nur einen zweiten Platz vor.

Eintracht herrschte zwischen Österreich und Preußen bei der Wahrung konservativer Prinzipien. In der Tradition der »Maßregeln« von 1832 beanspruchte der Bundestag am 23. August 1851 das Recht, »staatliche Einrichtungen« und »gesetzliche Bestimmungen« der einzelnen Bundesmitglieder auf ihre Verträglichkeit mit den Bundesgesetzen zu überprüfen. Am selben Tag hob der Bundestag die am 27. Dezember 1848 vom Reichsverweser zum Reichsgesetz erhobenen Grundrechte auf. Auch Otto von Bismarck unterzeichnete diesen Beschluß. Ein ernster Zusammenstoß mit dem österreichischen Gesandten Thun-Hohenstein, den Bismarck als »Exemplar bäuerlicher Diplomatie« bezeichnete, ergab sich anläßlich der Mittelbeschaffung für die deutsche Flotte. Zur Deckung der laufenden Kosten für Schiffe und Mannschaften wurde auf österreichischen Antrag am 8. Juli 1851 vom Bundestag eine neue Umlage ausgeschrieben. Bismarck wurde von Manteuffel angewiesen, die Zustimmung zu verweigern, bis die säumigen Mitglieder, allen voran Österreich, ihre noch ausstehenden Matrikularbeiträge für die Flotte bezahlt hätten. Gegen die preußische Stimme beschloß der Bundestag jedoch eine Anleihe bei Rothschild, dem Bankier des Deutschen Bundes, aufzunehmen. Bismarck legte bei dem Vertreter der Präsidialmacht vergebens scharfen Protest ein. Nach preußischer Auffassung war der Beschluß nicht gültig, da die Flotte keine Bundeseinrichtung sei, wie etwa die Bundesfestungen, und somit alle Beschlüsse zur Flotte einstimmig gefaßt werden müßten. Das Scheitern aller Vermittlungsversuche zur Rettung der Flotte führte schließlich im Frühjahr 1852 zu deren Auflösung.

Den Bundesfestungen wurde zur Verteidigung Deutschlands eine hohe Bedeutung beigemessen. Da man glaubte, in erster Linie mit einem Krieg gegen Frankreich rechnen zu müssen, war die Lage der Festungen von Luxemburg über Mainz, Landau, Rastatt bis nach Ulm strategisch gegen Westen ausgerichtet, und die Anlagen wurden ständig ausgebaut. Auch in der Militärkommission des Deutschen Bundes versuchte Österreich seine führende Position durchzusetzen, was zu Verstimmungen mit Preußen führen mußte. Als ein österreichischer Antrag auf Erweiterung und Verbesserung der Festungen Rastatt und Ulm wieder nicht mit Preußen abgestimmt worden war, bezeichnete Bismarck in einem Brief an Leopold von Gerlach die Behandlung der Festungsfrage durch Österreich als »gehässig« und »ungeschickt«. Seiner Meinung nach sei Einigkeit zwischen Preußen und Österreich für die Sicherheit Deutschlands wichtiger als der weitere Ausbau der Festungen.

Mit geschickter und hinhaltender Politik gelang es Preußen, den österreichischen Versuch, die Führung der Zoll- und Handelspolitik in Deutschland zu übernehmen, abzuwehren. Der österreichische Handelsminister Karl Ludwig von Bruck wollte mit Hilfe Bayerns und Württembergs den 1834 von Preußen initiierten Zollverein sprengen und durch einen österreichisch-deutschen Zollbund ersetzen. Bismarck beurteilte die österreichische Politik in einem Bericht an Manteuffel vom 9. Oktober 1851 als »natürliches« Unterfangen und prophezeite, »daß Östreich seine ganze Energie und Beharrlichkeit für die nächste Zeit auf die angedeutete Handelspolitik konzentrieren wird«. Der Tod Schwarzenbergs änderte an der österreichischen Einstellung nichts, wie Bismarck im Juni 1852 anläßlich einer diplomatischen Sondierung in Wien feststellen konnte. Erst die Thronbesteigung Napoleons III. im Dezember bewegte die Wiener Regierung zu einem Einlenken in der Zollfrage. Angesichts der antiösterreichischen Politik Napoleons in Italien wurde der Bruckschen Plan eines österreichisch-deutschen Zollvereins vorerst fallengelassen und am 19. Januar 1853 ein österreichisch-preußischer Handelsvertrag abgeschlossen.

Während seiner Gesandtenzeit interessierte Bismarck sich insbesondere für Fragen der europäischen Mächtekonstellation und nahm dazu in zahlreichen Briefen und amtlichen Denkschriften Stellung. Unübersehbar war, daß Bismarck zunehmend auf Distanz zu Österreich ging: Er warnte davor, die »schmucke und seefeste Fregatte« Preußen an das »wurmstichige alte Orlogschiff von Österreich« zu binden. Mit Abschluß des Schutz- und Trutzbündnisses 1854 zwischen Österreich, Preußen und dem Deutschen Bund versuchte die Wiener Regierung ihre Politik gegenüber Rußland im Krimkrieg abzusichern. Seinen ersten großen diplomatischen Erfolg erzielte Bismarck 1855 bei der Abwehr der österreichischen Versuche, den Deutschen Bund in den Krieg gegen Rußland zu ziehen. So erreichte Bismarck in den Ausschüssen die Bildung einer Mehrheit gegen den österreichischen Antrag vom 14. Januar 1855 auf Mobilmachung der Bundestruppen. Um das Gesicht zu wahren und eine Abstimmungsniederlage zu vermeiden, zog Österreich, bislang dominierende Macht im Bund, seinen Antrag auf Mobilmachung der Bundestruppen zurück.

Als Bismarck 1859 aus Frankfurt abberufen wurde, betrachtete er den Deutschen Bund als »Gebrechen Preußens«. In einer Denkschrift, die von Spöttern »Das kleine Buch des Herrn von Bismarck« genannt wurde, hatte er sich bereits 1858 entschieden zur deutschen Politik geäußert und auch während seiner St. Petersburger Gesandtenzeit (1859–62) nahm er Stellung zur deutschen Frage. Insbesondere der österreichisch-französisch-italienische Krieg von 1859 um die Zukunft der Apenninhalbinsel veranlaßte Bismarck, über eine offensivere Politik Preußens nachzudenken. Im Mai 1859 riet Bismarck in einem Schreiben an Gustav von Alvensleben, die preußische Armee solle nach Süden aufbrechen und »die Grenzpfähle im Tornister mitnehmen und sie entweder am Bodensee oder da, wo das protestantische Bekenntnis aufhört vorzuwiegen, wieder einschlagen«. Seine Versuche, auf die Politik in Berlin von seiner Petersburger Gesandtenstelle aus mit Berichten Einfluß zu nehmen, bezeichnete Bismarck rückblickend als »fruchtlos«, da sie entweder überhaupt nicht oder nur verfälscht zum Regenten gelangten. Andererseits ist aber unbestritten, daß er in St. Petersburg in engen Kontakt mit so einflußreichen Politikern wie dem russischen Außenminister Alexander Gortschakow geriet. Die dort gesammelten Kenntnisse über die politischen und gesellschaftlichen Strömungen Rußlands bildeten ein wichtiges Element in Bismarcks späterer Außenpolitik.

Heidemarie Anderlik

4/1 Die Eröffnung des Unionsparlaments im Regierungsgebäude zu Erfurt, 20. März 1850

In: Illustrirte Zeitung, Leipzig, 6. April 1850
Berlin, Staatsbibliothek PK (2 Ac 7169)

Am 31. Januar 1850 fanden die Wahlen zum Volkshaus des Unionsparlaments statt, an denen sich Konservative und Liberale beteiligten, während die Demokraten aus Protest gegen den Zusammenschluß der Fürsten in der Union und das Dreiklassenwahlrecht der Wahl fernblieben. Das am 20. März 1850 in Erfurt eröffnete Parlament sprach sich für die von Preußen vorgeschlagene Unionsverfassung aus.

4/2

4/2 Flucht des Kurfürsten Friedrich Wilhelm I. (1847–1866)*

1851; Öl/Papier; 28,8 × 27 cm
Kassel, Staatliche Kunstsammlungen
(LM 1918/300)

Das Gemälde zeigt die Kutsche des Kurfürsten Friedrich Wilhelm I. beim Verlassen der Stadt Kassel am 13. September 1850. Der Kurfürst mußte sich nach Hanau zurückziehen, nachdem das Oberappellationsgericht die kurfürstliche Steuernotverordnung vom 4. September für verfassungswidrig erklärt hatte. Dies war der Höhepunkt einer monatelangen Auseinandersetzung zwischen der Regierung Hassenpflug und den Landständen, die sich gegen die restriktive Innenpolitik wandten und den Verbleib Kurhessens in der von Preußen geführten Union forderten. Stände, Gerichte, Verwaltung und Offizierscorps stellten sich einmütig gegen den Kurfürsten und seine Regierung. Friedrich Wilhelm I. beantragte beim Bundestag militärische Hilfe gegen die eigene »renitente« Bevölkerung.

4/3 »Plan der Stellung der Bundes= und Königl. preuss. Truppen am 8ten November 1850 bei Bronnzell«

Pillement
Lithographie; 36 × 31 cm
Ingolstadt, Bayerisches Armeemuseum
(G 612)

Am 8. November standen bei dem kleinen Ort Bronnzell nahe Fulda die vom Bundestag entsandten bayerischen und österreichischen Exekutionstruppen preußischem Militär gegenüber. Preußen war entschlossen, gegen die am 1. November begonnene Bundesintervention militärisch vorzugehen. Nach preußischer Rechtsauffassung war die Bundesversammlung nicht legitimiert, Bundesbefugnisse gegen ein Mitglied der Union auszuüben. Zudem sah Preußen seine militärische Sicherheit durch den Einmarsch von Bundestruppen in Kurhessen gefährdet, denn seit 1834 führten zwei wichtige preußische »Etappenstraßen« als Verbindungslinien zu den westlichen Provinzen Preußens durch Kurhessen.

4/4 »Zusammenstoss der Avantgarden der Bundes= und K. preuss. Truppen am 8. November 1850 bei Bronnzell in Kurhessen«

M. Hoffmann
1850; Lithographie; 30 × 41,5 cm
Ingolstadt, Bayerisches Armeemuseum
(B 1583)

Als bei Bronnzell preußische und bayerische Einheiten in Gefechtsberührung kamen, zeigte sich die preußische Regierung konzessionsbereit und zog die Truppen auf die »Etappenstraßen« zurück, da im Kriegsfall mit einem Eingreifen Rußlands zu rechnen war. Jetzt forderte Österreich aber ultimativ den Abzug aller preußischen Truppen aus Kurhessen. Politisch isoliert und militärisch nicht in der Lage, sich gegen Österreich und Rußland zu behaupten, entsandte der preußische König Friedrich Wilhelm IV. Otto von Manteuffel zu Verhandlungen nach Olmütz.

4/5 Olmützer Punktation, Olmütz, 29. November 1850

Berlin: Decker
33,5 × 21,5 cm
Frankfurt a. M., Bundesarchiv, Außenstelle (DB 1/321)

Am 29. November 1850 unterzeichneten Schwarzenberg und Manteuffel die »Olmützer Punktation«: Preußen wurde gezwungen, seine bisherige Unionspolitik aufzugeben und auf den Boden des Deutschen Bundes, unter Vorbehalt einer Bundesreform, zurückzukehren. Die Reform sollte unverzüglich in Dresden von allen Bundesstaaten beraten werden. In Holstein, erklärten Österreich und Preußen, müsse gemeinsam ein »den Grundgesetzen des Bundes entsprechender ... Zustand« hergestellt werden, und in Kurhessen hatte Preußen die Durchführung der Bundesintervention zu gestatten.

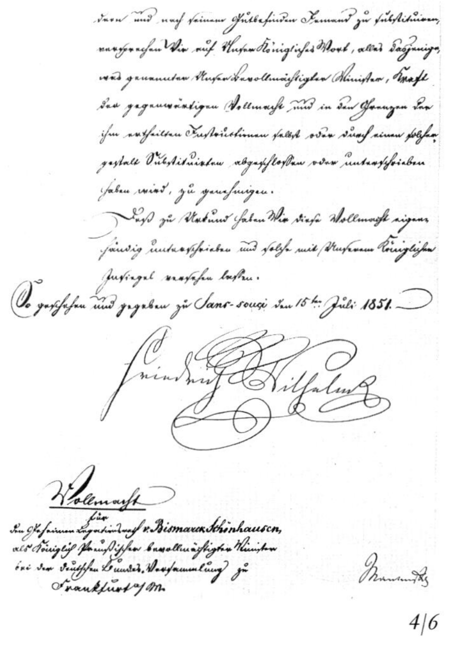
denen und nach seinem Gutbefinden Jemand zu substituiren, versprechen Wir auf Unser Königliches Wort, alles dasjenige, was genannter Unser bevollmächtigter Minister, Kraft der gegenwärtigen Vollmacht und in den Grenzen der ihm ertheilten Instructionen selbst oder durch einen solchergestalt Substituirten abgeschlossen oder unterschrieben haben wird, zu genehmigen.
Deß zu Urkund haben Wir diese Vollmacht eigenhändig unterschrieben und solche mit Unserem Königlichen Insiegel versehen lassen.
So geschehen und gegeben zu Sans-souci den 15ten Juli 1851.
Friedrich Wilhelm

Vollmacht
für
den Geheimen Legationsrath v. Bismarck Schönhausen, als Königlich Preußischen bevollmächtigten Minister bei der Deutschen Bundes-Versammlung zu Frankfurt a/M.
Manteuffel

4/6

4/6 Vollmacht für den »Geheimen Legationsrath von Bismarck-Schönhausen«, Sanssouci, 15. Juli 1851*

Handschrift; 35,8 × 22,6 cm
Frankfurt a. M., Bundesarchiv, Außenstelle (DB 1U/325)

Nachdem vor allem Preußen und Österreich sich auf den Dresdener Konferenzen (3. Dezember 1850 bis 15. Mai 1851) nicht über eine Reform des Bundes hatten verständigen können, trat der Bundestag wieder in alter Form in Kraft. Auf Vorschlag Leopold von Gerlachs sollte Otto von Bismarck als Bundestagsgesandter die preußischen Interessen in Frankfurt vertreten: Am 8. Mai 1851 wurde er – zunächst als »Gesandtschafts-Rath« – nach Frankfurt entsandt. Bis zum 15. Juli, dem Tag der formellen Ernennung Bismarcks zum Bundestagsgesandten, leitete der erfahrene Diplomat Theodor von Rochow die preußische Vertretung. Am 27. August wurde auf der 21. Sitzung des Bundestags die Vollmacht König Friedrich Wilhelms IV. für den Bundestagsgesandten von Bismarck verlesen.

4/7 Otto von Bismarck*

Jacob Becker (1810–1872)
1855; Öl/Lw; 111 × 84 cm (m.R.)
Friedrichsruh, Fürstin Ann Mari von Bismarck

Jacob Becker, seit 1842 in Frankfurt ansässiger Künstler und Professor der Genre- und Landschaftsmalerei am Städelschen Kunstinstitut, porträtierte den Bundestagsgesandten Otto von Bismarck. Seinen Tagesablauf beschrieb Bismarck in einem Brief an seine Schwiegermutter: Der Vormittag war mit Empfängen von Gesandten und Vorträgen der Gesandtschaftsbeamten ausgefüllt; am Nachmittag fanden die Sitzungen des Bundestags statt. Danach hatte er Zeit zum Reiten, für die Korrespondenz und die Familie.

4/7

4/8

4/9

4/8 Johanna von Bismarck (1824–1894)*

Jacob Becker (1810–1872)
1859; bez.r.: J. Becker. 1859.
Öl/Lw; 112 × 87 cm (m.R.)
Friedrichsruh, Fürstin Ann Mari von Bismarck

In einem Brief vom 14. Mai 1851 an seine Frau äußerte sich Bismarck über das Leben einer Diplomatengattin: Sie müsse »steif und ehrbar im Salon sitzen, Exzellenz heißen und mit Exzellenzen klug und weise sein«. Im ersten Jahr seiner Frankfurter Tätigkeit lebten die Bismarcks in der Bockenheimer Landstraße 40; anschließend zogen sie in die Große Gallusstraße 19, wo auch die Gesandtschaftskanzlei untergebracht war. Kurz vor seiner Abberufung 1859 wurden Wohnung und Kanzlei in die Hochstraße verlegt.

4/9 Die Kinder Johanna und Otto von Bismarcks: Wilhelm, Marie und Herbert*

Jacob Becker (1810–1872)
1856; bez.u.r.: Frankfurt a/M den 19. April 1856
Bleistiftzeichnung; 34 × 38 cm
Friedrichsruh, Bismarck-Museum

Nach der Geburt von Marie am 21. August 1848 und Herbert am 28. Dezember 1849 wurde am 1. August 1852 in Frankfurt das dritte Kind geboren. Es wurde nach dem preußischen Thronfolger auf den Namen Wilhelm getauft. Seine Paten waren Wilhelm Prinz von Preußen und der preußische Ministerpräsident Otto von Manteuffel.

4/11

4/10 Empfangsbescheinigung über 300 Reichstaler, Berlin, 16. März 1857

Formular mit handschriftlichen Eintragungen; 10 × 28 cm
Friedrichsruh, Bismarck-Archiv (A 55 a)

Als Bundestagsgesandter bezog Bismarck ein jährliches Gehalt von 20000 Reichstalern. Seine Geldgeschäfte wickelte er über die Bankhäuser Rothschild in Frankfurt und Bleichröder in Berlin ab. Das Bankhaus Samuel Bleichröder war aus einer 1803 in Berlin eröffneten Wechselstube entstanden und hatte seit den 1820er Jahren enge Geschäftsbeziehungen zum Frankfurter Bankhaus Rothschild.

4/11 Modell des Thurn und Taxis'schen Palais in Frankfurt a. M.*

Um 1730; Holz; 30 × 114 × 116 cm
Regensburg, Fürst Thurn und Taxis Zentralarchiv

Das Palais, das sich der Reichsgeneralpostmeister Fürst Thurn und Taxis 1731–41 nach einem Entwurf von Robert de Cotte hatte erbauen lassen, wurde von Österreich als Tagungsort der Bundesversammlung und Sitz der österreichischen Gesandtschaft angemietet. In einem Raum des Erdgeschosses versammelten sich von 1816 bis 1848 und von 1850 bis 1866 die Gesandten der Bundesstaaten unter österreichischem Vorsitz.

4/12 Friedrich Graf von Thun-Hohenstein (1810–1881)

Österreichischer Bundestagsgesandter 1850–53
1852; Photographie, koloriert; 18,9 × 14,9 cm
Frankfurt a. M., Historisches Museum (C 3789)

Nach Artikel V der Deutschen Bundesakte von 1815 lag der Vorsitz der Bundesversammlung bei Österreich. Während Bismarcks Gesandtenzeit präsidierten der Versammlung: Thun-Hohenstein (1850–1853), Prokesch von Osten (1853–55) und Rechberg (1855–59). Die österreichische Gesandtschaft hatte ihren Sitz im Palais Thurn und Taxis.

4/13 Schreib- und Geschäfts-Kalender für die Deutsche Bundes-Canzlei auf das Jahr 1855

Frankfurt a. M.: C. Krebs=Schmitt 1855
Frankfurt a. M., Bundesarchiv, Außenstelle (Ac 4)

Die Bundeskanzlei wurde von Österreich geleitet und hatte ihren Sitz ebenfalls im Palais Thurn und Taxis. Der Kanzlei unterstand die Bundeskasse, die Bundesdruckerei und das Archiv. Für den Dienstgebrauch gab sie den hier gezeigten Kalender mit Adressen und Personal aller Einrichtungen des Bundes heraus. Zudem führte sie die Sitzungsprotokolle, die seit 1824 in ausgewählter und gekürzter Form veröffentlicht wurden.

4/14 Fünf Gesandte des Deutschen Bundes in Frankfurt a. M.

a) Karl Freiherr Schrenck von Notzing (1806–1884)*
Bayerischer Gesandter 1850–59 und 1864–66

b) Julius Gottlob Graf von Nostitz und Jänckendorf (1798–1870)*
Sächsischer Gesandter 1840–48 und 1850–64

c) Ludwig von Reinhard (1819–1871)*
Württembergischer Gesandter 1850–65

d) Wilhelm von Eisendecher (1803–1880)*
Oldenburgisch-Anhaltisch-Schwarzburgischer Gesandter 1851–66

e) Wilhelm von Scherff (1789–1869)*
Niederländischer Gesandter für Luxemburg und Limburg 1842–48 und 1850–66

Um 1855; Photographien
Frankfurt a. M., Historisches Museum

Die Bundesversammlung wurde aus den Bevollmächtigten (Gesandten) aller Bundesstaaten gebildet und war das »beständige« verfassungsmäßige Organ des Deutschen Bundes. Jeder Gesandte war strikt an die Weisungen seiner Regierung gebunden. Die Beschlüsse der Bundesversammlung wurden im engeren Rat nach einfacher Stimmenmehrheit gefaßt. Von den 17 Gesamtstimmen hatten große Staaten wie Preußen eine Stimme, kleine dagegen nur eine Teilstimme. Die Teilstimmen der vier Freien Städte Hamburg, Bremen, Lübeck und Frankfurt ergaben z. B. eine Stimme. Bei Entscheidungen über Krieg und Frieden oder die Aufnahme eines neuen Mitgliedes bildete sich die Bundesversammlung zum Plenum um. Im Plenum staffelten sich die Stimmen der einzelnen Bundesstaaten entsprechend ihrer Größe: Während Preußen über vier Stimmen verfügte, hatte Sachsen-Coburg-Gotha z. B. nur eine.

4/14a

4/15 Schreiben der Hansestadt Hamburg an die Mitgliedsstaaten des Deutschen Bundes, 28. Mai 1851

Dazu zwei Antwortschreiben der Fürstentümer Reuß, jüngere und ältere Linie
Handschriften; 11,5 × 18 cm bzw.
33 × 20,5 cm
Hamburg, Staatsarchiv (111–1 Senat Cl. VII Lit. Ke Nr. 91, Fasc. 2)

Der Bundestag in Frankfurt war u.a. Anlaufstelle, um die deutschen Staaten über politische Entscheidungen einzelner Staaten zu informieren, die von allgemeinem Interesse waren. So teilte der Senat der Hansestadt Hamburg den Bundesstaaten in einem Rundschreiben mit, welche Vorkehrungen er für notwendig halte, um die gängige Übervorteilung von Auswanderern bei Schiffspassagen via England zu verhindern.

4/16 Die Angelegenheiten der deutschen Flotte, Protokoll der Bundesversammlung, Frankfurt a. M., 22. November 1855

Handschriftliche Vorlage und Druck;
je 33,5 × 21 cm
Frankfurt a. M., Bundesarchiv, Außenstelle (DB 1/271a)

Die 1848/49 geschaffene deutsche Flotte gehörte nicht zu den »organischen Bundeseinrichtungen«. Ein Ausschuß der Bundesversammlung machte 1851 den Vorschlag, eine deutsche Bundesflotte mit drei Kontingenten zu gründen: Österreich solle die Mittelmeerflotte, Preußen die Ostseeflotte und die übrigen Mitglieder die Nordseeflotte unterhalten. Als dieser Vorschlag nicht zuletzt am Protest von Bayern, Württemberg und Sachsen scheiterte, lehnte der Bundestag es am 31. Dezember 1851 ab, die deutsche Flotte weiterhin als »Eigentum des Bundes« zu unterhalten. Am 2. April 1852 begann schließlich die Auflösung der Bundesflotte. Preußen erwarb die Schiffe »Eckernförde« und »Barbarossa«, alle anderen wurden durch den oldenburgischen Staatsrat Hannibal Fischer veräußert.

4/17 Modell der Fregatte »Deutschland«

Holz; 95 × 40 × 108 cm
Bremen, Bremer Landesmuseum für Kunst- und Kulturgeschichte (Focke Museum) (F 522)

Der Segler »Cäsar Godeffroy« war 1848 für 49857 Taler umgerüstet, mit 32 Kanonen bestückt und als »Deutschland« der deutschen Flotte eingegliedert worden. Jedoch erwies sich die »Deutschland« für Kriegszwecke als ungeeignet und konnte nur als Schulschiff verwendet werden; bei einer Versteigerung wurde das Schiff am 18. August 1852 für nur 6000 Taler an die Bremer Firma Roessingh & Mummy verkauft. Nach 1858 diente die ehemalige »Deutschland« als Kohlenschiff.

4/18 Die orientalischen Angelegenheiten, gedrucktes Protokoll der Bundesversammlung, Frankfurt a. M., 9. Dezember 1854

32,5 × 20 cm
Frankfurt a. M., Bundesarchiv, Außenstelle (DB 1/40)

Nachdem Frankreich und England Rußland am 28. März 1854 den Krieg erklärt hatten (vgl. Raum 5), versuchte Österreich, diese Situation zu nutzen: Am 20. April 1854 schloß der Kaiserstaat mit Preußen ein Schutz- und Trutzbündnis, dem der Deutsche Bund am 24. Juli 1854 beitrat. Dieser Vertrag stärkte die Position Österreichs gegenüber Rußland, das sich aus den türkischen Donaufürstentümern zurückziehen mußte.

4/19 Bayerischer Infanterie-Rock M 60 des 1. Infanterie Regiments, mit Armbinde des Bundescorps

L ca. 70 cm
Ingolstadt, Bayerisches Armeemuseum (B 1817)

Das in zehn Corps gegliederte Bundesheer bestand aus einzelnen Kontingenten der Bundesstaaten und umfaßte rund 300000 Mann. Österreich stellte das I.–III., Preußen das IV.–VI. und Bayern das VII. Corps. Die übrigen Corps setzten sich aus Kontingenten der

4/14c

4/14b

4/14d

4/14e

kleineren Mitgliedsstaaten zusammen. In Feldzügen hatten die Verbündeten ein gemeinsames Erkennungszeichen: 1866 trugen die süddeutschen Bundestruppen im Krieg gegen Preußen eine schwarz-rot-goldene Armbinde.

4/20 Matrikular-Beitrag für die Proviantierung der Bundesfestung Rastatt, 23. Juli 1857

32,5 × 21,5 cm bzw. 31,8 × 20,5 cm
Frankfurt a. M., Bundesarchiv, Außenstelle (DB 1/47)

Zu den Zentralbehörden des Deutschen Bundes gehörte eine Militärkommission. Ihr oblag die Aufsicht der nach dem sog. Wachensturm (1833) in Frankfurt stationierten Bundestruppen sowie die Inspektion des Bundesheeres und der Bundesfestungen. Die für Unterhalt und Ausbau der Festungen benötigten Mittel wurden im Umlageverfahren von den Bundesstaaten erhoben.

4/21a

4/21b

4/21 Zwei Ansichten der Festung Rastatt

a) Brückenkopf des Karlsruher Tores*
b) Geschützkasematte der Halbcaponniere, Fort B (Ludwig)*

Um 1860; Aquarell (a), Zeichnung (b); je 20,5 × 26,5 cm
Rastatt, Wehrgeschichtliches Museum (004 288/7 bzw. /10)

Um die Grenzen des Deutschen Bundes gegen Frankreich zu sichern, wurde die Festung Rastatt 1841–69 nach dem Polygonalsystem gebaut. Zu der von badischen und österreichischen Truppen besetzten Festung gehörten drei selbständige Festungswerke und eine größere Anzahl von Vorwerken. Bereits in den 1850er Jahren versuchte Preußen, eine Beteiligung an der Besatzung von Rastatt zu erreichen. 1866 kam die Festung in preußischen Besitz.

4/22 Modell eines Geschützes der Bundesfestung Rastatt

Maßstab 1:5
Um 1860; Metall; L ca. 45 cm
Rastatt, Wehrgeschichtliches Museum (009282)

4/23 Historischer Plan der Festung Luxemburg

Theodor von Cedersfolpe
1844/45; kolorierte Federzeichnung; 58 × 60,5 cm
Luxemburg, Collection du Musée National d'Histoire et d'Art (5–19)

Im Grundriß sind die Bauten der habsburgisch-spanischen Krone (1503–1684), der Franzosen (1684–97 und 1795–1814), der Österreicher (1697–1795) und des Deutschen Bundes (1815–43) gekennzeichnet. Die Festung wurde 1815 neben Mainz und Landau zur Bundesfestung erklärt und zunächst aus der von Frankreich 1815 gezahlten Kriegsentschädigung unterhalten. In Friedenszeiten war Luxemburg mit 4000 preußischen Soldaten besetzt.

4/24 Leopold Heinrich von Wedell (1785–1861)

Carl Wilhelm Tischbein (1797–1855)
1825; bez.u.r.: CT 1825
Öl/Lw; 64 × 50,5 cm
Luxemburg, Collection du Musée National d'Histoire et d'Art (1957–41/1)

Gouverneur der Bundesfestung Luxemburg war von 1852 bis 1860 der bei der Bevölkerung Luxemburgs ausgesprochen beliebte preußische General von Wedell.

4/25 Grundsteinlegung der Bundesfestung Ulm auf bayerischer und württembergischer Seite, 18. Oktober 1844

Johann Conrad Eckardt
Bez.u.r.: J. C. Eckart bzw. JK Eckhardt
2 Blätter, Deckfarben; je 50 × 59 cm
Ulm, Ulmer Museum (1935.1337 u. 1338)

Neben Rastatt genehmigte die Bundesversammlung 1841 auch den Bau der Bundesfestung Ulm. Das Baugelände erstreckte sich auf Gebiete der Königreiche Württemberg und Bayern, so daß am 18. Oktober 1844 zwei Grundsteine gelegt werden mußten.

4/26 Zwei Hämmer für die Grundsteinlegung und Schlußsteinlegung der Wilhelmsburg der Bundesfestung Ulm

Holz, Metall, auf gerahmte Holzplatten montiert; je 55 × 46 cm (m.R.)
Ulm, Ulmer Museum (1916.3653 a,b)

Die Wilhelmsburg wurde als Rückzugsort für die gesamte Festung gebaut. Bei der Grundsteinlegung waren Vertreter der Königreiche Württemberg und Bayern und des Deutschen Bundes anwesend. Die Kosten für den Bau der Wilhelmsburg beliefen sich auf 1,4 Millionen Gulden. Den Schlußstein legte der württembergische König Wilhelm I. selbst.

4/27 »Der Deutsche Bund«

1990; Videofilm (VHS); L 5:10 Min.
Bildauswahl und Kommentar: Ronald Münch
Regie: Jürgen Haese
Produktion: Multimedia, Hamburg
Berlin, DHM

Der Film gibt einen systematischen Überblick über die Struktur des Deutschen Bundes und die Ursachen seines Untergangs.

4/28 Abberufung des Bundestagsgesandten von Bismarck, gedrucktes Protokoll der Bundesversammlung, Frankfurt a. M., 24. Februar 1859

33 × 21 cm
Frankfurt a. M., Bundesarchiv, Außenstelle (DB 1/337)

Mit der Übernahme der Regentschaft für Friedrich Wilhelm IV. durch Prinz Wilhelm am 23. Oktober 1858 und der Einsetzung einer liberalkonservativen Regierung begann ein außenpolitischer Kurswechsel. Die Politik der »Neuen Ära« war auch mit der Umbesetzung einiger Positionen im Auswärtigen Amt verbunden. Als Mann der abgesetzten Regierung Manteuffel wurde Bismarck am 29. Januar 1859 zwar aus Frankfurt abberufen, aber auf Wunsch des Regenten als Gesandter nach St. Petersburg (1859-62) geschickt. Am 1. April 1859, seinem Geburtstag, machte Bismarck bei Zar Alexander II. seinen Antrittsbesuch.

4/29 Russische Vokabeln von Bismarcks Hand aus seiner St. Petersburger Zeit

1859/60; Handschrift; 36 × 23 cm
Friedrichsruh, Bismarck-Archiv (A 32)

Auf seine Tätigkeit in St. Petersburg bereitete Bismarck sich auch durch das Erlernen von Grundkenntnissen der russischen Sprache vor.

4/30 Nikolai Fürst Orlow (1820–1885) und Katharina Fürstin Orlow (1840–1875)

2 Photographien in einem Album; Leder, Metallprägedruck; 16 × 23 cm (Album)
Friedrichsruh, Bismarck-Archiv

Dieses Album mit Photographien einflußreicher Personen am Petersburger Hof ließ Bismarck anlegen, um sich Gesichter, Namen und Titel einzuprägen. In seinen »Gedanken und Erinnerungen« unterteilte Bismarck die russische Gesellschaft in drei Gruppen: die klassisch gebildete, die höfisch-militärische und die junge Generation, von der er wenig hielt. Die Orlows traf Bismarck 1862 in Biarritz wieder. Mit Katharina Orlow verband ihn eine besondere Freundschaft.

4/31 »Plan von St. Petersburg«

1854; Stahlstich; 36,7 × 49,5 cm
Nürnberg, GNM, Graphische Slg. (Kapsel 1119, Sp 5847)

Nach seiner Ankunft in St. Petersburg wohnte Bismarck zunächst im Hotel Demidow am Newskij Prospekt. Ab Mitte Juli 1859 mietete er das Haus des Grafen Stenbock-Fermer im Diplomatenviertel am Englischen Kai, in dem er mit seiner Familie von 1860 bis 1862 wohnte.

4/32 Reisepaß der Familie Bismarck für St. Petersburg

Formular mit handschriftlichen Eintragungen; 46 × 43,5 cm
Friedrichsruh, Bismarck-Archiv (A 32)

Der Paß wurde am 7. Oktober 1859 vom Auswärtigen Amt in Berlin ausgestellt, da Bismarck mit seiner Familie ursprünglich noch im Oktober von Reinfeld nach St. Petersburg reisen wollte. Er erkrankte jedoch schwer an einer Lungenentzündung. Erst im Mai 1860 kehrte er nach seiner Genesung nach St. Petersburg zurück.

4/33 Chronologischer Abriß der Weltgeschichte für den Jugend=Unterricht

Fr. Kohlrausch (Hg.)
Elberfeld/Bonn: Büschler 1825
Friedrichsruh, Bismarck-Archiv

Dieses Schulbuch, das Bismarck Weihnachten 1827 als Geschenk bekommen hatte, benutzte auch sein Sohn Herbert in St. Petersburg.

4/34 Russischer Dolch

Holz, ziselierter Stahl; L 45 cm
Friedrichsruh, Bismarck-Museum

Den Dolch erhielt Bismarck als Geschenk in St. Petersburg.

Raum 5

VOM EUROPA DER STAATEN ZUM EUROPA DER NATIONEN

Grundlage der Beziehungen zwischen den europäischen Mächten war während der ersten Hälfte des 19. Jahrhunderts das jeweilige einzelstaatliche Interesse, besonders der Großmächte, geblieben. Nach 1848 aber fanden die nationale Frage und das Prinzip nationalstaatlicher Organisation immer stärkeren Widerhall und wachsende Unterstützung auch auf der Regierungsebene. Die zunehmende Betonung nationaler Interessen hat letztlich auch die Front der konservativen Ostmächte Rußland, Österreich und Preußen aufgesprengt und zu folgenschweren Veränderungen internationaler Allianzen geführt. Die Hoffnung auf einen deutschen Nationalstaat unter preußischer Führung, die auch nach der Revolution von 1848 lebendig geblieben war, ließ sich – so glaubte Bismarck – nur im Konflikt mit Österreich realisieren.

Als Österreich zu Beginn des Krimkrieges seine Interessen auf dem Balkan mit Hilfe Preußens zu wahren hoffte, wandte Bismarck sich dagegen, daß die Krise »germanisiert« und daß Österreich »hinter seinem kranken Staatswesen die preußischen Taler und deutschen Bajonette rasseln« lassen wolle. Bismarck nützte die politische Situation des Krimkrieges zur Festigung der Stellung Preußens innerhalb des Deutschen Bundes. Österreichs Versuch, den Bund gegen Rußland zu mobilisieren, wurde von Preußen blockiert.

Anlaß für den Krimkrieg, der letztlich ein klassischer Kabinettskrieg blieb, war das Machtstreben Rußlands gegenüber dem Osmanischen Reich. Der Herrschaftsanspruch über das Schwarze Meer und die Zugänge zum östlichen Mittelmeer diente strategischen und handelspolitischen Interessen. Nachdem russische Truppen in die Donaufürstentümer Moldau und Walachei einmarschiert waren, erklärte die Türkei im November 1853, von England und Frankreich militärisch unterstützt, dem Zarenreich den Krieg. Nach vielen Jahrzehnten relativer außenpolitischer Stabilität in Europa erlangten die Kriegsereignisse großes öffentliches Interesse. Die Presse informierte ausführlich mit aktuellen Kriegsberichterstattungen. Erstmals nahmen Photographen wie Roger Fenton und James Robertson am Kriegsgeschehen teil, um die Ereignisse realistisch zu dokumentieren und zu publizieren.

Der Hauptkriegsschauplatz war die Halbinsel Krim: Über ein Jahr dauerten die blutigen Stellungskämpfe um die Schwarzmeerfestung Sewastopol. Die Schlachten bei Alma, Inkerman, Redan und Balaklava waren äußerst verlustreich, nicht zuletzt weil die Verletzten unzureichend versorgt wurden, selbst an einfachster medizinischer Ausrüstung mangelte es. Nach offiziellen Berichten starben allein 118000 Mann an Cholera und Kälte. Um Abhilfe zu schaffen, betraute die englische Regierung die von Diakonissen in Kaiserswerth geschulte Krankenschwester Florence Nightingale mit der Organisation der Verwundetenfürsorge auf der Krim.

Nach dem Thronwechsel in Rußland im Frühjahr und dem Fall der Festung Sewastopol im Herbst 1855 entschloß sich der neue Zar Alexander II., den Krieg auf dem Verhandlungswege zu beenden. Auf dem Pariser Kongreß (25. Februar – 30. März 1856) wurde Rußland dazu verpflichtet, die besetzten Territorien zu räumen und die russische Flotte aus dem Schwarzen Meer abzuziehen, das als neutrale Zone nur noch für Handelsschiffe zugänglich sein sollte.

Teilnehmer an dieser Friedenskonferenz war auch Piemont-Sardinien. Sein Ministerpräsident Camillo Cavour hatte durch den Einsatz von 15000 Soldaten im Krimkrieg die europäische Öffentlichkeit auf die italienische Frage aufmerksam gemacht. Cavour versuchte, die Lösung der norditalienischen Gebiete von Österreich zugunsten einer nationalen Einigung zu bewirken. Die von ihm mitherausgegebene Zeitschrift »Il Risorgimento« verlieh der italienischen Einigungsbewegung ihren Namen. Uneinigkeit herrschte jedoch darüber, wie das große Ziel erreicht werden könne. Außer dem liberalen und diplomatisch versierten Staatsmann Cavour blieb auch Guiseppe Mazzini, der seit 1848 die meiste Zeit im Exil gelebt hatte, mit seinem radikaldemokratischen, republikanischen Programm der »Giovine Italia« von Bedeutung. Politischer Abenteurer, Volksheld und charismatischer Führer eines Freischarenheeres war Guiseppe Garibaldi, dessen spektakuläre Militäraktionen in Sizilien und Unteritalien wesentlich zur Einigung Italiens beitrugen. Garibaldi wie Cavour waren Mitglieder der 1857 gegründeten »Società Nazionale Italiana« – Vorbild des Deutschen Nationalvereins -, deren Parole »Vittorio Emanuele, Re d'Italia«, kurz »VERDI« lautete. Der Name des Komponisten, dessen Opern trotz aller Zensurmaßnahmen das Lebensgefühl des »Risorgimento« widerspiegelten, wurde durch diese Verbindung mit dem piemontesischen König, von dem man sich die italienische Einigung erhoffte, zur Losung der Patrioten. Die »Viva Verdi« Graffiti an Häuserwänden ebenso wie der stürmische Beifall des Opernpublikums bedeuteten geheime Botschaft und politische Provokation zugleich.

Ähnlich wie Bismarck hat sich auch Cavour als Meister der Außenpolitik erwiesen, so als er 1858 nach Geheimverhandlungen im Vogesen-Kurort Plombières mit Napoleon III. einen militärischen Beistandsvertrag gegen Österreich abschloß. Als Reaktion auf Rüstungsvorbereitungen und Provokationen Piemonts erklärte Österreich im April 1859 Piemont-Sardinien den Krieg und begründete dies mit einer »gerechten Gegenwehr« gegen »übermüthige Anfeindungen«. Anders als beim Krimkrieg handelte es sich um einen Nationalkrieg mit europaweiten Auswirkungen. Preußen, das den Krieg für seine deutschen Ambitionen gegen Österreich zu nutzen suchte, verzögerte eine militärische Beistandsleistung im Rahmen des Deutschen Bundes. Vom Kampf Italiens für Einheit und Unabhängigkeit sahen sich allerdings auch deutsche Staaten bedroht, da Napoleon III. als Verbündeter der Italiener an Macht und Einfluß zu gewinnen drohte: Müßte man den Rhein nicht am Po verteidigen, lautete die Frage besorgter deutscher Patrioten. Preußen wollte jedoch für den militärischen Beistand eine Gegenleistung: die Gleichstellung im Bundestag, den Oberbefehl am Rhein und das politische und militärische Primat in Norddeutschland. Der Krieg war entschieden, als Österreich die Schlacht bei Solferino (24. Juni 1859) verlor. Um sich Preußens Einfluß zu entziehen, willigte Kaiser Franz Joseph rasch in den von Napoleon III. vorgeschlagenen Vorfrieden von Villafranca (11. Juli 1859) ein, der zum Frieden von Zürich (10. November 1859) führte. Österreich verlor die Lombardei an Napoleon III., behielt allerdings Venetien. Napoleon trat die Lombardei an die italienischen Bündnispartner ab. Piemont-Sardinien mußte allerdings mit dem Verzicht auf Savoyen und Nizza den von Napoleon III. geforderten Siegespreis entrichten.

Die Massenschlacht bei Solferino war die verlustreichste der gesamten italienischen Einigungskriege: 5000 Tote und 15 000 Verletzte, von denen viele wegen unzureichender medizinischer Versorgung starben. Diese Eindrücke veranlaßten den Genfer Kaufmann Henri Dunant, dem Beispiel Florence Nightingales folgend, eine Initiative zugunsten der Kriegsverletzten ins Leben zu rufen. Seine 1862 erschienene Denkschrift »Eine Erinnerung an Solferino« führte zur Gründung des »Roten Kreuzes« und 1864 zu dessen internationaler Anerkennung durch die Genfer Konvention: Der Schutz der Verwundeten, der Kriegsgefangenen und der Zivilbevölkerung im Kriege sollte unabhängig von militärischen und politischen Interessen der kriegführenden Parteien geregelt werden.

In Italien führte die Enttäuschung über den unbefriedigenden Ausgang des Krieges zum Rücktritt des piemontesischen Ministerpräsidenten Cavour (13. Juli 1859), und das Einigungsverlangen der Italiener erhielt neuen Auftrieb: Plebiszite in der Toskana und der Emilia sorgten für den Anschluß an Piemont; Garibaldi landete im Mai 1860 in einer spektakulären Aktion mit einer Freischar, »Zug der Tausend« genannt, in Sizilien, um Italien von Süden her zu einigen. Garibaldi, der sich zum Diktator im Namen Vittorio Emanueles ernannte, schlug die Übermacht des Bourbonenheeres. Cavour, der seit Jahresbeginn wieder an der Spitze der piemontesischen Regierung stand, betrachtete Garibaldis abenteuerliche Unternehmung mit großem Argwohn, mußte aber dessen Vorhaben schließlich decken. Die Bevölkerung dagegen machte Garibaldi zu ihrem Helden und zu einem gefeierten Idol. Dieser lehnte jegliche Bezahlung, jede Verdienstbezeugung, Ehrungen und politische Ämter ab und zog sich schließlich auf seine Felseninsel Caprera bei Sardinien zurück.

Nachdem noch im Herbst 1860 alle italienischen Gebiete bis auf Venetien und Latium ihren Anschluß an Piemont vollzogen hatten, trat im Februar 1861 in Turin das erste aus nahezu ganz Italien entsandte Parlament zusammen und proklamierte Vittorio Emanuele zum »König von Italien«.

1862 begab sich Garibaldi erneut nach Süditalien, um auch den verbliebenen Rest des Kirchenstaates zu erobern, wurde jedoch nach einer Intervention

Napoleons III. von königlich-italienischen Truppen gewaltsam aufgehalten. Als er im kalabrischen Aspromonte verletzt und gefangengenommen wurde, erwies sich europaweit sein Ruhm: Auf internationale Proteste hin durfte er sich nach Caprera zurückziehen, blieb aber unter Bewachung.

Zentrale Frage für die Vollendung der italienischen Einigung blieb die Zukunft Österreichisch-Venetiens und des unter französischem Schutz stehenden Kirchenstaates. 1867 gelang es Garibaldi erneut, seine Insel zu verlassen und gegen Rom zu ziehen, wiederum ohne Erfolg. In der Folgezeit beeinflußte die Politik des preußischen Ministerpräsidenten Bismarck die italienische Frage entscheidend. Anfang April 1866 schloß er mit Florenz ein auf drei Monate begrenztes Offensivbündnis. Der »Dritte italienische Unabhängigkeitskrieg« wurde so in der Schlacht von Königgrätz entschieden, nach der Österreich auch in die Abtretung Venetiens an Italien einwilligen mußte.

Auch die Vollendung der Einigung Italiens gelang mit der Hilfe Preußens: Zu Beginn des deutsch-französischen Krieges 1870, in dem Italien Neutralität wahrte, sah sich Napoleon III. gezwungen, seine Garnisonen aus Rom abzuziehen. Nach seiner Gefangennahme in der Schlacht von Sedan annektierte die italienische Regierung den Kirchenstaat.

Trotz der ihm angebotenen freien Kirchenregierung protestierte Papst Pius IX. entschieden gegen die Okkupation vom 20. September 1870, da er es ablehnte, die päpstliche Souveränität von einer weltlichen Macht abhängig zu machen. Ein Plebiszit bekräftigte den Anschluß Latiums als verbliebenem päpstlichen Besitz und somit die Vollendung der italienischen Einigung. 1871 wurde Rom, nach Turin (bis 1865) und Florenz, dritte Hauptstadt des Königreichs Italien.

Marie-Louise von Plessen, Martin Roth

5/1

5/1 Schützengraben vor Sewastopol*

Isidore Pils (1813–1875)
1855; bez.u.r.: I. Pils 1855
Öl/Lw; 135 × 220 cm
Bordeaux, Musée des Beaux-Arts (M 6046)

Holzstiche aus den »Illustrated London News« und Photographien von den Kriegsschauplätzen dienten Pils, einem von Napoleon III. geförderten Vertreter der realistischen Malerei, als Vorlagen seiner gemalten Visionen von der Front. Dargestellt sind französische Soldaten bei der Belagerung Sewastopols. Noch während der Kampfhandlungen auf der Krim wurde das Gemälde mit großem Erfolg auf dem Pariser Salon 1855 gezeigt. Zwei Jahre später kam es in den Besitz des Musée des Beaux-Arts in Bordeaux.

5/2 Karte der Halbinsel Krim mit eingezeichneten militärischen Operationen

Maßstab 1:424470
Pierre Tardieu
1854; kolorierte Lithographie; 60 × 94,7 cm
Wien, Österreichisches Staatsarchiv, Kriegsarchiv (H IV c 70)

Im September 1854 landeten die Alliierten auf der Halbinsel Krim. Die russischen Truppen wurden zwar in der Schlacht von Alma (20. September 1854) geschlagen, sie verschanzten sich aber in Sewastopol. Damit begann eine fast einjährige und verlustreiche Belagerung. Wegen seiner Hafenanlagen wurde Sewastopol zum wichtigsten Kriegsschauplatz. Die Versorgung der alliierten Truppen erfolgte über den Hafen von Balaklava. Die Hauptkämpfe fanden in Balaklava (25. Oktober 1854), Inkerman (5. November 1854), Malakow und Redan (8. September 1855) statt.

5/3 Paß für Florence Nightingale, London, 20. Oktober 1854

Faksimile; 40 × 25 cm
Aldershot, Ashvale, The Royal Army Medical Corps, Historical Museum

Die Diakonissenschwester Florence Nightingale, Mitbegründerin der modernen Verwundetenfürsorge, reiste am 5. November 1854 auf die Halbinsel Krim. Als »Superintendent of the female nursing establishment of the English General hospital in Turkey« war sie von der Regierung beauftragt worden, gemeinsam mit 30 Pflegerinnen die medizinische Versorgung durchzuführen. Aus ihren Reisedokumenten geht hervor, daß sie als Frau nur in Begleitung eines Mannes in das Kriegsgebiet reisen durfte: »Bitte und Forderung im Namen Ihrer Majestät an alle, die es betreffen könnte, M. Charles H. Bracebridge [Britischer Staatsbürger], in Begleitung von ungefähr 30 Krankenschwestern [Gardes Malades], der via Frankreich nach Konstantinopel reist, unbehindert passieren zu lassen und ihm Unterstützung und Schutz zu gewähren ...«

5/4 Krankensaal des Militärhospitals in Scutari

William Simpson (1823–1899)
Kolorierte Lithographie; 11 × 18 cm
London, National Army Museum
(Acc. 6705–17–30)

Verwundete und Kranke der alliierten Truppen wurden im Hospital von Scutari behandelt, das Florence Nightingale leitete. Erst nachdem Kriegsberichterstatter in der englischen Presse die unzulängliche Verwundetenfürsorge angeprangert hatten, hatte Florence Nightingale ihre Tätigkeit im Krimkrieg aufnehmen können.

5/5 Notverbandsausrüstung aus dem Krimkrieg

1855; 4 × 9,5 × 14,5 cm
Aldershot, Ashvale, The Royal Army Medical Corps, Historical Museum

Ab 1855 mußte jeder englische Soldat die von Florence Nightingale entwickelte Ausrüstung für Erste Hilfe mit sich führen. Am 18. August 1855 beklagte der britische Captain Godman das Elend auf den Schlachtfeldern: »If king's minister could see a few such sights, I think countries would not be hurried into war.« Die Soldaten starben nicht nur an Kriegsverletzungen, sondern auch an Unterkühlung und Seuchen, vor allem an der Cholera.

5/6 Stabsarztausrüstung aus dem Krimkrieg

1853–55; Metall, Stoff, Holz;
10 × 47 × 23 cm
Aldershot, Ashvale, The Royal Army Medical Corps, Historical Museum

Das Chirurgen-Besteck wurde zum ersten Mal 1854 von Eduard Scott Docker im Krimkrieg verwendet. Die Sanitätsoffiziere der englischen Armee mußten ihre medizinische Ausrüstung selbst finanzieren.

5/7 »To Head Quarters. And Balaklava«

Hinweisschild aus dem Krimkrieg
Holz; L ca. 60 cm
London, National Army Museum (6008-50)

Am 28. September 1854 gingen die alliierten Truppen auf der Ebene von Balaklava in Stellung, um von dort Sewastopol zu belagern. Innerhalb der Mauern der strategisch wichtigen Hafenstadt befanden sich die gesamten Truppen Menschikows, des Oberbefehlshabers der russischen Streitkräfte. Fast ein Jahr dauerte die Belagerung, ehe die russischen Truppen aufgeben mußten.

5/8 Briefmappe des russischen Kommandanten Alexander Sergejewitsch Menschikow (1787–1869)

Leder, Stahl; 35 × 45 × 15 cm
Paris, Musée de l'Armée (Cd. 185)

Während der Schlacht bei Alma (20. September 1854) kam die Mappe Menschikows in französischen Besitz.

5/9 Tasche des Feldmarschalls Lord Raglan (1788–1855)

Leder; ca. 43 × 20 cm
London, National Army Museum (7005–20)

Ledertaschen dieser Art wurden zur Beförderung von Kriegsberichten im Felde verwendet. Lord Raglan war Oberbefehlshaber der englischen Truppen in der Schlacht von Balaklava am 25. Oktober 1854.

5/11

5/10 Kryptograph

Chiffriermaschine mit Zeigereinstellung
Charles Wheatstone (1802–1875)
Metall, Samt, Holz; Dm 11,5 cm,
Kasten: ca. 12 × 12 cm
Berlin, Galerie Alte Technik GmbH

Wheatstone, der Erfinder des Telegraphen, entwickelte diese Chiffriermaschine, mit der Kriegsberichte verschlüsselt wurden. Über ein Getriebe kann die Zuordnung der Buchstaben geändert werden. Ein solcher Kryptograph war vermutlich im Krimkrieg in Gebrauch.

5/11 Marschall Aimable Jean-Jacques Péllissier und ein Offizier vor Sewastopol, 1855*

Henri Felix Emmanuel Philippoteaux
(1815–1884)
1855; Öl/Lw; 81 × 63 cm (m.R.)
Paris, Musée de l'Armée (Eb. 396)

Die Fahnen der französischen und britischen Alliierten wehen über der Gruppe der Befehlshaber. Péllissier (1794–1864), Führer der französischen Truppen, wurde als der Eroberer von Sewastopol bezeichnet. Er war bekannt für seine Kriegstaktiken, aber auch für seine Brutalität. Als Ehrung für seine militärischen Erfolge verlieh ihm Napoleon III. den Titel »Duc de Malakow«, nachdem unter seinem Kommando französische Truppen am 8. September 1855 die Festung Malakow erstürmt hatten.

5/12 Feldflasche eines französischen Soldaten aus einem Schützengraben bei Malakow

Blech; ca. 20 × 20 cm
Paris, Musée de l'Armée (Cd. 226)

5/13 Photographien vom Kriegsschauplatz auf der Krim

James Robertson (1813–1881)
6 Reproduktionen
London, National Army Museum
[Acc. No 6906–356 (a,b,e); 8011–27 (c,d); 6208–67 (f)]

James Robertson zählte neben Roger Fenton zu den Pionieren der Militärphotographie.

5/13a

5/13f

5/13c

Kriegsdarstellungen in der Presse wurden bis zu diesem Zeitpunkt mittels der Holzschnitt-Technik veröffentlicht. Robertson hielt das drastische Kriegsgeschehen mit der Kamera fest. Er verbrachte 1855/56 ein Jahr auf der Krim und dokumentierte während dieser Zeit die Belagerung Sewastopols, die Schlachtfelder, die Befestigungsanlagen und das Leben der Soldaten in den Camps.

a) Panorama von Sewastopol*

Das Panorama zeigt Sewastopol nach der Zerstörung durch die alliierten Truppen. Die russischen Armeen räumten am 8./9. September 1855 die strategisch wichtige Hafenstadt. Allein am 8. September gab es auf russischer Seite über 13000, auf alliierter Seite 9800 Tote.

b) Die Werft von Sewastopol vor der Zerstörung

c) Das Innere der Befestigung Redan, vor Juni 1855*

Das Fort Redan bildete einen Teil der Verteidigungslinie vor Sewastopol. Im September 1855 versuchten die englischen Truppen vergeblich, dieses Fort zu stürmen. Dennoch war dies der Auftakt für die Eroberung der Hafenstadt Sewastopol.

d) Die Schlacht von Tchernaya, 16./17. August 1855

Mit schweren Verlusten schlugen die Truppen Frankreichs und Piemont-Sardiniens die russische Armee beim Fluß Tchernaya. Diese versuchte, den Aquaeduct im Vordergrund zu verteidigen, der Wasser zu den Docks von Sewastopol führte.

e) Die Werft von Sewastopol nach der Zerstörung, November 1855

Im November 1855 schleifte die englische Armee die Werften von Sewastopol: »It seems rather barbarous at first sight to destroy such beautiful works, which must have cost millions to construct, but considering that they formed part of a gigantic plan for conquest, and never can be used for any legitimate purpose, it would be folly to leave them untouched« (Lieutenant Colonel Stephenson).

f) Offiziere des 18. Regiments (Royal Irish Rangers), Mai 1856*

5/14e

5/14d

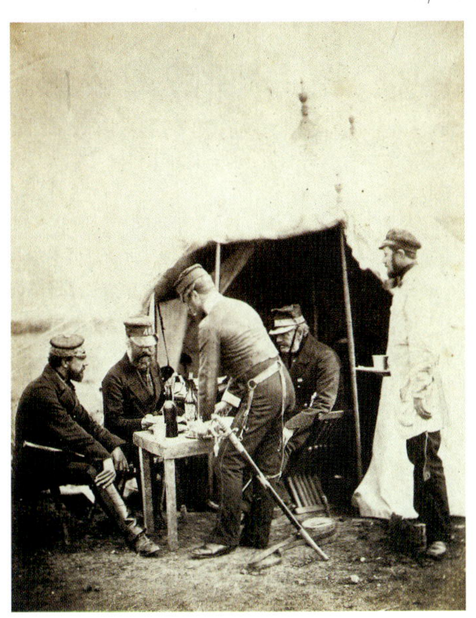

5/14c

5/14h

5/14 Photographien vom Kriegsschauplatz auf der Krim

Roger Fenton (1819–1869)
8 Reproduktionen; f–h aus der Serie »War in the Crimea«
London, National Army Museum
(Acc. No 6412–151–6)

Anlaß für Fenton, das Kriegsgeschehen auf der Krim zu photographieren, waren mehrere Artikel in der »Times«. Sie berichteten über die Lebensbedingungen der Soldaten, die nicht nur unter den Kriegshandlungen selbst, sondern auch unter Seuchen, Krankheiten, extremer Hitze und Kälte sowie unzulänglicher Ausrüstung und mangelnder ärztlicher Versorgung zu leiden hatten. Heftige Debatten in der britischen Öffentlichkeit folgten auf diese Presseberichte.

a) Löschen der Ladung in Balaklava

Balaklava war der wichtigste Stützpunkt der Alliierten während der Belagerung Sewastopols. Vom Hafen aus wurde die gesamte

5/15

Truppe mit Vorräten, Kleidung und Kriegsgerät versorgt.

b) Eisenbahnfrachtgut am Hafen von Balaklava

Vom Hafen in Balaklava aus wurde für die Versorgung des Hinterlandes ein Schienenstrang gelegt. Mit dieser Pferdebahn wurden sogar vorgefertigte Holzhäuser befördert.

c) General Sir Robert Garret (1794–1869) mit Offizieren des »46th South Devonship Regiment«*

d) Französische »Zouaves«*

Die algerischen »Zouaves« waren der französischen Armee als Kolonialeinheit eingegliedert. Sie trugen nordafrikanische Uniformen.

e) Gewöhnliche Soldaten und Offiziere des 3. Regiments (The Buffs)*

Unmittelbar vor Beginn des Krimkrieges erhielten die englischen Truppen Gewehre mit einem von Claude-Etienne Minié entwickelten Ladesystem. Es verbesserte die Reichweite und Treffgenauigkeit und war dadurch den russischen Musketen überlegen. Auch in Preußen wurden wegen der drohenden Gefahr einer Beteiligung am Krimkrieg die Armeegewehre nach dem neuen Minié-Verfahren umgerüstet.

f) Das 57. (West Middlesex) Regiment

g) General Bosquet (1810–1861)

Bosquet kommandierte die englischen Truppen in den Schlachten bei Alma und Inkerman. Später trat er aus Protest gegen die Angriffe auf Sewastopol zurück. Auf der rechten Bildseite ist ein Offizier in der Uniform der »Zouaves« zu sehen. Er trägt einen »Imperial«, eine Barttracht, die mit Napoleon III. in Mode kam.

h) Französische Marketenderin*

Marketenderinnen gehörten zu jedem französischen Regiment. Ihre Kleidung war meist den Regimentsuniformen angeglichen. Das Photo zeigt eine Marketenderin der »Zouaves« in Pumphosen.

5/15 Der Pariser Kongreß, 25. Februar–30. März 1856*

Adolphe Lafosse (um 1810–1879)
1856; Lithographie nach einer Photographie von Mayer Frères & Pierson; 42 × 49 cm
Mailand, Civiche raccolte storiche Milano

Die Teilnehmer des Kongresses waren: Walewski, Bourqueney (Frankreich), Buol, Hübner (Österreich), Clarendon, Cowley (England), Manteuffel, Hatzfeldt (Preußen), Brunnow, Orlow (Rußland), Cavour, Villamarina (Sardinien), Ali Pascha, Mehemed Djémil (Türkei).
Die wichtigsten Ergebnisse des »Friedens von Paris« waren die Beschlüsse über die Rückgabe der besetzten Gebiete und die Verpflichtung der Teilnehmerstaaten, die »Unabhängigkeit und den Territorialbestand des ottomanischen Reiches zu achten«. Das Schwarze Meer sollte künftig für Kriegsschiffe gesperrt und als freie Zone nur Handelsschiffen aller Nationen geöffnet sein. Diese »Schwarzmeerklausel«, die als demütigendes Diktat Englands betrachtet wurde, traf Rußland hart. Preußen hatte sich während des Krimkrieges strikt neutral verhalten.

5/19

5/17

5/16 Büste des Giuseppe Verdi (1813–1901)

Vincenzo Gemito (1852–1929)
Bronze; H 60 cm
Florenz, Galleria d'Arte Moderna di Palazzo Pitti (Cat. Gen. N 648 Comune N 347)

Historische Themen mit patriotischen Aussagen machten die Opern Verdis populär, z. B. »Die Lombarden auf dem ersten Kreuzzug« (1843), »Ernani« (1844) und »Die Schlacht von Legnano« (1849). Als Komponist wurde er zum Symbolträger des Risorgimento. Die Buchstaben seines Namens wurden aufgeschlüsselt in: »Vittorio Emanuele Re d'Italia«, die Parole der »Società Nazionale«. Auf Wunsch des Ministerpräsidenten Camillo Cavour wurde Verdi in den sechziger Jahren Mitglied der italienischen Abgeordnetenkammer.

5/20

5/17 Büste Vittorio Emanueles II. (1820–1878)*

Tito Angelini (1806–1878)
1862; bez. a. d. Rückseite: Tito Angelini Fece 1862
Marmor; H 80 cm
Turin, Museo Nazionale del Risorgimento Italiano (INV-VAS 52/20)

Unmittelbar nach der militärischen Niederlage Piemont-Sardiniens gegen Österreich übernahm Vittorio Emanuele II. 1849 von seinem Vater Carlo Alberto die Regierung. Nach der nationalen Einigung nahm er 1861 den Titel Re d'Italia an; es war sein Verdienst, die teilweise konträren politischen Absichten Mazzinis, Cavours und Garibaldis auf dem Weg zum geeinten Italien zusammenzuführen.

5/18 Büste Napoleons III. (1808–1873)

Um 1860; Marmor; H 58 cm
Mailand, Civiche raccolte storiche Milano

Der Neffe Napoleon Bonapartes fühlte sich zur Wiedererrichtung des französischen Kaiserreiches berufen. Nach mehreren Putschversuchen gegen den Bürgerkönig Louis Philippe und nach Exilaufenthalten in den USA und England gelang ihm im Dezember 1848 ein überwältigender Sieg bei den Wahlen zum Präsidenten der französischen Republik. Nach einem Staatsstreich am 2. Dezember 1851 wurde er im Anschluß an ein Plebiszit ein Jahr später zum erblichen Kaiser der Franzosen ausgerufen. Seine Erfolge im Krimkrieg und vor allem bei den Pariser Friedensverhandlungen steigerten sein politisches Ansehen in den ersten Jahren seiner Herrschaft.

5/19 Büste des Camillo Graf Benso di Cavour (1810–1861)*

Giuseppe Dini (1820–1890)
1862; bez. a. d. Rückseite: Dini 1862
Marmor; H 80 cm
Turin, Museo Nazionale del Risorgimento Italiano (INV-VAS 51/34)

Nach Aufenthalten in Paris und London wurde Cavour 1847 in Piemont Mitbegründer der Zeitschrift »Il Risorgimento«. Als Abgeordneter, Handels- und Marineminister sowie Finanzminister und ab 1852 als Ministerpräsident bereitete er durch seine liberale Politik die Einigung Italiens vor. Aufgrund eines frühen Todes erlebte er nur noch deren Anfänge.

5/20 Napoleon III. bei einer Messe auf der Promenade des Dames in Plombières, 4. Juli 1858*

Emile César Perrin (1814–1885)
1858; Öl/Lw; 134 × 190 cm
Plombières-les-Bains, Musée de Plombières
(n 248)

Einen Aufenthalt in der Kurstadt Plombières in den Vogesen nützte Napoleon III. 1858 zu einem Akt der »Diplomatie thermale«: In Geheimabsprachen mit Camillo Cavour wurde vereinbart, daß Frankreich Piemont in einem Krieg gegen Österreich unter der Bedingung beistehen werde, daß die Parteinahme nicht einer Revolution diene, sondern vor der europäischen Öffentlichkeit als Unterstützung des nationalen Prinzips gerechtfertigt werden könne. Als Gegenleistung forderte Napoleon die Abtretung von Savoyen und Nizza an Frankreich.

5/21 »Kaiserliches Manifest. / An meine Völker«

Sonderdruck der »Wiener Zeitung«,
29. April 1859
40 × 30 cm
Wien, Österreichisches Staatsarchiv, Kriegsarchiv, Flugschriftensammlung
(17, 1850–1899)

Gemäß geheimer Verhandlungen zwischen Cavour und Napoleon III. sollte Piemont den Krieg gegen Österreich in der Weise provozieren, daß Österreich als Aggressor gelten würde. Dementsprechend begannen im April 1859 in Piemont Mobilmachung und Truppenbewegungen. Österreich stellte ein dreitägiges Ultimatum, in dem es die Verringerung der Heeresstärke forderte. Als dies nicht geschah, erklärte Österreich den Krieg und war somit formal der Angreifer.

5/22 Patriotischer Fächer auf den Krieg von 1859*

Karton, bemalt und mit Goldauflage;
B 27 cm
Mailand, Civiche raccolte storiche Milano

Dargestellt sind (v.l.n.r.): Napoleon III., MacMahon, Vittorio Emanuele II., Umberto von Savoyen, Garibaldi. Im italienischen Einigungskrieg spielte General MacMahon

5/22

5/24

eine entscheidende Rolle: Für die verbündeten Truppen konnte er einen strategisch wichtigen Sieg erringen, indem er am 4. Juni 1859 die österreichischen Truppen bei Magenta schlug und damit die Eroberung Mailands ermöglichte. 1873 wurde MacMahon zum Präsidenten der Französischen Republik gewählt.

5/23 Fahne des »2e régiment des tirailleurs«

Textil; 113 × 144 cm (m.R.)
Paris, Musée de l'Armée (B.a. 434 u. 432)

Die Fahne des 2. Schützenregiments wurde während der Kämpfe in Italien 1859 und im französischen Mexikokrieg (1861–67) verwendet.

5/24 Giuseppe Garibaldi (1807–1882)*

Auguste Etienne (1794–1865)
Öl/Lw; 57 × 45 cm
Paris, Musée de l'Armée (E a 4.24)

Der in Nizza geborene Garibaldi wurde zur romantisch verklärten Symbolfigur des »Risorgimento«. Anders als bei den anderen Politikern der Nationalbewegung verband sich bei ihm politisches Taktieren mit Abenteurertum. 1833 hatte Garibaldi Mazzini kennengelernt und sich dessen Bewegung angeschlossen. Nach gescheitertem Aufstand begab er sich 1834 ins Exil nach Südamerika. 1848 kehrte er zurück und beteiligte sich an den Kämpfen gegen die Österreicher. Nach der Verteidigung der Römischen Republik gegen französische und bourbonische Truppen mußte er 1849 erneut ins britische bzw. amerikanische Exil gehen. 1853 kehrte er nach Piemont zurück und nahm mit seinen Freischaren an den Befreiungskriegen teil. 1870 kämpfte Garibaldi auf Seiten Frankreichs gegen die deutschen Truppen.

5/25 Hemd eines Garibaldianers

Um 1860; L ca. 100 cm
Genua, Comune di Genova

Wegen seiner Beteiligung an Aufständen rief die Ernennung Garibaldis zum General 1859 in der piemontesischen Regierung große Skepsis hervor. Seine Truppe, die »Cacciatori delle Alpi« (Gebirgsjäger), »Rothemden« genannt, war schlecht ausgebildet. Dennoch erzielte sie dank ihres motivierten Einsatzes auch in fast auswegslosen Situationen überraschende Erfolge.

5/26 Napoleon III. (1808–1873)*

Hippolyte Flandrin (1809–1864)
Um 1860/61; Öl/Lw; 212 × 147 cm
Versailles, Musée National du Château de Versailles (MV. 6556)

Flandrins Gemälde, ein bedeutendes Auftragswerk des französischen Staates, war sehr umstritten. Die einen kritisierten den düsteren Blick des Kaisers, andere wiederum sahen in diesem Porträt die einzige realitätsnahe Darstellung. Die im Vordergrund zu sehende Büste Napoleon I. weist darauf hin, daß sich Napoleon III. als dessen Nachfolger betrachtete.

5/26

5/27 Die Einschiffung der »Tausend« Garibaldis in Quarto bei Genua*

Pierre Henri Theodore Tetar van Elven (1831–1908)
1889; Öl/Lw; 93,5 × 179 cm
Genua, Comune di Genova

Mit zwei Dampfschiffen brach am 6. Mai 1860 ein Freiwilligenheer unter dem Befehl Garibaldis von Genua nach Sizilien auf. Unmittelbar nach der Landung erklärte sich Garibaldi im Namen Vittorio Emanueles II. zum Diktator Siziliens. Obwohl in der Minderzahl, konnte der »Zug der Tausend« dem bourbonischen Militär und seinen alten Generälen erhebliche Niederlagen bereiten. Trotz eines gewissen Mißtrauens von Seiten der piemontesischen Führung war diese abenteuerliche Unternehmung ein weiterer Schritt zur nationalen Einigung Italiens.

5/28 Garibaldi vor Capua

Gerolamo Induno (1827–1890)
1874; bez.: Ger. Induno 1874
Öl/Lw; 65,5 × 52 cm
Mailand, Civiche raccolte storiche Milano

Garibaldi überblickt das Volturno-Delta nördlich von Neapel mit den bourbonischen Festungen Capua und Caserta. Vier Monate nachdem er mit nur tausend Freiwilligen in Sizilien gelandet war und überraschend das Bourbonenheer geschlagen hatte, stand ihm als »Eroberer« des ehemaligen Königreichs Neapel, zu dem Sizilien gehörte, ein umfangreiches Truppenaufgebot zur Verfügung. Mit Hilfe dieses »Südheeres« konnte er die letzten Bastionen der bourbonischen Herrschaft schleifen.

5/29 Transport des verwundeten Garibaldi nach Aspromonte, 29. August 1862

Salvatore Cammarano
Öl/Lw; 60 × 97 cm
Turin, Museo Nazionale del Risorgimento Italiano (INV-VAS 74/9)

Beim zweiten Marsch durch Kalabrien schossen Soldaten der königlich-italienischen Armee auf Garibaldis »Rothemden«. Garibaldi selbst wurde durch einen Beinschuß verletzt und gefangengenommen. Seine Soldaten wurden als Hochverräter angeklagt. »Die Kugel aus einem königlichen Gewehr, die Guiseppe Garibaldi verletzte, hat den letzten Faden des Bandes zur Republik und Monarchie zerrissen, das vor zwei Jahren geknüpft wurde.« Diese Worte Mazzinis erinnern

5/27

5/33

daran, daß äußerst gegensätzliche politische Kräfte die Einigung Italiens vorantrieben. Internationale Proteste führten dazu, daß Garibaldi freigelassen und die Soldaten amnestiert wurden.

5/30 Erinnerungsblatt an die Einigung Italiens

Noceto: L. Giovanacci
1882; Lithographie; 53 × 71 cm
Genua, Comune di Genova

Mazzini, Vittorio Emanuele II. und Cavour empfangen Garibaldi auf dem »Olymp der Heroen«. Garibaldis Aufruf an seine Soldaten vom 2. Juni 1849 ist handschriftlich wiedergegeben: »Soldaten, hier ist das, was ich denjenigen, die mir folgen wollen, anzubieten habe. Hunger, Kälte und Sonne. Kein Brot, keine Kasernen, keine Munition, aber ständig Scharmützel, Strapazen, Gefechte und Bajonettkämpfe. Wer das Vaterland liebt, folgt mir. Garibaldi.«

5/31 Attacke des k. k. Husarenregiments Nr. 10 auf französische Infanterie

Anton Straßgschwandtner (1826–1881) zugeschrieben
Öl/Lw; 83,5 × 100 cm
Wien, Heeresgeschichtliches Museum
(B.I. 21.628)

Im Mai 1859 begann der »Zweite Unabhängigkeitskrieg« Italiens. Am 4. Juni hatten die österreichischen Truppen bei Magenta erhebliche Verluste zu beklagen. Die Schlacht von Solferino brachte schließlich am 24. Juni die Vorentscheidung, als die Österreicher von den verbündeten Truppen Frankreichs und Piemont-Sardiniens geschlagen wurden.

5/32 Kriegskarte zur Schlacht bei Solferino, 24. Juni 1859

Maßstab 1:16000
Kolorierte Lithographie aus: Wilhelm Rüstow, Der italienische Krieg, Zürich 1861; 47,5 × 39,5 cm
Wien, Österreichisches Staatsarchiv, Kriegsarchiv (H. IV c 111–2)

Rüstow, der nach 1848 unter dem Pseudonym Huldreich Schwertlieb militärpolitische Artikel verfaßte, war ein treuer Gefolgsmann Garibaldis. In deutschen Zeitungen und Illustrierten, vor allem in der »Gartenlaube«, rühmte er das Leben und die Taten seines Idols.
Die Karte zeigt die strategischen Verhältnisse der Schlacht von Solferino (24. Juni 1859), mit der das Schicksal der Lombardei entschieden wurde. Der Ausgang der Schlacht zwang Kaiser Franz-Joseph, einen von Napoleon III. von Österreich vorgeschlagenen Friedenskompromiß anzunehmen. Ohne seine italienischen Verbündeten in die Pläne einzubeziehen, verlangte Napoleon III., die Lombardei an Frankreich abzutreten, während Venetien österreichisch bleiben sollte. Zwar gab Napoleon III. die Lombardei dann doch an Vittorio Emanuele II. ab, der Bruch zwischen den Verbündeten hatte dennoch für Italien innenpolitische Folgen: Cavour trat von seinem Amt als Ministerpräsident zurück.

5/33 Verwundetentransport nach der Schlacht von Solferino, 24. Juni 1859*

Hans von Marées (1837–1887)
1860; bez.u.l.: Hans von Marées 1860
Öl/Lw; 41 × 51 cm
Wien, Heeresgeschichtliches Museum (DBI 755)

Die Doppelschlacht von Solferino und San Martino war die verlustreichste aller Kriege des Risorgimento. Die Kämpfe hatten 5000 Tote und 25000 Verletzte gefordert. Viele starben aufgrund unzureichender medizinischer Versorgung an den Folgen ihrer Verletzungen.

5/34 Feldstecher Napoleons III.

Glas, Metall, Leder, in Etui; L 20 cm, B 13 cm
Paris, Musée de l'Armée (Ca. 117[1])

Napoleon III. benützte diesen Feldstecher während der Schlacht von Solferino (24. Juni 1859).

5/35 Der Friedhof von Marignano

1859; Photographie; 20 × 16,5 cm
Wien, Heeresgeschichtliches Museum (LBI 23.247/14)

Zwischen den Schlachten von Magenta und Solferino führte die 15. Kompanie des 11. Regiments der österreichischen Infanterie am 8. Juni 1859 ein verlustreiches Rückzugsgefecht in Marignano. Der Anblick des Schreckens auf den Schlachtfeldern bewog den jungen Schweizer Kaufmann Henri Dunant, eine Initiative zugunsten der Kriegsverletzten ins Leben zu rufen. Dies führte 1864 zur Gründung des Roten Kreuzes. Erst diese Hilfsorganisationen und deren internationale Schutzbestimmungen durch die Genfer Konvention (22. August 1864) brachten eine gewisse Humanisierung mit sich und schufen ein öffentliches Bewußtsein für die Greuel der Kriege.

5/36 Die Volksabstimmung über den Anschluß der Campagna Romana*

Enrico Gamba (1831–1883)
1861; Öl/Lw; 104 × 207 cm
Genua, Comune di Genova

Das Bild (unter unterschiedlichen Titeln geführt: »Il voto d'annessione nell' Abruzzo« und »Plebiscito nella campagna romana«) zeigt einen Zug von Bauern und Bürgern, darunter einige Garibaldianer, beim Wahlgang. In dem Plebiszit wurde über den Anschluß der Romagna, des nördlichen Teil des Kirchenstaates, an Piemont entschieden. Deutlich sichtbar sind die an den Hüten angebrachten Wahlzettel mit »si« und das Bildnis des Königs.
Im Anschluß an den Zürcher Frieden, mit dem Gebietsverteilungen zwischen Frank-

5|37

5/36

reich und Österreich geregelt worden waren, einigten sich Frankreich und Italien: Nizza und Savoyen kamen an Frankreich, die Toskana und die Emilia an Italien. Die Gebietserwerbungen mußten durch Plebiszite bestätigt werden. Sie wurden nach allgemeinem Wahlrecht, aber mit offenen Wahllisten durchgeführt.

5/37 Die römische Volksabstimmung von 1870*

Luigi Riva
1874; bez.u.l.: Luigi Riva 1874
Öl/Lw; 101,5 × 76,3 cm
Mailand, Civiche raccolte storiche Milano

Eine junge Römerin, gekleidet in den Farben der geeinten Nation, bekennt sich mit ihrer Wahlstimme zu ihrem Souverän: Wie eine Heiligenfigur steht Vittorio Emanuele II. zwischen den Trikoloren. Der Anschluß der Vatikanprovinz Latium war der letzte Schritt zur Vollendung der Einheit des italienischen Nationalstaates.

Raum 6

»EISEN UND BLUT« – DER DEUTSCHE WEG ZUM NATIONALSTAAT

Die Erfolge des italienischen »Risorgimento« gaben auch der deutschen Nationalbewegung neuen Auftrieb. Nach dem Vorbild der Società Nazionale gründeten Demokraten und Liberale im Juli 1859 den deutschen »National-Verein«, der zeitweilig mehr als 30000 Mitglieder zählte und unter dem Protektorat des Herzogs Ernst II. von Sachsen-Coburg-Gotha stand. Vor allem in Coburg, dem Sitz des »National-Vereins«, trafen sich Turner, Sänger und Schützen, die einen Nationalstaat auf parlamentarischer Grundlage anstrebten. Welchen territorialen Umfang dieses künftige Deutschland haben sollte, war offen: In den norddeutschen Staaten neigte man eher zu einer kleindeutschen Lösung, in den süddeutschen Staaten schien ein geeintes Deutschland ohne Österreich nur schwer vorstellbar. Wie verbreitet der Wunsch nach Einheit in Freiheit war, zeigten im November 1859 die Feiern zum 100. Geburtstag von Friedrich Schiller, dessen Werk unter der Regierung Manteuffel in allen preußischen Lehrerseminaren verboten war. Weiteren Auftrieb erhielt die Nationalbewegung durch den bevorstehenden Thronwechsel in Preußen, von dem sich die Liberalen einen Systemwechsel, eine »Neue Ära«, versprachen. Am 26. Oktober 1858 legte Wilhelm als Prinzregent – gegen den ausdrücklichen Willen seines regierungsunfähigen Bruders, König Friedrich Wilhelms IV., – den Eid auf die Verfassung ab. Wenig später berief er ein neues Kabinett aus gemäßigt-konservativen und altliberalen Politikern. Mit den vielbeachteten Worten »in Deutschland muß Preußen moralische Eroberungen machen, durch eine weise Gesetzgebung bei sich, durch Hebung aller sittlichen Elemente und durch Ergreifung von Einigungselementen, wie der Zollverband es ist« erwarb Wilhelm sich das Vertrauen nationaler und liberaler Kreise. Ohne die früher übliche Wahlunterstützung durch die Regierung verloren die Konservativen bei den Landtagswahlen erheblich und stellten nur noch 91 der 352 Abgeordneten.

Schon in seiner Kabinettsansprache vom 8. November 1858 hatte Wilhelm eine »zeitgemäße Verstärkung« des Heeres angekündigt und Kriegsminister Eduard von Bonin beauftragt, entsprechende Pläne auszuarbeiten. Weil Bonin riet, bei der Reform des Heeres Einvernehmen mit der liberalen Mehrheit des Abgeordnetenhauses herzustellen, entließ Wilhelm ihn und ernannte am 5. Dezember 1859 General von Roon zum Kriegsminister. Kern der beabsichtigten Reform war die Vergrößerung des Heeres von 150000 auf 220000 Mann, die Durchsetzung einer dreijährigen Dienstzeit für Rekruten sowie die Abschaffung der Landwehr als Bestandteil der Linien-Truppen; die neuorganisierte Landwehr sollte nur noch Festungs- und Garnisonsdienst leisten. Das liberale Bürgertum hatte »seine« Landwehr seit den Befreiungskriegen als »Volksheer« verklärt, während Wilhelm in ihr nach seinen Erfahrungen von 1848/49 »ein Lehrbataillon für die Revolution« sah. Fand die Vergrößerung des Heeres die prinzipielle Zustimmung des Landtags, so stieß die vorgesehene Zurückstufung der Landwehr bei den liberalen Abgeordneten auf ebenso strikte Ablehnung wie die dreijährige Dienstzeit. Obwohl selbst Militärs einräumten, daß eine zweijährige Dienstzeit für die militärische Ausbildung reiche, beharrte Wilhelm auf seiner Überzeugung, nur im dritten Dienstjahr könne sich der »exerzierte Bürger« zum »wahren Soldaten« entwickeln.

Den Anspruch des Parlaments auf Mitbestimmung in einer militärischen Sachfrage lehnten Wilhelm und seine Räte strikt ab. Die Entscheidung über Aufbau und Stärke der Armee falle verfassungsmäßig unter die militärische Kommandogewalt des Monarchen und gehe die Abgeordneten im Grunde nichts an; lediglich der Finanzierung habe das Abgeordnetenhaus aufgrund seines Budgetrechts zuzustimmen. Ohne die Meinungsverschiedenheiten grundsätzlich geklärt zu haben, stimmten die liberalen Abgeordneten am 15. Mai 1860 einem befristeten Finanzierungsgesetz in der Annahme zu, die endgültige Entscheidung über die Reorganisation des Heeres stehe noch aus. Der Regent jedoch schuf Fakten und formte die ersten Landwehrregimenter in reguläre Linienregimenter um. Nach dem Tode seines Bruders bestieg Wilhelm I. am 2. Januar 1861 den Thron und ließ zwei Wochen später die Fahnen der neuen Regimenter feierlich weihen. Damit dokumentierte er, daß er die Entscheidung für endgültig hielt. Wie sehr Wilhelm I. einem traditionellen Herrscherbild verhaftet war, zeigte sich auch bei seiner aufwendig inszenierten Krönung: In einem feierlichen Akt setzte er sich »aus Gottes Gnade« am 18. Oktober 1861, dem Jahrestag der Völkerschlacht bei Leipzig, in der Königsberger Schloßkirche die Krone auf's Haupt; es war die erste preußische Krönung seit 1701 und die einzige deutsche Königskrönung im 19. Jahrhundert. Demonstrativ hatte Wilhelm die Kommandanten der alten und neuen Regimenter mit ihren Fahnen und Standarten aufmarschieren lassen.

Da gleichzeitig liberale Gesetzentwürfe wie ein Ministerverantwortlichkeits-Gesetz am Widerstand des Königs und des hochkonservativen Herrenhauses scheiterten, verschärfte sich der Streit zwischen den liberalen Abgeordneten und der Regierung. Bei den Landtagswahlen im Dezember 1861 brachten die Konservativen nur noch 14 Abgeordnete durch, während die erst im Juni 1861 gegründete linksliberale »Deutsche Fortschrittspartei« 109 Abgeordnete stellte und mit den 91 Alt-Liberalen sowie den 50 Abgeordneten des Linken Zentrums eine Zweidrittelmehrheit bildete. Obwohl Wilhelm bei der Landtagseröffnung am 14. Januar 1862 erklärte, er werde nicht zulassen, »daß die Macht und Sicherheit Preußens« vom Parlament in Frage gestellt werde, verweigerte der Landtag dem Haushaltsplan die Zustimmung. Jeder einzelne Posten eines Etats, so der Antrag des Abgeordneten Hagen, müsse genau ausgewiesen werden, damit keine Mittel für die Reorganisation im Budget versteckt werden könnten. Da die Fronten verhärtet waren, löste der König am

11. März 1862 den Landtag auf, entließ das Ministerium der »Neuen Ära« und ersetzte es durch ein konservatives Kabinett. Bei den Neuwahlen vom 6. Mai errangen die Konservativen nur noch 11 Mandate. Seinen Höhepunkt erreichte der Konflikt mit der Haushaltsdebatte im September 1862. Wieder wies der Landtag den Etatentwurf zurück. Selbst das konservative Kabinett riet dem König, nicht ohne Budget zu regieren. Auch Roon trat dieser Ansicht bei und zeigte sich kompromißbereit. Als Wilhelm jedoch erklärte, er werde lieber auf die Krone verzichten, als in Heeresfragen parlamentarische Mitsprache hinnehmen, fügte sich das Ministerium dem königlichen Willen.

In dieser politisch verfahrenen Situation griff Wilhelm I. einen Plan Roons auf und gestattete dem in Südfrankreich wartenden Bismarck, nach Berlin zu kommen. Bismarck überzeugte den König von seiner Entschlossenheit, die königliche Herrschaft gegen alle Ansprüche des Parlaments zu verteidigen. Am 23. September 1862 ernannte Wilhelm I. Bismarck, den er bis dahin als »konservativen Heißsporn« abgelehnt hatte, zum Ministerpräsidenten. Damit sei »der schärfste und letzte Bolzen der Reaktion von Gottes Gnaden verschossen«, hieß es in der Wochenschrift des »National-Vereins«. Am Tag der Berufung Bismarcks hatten die liberalen Abgeordneten alle Ausgaben für die Heeresreform aus dem Haushaltsplan gestrichen. Die Regierung zog den Etatentwurf zurück und regierte – bis 1866 – ohne genehmigtes Budget. Der Heereskonflikt eskalierte endgültig zum Verfassungskonflikt. In der Budgetkommission versuchte Bismarck eine Woche später, die liberale Opposition zur außenpolitischen Kooperation zu bewegen. Mit den Worten »nicht durch Reden und Majoritätsbeschlüsse werden die großen Fragen der Zeit entschieden – das ist der große Fehler von 1848 und 1849 gewesen – sondern durch Eisen und Blut« nährte er jedoch das Mißtrauen der Abgeordneten gegen ihn. Sein Versuch, sich der Opposition durch eine entschlossenere Politik in der »nationalen Frage« anzunähern, war vorerst gescheitert.

Den schwelenden Konflikt verschärfte Bismarck wenig später mit seiner Polen-Politik. Als die Polen sich im Januar 1863 gegen die russische Unterdrückung erhoben, ließ Bismarck in St. Petersburg die »Alvenslebensche Konvention« unterzeichnen: Um sich Rußland für die Zukunft zu verpflichten und einer Ausweitung des Aufstandes auf das preußische Teilungsgebiet Polens vorzubeugen, beteiligte Preußen sich an der Verfolgung der Aufständischen. Diese Abmachung führte im Abgeordnetenhaus zu leidenschaftlichen Auseinandersetzungen. Als der Parlamentspräsident den Ministerpräsidenten bei einer Polemik zur Polen-Politik unterbrach, erklärte Bismarck, er habe nur den König als Vorgesetzten und unterstehe nicht der Disziplinargewalt des Parlamentspräsidenten. Auch hier prallten die Machtansprüche von Krone und Landtag unversöhnlich aufeinander. Kurz darauf blieben die Regierungsmitglieder allen Parlamentssitzungen fern; daraufhin richtete der Landtag am 22. Mai 1863 eine scharfe Adresse an den König: »Das Haus der Abgeordneten hat kein Mittel der Verständigung mehr mit diesem Ministerium ... Jede weitere Verhandlung befestigt uns nur in der Überzeugung, daß zwischen den

Ratgebern der Krone und dem Lande eine Kluft besteht«. Mit dem Vorwurf, die Abgeordneten würden eine »verfassungswidrige Alleinherrschaft« anstreben, schloß der König den Landtag ein weiteres Mal. Wiederum waren alle Militärvorlagen unerledigt geblieben.

Politisch noch immer in einer Sackgasse, beschritt Bismarck neue Wege. Um jede publizistische Kritik an der Regierung zu unterdrücken, wurde am 1. Juni 1863 eine Presseverordnung erlassen, die selbst Kronprinz Friedrich Wilhelm öffentlich mißbilligte. In Gesprächen mit dem Präsidenten des Allgemeinen Deutschen Arbeitervereins, Ferdinand Lassalle, sondierte Bismarck die Möglichkeit politischer Kooperation mit der entstehenden Arbeiterbewegung. Überzeugt, die ländliche Bevölkerung würde königstreu wählen, spielte er vorübergehend sogar mit dem Gedanken, als Waffe gegen die Liberalen ein allgemeines, gleiches Wahlrecht zu oktroyieren. Politische Unterstützung erhielt Bismarck vom König, der im Vorfeld der anstehenden Landtagswahlen öffentlich erklärte, er halte die Wahl oppositioneller Abgeordneter für unvereinbar mit der Treue zur Monarchie. Die Konservativen gewannen zwar mit regierungsamtlicher Wahlbeeinflussung 24 Mandate hinzu, sahen sich aber weiterhin einer liberalen Zweidrittelmehrheit gegenüber. Sofort nach der Konstituierung brachte das neue Abgeordnetenhaus im November 1863 die Presseverordnung vom 1. Juni zu Fall. Für Bismarck war dies ein beträchtlicher Prestigeverlust. Da kein Ausgleich zwischen Regierung und Abgeordnetenhaus zu erzielen war, schloß der König am 25. Januar 1864 den Landtag für fast ein Jahr.

Auch in der Außenpolitik stand Bismarck zunächst einer Front von Ablehnung gegenüber. Die schleswig-holsteinische Frage war mit dem Tode des dänischen Königs Frederik VII. am 15. November 1863 wieder akut geworden. Drei Tage später unterzeichnete sein Nachfolger Christian IX. eine »eiderdänische Verfassung«, die das Herzogtum Schleswig dem dänischen Staat einverleibte. Ebenfalls am 18. November reklamierte Friedrich von Augustenburg aufgrund eines – in den Londoner Protokollen von 1852 nicht anerkannten – Erbanspruchs die Herzogswürde für Schleswig und Holstein. Während die große Mehrheit der preußischen Abgeordneten mit der gesamten Nationalbewegung den Augustenburger unterstützte, betonte Bismarck, daß Christian IX. nach den Londoner Protokollen rechtmäßiger Thronfolger sei und Anspruch auf die Herzogtümer Schleswig und Holstein habe. Mit dieser Rechtsauffassung konnten England, Frankreich und Rußland von einer Intervention zugunsten Dänemarks abgehalten werden. Gleichzeitig gelang es Bismarck, Österreich auf seine Position festzulegen. Voller Stolz schrieb er Weihnachten 1863, es sei »noch nicht dagewesen, daß die Wiener Politik in diesem Maß en gros und en detail von Berlin aus geleitet wurde«. Als Signatarmächte der Londoner Protokolle forderten Preußen und Österreich am 16. Januar 1864 den dänischen König ultimativ auf, die »eiderdänische Verfassung«, die im Widerspruch zu der in London vertraglich verankerten Unteilbarkeit der Herzogtümer stand, zurückzunehmen. Da Dänemark das Ultimatum in der

Hoffnung auf englische Hilfe verstreichen ließ, marschierten preußische und österreichische Truppen am 1. Februar ins Herzogtum Schleswig ein; mit der Erstürmung der Düppeler Schanzen war der Krieg am 18. April 1864 militärisch entschieden.

Eine Woche später begannen in London Verhandlungen, um den Konflikt auch politisch beizulegen: Weil Dänemark seinen Gesamtstaat erhalten wollte, Frankreich und Preußen für eine Volksabstimmung im Herzogtum Schleswig plädierten (vgl. Raum 3c), Österreich sich vor allem vehement gegen ein Plebiszit aussprach, Rußland andererseits eine völlige Lösung des gesamten Herzogtums von Dänemark ablehnte und England die Grenzziehung zwischen den Nationalitäten durch eine neutrale Macht bevorzugte, scheiterten die Verhandlungen. Nachdem Preußen und Österreich Jütland und Alsen militärisch besetzt hatten, mußte der dänische König am 30. Oktober 1864 im Wiener Friedensvertrag auf alle Rechte an Schleswig, Holstein und Lauenburg zugunsten des preußischen Königs und des österreichischen Kaisers verzichten. Bismarcks Hoffnung, die Front der Opposition durch einen machtpolitischen Erfolg aufzubrechen, erfüllte sich: Unter den preußischen Liberalen mehrten sich die Stimmen, die nach einer Annexion der eroberten Herzogtümer riefen. Bismarcks Weg zur Lösung der »deutschen Frage« gewann Konturen. Als Österreich dazu neigte, dem Bundestag die Entscheidung über die Zukunft der Herzogtümer zu überlassen, unterstrich Bismarck, daß Preußen wie Österreich die Pflicht hätte, hier jede vertragswidrige Einmischung des Bundestags zu unterbinden. Um dieser Verpflichtung nachzukommen, sei Preußen auch zum Einsatz seines Militärs entschlossen. Verhindert wurde der drohende Krieg, weil Österreich am 14. August 1865 die »Gasteiner Konvention« unterzeichnete, nach der Preußen die Verwaltung Schleswigs und Österreich die Verwaltung Holsteins übernahm. Gegen die in Gastein beschlossene »Vergewaltigung durch deutsche Bundesgenossen« protestierten große Volksversammlungen in den Herzogtümern ebenso vergeblich wie der augustenburgisch orientierte »National-Verein«.

Um öffentlichkeitswirksame Schritte zur Reform des Deutschen Bundes zu unternehmen und Österreich von den süddeutschen Staaten zu entfremden, beantragte Preußen am 9. April 1866 die Bildung eines demokratisch gewählten deutschen Parlaments. Dieser Antrag des unbeliebten Konfliktministers, der die Rechte des preußischen Parlaments so wenig achtete, stieß nicht nur im Bundestag auf Ablehnung. Seit dem Frühjahr 1866 spitzte sich der preußisch-österreichische Gegensatz zu; beiderseitige Rüstungen verstärkten die Spannungen. Als Österreich die endgültige Regelung der schleswig-holsteinischen Frage dem Deutschen Bund überlassen wollte und Preußen Gefahr lief, dort von Österreich und den gegen Preußen eingestellten Staaten überstimmt zu werden, warf Bismarck Österreich den Bruch der »Gasteiner Konvention« vor. »Zur Wahrung preußischer Rechte« marschierten preußische Truppen am 7. Juni in das von Österreich kampflos geräumte Holstein ein. Dem Antrag Österreichs auf Mobilisierung des gesamten nichtpreußischen Bundesheeres stimmten die größeren deutschen Staaten zu. Daraufhin erklärte Preußen den Bundesvertrag für nichtig und forderte am 15. Juni Sachsen, Hannover und Kurhessen ultimativ auf, alle Truppen zu demobilisieren, sich mit Preußen zu verbünden und der Berufung eines deutschen Parlaments zuzustimmen. Da die drei Staaten ablehnten, marschierten preußische Truppen am 16. Juni dort ein. Auch den übrigen 19 norddeutschen Bundesmitgliedern legte Bismarck nahe, sich mit Preußen zu verbünden. Acht Staaten folgten diesem »Bündnisangebot« sofort, weitere neun nach der Niederlage Österreichs und Sachsens in der Schlacht bei Königgrätz am 3. Juli 1866. Damit war der Deutsche Bund gesprengt: Österreich wurde aus Deutschland ausgegrenzt; Preußen »arrondierte« sein Gebiet und annektierte Hannover, Hessen-Kassel, Nassau, Frankfurt sowie Schleswig und Holstein.

Nicht nur das Preußische Abgeordnetenhaus zeigte sich von den militärischen Erfolgen preußischer Machtstaatspolitik beeindruckt. Am Tag der Schlacht bei Königgrätz wurde der Landtag neu gewählt: Obwohl bei den Wahlen noch nichts vom preußischen Sieg bekannt war, steigerten die Konservativen die Zahl ihrer Mandate von 35 auf 136; die liberale Opposition verlor ihre Mehrheit. Schon im Vorfeld der Wahlen hatten sich die Führer des »National-Vereins« kompromißbereit gezeigt. Im August beantragte Bismarck die nachträgliche Billigung des Staatshaushalts der vergangenen Jahre. Das Parlament erteilte am 3. September mit 230 gegen 75 Stimmen der Regierung die gewünschte »Indemnität«.

Heidemarie Anderlik, Burkhard Asmuss, Hartwin Spenkuch

6/1 »Statut des deutschen National-Vereins«, Frankfurt a. M., 16. September 1859*

35 × 22 cm
Coburg, Staatsarchiv (LA A Nr. 7188)

Zur Förderung von nationaler Einigung und freiheitlicher Entwicklung wurde am 15./16. September 1859 in Frankfurt a. M. der deutsche »National-Verein« gegründet. Wichtige Initiatoren des Vereins waren norddeutsche Liberale um Rudolf von Bennigsen und mitteldeutsche Demokraten um Hermann Schulze-Delitzsch. Ihr Ziel war ein von Preußen geführter (klein-)deutscher Nationalstaat.

Statut

des deutschen National-Vereins.

(Auszug aus dem Sitzungsprotokoll der Versammlung deutscher Männer zu Frankfurt a. M. vom 16. September 1859.)

§. 1.

Zweck des Vereins.

Da die in Eisenach und Hannover angebahnte Bildung einer nationalen Partei in Deutschland zum Zwecke der Einigung und freiheitlichen Entwickelung des großen gemeinsamen Vaterlandes zur Thatsache geworden ist, so begründen die Unterzeichneten einen Verein, welcher seinen Sitz in Frankfurt a. M. hat, und es sich zur Aufgabe setzt: für die patriotischen Zwecke dieser Partei mit allen ihm zu Gebote stehenden gesetzlichen Mitteln zu wirken, insbesondere die geistige Arbeit zu übernehmen, Ziele und Mittel der über unser ganzes Vaterland verbreiteten Bewegung immer klarer im Volksbewußtsein hervortreten zu lassen.

§. 2.

Mitgliedschaft.

Der Beitritt zu diesem Vereine wird durch Unterzeichnung des gegenwärtigen Statuts erklärt. Die Mitglieder übernehmen die Verpflichtung, einen fortlaufenden Beitrag in die Vereinskasse zu zahlen und für die Vereinszwecke nach Kräften zu wirken.

§. 3.

Leitung der Vereins-Angelegenheiten.

Die Leitung seiner Angelegenheiten bis zur nächsten Versammlung überträgt der Verein einem aus seiner Mitte gewählten Ausschusse von 12 Personen, welcher die verschiedenen Functionen unter seine Mitglieder selbst vertheilt und ermächtigt wird, sich aus den Vereinsgliedern nach Bedürfniß zu verstärken und neue Versammlungen zu berufen.

Diesem Ausschusse steht die Befugniß zu, über die in die Vereinskasse fließenden Gelder für die Vereinszwecke zu verfügen, sowie den Sitz des Vereins geeigneten Falles nach einem andern Orte zu verlegen. *)

*) Der Sitz des Vereins ist durch Beschluß des Ausschusses vom 16. Oktober 1859 nach Coburg verlegt.

6/1

6/2 Herzog Ernst II. von Sachsen, Coburg und Gotha (1818–1893)*

Öl/Lw; 73 × 58 cm
München, Bayerische Verwaltung der staatlichen Schlösser, Gärten und Seen [Coburg Ehrenburg M 279 (Coburger Landesstiftung)]

Eine der bekanntesten Personen der deutschen Nationalbewegung war der Coburger Herzog Ernst, der sich hier in Erinnerung an sein militärisches Kommando im Krieg gegen Dänemark vor einer Karte von »Schleswig-Holstein 1849« porträtieren ließ (vgl. Raum 3c). Sah das Gründungsstatut als Sitz des »National-Vereins« noch Frankfurt vor, so mußte der Verein wegen seiner preußenfreundlichen Politik nach Coburg ausweichen.

6/3 Galionsfigur des Schiffes »Christian VIII.« auf der Veste Coburg

Photographie; 12,5 × 17 cm
Coburg, Stadtarchiv (Coburgica III/3)

Zum Gedenken an »seinen« Sieg während des Gefechts bei Eckernförde ließ Herzog Ernst die tonnenschwere Galionsfigur des dänischen Linienschiffs »Christian VIII.« (vgl. Raum 3c) auf die Veste Coburg bringen. Wie das Photo zeigt, hatte der Herzog die Galionsfigur zusammen mit einer dänischen Nationalflagge und einem Schiffsgeschütz auf der Veste ausgestellt. Für den Herzog und die Mitglieder des »National-Vereins« war der Sieg von Eckernförde Symbol nationaler Stärke und Mahnung zur deutschen Einigung.

6/4 »Comité des Schiller Festzuges«

Josef Puschkin (geb. 1827)
Kolorierte Lithographie in: Bilder aus dem Schiller-Festzuge in HAMBURG am 13. November 1859
36 × 109 cm (aufgeschl.)
Berlin, Kunstbibliothek PK (Lipp Sm 34)

In ganz Deutschland wurden zum 100. Geburtstag Friedrich Schillers Gedenkfeiern veranstaltet, Schiller-Vereine gegründet und Denkmäler gestiftet. Schiller, der sich in seinen Werken stets gegen Unterdrückung ausgesprochen hatte, wurde als nationales Freiheitsidol verehrt.

6/5 »Fest-Karte für den 3. Coburger Sängertag«, 21.–28. Juli 1860

Carl Dietz
1860; Lithographie; 15,5 × 10,5 cm
Coburg, Stadtarchiv (Coburgica V/70)

Schon seit 1851 trafen sich in Coburg Männer aus allen deutschen Ländern zu Sängerfesten. Politisches Ziel der national-inspirierten Sängerbewegung war die Pflege der »einigenden Kraft« des deutschen Liedes.

6/6 »Erinnerung an das Deutsche Sängerfest in Nürnberg. 1861«

P. Wurster
1861; Stahlstich; 44 × 34 cm
Coburg, Staatsarchiv, Bildsammlung (VI 6/71⁺)

Auf dem Sängerfest in Nürnberg beschlossen die Teilnehmer, bei ihrem nächsten Treffen in Coburg einen »Deutschen Sängerbund« zu gründen. Als prominenter Förderer der nationalen Sängerbewegung ist auch Herzog Ernst II. auf dem Erinnerungsblatt abgebildet. »Zur Veredlung des deutschen Männergesangs« wurde am 21. September 1861 in Coburg der »Deutsche Sängerbund« gegründet.

6/7 Karte für das erste deutsche Turnfest, Coburg, 16.–18. Juni 1860

Lithographie; 8,5 × 11,5 cm
Coburg, Stadtarchiv (Coburgica I/76)

Vom 16. bis zum 19. Juni 1860 versammelten sich in Coburg rund 1200 Turner aus über 100 Vereinen zum ersten großen deutschen Turnfest. Während die Öffentlichkeit sich vor allem für das Schauturnen interessierte, ging es den aktiven Teilnehmern insbesondere um die Gründung eines nationalen Turnerbundes. Die Turner einigten sich in Coburg zwar auf gemeinsame Symbole, so die Farben Schwarz-Rot-Gold und das Emblem mit den vier verschlungenen »F« (frisch, fromm, fröhlich, frei), über eine gemeinsame Satzung verständigte man sich aber erst 1868.

6/8 Turnergürtel

Textil mit Perlenstickerei; 95 × 10,5 cm
Würzburg, Institut für Hochschulkunde (Slg. CC)

Auch auf dem aus rotem Stoff gefertigten Gürtel sind die für die Turnerbewegung charakteristischen vier »F« eingestickt.

6/9 Schießscheibe mit einer Ansicht des geplanten Hermann-Denkmals*

1842; Öl/Holz; Dm 84,5 cm
Frankfurt a. M., Historisches Museum (B 62–23)

Der Cheruskerfürst Hermann (Arminius) spielte als nationale Identifikationsfigur schon bei der Siegesfeier zur Völkerschlacht bei Leipzig eine herausragende Rolle. Beim Wartburgfest 1817 würdigten die Teilnehmer den Sieg Hermanns über die Römer (9 n.Chr.) als ersten Schritt zur Befreiung der »Teutschen« von fremder Unterdrückung. Am vermuteten Ort der Schlacht im Teutoburger Wald begann Ernst von Bandel 1838 mit dem Bau eines Hermann-Denkmals, dessen Fertigstellung zunächst aus finanziellen Gründen scheiterte. Neuen Auftrieb erhielt die Finanzierung des Monuments, als der preußische König Wilhelm I. den Baumeister 1869 besuchte. Nach fast vier Jahrzehnten wurde das 57 Meter hohe Denkmal 1875 fertiggestellt.

6/10 »Schützen, Sänger, Turner, ein einig' Volk von Brüdern«

Schießscheibe
Lorenz Kaim (1813–1885)
1862; Öl/Holz; 47 × 47 cm
Kronach, Frankenwaldmuseum, Festung Rosenberg (LNR 30/F9/9)

Gestiftet wurde diese Schützenscheibe zur Erinnerung an das 1. deutsche Bundesschießen in Frankfurt 1862. Nach dem Vorbild des Rütlischwurs in Schillers »Wilhelm Tell« reichen sich Schütze, Sänger und Turner die Hand zum Schwur. Im Hintergrund ist das für die Feststadt errichtete Germania-Monument zu sehen, daneben der Eingang zur Festhalle. Ein Spruchband »Was ist des Deut-

6/2

6/9

schen Vaterland?« umrahmt die Szene; das Band ist mit einem Reichsadler, einer Schützenscheibe, einer Leier und dem Emblem der Turner geschmückt.

6/11 »O denkt an Schleswig-Holstein!«*

Robert Geißler (1819–1893)
Um 1864; Lithographie; 36,2 × 34,6 cm
Kopenhagen, Det Kongelige Bibliotek

Zahlreiche Flugschriften, Broschüren und Lithographien trugen dazu bei, daß der »nationale Kampf« der Schleswig-Holsteiner in erstaunlich kurzer Zeit in ganz Deutschland publik wurde. Insbesondere Mitglieder von Sänger-, Turner- und Schützenvereinen nahmen sich begeistert der »nationalen Sache« an. Mit formal fast identisch gestalteten Lithographien warben die Dänen in Norwegen und Schweden für ihre »nationale Sache« (vgl. 3c/40).

6/12 Festschrift zum ersten Deutschen Bundesschießen in Frankfurt a. M., 13.–21. Juli 1862

Hamburg, Siegfried Sterzing

Mehr als 100000 Menschen besuchten das Bundesschießen in Frankfurt, das einen unübersehbaren politischen Akzent hatte: Gegen die Pläne des preußischen Kriegsministers Roon, der die 1813 geschaffene Landwehr auflösen wollte, erhoben insbesondere die Mitglieder der Schützenvereine scharfen Protest. Viele der seit 1859 gegründeten Vereine propagierten die »Wehrertüchtigung des Bürgers« und eine allgemeine Volksbewaffnung.

6/13 Ofenplatte mit einer Ansicht des Germania-Monuments vom Festplatz des Schützenfestes auf der Bornheimer Wiese

1862; Gußeisen; 79 × 55 cm
Frankfurt a. M., Historisches Museum
(X 66–35)

In der Mitte des Festplatzes befand sich ein großer »Gabentempel«, in dem alle »Ehrengaben« für die Sieger der Wettschießen aufbewahrt wurden. Auf dem »Gabentempel« thronte eine Germania, nationales Symbol für die politischen Wünsche der Schützen.

6/11

6/14 Uhr mit Germaniastatuette »Bürger von Stadt u. Land vom Präsidenten des ersten deutschen Schützenfestes zu Frankfurt. Frankfurt a/M. – Januar 1863«

Bronze/Granit; H ca. 76 cm
Frankfurt a. M., Historisches Museum

Auch auf dem steinernen Sockel dieser von Sigmund Müller, dem Präsidenten des ersten deutschen Schützenfestes, gestifteten Tischuhr glänzt eine Nachbildung der Germania vom »Gabentempel«. Auf dem Schützenfest wurde Albert Sterzing (1822–1889), Landgerichtspräsident aus Gotha, zum Gründungspräsidenten des Deutschen Schützenbundes gewählt.

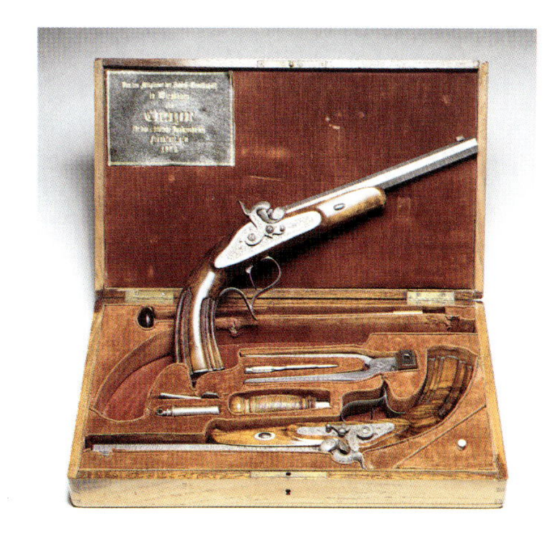

6/15

6/15 Pistolenkoffer mit zwei Pistolen, Kugelzange und Zubehör »Von den Mitgliedern der Schieß-Gesellschaft in Wiesbaden als Ehrengabe für das 1. deutsche Bundesschießen Frankfurt a/M 1862«*

Pistolen: Präzisions-Perkussionsscheibenpistolen; gezogene Achtkantläufe; Damaststahl, Nußbaumholz; Koffer: Holz, Metall, Samt; 41 × 49 × 5 cm
Berlin, DHM (1989/827)

In Wettbewerben an fünf Feld- und sechs Standscheiben wurden die besten Schützen ermittelt. Als »Ehrengaben« erhielten sie u. a. Geldpreise, Gemälde, Pokale, Tafelaufsätze, Kaffeeservices, Bestecke, Waffen und Fahnen. Der ausgestellte Pistolenkoffer ist eine solche »Ehrengabe«.

6/16 Erinnerungspokal an das zweite Deutsche Bundesschießen

Koch & Bergfeld, Bremen
1865; Silber; H 20,5 cm
Hamburg, Siegfried Sterzing

Das zweite deutsche Schützenfest fand im Juli 1865 in der Hansestadt Bremen statt. Wie schon zuvor in Frankfurt, so marschierten auch in Bremen Schützen aus den deutschsprachigen Teilen der Schweiz und Österreichs, aus den Herzogtümern Schleswig und Holstein, ja sogar aus Nordamerika dem Festzug voran. Als das dritte Bundesschießen 1868 stattfinden sollte, wählten die Schützen Wien als Austragungsort. Der Erinnerungspokal wurde dem ersten Präsidenten des Deutschen Schützenbundes Albert Sterzing verliehen.

6/17 Ankunft von Kaiser Franz Joseph I. auf dem Frankfurter Bahnhof*

Wilhelm Amandus Beer (1837–1907)
1863; bez.u.r.: W. A. Beer 1863
Kohle- und Kreidezeichnung; 35,6 × 52,4 cm
Regensburg, Fürst Thurn und Taxis Zentralarchiv

Unter strikter Geheimhaltung hatte Österreich einen Vorschlag zur Reform des Deutschen Bundes ausgearbeitet. Auf einem Fürstentag sollte dieser Plan den Dynasten vorgelegt werden. Über München und Stuttgart reiste Kaiser Franz Joseph I. nach Frankfurt, wo er am 15. August auf dem Bahnhof vom Bürgermeister und dem Senat feierlich empfangen wurde. Am 17. August eröffnete Franz Joseph I. im Palais des Bundestags den Fürstentag. Neben Preußen fehlten Dänemark (für Holstein und Lauenburg), Anhalt-Bernburg, Lippe-Detmold und Hessen-Homburg. Erstmals seit Niederschlagung der Revolution wehte über dem Bundespalais in Frankfurt wieder die schwarz-rot-goldene Fahne.

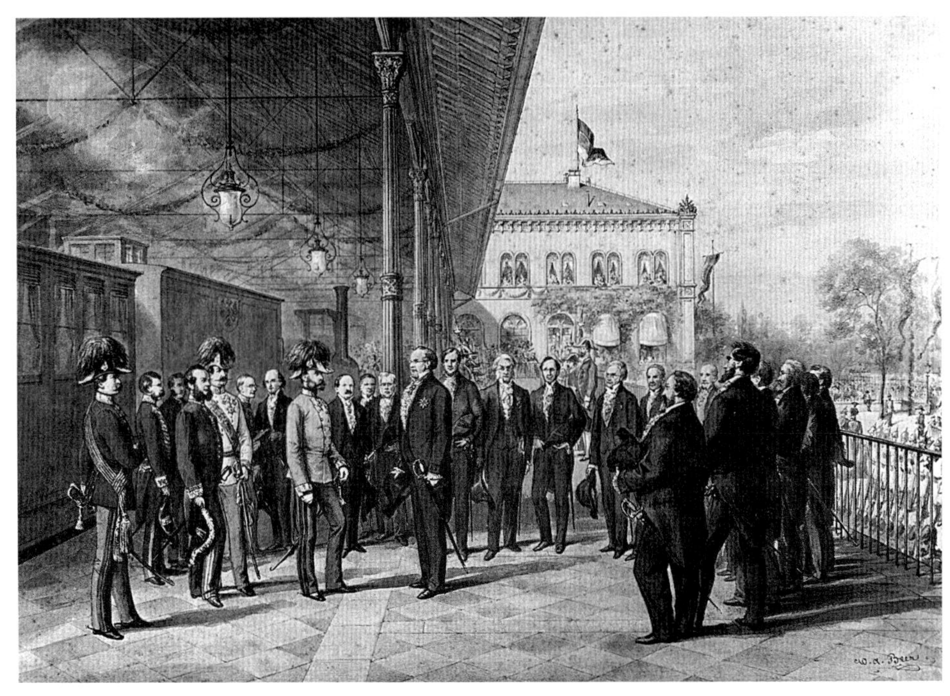

6/17

6/18 Schreiben der auf dem Frankfurter Fürstentag versammelten deutschen Fürsten an den König von Preußen, Frankfurt a. M., 17. August 1863

Handschrift; 31,5 × 20,5 cm
Berlin, GStA PK (III HA, Nr. 204)

Von der diplomatischen Offensive Österreichs überrascht, hatte Bismarck dem preußischen König nahegelegt, die von Franz Joseph I. während eines Aufenthalts in Badgastein persönlich übermittelte Einladung zum Fürstentag abzulehnen. Da eine Reform des Bundes aber nicht ohne Zustimmung Preußens durchsetzbar war, baten die Teilnehmer des Fürstentags den preußischen König einstimmig, nach Frankfurt zu reisen. König Johann I. von Sachsen überreichte am 19. August 1863 diese Einladung dem preußischen König. Auf Drängen Bismarcks lehnte Wilhelm am 20. August auch diese Einladung ab.

6/19 Fürstentreffen 1863 im Palais Thurn und Taxis*

Carl Hohnbaum
1863; bez.u.r.: C Hohnbaum. 1863
Kohle- und Kreidezeichnung; 41 × 56 cm
Regensburg, Fürst Thurn und Taxis Zentralarchiv

Nach der zweiten Absage des preußischen Königs begannen die Beratungen über die österreichischen Reformvorschläge. 24 der 30 versammelten Bundesfürsten stimmten am 1. September – unter Vorbehalt der preußischen Zustimmung – für eine weitgehende Reform des Bundes. Als Exekutivgewalt war ein sechsköpfiges Direktorium vorgesehen, dem neben Österreich (Vorsitz), Preußen und Bayern drei alternierende Mitglieder angehören sollten. Bei Beschlüssen über Krieg und Frieden bedurfte es einer Zweidrittelmehrheit im Bundesrat. Von den 21 Stimmen im Bundesrat waren für Preußen und Österreich jeweils nur drei Stimmen vorgesehen. Die einzelnen Landesparlamente sollten 302 Abgeordnete wählen, die – neben den Fürsten – an der Bundesgesetzgebung mitwirken sollten.

6/19

6/20 Gala-Essen beim Fürstentag 1863 im Festsaal des Römers

Carl Hohnbaum
1863; bez.u.r.: Carl Hohnbaum 1863
Kohle- und Kreidezeichnung; 34,7 × 56,2 cm
Regensburg, Fürst Thurn und Taxis Zentralarchiv

Am Abend des 17. August richtete die Stadt Frankfurt im Kaisersaal des Römers ein Bankett mit 27 Gängen für die Fürsten aus. Dekoriert war der Saal mit den Fahnen vom Schützenfest. Abgeschlossen wurden die Eröffnungsfeierlichkeiten mit einem Feuerwerk.

6/21 Galavorstellung in der Frankfurter Oper beim Fürstentag

Wilhelm Amandus Beer (1837–1907)
Bez.u.r.: W. A. Beer.
Kohle- und Kreidezeichnung; 37 × 55 cm
Regensburg, Fürst Thurn und Taxis Zentralarchiv

Ein besonderes gesellschaftliches Ereignis war am 19. August die Aufführung von Rossinis »Barbier von Sevilla« in der Frankfurter Oper. Für diese Galavorstellung waren die Logen des ersten Rangs zu einer großen »Fürstenloge« umgebaut worden.

6/22 König Friedrich Wilhelm IV. von Preußen (1795–1861)

G. F. Busse nach J. F. Behrens
Lithographie; 51 × 39 cm
Berlin, Verwaltung der Staatlichen Schlösser und Gärten (KS II 193)

Im Oktober 1857 verschlechterte sich der Gesundheitszustand des preußischen Königs Friedrich Wilhelm IV. so sehr, daß sein Bruder, der Prinz von Preußen, zum »Stellvertreter« des regierenden Monarchen ernannt werden mußte. Friedrich Wilhelm IV. verstarb am 2. Januar 1861. An seine Thronbesteigung 1840 hatte das liberale Bürgertum noch große Hoffnungen geknüpft; bei seinem Tod galt er als reaktionär.

6/24

6/23 Tasse mit dem Porträt des Prinzregenten Wilhelm von Preußen (1797–1888)

KPM, Berlin
Um 1860; Porzellan; H 14 cm, Dm 8 cm
Berlin (DDR), Märkisches Museum
(II 75/109 B)

Am 9. Oktober 1858 trat Wilhelm die Regentschaft für seinen Bruder an. Vor den beiden Kammern des Landtags (Herrenhaus und Abgeordnetenhaus) legte er als Regent am 26. Oktober 1858 den Eid auf die Verfassung ab. Seine Amtsübernahme wurde von den Liberalen als Beginn einer »Neuen Ära« angesehen. Die anfängliche Euphorie wich harscher Kritik, als Wilhelm die Heeresreform gegen den Willen der Mehrheit der Abgeordneten einleitete.

6/24 Krönung Wilhelms I. zu Königsberg am 18. Oktober 1861*

Adolph Menzel (1815–1905)
1861; bez.u.l.: Menzel 1861
Öl/Lw; 74,5 × 100 cm
Berlin (DDR), Staatliche Museen zu Berlin, Nationalgalerie (A I 201)

Vom Hof mit dem Auftrag betraut, die feierliche Zeremonie der Königskrönung im Bilde festzuhalten, benötigte Menzel vier Jahre, um ein repräsentatives Monumentalgemälde anzufertigen. Entsprechend seinem Rang nach der Hofordnung ist Bismarck auf der ausgestellten Skizze noch sehr weit im Bildhintergrund dargestellt; auf dem 1865 fertiggestellten Monumentalgemälde hat der Künstler den zum Ministerpräsidenten avancierten Bismarck stärker in den Bildmittelpunkt gerückt.

6/25 Fahne des I. Bataillons des Landwehr-Regiments Nr. 3*

Textil; 135 × 135 cm
Berlin (DDR), Museum für Deutsche Geschichte (Fa 59.78)

Gut zwei Wochen nach dem Tode Friedrich Wilhelms IV. ließ Wilhelm I. am 18. Januar 1861 die Fahnen seiner neu formierten Regimenter vor dem Reiterstandbild Friedrichs II. »Unter den Linden« weihen. Damit demonstrierte er seinen Willen, an der Heeresreorganisation selbst dann festzuhalten, wenn der Landtag die Finanzierung ablehnen sollte. Vor allem die Abgeordneten der im Juni 1861 gegründeten linksliberalen »Deutschen Fortschrittspartei« nutzten das Budgetrecht als Waffe gegen die Regierung. Da im Streit um die Heeresreorganisation keine Lösung gefunden wurde, lehnte das Abgeordnetenhaus zwischen 1862 und 1865 alle Haushaltsentwürfe ab.

6/26 Waffenrock des Preußischen 1. Garde-Regiments zu Fuß

1858; L 90 cm
Berlin (DDR), Museum für Deutsche Geschichte (U 84)

Der Waffenrock ist ein Probestück aus dem Jahr 1858 und hat an der linken Schulterklappe das Abzeichen für Kapitulanten (freiwillig Längerdienende). Im Rock hängt ein gesiegeltes Schild aus Karton: Der Prinzregent Wilhelm habe sich am 9. Dezember 1858 für die Einführung dieser Form von Waffenrock in die preußische Armee ausgesprochen.

6/27 Waffenrock des Preußischen 2. Garde-Dragoner-Regiments »Kaiserin Alexandra von Rußland«

1860; L 90 cm
Berlin (DDR), Museum für Deutsche Geschichte (U 87)

Beim 2. Garde-Dragoner-Regiment handelt es sich um eines der zehn Kavallerie-Regimenter, die seit Herbst 1859 neu aufgestellt wurden. Bis Mai 1860 wurde die Präsenzstärke der preußischen Armee um 60000 auf ca. 210000 Mann erhöht. Als Inhaber der »Kommandogewalt« konnte der Monarch zwar allein über Stärke, Aufbau und Gliederung des Heeres entscheiden, der Finanzierung hätte jedoch das Parlament zustimmen müssen. In Preußen blieb die militärische »Kommandogewalt« bis 1918 ohne parlamentarische Mitsprache.

6/28 Preußische Helme mit dem 1860 eingeführten Bandeau »Mit Gott für König und Vaterland«

a) Gardeinfanterie
b) Linieninfanterie
c) Artillerie
d) Dragoner

Berlin (DDR), Museum für Deutsche Geschichte (U 757/758/53.88/53.219)

Das patriotische Bandeau »Mit Gott für König und Vaterland« wurde auf den Helmen der Linienregimenter angebracht. Über die neu aufgestellten Regimenter kam es 1862 im neugewählten Abgeordnetenhaus zur Kraftprobe: Wilhelm I. und seine Regierung waren nicht bereit, ein Entscheidungsrecht des Landtags bei der Umgestaltung des Heeres anzuerkennen. Als deshalb die Abgeordneten am Tage der Berufung Bismarcks zum Ministerpräsidenten den gesamten Staatshaushalt ablehnten, entwickelte sich der Heereskonflikt endgültig zum Verfassungskonflikt.

6/25

6/29 Helm der preußischen Landwehr

Berlin (DDR), Museum für Deutsche Geschichte (U 57.72)

Nachdem viele Angehörige der Landwehr sich an der Revolution von 1848/49 beteiligt hatten, war die Landwehr in »staatstragenden« Kreisen als »Lehrbataillon der Revolution« verrufen. Deshalb sah die geplante Heeresreform vor, die drei jüngsten Jahrgänge des ersten Aufgebots mit dem aktiven Heer zu vereinen; die anderen vier Jahrgänge sollten mit der Landwehr des zweiten Aufgebots nur noch Festungs- und Garnisonsdienst verrichten. Mit einer dreijährigen Dienstzeit wollte Wilhelm I. Bürger zu königstreuen Soldaten erziehen. Diese innenpolitischen Motive für den Umbau des Heeres verstärkten das Mißtrauen der liberalen Parlamentarier gegenüber der Heeresreform.

6/30 Friedrich Graf zu Eulenburg (1815–1881)

Minna Pfüller (1824–1907)
Öl/Lw; 80 × 65 cm
Privatbesitz

Eulenburg, Sproß eines bekannten ostpreußischen Adelsgeschlechts, übernahm am 8. Dezember 1862 das schwierige Innenressort in Bismarcks »Konfliktministerium«. Während des Verfassungsstreits griff Eulenburg zu disziplinarischen Maßregeln gegen liberal gesinnte Beamte. Mit der Presseverordnung vom 1. Juni 1863 versuchte er im Sinne Bismarcks, Kritik an der Regierung zu unterdrücken: Oppositionelle Zeitungen konnten schon aufgrund der »Gesamthaltung des Blattes« verboten werden. Eulenburg, der später in Kooperation mit den Nationalliberalen innenpolitische Reformgesetze gestaltete, mußte im März 1878 seinen Abschied nehmen.

6/31a Streitschriften zum Heeres- und Verfassungskonflikt

Außer im Abgeordnetenhaus wurde der Heeres- und Verfassungskonflikt vor allem in der zeitgenössischen Publizistik ausgefochten. Die ausgestellten Broschüren spiegeln die verschiedenen Entwicklungsstufen des Konflikts bis 1866: Ausgehend von der »Neuen Ära« über die Diskussion der Heeresreform, die Wahlkämpfe und den Krieg um Schleswig-Holstein, schließt die Reihe mit der selbstkritischen Bilanz eines Liberalen im August 1866.

[Eduard Fischel]: Preußens Aufgabe in Deutschland. Rechtsstaat wider Revolution
Berlin: Haude & Spener 1859
Köln, Universitätsbibliothek

Wilhelm Rüstow: Die Wahrheit über den preußischen Wehrgesetzentwurf
Nördlingen: Beck 1860
Berlin, GStA PK

Otto de la Chevallerie: Die schwebende Militairfrage. Ein Beitrag zur Lösung derselben im wahren Interesse des Preußischen Volkes
Berlin: J. Schlesier 1862
Göttingen, Universitätsbibliothek

Friedrich Bartel: Die Wahlen und ihre Qualen. Ein Wort der Belehrung und Warnung für die Bewohner des platten Landes
Stolp: W. Delmanzo 1862
Köln, Universitätsbibliothek

[August und Peter Reichensperger]: Die Fraction des Centrums (Katholische Fraction). In Zwölf Briefen. Gewidmet den katholischen Wählern in Preußen
Mainz: F. Kirchheim 1861
Berlin, Staatsbibliothek PK

Anonymus: Konsequenzen des preußisch-französischen Handelsvertrages für unser inneres Staatsleben
Berlin: G. Rahn 1862
Köln, Universitätsbibliothek

[Karl Twesten]: Was uns noch retten kann. Ein Wort ohne Umschweife
Berlin: J. Guttentag 1861
Kiel, Schleswig-Holsteinische Landesbibliothek

Ferdinand Lassalle: Was nun? Zweiter Vortrag über Verfassungswesen (19. November 1862)
Dresden: Rößler 1871
Berlin, GStA PK

Constantin Rößler: Die bevorstehende Krisis der preußischen Verfassung
Berlin: J. Springer 1862
Köln, Universitätsbibliothek

Hermann Schulze-Delitzsch: Wie es die Conservativen treiben! Ein Flugblatt an die Wähler der Kreise Delitzsch und Bitterfeld
Leipzig: Lissner 1866
Hannover, Niedersächsische Landesbibliothek

Carl Freiherr von Vincke-Olbendorf: Die Reorganisation des preußischen Heerwesens nach dem schleswig-Holsteinischen Kriege
Berlin: G. Reimer 1864
Kiel, Schleswig-Holsteinische Landesbibliothek

Friedrich Engels: Die preußische Militairfrage und die deutsche Arbeiterpartei
Hamburg: O. Meißner 1865
Essen, Universitätsbibliothek

Hermann Baumgarten: Der deutsche Liberalismus. Eine Selbstkritik
Aus: Preußische Jahrbücher, Bd. 18, 1866
Berlin, Senatsbibliothek

6/31b Zeitung zum Heeres- und Verfassungskonflikt

Auswahl und Kommentar: Hartwin Spenkuch
1990
Produktion: Ulrike Damm
Berlin, DHM

Besonders einprägsam veranschaulichen Karikaturen die politischen Konfliktlinien zwischen 1860 und 1866. In dieser Zeitung sind mehrere zeitgenössische Karikaturen zu einem Kaleidoskop montiert. Die Mehrzahl glossiert die Politik Bismarcks, aber auch die liberale Opposition wird kritisch unter die Lupe genommen. Darüberhinaus enthält das Blatt die Ergebnisse der Wahlen zum Preußischen Abgeordnetenhaus von 1855 bis 1866; außerdem ist Material zum Heeres- und Verfassungskonflikt zusammengestellt.

6/32 Bismarck und der preußische Verfassungskonflikt 1861–1866

Bildauswahl und Kommentar: Hartwin Spenkuch
1990; Videofilm (VHS); L 6:42 Min.
Regie: Jürgen Haese
Produktion: Multimedia, Hamburg
Berlin, DHM

Die Grundlinien der preußischen Heeres- und Verfassungskonflikte und die Rolle Bismarcks umreißt dieser Film. Anhand zeitgenössischer Darstellungen werden Ursprung, Stationen und Folgen dieser epochalen Wegscheide für die Verfassungs- und Politikgeschichte sowie die politische Kultur in Preußen-Deutschland bis 1918 skizziert.

6/33 Königin Augusta von Preußen (1811–1890)*

Minna Pfüller (1824–1907) nach Franz Xaver Winterhalter (1805–1873)
1862; Öl/Lw; 97 × 97 cm
Berlin, SKH Dr. Louis Ferdinand, Prinz von Preußen

Augusta, Tochter des Großherzogs von Sachsen-Weimar, heiratete 1829 den Prinzen Wilhelm von Preußen. Geprägt durch das geistige Leben Weimars, bezog sie häufig eine kritische Haltung zur Politik ihres Gatten. Einen wahren Kreuzzug entfachte sie gegen die Berufung Bismarcks, den sie für einen »gefährlichen Junker« hielt.

6/33

6/34

6/34 Büste des Kronprinzen Friedrich Wilhelm von Preußen (1831–1888)*

Alexander Tondeur (1829–1905)
1872; Zinkguß; H 68 cm
Berlin, Berlin Museum

Auch Augustas Sohn Friedrich Wilhelm stand der Politik des preußischen Ministerpräsidenten kritisch gegenüber. Seine liberale Überzeugung bekundete der Kronprinz, als er am 5. Juni 1863 in Danzig öffentlich Kritik an der Presseverordnung übte und sich auch in dieser Frage als »Gegner Bismarcks und seiner unheilvollen Theorien« erwies; Bismarck seinerseits nannte Friedrich Wilhelm »politisch schwachköpfig«. Bismarcks Reichseinigung fand allerdings auch die Zustimmung des Kronprinzen.

6/35 Prunkvase mit dem Bildnis der Kronprinzessin Victoria von Preußen (1840–1901)

KPM, Berlin
1865; Porzellan; H 81 cm
Berlin, SKH Dr. Louis Ferdinand, Prinz von Preußen

Seit ihrer Hochzeit mit dem preußischen Kronprinzen (1858) betrachtete Victoria es als ihre »Mission«, Preußen in liberalere Bahnen zu lenken. Die selbstbewußte und gebildete Tochter der englischen Königin sah in Bismarck den übermächtigen Antipoden ihrer Ideale. Während des Verfassungskonflikts nannte sie ihn in Briefen an ihre Mutter »abscheulich«, ja »teuflisch«, und seine Politik ein verderbliches »Lügengewebe«. Bismarck seinerseits bezeichnete die Kronprinzessin als herrschsüchtige Frau, als intrigante Liberale und spionierende Ausländerin.

6/36 Die Abgeordnetenhaus-Kommission zum preußisch-französischen Handelsvertrag von 1862

Lutze und Witte
1862; Photographie (Reproduktion)
Berlin, GStA PK (IX. HA. I No. 1354)

1862 entwickelte sich zwischen den oppositionellen Liberalen und der Regierung auch eine Interessengemeinschaft: Der preußisch-französische Freihandelsvertrag, den das Abgeordnetenhaus am 25. Juli 1862 mit 264 gegen 11 Stimmen ratifizierte, entsprach den vitalen Interessen der Wirtschaftsbürger, die zugleich einen wesentlichen Teil der liberalen Opposition ausmachten. Ihre Aktionskraft gegen den innenpolitisch attackierten »Staat der Junker« war untergründig geschwächt, zumal auch Bismarck am 2. Oktober 1862 eine Fortsetzung der Freihandelspolitik versprach.

6/37 Zigarrentasche mit Ölzweig

Leder, Stahl; ca. 12 × 16 cm
Friedrichsruh, Bismarck-Museum

Am 30. September 1862 schlug der gerade zum Ministerpräsidenten ernannte Bismarck der Budgetkommission des Abgeordnetenhauses vor, den Heereskonflikt beizulegen und gemeinsam eine aktivere Außenpolitik zu betreiben. Als Zeichen seines Kooperationsangebots soll er den aus Avignon mitgebrachten Ölzweig gezeigt haben. Sein an die Liberalen gerichteter Appell: »Nicht auf Preußens Liberalismus sieht Deutschland, sondern auf seine Macht ... Nicht durch Reden und Majoritätsbeschlüsse werden die großen Fragen der Zeit entschieden – das ist der große Fehler von 1848 und 1849 gewesen – sondern durch Eisen und Blut«, entfachte einen Sturm der Entrüstung.

6/38 Ferdinand Lassalle (1825–1864)

Theodor Hosemann (1807–1875)
1865; Öl/Lw; 26,5 × 23,5 cm
Berlin, Berlin Museum (GEM 65/13)

Seit Mai 1863 traf Bismarck den Präsidenten des Allgemeinen Deutschen Arbeitervereins, Lassalle, um auszuloten, ob die entstehende Arbeiterbewegung als Bündnispartner gegen die Liberalen dienen könne. Lassalle forderte Staatskredite für Genossenschaftsunternehmen der Arbeiter und die Einführung des allgemeinen, gleichen Wahlrechts. Die Kontakte brachen im Februar 1864 ab, als Bismarck einen Ausweg aus der innenpolitischen Krise durch die Aktion in Schleswig-Holstein sah. Zu den Kontakten zwischen Bismarck und Lassalle brachte die von Leopold Sonnemann herausgegebene liberale »Frankfurter Zeitung« bitterböse Glossen.

6/39 Gedenkblatt zum Kölner Abgeordnetenfest, 18./19. Juli 1863

Ferdinand Stephanje
Köln: Wilhelm Ferber
Photographie; 23 × 31 cm
Köln, Kölnisches Stadtmuseum
(HM 1926/113a)

Um die breite Unterstützung der liberalen Opposition durch die Bevölkerung zu dokumentieren, luden Kölner Mitglieder der Fortschrittspartei zu einem Abgeordnetenfest: Am 18./19. Juli 1863 trafen sich rheinisch-westfälische Parlamentarier zu einem Festbankett, an dem auch zahlreiche Honoratioren teilnahmen. Höhepunkt des Treffens war eine Fahrt zum Rolandseck bei Godesberg. Ein weitere Zusammenkunft oppositioneller Abgeordneter ließ Wilhelm I. 1865 durch massiven Polizeieinsatz unterdrücken.

6/40 »Das Haus der Abgeordneten«

Lithographie; ca. 37 × 55 cm
Berlin, GStA PK (IX. HA, I 1641/$_1$)

Die Lithographie zeigt das Kabinett Bismarck und 300 der insgesamt 352 Mitglieder des Abgeordnetenhauses vor den Neuwahlen vom Juli 1866. Die Sitzordnung auf der Darstellung entspricht allerdings nicht ganz der tatsächlichen. Minister und Mitglieder des Landtagspräsidiums sind größer gezeichnet. Die Vignette stellt die Frontansicht des bis 1898 genutzten alten Abgeordnetenhauses am Dönhoffplatz dar. Vor den Juli-Wahlen 1866 verfügten die liberalen Gegner Bismarcks, Fortschrittspartei und Linkes Zentrum, mit 246 Sitzen über eine parlamentarische Zweidrittelmehrheit. Aber auch die 28 katholischen, 26 polnischen und 18 fraktionslosen Abgeordneten stimmten meist gegen die Regierung Bismarck, die lediglich von der konservativen Fraktion mit 34 Stimmen unterstützt wurde.

6/41 Ernst Ludwig von Gerlach (1795–1877)

C. Fischer nach Eduard Kriesmann
Berlin: L. Sachse & Co.
Um 1848; Lithographie; 19 × 27,5 cm
Privatbesitz

Der Oberlandesgerichtspräsident Ernst Ludwig von Gerlach war in den fünfziger Jahren – wie sein Bruder Leopold – führendes Mitglied der »Kamarilla« um Friedrich Wilhelm IV.; beide hatten die Laufbahn Bismarcks lange gefördert. Da Ernst Ludwig von Gerlach 1866 als Anhänger ständisch-christlich-konservativer Prinzipien den »sündhaften Brüderkrieg« gegen Österreich und den »Kronenraub« bei den Annexionen ebenso strikt ablehnte wie die »Indemnität« und Bismarcks Kooperation mit den Nationalliberalen, isolierte er sich in der konservativen Partei. 1874 brachte ihm seine letzte Broschüre 200 Taler Geldstrafe wegen Beleidigung Bismarcks ein.

6/47

6/42 Pistole des Attentäters Ferdinand Cohen-Blind

Eisen, Elfenbein; 13,5 × 9 cm
Friedrichsruh, Bismarck-Museum

»Unter den Linden« verübte am 7. Mai 1866 der Stiefsohn eines 1848er Revolutionärs ein Attentat auf Bismarck: Laut Polizeibericht feuerte der 22jährige Cohen-Blind aus einer Entfernung von zehn Schritt drei Schüsse auf den Ministerpräsidenten. Als der zunächst unverletzt gebliebene Bismarck dem Täter die Pistole entwinden wollte, traf Blind sein Opfer mit zwei weiteren Schüssen.

6/43 Unterhemd Bismarcks mit Einschußstellen vom Attentat am 7. Mai 1866

Friedrichsruh, Bismarck-Museum

Bismarcks Verletzungen waren so gering, daß er seine Amtsgeschäfte schon nach wenigen Tagen wieder aufnehmen konnte. Auf einem Umschlag vermerkte seine Frau Johanna: »Bismarck im Mai 1866 getragen, zur Erinnerung an Gottes gnädige Errettung«.

6/44 Entwicklungsstufen des Eisenbahnnetzes 1835–1870/71

Maßstab 1:750000
Idee: Alfred Gottwald
Kartographie: Karsten Bremer
Design: Werner Schulte
Modell: Harri Brill, Gerhard Frey, Niels Wies (Elektronik)
1990; fünfschichtiges Acrylglas; 180 × 150 cm
Berlin, DHM

Das deutsche Eisenbahnnetz entstand zunächst durch den Bau regionaler Bahnen. Zu einem Bauboom kam es in der zweiten Hälfte der 1840er Jahre, als die Behörden im Bahnbau ein Mittel zur Konjunkturförderung sahen und neben den privat finanzierten Bahnen verstärkt Staatsbahnen gebaut wurden. Zwischen 1851 und 1860 sicherte der Bahnbau durchschnittlich rund 220000 Personen ihren Lebensunterhalt. Seit der Revolution von 1848/49 berücksichtigte die staatliche Streckenplanung zunehmend militärisch-strategische Gesichtspunkte. Die Streckenlänge im Bereich des Deutschen Bundes betrug 1866 rund 17000 km.

6/45 Vermessungsinstrumente für den Eisenbahnbau

a) Theodolit, 1830
b) Nivellier, 1848

Ertl & Sohn, München
Messing, Glas; H 30 cm, L 37 cm (a), L 30 cm (b)
Nürnberg, Verkehrsmuseum

Zum Bau der Eisenbahnlinien wurden modernste Landvermessungsinstrumente benutzt. Zu den führenden Herstellern zählte

6/48

6/50

die Münchner Firma Ertl. Der Theodolit ist ein Meßinstrument zur Bestimmung von horizontalen und vertikalen Winkeln, während mit dem Nivellier Höhenunterschiede gemessen werden.

6/46 Erster Spatenstich für die Friedrich-Wilhelms-Nordbahn, 1. Juli 1845

Carl Loewer
Lithographie; 29,3 × 39,8 cm
Kassel, Staatliche Kunstsammlungen
(GS 8085)

Auf Betreiben Preußens, das eine Anbindung der Provinz Westfalen an das preußische Bahnnetz wünschte, schlossen Preußen, Kurhessen und die thüringischen Staaten 1841 einen Vertrag über den Bau der Linie Halle-Gerstungen-Kassel. Die Finanzierung der Teilstrecke von Gerstungen nach Warburg in Westfalen übernahm eine Aktiengesellschaft, und 1845 wurde mit dem Bau der Friedrich-Wilhelms-Nordbahn begonnen. Die ersten Züge rollten 1849 von Halle nach Kassel, und 1852 wurde die Strecke von Kassel nach Frankfurt fertiggestellt; sie war als hessische Staatsbahn konzipiert.

6/47 Modell der ersten Lokomotive »Drache« der Firma Henschel & Co.*

1910; Silber; 30 × 45 × 23 cm (m. Glassturz)
Kassel, Stadtmuseum [L. H. 2 (31. 8. 84)]

Die Kasseler Firma Henschel & Co. besaß seit 1844 Anteile an einer Aktiengesellschaft zum Bau der Friedrich-Wilhelms-Nordbahn. Anfangs lieferte Henschel Lampen, Bohrgestänge, Werkzeug und Weichen für den Bahnbau. 1845 wurde der englische Ingenieur James Brook eingestellt und ein Fabrikgebäude für die Produktion von Lokomotiven errichtet. Am 29. Juli 1848 lieferte Henschel seine erste Lokomotive an die Friedrich-Wilhelms-Nordbahn: Der »Drache« kostete 15 686 Taler.

6/48 Amschel Meyer Rothschild (1773–1855)*

1844; bez.u.r.: HEUFS 1844
Öl/Lw; 125 × 100 cm
Château Lafite Rothschild

Die Familie Rothschild war seit dem Wiener Kongreß führend im Anleihegeschäft und hatte Bankhäuser in Wien, Frankfurt a. M.,

6/51

Paris, London und Neapel. Der Bankier Amschel Meyer, hier mit einer Eisenbahnkarte in der Hand porträtiert, leitete das Frankfurter Bankhaus Rothschild und beteiligte sich maßgeblich an der Finanzierung des Eisenbahnbaus.

6/49 Episode vom Aufstand 1863

Józef Chełmoński (1849–1914)
Um 1884/85; bez.u.l.: JÓSEF CHELMOŃSKI
Öl/Lw; 46,5 × 84 cm
Warschau, Muzeum Narodowe
(MP 4607 MNW)

Der polnische Aufstand von 1863 gegen die russische Fremdherrschaft ist in der polnischen Malerei ein häufig dargestelltes Sujet. Als die russischen Behörden im Januar 1863 Zwangsrekrutierungen anordneten, um die waffenfähige Bevölkerung Polens unter Kontrolle zu bekommen, propagierte das polnische Nationalkomitee den Aufstand gegen die fremden Unterdrücker. Bismarck, dem an einer raschen Zerschlagung des am 22. Januar landesweit ausgebrochenen Aufstandes lag, sicherte sich mit seiner Unterstützung bei der Niederschlagung des militärischen Aufstandes russisches Wohlwollen im Konflikt mit Dänemark und Österreich.

6/50 Alarm – Episode vom Aufstand 1863*

Józef Brandt (1841–1915)
Um 1880; bez.u.l.: Józef Brandt z Warszawy
Öl/Lw; 97,5 × 150 cm
Warschau, Muzeum Narodowe
(MP 971 MNW)

Auch der polnische Schlachten- und Genremaler Brandt machte mit seinen Bildern deutlich, daß der Januaraufstand den Charakter eines Partisanenkampfes hatte. Trotz des militärischen Ungleichgewichts war der Aufstand erst nach anderthalb Jahren im Sommer 1864 endgültig niedergeschlagen. Bismarck, der »die Wiederherstellung des Königreichs Polen in irgendwelchem Umfange« für gleichbedeutend hielt »mit der Herstellung eines Bundesgenossen für jeden Gegner, der uns angreift«, ließ am 8. Februar 1863 die »Alvenslebensche Konvention« unterzeichnen: Preußen und Rußland sicherten sich bei der Verfolgung Aufständischer gegenseitig Hilfe zu.

6/51 Verwundeter Aufständischer*

Stanisław Witkiewicz (1851–1915)
1881; bez.u.l.: Stanisław Witkiewicz roku 1881 Monachium
Öl/Lw; 59,5 × 117 cm
Warschau,
Muzeum Narodowe (MP 64 MNW)

Obwohl auch die Liberalen im preußischen Abgeordnetenhaus massiv gegen die »Alvenslebensche Konvention« protestierten, fand der Januaraufstand bei Demokraten und Liberalen außerhalb Polens nicht die begeisterte Zustimmung, die der polnische Aufstand von 1830 in ganz Europa ausgelöst hatte. In Polen selbst jedoch nahm die gesamte Bevölkerung Anteil am Kampf; häufig dienten Kirchen und Klöster als Waffen- und Vorratslager. Unter dem Vorwurf, sie stünden mit den Aufständischen jenseits der Grenze in Verbindung, wurden im preußischen Großherzogtum Posen Hunderte polnischer Bürger verhaftet. Gegen 148 von ihnen wurde 1864 in Berlin-Moabit Anklage erhoben.

6/52 »Dänische Keckheit und deutsche Schwäche. Ein Mahnruf an das deutsche Volk. Zum 18. October 1863«

Martin May
Coburg: F. Streit 1863
Kiel, Schleswig-Holsteinische Landesbibliothek (SH 79, Nr. 2)

Als die dänische Regierung für das zum Deutschen Bund zählende Herzogtum Holstein alle Feiern zum 50. Jahrestag der Völkerschlacht bei Leipzig untersagte, rief das heftige Proteste gegen die »dänische Gewaltherrschaft« hervor. Vor allem Mitglieder des Coburger »National-Vereins« verfaßten Streitschriften und »Mahnrufe«. Insgesamt propagierten rund 250 »Schleswig-Holstein-Vereine« ein gemeinsames Herzogtum Schleswig-Holstein.

6/53 König Christian IX. von Dänemark (1818–1906)*

Modell eines Reiterdenkmals, am Sockel Reliefplatten zur Schlacht von Düppel und Idstedt
Lauritz Jensen (1859–1935)
1908; bez.: Lauritz Jensen 1908
Bronze/Eichenholz; H 155 cm (m. Sockel)
Hillerød, Nationalhistoriske Museum på Frederiksborg (A 1894)

Einen Tag nach dem Tode Frederiks VII. (15. November 1863) wurde der 45jährige Christian IX. zum dänischen König ausgerufen. Auf Drängen seines Kabinetts unterschrieb er am 18. November die von seinem Vorgänger in Auftrag gegebene »eiderdänische Verfassung«, mit der das Herzogtum Schleswig in den dänischen Staat eingegliedert wurde. Dieser Bruch der »Londoner Protokolle« lieferte Bismarck eine Rechtsgrundlage für einen Krieg gegen Dänemark.

6/54 »Bekanntmachung betreffend die Errichtung einer Zollgrenze…«, Kopenhagen, 21. Dezember 1863

Kopenhagen: J.H. Schultz
23 × 18 cm
Köln, Zollmuseum (1526)

Die mit der »Novemberverfassung« vollzogene Trennung Schleswigs von Holstein führte zu gravierenden Veränderungen tradi-

6/53

tioneller Wirtschaftsstrukturen. Seit Dezember 1863 durfte der Warenaustausch zwischen den beiden Herzogtümern nur noch über vorgegebene Zollstellen abgewickelt werden. In der Bevölkerung stieß diese Erschwernis auf Unverständnis und Protest.

6/55 »Schleswig-Holsteiner!« Aufruf Herzog Friedrichs von Schleswig-Holstein-Sonderburg-Augustenburg, Schloß Dölzig, 16. November 1863

49,5 × 38 cm
Kiel, Schleswig-Holsteinische Landesbibliothek (SH 85)

Als Christian IX. zum dänischen König und Herzog von Schleswig, Holstein und Lauenburg ausgerufen wurde (vgl. 6/53), legte der Erbprinz Friedrich von Augustenburg noch am selben Tag gegen diese Proklamation Verwahrung ein und unterstrich in einer Flugschrift seinen eigenen Anspruch auf die Herzogtümer. Der in deutsch-gesinnten Kreisen sehr populäre Erbprinz hatte sich dem 1852 ausgesprochenen Thronverzicht seines Vaters nicht angeschlossen.

6/56 Herzog Friedrich von Schleswig-Holstein-Sonderburg-Augustenburg (1829–1880)

Christian Carl Magnussen (1821–1896)
1863; bez.u.l.: C. C. Magnussen Dolzig 1863
Öl/Lw; 110 × 86 cm
Kiel, Kunsthalle zu Kiel (70)

6/57

Der Erbprinz von Augustenburg galt als liberal und war eng befreundet mit dem Großherzog Friedrich I. von Baden, Herzog Ernst II. von Sachsen-Coburg-Gotha sowie dem preußischen Kronprinzen Friedrich Wilhelm. Am 16. November 1863 zeigte er dem Deutschen Bund seine Regierungsübernahme an, bevollmächtigte den Liberalen Robert von Mohl als Bundesgesandten für Holstein und bildete in Gotha eine »Exilregierung«. Unterstützte die Mehrzahl der deutschen Staaten die Erbansprüche des Augustenburgers, so bestritt Bismarck sie entschieden.

6/57 Nachttopf mit satirischer Darstellung des Herzogs Christian August von Schleswig-Holstein-Sonderburg-Augustenburg (1798–1869) und seines Bruders Friedrich, des »Prinzen von Noer« (1800–1865)*

Fayence; H ca. 20 cm, Dm ca. 20 cm
Sønderborg, Museet på Sønderborg Slot

Bei allen »Eiderdänen« stießen die Augustenburger Ansprüche auf strikte Ablehnung. Was Dänen von den Augustenburgern hielten, veranschaulicht der Spruch im Nachttopf: »I to Forraeddere ere til visse/ Derfor alle Danske paa Jer pi...« (Ihr zwei seid Verräter, dass tun wir wissen/ Darum dürfen alle Dänen auf euch pi...).

6/58 Verladung preußischer und österreichischer Truppen auf einem Berliner Bahnhof*

1864; Öl/Lw; 65 × 45 cm
München, Deutsches Museum (66860)

Als Signatarmächte des Londoner Protokolls vom 2. Mai 1852 unterstützten Preußen und Österreich zwar ausdrücklich den Erbanspruch des »Protokollprinzen« Christian, aber der von ihm eingeleiteten Trennung Schleswigs von Holstein widersetzten sie sich mit Nachdruck und forderten am 16. Januar 1864 die Aufhebung der »Novemberverfassung« innerhalb von 48 Stunden. Nachdem Dänemark das Ultimatum – in Hoffnung auf englische Hilfe – verstreichen ließ, rückten

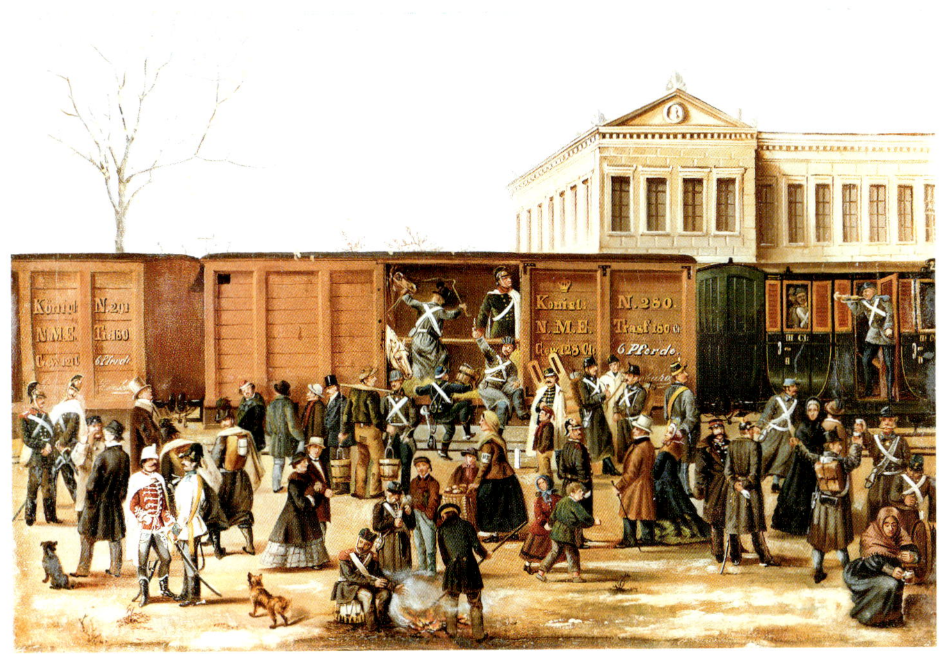

6/58

preußische und österreichische Truppen auf dem Weg nach Schleswig am 21. Januar 1864 in Holstein ein. Weil Bayern und Sachsen den Österreichern den Marsch durch ihr Territorium verweigerten, wurden die österreichischen Truppen über Breslau und Berlin nach Norddeutschland transportiert.

6/59 Preußische Armbinde

Aufschrift: »Mit Gott für König und Vaterland!«
1864; B ca. 10 cm
Sønderborg, Museet på Sønderborg Slot

Um sich während der Kriegshandlungen als Verbündete erkennen zu können, trugen die österreichischen und preußischen Soldaten weiße Armbinden. Die sollten an die Waffenbrüderschaft in den Befreiungskriegen erinnern.

6/60 Epauletten der Uniform des Generalfeldmarschalls Friedrich von Wrangel

Silberdraht; Dm ca. 20 cm
Stuttgart, Joost Freiherr von Wrangel

Auf Wunsch König Wilhelms I. wurde der 80jährige Generalfeldmarschall von Wrangel mit dem Oberkommando der preußischen und österreichischen Truppen betraut, die am 1. Februar 1864 die Eider überschritten. Bereits 1848 hatte Wrangel als preußischer General den Oberbefehl über die Bundestruppen in Schleswig und Holstein. Chef des Stabes war zunächst Generalleutnant Vogel von Falckenstein.

6/61 Feldmarschallstab Wrangels

1857; L ca. 40 cm
Berlin (DDR), Museum für Deutsche Geschichte (U 476)

Am 15. August 1856 wurde Wrangel zum Generalfeldmarschall ernannt und ein Jahr später erhielt er von Friedrich Wilhelm IV. den Feldmarschallstab. Nachdem Kritik an der Kriegsführung Wrangels aufgekommen war, wurde der schon zu Lebzeiten legendäre »Papa Wrangel« am 18. Mai 1864 als Oberkommandierender durch den Prinzen Friedrich Karl von Preußen ersetzt: Neuer Chef des Stabes wurde der Generalstabschef von Moltke.

6/62

6/62 Episode auf dem Rückzug vom »Danewerk« 1864*

Niels Simonsen (1807–1885)
1864; bez.u.l.: N Simonsen 1864
Grisaille/Lw; 48,5 × 80 cm
Hillerød, Nationalhistoriske Museum på Frederiksborg (A 4258)

Anfang der 1860er Jahre hatten die Dänen begonnen, den alten Grenzwall zwischen Dänemark und Deutschland, das »Danewerk«, zu einer Verteidigungsanlage auszubauen. Da es im überaus strengen Winter 1863/64 aber möglich war, sich dem »Danewerk« über die gefrorenen Flußniederungen zu nähern, beschloß der dänische Oberkommandierende am 5. Februar, das »Danewerk« zu räumen. Erst vier Stunden nach dem lautlosen Rückzug der knapp 40000 Dänen mit ihren 181 Kanonen wurde der Abzug bemerkt, der bei Schneegestöber und Glatteis eine Strapaze, aber auch eine strategische Meisterleistung war. Die dänische Bevölkerung nahm die kampflose Preisgabe des »Danewerks« bestürzt zur Kenntnis.

6/63 Zwei Pulswärmer in dänischen Farben*

1864; B ca. 15 cm
Sønderborg, Museet på Sønderborg Slot

Die dänische Bevölkerung nahm auch 1864 großen Anteil am Kampf ihrer Soldaten. Als Schutz gegen die eisige Kälte waren gestrickte Pulswärmer ein gern gesehenes Geschenk, besonders wenn sie in den Nationalfarben gehalten waren.

6/64 Schanze IV*

Otto Günther (1838–1884)
1866; bez.u.l.: Otto Günther (Weimar) Düppel Position Schanze IV am 19ten April 1864
Feder- und Tuschzeichnung; 17 × 29 cm
Flensburg, Städtisches Museum (24651)

Nach einem sechsstündigen Artilleriefeuer begannen preußische Einheiten am 18. April 1864 um 10 Uhr den Sturm auf die Düppeler Schanzen. Besonders heftig umkämpft wurde die Schanze IV. Gegen Mittag waren alle Schanzen in preußischer Hand. Einen Tag nach der Erstürmung entstand die Zeichnung von Otto Günther.

6/65 1864 in den Düppeler Schanzen eingesetzte Kanone

Holzlafette, Eisen; H ca. 150 cm,
L ca. 180 cm
Sønderborg, Museet på Sønderborg Slot

Die Hauptlinie der Düppel-Stellung bildeten zehn Schanzen unterschiedlicher Größe und Stärke. Die Festungsartillerie bestand aus 124 Geschützen. Hinsichtlich ihrer Treffsicherheit und Reichweite waren die dänischen Geschütze den preußischen unterlegen.

6/66 April 1864 – Die Düppeler Schanzen*

Jørgen Sonne (1801–1890)
1871; Öl/Lw; 130 × 194 cm
Hillerød, Nationalhistoriske Museum på Frederiksborg (A 410)

Vom »Danewerk« aus hatte sich der größte Teil des dänischen Heeres in die nördlich der Flensburger Förde gelegene Verteidigungsstellung bei Düppel zurückgezogen. Obwohl sich bald abzeichnete, daß die Schanzanlage gegen die anstürmenden Preußen kaum länger zu halten war, befahl das Kriegsministerium noch am 14. April, die Schanzen nicht zu räumen, »selbst wenn dies verhältnismäßig bedeutende Verluste« verursache. Auf dem Gemälde von Sonne sind einige »Pappkameraden« zu erkennen: Die Dänen hatten diese »Hannemänner« aufgestellt, um das Feuer der Preußen abzulenken. Schon seit dem 15. Jahrhundert galt »Hahnen-Mann« als Schimpfwort für kämpferische, aber auch aufgeblasen-prahlerische Menschen; im 19. Jahrhundert wurden die Dänen häufig als »Hannemänner« verspottet.

6/63

6/64

6/67 Silbermünzen

Beim Bombardement Sønderborgs 1864 zusammengeschmolzen
Sønderborg, Museet på Sønderborg Slot

Das östlich der Düppeler Schanzen gelegene Sønderborg diente als Nachschubbasis und beherbergte zahlreiche Soldaten. Am 15. März 1864 begannen die Preußen, Sønderborg zu beschießen. Der Stadtteil um das Rathaus wurde am 2. und 3. April in Brand geschossen. Beim Sturm auf die Düppeler Schanzen wurde Sønderborg am 18. April erneut beschossen: Rund zehn Prozent der 542 Wohnhäuser der Stadt wurden zerstört.

6/68 Teil eines »Danebrogs«

Textil; ca. 10 × 15 cm
Kiel, Gerd Stolz

Preußische Kürassiere holten nach dem Einmarsch in das Herzogtum Schleswig im Februar 1864 die dänische Nationalflagge (»Danebrog«) vom Schloß Gottorf herab, zerrissen sie und nahmen Fetzen des »Danebrogs« als »Siegestrophäen« und Souvenirs mit.

6/69 »Uebermuth thut selten gut!«*

Beseitigung des Idstedter Löwen durch schleswig-holsteinische Patrioten,
28. Februar 1864
S. Hamburger
Um 1864; Lithographie; ca. 40 × 30 cm
Schleswig, Schleswig-Holsteinisches Landesmuseum, Schloß Gottorf (1956/394)

6/66

Zur Erinnerung an den dänischen Sieg in der Schlacht bei Idstedt (vgl. Raum 3c) wurde 1862 auf dem Flensburger Friedhof der von Hermann Vilhelm Bissen gefertigte »Idstedter Löwe« enthüllt. Nachdem dänische Truppen Flensburg geräumt hatten, stürzten deutsche »Patrioten« 1864 das Denkmal vom Sokkel.

6/70 Preußische Ratifikation des Vertrages von Badgastein zwischen Österreich und Preußen, 20. August 1865

30,5 × 47 cm (aufgeschl.)
Wien, Haus-, Hof- und Staatsarchiv (AUR 1865 August 14)

Nach langen Verhandlungen unterzeichneten Kaiser Franz Joseph I. und König Wilhelm I. in Gastein eine Konvention, um die Verwaltung Schleswigs, Holsteins und Lauenburgs zu regeln. Schleswig wurde preußischer und Holstein österreichischer Verwaltung unterstellt. Preußen erhielt allerdings eine Reihe von Sonderrechten in Holstein: So durfte z. B. der Kieler Hafen zum Militärstützpunkt ausgebaut und ein Kanal zwischen Nord- und Ostsee angelegt werden. Außerdem erhielt Preußen freie Etappenstraßen sowie das Recht zum Bau von Telegraphen- und Eisenbahnlinien durch Holstein. Für 2,5 Millionen dänische Taler trat der österreichische Kaiser alle Rechte am Herzogtum Lauenburg an den preußischen König ab. Zum Minister für Lauenburg berief Wilhelm I. Otto von Bismarck.

6/71 Telegramme an Herzog Ernst II. von Sachsen-Coburg-Gotha vor Kriegsbeginn, 8. Mai – 15. Juni 1866

Deutsch-Österreichischer Telegraphen-Verein
Coburg, Staatsarchiv (LA A, Nr. 7226)

Der Konflikt zwischen Preußen und Österreich brach wieder auf, als Österreich sich bereit zeigte, den Erbanspruch des Augustenburgers zu unterstützen. Im März 1866 begannen Österreich, Sachsen und Preußen mit militärischen Rüstungen. Am 8. April schloß Preußen mit Italien einen Geheimvertrag gegen Österreich und stellte beim Bundestag einen Bundesreformantrag, um so die Unterstützung der Klein- und Mittelstaaten gegen

Österreich zu gewinnen; Österreich drohte, den Bund zur Entscheidung über die Elbherzogtümer anzurufen. Auf Antrag Sachsens forderte der Bundestag Preußen am 9. Mai auf, sich zur Achtung des Bundesfriedens bereitzuerklären; am 19. Mai verlangten die Mittelstaaten eine allgemeine Abrüstung. Österreich machte am 1. Juni die Demobilmachung seiner Truppen jedoch von einer Lösung der schleswig-holsteinischen Frage abhängig. Preußen, das hierin einen Bruch des Gasteiner Vertrags sah, ließ am 7. Juni preußische Truppen in Holstein einrücken und brach am 12. Juni die diplomatischen Beziehungen zu Österreich ab. Mit den Stimmen Österreichs und der Mittelstaaten erklärte der Bundestag den preußischen Einmarsch zwei Tage später als Rechtsbruch und beschloß die Mobilmachung von Bundestruppen gegen Preußen, das am 14. Juni den Deutschen Bund für erloschen erklärte. Die Telegramme enden mit dem preußischen Ultimatum an Sachsen, Hannover und Kurhessen: Am 15. Juni marschierten preußische Truppen gegen diese Länder.

6/72 Der Weg in den Krieg. Telegramme an Herzog Ernst II. von Sachsen-Coburg-Gotha vor Kriegsbeginn 1866

Textauswahl: Heidemarie Anderlik
1990; Videofilm (VHS); L 4:43 Min.
Regie: Jürgen Haese
Produktion: Multimedia, Hamburg
Berlin, DHM

6/73 »An meine Völker«*

Gedruckte Proklamation Kaiser Franz Josephs I. zum Ausbruch des Krieges mit Preußen, 17. Juni 1866
47 × 66 cm
Hannover, Historisches Museum am Hohen Ufer (VM 17553)

Kaiser Franz Joseph bezeichnete in diesem Aufruf die preußische Politik als »unerhörte Rechtsverletzung«. Er sei überzeugt, »Deutschlands Fürsten und Völker« wüßten um die Gefahr, die »ihrer Freiheit und Unabhängigkeit« von Preußen drohe. Bei Kriegsbeginn standen zwölf Staaten auf der Seite Österreichs: Bayern, Hannover, Sachsen, Württemberg, Baden, Hessen-Darmstadt, Kurhessen, Nassau, Sachsen-Meiningen, Liechtenstein, Reuß ältere Linie sowie Frankfurt.

6/74 »An mein Volk!«, Berlin, 18. Juni 1866

Aufruf
Berlin: Ernst Litfaß
35,5 × 22,5 cm
Berlin, DHM (1988/74)

König Wilhelm I. rechtfertigte die preußische Politik mit dem Hinweis, Österreich habe die deutschen Fürsten »zum Bundesbruch verleitet« und deshalb den Krieg zu verantworten. Weil Österreich und seine Verbündeten Preußen schwächen, vernichten und entehren wollten, müsse Preußen um seine Existenz kämpfen.

6/75 Notifikation Preußens an Österreich, 20. Juni 1866

34,5 × 21 cm
Wien, Österreichisches Staatsarchiv, Kriegsarchiv, Militärkanzlei (Rub. 69: Nordarmee, Nr. 763)

„Uebermüth thut selten gut!"
Beseitigung des Idstedter Löwen durch schleswig-holsteinische Patrioten am 28. Februar 1864.

6/69

An Meine Völker!

Mitten in dem Werke des Friedens, das Ich unternommen, um die Grundlagen zu einer Verfassungsform zu legen, welche die Einheit und Machtstellung des Gesammtreiches festigen, den einzelnen Ländern und Völkern aber ihre freie innere Entwicklung sichern soll, hat Meine Regentenpflicht Mir geboten, Mein ganzes Heer unter die Waffen zu rufen.

An den Gränzen des Reiches, im Süden und Norden, stehen die Armeen zweier verbündeter Feinde, in der Absicht, Oesterreich in seinem europäischen Machtbestande zu erschüttern.

Keinem derselben ist von Meiner Seite ein Anlaß zum Kriege gegeben worden. Die Segnungen des Friedens Meinen Völkern zu erhalten, habe Ich, dessen ist Gott der Allwissende Mein Zeuge, immer für eine Meiner ersten und heiligsten Regentenpflichten angesehen, und getreu sie zu erfüllen getrachtet.

Allein, die eine der beiden feindlichen Mächte bedarf keines Vorwandes; lüstern auf den Raub von Theilen Meines Reiches, ist der günstige Zeitpunkt für sie der Anlaß zum Kriege.

Verbündet mit den preußischen Truppen, die uns als Feinde nunmehr entgegenstehen, zog vor zwei Jahren ein Theil Meines treuen und tapferen Heeres an die Gestade der Nordsee.

Ich bin diese Waffengenossenschaft mit Preußen eingegangen, um vertragsmäßige Rechte zu wahren, einen bedrohten deutschen Volksstamm zu schützen, das Unheil eines unvermeidlichen Krieges auf seine engsten Gränzen einzuschränken, und in der innigen Verbündung der zwei mitteleuropäischen Großmächte — denen vorzugsweise die Aufgabe der Erhaltung des europäischen Friedens zu Theil geworden — zum Wohle Meines Reiches, Deutschlands und Europa's eine solche dauernde Friedensgarantie zu gewinnen.

Eroberungen habe Ich nicht gesucht; uneigennützig beim Abschlusse des Bündnisses mit Preußen habe Ich auch im Wiener Friedensvertrage keine Vortheile für Mich angestrebt. Oesterreich trägt keine Schuld an der trüben Reihe unseliger Verwicklungen, welche bei gleicher uneigennütziger Absicht Preußens nie hätten entstehen können, bei gleicher bundestreuer Gesinnung augenblicklich zu begleichen waren.

Sie wurden zur Verwirklichung selbstsüchtiger Zwecke hervorgerufen, und waren deßhalb für Meine Regierung auf friedlichem Wege unlösbar.

So steigerte sich immer mehr der Ernst der Lage.

Selbst dann aber noch, als offenkundig in den beiden feindlichen Staaten kriegerische Vorbereitungen getroffen wurden, und ein Einverständniß unter ihnen, dem nur die Absicht eines gemeinsamen feindlichen Angriffes auf Mein Reich zu Grunde liegen konnte, immer klarer zu Tage trat, verharrte Ich im Bewußtsein Meiner Regentenpflicht, bereit zu jedem mit der Ehre und Wohlfahrt Meiner Völker vereinbaren Zugeständnisse, im tiefsten Frieden.

Als Ich jedoch wahrnahm, daß ein weiteres Zögern die wirksame Abwehr feindlicher Angriffe und hiedurch die Sicherheit der Monarchie gefährde, mußte Ich Mich zu den schweren Opfern entschließen, die mit Kriegsrüstungen unzertrennlich verbunden sind.

Die durch Meine Regierung gegebenen Versicherungen Meiner Friedensliebe, die wiederholt abgegebenen Erklärungen Meiner Bereitwilligkeit zu gleichzeitiger gegenseitiger Abrüstung, erwiederte Preußen mit Gegenansinnen, deren Annahme eine Preisgebung der Ehre und Sicherheit Meines Reiches gewesen wäre.

Preußen verlangte die volle vorausgehende Abrüstung nicht nur gegen sich, sondern auch gegen die an der Gränze Meines Reiches in Italien stehende feindliche Macht, für deren Friedensliebe keine Bürgschaft geboten wurde und keine geboten werden konnte.

Alle Verhandlungen mit Preußen in der Herzogthümerfrage haben immer mehr Belege zu der Thatsache geliefert, daß eine Lösung dieser Frage, wie sie der Würde Oesterreichs, dem Rechte und den Interessen Deutschlands und der Herzogthümer entspricht, durch ein Einverständniß mit Preußen bei seiner offen zu Tag liegenden Gewalts- und Eroberungspolitik nicht zu erzielen ist. —

Die Verhandlungen wurden abgebrochen, die ganze Angelegenheit den Entschließungen des Bundes anheimgestellt, und zugleich die legalen Vertreter Holsteins einberufen.

Die drohenden Kriegsaussichten veranlaßten die drei Mächte Frankreich, England und Rußland auch an Meine Regierung die Einladung zur Theilnahme an gemeinsamen Berathungen ergehen zu lassen, deren Zweck die Erhaltung des Friedens sein sollte. Meine Regierung, entsprechend Meiner Absicht, wenn immer möglich den Frieden für Meine Völker zu erhalten, hat die Theilnahme nicht abgelehnt, wohl aber ihre Zusage an die bestimmte Voraussetzung geknüpft, daß das öffentliche europäische Recht und die bestehenden Verträge den Ausgangspunkt dieser Vermittlungsversuche zu bilden haben, und die theilnehmenden Mächte kein Sonderinteresse zum Nachtheile des europäischen Gleichgewichtes und der Rechte Oesterreichs verfolgen.

Wenn schon der Versuch von Friedensberathungen an diesen natürlichen Voraussetzungen scheiterte, so liegt darin der Beweis, daß die Berathungen selbst nie zur Erhaltung und Festigung des Friedens hätten führen können.

Die neuesten Ereignisse beweisen es unwiderleglich, **daß Preußen nun offen Gewalt an die Stelle des Rechtes setzt.**

In dem Rechte und der Ehre Oesterreichs, in dem Rechte und der Ehre der gesammten deutschen Nation erblickte Preußen nicht länger eine Schranke für seinen verhängnißvoll gesteigerten Ehrgeiz. Preußische Truppen rückten in Holstein ein, die von dem kaiserlichen Statthalter einberufene Ständeversammlung wurde gewaltsam gesprengt, die Regierungsgewalt in Holstein, welche der Wiener Friedensvertrag gemeinschaftlich auf Oesterreich und Preußen übertragen hatte, ausschließlich für Preußen in Anspruch genommen, und die österreichische Besatzung genöthigt, zehnfacher Übermacht zu weichen.

Als der deutsche Bund, vertragswidrige Eigenmacht hierin erkennend, auf Antrag Oesterreichs die Mobilmachung der Bundestruppen beschloß, da vollendete Preußen, das sich so gerne als Träger deutscher Interessen rühmen läßt, den eingeschlagenen verderblichen Weg. Das Nationalband der Deutschen zerreißend, erklärte es seinen Austritt aus dem Bunde, verlangte von den deutschen Regierungen die Annahme eines sogenannten Reformplanes, welcher die Theilung Deutschlands verwirklicht, und schritt mit militärischer Gewalt gegen die bundesgetreuen Souveräne vor.

So ist der unheilvollste, ein Krieg Deutscher gegen Deutsche unvermeidlich geworden!

Zur Verantwortung all' des Unglücks, das er über Einzelne, Familien, Gegenden und Länder bringen wird, rufe Ich diejenigen, die ihn herbeigeführt, vor den Richterstuhl der Geschichte und des ewigen allmächtigen Gottes.

Ich schreite zum Kampf mit dem Vertrauen, das die gerechte Sache gibt, im Gefühle der Macht, die in einem großen Reiche liegt, wo Fürst und Volk nur von Einem Gedanken — dem guten Rechte Oesterreichs — durchdrungen sind, mit frischem vollem Muthe beim Anblicke Meines tapferen kampfgerüsteten Heeres, das den Wall bildet, an welchem die Kraft der Feinde Oesterreichs sich brechen wird, im Hinblick auf Meine treuen Völker, die einig entschlossen opferwillig zu Mir emporschauen.

Die reine Flamme patriotischer Begeisterung lodert gleichmäßig in den weiten Gebieten Meines Reiches empor; freudig eilten die einberufenen Krieger in die Reihen des Heeres; Freiwillige drängen sich zum Kriegsdienste; die ganze waffenfähige Bevölkerung einiger zumeist bedrohter Länder rüstet sich zum Kampfe und die edelste Opferwilligkeit eilt zur Linderung des Unglücks und zur Unterstützung der Bedürfnisse des Heeres herbei.

Nur Ein Gefühl durchdringt die Bewohner Meiner Königreiche und Länder, das Gefühl der Zusammengehörigkeit, das Gefühl der Macht in ihrer Einigkeit, das Gefühl des Unmuthes über eine so unerhörte Rechtsverletzung.

Doppelt schmerzt es Mich, daß das Werk der Verständigung über die inneren Verfassungsfragen noch nicht so weit gediehen ist, um in diesem ernsten, zugleich aber erhebenden Augenblicke, die Vertreter aller Meiner Völker um Meinen Thron versammeln zu können.

Dieser Stütze für jetzt entbehrend, ist Mir jedoch Meine Regentenpflicht um so klarer, Mein Entschluß um so fester, dieselbe Meinem Reiche für alle Zukunft zu sichern.

Wir werden in diesem Kampfe nicht allein stehen.

Deutschlands Fürsten und Völker kennen die Gefahr, die ihrer Freiheit und Unabhängigkeit von einer Macht droht, deren Handlungsweise durch selbstsüchtige Pläne einer rücksichtslosen Vergrößerungssucht allein geleitet wird; sie wissen, welchen Hort für diese ihre höchsten Güter, welche Stütze für die Macht und Integrität des gesammten deutschen Vaterlandes sie an Oesterreich finden.

Wie wir für die heiligsten Güter, welche Völker zu vertheidigen haben, in Waffen stehen, so auch unsere deutschen Bundesbrüder.

Man hat die Waffen uns in die Hand gezwungen. Wohlan! jetzt, wo wir sie ergriffen, dürfen und wollen wir sie nicht früher niederlegen, als bis Meinem Reiche sowie den verbündeten deutschen Staaten die freie innere Entwicklung gesichert und deren Machtstellung in Europa neuerdings befestiget ist.

Auf unserer Einigkeit, unserer Kraft ruhe aber nicht allein unser Vertrauen, unsere Hoffnung; Ich setze sie zugleich noch auf einen Höheren, den allmächtigen gerechten Gott, Dem Mein Haus von seinem Ursprunge an gedient, Der die nicht verläßt, die in Gerechtigkeit auf Ihn vertrauen.

Zu Ihm will Ich um Beistand und Sieg flehen, und fordere Meine Völker auf, es mit Mir zu thun.

Gegeben in Meiner Residenz- und Reichs-Hauptstadt Wien am siebenzehnten Juni Eintausend achthundert sechsundsechzig.

Franz Joseph m. p.

Aus der Statthalterei-Buchdruckerei in Prag.

6/73

Weder Preußen noch Österreich hatten 1866 offiziell Kriegserklärungen ausgesprochen; stattdessen überreichten preußische Parlamentäre den Österreichern »Notifikationen«, aus denen hervorging, daß Preußen sich mit Österreich im Kriegszustand befinde.

6/76 »Meine treuen Sachsen!«

Aufruf des Königs Johann von Sachsen, Prag, 23. Juni 1866
Flugschrift
29,5 × 22 cm
Wien, Österreichisches Staatsarchiv, Kriegsarchiv (Flugschriftensammlung 17)

Nachdem Sachsen – wie Hannover und Kurhessen – ultimativ aufgefordert worden war, sich auf die Seite Preußens zu stellen, marschierte die preußische Elbarmee am 16. Juni in Sachsen ein. Angesichts der preußischen Übermacht zog König Johann von Sachsen (1801–1873) sich mit seiner Armee kampflos nach Böhmen zurück, wo sich die sächsischen Truppen dem österreichischen Heer anschlossen.

6/77 Reiterkampf bei Střesetic in der Schlacht bei Königgrätz, 3. Juli 1866

Václav Sochor (1855–1935)
1900; bez.u.r.: Sochor
Öl/Lw; 454 × 750 cm
Wien, Heeresgeschichtliches Museum (BI 18.800)

Das preußische Heer marschierte nach einem von Moltke ausgearbeiteten Plan mit drei Armeen in Böhmen ein. Beim Versuch der Österreicher, die Vereinigung der drei Armeen zu verhindern, kam es am 3. Juli 1866 in der Nähe von Königgrätz zur kriegsentscheidenden Schlacht. 1901 schenkte Kaiser Franz Joseph I. das von Sochor angefertigte Monumentalgemälde dem Heeresgeschichtlichen Museum in Wien. Dargestellt ist eine heroische Szene: Um den geschlagenen Österreichern den Rückzug zu ermöglichen, stellte sich das Kürassierregiment Nr. 8 erneut den nachsetzenden Preußen zum Kampf.

6/78 »Telegramm des Feldzeugmeisters von Benedek an Se. k.k. Apostolische Majestät«, Hohenmauth, 4. Juli 1866

Beilage zur »Wiener Zeitung«, 4. Juli 1866
39,5 × 28,5 cm
Wien, Österreichisches Staatsarchiv, Kriegsarchiv [Afa 1866/2267 Fa. Nordarmee unter Benedek, VII (1–250), 1866/7/250a]

Wie der österreichische Armeekommandant Benedek dem Kaiser telegraphierte, sei der Rückzug der Nordarmee unumgänglich geworden, nachdem es den drei preußischen Armeen gelungen war, die österreichischen Verbände nahezu vollständig zu umklammern.

6/79 Zwei Helme für Offiziere der österreichischen Kavallerie M 1850

Wien, Heeresgeschichtliches Museum
(NI 15212 u. 15345)

Die ausgestellten Helme wurden während des Reiterkampfes von Střesetic beschädigt: Ein Helm gehörte Oberst James Ritter von Baertling, einem Kommandanten der Kürassiere, der auch auf dem Gemälde von Sochor (vgl. 6/77) zu erkennen ist. Den anderen Helm trug Oberst Alexander Pollack, ebenfalls Kommandant eines Kürassierregiments.

6/80 Fahnen- und Standartenband vom Infanterie-Regiment Nr. 27

1861; 120 × 16 cm
Wien, Heeresgeschichtliches Museum
(226–3)

6/81 »Extra-Blatt des Hannoverschen Tageblatts« über die geplante Einverleibung Hannovers, Kurhessens, Nassaus und Frankfurts durch Preußen, Hannover, 17. August 1866

Hannover, Historisches Museum am Hohen Ufer (PK 37: VM 16063)

Nach der preußischen Verfassung mußten beide Häuser des Landtags jeder Grenzveränderung Preußens zustimmen. Am 16. August 1866 legte Bismarck dem Landtag einen Gesetzentwurf vor, der die Übernahme der Regierung in Hannover, Kurhessen, Nassau und Frankfurt durch den preußischen König in Personalunion nach Artikel 55 der preußischen Verfassung vorsah. Das Abgeordnetenhaus allerdings forderte die Eingliederung dieser Länder in das preußische Staatsgebiet nach Artikel 2 der preußischen Verfassung. Entsprechend diesem Wunsch wurde das Gesetz »betreffend die Vereinigung« am 7. September 1866 mit 273 gegen 14 Stimmen im Abgeordnetenhaus angenommen.

6/82 Proklamation des Generals der Main-Armee, von Falckenstein, Frankfurt a. M., 16. Juli 1866

Maueranschlag
33,8 × 43,4 cm
Frankfurt a. M., Historisches Museum
[C 41.685 (K 364)]

Am 16. Juni marschierten preußische Truppen in Frankfurt ein. Genau einen Monat später übernahm General Vogel von Falckenstein als Militärbefehlshaber die Regierungsgewalt über Frankfurt und das Herzogtum Nassau.

6/83 Bekanntmachung des kommandierenden Generals von Falckenstein an die Bevölkerung, Frankfurt a. M., 17. Juli 1866

Maueranschlag
36 × 22,2 cm
Frankfurt a. M., Historisches Museum
[C 41.686 (K 364)]

Versuchten die preußischen Behörden, bei der Übernahme der Verwaltung in den annektierten Ländern behutsam vorzugehen, so waren die Maßnahmen gegen Frankfurt ausgesprochen hart: Zunächst sollte die Stadt knapp sechs Millionen Gulden für den Unterhalt der Mainarmee zahlen, später wurden weitere 25 Millionen Gulden gefordert.

6/84 Vier Einquartierungsscheine, Frankfurt a. M. 1866

Formular mit handschriftlichen Eintragungen; je 10 × 16 cm
Frankfurt a. M., Historisches Museum
[C 7.618ff (K 364)]

Als besonders bedrückend empfanden die Frankfurter die Einquartierung von Soldaten.

6/85 Lebensmittelrequisitionen für die Besatzungstruppen, Frankfurt a. M., 17. Juli 1866

Maueranschlag
35,6 × 22,2 cm
Frankfurt a. M., Historisches Museum
[C 41.687 (K 364)]

In dieser Anordnung wird präzise festgelegt, wieviel Lebensmittel Offiziere und Soldaten beanspruchen konnten.

6/86 Mitteilung des Vorstands des Schützenvereins an seine Mitglieder, Frankfurt a. M., 19. Juli 1866

Maueranschlag
21,8 × 13,4 cm
Frankfurt a. M., Historisches Museum
[C 27.710 (K 364)]

Um den Besatzungstruppen keinen Vorwand für weitere Sanktionen zu bieten, bat der Vorstand des Frankfurter Schützenvereins seine Mitglieder, der Forderung nach Abgabe aller Gewehre und Waffen unbedingt nachzukommen.

6/87 Bekanntmachung über die Kontribution sämtlicher Luxus-, Reit- und Wagenpferde, Frankfurt a. M., 19. Juli 1866

Maueranschlag
35 × 48 cm
Frankfurt a. M., Historisches Museum
[C 41.889 (K 364)]

Alle Frankfurter mußten ihre Pferde »zur Musterung« vorführen. Als auch Pferde der Familie Rothschild beschlagnahmt wurden, beschwerte sich Baron von Rothschild bei Bismarck, der daraufhin befahl, »Rücksichtslosigkeiten« gegenüber den Rothschilds zu vermeiden.

6/88 Bekanntmachung über die Einsetzung eines Zivilkommissars, Frankfurt a. M., 21. Juli 1866

Maueranschlag
36 × 24,7 cm
Frankfurt a. M., Historisches Museum
[C 41.691 (K 364)]

Um den Fortgang der Verwaltung zu sichern, wurde der Wetzlarer Landrat, Gustav von Diest, dem neuernannten Militärgouverneur für Frankfurt und Nassau, Generalmajor von Roeder, als Zivilkommissar zur Seite gestellt.

6/89 Bekanntmachung über die Einführung einer Militärverwaltung, Frankfurt a. M., 24. Juli 1866

Maueranschlag
46,8 × 31 cm
Frankfurt a. M., Historisches Museum
[C 41.694 (K 364)]

Auf telegraphische Anweisung Bismarcks wurde als weitere Sanktion der gesamte Post-, Telegraphen- und Eisenbahnverkehr nach Frankfurt gesperrt, und die Ein- und Ausfuhr von Waren verboten; alle öffentlichen Lokale wurden geschlossen und die Einwohner am Verlassen der Stadt gehindert. Der preußische König ließ diese Zwangsmaßnahmen am 29. Juli aufheben, und am 31. Juli erging die Anweisung, die Stadt in Hinblick auf die bevorstehende Annexion »schonender« zu behandeln.

6/90 Anordnung weiterer Einquartierungen, Frankfurt a. M., 24. Juli 1866

Maueranschlag
35,5 × 22,2 cm
Frankfurt a. M., Historisches Museum
[C 41.695 (K 364)]

Am 20. Juli lehnte die Frankfurter Bürgerschaft es ab, die geforderten 25 Millionen Gulden zu zahlen, und sandte eine Deputation zum preußischen König. Zur »Strafe« ordnete der Militärgouverneur weitere Einquartierungen bei den Mitgliedern der städtischen Körperschaften an.

6/91 Bekanntmachung des Polizeiamts über Volksversammlungen und Demonstrationen, Frankfurt a. M., 24. Juli 1866

Maueranschlag
30,2 × 44,4 cm
Frankfurt a. M., Historisches Museum
[C 41.692 (K 364)]

Nachdem es in der Nähe des Römers zu Protestversammlungen gegen die preußische Besatzungspolitik gekommen war, warnte das Frankfurter Polizeiamt nachdrücklich vor weiteren Protestaktionen.

6/92 Begräbnis des Bürgermeisters Fellner am 26. Juli 1866

Bleistift- und Tuschzeichnung; 36,5 × 53 cm
Frankfurt a. M., Historisches Museum
(B 972)

Bürgermeister Fellner, der sich prinzipiell für eine Zusammenarbeit mit der preußischen Militärverwaltung ausgesprochen hatte, nahm sich in der Nacht vom 23. zum 24. Juli das Leben. Der Empörung und den Protesten der Frankfurter begegnete General Roeder mit der Aufstellung von Truppen auf dem Roßmarkt und der »Zeil«.

6/93 Standartenbänder des Coburg-Gothaischen Infanterie-Regiments

L ca. 250 cm
Coburg, Herzogliche Hauptverwaltung

Als die etwa 20500 Mann starke hannöversche Armee von Göttingen in Richtung Eisenach marschierte, um sich mit den verbündeten bayerischen Truppen bei Kissingen zu vereinen, kam es am 27. Juni bei Langensalza nahe Erfurt zu einem Gefecht mit preußischen Einheiten. Die hannöversche Armee konnte zwar dieses Gefecht für sich entscheiden, aber als sie von weiteren anrückenden preußischen Truppen umschlossen wurde, mußte sie in der Nacht vom 28. zum 29. Juni kapitulieren. Auf preußischer Seite kämpfte auch ein Kontingent Soldaten aus Sachsen-Coburg-Gotha. Die preußische Kronprinzessin Victoria, Nichte des Coburger Herzogs, stiftete dem Coburg-Gothaischen Regiment für seine Verdienste bei Langensalza die ausgestellten Standartenbänder.

6/94 Nachtrag zur Petition an den König von Preußen, 5. August 1866

Faksimile; 33 × 22 cm
Berlin, DHM (Original: Berlin, GStA PK)

Die hannöversche Bevölkerung sandte am 5. August eine Petition mit 70277 Unterschriften an den König von Preußen, in der sie den »Bestand« des Königreichs Hannover forderte.

6/95 »Patent wegen Besitznahme des vormaligen Königreichs Hannover« und »Allerhöchste Proclamation an die Einwohner des vormaligen Königreichs Hannover«, Schloß Babelsberg, 3. Oktober 1866

Maueranschlag
44 × 54 cm
Hannover, Historisches Museum am Hohen Ufer (PK 37: VM 31954)

Die Inbesitznahme und Einverleibung der annektierten Länder wurde der Bevölkerung in Proklamationen bekanntgegeben. Die preußische Verfassung galt in der Provinz Hannover seit dem 1. Oktober 1867.

6/96 »Ich ermächtige Sie hierdurch, jeden Beamten … vom Amte zu suspendieren …«

Extra-Blatt der »Zeitung für Norddeutschland«, 5. Dezember 1866
26,2 × 25,8 cm
Hannover, Historisches Museum am Hohen Ufer (PK 37)

6/97

»Unter Vorbehalt« entband König Georg V. am 6. Oktober 1866 alle Beamten des Königreichs Hannover vom Diensteid und am 24. Dezember 1866 die Armee vom Fahneneid. Andererseits rief er zum Widerstand gegen Preußen und zur Wiederherstellung seiner Herrschaft auf. Vor allem in der Beamtenschaft hatte Georg V. viele Anhänger. Die preußische Regierung errichtete zur Überwachung der welfischen Opposition eine zentrale Polizeistelle in Hannover.

6/97 Imitation der Hannöverschen Königskrone von 1843*

Blech, Glas; H 21 cm, Dm 23 cm
Hannover, Historisches Museum am Hohen Ufer (VM 21689)

Am 23. September 1866 hatte Georg V. Einspruch gegen die Annexion Hannovers erhoben. Um seine Ansprüche durchzusetzen, wollte er mit seinen Anhängern an der Seite Frankreichs militärisch gegen Preußen vorgehen. Durch einen Abfindungsvertrag versuchte Bismarck, den welfischen Widerstand abschwächen. Als Georg V. jedoch am 18. Februar 1868 öffentlich die Wiederherstellung seines Königreiches forderte, beschloß die preußische Regierung, den Abfindungsvertrag nicht in Kraft zu setzen. Vielmehr verfügte der preußische König am 8. März 1868 die Beschlagnahmung des gesamten Vermögens von König Georg. Die Vermögenserträge, der »Welfenfonds«, wurden von der preußischen Regierung nicht nur zur Bekämpfung der Welfenpartei, sondern als »Reptilienfonds« auch gegen andere innenpolitische Gegner verwendet. König Georg V. starb 1878 im Exil in Paris. Die Kronenimitation fand wahrscheinlich bei seiner Aufbahrung Verwendung.

6/98 Knopf mit dem Porträt Kurfürst Friedrich Wilhelms I. von Hessen (1802–1875)*

Um 1866; Messing; Dm 2 cm
Kassel, Stadtmuseum (G + M 147)

Gegen den Willen ihres Kurfürsten hatten die kurhessischen Stände die vom Bundestag beschlossene Mobilmachung gegen Preußen abgelehnt und den Anschluß an Preußen verlangt. Als der Kurfürst dennoch am 16. Juni die Mobilmachung befahl, marschierten preußische Truppen in Kurhessen ein, besetzten am 19. Juni Kassel und nahmen den Kurfürsten gefangen. Die kurhessischen Truppen zogen sich nach Mainz zurück, unterstellten sich aber am 20. August der preußischen Mainarmee. Nur wenige Kurhessen trugen als Zeichen ihrer Sympathie für Friedrich Wilhelm I. einen Knopf mit seinem Porträt im Knopfloch.

6/98

6/99 Büste Kurfürst Friedrich Wilhelms I. von Hessen

Um 1866; Pappmaché; H 16 cm
Kassel, Stadtmuseum (P 82)

Der hessische Kurfürst blieb bis zu seiner Abdankung am 17. September 1866 in Stettin gefangen. Nach seiner Freilassung zog er sich auf seine Herrschaft Horschowitz bei Prag zurück, wo er im September 1868 öffentlichen Protest gegen die Annexion Kurhessens einlegte. Preußen ließ daraufhin das kurfürstliche Vermögen beschlagnahmen.

6/100 »Patent wegen Besitznahme der Herzogthümer Holstein und Schleswig« und »Allerhöchste Proclamation an die Einwohner der Herzogthümer Holstein und Schleswig«, 12. Januar 1867

Maueranschlag
46 × 37 cm
Meldorf, Dithmarscher Landesmuseum

Mit der Formulierung, manche Schleswiger und Holsteiner hätten sich »nicht ohne Zögern von anderen Beziehungen losgesagt«, trug diese Proklamation der Tatsache Rechnung, daß viele Bewohner ein »augustenburgisches« Herzogtum Schleswig-Holstein der preußischen Einverleibung vorgezogen hätten. Die Mehrheit in Nordschleswig bekannte sich nach wie vor zum dänischen Gesamtstaat und lehnte prinzipiell jede »deutsche« Lösung ab. Obwohl eine Volksabstimmung in Nordschleswig auch 1864 bei den Friedensverhandlungen in London vorgeschlagen und auf Drängen Napoleons III. in den Prager Friedensvertrag aufgenommen wurde, ließ Preußen die Abstimmung nicht zu: Mehr als 8000 Einwohner flüchteten aus Nordschleswig nach Dänemark.

6/101 Trauernde Germania*

Michael Arnold (1824–1877)
(Original 1868); Gipsabguß; H 200 cm
Berlin, DHM

In einem Gefecht bei Kissingen zwischen bayerischen und preußischen Truppen fielen am 10. Juli 1866 über 60 Soldaten. Für die Gefallenen stifteten Offiziere das von Michael Arnold ausgeführte Denkmal. Auf dem Sockel, in den die Namen der gefallenen Soldaten eingraviert sind, sitzt die überlebensgroße Figur der Germania. Ihr Mantel ist mit dem bayerischen Löwen und dem preußischen Adler geschmückt, auf ihrem Gürtel reihen sich preußische und bayerische Wappen. So symbolisiert die Germania neben der Trauer wegen des Bruderkampfes auch die Versöhnung zwischen Preußen und Bayern. (Die Abbildung zeigt das Original.)

6/102 »Unterhändlerinstrument« für die Friedens-Präliminarien im Zuge des österreichisch-preußischen Waffenstillstandes, Nikolsburg, 26. Juli 1866*

Handschrift, 4 Folien; 34,5 × 21,4 cm
Wien, Haus-, Hof- und Staatsarchiv
(AUR 1866 Juli 26)

Schon im Friedens-Vorvertrag hatte Bismarck sich gegen den preußischen König und die Militärs durchgesetzt, die einen »harten Frieden« für Österreich wünschten: Die Habsburger Monarchie schied zwar aus Deutschland aus, mußte aber bis auf die Abtretung Venetiens an Italien keine weiteren Gebietsverluste hinnehmen. Zugleich stimmte Österreich der Auflösung des Deutschen Bundes und der Schaffung eines von Preußen geführten Norddeutschen Bundes zu. Preußen verpflichtete sich, den Bestand Sachsens bei der beabsichtigten territorialen »Neuordnung« nicht zu gefährden.

6/103 Albrecht von Roon zu Pferd vor Nikolsburg, 29. Juli 1866

H. Schnaebeli
Photodruck; 25,5 × 32 cm
Coburg, Staatsarchiv, Bildsammlung
(IV 3, Nr. 41+)

Für den preußischen Kriegsminister Roon war der Sieg von Königgrätz vor allem auf die Heeresreform zurückzuführen. Seiner Meinung nach hatte der Feldzug mehr für Preußen gebracht, als Friedrich II. mit allen seinen Kriegen erreicht hatte.

6/104 Helmuth von Moltke zu Pferd vor Nikolsburg, 29. Juli 1866

H. Schnaebeli
Photodruck; 26,5 × 33 cm
Coburg, Staatsarchiv, Bildsammlung
(IV 8, Nr. 29+)

Am 2. Juni 1866 erteilte Wilhelm I. dem Chef des Generalstabs Moltke Befehlsbefugnis über die gesamten Streitkräfte. Später entwickelte sich der Generalstab unter Moltkes Leitung zur militärischen Planungszentrale des Deutschen Reiches.

6/101

6/105 Theodor Fontane (1819–1898)

Löscher und Petsch
Um 1866; Photographie; 10 × 6,5 cm
Berlin, Bildarchiv PK (138/8695)

6/106 Fontanes Kriegsberichte

a) Der Schleswig-Holsteinsche Krieg im Jahre 1864
Berlin: F. Decker 1866

b) Der deutsche Krieg von 1866. Mit Illustrationen von Ludwig Burger
Berlin: F. Decker 1870/71, 2 Bde.

Berlin, Staatsbibliothek PK, Handschriftenabteilung (302290 bzw. 4° 363666)

Wie nur wenige andere Autoren war Fontane seit Anfang der 1850er Jahre ein begeisterter Anhänger des preußischen Staates. Als Kriegsberichterstatter nahm er an den Kriegen von 1864, 1866 und 1870/71 teil und schilderte in einem umfassenden Oeuvre die »ruhmreichen Waffengänge« der preußischen Armee. In Preußen sei die Forderung der Französischen Revolution nach Gleichheit, so Fontane 1853 in einem Schreiben an Theodor Storm, weitgehend verwirklicht.

6/107 »Einzug (20. September 1866)«

Theodor Fontane (1819–1898)
Berlin: F. Decker 1866
Faksimile; 35,5 × 18,5 cm
Berlin, DHM (Original: Berlin, GStA PK)

In seinen Gedichten von 1864 und 1866 zum Empfang der siegreichen Truppen in Berlin drückte Fontane seine Freude über die preußischen Siege aus; später beurteilte er den Ausschluß Österreichs aus Deutschland kritischer.

6/108 Theodor Storm (1817–1888)

Um 1866; Photopostkarte; 14,5 × 10 cm
Berlin, Bildarchiv PK (891/39)

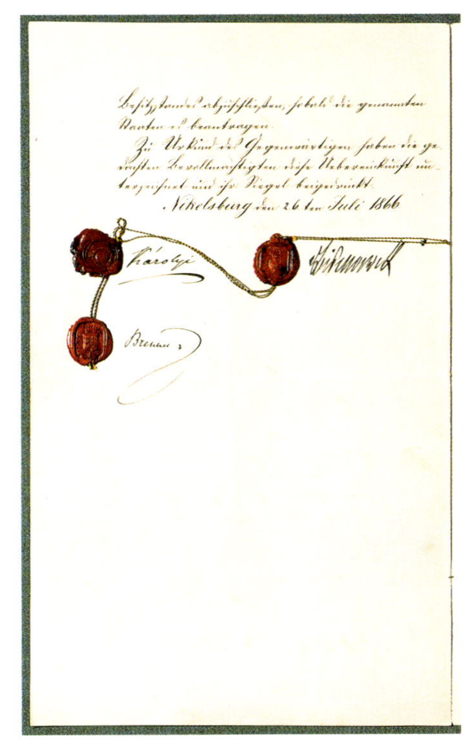
Besitzstandes abzuschließen, sobald die genannten
Staaten es beantragen.
Zu Urkund des Gegenwärtigen haben die ge-
dachten Bevollmächtigten diese Uebereinkunft un-
terzeichnet und ihr Siegel beigedrückt.
Nikolsburg den 26ten Juli 1866
Károlyi

6/102

6/109 Schreiben Theodor Storms an Theodor Fontane, 19. Dezember 1864

Handschrift; 22 × 14 cm
Kiel, Landesbibliothek Kiel (Cb 50)

Storm, der sich der schleswig-holsteinischen Freiheitsbewegung von 1848 verbunden fühlte, mußte 1852 Husum verlassen, weil der dänische König seine Bestallung als Rechtsanwalt aufgehoben hatte. Während seiner anschließenden Tätigkeit als Assessor in Potsdam setzte Storm sich kritisch mit dem preußischen Obrigkeitsstaat auseinander. Vom befreundeten Fontane aufgefordert, ebenfalls eine Hymne auf den Sieg der preußischen Truppen von 1864 zu schreiben, antwortete Storm: »Hol Sie der Teufel! Wie kommen Sie dazu, daß ich eine Siegeshymne dichten soll? ... Möchten Sie der letzte Poet jener ... dem Tode verfallenen Zeit sein, worin die Tat des Volkes erst durch das Kopfnicken des Königs Weihe und Bedeutung erhält«.

6/110 Lorbeerkranz »Dem Heldenkönig Wilhelm 1866«

Silber; Dm 19 cm
Berlin, Kunstgewerbemuseum SMPK
(AB 2963)

Bei der Rückkehr aus dem Feldzug 1866 erhielt Wilhelm I. diese Ehrengabe von der Berliner Fischerinnung. Eingraviert in den Kranz ist das Datum der Schlacht bei Königgrätz (3. Juli) und der Tag des Friedensschlusses in Prag (23. August).

6/111 Doppelseitig bemalte Schützenscheibe*

1867; bez.: gestiftet von Friedrich Schwarz, Uhrmacher. 1867. Schützenkönig Friedrich Reitz, Büchsenmacher
Öl/Holz; Dm 70 cm
Schwäbisch Hall, Hällisch-Fränkisches Museum

Der Zorn manches Süddeutschen über Preußen wird an dieser 1867 gestifteten Schützenscheibe ersichtlich: Ein Bürger mit Jakobinermütze erhängt einen preußischen Kürassieroffizier.

6/112 Schreiben König Wilhelms I. über die Verleihung einer Dotation, Berlin, den 12. Februar 1867

Handschrift; Ledereinband mit Goldprägedruck, in ledergebundener Kassette;
37 × 25 cm
Friedrichsruh, Bismarck-Archiv

Auf Wunsch des Königs bewilligte das Abgeordnetenhaus am 5. Dezember 1866 anderthalb Millionen Taler für Dotationen an Bismarck und die preußischen Generäle Roon, Moltke, Herwarth von Bittenfeld, Steinmetz und Vogel von Falckenstein. In einem Dankschreiben vom 12. Februar 1867 wies der Kö-

6/111

6/116

nig Bismarck 400 000 Taler als »erneute Anerkennung« zu und verknüpfte damit den Wunsch, die Summe durch »fideikommissarische Anordnungen« in Grund- und Kapitalbesitz anzulegen.

6/113 Varzin

»Album mit photographischen Original-Aufnahmen nach der Natur von Hermann Rückwardt, Königlich Preußischer und Bayrischer Hofphotograph«
Berlin 1885; 53 × 44 cm
Friedrichsruh, Bismarck-Archiv

Die Dotation für den Sieg von 1866 verwendete Bismarck am 23. April 1867 zum Kauf der Herrschaft Varzin in Pommern, die nach dem Wunsch des Königs als Fideikommiß unveräußerlicher Familienbesitz wurde. Um die etwa 5500 Hektar großen Güter aus dem Besitz des Grafen Leonhard von Blumenthal zu erwerben, mußte Bismarck noch weitere 100 000 Taler aufwenden.

6/114 »Rang= und Quartier=Liste« des 1. Bataillons Stendal, 1. Magdeburgisches Landwehr-Regiment No. 26, Stendal, 27. Oktober 1868

Formular mit handschriftlichen Eintragungen; 42,4 × 31 cm
Friedrichsruh, Bismarck-Archiv (A 32)

Als königliche Ehrenbezeugung wurde Bismarck am 18. Oktober 1868 zum »General-Major« und Chef des 1. Magdeburger Landwehrregiments No. 26 ernannt.

6/115 Erboberjägermeister-Urkunde für das Gut Varzin, verliehen von Kaiser Wilhelm I., 21. März 1877

Handschrift, Samteinband; 37 × 28 cm,
Kapsel: Dm 16 cm
Friedrichsruh, Bismarck-Archiv

In romantischer Verklärung der Erzämter des Mittelalters hatte Friedrich Wilhelm IV. anläßlich seiner Thronbesteigung 1840 neue Erbämter geschaffen. Zu den Ehrenämtern gehörte auch die Würde eines Erboberjägermeisters, mit der Bismarck von Kaiser Wilhelm I. 1877 bedacht wurde.

6/119

6/116 Vorpostengefecht vor Düppel, 1864*

Vilhelm Jakob Rosenstand (1838–1915)
1896; bez.: Vilh. Rosenstand 1896
Öl/Lw; 130 × 196 cm (m.R.)
Sønderborg, Museet på Sønderborg Slot

Deutlich erkennbar ist auf dem Gemälde, wie umständlich und gefährlich es war, Vorderladergewehre während eines Gefechts nachzuladen: In aller Regel mußte man aufstehen, um Pulver und Geschoß mit Hilfe eines Ladestockes auf den Laufgrund zu stopfen. Während dieses Vorgangs waren die Soldaten für den Feind ein leicht zu treffendes Ziel.

6/117 Dänische Wallbüchse, Modell 1848

1855; L ca. 135 cm
Flensburg, Städtisches Museum

Diese Wallbüchse wurde 1864 beim Sturm auf die Düppeler Schanzen erbeutet. Mit ihren veralteten Vorderladergewehren waren die dänischen Truppen den Preußen an Feuerkraft deutlich unterlegen.

6/118 Aufgesägte Gewehrschlösser, Patronen, Patronenzange, Pulverhorn, Patronentasche*

Sønderborg, Museet på Sønderborg Slot

Der Schnitt durch die Mechanik eines Steinschloß-, Perkussions- und Zündnadelgewehrs verdeutlicht insbesondere den Unterschied zwischen Perkussions- und Zündnadelzündung. Beim Perkussionsgewehr wurde das Zündhütchen durch den Schlag eines Hammers oder Hahns zur Entzündung gebracht, das heißt, die Zündung erfolgte von außen. Dreyses Zündnadelprinzip vereinigte Treibladung, Geschoß und Zündmittel in einer »Einheitspatrone«, deren Zündung durch die Nadel ausgelöst wurde.

6/119 Vortrag über das Zündnadelgewehr*

Holzstich nach einer Zeichnung von
Wilhelm Camphausen (1818–1885)
18,2 × 19,2 cm (m.R.)
Flensburg, Städtisches Museum (24685)

Seit 1840 wurden Teile der preußischen Armee mit dem von Johann Nikolaus Dreyse seit 1828 entwickelten Zündnadelgewehr ausgestattet. Zunächst erhielten die Füsilierbataillone die neue Waffe. Erst 1851 entschloß sich Friedrich Wilhelm IV., auch die übrige Infanterie mit Zündnadelgewehren auszurüsten. Da diese Umrüstung erst sehr spät abgeschlossen werden konnte, nutzte man 1864 noch Gefechtspausen, um Soldaten mit dem Zündnadelgewehr vertraut zu machen.

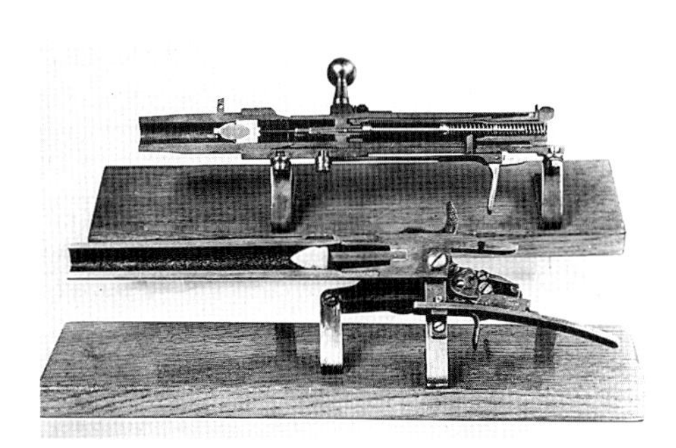

6/118

6/122

6/120 Preußische Zündnadel-gewehre

a) Infanterie-Gewehr M 41
Dreyse, Sömmerda
Eisen, Buchenholzschaft, Messing-beschläge; L 142 cm

Die ersten Zündnadelgewehre wurden in der Fabrik Dreyses in Sömmerda bei Erfurt gefertigt und aus Geheimhaltungsgründen in der preußischen Armee als Perkussionsgewehre bezeichnet; erst nach einer Kabinettsordre von 1855 wurden sie offiziell als Zündnadelgewehre bezeichnet. Das Modell 41 war mit einem Kaliber von über 15 Millimeter noch nicht sehr treffsicher und wurde im Zuge der Heeresreform durch das kürzere Modell 62 abgelöst. Der Ersatz der schmiedeeisernen Läufe durch Gußstahlläufe und die neue Munition verbesserten die Waffe erheblich.

b) Kavallerie-Karabiner M 57
Dreyse, Sömmerda
Eisen, Nußbaumvollschaft, Messing-beschläge; L 88 cm

Die 1859 bei den Dragonern und Husaren eingeführten Karabiner waren besonders kurz und handlich.

c) Füsiliergewehr M 60
Preuß. Gewehrfabrik, Spandau
Eisen, Nußbaumschaft, Messing-beschläge, bräunierter Lauf; L 130 cm

Bei diesem Modell wurde erstmals in der preußischen Armee auf ein Bajonett verzichtet.

d) Jägerbüchse M 65 mit Stecher-einrichtung
Dreyse, Sömmerda
Eisen, Nußbaumschaft, Messing-beschläge, bräunierter Achtkantlauf, L 125 cm

1865 wurden die Jägerbataillone mit der neuen Jägerbüchse M 65 ausgerüstet. Das Bajonett hat die Form eines Hirschfängers.

e) Pioniergewehr M 69
Eisen, Nußbaumschaft, Messing;
L 110 cm

Gegenüber den vorhergehenden Modellen zeichnete sich dieses Pioniergewehr durch wichtige Neuerungen aus: Es hat keine Kolbenbacke mehr, und der Entladestock läuft durch zwei Röhrchen.

Rastatt, Wehrgeschichtliches Museum
[006 148/258/731 (d,a,c), 010 076/703 (b,e)]

6/121 Lorenzgewehr M 1854

Perkussionsgewehr, Kaliber 13,9 mm
Staatl. Gewehrfabrik Arsenal, Wien
Eisen, Nußbaumschaft, Eisenbeschläge
Rastatt, Wehrgeschichtliches Museum
(010 127)

Das Zündnadelgewehr war mit seiner Feuergeschwindigkeit zwar dem Lorenzgewehr überlegen, hatte jedoch nicht dessen Treffsicherheit. Als nach dem 1866er Krieg Kritik am österreichischen Generalstab und der Waffenausrüstung aufkam, wies Kaiser Franz Joseph I. jegliche Kritik am Lorenzgewehr zurück: Als passionierter Jäger war er überzeugt, daß die zur Jagd taugliche Waffe auch für seine Armee geeignet sei.

6/122 Fourage im Krieg 1866*

Friedrich Kaiser (1815–1890)
Bez.u.l.: Kaiser
Öl/Lw; 33 × 52 cm
Privatbesitz

Wesentlich für die Schlagkraft der Armee war der Nachschub mit Munition, Lebensmitteln, Futter, Sanitätsbedarf und weiteren Ausrüstungsgegenständen. Im preußischen Heer gab es für den Transport der Versorgungsgüter spezielle Trainbataillone. Das Gemälde zeigt das Beladen von Pferdefuhrwerken in einem Magazin mit Heu, Stroh und Hafer.

6/124

6/123 »Kundmachung. In Betreff der Verpflegung der königlich preußischen Truppen in Sternberg...«, Sternberg, 10. August 1866

Flugschrift
39,5 × 25 cm
Wien, Österreichisches Staatsarchiv, Kriegsarchiv (Flugschriftensammlung A)

Seit dem 21. Juli 1866 herrschte zwischen Preußen und Österreich Waffenstillstand. Während in Nikolsburg und Prag Verhandlungen über einen Friedensvertrag geführt wurden, quartierte man die Truppen in den Dörfern ein. Genaue Instruktionen schrieben den Wirten Art und Menge der Verpflegung für Offiziere und Mannschaften vor. Konnten diese Vorgaben nicht erfüllt werden, requirierten die Truppenkommandeure die benötigten Lebensmittel.

6/124 Modell einer fahrbaren Feldküche (Gulaschkanone)*

Theodor Zeise, Kiel
1849; Holz, Stahl, Eisenblech, Messing, Kupfer; 82,5 × 47 × 93,5 cm
Hamburg, Altonaer Museum und Norddeutsches Landesmuseum (AB 5415)

Der Train führte zur Verpflegung der Soldaten im Feld fahrbare Herde mit sich, so daß auch während des Marsches warmes Essen gekocht werden konnte. Die Feldküche ist das Modell einer von dem Altonaer Apotheker Heinrich Zeise entwickelten »Gulaschkanone«, wie sie seit 1849 im Einsatz war. Mit dieser Feldküche konnten 400 Soldaten mit Suppe versorgt werden.

6/125 Betreuung eines Verwundeten, 1866*

Christian Sell (1831–1883)
1867; bez.u.l.: Chr. Sell 67.
Öl/Lw; 26 × 31 cm
Rastatt, Wehrgeschichtliches Museum
(014 494)

6/125

In der Genfer Konvention 1864 wurde die militärische Krankenpflege völkerrechtlich geregelt. Bereits in Friedenszeiten wurde ein System von Hilfsvereinen aufgebaut. Bevorzugt wurden zunächst in den Lazaretten Mitglieder geistlicher Orden, Diakonissen oder Barmherzige Schwestern eingesetzt.

6/126 »National= und Conduite= Liste über Stabsarzt Doctor Sigmund Bernstein«, Wien, 31. Dezember 1868

Formular mit handschriftlichen Eintragungen; 42 × 56,5 cm
Wien, Österreichisches Staatsarchiv, Kriegsarchiv (Conduitenliste Nr. 68)

Die Personalakte des österreichischen Militärarztes Sigmund Bernstein enthält Angaben zu seiner Berufsausbildung und Laufbahn. 1866 leitete Bernstein ein Feldspital. Die Militärärzte wurden seit 1786 an der Wiener Medizinisch-Chirurgischen Josephs-Akademie ausgebildet und gehörten seit 1854 dem Offiziersstand an. Insgesamt hatte der österreichische Sanitätsdienst eine Kriegsstärke von 250 Mann.

6/127 Armbinde des Roten Kreuzes*

Aufschrift: »1864 Schleswig/1866 Italie/1870 France«
L ca. 40 cm
Genf, Collection Musée International de la Croix-Rouge, Dépôt Comité international de la Croix-Rouge (CDL-1988–200–1)

6/127

6/130

Mit der Gründung des Roten Kreuzes wurde der gesamte Sanitätsbereich – Verwundete, Personal, medizinische Einrichtungen – für neutral erklärt. Zeichen der Neutralität wurde die weiße Binde mit dem roten Kreuz. Die hier gezeigte Armbinde trug Dr. Appia, Mitglied des Genfer »Comité International de la Croix Rouge«, in den Kriegen von 1864, 1866 und 1870.

6/128 Verbandsplatz im Schloßhof von Melnik 1866

De Székely
Aquarellierte Federzeichnung; 16,8 × 21 cm
Wien, Heeresgeschichtliches Museum
(BI 5102)

Die Zeichnung zeigt die erste medizinische Versorgung verwundeter österreichischer, sächsischer und preußischer Soldaten im Schloßhof des böhmischen Städtchens Melnik.

6/129 Grabplatten von verstorbenen Soldaten aus dem Augustenburger Lazarett

1864; Marmor; je 41 × 30,5 cm
Sønderborg, Museet på Sønderborg Slot

Während des fünf Wochen andauernden Kampfes um die Düppeler Schanzen verloren mehr als 800 Dänen und 260 Preußen ihr Leben. Die Dänen brachten ihre Verwundeten nach Kopenhagen oder in das Lazarett in Augustenburg, das jedoch zusätzlich mit Typhuskranken belegt wurde. Da immer mehr Verwundete an Typhus erkrankten und verstarben, wurde das Lazarett beim Waffenstillstand am 12. Mai 1864 evakuiert.

6/130 Das Versatzamt*

Friedrich Friedlaender (1825–1901)
1866; bez.: Friedlaender 866
Öl/Lw; 53 × 67 cm
Berlin, DHM (1988/645)

Das Gemälde bietet einen Einblick in die Schattenseiten der »ruhmreichen« Kriege: Im Warteraum eines Versatzamtes stehen Männer, Frauen und Kinder, um ihre Habseligkeiten anzubieten. Eine junge Witwe, deren kleiner Sohn sich an ihre Kleidung klammert, hält in der Hand den Säbel ihres gefallenen Mannes.

6/131 Fahne mit dem Bild der Germania*

Aufschrift: »1864–1866–1870–1871 – Gott war mit uns / Ihm sei die Ehre«
Textil, Holz; 130 × 130 cm; Stange: L 305 cm
Köln, Kölnisches Stadtmuseum
(HM 1918/119)

Umrankt von einem Lorbeerkranz blickt Germania vom Rheinufer nach Westen. Das siegreiche Schwert hält sie in der rechten Hand. Mit der Linken stützt sie sich auf einen Schild, der mit dem Reichsadler verziert ist.

6/131

6/132

6/132 Allegorie auf die Entstehung der deutschen Einheit*

Anton von Werner (1843–1915)
1871; bez.u.l.: AvW 1871
Öl/Lw; 138 × 285 cm
Berlin, Akademie der Künste

1873 wurde in Berlin die Siegessäule auf dem Königsplatz (heute Platz der Republik) nach Plänen von Johann Heinrich Strack gebaut. Für die Siegessäule, die an die Siege der Kriege 1864, 1866 und 1870/71 erinnern sollte, fertigte Anton von Werner bereits 1871 eine Vorstudie zu dem 1875 ausgeführten Mosaikfries an. In der Mitte des Gemäldes steht Borussia auf den Stufen des Thrones und empfängt die deutsche Kaiserkrone aus der Hand eines bayerischen Herolds. Links des Thrones stehen der preußische Kronprinz, der Großherzog von Mecklenburg, Bismarck, Roon und Moltke. Der Großherzog von Baden, die Vertreter der deutschen Stämme und der erwachte Barbarossa bilden die Gruppe rechts des Thrones.

Raum 7a

WEICHENSTELLUNGEN IN DIE MODERNE – DIE GROSSPREUSSISCHE STAATSBILDUNG

Preußen und fünfzehn norddeutsche Kleinstaaten unterzeichneten am 18. August 1866 einen Bündnisvertrag auf der Grundlage der preußischen Bundesreformvorschläge vom 10. Juni des Jahres. Die definitive Festlegung der Bundesverfassung sollte jedoch »unter Mitwirkung eines gemeinschaftlich zu berufenden Parlaments« erfolgen. Die verbündeten Regierungen verpflichteten sich, umgehend Wahlen nach dem Reichswahlgesetz vom 12. April 1849 auszuschreiben. Dem Bündnis vom 18. August schlossen sich bis zum 21. Oktober alle deutschen Staaten nördlich des Mains an. Bereits im Präliminarfrieden von Nikolsburg war auf Drängen Frankreichs der Main als Grenze für einen Nordbund festgelegt worden. Deshalb konnte Hessen-Darmstadt nur mit seiner nördlich des Mains gelegenen Provinz Oberhessen dem Bund beitreten. Als letzter Staat schloß sich das Königreich Sachsen, das im Friedensvertrag mit Preußen nur durch besondere Verwendung des österreichischen Kaisers Franz Joseph I. seine territoriale Integrität hatte wahren können, dem Norddeutschen Bund an.

Preußen war nach der Annexion von Hannover, Kurhessen, Nassau, Frankfurt sowie Schleswig und Holstein der beherrschende Staat Norddeutschlands. Von 30 Millionen Norddeutschen waren 25 Millionen preußische Staatsbürger. Eine Verbindung des preußischen Hegemonieanspruchs mit föderativen Elementen eines Bundesstaats versuchte Bismarck verfassungsrechtlich abzusichern. Seine im Herbst 1866 in Putbus auf Rügen formulierten Überlegungen wurden zur Grundlage des Verfassungsentwurfs: Das Bundespräsidium, erblich bei der Krone Preußens, sollte die völkerrechtliche Vertretung des Bundes übernehmen, über Krieg und Frieden entscheiden sowie den Oberbefehl über das Bundesheer haben. Der unter preußischem Vorsitz stehende Bundesrat sollte sich aus instruktionsgebundenen Gesandten der Landesregierungen zusammensetzen und sowohl exekutive als auch legislative Aufgaben wahrnehmen. Zum Aufgabenbereich des Bundes sollten insbesondere das Verkehrswesen, Münz- und Gewichtssystem sowie das Post- und Telegraphenwesen gehören. Die Stimmenverteilung des Norddeutschen Bundes lehnte sich an die Verhältnisse im Bundesrat des aufgelösten Deutschen Bundes an: Preußen erhielt zwar nur siebzehn der 43 Stimmen, hatte aber ein Vetorecht bei allen Verfassungsänderungen, die nur mit Zweidrittelmehrheit möglich waren. Der Reichstag, gewählt nach dem allgemeinen, gleichen und direkten Wahlrecht, sollte bei der Gesetzgebung gleichberechtigt neben dem Bundesrat stehen und ein Gegengewicht zu den verbündeten Regierungen bilden. Bismarck hoffte, in einem starken Parlament einen Bündnispartner gegen

Vorbehalte der Fürsten zu finden. Die Geschäftsführung des Bundes sollte dem preußischen Gesandten im Bundesrat, dem Bundeskanzler übertragen werden.

Als Bismarck den Verfassungsentwurf dem Konstituierenden Reichstag am 4. März 1867 vorlegte, rechnete er mit erheblichen Änderungswünschen der mehrheitlich liberalen Abgeordneten und bereitete die verbündeten Regierungen darauf vor, den Verfassungsentwurf auch notfalls zu oktroyieren. Doch bereits am 16. April 1867 wurde ein revidierter Verfassungsentwurf vom Konstituierenden Reichstag mit 230 gegen 53 Stimmen angenommen und nach erfolgter Ratifizierung durch die Landtage der verbündeten Staaten am 26. Juli 1867 in der ersten Nummer des »Bundes-Gesetzblattes des Norddeutschen Bundes« veröffentlicht.

Viele Revisionen führten gegenüber dem Verfassungsentwurf zu einer Kompetenzerweiterung des Bundes. Unter anderem wurde die Steuergesetzgebung des Bundes auf die direkten Steuern erweitert und die Bundeszuständigkeit für das Handels-, Wechsel-, Konkurs- und Zivilprozeßrecht auch auf das Strafprozeßrecht ausgedehnt. Dies ermöglichte 1870 die Verabschiedung eines bundeseinheitlichen Strafgesetzbuches.

Durch den Vorstoß einiger Abgeordnete kam es zur wesentlichsten Änderung des Verfassungsentwurfs: »Anordnungen und Verfügungen« des Bundespräsidiums mußten vom Bundeskanzler gegengezeichnet werden. Damit war die Forderung von Fortschrittlern und Nationalliberalen nach verantwortlichen Bundesministerien zwar zum Teil erfüllt, vor allem aber war dem Bundeskanzler nun die Möglichkeit zum Aufbau einer vom Bundesrat unabhängigen Bundesregierung gegeben. Vermutlich wurde der entscheidende Antrag des Abgeordneten Saenger von Bismarck beeinflußt.

Bismarck, der am 14. Juli 1867 von König Wilhelm I. zum Bundeskanzler berufen worden war, ernannte den Ministerialdirektor des preußischen Handelsministeriums Rudolf Delbrück zum Präsidenten des Bundeskanzleramtes. Unter Delbrücks Leitung entwickelte sich das Bundeskanzleramt zur Schaltstelle des Bundes für Handel- und Gewerbeangelegenheiten, Justiz- und Rechnungswesen, Post und Telegraphie. Von hier ging auch die Umgestaltung des Postwesens im Norddeutschen Bund aus. Bereits 1867 wurde die Thurn und Taxissche Post gegen Entschädigung übernommen und die Norddeutsche Bundespost gegründet, die sich im wesentlichen auf das preußische Postgesetz von 1852 stützte und mit den süddeutschen Staaten kooperierte.

Die Umgestaltung des Zollvereins ermöglichte es, Bayern, Württemberg, Hessen-Darmstadt und Baden stärker an den Norddeutschen Bund zu binden. Nach dem Willen Preußens, wurde – parallel zu den Organen des Norddeutschen Bundes – der Zollverein mit Zollbundesrat und Zollpräsidium ausgestattet. Der Bundesrat des Norddeutschen Bundes wurde um die süddeutschen Gesandten zum Zollrat erweitert. Ebenso wurde der norddeutsche Reichstag durch süddeutsche Abgeordnete zu einem Zollvereinsparlament ergänzt. Die Hoffnung Bismarcks, die Wahlen zum Zollparlament würden den von Preußen eingeschlagenen Weg der kleindeutschen Lösung bestätigen, erfüllten sich im Frühjahr 1868 nicht. Vielmehr errangen in Bayern und Württemberg die großdeutsch gesinnten Parteien eine klare Mehrheit.

Auch die 1867 von Hessen und Baden mit Preußen abgeschlossenen Militärkonventionen fanden in weiten Teilen der süddeutschen Bevölkerung wenig Zuspruch, da mit der Anpassung an das preußische Militärsystem die Durchsetzung der allgemeinen Wehrpflicht verbunden war. Die Statistiken der Auswanderungshäfen verzeichneten einen Anstieg auswanderungswilliger, nicht ganz armer junger Männer aus Süddeutschland. Verstärkt wurde die Auswanderung 1867 auch durch den Wegzug polnischer Bevölkerungsteile aus Westpreußen. Im April 1867 wurden in Bremen die höchsten Auswanderungszahlen seit 1854 verzeichnet.

Durch die entschlossene Haltung der liberalen Parteien wurden in die Verfassung verstärkt Elemente des Parlamentarismus aufgenommen, wie die Gewährleistung der Immunität für Abgeordnete. Grundlegend war auch die Festschreibung des Budgetrechts. Entgegen den Wünschen Bismarcks mußte der Bundeshaushalt vom Reichstag jährlich genehmigt werden. Ausgenommen davon war allerdings zunächst der Militär- und Marineetat.

Nach den Erfahrungen des preußischen Verfassungskonflikts wurden die Diskussionen um Kommandogewalt und Budgetrecht mit besonderer Spannung erwartet, denn nach dem Verfassungsentwurf sollte das »Kriegswesen« dem Zugriff des Parlaments möglichst ganz entzogen werden. Man einigte sich darauf, Heer und Marine unter die Gesetzgebungszuständigkeit des Bundes zu stellen, behielt dem Bundespräsidium aber das Vetorecht vor. Wenig Kompromißbereitschaft zeigte Bismarck bei der Festlegung der Friedenspräsenzstärke des Heeres und des Etats. Der Verfassungsentwurf setzte die Stärke des Bundesheeres auf 1% der Bevölkerung von 1867 fest und bestimmte die jährlichen Ausgaben pro Soldat auf 225 Taler. Dies hätte den Ausschluß des Heeresetats vom Budgetrecht des Reichstags bedeutet. Nach schwierigen Verhandlungen zwischen Bismarck, den Fortschrittlern und den Nationalliberalen einigte man sich darauf, Friedenspräsenzstärke und Matrikularbeitrag auf vier Jahre festzulegen und fügte eine Klausel hinzu: Sollte es am 31. Dezember 1871 kein gültiges Bundesgesetz geben, so würden die Abmachungen zunächst beibehalten. Diese Einigung sicherte dem Reichstag in Zukunft ein Mitspracherecht bei Heereseinrichtungen und ermöglichte der Präsidialmacht Preußen, die Organisation des Bundesheeres voranzutreiben. Die Truppen der Einzelstaaten wurden rasch zu einer einheitlichen, schlagkräftigen Armee nach preußischem Vorbild gestaltet, und bereits 1867 wurde ein Kriegsdienstgesetz für alle Norddeutschen eingeführt. Nicht nur die deutsche Öffentlichkeit verfolgte mit Interesse den Aufbau von Heer und Flotte: Auf der Pariser Weltausstellung 1867 konnte sich die Weltöffentlichkeit von der modernen preußischen Kriegstechnik überzeugen.

Heidemarie Anderlik

7a/1 Wahlgesetz für den konstituierenden Reichstag, Babelsberg, 1. Oktober 1866

In: Gesetz=Sammlung für die Königlichen Preußischen Staaten, Nr. 54, Berlin 1866
Berlin, Senatsbibliothek (Ges 8–1866)

22 Staaten unterzeichneten zwischen dem 18. August und dem 21. Oktober 1866 einen Vertrag zur Errichtung eines Bundesstaates nördlich der Mainlinie. Als 23. Staat gehörte das 1865 an den preußischen König verkaufte Herzogtum Lauenburg dem Bund an. Die Wahlen zum konstituierenden Reichstag sollten nach dem Reichswahlgesetz vom 12. April 1849 erfolgen. Da der Bund zur Gesetzgebung noch nicht befugt war, mußte das Wahlgesetz in jedem Bundesstaat als Landesgesetz erlassen werden. Das preußische Abgeordnetenhaus genehmigte das Wahlgesetz mit einer Änderung: Der Reichstag sollte die Verfassung des Bundes nur beraten, aber nicht beschließen dürfen.

7a/2 »Einberufungs=Patent für den Reichstag des Norddeutschen Bundes«, Berlin, 13. Februar 1867

In: Gesetz=Sammlung für die Königlichen Preußischen Staaten, Nr. 13, Berlin 1867
Berlin, Senatsbibliothek (Ges 8–1867)

Die Wahlen zum konstituierenden Reichstag fanden am 12. Februar 1867 nach dem allgemeinen, geheimen und direkten Wahlrecht in 297 Wahlkreisen statt. Frauen waren von der Wahl ausgeschlossen.

7a/3 »Plenum des Norddeutschen Reichstages. Wahlen am 12. Februar 1867 nebst Nachwahlen bis 22. März 1867«*

F. von Rappard
Berlin: Friedrich Schulze
1867; Lithographie; 68 × 52 cm
Berlin, GStA PK (XII. HA IV Nr.38)

Am 24. Februar 1867 eröffnete der preußische König den konstituierenden Reichstag, zu dessen Präsident Eduard Simson gewählt wurde. Der Reichstag tagte bis zum 17. April 1867. In der ersten Woche bildeten sich folgende Fraktionen: Konservative (59), Freikonservative (39), Altliberale (27), Nationalliberale (79), Fraktion der Linken (19), Freie Vereinigung (15), Bundesstaatlich-Konstitutionelle (18), Polen (13). Die Beratungen über den Verfassungsentwurf begannen am 4. März.

7a/4 Die Verfassung des Norddeutschen Bundes, 17. April 1867

In: Bundes=Gesetzblatt des Norddeutschen Bundes 1867, Nr.1
Berlin, Senatsbibliothek (Ges 7–1867)

Am 16. April 1867 genehmigte der Konstituierende Reichstag mit 230 gegen 53 Stimmen den revidierten Verfassungsentwurf: Zentrales Organ des Bundes war der Bundesrat mit der Funktion eines Gesamtministeriums. Aus seiner Mitte wurden Ausschüsse für Militär, Zoll, Handel und Verkehr, Eisenbahn, Post und Telegraphie, Justiz und Haushalt gebildet. Bundesratsbeschlüsse wurden mit einfacher Stimmenmehrheit getroffen. Das Präsidium im Bundesrat und die völkerrechtliche Vertretung des Bundes führte der preußische König durch den Bundeskanzler. Der Reichstag übte zusammen mit dem Bundesrat die Gesetzgebung aus.

7a/5 Büste des Otto Graf Bismarck-Schönhausen*

Elisabeth Ney (1833–1907)
1867; bez.: Bismarck, Elisabeth Ney, Berlin, 6.10.1867
Marmor; H 64 cm
Berlin, DHM (1988/1540)

Am 14. Juli 1867 ernannte König Wilhelm I. den preußischen Ministerpräsidenten Otto von Bismarck zum Bundeskanzler des Norddeutschen Bundes. Die Amtsgeschäfte wurden im Bundeskanzleramt koordiniert, das sich in Generalpostamt, Generaldirektion des Telegraphenwesens und Zentralabteilung mit den Referaten Konsulatswesen, Handels- und Gewerbeangelegenheiten sowie innere Angelegenheiten gliederte. Als preußischer Außenminister betreute Bismarck auch die auswärtigen Angelegenheiten des Bundes.

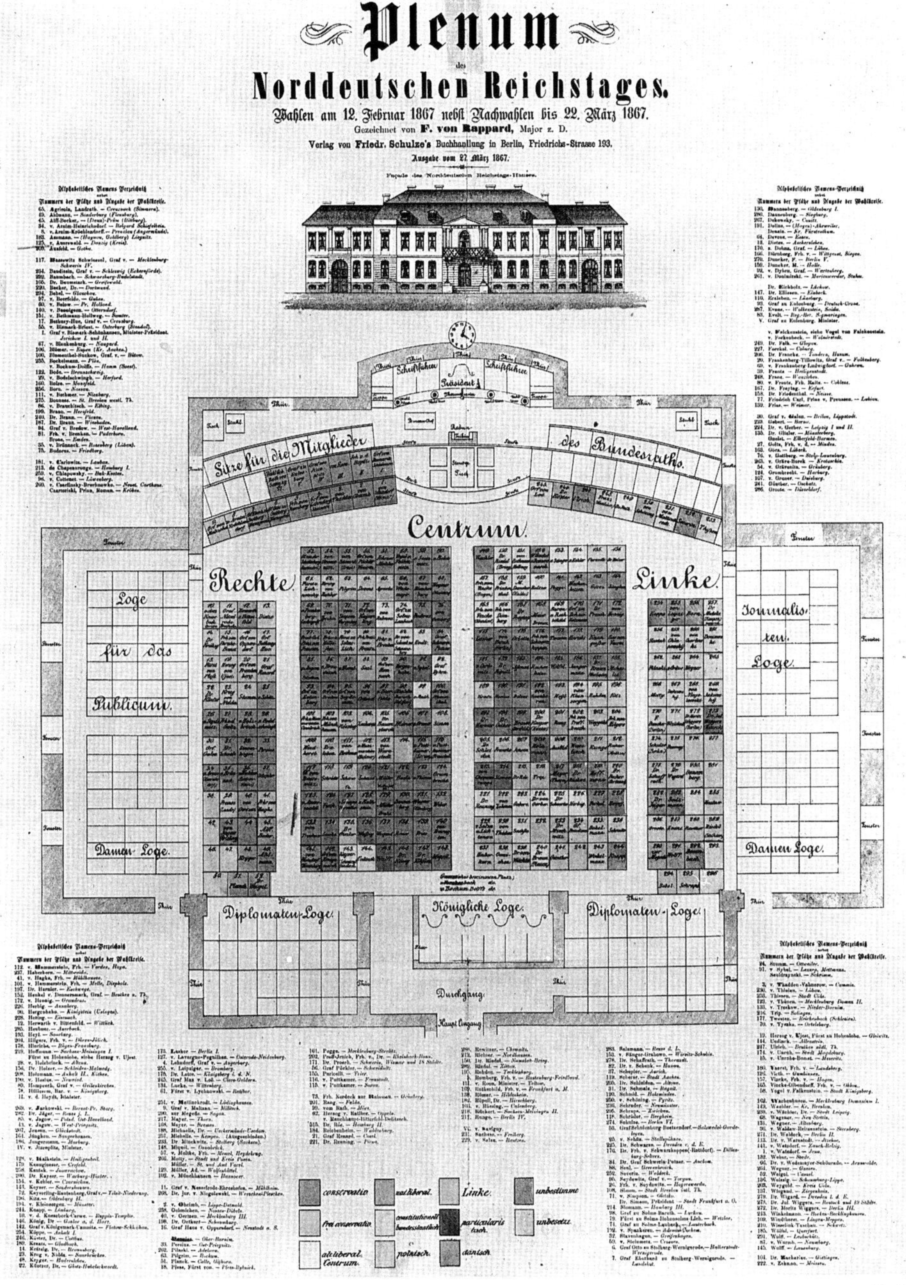
Plenum des
Norddeutschen Reichstages.
Wahlen am 12. Februar 1867 nebst Nachwahlen bis 22. März 1867.
Gezeichnet von F. von Rappard, Major z. D.
Verlag von Friedr. Schulze's Buchhandlung in Berlin, Friedrichs-Strasse 193.
Ausgabe vom 27. März 1867.
Präsident
Schriftführer
Schriftführer
Sitze für die Mitglieder
des Bundesraths
Centrum
Rechte
Linke
Loge für das Publicum
Journalisten Loge
Damen Loge
Damen Loge
Diplomaten-Loge
Königliche Loge
Diplomaten-Loge
Durchgang
Haupt Eingang
conservativ
frei conservativ
altliberal Centrum
nat.liberal
constitutionell bundesstaatlich
polnisch
Linke
particularistisch
dänisch
unbestimmt
unbesetzt

7a/3

7a/5

7a/6 Das erste Norddeutsche Parlament*

C. Süßnapp nach Carl Johann Arnold (1829–1916)
Berlin: W. Korn & Co.
1867; Lithographie; 65,5 × 91 cm
Coburg, Staatsarchiv, Bildsammlung (VI 6/15⁺)

Der erste und einzige ordentliche Reichstag des Norddeutschen Bundes wurde am 31. August 1867 für eine Legislaturperiode von drei Jahren gewählt. Wählbar war jeder Norddeutsche ab dem 25. Lebensjahr. Die Abgeordneten besaßen die volle Immunität, bezogen jedoch keine Diäten. Die Aufgabe des Reichstags, dessen Sitzungen öffentlich waren, beschränkte sich auf die Bundesgesetzgebung.

7a/7 Maß- und Gewichtsordnung, 17. August 1868

In: Bundes=Gesetzblatt des Norddeutschen Bundes 1868
Berlin, Senatsbibliothek (Ges 7–1868)

Zur Erleichterung des Handels wurde in Preußen und im Norddeutschen Bund das französische Meter offiziell eingeführt. Bereits 1863 hatte sich die preußische Regierung ein Urmaß herstellen lassen. Die Einhaltung der neuen Maßeinheiten – Meter, Liter und Kilogramm – wurde von den Eichämtern überwacht.

7a/8 Fünf Meßbecher*

a) »Litre«
b) »Demi Litre«
c) »Double Decilitre«
d) »Decilitre«
e) »0,01 l«

Deutschland
19. Jh.; Zinnlegierung (a-d), Zinn (e);
H 3 – 18,3 cm, Dm 3,7 – 14,2 cm
Dresden, Stadtmuseum (1990/67/1–4 u. 1990/66)

7a/9 Gewerbeordnung, 26. Juni 1869

In: Bundes=Gesetzblatt des Norddeutschen Bundes 1869
Berlin, Senatsbibliothek (Ges 7–1869)

Die Gewerbeordnung führte im gesamten Bundesgebiet für Männer und Frauen die Gewerbefreiheit ein. Mit der Aufhebung des seit 1845 bestehenden »Koalitionsverbots« wurden Streikrecht, Aussperrung und Entlassung als Mittel des Arbeitskampfs gesetzlich verankert.

7a/8

7a/6

7a/10 Strafgesetzbuch, 31. Mai 1870

In: Bundes=Gesetzblatt des Norddeutschen Bundes 1870
Berlin, Senatsbibliothek (Ges 7–1870)

Die Rechtsprechung der einzelnen Mitgliedsstaaten des Norddeutschen Bundes wurde durch die Einführung dieses Strafgesetzbuches vereinheitlicht. Dies bedeutete aber auch, daß u. a. in Sachsen, Oldenburg, Anhalt und Bremen die Todesstrafe wieder eingeführt werden mußte.

7a/11 »Gesetz, betreffend die Verpflichtung zum Kriegsdienste«, 9. November 1867

In: Armee-Verordnungs-Blatt, Nr. 22, Berlin 1867
Düsseldorf, Zentralbibliothek der Bundeswehr

Jeder zwanzigjährige Norddeutsche war zum Militärdienst verpflichtet. Die Dienstzeit umfaßte sieben Jahre: Drei Jahre aktiver Dienst und vier Jahre Reservedienst. Danach gehörte der Rekrut fünf Jahre der Landwehr oder Seewehr an.

7a/12 »Garnison Karte der Preussischen Armee Nebst Der Preuss. Kriegs Marine und den zum Norddeutschen Bund gehörigen Contingenten«

Maßstab 1:1 850 000
August Koehler
Berlin: A. Boehden
1867; Lithographie; 49 × 61 cm
Berlin, Staatsbibliothek PK, Kartenabteilung (Kart. N 1760)

Das Bundesheer mit einer Friedensstärke von über 300 000 Mann wurde einheitlich verwaltet und unterstand dem preußischen König. In Militärkonventionen wurden jedoch mit

Einzelstaaten Sonderabsprachen getroffen. Danach gab es Truppen mit eigener kriegsministerieller Verwaltung (Preußen, Sachsen), »selbständige« Kontingente (beide Mecklenburg, Hessen, ab 1886 Braunschweig), »nicht selbständige« Kontingente (Sachsen-Weimar, Oldenburg, Sachsen-Meiningen, Sachsen-Altenburg, Sachsen-Coburg-Gotha, Anhalt, Schwarzburg-Rudolstadt und beide Reuß) und vollständig in die preußische Armee aufgegangene Truppen (Schwarzburg-Sondershausen, Waldeck, Lippe, Schaumburg-Lippe und die drei Hansestädte).

7a/13 Zündnadelgewehr M 1860

Danzig
Stempel: F.G.Mod.60
Holz, Stahl, Messing; L 128,5 cm
Berlin, DHM (1989/467)

Mit der Bildung des Bundesheeres wurden Ausbildung, Ausrüstung und Bewaffnung nach preußischem Vorbild vereinheitlicht. So wurde die gesamte Infanterie mit dem preußischen Zündnadelgewehr M 62 (M 65 für Jäger, M 60 für Füsiliere) ausgestattet.

7a/14 Pickelhaube für die Mannschaften der Infanterie Sachsens

Modell 1867
Leder, Messingbeschläge; H 25 cm
Dresden, Stadtmuseum (1981/92)

1867 führte die gesamte Bundesarmee die Pickelhaube und den blauen Uniformrock ein. Schnitt und Ausstattung der Uniform, Kokarden, Standarten und Fahnen wurden nicht reglementiert.

7a/15 »Übersicht des Standes der Norddeutschen Eisenbahnen in Bezug auf ihre militärische Benutzung für das Jahr 1867«

In: Eisenbahn-Section des Großen Generalstabs, o.O. 1867
Nürnberg, Verkehrsmuseum
(Bibl. Nr. I P, 5)

In den Kriegen von 1864 und 1866 hatte sich die strategische Bedeutung der Eisenbahn erwiesen. Zur systematischen Planung der Truppen- und Materialtransporte baute Moltke 1869 die Eisenbahnsektion des Generalstabs zu einer selbständigen Abteilung aus. Artikel 41 der Verfassung des Norddeutschen Bundes ermöglichte den Bau wichtiger Eisenbahnlinien auch ohne Zustimmung des betroffenen Bundesstaates.

7a/16 Flagge der Kriegs- und Handelsmarine

140 × 480 cm
Rastatt, Wehrgeschichtliches Museum
(103100)

»Schwarz-Weiß-Rot« wurde nach Artikel 55 der Bundesverfassung zur gemeinsamen Flaggenfarbe der Kriegs- und Handelsschiffe des Norddeutschen Bundes erklärt. In dieser Farbkombination verbanden sich das preußische »Schwarz-Weiß« und das »Rot-Weiß« der Hansestädte.

7a/17 Modell der Corvette »Elisabeth« der Marine des Norddeutschen Bundes*

Holz; H ca. 40 cm, L ca. 135 cm
Wilhelmshaven, Küsten-Museum der Stadt Wilhelmshaven (Blatt 2, Nr. 6)

Die Flotte des Norddeutschen Bundes unterstand dem preußischen Oberbefehl und wurde durch das 1861 von Roon geschaffene preußische Marine-Ministerium verwaltet. Kriegshäfen waren der Kieler Hafen und der Jadehafen. Mit dem Bau der 2364 BRT großen Corvette »Elisabeth«, benannt nach der Witwe Friedrich Wilhelms IV., wurde 1867/68 auf der königlichen Werft in Danzig gebaut. Es war mit 24pfündigen Geschützen von Krupp und einer 400 PS starken Maschine ausgestattet.

7a/18 »Das Sitzungsgebäude des Zollparlaments«

Holzstich; 14 × 19 cm
Siegburg, Finanzgeschichtliche Slg. der Bundesfinanzakademie (B 1117)

7a/17

Am 8. Juli 1867 wurde der Zoll- und Handelsverein auf zehn Jahre verlängert und in einen Zollbundesstaat mit Zollbundesrat und Zollparlament umgewandelt. Entscheidungen konnten nur durch Mehrheitsbeschluß beider Organe getroffen werden, wobei Preußen das Vetorecht zustand. Der Zollbundesrat setzte sich aus dem Norddeutschen Bundesrat und Vertretern der süddeutschen Landesregierungen zusammen. Das Zollparlament war eine süd- und norddeutsche Volksvertretung (außer Hamburg und Bremen), gewählt nach dem allgemeinen, gleichen und direkten Wahlrecht.

7a/19 »Eine Sitzung des deutschen Zollparlaments«

Holzstich; 23 × 32 cm
Siegburg, Finanzgeschichtliche Slg. der Bundesfinanzakademie (B 1118)

König Wilhelm I. eröffnete am 27. April 1868 im Weißen Saal des königlichen Schlosses das Zollparlament. In seiner Thronrede ermahnte Wilhelm die 388 Abgeordneten, partikulare Interessen hinter die deutschen Interessen zurückzustellen.

7a/20 Die Verhandlungen des deutschen Zollparlaments

Robolsky (Hg.)
Berlin: Fr. Kortkampf 1868
Siegburg, Finanzgeschichtliche Slg. der Bundesfinanzakademie (101/83-873/42)

In den Verhandlungen des Zollparlaments kamen Fragen des Freihandels und der Schutzzollpolitik zur Sprache. Während beim Abschluß des Handelsvertrages mit Österreich sich mehrheitlich die »Freihändler« durchsetzen konnten, fanden die Schutzzollpolitiker bei den Verhandlungen um Verbrauchssteuern und Einfuhrzölle Mehrheiten.

7a/21 Vereins-Zollgesetz, 1. Juli 1869

In: Bundes=Gesetzblatt des Norddeutschen Bundes 1869
Berlin, Oberfinanzdirektion Berlin (F VI a 161)

In drei Sessionsperioden regelte das Zollparlament die Reform des Zolltarifs. Das Zollgesetz, das bis 1939 in Kraft blieb, wurde fast einstimmig verabschiedet.

7a/22 Vier Posthausschilder aus der Zeit des Deutschen Bundes

a) Lübeck-Hamburg
Öl/Holz; ca. 112 × 70 cm

b) Hamburg
Nach 1861; Öl/Blech; 97 × 65 cm

c) Thurn und Taxis
Öl/Blech; 61 × 43 cm

d) Altdöbern
Kopie; Öl/Holz; 70,5 × 47,5 cm

Hamburg, Postmuseum (a) (1553-1)
Frankfurt a. M., Deutsches Postmuseum (b-d) (C 550/879/2561)

Der Deutsche Bund besaß keine einheitliche Postverwaltung: Während es in Österreich, Preußen, Hannover, Sachsen, Bayern, Baden und Württemberg eine eigene Landespost gab, betrauten viele Mittel- und Kleinstaaten das Haus Thurn und Taxis mit der Postverwaltung. Versuche, die Gebühren- und Beförderungsvorschriften in allen Postgebieten zu vereinheitlichen, hatten 1850 mit der Gründung des »Deutsch-Österreichischen Postvereins« einen ersten Erfolg.

7a/23 Posthausschild der Norddeutschen Bundespost*

Kopie; Öl/Blech; 103 × 76 cm
Frankfurt a. M., Deutsches Postmuseum
(C 537)

Ein einheitliches Postgesetz regelte das »Post-und Telegraphenwesen« im Norddeutschen Bund, und am 1. Januar 1868 nahm die Norddeutsche Bundespost ihre Arbeit auf. Zu ihrem Einzugsbereich gehörten neben dem Gebiet des Norddeutschen Bundes auch der südlich des Mains gelegene Teil des Großherzogtums Hessen sowie Hohenzollern. Auf ihren Postschildern führte die Bundespost die Handelsflagge des Norddeutschen Bundes.

7a/24 Protokoll über die Abgabe des Postamts Lübeck »nebst den dazugehörigen Nebengebäuden und sonstigen Pertinenzen«, 12. April 1868

Handschrift; 29 × 39 cm
Hamburg, Postmuseum (1557-1)

Gegen eine Abfindung von drei Millionen Talern ging die gesamte Thurn und Taxissche Post zum 1. Juli 1867 an Preußen über. Besondere Schwierigkeiten machte die Vereinheitlichung des zersplitterten Post- und Telegraphenwesens in den Hansestädten. In Lübeck unterhielten neben Thurn und Taxis zeitweilig auch Preußen, Hannover, Dänemark und Schweden eine eigene Post.

7a/25 Bestallungsurkunde für den »Post-Assistenten« Carl Julius Wilhelm Blasius Drescher zum »Post-Secretair«, Berlin, 15. April 1869

Formular mit handschriftlichen Eintragungen; ca. 40 × 25 cm
Hamburg, Postmuseum (1557-2)

Die Ernennung des Postassistenten Drescher zum Postsekretär wurde vom Präsidenten des Bundeskanzleramts, Rudolf Delbrück, unterzeichnet. Das Bundeskanzleramt war seit dem 18. Dezember 1867 mit der Leitung der Post betraut, wozu auch die Anstellung der leitenden Post- und Telegraphenbeamten gehörte. Beamte im lokalen und technischen Bereich wurden von den Landesregierungen angestellt.

7a/26 »Nachweisung derjenigen Personen, welche nach Nordamerika auszuwandern Willens sind...«, 9. April 1868

Handschrift; 35,5 × 25 cm
Berlin, GStA PK (Rep. A 181, Nr. 33031)

Zwischen 1820 und 1920 wanderten 5,5 Millionen Deutsche nach Nordamerika aus. Unter dem Eindruck steigender Bevölkerungszahlen, Arbeitslosigkeit, wirtschaftlicher Schwierigkeiten und vor allem auf Drängen der Liberalen wurde seit 1849 das Recht auf Auswanderung zum festen Bestandteil der Landesverfassungen und 1867 auch in die Verfassung des Norddeutschen Bundes aufgenommen.

7a/27 Die Passagierstube der preußischen Fahrpost*

Felix Schlesinger (1833–1910)
1859; bez.: Fel. Schlesinger Delf. 1859
Öl/Lw; ca. 90 × 130 cm
Hamburg, Museum für Hamburgische Geschichte (1960,27)

Für viele Auswanderer begann noch um 1860 der beschwerliche Weg nach Amerika mit einer Postkutschenfahrt. Für die Schiffspassage nach New York wirbt im Warteraum der preußischen Fahrpost ein Plakat. Einen Liniendienst nach New York hatten der Norddeutsche Lloyd von Bremen und die HAPAG von Hamburg aus eingerichtet.

7a/28 »Post- & Reise-Karte von Deutschland und den Nachbar Staaten«

Heinrich Weber nach F. Handtke
Glogau: C. Flemming
1866; kolorierte Lithographie; 108 × 87 cm
Frankfurt a. M., Deutsches Postmuseum
(I A 1.3 210)

Die Post- und Reisekarte verzeichnet alle Postkutschen-, Eisenbahn- und Schiffslinien

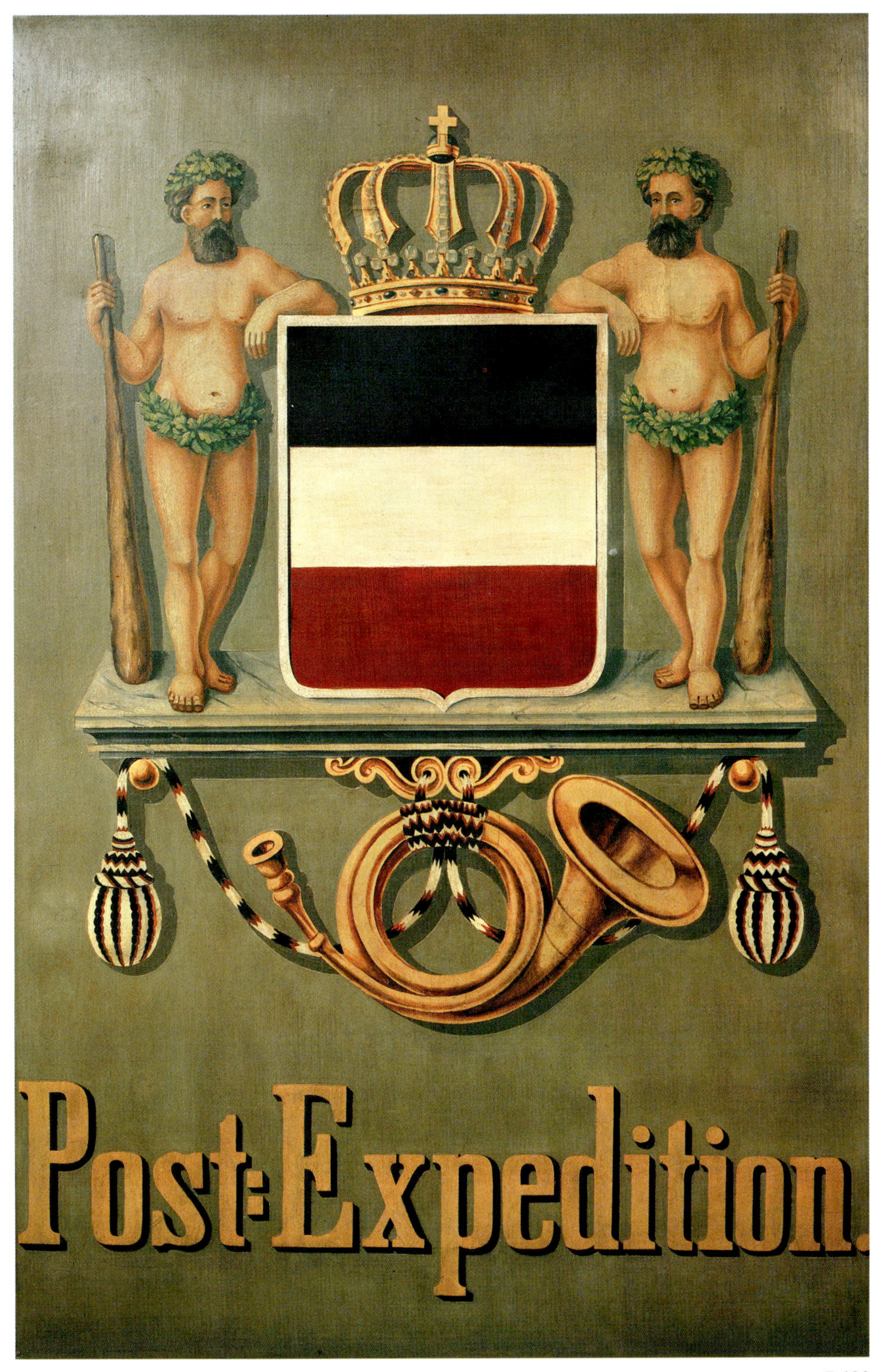

7a/23

7a/27

mit Angabe der Fahrzeit. Eingezeichnet sind auch die Schiffsverbindungen aus deutschen, holländischen und englischen Häfen nach Amerika. Von den über 230000 Auswanderern im Jahr 1866 verließen mehr als ein Viertel das Land über Bremen, den damals größten deutschen Auswandererhafen. Mit der Einführung der Dampfschifflinien nach New York seit den 1850er Jahren sank die Fahrtzeit von sieben auf zwei Wochen.

7a/29 Reiseformulare für Schiffspassagen

a) »Passagier-Contract mit den obrigkeitlich concessionirten Auswanderer-Expedienten Falck & Co. in Hamburg & Liverpool«

b) »Dampfschiff-Passagier-Contract mit dem obrigkeitlich concessionirten Auswanderer-Expedienten M. Otto W. Möller in Hamburg«

c) Quittung der HAPAG für »das Passagegeld inclusive Kopfgeld ... nach New York«, Hamburg 1868

d) Quittung für Post- und Passagierbeförderung zwischen Hamburg & New York

Hamburg, Staatsarchiv (Bestand 373–7 I, Auswanderungsamt I II AI, 1 K)

Die Kontrolle des Auswanderungswesens in Bremen und Hamburg oblag den Städten. 1832 erließ Bremen eine Verordnung, die erstmals Reeder verpflichtete, die Seetüchtigkeit ihrer Schiffe nachzuweisen, Passagierlisten zu führen und Proviant für 90 Tage an Bord zu nehmen. Um 1850 gelang es mit der Einrichtung staatlicher Auswanderungsbüros, die Auswanderer vor Wucher zu schützen.

Raum 7b

DER WEG IN DIE MODERNE – WELTAUSSTELLUNG PARIS 1867

Die vierte Weltausstellung 1867 in Paris, nach London 1851, Paris 1855 und London 1862, übertraf alle Erwartungen. Victor Hugo empfing im Ausstellungsführer, der bereits im Vorjahr erschienen war, die ausländischen Besucher mit einer pathetischen Friedenserklärung: »Allemands! All men! Ihr seid alle Menschen!« Andere sprachen vom »Rendezvous der Kontinente«. Trotz erheblicher Planungsschwierigkeiten waren 32 Nationen mit 33000 Ausstellern, davon 12000 aus Frankreich und 2000 aus Mitgliedstaaten des Norddeutschen Bundes, vertreten. Ungefähr elf Millionen Menschen, darunter zahlreiche Regierungsoberhäupter, besuchten die Ausstellung.

Die preußische Ausstellungskommission hatte sich in einem ausführlichen Schreiben an die »Vertreter der Kunst, des Gewerbefleißes und der Landwirthschaft im Vaterlande« gewandt, »in dem Vertrauen, daß ihre Auffassung Anklang finden werde, wonach es eine Pflicht der nationalen Ehre, nicht minder wie ein Gebot des Interesses ist, der ergangenen Einladung zu folgen«. Zur »Erweiterung des Marktes«, zum »Erfolg der Concurrenz«, war 1862 ein Freihandelsvertrag zwischen Preußen und Frankreich geschlossen worden, der auch den Zollverein miteinbezog. Der Termin der Weltausstellung bald nach den Feldzügen vom Sommer 1866, den darauf folgenden Gebietsannexionen und der Gründung des Norddeutschen Bundes hatte Verwirrungen und Verzögerungen zur Folge. So waren bei der Eröffnung am 1. April die meisten Exponate noch nicht einmal in Schaukästen untergebracht. Die langwierigen Vorbereitungsarbeiten konnten erst im Mai abgeschlossen werden.

Das Ausstellungsgebäude, ein nüchterner ovaler Bau aus sieben ringförmigen Galerien auf dem früheren Exerzierplatz vor der Militärreitschule auf dem Marsfeld, hatte der Ingenieur Frédéric Le Play, zugleich Generalkommissar der Weltausstellung, entworfen. Er war einer der engagiertesten Sozialreformer Frankreichs. Nach dem Willen der Beteiligten und den Erfahrungen der verlustreichen Kriege von 1864 und 1866 sollte die Weltausstellung im Zeichen des Friedens stehen. Der Bericht der französischen Hohen Militärkommission betonte ausdrücklich den Friedensauftrag und die Fortschrittsmission, auf die sich alle Beteiligten geeinigt hatten. Aber auch den Kriegswaffen wurde Raum gewährt: Kanonen, Torpedos, Blankwaffen u. a. galten auch als Industrieprodukte. Die internationale Jury lehnte es jedoch ab, sich diesen Waffen zu widmen, so daß Napoleon III. eine »Hohe Commission« französischer und ausländischer Offiziere als Militärjury einberufen mußte. Sie betrachtete die Fortschritte der Kriegstechnik als Gegenstand der Kunst: Die Innovationen in der Kriegstechnik hätten auch eine Modernisierung im zivilen

Bereich zur Folge – etwa die Telegraphenapparate und die Eisenbahnen im Transport- und Fouragewesen und in der Verwundetenfürsorge. Bekanntestes Ausstellungsstück war bald die 47 Tonnen schwere Krupp-Kanone, von der es später nach der Belagerung von Paris im »Kladderadatsch« rückblikkend hieß: »Zuerst kam das Geschütz und dann die Geschosse«. Alfred Krupp erhielt besonderes Lob, weil er in seiner Fabrik »scharfe Disziplin walten läßt und die Trunkenheit bekämpft«.

Zur Förderung sozialverantwortlichen Unternehmertums wurden erstmals auch – außer Konkurrenz – Institutionen im internationalen Ländervergleich aufgenommen, die »die physische und moralische Verbesserung der Bevölkerung« zum Ziel hatten. Zum ersten Mal zählten »Familienwohnungen für die einzelnen Classen von Arbeitern in den verschiedenen Ländern in städtischen und ländlichen Fabriken« als eigene Ausstellungsgruppe. Sie sollten sich »durch Billigkeit in Verbindung mit den Bedingungen für Gesundheit und Behaglichkeit charakterisieren«. Auch Lebensmittel, Möbel, Unterrichtsmaterialien für Erwachsene und Kinder, Volkstrachten, Haushaltswaren, Kleidungsstücke und Werkzeuge für den selbständigen Handwerksmeister wurden in dieser Abteilung gezeigt.

Während der Ausstellungsdauer sorgten unzählige glänzende Empfänge und Gesellschaften für Abwechslung: Am 1. Juni begann das »défilé« der gekrönten Häupter mit dem Zaren Alexander II., der im Palais Elysée abstieg, vier Tage später trafen Wilhelm I. und Bismarck ein, der gegenüber der Presse betonte, daß es sich um eine Friedensreise handle. Graf Bismarck, preußischer Ministerpräsident und Kanzler des Norddeutschen Bundes, zeigte sich zwar an der Seite des Königs in weißer Kürassieruniform, er war aber nach den spektakulären Erfolgen Preußens in Frankreich bereits zuvor so »populär«, daß die Pariser Damenschneider die neue Modefarbe »Havanna-Braun« der Sommersaison 1867 herausfordernd »couleur Bismarck« getauft hatten, um sie bei der haute volée besser absetzen zu können. Schließlich hatte der preußische Ministerpräsident als »Sieger von Sadowa (Königgrätz)« den französischen Verbündeten Österreich bezwungen.

Die Weltausstellung vereinte in ihren Hallen und Galerien beispielhafte Produkte von Kunst, Gewerbe und Industrie und demonstrierte die neuesten Techniken und fortschrittlichsten Produktionsmethoden. Sie ließ auf weitere große Fortschritte der Moderne hoffen. Vielen bürgerlichen Optimisten schien die Aussicht auf eine friedliche Zukunft glänzend. Victor Hugo verkündete im Führer zur Ausstellung: »Im 20. Jahrhundert wird es eine außerordentliche Nation geben. Diese Nation ... wird sich über das Ansehen wundern, das konische Geschosse genießen, und nur mit Mühe einen Armeeführer von einem Schlächter unterscheiden können ... Diese Nation wird Paris zur Hauptstadt haben und sich keineswegs Frankreich nennen. Sie wird sich Europa nennen.«

Marie-Louise von Plessen

7b/1 Hauptansicht der Pavillons auf dem Marsfeld

Guy Ciceri
1867; bez.u.r.: Guy Ciceri 1867
Aquarell; ca. 200 × 300 cm (m.R.)
Paris, Archives Nationales (AE VI[P] 122)

In der Mitte des ehemaligen Exerzierplatzes stand auf dem Marsfeld, umgeben von kleineren Pavillons, das ovale Hauptgebäude mit einer Längsachse von 500 Metern und einer Querachse von 400 Metern. In acht konzentrisch angelegten Galerien gliederten sich die nach Sachgruppen eingeteilten Exponate. Das Gebäude des Architekten Le Play mußte 1889 zur Hundertjahrfeier der Französischen Revolution dem Eiffelturm weichen.

7b/2 Die Ausstellungshalle

a) Zuschauer bei der Errichtung der Hallenkonstruktion auf dem Marsfeld
b) Die »Galérie centrale« der Ausstellungshalle

Pierre Petit (1832–1909)
1866/67; 2 Photographien aus: Travaux de construction du Palais de l'Exposition universelle de 1867 au milieu du Champ de Mars; 23,5 × 35 cm (a), 24 × 33,5 cm (b)
Paris, Bibliothèque historique de la Ville de Paris (Paris Album F° 108)

Pierre Petit war der von Napoléon III. offiziell bestellte Photograph der Weltausstellung. Sein Atelier dokumentierte den Bau und die Inneneinrichtung des Gebäudes. Die Anmeldung der Teilnehmer hatte bis spätestens 20. Oktober 1865 zu erfolgen. Für die preußischen Aussteller, die durch die »Königliche Central-Commission für die Pariser Ausstellung von 1867« unter dem Protektorat des Kronprinzen berufen worden waren, übernahm der Staat lediglich die Kosten für den Transport der Ausstellungsgüter von der Empfangshalle zum Ausstellungsort und die Gestaltung des Ausstellungsraumes. Die Aufnahme und Beförderung der zur Ausstellung zugelassenen Gegenstände war für die Zeit vom 14. Januar bis zum 5. März geplant. Die Zeitplanung konnte jedoch nicht eingehalten werden, und die Ausstellung wurde am 1. April unvollständig eröffnet. Erst im Mai waren alle Einrichtungsarbeiten abgeschlossen.

7b/3 »Der Pariser Ausstellungs-Palast von 1867«

Grundriß
Lithographie; 30 × 49,3 cm
Nürnberg, GNM, Graphische Slg. (Kapsel 1227[a], HB 18403)

Das von den Vorbereitungsgremien getroffene »Classifications-System« unterschied zwischen 95 Klassen, die in folgende Gruppen aufgeteilt waren: 1. Kunstwerke; 2. »Material und Anwendung« der freien Künste (darunter »Photographische Proben und Apparate für die Photographie«); 3. »Hausgeräte und andere für die Wohnung bestimmte Gegenstände; 4. Kleidungsstücke (einschließlich Gewebe) und andere von der Person getragene Gegenstände; 5. Erzeugnisse (rohe und bearbeitete) der auf die Gewinnung von Rohstoffen gerichteten Industrien; 6. Werkzeuge und Verfahren bei den gemeinnützigen Gewerben; 7. Nahrungsmittel (frische oder conservierte) in den verschiedenen Graden der Zurichtung; 8. Lebende Erzeugnisse des Ackerbaus und Proben von Einrichtungen und Anlagen zu demselben; 9. Lebende Erzeugnisse und Muster von Anlagen und Einrichtungen für den Gartenbau; 10. Gegenstände, welche eigens zu dem Zweck ausgestellt werden, die physische und moralische Lage des Volks zu verbessern. Darunter gruppieren sich: Material und Methoden des Unterrichts der Kinder; Bibliothek und Material zum Unterricht Erwachsener in der Familie, in der Werkstatt, in der Gemeinde oder der Corporation; Hausgeräte, Kleidungsstücke und Nahrungsmittel aller Art, die sich durch ihre nützlichen Eigenschaften in Verbindung mit der Billigkeit des Preises auszeichnen; Probestücke der Volkstrachten einzelner Länder; Proben von Wohnungen, die sich durch Billigkeit in Verbindung mit den Bedingungen für Gesundheit und Behaglichkeit charakterisieren; Erzeugnisse aller Art, wie sie von selbständigen Handwerksmeistern gefertigt werden; Werkzeuge und Arbeitsvorrichtungen, welche für selbständige Handwerksmeister besonders geeignet sind.«

7b/4a

7b/4 Vier Ansichten von der Weltausstellung, Paris 1867

a) Kanonen vor dem Ausstellungsgebäude des Kriegsministeriums*
b) Bayerischer Pavillon
c) Preußischer Pavillon mit dem Stand der Fa. Moritz Goldschmidt & Söhne und dem preußischen Adler
d) Die Rotunde des deutschen Pavillons mit Wappenschilden

Photographien (Reproduktionen) aus: Pierre Petit, Bisson jeune et Michelez, Photographies de l'Exposition universelle de Paris 1867
Paris, Bibliothèque historique de la Ville de Paris (Paris Album F° 133)

Die 11. Ausstellungsklasse führte »Apparate und Instrumente der medizinischen Kunst« vor. Bezeichnend für diese Weltausstellung, deren Ziel es war, den Frieden zu propagieren, war die Präsentation von Ambulanz- und Erste-Hilfe-Materialien außer Konkurrenz durch die Kriegsministerien der Vereinigten Staaten, Frankreichs und Großbritanniens sowie das französische, italienische, preußische, österreichische und Schweizer Comité. Zur Gruppe der Kriegswaffen gehörte neben verschiedenen Gattungen der Land- und Seemilitärausrüstung auch Material für die Landambulanzen und für Kranken- und Verwundetentransporte. Einzelpreise und Medaillen in Gold, Silber und Bronze wurden für medizinische und chirurgische Produkte vergeben.

7b/5 Vier Ansichten von der Weltausstellung, Paris 1867

Pierre Petit (1832–1909)
Photographien (Reproduktionen) aus: L'Exposition universelle de 1867 au champ de Mars
Paris, Bibliothèque historique de la Ville de Paris (Paris Album 4° 53)

In der Klasse 37 (tragbare Waffen) wurde die Waffenfabrik der Stadt Solingen (Preußen) für ihre »Blankwaffen« mit einer Goldmedaille ausgezeichnet, die Solinger Firma Kirschbaum mit einer Silbermedaille. Materialien und Verfahrensweisen der Hüttenproduktion und Metallurgie stellte die Klasse 47 vor. Außer Konkurrenz beteiligte sich das preußische Ministerium für Handel, Industrie und Verkehr (königliche Direktionen von Clausthal, Schlesien, Stassfurt, Saarbrükken, Westfalen, Erfurt, Halle, Königsgrube). Der Grand Prix ging an den französischen Industriellen Schneider & Cie für Kohlebergbau, Schmiede und Gießerei in Le Creusot (vgl. L/11). In der Klasse 63 (Eisenbahnwesen) erhielt der Berliner August Borsig eine Goldmedaille für eine Lokomotive mit Tender, in der Klasse 64 zeigten Siemens & Halske, Berlin, und die Gebrüder Siemens, London, außer Konkurrenz Telegraphenapparate. Werner Siemens gehörte zur Jury dieser Abteilung.

7b/6 Einladung für »Comte de Bismark Président du Conseil, Ministre des affaires Etrangères de la Prusse« in die Tuilerien zum Diner am 13. Juni 1867

13,5 × 19,5 cm
Friedrichsruh, Bismarck-Archiv

Am 5. Juni, vier Tage nach dem Zaren, trafen König Wilhelm sowie der Kronprinz als Schirmherr der Vorbereitungsarbeiten für Preußen und Bismarck in Paris ein. Die Hoheiten logierten im Pavillon de Marsan, einem Flügel der Tuilerien, während Bismarck in dem ihm aus seiner Gesandtenzeit wohlbekannten Palais Beauharnais abstieg.

7b/7 Pariser Straßenkleid für den Nachmittag in »Bismarck-Braun«*

Kolorierter Stahlstich in: Journal des Demoiselles, Jg. 35, Sept. 1867, »Gravure de modes, Première toilette«; 27 × 20 cm
Berlin, Kunstbibliothek SMPK (Lipp Zb 52)

Otto von Bismarck zeigte sich im Gegensatz zum diskreten König Wilhelm meist in preußischer weißer Kürassieruniform und glänzte

7b/7

als galanter Gesellschafter auf allen Empfängen. Seine Popularität bestätigte die Tatsache, daß die Pariser Damenschneider die allgemein als häßlich empfundene neue rotbraune Modefarbe »couleur Bismarck« tauften – wie neben französischen Gazetten auch die Vossische Zeitung am 7. Juni 1867 berichtete.

7b/8 Telegramm »A Sa Majesté le Roi de Prusse à Babelsberg«, 18. Juni 1867

Faksimile; 28 × 21 cm
Berlin, DHM (Original: Berlin, GStA PK)

Das Telegramm enthält die Danksagung Napoleons für den Besuch des preußischen Königs. Beide Seiten betonten ausdrücklich die friedfertigen Absichten der »Friedensreise« zur Weltausstellung, die nach Sadowa (Schlacht von Königgrätz) und der Luxemburg-Krise die Öffentlichkeit beruhigen und ihre Aufmerksamkeit auf den friedlichen Austausch der Kenntnisse und Erfahrungen im Bereich der Industrie und der Gewerbeerzeugnisse lenken sollte.

7b/9

7b/9 Die kaiserlichen und königlichen Besucher der Weltausstellung, Paris 1867 (»Souvenir de la Grande Exposition Internationale de 1867«)*

Emile-Louis Vernier (1829–1887)
Lithographie; 32,5 × 46 cm
Paris, Musée Carnavalet (Petit Carton 62bis F)

Offizielle Empfänge dienten glanzvoller Prachtentfaltung. So gab der preußische Botschafter Robert von der Goltz im Palais Beauharnais einen berühmt gewordenen Ball mit Buffet und Souper für mehrere hundert Gäste, Illuminationen, Tanz bis in den frühen Morgen bei einem Kosteneinsatz von 50 000 Goldfranken. Ein weiterer beliebter Treffpunkt der königlichen Hoheiten und ihres Gefolges war das Café Anglais am Boulevard des Italiens, *das* Moderestaurant mit ausgezeichneter Speisekarte.

7b/10 Plakat zur Operette »Die Großherzogin von Gerolstein« von Jacques Offenbach, Paris, 12. April 1867*

Jules Chéret (1836–1932)
Farblithographie/Leinen; 70 × 53 cm
Paris, Bibliothèque Nationale, Dep. de la musique (Af Tit. II, Bibliothèque de l'Opera)

Die »Großherzogin von Gerolstein« wurde schon im Vorfeld der Ausstellung uraufgeführt. Sie enthielt eine Menge Anspielungen auf die kriegerischen Ereignisse des Vorjahres, u. a. die Karikatur auf den General der Infanterie Helmuth von Moltke in der Figur des »Général Boum-Boum«. Die preußischen Besucher reagierten leicht verärgert. Die Offenbachschen Operetten erlebten im Berlin der sechziger Jahre bahnbrechende Erfolge. So wurde »Orpheus in der Unterwelt« im Kroll-Theater am Königplatz und im Friedrich-Wilhelmstädtischen Theater an der Weidendamm-Brücke hundertmal aufgeführt, auch die »Schöne Helene« ließ die Kassen klingeln;

der Cancan – laut »Meyers Konversations-Lexikon« (1875) »ein französischer Tanz ... mit allerlei muthwilligen, ins Unanständige und Unzüchtige ausartenden Abweichungen in Touren, Geberden, Stellung« – hielt seinen Einzug in die Tanzlokale.

7b/11 Plakat zur Operette »Die Schrecken des Krieges« von Jules Costé*

Entwurf: Mailly
Paris: Ch. Schiller
1868; Lithographie; 65 × 51 cm
Paris, Bibliothèque Nationale, Dep. de la musique (Af Th II, Bibliothèque de l'Opera)

Die Weltausstellung stand im Zeichen des Friedens. Auch die Operettenbühnen widmeten ihre Programme pazifistischen Zielen und malten in düsterer Blasphemie »Die Schrekken des Krieges«. Ein gewisser E. de Villebranche veröffentlichte in der Septembernummer des »Journal des Demoiselles« von 1867 einen warnenden Kommentar über das Verhältnis der Aussteller zum Krieg: »Anstatt die Mittel zu verbessern, warum schafft man nicht gleich die wirklichen Wurzeln des Übels ab? Warum vernichtet man nicht auf ewig

7b/10

7b/11

diese häßlichen Kanonen, die so viele Mütter erzittern lassen, jetzt wo alle Völker der Erde sich so brüderlich einander nähern?«

7b/12 Plakat für die vierbändige illustrierte Reisebeschreibung »Schultze und Müller auf der Pariser Weltausstellung«

Entwurf: Hermann Scherenberg (1826–1897)
Berlin: H. Berg
1867; Lithographie; 54 × 41 cm
Berlin, Kunstbibliothek PK, Plakatsammlung (Thyssen 2826)

Das Plakat warb für die gleichnamige humoristische Fortsetzungsreihe aus dem Verlag des »Kladderadatsch«, der alle gesellschaftlichen und politischen Vorkommnisse in Paris bissig kommentierte.

7b/13 Kartenspielende Schusterjungen*

Ludwig Knaus (1829–1910)
1861; bez.u.l.: L. Knaus
Öl/Lw; 41 × 48,5 cm
Marburg, Marburger Universitätsmuseum für Kunst und Kulturgeschichte

7b/13

Ludwig Knaus (Preußen) erhielt für sein Genregemälde, als einziger Deutscher neben dem Bayern Wilhelm von Kaulbach, für Preußen einen Grand Prix in der ersten Gruppe der Kunstwerke (1. und 2. Klasse: Malerei und Zeichnung) neben den französischen Malern Cabanel, Gérôme, Meissonnier, Th. Rousseau, dem Belgier Leys und dem Italiener Ussi. Napoleon III. zeichnete ihn persönlich mit der Großen Goldenen Medaille und dem Offizierskreuz der Ehrenlegion aus, ein Erster Preis ging an Karl von Piloty (Bayern), ein Zweiter Preis an Adolph Menzel. Dritte Preise erhielten Franz Adam, Franz Lenbach (Bayern) und Andreas Achenbach (Preußen). In der Gruppe der Bildhauer errang der Preuße Friedrich Drake einen Grand Prix. In der 5. Klasse (Kupferstich und Lithographie) gingen ein Grand Prix an Joseph von Keller und ein Erster Preis an Eduard Mandel, ebenfalls für Preußen.

7b/14 Glas-Kunsthandwerk, welches auf der Pariser Weltausstellung 1867 vom preußischen Staat erworben wurde

a) Schale mit Untersatz*
Farbloses Glas mit goldenen Fäden, geblasen; türkisblaue, aufges. Nuppen (67,728 a/b)

b) Henkelkanne
Farbloses Glas mit goldenen Fäden und türkisblauem Rand, geblasen (67,628)

c) Flakon
Rubinrotes Glas, geblasen (D 2752)

d) Doppelhenkelvase
Dunkelgrünes Glas, geblasen (67,575)

e) Zwei Fußbecher
Farbiges Glas mit dichten Aventurinstreifen, geblasen, Fuß gesponnen, Streifen und Nuppen aufgeschmolzen (67,807)
Farbloses Glas, geblasen, türkisblaue, aufgesetzte Nuppen (67,808)

f) Pokalglas
Blaues Glas, geblasen (67,934)

g) Kanne
Bernsteinfarbenes Glas, geblasen (67,632)

h) Zwei Trinkbecher
Bernsteinfarbenes Glas, geblasen (67,931 u. 67,795)

i) Pokalglas
Grünes Glas, geblasen (67,918)

j) Schälchen
Bernsteinfarbenes Glas, geblasen (67,718)

k) Zwei Tellerchen
Mit grünen und goldenen, Fäden, geblasen (67,681)
Mit blauen und goldenen Streifen, geblasen (Notnummer 1109)

Società Salviati & Co., Murano
H 10 – 35 cm, Dm 10 – 20 cm
Berlin, Kunstgewerbemuseum SMPK

7b/14a

7b/15

7b/15

In der Klasse 16 (Kristalle, Luxusgläser und Glasfenster) stellte außer Konkurrenz das »Königliche Institut für Glasmalerei zu Berlin« seine Produkte aus. In dieser Kategorie waren die französischen Hersteller führend. Den Grand Prix erhielt die Kristallfabrik Baccarat, eine Goldmedaille gewann die Compagnie de Saint-Gobain, Chauny et Ciorey in Paris, Stolberg und Mannheim für Frankreich, Preußen und Baden für ihre Spiegelherstellung. Zwei Silbermedaillen gingen an die preußischen Firmen Graf Schaffgotsch in Schreiberhau (Luxusgläser) und Haarmann, Schott & Hahne in Witten (Fensterglas). Einzelstücke der Filigranglaserzeugung des Venezianers Antonio Salviati (Bronzemedaille) wurden vom preußischen Staat zu billigen Preisen angekauft. In der Klasse 21 (Goldschmiedekunst) errang die Firma Sy & Wagner, Berlin, eine Goldmedaille.

7b/15 Sechs Modelle für Bewegungsmaschinen, die auf der Weltausstellung 1867 durch den französischen Staat angekauft wurden*

Polytechnisches Arbeitsinstitut J. Schroeder, Darmstadt
Stahl/Holzsockel; H 68 – 80 cm
Paris, Musée National des Techniques du C. N. A. M. (7779–7784)

Das Polytechnische Arbeitsinstitut von J. Schroeder in Darmstadt warb mit einem breiten Angebot für seine Produkte: »Diese Anstalt fertigt alle Lehrgegenstände der allgemeinen & technischen Wissenschaft; als: Modelle für Stereometrie, darstellende Geometrie, Maschinentheile und Maschinen, Civil- und Ingenieur-Baukunst, Forst- und Landwirthschaft. Alle Lehrmodelle der Technologie, Krystallographie etc. und Zeichenwerkzeuge.«

7b/16

7b/16 Vulkan als Maschinenbauer*

Abguß nach dem Modell des Reliefs für einen Bogenzwickel des Roten Rathauses zu Berlin, angekauft vom französischen Staat auf der Weltausstellung 1867 in Paris
Modell: August Fischer (1805–1866)
Tonwarenfabrik Ernst March, Charlottenburg
1867; Terrakotta; 116 × 170 × 26 cm
Paris, Musée National des Techniques du C. N. A. M. (7920)

Die Tonwarenfabrikanten Paul und Emil March zeigten ihre Produkte außer Konkurrenz in der Klasse 17 (Porzellan, Fayencen und andere Tonerzeugnisse der Luxuskategorie). Paul March war zugleich Mitglied der Jury. Die Sandsteinfabrikate der Firma Villeroy & Boch in Mettlach wurden mit einer Silbermedaille für Preußen ausgezeichnet. Das Rote Rathaus, so genannt wegen der Verwendung von roten Ziegeln, wurde in zwei Bauabschnitten nach Plänen des Architekten Hermann Friedrich Waesemann in den Jahren 1861–70 errichtet. Die allegorische Kraft des Gottes Vulkan als Maschinenbauer ist hier als Symbol der Moderne zu verstehen.

Raum 8a

REICHSGRÜNDUNG IM KRIEG – SEDAN

Die nach 1866 in Mitteleuropa entstandene Lage galt vielen in- und ausländischen Beobachtern als Übergangssituation. Angesichts der zunehmenden innenpolitischen Schwäche und preußenfeindlichen Haltung der französischen Regierung kam dem preußisch-französischen Verhältnis eine Schlüsselrolle zu. Bismarck gelangte dabei immer mehr zu der Überzeugung, daß eine Auseinandersetzung mit Frankreich sich auf Dauer nicht vermeiden lassen werde und eine solche Auseinandersetzung zugleich unübersehbare Vorteile für die Vollendung des Einigungsprozesses in seinem Sinne verspreche. Sie sollte sich allerdings nach Möglichkeit ohne Einmischung von außen vollziehen und in ihrer Entwicklung kontrollierbar bleiben.

Den äußeren Anlaß bot die Kandidatur des Erbprinzen Leopold, der der katholischen Sigmaringer Seitenlinie der Hohenzollern angehörte, für den spanischen Thron. Nachdem der Prinz infolge der französischen Proteste die Kandidatur zurückgezogen hatte, versuchte die Regierung Frankreichs, Preußen eine empfindliche diplomatische Niederlage beizubringen, indem sie auch für die Zukunft einen Verzicht auf den »Thron Karls V.« bindend verlangte. An diesem Punkt sah Bismarck eine günstige Gelegenheit, Frankreich als den Aggressor hinzustellen. Er brüskierte am 13. Juli 1870 mit der provozierenden »Emser Depesche« die Regierung in Paris, woraufhin diese am folgenden Tage die Mobilmachung gegen Preußen verkündete. Am 19. Juli folgte die formelle Kriegserklärung.

Napoleon galt in der öffentlichen Meinung als Friedensbrecher, in der internationalen Presse wurde Frankreich als »Gewalthaber in Europa« bezeichnet – so etwa in der »Neuen Zürcher Zeitung« am 17. Juli. In dem nun folgenden deutsch-französischen Krieg spielte Bismarck als Kanzler des Norddeutschen Bundes eine zentrale Rolle bei der Eindämmung des Krieges und den gleichzeitigen Einigungsverhandlungen mit den süddeutschen Staaten.

Napoleon III. hatte den Krieg erklärt, ohne sich des militärischen Beistands Österreichs und Italiens zu versichern. Um einen Zweifrontenkrieg zu verhindern, hatte Moltke »jeglichen Schein einer Aggression vermeiden« wollen. Preußen-Deutschland besaß nach abgeschlossener Mobilmachung gemäß den Bestimmungen der Schutz- und Trutzbündnisse von 1866/67 mit den Armeen des Norddeutschen Bundes und der süddeutschen Staaten Baden, Hessen-Darmstadt, Württemberg und Bayern eine den französischen Streitkräften überlegene Armee von 462000 Mann Infanterie und 56800 Mann Kavallerie. Die französische Armee umfaßte rund 336000 Mann, eine Zahl, die den früheren Berechnungen des preußischen Generalstabs entsprach.

In Berlin und in Süddeutschland schlugen die Wellen patriotischer Begeisterung hoch, hervorgerufen vor allem durch die intensive französische Kriegsagitation nach dem Kandidaturverzicht des Hohenzollernprinzen. Bismarck suchte nach der Kriegserklärung den Waffengang auf Frankreich und die deutschen Bündnisstaaten zu beschränken und war erfolgreich um die Neutralität Österreichs, Italiens, Englands, Rußlands und Dänemarks bemüht.

Von vielen Deutschen wurde der Krieg als »nationale Notwendigkeit« angesehen, so auch von dem Juristen Justus von Ihering, der am 5. August an Oskar von Bülow schrieb: »Wie danke ich Gott, daß ich diese Zeit noch erlebe; das ist die nahe Wiedergeburt der deutschen Nation, und alles, was sie im Laufe von einem Jahrtausend gesündigt hat, macht sie in wenig Wochen wieder gut, sie erhebt sich jetzt als *einige* Nation wie der Herkules in der Wiege – wie ganz anders als die italienische! – um der Schlange den Kopf einzudrükken...«. Die Kriegsbegeisterung blieb nicht auf nationale Kreise beschränkt, sie erfaßte nahezu alle politischen Gruppen und Bevölkerungsschichten in Deutschland, selbst die Auslandsdeutschen. Dieser Krieg wurde somit zum Instrument der nationalen Integrationsbemühungen.

Der triumphale militärische Sieg von Sedan am 2. September, die Kapitulation einer der beiden französischen Hauptarmeen und die Gefangennahme des französischen Kaisers versetzten die Weltöffentlichkeit in Erstaunen und brachten dem preußischen Generalstab Prestige und Popularität. Die anfänglichen Erfolge der deutschen Armeen und ihr schneller Vormarsch in Frankreich bestärkten die deutschen Siegeserwartungen. Ging es zunächst darum, den Gegner möglichst rasch zu besiegen, so zielten nun alle diplomatisch-politischen Aktivitäten auf eine räumliche Eingrenzung der Kriegshandlungen. Anfangs hatte Bismarck davon abgesehen, Einfluß auf die militärische Führung zu nehmen. Nach Sedan forderte jedoch die Politik ihr Recht: Die Friedensfrage rückte zunehmend in den Mittelpunkt der Bemühungen Bismarcks. Er sah den Krieg militärisch bereits als entschieden an, nur der kaiserliche Kriegsgefangene Napoleon stand seines Erachtens dem Friedensschluß im Wege.

Im Weberhäuschen zu Donchéry unterbreitete Bismarck dem geschlagenen Kaiser die Bedingungen der Kapitulation: Niederlegung der Waffen und Kriegsgefangenschaft der ganzen Armee. Seine entscheidende Frage lautete: »Wessen Degen hat Kaiser Napoleon übergeben? Den Frankreichs oder seinen eigenen?« Als der französische Beauftragte Castelnau erwiderte: »Es ist nur der Degen des Kaisers«, wurde klar, daß der Krieg weitergeführt werden müsse. Bismarck wollte vor allem »ein materielles Pfand für die Befestigung der gewonnenen militärischen Resultate« erreichen. Er betrachtete die Kapitulationsbedingungen zunächst als »rein militärische Frage« und überließ deren Regelung den Generälen Moltke und Wimpffen. Letzterer forderte vergeblich den Abzug der französischen Armee mit Waffen, Gepäck und Fahnen in einen von Preußen zu bestimmenden Teil Frankreichs oder nach

Algerien. Dagegen verlangte Moltke Kriegsgefangenschaft für die gesamte französische Armee.

Da nach Sedan für Friedensverhandlungen ein allseits anerkannter Partner fehlte, schienen den Militärs die Fortsetzung des Krieges und der Marsch auf die Hauptstadt unvermeidlich. Moltke gab den Befehl dazu noch am 2. September, als Napoleon die Kapitulationsurkunde schon unterzeichnet hatte. Bismarck kritisierte den Entscheid der Heeresleitung und betonte auch später, er habe die Belagerung der Stadt immer für verfehlt gehalten. Am 6. September trafen im deutschen Hauptquartier zu Reims die Nachrichten vom Umsturz in Paris ein: Die Kaiserin sei verjagt, eine provisorische Regierung aus Mitgliedern der bisherigen Kammeropposition eingesetzt, die Republik proklamiert. Tatsächlich war es am 4. September 1870 zu einer unblutigen Revolution gekommen: Eine Menschenmenge hatte das Palais Bourbon, den Sitz der Deputiertenkammer, gestürmt. Im Hôtel de Ville hatte sich eine »Regierung der nationalen Verteidigung« aus oppositionellen Pariser Kammerdeputierten gebildet. Jules Favre hatte das Außen- und Léon Gambetta das Kriegs- und Innenministerium übernommen. Für Bismarck stellte sich das Problem, mit wem in Zukunft Friedensverhandlungen zu führen seien.

Napoleon III. war als Kriegsgefangener nach Schloß Wilhelmshöhe bei Kassel verbracht worden, 140000 französische Soldaten erwarteten in deutschen Lagern eine Entscheidung. Die seit dem 18. August in der Festung Metz eingeschlossene französische Rheinarmee mit einer Truppenstärke von 170000 Mann bildete nach Sedan zusammen mit der Metzer Garnison den einzig noch intakten französischen Truppenverband, während die deutsche Belagerungsarmee unter dem Kommando des preußischen Prinzen Karl auf fast 200000 Mann angewachsen war. Bismarck zielte darauf ab, Deutschland die Resultate eines Krieges zu sichern, der noch nicht beendet war. Nachdem am 24. Oktober ein französischer Kriegsrat in Metz beschlossen hatte, die Kapitulation der Rheinarmee einzuleiten, wurde sie am 27. Oktober nach den Bestimmungen von Sedan unterzeichnet. Die gesamte Rheinarmee ging in deutsche Kriegsgefangenschaft.

Infolge des raschen deutschen Vormarschs auf Paris hatte sich der französische Außenminister Favre zu einer Begegnung mit Bismarck entschlossen. Die »Entrevue von Ferrières« im Rothschild-Schloß leitete am 19. und 20. September Gespräche ein, die Ende Januar 1871 im Waffenstillstand von Versailles ihren Abschluß fanden. Da Favre nicht zu Gebietsabtretungen bereit war, kam es auch nicht zu Erörterungen über einen Präliminarfrieden. Bismarck wollte einen Waffenstillstand auf der Basis des militärischen Status quo nicht zugestehen. Zudem rechnete das deutsche Hauptquartier mit einer raschen militärischen Entscheidung vor Paris. Bismarck verlangte u.a. die Übergabe eines zentralen Teils der Pariser Festungswerke gegen die Garantie der Verproviantierung der eingeschlossenen Stadt und die Wiederherstellung der Verbindungen zwischen Paris und den Provinzen. Die Vorschläge lehnte Favre ab. Die Bekanntgabe der deutschen Forderungen steigerte die patriotische Stimmung in Paris zu unbändigem Widerstandswillen. Weit davon entfernt, sich als Besiegte zu sehen, lautete die Forderung der Pariser Regierung: Waffenstillstand und Frieden zu ihren Bedingungen oder Fortsetzung des Krieges. Auf dieser Basis war eine Einigung zwischen den kriegführenden Parteien nicht möglich.

Nachdem auch die Verhandlungen Bismarcks mit Adolphe Thiers, der der provisorischen Regierung als »Sonderbotschafter« diente, Anfang November gescheitert waren, obwohl das seit dem 18. September von deutschen Truppen belagerte Paris immer mehr unter Versorgungsproblemen litt, war eine weitere Verlängerung des Kriegszustandes unvermeidlich. Dazu kam, daß vorübergehende Erfolge der Loire-Armee bei Coulmiers am 7. und 8. November den Kampfgeist der Franzosen wieder bestärkt hatten.

Ab Mitte Oktober fanden Ministerkonferenzen mit den süddeutschen Staaten in Versailles statt. Damit begann die entscheidende Phase des Ringens um die Gestaltung des Bündnisses, das zum »Deutschen Reich« führen sollte. Den Auftakt bildeten Gespräche mit bayerischen Unterhändlern im Hauptquartier in Reims, in denen Bismarck seinen Wunsch nach einer »Einigung Deutschlands zu einem Bundesstaat« nachdrücklich bekundete. Andernfalls müsse die deutsche Frage ohne Bayern derart geregelt werden, daß Baden, Hessen und Württemberg dem Norddeutschen Bund beiträten. Im Falle einer »bundesmäßigen Annäherung« Bayerns stellte Bismarck König Ludwig Sonderkonditionen in Aussicht.

Ende Dezember eröffneten deutsche Artilleriegeschütze das Bombardement auf Paris. Trotz des noch andauernden Krieges drängte Bismarck in der Frage der nationalen Einigung auf eine schnelle Entscheidung: Am 18. Januar 1871 wurde König Wilhelm im Spiegelsaal von Versailles zum Deutschen Kaiser proklamiert. Nachdem Mitte Januar die französischen Truppenverbände im Westen, im Osten und schließlich auch im Norden geschlagen waren, nahmen Bismarck und Jules Favre vom 23. bis 28. Januar erneut Verhandlungen unter vier Augen auf. Die Hauptstadt kapitulierte und legte die Waffen nieder, das Feuer auf Paris wurde eingestellt. Die Regierung der nationalen Verteidigung mußte die Besetzung mehrerer Forts durch die deutsche Armee und die Gefangennahme der Pariser Garnison hinnehmen. Infolge des Präliminarfriedens vom 26. Februar mußte Frankreich das Elsaß und Teile Lothringens an Deutschland abtreten und eine Kriegsentschädigung in Höhe von 5 Milliarden Francs zahlen.

Die innenpolitischen Probleme, die am 18. März 1871 zum Pariser Commune-Aufstand führten, waren durch die Belegung mit deutschen Besatzungstruppen nicht gelöst worden.

Marie-Louise von Plessen

8a/1 Schreiben von Gerson Bleichröder an Otto von Bismarck, Berlin, 8. Juli 1870

Handschrift; 28,6 × 22,5 cm
Friedrichsruh, Bismarck-Archiv (B 15)

»Hier ist man sehr aufgeregt und fragt ob, wenn die Kortes den Prinzen Hohenzollern wählen, der Krieg mit Frankreich unvermeidlich sei, denn Frankreichs Willen thun & nachgeben, daran denkt niemand!« Bismarcks Bankier Bleichröder vermittelte ihm nach Varzin die zunehmende Erregung der Berliner Börse wegen der spanischen Thronkandidatur: Erbprinz Leopold von Hohenzollern-Sigmaringen hatte nach längeren Verhandlungen am 19. Juni einer Wahl zugestimmt. Die Thronvakanz war durch einen Putsch spanischer Militärs ausgelöst worden, in dessen Gefolge Königin Isabella von Bourbon im September 1868 vertrieben worden war. Die neue Regierung General Prim strebte eine parlamentarische Monarchie englischer Art an.

8a/2 Die »Emser Depesche«, Bad Ems, 13. Juli 1870*

Faksimile; 43 × 57 cm (aufgeschl.)
Stuttgart, Müller & Schindler

Mit der Bekanntmachung der Thronkandidatur des Erbprinzen Leopold in Madrid am 2. Juli 1870 platzte die »spanische Bombe«, und Napoleon und seine Minister holten zum Gegenschlag aus, der auf eine Demütigung Preußens abzielte. Der Thronverzicht des Hohenzollernprinzen am 12. Juli, mit dem König Wilhelm die Angelegenheit als erledigt ansah, genügte der französischen Regierung nun nicht mehr. In einem Gespräch auf der Kurpromenade von Bad Ems am 13. Juli verlangte der französische Botschafter Benedetti vom preußischen König im Auftrag seiner Regierung eine Garantie für den Verzicht »auch in Zukunft«. Bismarck verbreitete noch am selben Abend von Berlin aus den provozierend verkürzten Inhalt dieses Gesprächs in der »Emser Depesche«, die sogleich veröffentlicht wurde: Die französische Regierung habe den preußischen König durch ihren Botschafter darauf verpflichten wollen, niemals wieder zuzustimmen, wenn

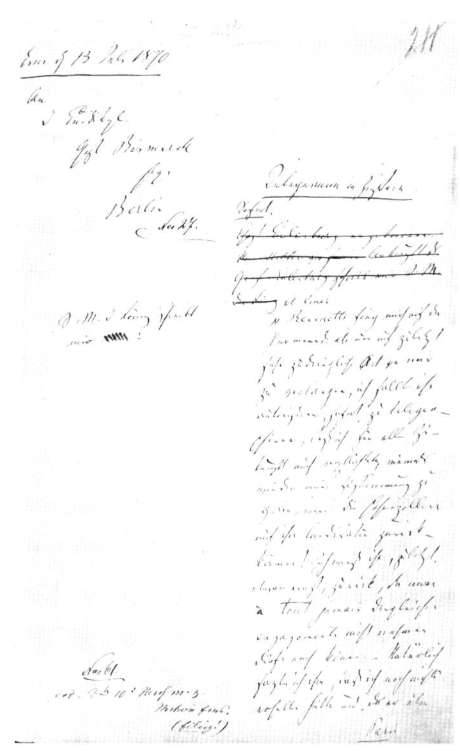

8a/2

die Hohenzollern auf ihre Kandidatur zurückkommen sollten: »S. Maj. der König hat es darauf abgelehnt, den franz. Botschafter nochmals zu empfangen, und demselben durch den Adjutanten vom Dienst sagen lassen, daß S. Maj. dem Botschafter nichts weiter mitzuteilen habe.«

8a/3 Das Haus Kupferberg in Mainz, Residenz des Kanzlers des Norddeutschen Bundes

Mainz: Karl Pfeil
Um 1870; Farblithographie; 63 × 68 cm
Mainz, Christian Adalbert Kupferberg & Cie.

8a/4 »Bureau des Auswärtigen Amts«

Original-Türschild des Hauses Kupferberg
Blech; 13 × 20 cm
Mainz, Christian Adalbert Kupferberg & Cie.

An mein Volk!

Indem Ich heute zur Armee gehe, um mit ihr für Deutschlands Ehre und für Erhaltung unserer höchsten Güter zu kämpfen, will Ich, im Hinblicke auf die einmüthige Erhebung Meines Volkes, eine Amnestie für politische Verbrechen und Vergehen ertheilen. Ich habe das Staats-Ministerium beauftragt, Mir einen Erlaß in diesem Sinne zu unterbreiten.

Mein Volk weiß mit Mir, daß Friedensbruch und Feindschaft wahrhaftig nicht auf unserer Seite war.

Aber herausgefordert, sind wir entschlossen, gleich unseren Vätern und in fester Zuversicht auf Gott den Kampf zu bestehen, zur Errettung des Vaterlandes.

Berlin, den 31. Juli 1870.

gez. Wilhelm.

8a/6

Der französische Ministerrat beschloß am 14. Juli 1870 die Mobilmachung und erklärte fünf Tage später Preußen den Krieg. »Am sonnigen Nachmittage des 31. Juli ging von Berlin der lange Extrazug ab« – so erinnert sich Robert von Keudell, der den König samt Gefolge an den Rhein führte. Bismarck wählte das Haus des Champagnerfabrikanten Kupferberg in Mainz zum Quartier des Auswärtigen Amtes für sich und die Legationsräte Abeken und von Keudell vom 2. bis zum 7. August. Abeken berichtete seiner Frau: »Vorerst sind wir hier reizend etabliert; Keudell und ich mit dem Minister zusammen, sehr schön, nur für Graf Bismarck zu weit vom König; auf dem Höchsten Punkt der Stadt, mit einer wundervollen Aussicht auf diese und auf den lachenden Rheingau.«

8a/5 Tragbarer Morsefeldschreiber

Um 1870; Metall; 24 × 27 × 18 cm
Frankfurt a. M., Deutsches Postmuseum

Die technische Ausrüstung des Heeres war von entscheidender Bedeutung für Nachrichtenübermittlung und Strategie. Die Depeschenberichte vom Kriegsschauplatz spiegelten die Ereignisse, vermittelt über Wolffs Telegraphenbureau: Am 15. Juli erfolgte die Mobilmachungsordre des Königs kraft der Bundesverfassung für das Norddeutsche Bundesheer.

8a/6 »An mein Volk!« Ankündigung einer »Amnestie für politische Verbrechen und Vergehen«, 31. Juli 1870*

Berlin: Ernst Litfaß
36 × 46 cm
Berlin, DHM (1988/74)

»Indem Ich heute zur Armee gehe, um mit ihr für Deutschlands Ehre und Erhaltung unserer höchsten Güter zu kämpfen, will Ich, im Hinblick auf die einmüthige Erhebung Meines Volkes, eine Amnestie für politische Verbrechen und Vergehen ertheilen.« Der Gnadenakt des Königs diente der Stärkung nationaler Wehrfähigkeit. Auch die süddeutschen Staaten hatten sich gemäß den Schutz- und Trutzbündnissen von 1866/67 verpflichtet, »im Fall eines Krieges ihre volle Kriegsmacht ... einander zur Verfügung zu stellen«. Viele der Regimenter rückten per Eisenbahntransport gegen den Rhein vor.

8a/7 »1ste Depesche vom Kriegs=Schauplatz«, Trier/Saarbrücken/Saarlouis, 30./31. Juli 1870

Berlin: Ernst Litfaß
23 × 18 cm
Berlin, DHM (1988/74)

»Der Feind hält sich ruhig« – der Depeschendienst versorgte seit den letzten Julitagen die heimische Bevölkerung beinahe täglich mit patriotischen Frontberichten über militärische Erfolge und Verluste, Truppenbewegungen und Strategien.

8a/8 Aufruf »An die Armee«, Mainz, 2. August 1870

Berlin: Ernst Litfaß
36 × 46 cm
Berlin, DHM (1988/74)

Am 2. August 1870 erklärte König Wilhelm, daß er das »Kommando über die gesammte Armee« übernommen habe und »getrost in einen Kampf, den unsere Väter in gleicher Lage einst ruhmvoll bestanden«, ziehe.

BEKANNTMACHUNG.

Alle Truppen im Bezirke meines General Gouvernements erhalten hiermit den Befehl, die Erndte der Runkelrüben und die Fabrikation des Rübenzuckers mœglichst zu schonen.

Unbefugter Eintrit in die Rübenfelder und in die zur Fabrikation dienenden Gebæude und unbefugte Wegnahme der zu diefer Erndte und der Beiführung von Kohlen dienenden Fuhrwerke ist untersagt.

Direkte Requisitionen von Zucker in den Fabriken sind unstatthaft.

Es ist selbstverstanden, dass direkte Operationen gegen feindliche Truppen und Einschreitugen wegen feindseliger Haltung durch diesen Auftrag nicht berührt werden.

Gegeben zu Reims am 4 Oktober 1870.

Der General Gouverneur,

FRIEDRICH FRANZ,

Grossherzog von Mecklenburg-Schwerin.

AVIS.

J'ordonne à mes troupes de n'entraver en aucune façon la récolte de la betterave et la fabrication du sucre dans les territoires soumis à mon gouvernement

Toute entrée illicite dans les champs de betteraves et dans les établissements qui servent à la fabrication du sucre est interdite; les charriots qui serviront, soit à la récolte, soit à la fabrication, ainsi que les transports de charbon ou de houille ne seront ni arrêtés ni troublés.

Toute réquisition directe de sucre dans les fabriques est interdite.

Il est bien entendu que cet ordre ne saurait entraver ni les opérations militaires, ni les mesures qu'une attitude hostile des habitants pourrait rendre nécessaires.

Donné à Reims, le 4 Octobre 1870.

Le Gouverneur Général,

FRÉDÉRIC-FRANÇOIS,

Grand-Duc de Mecklembourg-Schwérin.

8a/12

8a/9 Telegramm des Bundeskanzlers an das Auswärtige Amt, Herniz, 15. August 1870

Abschrift; 17 × 21,7 cm
Friedrichsruh, Bismarck-Archiv (A 4)

»Gestern sehr blutige Schlacht vor Metz. Unsere Militärs haben nach derselben den Eindruck, daß das Ende des franz. Widerstandes angefangen hat und glauben in kurzem in Berlin zu sein.« Die Bilanz der Schlacht: Einschließung der Rheinarmee von 170000 Mann mit ungenügender Proviantierung in der Festung von Metz. Zu beklagen waren 5237 Tote auf deutscher, 13218 Mann auf französischer Seite bei einem Gesamtverlust von 20159 Mann einschließlich der Gefangenen. Der Mitarbeiter Bismarcks Moritz Busch erzählte von der alltäglichen Arbeitsweise im Felde: »Im Nachtquartier eingetroffen, ging man stets sofort an die Einrichtung eines Bureaus, wo es dann selten an Arbeit mangelte, zumal, wenn uns der Feldtelegraph erreicht hatte, und der Kanzler durch ihn wieder geworden war, was er in dieser Zeit mit kurzen Unterbrechungen immer gewesen ist, der politische Mittelpunkt der zivilisierten Welt Europas.«

8a/10 Telegramm des Bundeskanzlers an das Auswärtige Amt. »Für Frau Gräfin Bismarck«, Pont à Mousson, 17. August 1870

Handschrift; 33,7 × 21,2 cm
Friedrichsruh, Bismarck-Archiv (A 4)

Bismarck stand in ständiger telegraphischer Verbindung mit seiner Frau Johanna, die sich wie Clara Schumann und viele andere prominente Frauen der Organisation der Verwundetenhilfe in der Heimat widmete. Die besorgte Mutter unterrichtete er vom Gesundheitszustand der Söhne: »Ich habe Herbert und Bill [Wilhelm] eben gesprochen. Bill's Pferd erschossen, er selbst ganz gesund. Herbert ungefährlichen Schuß, durch die Lende, Knochen unverletzt, er wird heute abend hergefahren zu mir...«

8a/11 »Français, / Un grand malheur frappe la Patrie«

Bekanntmachung des französischen Ministerrats, Paris, 3. September 1870
77 × 58 cm
Coburg, Staatsarchiv (LA A Nr. 7308)

»Nach dreitägigem heroischem Kampf durch die Armee des Marschalls MacMahon gegen 300 000 Feinde sind 40 000 Männer gefangen genommen worden. General Wimpffen hat stellvertretend für den schwerverwundeten Marschall MacMahon die Kapitulation unterzeichnet…« – der Maueranschlag teilte der Zivilbevölkerung die Niederlage bei Sedan am 2. September und die Gefangennahme des Kaisers mit.

8a/12 »Unbefugter Eintritt in die Rübenfelder … ist untersagt«*

Zweisprachige Bekanntmachung, Reims, 4. Oktober 1870
31,3 × 44 cm
Coburg, Staatsarchiv (LA A Nr. 7308)

Großherzog Friedrich Franz von Mecklenburg-Schwerin, General-Gouverneur von Reims, gebot wegen der Truppenversorgung die Schonung der Rübenfelder, jedoch seien »direkte Operationen gegen feindliche Truppen und Einschreitungen wegen feindseliger Haltung durch diesen Auftrag nicht berührt«.

8a/13 »Le Poids de la Portion est fixé à 100 grammes«

Bekanntmachung, Paris, 13. Oktober 1870
14 × 53 cm
Coburg, Staatsarchiv (LA A Nr. 7308)

In Folge des deutschen Belagerungsringes waren die Behörden in Paris gezwungen, die Lebensmittelversorgung mit Zuteilungsscheinen zu rationieren: Es sei unnötig, vor den Schlachtereien Schlange zu stehen, da jeder nur die ihm zustehende Portion Fleisch erhalte.

8a/14 »Victoria!« Telegramm Wilhelms I. im »Extrablatt der Bürger-Zeitung«, Stuttgart, 29. Januar 1871

8a|16

8a/17

33,7 × 22,8 cm
Nürnberg, GNM, Graphische Slg. (Kapsel 1330[a], HB 14362 u. 14363)

Wilhelm, am 18. Januar 1871 in Versailles zum deutschen Kaiser proklamiert, teilte der Kaiserin die Unterzeichnung des Waffenstillstandsvertrags vom Vortag zwischen Bismarck und dem französischen Unterhändler Jules Favre mit. Den Wortlaut des Telegramms druckte die »Bürger-Zeitung«.

8a/15 Moltke in Versailles

Anton von Werner (1843–1915)
1872; bez.u.r.: AvW 1872
Öl/Lw; 98,5 × 71,2 cm
Hamburg, Hamburger Kunsthalle (2186)

Anton von Werner porträtierte Helmuth Graf von Moltke, Chef des preußischen Generalstabes und Oberbefehlshaber der verbündeten Armeen, am 18. November 1870 in Generalsuniform mit Pour le Mérite und Eisernem Kreuz in seinem Versailler Quartier in der Rue Neuve Nr. 38 beim Akten- und Kartenstudium.

8a/16 »Übersichtskarte über die im Kriege 1870/71 durch die Deutschen in Betrieb genommenen französischen Eisenbahnen«*

Maßstab 1:1 000 000
Kolorierte Lithographie aus: Hermann Budde, Die französischen Eisenbahnen im deutschen Kriegsbetriebe 1870/71, Berlin 1904; 50 × 73 cm
Wien, Österreichisches Staatsarchiv, Kriegsarchiv (H IV c 270–9)

Moltkes Offensivpläne bezogen das französische Schienennetz bei allen Truppenbewegungen ein. Schon 1836, ein Jahr nach der Eröffnung der ersten deutschen Eisenbahnlinie zwischen Nürnberg und Fürth, war seine Schrift »Über die militärische Benutzung der Eisenbahnen« erschienen. Dem Truppentransport und Versorgungsnachschub per Schiene maß er große strategische Bedeutung bei. Daher drängte er darauf, das preußische und norddeutsche Netz fortlaufend auszubauen. 1870 gab es in Deutschland 15 200 Schienenkilometer, davon 5025 zweigleisige, die eine rasche Mobilmachung der deutschen Streitkräfte gewährleisteten.

8a/17 Der Einzug Wilhelms I. in Saarbrücken, 9. August 1870*

Anton von Werner (1843–1915)
1877; bez.u.l.: AvW 1877
Öl/Lw; 86,5 × 128 cm
Berlin, DHM (1987/304)

Die Kriegsereignisse wurden von deutschen und französischen Künstlern in heroischen Gemälden der Nachwelt überliefert. Nach der blutigen Erstürmung der Spicherer Höhen am 6. August 1870 zog Wilhelm I. drei Tage später in das wiedereroberte Saarbrükken ein. Werner hielt das Ereignis in drei Ölstudien als Entwürfe für die 1880 ausgeführten monumentalen Wandgemälde im Saarbrücker Rathaussaal fest.

8a/18 Jacke eines Unteroffiziers des französischen 4. Zuaven-Regiments

1870/71
Ingolstadt, Bayerisches Armeemuseum (B 2409)

8a/19 Gefangene französische Kolonialsoldaten im Fort »Oberer Kuhberg« bei Ulm*

Robert Heck (1831–1889)
1881; bez.u.r.: R. Heck 1881
Öl/Lw; 99 × 133 cm
Ulm, Ulmer Museum (L 1984.561)

Die Zuaven, vor allem nordafrikanische Berber, bildeten nach der Eroberung Algeriens 1830 die erste Eingeborenentruppe des französischen Heeres. Sie behielten auch später ihre orientalisch-türkische Tracht, die zahlreiche Armeemaler faszinierte.

8a/20 Gefangenentransport nach der Einnahme von Metz*

Louis Kolitz (1845–1914)
1872; bez.u.M.: 1872 L. Kolitz
Öl/Lw; 102,5 × 157 cm
Kassel, Staatliche Kunstsammlungen, Neue Galerie (1875/1637)

8a/19

8a/20

Der Maler kontrastierte die Farbigkeit der Uniformen gefangener, gefallener oder verwundeter Zuaven mit dem düsteren Himmel am Rande der rauchenden Schlachtfelder von Metz. Die französische Armee unter dem Befehl des Generals Bazaine hatte am 14. August 1870 die erste blutige Niederlage erlitten.

8a/21 Transport eines Verwundeten in der Schlacht von Champigny, November 1870*

Edouard Détaille (1848–1912)
1880–82; bez.u.r.: Edouard Detaille
Öl/Lw; 202 × 150 cm
Paris, Musée d'Orsay (1985–21)

Der französische Armeemaler Détaille schuf diese großformatige Episode für das »Panorama de Champigny« als Teil der Rotunde des »Panorama National« zum Krieg 1870/71 in der Pariser Rue de Berry, das er zusammen mit Alphonse de Neuville von 1880 bis 1882 vollendete. In den vier Monaten nach seiner Eröffnung besuchten es etwa 160000 Menschen täglich. Das riesige Rundgemälde mit einer Gesamtfläche von 2025 qm wurde später in 65 Einzelteile auseinandergeschnitten, die zwischen 1892 und 1896 verkauft wurden.

8a/22 Feldzahnärztlicher Behandlungsstuhl*

Deutschland 1870
Holz, Eisen, Textil; 120 × 70 × 150 cm
Ingolstadt, Deutsches Medizinhistorisches Museum (90–50–6)

Der zerlegbare Stuhl wurde in Deutschland 1870 patentiert und beim Frankreich-Feldzug eingesetzt.

8a/23 »Protokoll, betreffend die Zollfreiheit der zur Verwendung für verwundete oder erkrankte Krieger der Deutschen Armee bestimmten Gegenstände«, Berlin, 12. Oktober 1870

31,7 × 21 cm
Hamburg, Staatsarchiv (Bestand 111–1, Senat Cl.I, Lit. T, Nr. 21, Vol. 2, Fasc. 2b)

Die Zustellung von Gegenständen, »welche zur Verwendung für verwundete oder erkrankte Krieger der Deutschen Armee als Geschenke an Vereine oder Behörden eingehen«, bedurfte unter den Verbündeten der Deutschen Armee einer bürokratischen Re-

8a/21

gelung. Dem Antrag der Königlich Sächsischen Regierung auf Zollfreiheit wurde durch den Bundesrat des Zollvereins stattgegeben.

8a/24 Schreiben des Senats der Freien und Hansestadt Hamburg an den Vorsitzenden des Bundesrats des Deutschen Zollvereins, Otto von Bismarck, Hamburg, 30. Januar 1871

Abschrift; 32 × 20 cm
Hamburg, Staatsarchiv (Bestand 111–1, Senat Cl. I, Lit. T, Nr. 21, Vol. 22, Fasc. 2b)

Zwischen dem Hamburger Senatspräsidenten und Bismarck wurde Zollfreiheit vereinbart bezüglich »der für französische Kriegsgefangene eingegebenen Gegenstände und betreffend von Sendungen, welche aus den Zollanschlüssen an innerhalb der Zollinie garnisonierende Truppentheile eingehen«.

8a/25 Erinnerungen an das Gefangenenlager Lechfeld*

Charles Pête
1870; 2 aquarellierte Bleistiftzeichnungen; 16,5 × 90,8 cm bzw. 16,5 × 115,5 cm
Ingolstadt, Bayerisches Armeemuseum (G 1145)

Charles Pête aus Lyon, Angehöriger des 99. Infanterieregiments, Gefangener der Schlacht bei Metz vom 13. August 1870, überlieferte die einzige in deutschen Sammlungen erhaltene genaue Ansicht des Lagers in Lechfeld bei Augsburg. In kürzester Zeit mußten zahlreiche Gefangene in den deutschen Territorien untergebracht werden, wo sie nur kurz verblieben. Viele verbrachten den Winter in Barackenunterkünften.

8a/26 Aufruf an die Berliner, »... daß wir wissen, wie gefangene Feinde zu behandeln sind«, Berlin, 5. August 1870

Berlin: Ernst Litfaß
43 × 68 cm
Berlin, DHM (1988/74)

Zu Beginn des Krieges rief der Berliner Polizeipräsident die siegestrunkene Bevölkerung zu würdigem Benehmen gegenüber den fran-

8a/22

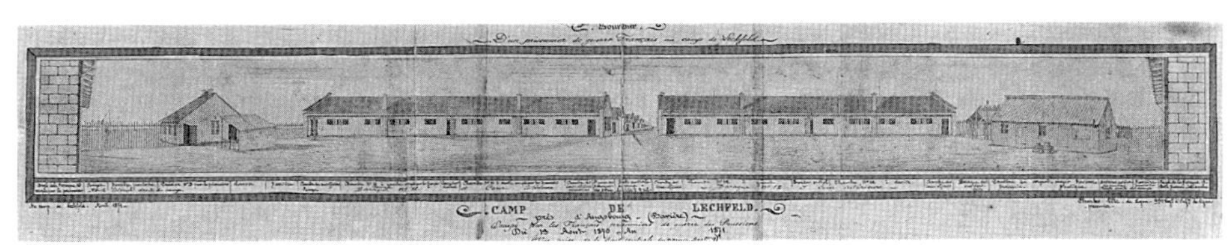

8a/25

zösischen Gefangenen auf, »wenngleich wir wünschen und hoffen, daß die Pariser in diesem Kriege ein solches Schauspiel nicht haben werden«.

8a/27 »Le Prométhée« Zeitung der französischen Kriegsgefangenen in Spandau, Januar-März 1871

E. Hopf (Hg.)
Mit Zeichnungen von E. Mouzin;
35 × 22 cm
Berlin, DHM (1988/580)

Die nach Spandau verlegten Kriegsgefangenen gaben ein Unterhaltungsblatt heraus, das mit patriotisch kommentierten Karikaturen selbst in Feindeshaft den nationalen Kampfgeist wachhalten sollte.

8a/28 Verschiedene Relikte von den Schlachtfeldern 1870

Hufeisen, Pferdegebißteile, ineinander verkeilte Beschläge
Paris, Musée de l'Armée (22624)

8a/29 Feldgeschirr und Feldbesteck

Blech; Teller: Dm 14,5 cm, Besteck: L 22 cm
Paris, Musée de l'Armée
(Gb. 1639.[3]-06412.[5])

Zahlreiche regionale Militärmuseen der Kriegsschauplätze bewahren Relikte von den Schlachtfeldern auf, die vom Alltag des Soldatenlebens erzählen. Vielfach wurden unmittelbar nach den Schlachten die Terrains von Souvenirjägern nach Gebrauchs- und Wertgegenständen abgesucht.

8a/30 »Der Friedhof von Saint-Privat«, 18. August 1870*

Alphonse de Neuville (1835–1885)
1881; bez.u.l.: A. de Neuville 1881
Öl/Lw; 74 × 100 cm
Paris, Musée de l'Armée (4628-Ed 347)

Eines der eindrücklichsten Schlachtengemälde schuf Neuville, neben Edouard Détaille der bedeutendste französische Chronist des Krieges, für das »Panorama National« in Paris (vgl. 8a/21). Es steht für den erbitterten Verteidigungskampf der bedrängten französischen Infanterie. Der Eindruck der Niederlage wird durch die Ortswahl in der künstlerischen Darstellung verstärkt: Auf dem Friedhof des Dorfes von St. Privat bei Gravelotte errang der rechte Flügel der deutschen Divisionen den Sieg über die Armeen des General Bazaine. Die Schlacht wurde jedoch nach dem Standort des Hauptquartiers der deutschen Armeen in Gravelotte benannt. Die Franzosen verloren dort 13000 Mann. Am darauffolgenden 19. August wurde Metz von deutschen Truppen eingeschlossen.

8a/31 Die Schlacht bei Gravelotte, 18. August 1870

Carl Röchling (1855–1920)
1897; bez.u.r.: C. Röchling 1897
Öl/Lw; 114 × 214 cm
Berlin, DHM (1988/99)

8a/30

Wie die französischen hielten die deutschen Schlachtenmaler das Kriegsgeschehen in Panoramabildern fest. Röchling, der neben 14 anderen Malern unter der Leitung Anton von Werners am Berliner Sedan-Panorama am Bahnhof Alexanderplatz mitwirkte, rekonstruierte 17 Jahre nach dem Ereignis im Auftrag des 7. Rheinischen Infanterie-Regiments Nr. 69 den »Heldentod« des Bataillonskommandeurs als Historienszene.

8a/32 Napoleon III. bei Sedan*

Wilhelm Camphausen (1818–1885)
1877; bez.u.r.: W Camphausen 77
Öl/Lw; 126 × 110,5 cm
Berlin, DHM (1988/1501)

Die entscheidende militärische Wendung brachte drei Wochen nach Gravelotte die Entscheidungsschlacht von Sedan am Ufer der Maas an der belgischen Grenze. Moltke und Roon war es gelungen, die Armeen Marschall MacMahons einzuschließen. 250000 Deutsche umzingelten 130000 Franzosen. Kaiser Napoleon war per Eisenbahn herbeigeeilt, um nach den schweren Verlusten von Metz und Gravelotte die Moral der Truppen anzufeuern.

8a/33 Huf des Pferdes »Phoebus«*

Horn, Gips; 20 × 12 cm
Paris, Musée de l'Armée (N 146 43[a])

Der Reliquienkult des patriotischen Verteidigungskrieges bewahrte der Nachwelt auch den präparierten Huf des Pferdes, auf dem Napoleon III. die Schlacht bei Sedan am 1. September 1870 verfolgte.

8a/34 Panorama von Sedan

Louis (Ludwig) Braun (1836–1916)
1887; bez.: Dem Königl. bayr: Armee Museum gestiftet von Louis Braun Professor München 1887
Öl/Lw; 49,5 × 156 cm
Ingolstadt, Bayerisches Armeemuseum (H 14117)

Camphausen

8a/32

PHŒBUS
monté par l'Empereur
à la bataille de Sedan
le 1er Septembre 1870
Mort le 9 Janvier
1874

8a/33

8a/36

Der bayerische Schlachtenmaler Braun, Schüler des vom Bürgerkönig Louis Philippe geförderten Militärmalers Horace Vernet, nahm an den »Reichseinigungskriegen« als Kriegsberichterstatter teil und wurde mit Panoramabildern zum Krieg von 1870/71 bekannt. Für den Jahrestag der Schlacht 1880 schuf er das »Panorama von Sedan« in Frankfurt am Palmengarten. Seine topographische Darstellung des Terrains der Entscheidungsschlacht vom 1. September 1870 – die ersten Skizzen entstanden neun Jahre später nach einem Ortsbesuch – hält die Stellung der Truppen mit Ortsangaben am oberen und unteren Bildrand fest.

8a/35 Überrock des Königl. preußischen Kürassierregiments von Seydlitz Nr. 7 (Magdeburgisches)

1870 von Otto von Bismarck getragen
L ca. 105 cm
München, Bayerisches Nationalmuseum

Als Chef des Magdeburgischen Kürassierregiments seit September 1866 im Rang eines Generalmajors trug Bismarck immer häufiger Uniform im Felde. Im Generalstab brachte ihm diese Vorliebe den spöttischen Beinamen »Zivilist im Kürassierrock« ein. Aufgrund der militärischen Erfolge genossen die preußischen Generäle nach Sedan eine Popularität, die auch Bismarck zum Tragen der Uniform bewog.

8a/36 Bismarck geleitet am 2. September 1870 Napoleon III. zu König Wilhelm*

Wilhelm Camphausen (1818–1885)
1878; bez.u.r.: W Camphausen 1878
Öl/Lw; 86 × 129,5 cm (m.R.)
Friedrichsruh, Fürstlich von Bismarck'sche Brennerei

»Ich ritt ungewaschen und ungefrühstückt gegen Sedan, fand den Kaiser im offenen Wagen mit 3 Adjutanten und 3 zu Pferde daneben auf der Landstraße vor Sedan haltend«, so schrieb Bismarck seiner Frau am 3. September. Napoleons Generaladjutant Reille überbrachte am Abend des 1. September König Wilhelm das Kapitulationsschreiben: »Da es mir nicht vergönnt war, inmitten meiner Truppen zu sterben, bleibt mir nichts anderes übrig, als meinen Degen in die Hände Eurer Majestät zu legen.« Zugleich bot der König an, über die Kapitulation zu verhandeln. Am nächsten Morgen geleitete Bismarck den geschlagenen Kaiser zum Ort der Verhandlungen, dem Weberhäuschen von Donchéry.

8a/37 Fragment einer Tambourbespannung mit einer Zeichnung der »maison du tisseur« in Donchéry*

Federzeichung/Gerbleder; ca. 14 × 17 cm
Paris, Musée de l'Armée (23.073)

8a/38 Stuhl, auf dem Napoleon III. bei den Kapitulationsverhandlungen im Weberhäuschen von Donchéry saß

Holz, Binsen; 97 × 55 × 70 cm
Friedrichsruh, Bismarck-Museum

Ein Schreiben der »Königlich-Preußischen Kommandantur in Sedan« bezeugt, daß Bismarck und Napoleon während der Unterredung auf zwei Binsenstühlen saßen. Der Kaiser verwies darauf, daß Friedensverhandlungen mit Regierung und Kammer in Paris zu führen seien. Eine Eskorte der schlesischen Leibkürassiere geleitete dann den hohen Gefangenen nach Schloß Bellevue bei Frénois. Die bei Sedan gestellte Armee kam in Kriegsgefangenschaft: 39 Generäle, 2300 Offiziere, über 100 000 Mann.

8a/39 »Kaiser Napoleon kriegsgefangen. Kapitulation der Armee Mac=Mahons«*

Abendausgabe der »Morgen=Post«, Wien, 3. September 1870
42,5 × 28,5 cm
Wien, Österreichisches Staatsarchiv, Kriegsarchiv, Flugschriftensammlung (17, 1850–1899)

8a/37

Wien, Samstag den 3. September. 20. Jahrgang. 1870. Nr. 243.

Morgen=Post.

(Abend-Ausgabe.)

Kaiser Napoleon kriegsgefangen.

Kapitulation der Armee Mac=Mahons.

Berlin, 3. September. Offizielle militärische Nachrichten. An die Königin Augusta in Berlin. Vor Sedan, den 2. September, halb 2 Uhr Nachmittags. Eine **Kapitulation**, wodurch die ganze Armee in **Sedan kriegsgefangen**, ist soeben mit dem General Wimpffen geschlossen, der an der Stelle des verwundeten Marschalls Mac Mahon das Kommando führte. **Der Kaiser hat nur sich selbst mir übergeben**, da er das Kommando nicht führt und Alles der Regentschaft in Paris überläßt. Seinen Aufenthaltsort werde ich bestimmen, nachdem ich ihn gesprochen habe in einem Rendezvous, das sofort stattfindet. Welch' eine Wendung durch Gottes Fügung!

Wilhelm.

Zu haben in der Expedition der „Morgen-Post", Stadt, Schulerstraße Nr. 16 und bei allen Zeitungsverschleißern.

Einzelne Nummern zu 2 kr.

Eigenthümer und Herausgeber: Dr. Landsteiner. Verantwortlicher Redakteur: O. Kreuth. Gedruckt bei A. Stöckholzer v. Hirschfeld.

8a/39

Extrablätter druckten die Sensationsmeldung im Wortlaut des Telegramms König Wilhelms an die Königin. Patriotische Siegesfeiern am Sedanstag wurden später zur Institution nationalen Bekenntnisses im Deutschen Kaiserreich.

8a/40 »Die Siegesdekoration des Friedrich-Monuments« Unter den Linden, 2. September 1870

B. J. Hirsch
Photographie; 20 × 14,2 cm
Berlin, Berlinische Galerie, Photographische Slg.

8a/41 Siegesfeier

Nikolaus Gysis (1842–1901)
1870; bez.u.r.: N. Gysis 1870 in München
Öl/Lw; 163 × 102,8 cm
München, Bayerische Staatsgemäldesammlungen, Neue Pinakothek (8949)

Neben den Schlachtenbildern wurden nun auch die Siegesfeiern zu einem beliebten Motiv farbenprächtiger Genredarstellungen. Gysis zeigt neben der Siegesfreude der Bevölkerung mit der Darstellung einer trauernden Witwe auch die Schattenseiten des Krieges.

8a/42

8a/42 Die Proklamation*

Max Lieberg (1856–1912)
1875; bez.u.l.: Lieberg 187[5]
Öl/Lw; 70 × 100 cm
Kassel, Stadtmuseum (M 336)

Der Kasseler Maler Lieberg zeigt den Intendanten der Königlichen Schauspiele Kassel, von Carlshausen, beim Verlesen der Siegesnachricht von Sedan auf den Stufen des Theaters am Opernplatz. Neben der schwarz-weiß-roten Flagge des Norddeutschen Bundes weht die schwarz-rot-goldene Fahne als Symbol nationaler Begeisterung vor der Reichsgründung.

8a/43 Napoleon III. während seiner Festungshaft auf Schloß Wilhelmshöhe*

1871; Photographie (Reproduktion)
Berlin, Bildarchiv PK (1265)

Eine der frühesten erhaltenen Momentaufnahmen zeigt Napoleon, der sich im Hof des Schlosses Wilhelmshöhe ein preußisches Geschütz erklären läßt. Preußische Totenkopfhusaren hatten den gefangenen Kaiser im Galawagen in seine Festungshaft bei Kassel begleitet, wo er bis zum Abschluß der Friedensverhandlungen in Frankfurt im März 1871 verblieb. Am 4. September war unter Führung des 32jährigen linksliberalen Abgeordneten Léon Gambetta die Dritte Republik mit einer »Regierung der nationalen Verteidigung« proklamiert worden. Kaiserin Eugénie flüchtete überstürzt aus dem Tuilerienschloß nach England. Sechs Monate später traf sie in Chislehurst mit dem aus der Gefangenschaft entlassenen Napoleon zusammen, der dort am 9. Januar 1873 verstarb.

8a/44 »La Croix Rouge«*

Entwurf für ein Plakat
Pierre Puvis de Chavannes (1824–1898)
1870/71; bez.u.l.: P. Puvis de Chavannes
Öl/Lw; 94 × 60 cm
Paris, Musée du Petit Palais (Dut. 1300)

Wie der Schriftsteller Victor Hugo mit seinen patriotischen Aufrufen oder der Maler Gustave Courbet, der im Februar für die Wahlen zur Nationalversammlung kandidierte und am 17. April 1871 von der Pariser »Commune« zum Delegierten für die Schönen Künste ernannt wurde, stellte sich Puvis de Chavannes in den Dienst der nationalen Verteidigung. Das Plakat mit der weiblichen Allegorie des »Roten Kreuzes« entwarf er als überzeugter Patriot, der auch die Allegorien der Verteidigung während der Belagerung von Paris schuf: »Die Taube« und »Der Ballon« (vgl. 8b/13 u. 14). Sie galten als Symbole eines ungebrochenen Nationalstolzes, mit dem die französische Bevölkerung auf die Demütigungen und Verluste reagierte, die sie durch die deutschen Armeen in Frankreich erlitten hatte.

8a/44

8a/45 Im Feldlazarett

Max Volkhart (1848–1924)
1872; bez.u.l.: Volkhardt 72
Öl/Lw; 43 × 57 cm
Berlin, DHM (1988/1324)

Auch die Opfer der Feldzüge wurden zum Gegenstand patriotischer Malerei. Der Düsseldorfer Maler Volkhardt schildert eine Szene im Feldlazarett bei Gravelotte, das die Neutralität des Militärarztes und der Ordensschwester gemäß den Bestimmungen der Genfer Konvention verdeutlicht: Nicht nur Stabsoffiziere werden versorgt, sondern auch der algerische Freischärler eines Zuavenregiments wartet auf Behandlung.

8a/43

8a/46 Modell eines zweiachsigen Sanitätswagens der Niederschlesisch-Märkischen Eisenbahn von 1870*

Maßstab 1:5
Metall, Holz; ca. 60 × 80 × 150 cm
Berlin, Museum für Verkehr und Technik (VBM/E-M-754)

Die Niederschlesisch-Märkische Eisenbahn setzte für Unfälle oder im Kriegsfall diesen Sanitätszug ein, dessen Konstruktion von Personenwagen vierter Klasse abgeleitet ist. Das Modell stammt aus dem ehemaligen Verkehrs- und Baumuseum im Hamburger Bahnhof in Berlin.

8a/46

8a/47 Liste der Felddiakone, darunter Friedrich Nietzsche

Erlangen 1870/71
Handschrift; 34 × 42,8 cm (aufgeschl.)
Erlangen, Stadtarchiv (XXXII. 41. T. 8)

»Dr. Nietzsche, ordentl. Professor der Philologie zu Basel«, wurde in Erlangen als Felddiakon ausgebildet und Ende August bei Weißenburg, Hagenau und Pont à Mousson eingesetzt. Von Ars-sur-Moselle begleitete er einen Spitalzug nach Karlsruhe. Als der patriotische Pfarrerssohn von der Front wieder nach Erlangen kam, war er bereits an Ruhr und Diphterie erkrankt und kehrte als Rekonvaleszent am 14. September nach Basel zurück. Neben militärischem Sanitätspersonal besorgten zahlreiche kirchliche und freiwillige Hilfsverbände die Versorgung der Verwundeten im Felde.

8a/48 Bekanntmachung der »Société de secours aux blessés des Armées de terre et de mer«, Mulhouse, 14. März 1871

45,5 × 49,3 cm
Straßburg, Bibliothèque Nationale et Universitaire, Section des Alsatiques (M. 40592/13)

Das Hilfskomitee des Roten Kreuzes der »Gesellschaft zur Verwundetenhilfe der Armeen zu Lande und zu Wasser« machte nach dem Präliminarfriedensschluß von Versailles vom 26. Februar 1871 in einem zweisprachigen Maueranschlag die Aufhebung der Sonderbeförderung von Briefen und Geld bzw. Nachweisungen für verschwundene Soldaten »in Folge des Friedensschlusses und der Wiederaufnahme der Postbeziehungen zwischen Frankreich und Deutschland« bekannt.

Raum 8b

REICHSGRÜNDUNG IM KRIEG – PARIS

Am 3. September 1870 verkündete in Paris der Republikaner Jules Favre im Zeichen der Katastrophe von Sedan die Absetzung des französischen Kaisers Napoleon III. Am folgenden Tag zogen republikanische Abgeordnete und Demonstranten unter der Führung von Jules Favre und Léon Gambetta vor das Pariser Rathaus und riefen dort als »Regierung der Nationalen Verteidigung« die Republik aus. Sie waren zu einem raschen Friedensschluß bereit, allerdings nur unter der Bedingung, daß die territoriale Integrität des Landes erhalten blieb. Als nach dem raschen Vorrücken auf die französische Hauptstadt schließlich am 19. September 1870 der Belagerungsring der deutschen Truppen um Paris geschlossen wurde, überflog Léon Gambetta in einem Ballon die feindlichen Linien, um in der französischen Exilregierung in Tours (später in Bordeaux) die Kriegsführung zu leiten. Jules Favre blieb unterdessen mit dem Hauptteil des Ministerrats im belagerten Paris.

Lange herrschten innerhalb der preußischen Führung verschiedene Ansichten über das Vorgehen bei der Belagerung von Paris: Bismarck, der um einen raschen Friedensschluß bemüht war, plädierte für eine Bombardierung, Moltke und nahezu der gesamte Generalstab für ein Aushungern bis zur Kapitulation. Sie befürchteten zu viele Opfer bei einem Sturm auf die Stadt. Am 16. Dezember 1870 notierte Hildegard von Spitzemberg in ihr Tagebuch: »Endlich hat Roon den Befehl erteilen dürfen, den Rest der in Meaux aufgehäuften Geschosse herbeizuführen ... und da die Riesengeschütze bereits an Ort und Stelle stehen, ist alle Aussicht da, daß noch vor Neujahr beschossen wird; ein Jubelschrei wird in der Armee und ganz Deutschland ertönen, wenn die erste Vierundzwanzigpfünder in das übermütige Babel hineinkracht.« Die Ende Dezember begonnene Bombardierung setzte eine Vielzahl von Gebäuden, darunter die Tuilieren, den Regierungssitz Napoleons III., in Flammen. Allein in der Nacht vom 8. auf den 9. Januar 1871 fielen mehr als 2000 Bomben auf die Quartiers Montrouge, Greville, Auteuil, Passy, St. Jacques und St. Germain.

Zusätzlich sollte die Pariser Bevölkerung durch eine Lebensmittelblokkade ausgehungert werden. Bereits am 10. Oktober 1870 hatte Bismarck in einer Denkschrift erklärt, wenn der »drohende Mangel an Lebensmittel zur Capitulation zwinge, so müssen daraus schreckenerregende Folgen entstehen ... Hunderttausende« würden »dem Hungertode verfallen. Die französischen Machthaber müssen diese Consequenzen ebenso klar übersehen, wie die deutsche Armeeführung ... Wollen Jene es bis zu diesem Extrem kommen lassen, so sind sie auch für die Folgen verantwortlich.« Tatsächlich wurde die Hungersnot in der von der Außenwelt abgeschnittenen Hauptstadt unerträglich – Mitte November 1870 mußten selbst Tiere des Jardin des Plantes geschlachtet werden, nachdem auch das Pferde-, Maulesel- und Eselfleisch knapp geworden war. Seuchen und strenge Kälte im Winter 1870/71 belasteten die Bevölkerung zusätzlich.

Um den Nachrichtenverkehr zur Außenwelt, insbesondere zur Exilregierung in Tours bzw. Bordeaux aufrechtzuerhalten, setzte der in Paris verbliebene Teil der Regierung außergewöhnliche Mittel ein: Neben dem Ballonverkehr wurden vor allem Brieftauben für den Depeschentransport verwendet.

Die deutsche Belagerung führte schließlich dazu, daß Jules Favre, Außenminister der provisorischen Regierung, am 28. Januar 1871 nach zähen Verhandlungen mit Bismarck in Versailles einen Waffenstillstand unterzeichnete. Bestandteil war die Bedingung, eine Nationalversammlung wählen zu lassen, die eine zum Abschluß eines endgültigen Friedensvertrages bevollmächtigte Regierung einsetzen sollte. Die Wahlen ergaben eine klare Mehrheit für das konservative Lager.

Die Entbehrungen der Belagerungszeit und die vergebliche Opferbereitschaft führten zum Aufstand der Pariser »Commune«, der von März bis Mai 1871 dauerte. Die Bevölkerung von Paris fühlte sich von der Nationalversammlung in Bordeaux und der neuen Regierung unter Adolphe Thiers an die Deutschen verraten und warf ihr Defaitismus vor. Die revolutionäre Tradition der französischen Hauptstadt – der Name »Commune« war in Anlehnung an die Selbstverwaltung von 1792 gewählt –, die Erinnerung an die Toten des Juniaufstandes von 1848 und nicht zuletzt die »Haussmannisation«, die Umgestaltung der Hauptstadt unter dem Präfekten Baron Eugène de Haussmann, von der hauptsächlich die Arbeiter- und Handwerkerviertel betroffen waren, stärkten das revolutionäre Potential.

Ausgelöst wurde der Aufstand durch mehrere Faktoren: Vom 1. bis 3. März 1871 besetzten 30000 deutsche Soldaten Paris, um den Präliminarfriedensvertrag zu sichern; nach Adolphe Thiers hat »der Einmarsch der Preußen« der »Commune« »ungeheuren Auftrieb« gegeben. Außerdem versuchten Regierungstruppen, die Nationalgarden zu entwaffnen. Die Situation änderte sich grundlegend, als die Nationalgarde auf dem Montmartre Geschütze in Stellung brachte. Die politischen Ziele der »Commune«, in der die Internationalen Arbeiterassoziationen eine wichtige Rolle spielten, waren zum einen – wie 1789 – die Auflösung des zentralistischen Verwaltungssystems, insbesondere die Begrenzung der sich ständig ausdehnenden Bürokratie, und zum anderen die Durchsetzung des sozialen Gleichheitsprinzips.

Nach heftigen Kämpfen, in denen die Forts Issy und Vanves eine entscheidende strategische Rolle spielten, wurde die Bewegung im Mai 1871 niedergeschlagen. Zwischen dem 21. und 28. Mai 1871 kam es zur sogenannten »Blutigen Woche« (»semaine sanglante«): Nachdem die Regierungstruppen unter MacMahon Paris wieder eingenommen hatten, erschossen zwar die Kommunarden etliche Geiseln, aber die Aufständischen selbst hatten mit etwa 20000

Toten, darunter nicht wenige Frauen und Kinder, die meisten Opfer zu beklagen.

Verantwortlich für die Tragödie war Adolphe Thiers, der Mitte Februar 1871 zum »Chef der exekutiven Gewalt der Französischen Republik«, der provisorischen Regierung, gewählt worden war: »Als ich die Regierungsgeschäfte übernahm, bewegte mich die doppelte Sorge, Frieden zu schließen und Paris zu unterwerfen.« Vom 31. August 1871 bis zum 24. Mai 1873 bestimmte er als »Präsident« die Geschicke Frankreichs. Sein Nachfolger wurde MacMahon, der sich bereits als Marschall Napoleons III. im Krimkrieg und während der italienischen Befreiungskriege hervorgetan hatte. Wegen seines harten Vorgehens gegen die Kommunarden wurde er auch der »Henker der Commune« genannt.

Bismarck erkannte, daß die Ereignisse des Frühjahrs 1871 nicht als bloße Episode abgetan werden konnten und fürchtete die Bedrohung der bürgerlichen Ordnung durch eine Revolution auch in Deutschland. August Bebel bezeichnete im Mai 1871 den Aufstand der Pariser »Commune« als ein »kleines Vorpostengefecht«, es sei gewiß, daß die Hauptsache in Europa noch bevorstehe. Bismarck sprach später von einem »Lichtstrahl«, der durch diese Rede in die Sache fiel und erklärte, daß der Staat und die Gesellschaft »sich im Stande der Notwehr« befänden. Karl Marx nannte dagegen die Kommunarden »Himmelsstürmer« und sah in der Katastrophe der »Commune« eine Tragödie der Arbeiterbewegung. Die revolutionären Ereignisse und insbesondere die grausame Verfolgung während der »semaine sanglante« bewirkten einen nachhaltigen Schock und große Furcht vor allem, was nach Umsturz aussah.

Marie-Louise von Plessen, Martin Roth

8b/1

8b/1 Die Belagerung von Paris*

Ernest Meissonier (1815–1891)
1870; bez.u.r.: 70 EMeissonier
Öl/Lw; 53,5 × 70,5 cm
Paris, Musée d'Orsay (RF 1249)

Meissonier nahm an der Verteidigung der von deutschen Truppen seit dem 18. September 1870 belagerten Hauptstadt teil. Die Ölskizze – er bezeichnete sie als »seine Rache« an den Belagerern – war als Vorstudie zu einem Gemälde gedacht, das er jedoch nie verwirklichte. Die Zentralfigur der löwenfellbekleideten Riesin symbolisiert die unbeugsame Stadt Paris, das Hungergespenst neben dem Preußenadler die Existenznot der Eingeschlossenen.

8b/2 Im Etappenquartier vor Paris 1871

Anton von Werner (1843–1915)
1894; bez.u.l.: A.v.W. 1894
Öl/Lw; 120 × 158 cm
Berlin, Nationalgalerie SMPK (A I 521)

Anton von Werners Gemälde zeigt – wie in einer Momentaufnahme – eine Szene im Schlößchen Brunoy während der Belagerungszeit von Paris. Deutsche Soldaten hatten dieses an der Etappenstraße von Paris nach Versailles gelegene Schlößchen requiriert. Unter dem skeptischen Blick der Verwalterin richteten sich die feindlichen Soldaten im Rokoko-Interieur derb häuslich ein. (Am Flügel wurde Schumanns »Das Meer erglänzte weit hinaus...« intoniert.) Anton von Werner hielt die Situation an Ort und Stelle in einer Skizze fest, erst zwei Jahrzehnte später führte er das Gemälde aus.

8b/3 Verfügung des Gouverneurs von Paris, Paris, 27. August 1870

61,5 × 48 cm
Coburg, Staatsarchiv (LA A Nr. 7308)

Der Gouverneur von Paris, General Trochu, gab am 27. August 1870 bekannt, daß Gebäude in der Umgebung der Befestigungsanlagen, die die Verteidigung der Stadt behindern könnten, abzureißen seien; er verfügte außerdem, die Überreste so zu entfernen, daß sie dem Feind nicht als Unterschlupf dienen könnten.

8b/4 Szene des Bombardements von Paris durch die preußische Armee, Januar 1871*

Felix Henri Emmanuel Philippoteaux (1815–1884)
Bez.u.l.: F. Philippoteaux
Öl/Lw; 46 × 81 cm
Paris, Musée Carnavalet (P.1573)

Lange war es innerhalb des deutschen Generalstabes umstritten, ob Paris durch ein Bombardement oder durch eine Blockade zur Kapitulation gezwungen werden sollte. Die verheerenden Erfahrungen bei der Bombardierung Straßburgs unterstützten die Argumente der Gegner, zu denen auch Moltke zählte. Ab 14. Dezember 1870 wurden schließlich umfangreiche Munitionsladungen von Deutschland herangeführt. Am 31. Dezember 1870 begann das Bombardement der Forts durch die Beschießung der Festung auf dem Mont Avron. Am 5. Januar 1871 fielen die ersten Bomben auch auf die Stadt. Das Bombardement wurde fortgesetzt, bis am 24. Januar 1871 Verhandlungen über einen Waffenstillstand zustandekamen.

8b/5 Hissen der deutschen Flagge auf Fort Vanves bei Paris, 29. Januar 1871*

Eugen Adam (1817–1880)
1871; bez.: Eugen Adam 1871
Öl/Lw; 82,1 × 117 cm
Ingolstadt, Bayerisches Armeemuseum (217/64)

Am 29. Januar 1871, einen Tag nachdem sich Paris ergeben hatte, marschierte bayerische Infanterie in das Fort Vanves ein und hißte die schwarz-weiß-rote Flagge des neugegründeten Deutschen Reiches. Der Schlachten- und Genremaler Eugen Adam, der auch die italienischen Unabhängigkeitskriege dokumentiert hatte, folgte dem Kriegsverlauf: Nach Sedan und Orléans hielt er Szenen vor dem belagerten Paris fest.

8b/4

8b/5

8b/6 »Skulptur« aus geschmolzenem Kupfer

17 × 12 × 15 cm
Paris, Musée Carnavalet

Beim Bombardement von Paris wurden zahlreiche Gebäude, darunter die Tuilerien, ein Opfer der Flammen. Zerstört wurden auch Munitions- und Waffendepots; aufgrund der extremen Hitze schmolzen dabei selbst Metallteile. Am 9. Januar 1871 protestierte die Exilregierung in Bordeaux gegen die Bombardements von Paris: Die preußische Armee »hat ohne vorherige Ankündigung gegen die Stadt ungeheure Geschosse geworfen, deren furchtbare Tragkraft ihr gestattet, sie auf 2 Lieues Entfernung zu überschütten ... In der letzten Nacht haben mehr als 2000 Bomben die Viertel Montrouge, Greville, Auteuil, Passy, St. Jacques und St. Germain überschüttet ... Die harmlosen Opfer sind zahlreich und kein Mittel war ihnen gegeben, sich gegen diesen unerwarteten Angriff zu schützen ... die grausame Noth des Krieges hat niemals die Beschießung von Privatgebäuden entschuldigt«. Das Bombardement forderte insgesamt 107 Tote und 289 Verwundete.

8b/7 Marinefernrohr aus dem Fort d'Issy

Metall, Stoff; L 52 cm, Dm 6,5 cm
Paris, Musée de l'Armée (Cd 308)

Das Marinefernrohr wurde während der Belagerung des im Süden von Paris gelegenen Fort d'Issy verwendet. Die Außenforts von Paris wechselten häufig ihre Besetzer: Französische Regierungstruppen, deutsche Soldaten und Kommunarden wechselten sich ab.

8b/8 Die Angriffs- und Verteidigungsanlagen während der Belagerung von Paris 1870/71

a) Ansicht des Mont Valérien von Suresnes, preußischer Pontontrain
b) Belagerung und Bombardement von Paris, 5. – 26. Januar 1871*
c) Fort de la briche, Kaserne, Stadtfront und St. Denis*
d) Fort Montrouge, Aussicht auf Paris

8b/8b

8b/8c

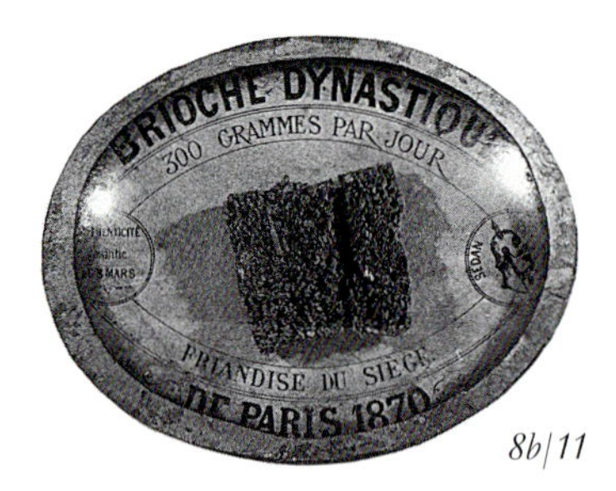

8b/11

A. Sarrault u. a.
4 aus einer Serie von 64 Photographien;
23,5 × 32 cm (c); 16,8 × 23,2 cm (b);
18,5 × 29 cm (a); 20,5 × 26 cm (d)
Wien, Österreichisches Staatsarchiv, Kriegsarchiv (H IV C 297–2)

Am 17. September 1870 erreichten die ersten deutschen Truppen Paris und begannen damit, die Stadt zu »cerniren«. Nach schweren Kämpfen, bei denen ein Teil der strategisch wichtigen Forts, die Paris umgaben, besetzt worden war, kam es bereits am 20. September 1870 zu Unterhandlungen über einen Waffenstillstand.

8b/9 Die Verwundetenpflege durch die »Société de Secours aux Blessés militaires« während der Belagerung von Paris

a) Ambulanz im Parc de St. Cloud
b) Rast in Champigny

E. Fontes
2 Photographien aus: 1870 Siège de Paris/Guerre Civile 1871, Paris 1871;
je ca. 21 × 27 cm
Berlin, DHM (1988/1358)

Mehr als 10000 Tote und Verwundete auf französischer und mehr als 16000 auf deutscher Seite forderte der Belagerungskrieg um Paris. Die »Gesellschaft zur Verwundetenhilfe der Armeen« war 1864 als Vorläufer des französischen »Roten Kreuzes« gegründet worden. Während der Belagerungszeit wurde sie für die Pflege der durch die deutschen Angriffe und Bombardements Verwundeten eingesetzt, später bei den Kämpfen zwischen Regierungssoldaten und der »Commune«.

8b/10 »Paris und Umgebung während der Belagerung 1870/71«

Lithographie; 70 × 102,5 cm
Ingolstadt, Bayerisches Armeemuseum
(G 588)

Die reliefartige Karte verdeutlicht die schwierige Lage des eingeschlossenen Paris'. Durch den Belagerungsring und die von deutschen Truppen besetzten Außenforts wurde die Stadt vom Umland und damit von der Versorgung abgeschnitten. Nur mittels kühner Ballonfahrten war ein Verlassen möglich. Mehr als 2,4 Millionen Einwohner wurden auf diese Weise gefangen gehalten.

8b/11 Brotration aus der Zeit der Belagerung von Paris*

Brot, in Glaskasten; B 12 cm
Paris, Musée de l'Armée (Ge 43)

Der Belagerungszustand führte innerhalb der Stadt zu schwerwiegenden Versorgungsproblemen. Bereits am 28. September 1870

8b/14

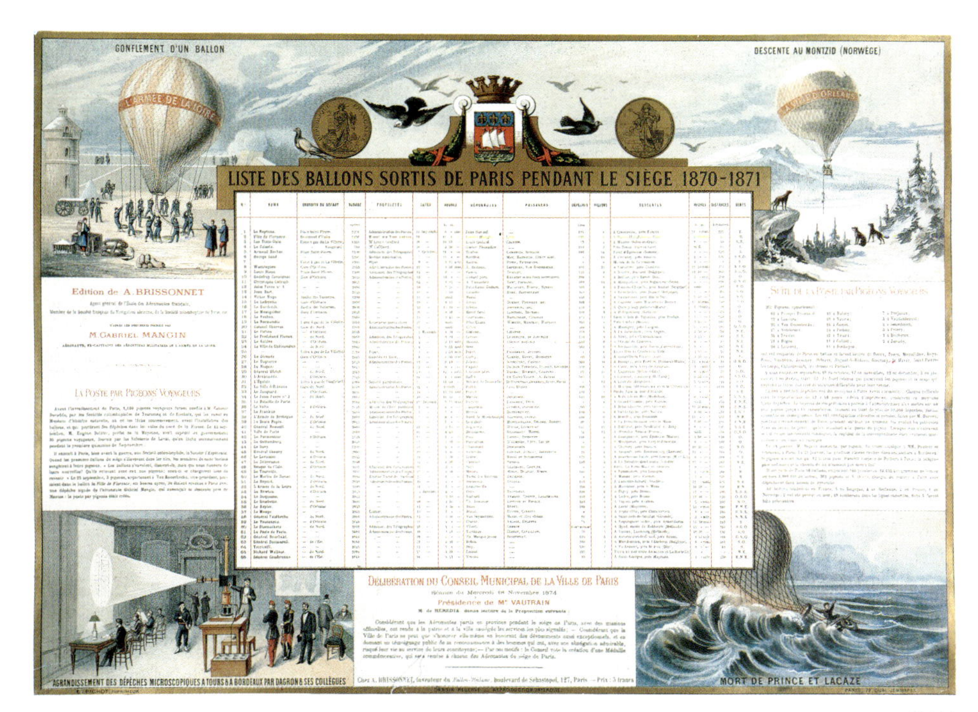

8b/16

wurde die Fleischverteilung beschränkt, ab 14. Dezember 1870 mußte das Brot rationiert werden: 300 Gramm Brot pro Tag und Person standen der Pariser Bevölkerung zur Verfügung. Die Entbehrungen förderten die revolutionäre Kraft der »Commune« – nicht zuletzt weil soziale Unterschiede krasser deutlich wurden: Edmond de Goncourt berichtet, daß in den ärmeren Stadtteilen Leute an Hunger starben, während die reiche Pariser Bevölkerung sich weiterhin mit Geflügel, Wildbret und sonstigen Delikatessen versorgen ließ.

8b/12 Nachricht Otto von Bismarcks über die Unterzeichnung eines Waffenstillstands, Versailles, 28. Januar 1871

Handschrift; 14 × 22,5 cm
Friedrichsruh, Bismarck-Archiv (A 3)

»Capitulation aller Pariser Forts und dreiwöchiger Waffenstillstand zu Lande und zu Wasser von mir und M. Jules Favre unterzeichnet. Pariser Armee bleibt kriegsgefangen in der Stadt.« Die Kapitulation und ein dreiwöchiger Waffenstillstand wurden in Versailles unterzeichnet. Nachdem die deutschen Truppen alle Forts besetzt hatten und die Waffen abgeliefert worden waren, konnte die Stadt von außerhalb mit Lebensmitteln versorgt werden.

8b/13 »Le Ballon«

Pierre Puvis de Chavannes (1824–1898)
1870; Öl/Karton; 46,3 × 31 cm
Paris, Musée Carnavalet (P 1711, E. 17.417)

Puvis de Chavannes betont mit diesem Entwurf zu einer Allegorie auf die Verteidigung von Paris ebenso wie mit »Le Pigeon Voyageur« die herausragende Bedeutung des ungewöhnlichen Nachrichtentransportes für den Behauptungswillen der französischen Hauptstadt: Am 22. September 1870 verließ unter großem Beifall der Bevölkerung der erste Ballon mit Briefen und Depeschen Paris. Mit dem Ballonverkehr wurde über die feindlichen Reihen hinweg die Verbindung zu den Mitgliedern der Exilregierung in Bordeaux gehalten.

8b/17

8b/18

8b/14 »Le Pigeon Voyageur«*

Pierre Puvis de Chavannes (1824–1898)
1871; Öl/Karton; 46,2 × 31,4 cm
Paris, Musée Carnavalet (P 1710, E. 17.416)

Ebenso wie Ballons wurden auch Brieftauben für die Übermittlung wichtiger Nachrichten und Depeschen verwendet.

8b/15 »Mousquet à Ballon«

Deutsches Geschütz zur Abwehr französischer Heißluftballons während der Belagerung von Paris
Friedrich Krupp, Essen
Schmiedeeisen; 26 × 216 cm; Kaliber 39 mm
Ingolstadt, Bayerisches Armeemuseum
[N 522 (5120)]

»La Gazette de France« berichtete in der Ausgabe vom 19. Januar 1871: »Herr Krupp, der Erfinder der Krupp-Kanonen, die seit acht Tagen ihre schweren Granaten auf Paris werfen, wurde von König Wilhelm damit beauftragt, eine neue Kanone mit der Absicht zu entwerfen, die Jagd auf die Ballons zu eröffnen, die Paris in Richtung der Provinzen verlassen. Und Herrn Krupp, der König Wilhelm nichts abschlagen kann, ist es gelungen, so sagt man, eine Waffe herzustellen, die in den höchsten Lüften die Boten treffen wird, die sich zum großen Ärger der Preußen über die Einschließung hinwegsetzen.« Die Kanone, 150 Pfund schwer, konnte von einem einzigen Mann bedient werden. Das Ziel war, mit einer drei Pfund schweren Patrone die mit Gas gefüllten Ballons zu treffen und zur Explosion zu bringen. Die Reichweite betrug 2000 Fuß (ca. 650 m) Höhe und eine Meile (ca. 1,5 km) Distanz.

8b/16 Auflistung der Ballons, die während der Belagerung Paris verlassen haben*

Paris: A. Brissonnet
Lithographie; 45 × 63 cm
Paris, Musée de la Poste (MP. S. 65)

Die wohl spektakulärste Ballonfahrt unternahm der Innen- und Kriegsminister Léon Gambetta: Am 7. Oktober 1870 startete er von der Place Saint-Pierre auf dem Montmarte und überflog den Belagerungsring der deutschen Truppen, um zunächst von Tours, dann von Bordeaux aus den Krieg weiterzuführen. Als Bismarck den ersten Ballon aus dem besetzten Paris herausschweben sah, soll er voller Zorn gerufen haben: »Ce n'est pas loyal!«

8b/20

8b/17 Benutzung von Brieftauben während der Belagerung von Paris*

Zeichnung; 17 × 19 cm
Paris, Musée de la Poste (MP.P. 318)

Die Depeschen, die zur Nachrichtenübermittlung zwischen Paris und der Exilregierung in Bordeaux dienten, wurden in Mikrofilmformat möglichst unauffällig an den Schwanzfedern der Brieftauben befestigt. Tauben, die offizielle Regierungspost beförderten, waren besonders gekennzeichnet.

8b/18 Mikrofilmdepeschen für Taubenpost*

Photographie; 10 × 6 cm
Paris, Musée de la Poste

Gedruckte Texte wurden großformatig zusammengestellt und auf Glasplatten photographiert. Davon wurden Abzüge in der Größe 36 × 60 mm gemacht und mit Kollodium bedeckt. Selbst Zeitungen wurden auf diese Art und Weise ins besetzte Paris gebracht. Die Taubenpost wurde nach der Ankunft Léon Gambettas in Tours eingerichtet. Vermutlich verschickte Gambetta die erste Depesche per Brieftaube am 9. Oktober 1870. Allein bis Ende Oktober 1870 sind mindestens 26 Depeschen auf diesem Wege von Tours nach Paris gelangt.

8b/19 Projektor für »Pigeongrammes« (Mikrofilmdepeschen per Taubenpost)

Um 1870; Holz, Metall; 90 × 36 × 55 cm
Paris, Musée de la Poste

Es gab verschiedene Techniken der Herstellung von Mikrofilmdepeschen. Als Erfinder gelten die Photographen Dagron und Blaise. Sämtliche Techniken folgten aber dem Prinzip der Verkleinerung auf Mikrofilme und der Rückvergrößerung mittels Projektoren.

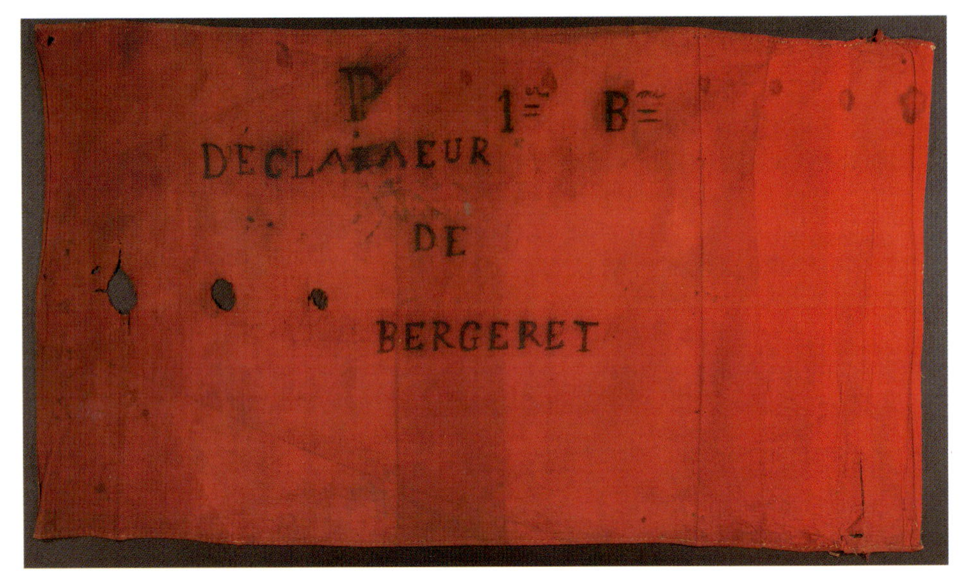

8b/25

8b/20 Vergrößerung und Transkription von Mikrofilmdepeschen*

Jahandier
Kolorierter Holzstich; 14,5 × 19 cm
Paris, Musée de la Poste (G 755)

Mittels einer Projektionslampe wurden die Schriftstücke rückvergrößert, dann abgeschrieben und vervielfältigt. Oft war es äußerst schwierig, die extrem verkleinerten Buchstaben zu entziffern, zumal dann, wenn Regenwasser die Schriftstücke durchnäßt hatte oder die Mikrofilme verschmutzt waren.

8b/21 Aufschraubbare Kugel für den Posttransport

1870/71; Zink; H 13 cm, Dm 20 cm
Paris, Musée de la Poste (MP 21373/1)

Jede Zinkkugel, die mit der Post per Ballon hinter die feindlichen Linien befördert und dort abgeworfen wurde, konnte 500 bis 700 Briefe à 4 Gramm aufnehmen. Diese Form des Postverkehrs wurde zwischen dem 4. und 31. Januar 1871 aufrechterhalten. Insgesamt wurden 55 Kugeln abgeworfen, keine einzige erreichte ihren Adressaten.

8b/22 Damwild

Unvollendete Skizze
Rosa Bonheur (1822–1899)
Öl/Lw; 65,5 × 81 cm
By (Seine-et-Marne), Château de By, Atelier de Rosa Bonheur

Rosa Bonheur, die berühmte Salon- und Tiermalerin, war eine erbitterte Gegnerin der deutschen Besatzung. Es wird berichtet, daß sie sich selbst bewaffnet den Truppen entgegenstellte. Angeblich plante sie sogar, ihr Schloß in By niederzubrennen, damit es nicht als Unterkunft für deutsche Soldaten dienen konnte. Ein Reh, das sie häufig gezeichnet hatte, ließ sie schlachten, um es nicht in die Hände der deutschen Soldaten fallen zu lassen.

8b/23 Sicherheitspaß für Rosa Bonheur, Versailles, 26. September 1870

Handschrift; 19 × 29 cm
By (Seine-et-Marne), Château de By, Atelier de Rosa Bonheur

Prinz Friedrich Karl, ein Bewunderer Rosa Bonheurs, ließ durch den Kommandanten der Preußischen Armee in Frankreich, von Gottberg, einen Sicherheitspaß für sie ausstellen, der ihr das Passieren der feindlichen Linien gestattete. Rosa Bonheur war über diese Geste sehr erzürnt. Sie verweigerte die Annahme des Dokumentes mit der Begründung, daß sie nicht besser als jeder einfache Bauer behandelt werden wolle.

8b/24 Bekanntmachung »An das Volk … Der Belagerungszustand ist aufgehoben«, Paris, 19. März 1871

56 × 42 cm
Coburg, Staatsarchiv (LA A Nr. 7308)

Das »Comité central de la Garde nationale« gab am 19. März 1871 bekannt:
»Bürger, das Volk von Paris hat das Joch abgeschüttelt, das ihm auferlegt werden sollte. Ruhig, unerschütterlich in seiner Kraft, hat es furchtlos und ohne Provokation die schamlosen Verrückten erwartet, die Hand an die Republik legen wollten.
Dieses Mal wollten unsere Brüder von der Armee nicht die Hand gegen den heiligen Hort unserer Freiheiten erheben. Dank sei allen, auf daß Paris und Frankreich gemeinsam die Grundlagen legen für eine Republik, ausgerufen mit all ihren Folgen, die einzige Regierung, die für immer das Zeitalter der Invasionen und Bürgerkriege beendet.
Der Zustand der Besetzung ist aufgehoben. Das Volk von Paris ist in allen seinen Teilen zu kommunalen Wahlen aufgerufen. Die Sicherheit aller Bürger wird durch die Beihilfe der Nationalgarde gewährleistet.«

8b/25 Rote Fahne*

1871; ca. 58 × 100 cm
Paris, Musée Carnavalet

Eine unsoziale Innenpolitik und die Enttäuschung über den Waffenstillstand vom 28. Januar 1871 führten zum Aufstand der Pariser Bevölkerung, »Commune« genannt, der von März bis Mai 1871 dauerte. Anlaß war die Entscheidung Adolphe Thiers am 18. März 1871, die Nationalgarde zu entwaffnen, die die Republik verteidigen sollte. So lautete eine Proklamation der »Commune«: »Es gibt in Paris 300000 Nationalgarden, und doch ruft man Truppen herbei … Die Männer, welche die Niederlage organisiert, Frankreich zerstückelt, unser ganzes Gold überliefert haben, wollen der Verantwortlichkeit … dadurch entgehen, daß sie den Bürgerkrieg hervorrufen.«

8b/26

8b/26 Werbeplakat für das Panoramabild »La Commune de Paris, 1871« (Castellani)*

Paris: Emile Lévy 1883
Farblithographie; 61 × 41 cm
Paris, Bibliothèque Nationale, Bibliothèque de l'Opera

Häufig wurden im 19. Jahrhundert in den Panoramen aktuelle Ereignisse aufgegriffen und veranschaulicht. So wurden noch im Jahre 1871 im Grand Panorama in der Rue de Bondy die Ereignisse des Commune-Aufstandes gezeigt. Auch in Deutschland dienten Panoramen zur politischen Berichterstattung: Die Buchhandlung Nestler und Messe in Hamburg warb für ein Panorama in Buchform, das die »Stadt Paris mit Festungsmauern, Forts, vor der Verteidigungslinie liegende Dörfer, Ortschaften, Waldungen, Wege, Eisenbahnen« zeigte. »Laien und Soldaten« sollten »weitere Operationen gegen Paris auf diesem Panorama mit Leichtigkeit verfolgen können«.

8b/27 Werbeplakat für das Panoramabild »Le Dernier Jour de la Commune« (Castellani)

Entwurf: Hope
Paris: Impr. Franc
1883; Farblithographie; 61,0 × 40,0 cm
Paris, Bibliothèque Nationale, Bibliothèque de l'Opera

Das Ende der »Commune« kam in der »Blutigen Woche« vom 21. bis 28. Mai 1871: Regierungssoldaten gelang es, durch das Tor von Saint-Cloud in die Stadt einzudringen. Heftige Barrikaden- und Häuserkämpfe waren die Folge, wobei die Kommunarden immer mehr in den Südteil der Stadt abgedrängt wurden. Am 26. Mai kam es zu Massakern, unter den Opfern waren Frauen, Kinder und Greise. Von den Kommunarden wurden daraufhin 50 Geiseln erschossen. Erbitterte Kämpfe um den Friedhof Père-Lachaise und das Fort Vincennes beendeten den Bürgerkrieg. Am 28. Mai verkündete Marschall MacMahon in einer Proklamation an die Pariser Bürger: »Die französische Armee ist gekommen, um sie zu retten. Paris ist befreit. Heute ist der Kampf beendet worden: Die Ordnung, die Arbeit und die Sicherheit werden wiederhergestellt.«

Raum 8c

REICHSGRÜNDUNG IM KRIEG – VERSAILLES

»Diese Kaisergeburt war eine schwere, und Könige haben in solchen Zeiten ihre wunderlichen Gelüste wie Frauen, bevor sie der Welt hergeben, was sie doch nicht behalten können. Ich hatte als Accoucheur mehrmals das dringende Bedürfnis, eine Bombe zu sein und zu platzen, daß der ganze Bau in Trümmer gegangen wäre.« So klagte Bismarck in einem Brief an seine Frau am 21. Januar 1871 über die Schwierigkeiten, die er bis zur Proklamation des Deutschen Kaisers im Spiegelsaal des Schlosses von Versailles am 18. Januar zu bestehen hatte. Nach Abschluß und Ratifizierung der Verträge mit den süddeutschen Staaten war Bismarcks Ziel der Reichseinigung erreicht. Die Einzelstaaten hatten sich zunächst auf die Bezeichnungen »Deutscher Bund« für den Gesamtstaat und »Bundespräsidium« für das Bundesoberhaupt geeinigt. Bismarck wollte allerdings mit der Wiederherstellung der Würde eines »Deutschen Kaisers« ein besonderes Symbol der Reichseinheit schaffen. Doch König Wilhelm weigerte sich zunächst, diesen verfassungsrechtlich allein möglichen Titel anzunehmen. Er wollte »Kaiser von Deutschland« sein, um den Machtzuwachs des Hauses Hohenzollern vor aller Welt deutlich zu machen. Auf Druck Bismarcks beugte er sich jedoch dem Zwang der Realität. Die Situation rettete der Großherzog von Baden, indem er am 18. Januar 1871 in Versailles proklamierte: »Kaiser Wilhelm lebe hoch!«

Im Herzen des besiegten Landes, im Kreis von Militärs, Höflingen und Diplomaten begingen die deutschen Fürsten die kleindeutsche Einigung. Die Öffentlichkeit, vor allem die Volksvertretung, mußte zurücktreten gegenüber dieser Selbstdarstellung des Fürstenstaates, die später zum Nationalfeiertag stilisiert wurde. Bei aller Freude über das Erreichte konnte selbst ein fürstlicher Teilnehmer sein Unbehagen nicht verbergen. So schrieb der bayerische Prinz Otto an seinen Bruder Ludwig, den bayerischen König: »Alles so kalt, so stolz, so glänzend, so prunkend und großtuerisch und herzlos und leer.«

Seit Kriegsausbruch war Bismarck bereit, den Südstaaten Bayern und Württemberg in den Einigungsverhandlungen Reservatrechte einzuräumen, die ihren Partikularinteressen Rechnung trugen. Vom Präsidenten des Bundeskanzleramts Delbrück ließ er am 13. September 1870 eine Denkschrift für das Verfassungsprogramm der künftigen Gestaltung Deutschlands formulieren: »Es würde sich also handeln um ein Deutsches Reich, bestehend aus dem Norddeutschen Bund und den Süddeutschen Staaten, bestimmt zum Schutze Deutschlands und zur Pflege der Interessen des deutschen Volkes, ausgestattet mit der Gesetzgebung und Aufsicht über Landheer und Seemacht, über Zölle, Verbrauchssteuern und Schiffahrtsabgaben, über das Maß-, Gewichts- und

Münzwesen, über das Eisenbahnwesen, über Handels- und Wechselrecht und Gewährung der Rechtshilfe und über den Schutz des deutschen Handels im Ausland.«

Das neugegründete Deutsche Reich bestand aus 25 Bundesstaaten: vier Königreichen, sechs Großherzogtümern, fünf Herzogtümern, sieben Fürstentümern und drei Freien Städten. Die meisten der Bundesstaaten waren – wie das Deutsche Reich – konstitutionelle Monarchien. Davon wichen nur die drei hanseatischen Stadtrepubliken ab, ferner die beiden mecklenburgischen Großherzogtümer, die ihre aus dem 16. Jahrhundert stammenden landständischen Verfassungen wahrten. In acht Einzelstaaten galt das allgemeine gleiche Wahlrecht wie für den Reichstag; elf Staaten hatten ein Klassenwahlrecht. Das »Gesetz betreffend die Verfassung des Deutschen Reiches«, vom Kaiser am 16. April 1871 ausgefertigt, trat mit dem Beschluß über die Bezeichnungen »Kaiser« und »Reich« am 4. Mai 1871 in Kraft. Das im Präliminarfrieden von Versailles am 26. Februar 1871 an Deutschland abgetretene Elsaß und Teile von Lothringen gehörten als »Reichsland Elsaß-Lothringen« seit dem 3. Juni 1871 zum Deutschen Reich. Der Vorfriede von Versailles wurde im Frieden von Frankfurt am 10. Mai 1871 besiegelt. Die Wahl des ersten Reichstages fand am 3. März 1871 statt, dem Tag der Ratifikation des Präliminar-Friedensvertrags, der den deutsch-französischen Krieg beendete. Die Freikonservativen und die beiden rechtsliberalen Fraktionen erhielten mit 192 Mandaten bei insgesamt 382 Sitzen eine knappe Mehrheit.

Die scharfzüngige Chronistin des Deutschen Kaiserreichs, Hildegard von Spitzemberg, verurteilte die am 2. März 1872 vom Kaiser verteilten Dotationen an Heerführer und Organisatoren der Armee, die mit Summen bis zu 300000 Talern für ihre Leistungen im Krieg gegen Frankreich belohnt wurden: »Die Ausdehnung dieser Geldbelohnungen bis auf einzelne Generäle und kleinere Summen herab hat für mein Gefühl etwas Unwürdiges: man gebe den zwei, drei Ersten Nationalbelohnungen in großem Maßstabe, nicht aber jedem General, der einfach seine Schuldigkeit getan«. Bismarck wurde reichlich entschädigt: Seine Erhebung in den erblichen Fürstenstand, verbunden mit der Dotation des Sachsenwaldes aus königlichem Besitz, verfügte Wilhelm I. auch für den erstgeborenen Sohn.

Nach Abschluß des Frankfurter Friedensvertrages verkündete Bismarck, das zum Deutschen Reich erweiterte Preußen sei nun »saturiert« und strebe nur noch nach Erhaltung des Bestehenden. Die europäische Öffentlichkeit und die führenden Staatsmänner waren von dieser Einschätzung nicht rückhaltlos überzeugt: Das Reich mußte sich in Europa erst bewähren.

Marie-Louise von Plessen

Kaiser Wilhelm und Kaiserin Augusta
die Mitglieder der Königlichen Familie
dem
Reichskanzler Fürsten Bismarck
zum 1 April 1885.

8c/1

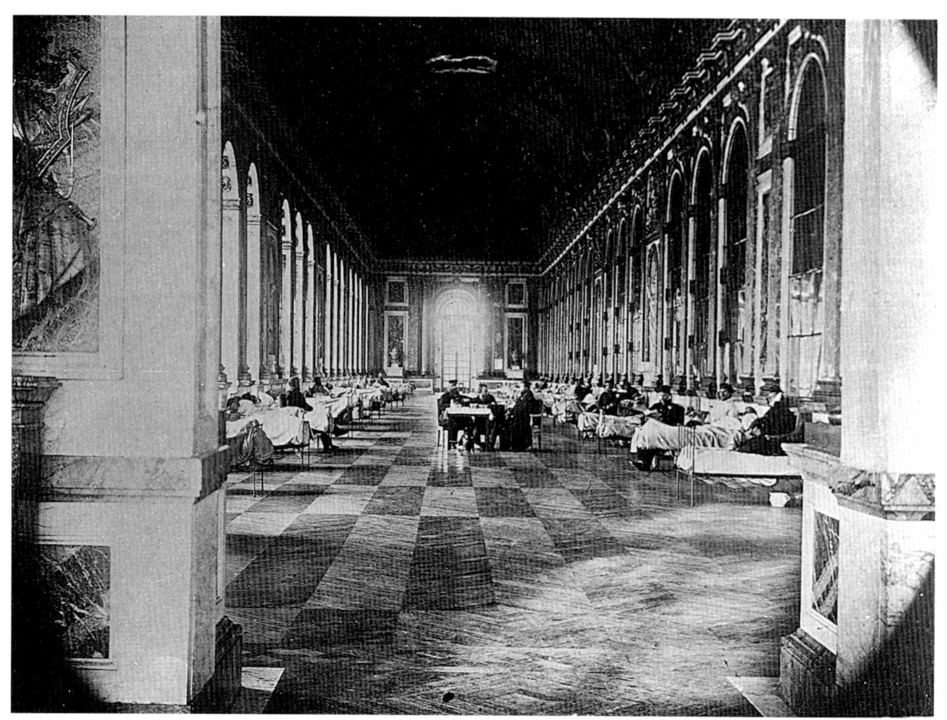

8c/3

8c/1 Kaiserproklamation in Versailles*

Anton von Werner (1843–1915)
1885; bez.u.r.: AvW 1885
Öl/Lw; 270 × 270 cm (m.R.)
Friedrichsruh, Bismarck-Museum

Bei dem Gemälde handelt es sich um die in kaiserlichem Auftrag zu Bismarcks 70. Geburtstag 1885 entstandene dritte Fassung der »Kaiserproklamation«. Werner, der durch ein Telegramm des preußischen Kronprinzen am 15. Januar nach Versailles gerufen worden war, erinnerte sich später, er habe die Proklamation »in prunklosester Weise und außerordentlicher Kürze« erlebt. Eine erste Fassung malte er anläßlich des 80. Geburtstages Kaiser Wilhelms I. 1877 für den Weißen Saal des Berliner Schlosses. Kritisiert wurden daran die nüchterne Darstellung und die wenig betonte Position Bismarcks. Bei der zweiten Fassung rückte Werner Bismarck und Moltke in den Mittelpunkt. Bei der Ausführung für das Zeughaus von 1882 trägt Bismarck – entgegen der historischen Wahrheit – die weiße Kürassieruniform. Den preußischen Kriegsminister Roon integrierte der Maler, obwohl er wegen einer Erkältung nicht anwesend war, auf ausdrücklichen Wunsch des Kaisers. Dies geschah auf Kosten des versöhnlichen Händedrucks der Generäle Hartmann (Preußen) und Blumenthal (Bayern), die nun dem eingefügten Roon unmotiviert in die Tasche zu greifen scheinen. Bismarck, der bei der Zeremonie einen dunklen Uniformrock trug, stellte der Künstler der Lichtwerte wegen wiederum in weißer Kürassieruniform in den Mittelpunkt.

8c/2 Standarte des Kurmärkischen Dragonerregiments Nr. 14

Holz, Messing, Textil; 58 × 47 cm
Rastatt, Wehrgeschichtliches Museum
(001641)

Die Standarte mit dem Preußenadler begleitete die Zeremonie der Kaiserproklamation.

8c/3 Der Spiegelsaal des Schlosses Versailles nach dem 19. Januar 1871*

1871; Photographie (Reproduktion)
Berlin, Bildarchiv PK (1260)

Reichsgründung im Krieg: Am 19. Januar wurde der Spiegelsaal wieder mit einem Lazarett belegt.

8c/4 »160ste Depesche vom Kriegs=Schauplatz«, Brévilles, 17. Januar 1871

Berlin: Ernst Litfaß
23 × 18 cm
Berlin, DHM (1988/74)

»Diesseitiger Verlust an den letzten drei Tagen etwa 1200 Mann todt und verwundet« – die Depesche meldete wiederholte Gefechte, Gefangennahmen und Verlustzahlen, die am 18. Januar durch das Königliche Polizei-Präsidium veröffentlicht wurden.

8c/5 Aufruf an die Einwohner von Paris: »Vive La République!«, Paris, 18. Januar 1871

53 × 43 cm
Coburg, Staatsarchiv (LA A, Nr. 7308)

Die Regierung der Nationalen Verteidigung rief am Tag der Kaiserproklamation in Paris die Einwohner der Stadt zu heldenmütiger Kampfbereitschaft auf: »Der Feind tötet unsere Frauen und Kinder; er bombardiert uns Tag und Nacht; er deckt unsere Krankenhäuser mit Geschossen ein …«

8c/6 Ratifizierungsurkunde zum Vertrag über die Gründung des Deutschen Bundes vom 15. November 1870, München, 25. Januar 1871

Faksimile; 37 × 52,5 cm
Berlin, DHM (Original: Bonn, Politisches Archiv des Auswärtigen Amtes)

Bayern trat am 15. November 1870 dem ersten der Verträge zwischen dem Norddeutschen Bund, Baden und Hessen über die Gründung des »Deutschen Bundes« und die Feststellung seiner Verfassung bei, blieb allerdings von der Heeresfolge ausgenommen. Es erhielt zudem mit eigener Post und Eisenbahnverwaltung sowie verbriefter Befreiung von der Biersteuer einen Sonderstatus, mußte aber die Führung der Außenpolitik der Zentralgewalt überlassen. Die bayerischen Vertreter verzichteten auf den Plan eines Doppelbundes und erklärten sich zur Unterstützung Bismarcks in der Kaiserfrage bereit.

8c/7 König Ludwig II. von Bayern (1845–1886)*

August Spieß (1841–1923)
Öl/Lw; ca. 90 × 75 cm (m.R.)
München, Bayerische Verwaltung der staatlichen Schlösser, Gärten und Seen [König Ludwig II. Museum, Herrenchiemsee (Res. Mü. G 1274)]

Die Wiederherstellung der Kaiserwürde durch König Ludwig II. machte der bayerische Unterhändler Max von Holnstein von zwei Bedingungen abhängig: Die geforderte territoriale Kompensation zwischen Franken und der Pfalz lehnte Bismarck ab. Die finanzielle Entschädigung, die Holnstein zugleich als Rückerstattungsanspruch für die bayerische Kriegsentschädigung von 1866 betrachtet wissen wollte, bestand in Jahresdotationen im Gesamtbetrag von rund 5 Millionen

8c/7

Mark mit einer Vermittlerprovision für Holnstein selbst, in Höhe von 10% dieses Betrages. Die Zahlungen wurden aus dem nach der 1866 erfolgten Annexion des Königreichs Hannover eingezogenen Welfenfonds geleistet.

8c/8 »Kaiserbrief« Schreiben Bismarcks an Ludwig II. von Bayern, Versailles, 27. November 1870

Faksimile; 26 × 19 cm
Berlin, DHM (Original: Berlin, GStA PK)

Ludwig II. wurde durch Holnstein mit der Begründung dazu gebracht, den von Bismarck diktierten »Kaiserbrief« zu unterschreiben, der König von Bayern könne sich als Vertreter des ältesten deutschen Fürstengeschlechts wohl dem deutschen Kaiser, nicht aber dem König von Preußen unterordnen, dessen Vorfahren ihre märkischen Besitzungen dem Wittelsbacher Kaiser Ludwig verdankten und somit Vasallen des Bayerischen Hauses gewesen seien. In Hohenschwangau unterschrieb der König das Dokument. Am 3. Dezember 1870 übergab Prinz Luitpold von Bayern im Auftrag Ludwigs II. dem preußischen König den »Kaiserbrief« im Hauptquartier von Versailles.

8c/9 Telegramm Bismarcks an Graf Itzenplitz, Versailles, 25. Januar 1871

Faksimile; 11 × 18 cm
Berlin, DHM (Original: Berlin GStA PK)

Am Abend des 18. Januar teilte Kaiser Wilhelm dem Kronprinzen mit, daß er von nun an »Kaiserliche Hoheit« angeredet werden sollte. Eine Ordre über die Verleihung des Titels »Kronprinz des Deutschen Reichs« erging an das Staatsministerium nach Berlin an Graf Itzenplitz, der die weiteren Benachrichtigungen zu übernehmen hatte.

8c/10

8c/10 Großherzog Friedrich I. von Baden (1826–1907)*

Ferdinand Keller (1842–1922)
1876; bez.o.r.: 1876 Ferdinand Keller
Öl/Lw; 100 × 72 cm
Privatbesitz

Von seinem geisteskranken Bruder Ludwig übernahm Friedrich I. 1852 die Regentschaft und 1856 als Großherzog die Throngewalt. Er galt als liberal und als entschiedener Vorkämpfer der nationalen Einigung unter preußischer Führung sowie als Förderer von Kultur und Wissenschaft. Unter dem Einfluß der Bewegung gegen das Konkordat von 1859 berief er 1860 ein liberales Ministerium, das sogleich weitreichende innere Reformen einleitete. Aufgrund seiner Ehe mit der Tochter König Wilhelms stand er in engen Beziehungen zum preußischen Königshaus. 1870/71 unterstellte der Großherzog seine Truppen dem preußischen Oberbefehl und trat am 15. November dem Deutschen Bund bei. Sein Plan zur Gründung eines deutschen Reichsheeres scheiterte am preußischen Widerstand. Während des Krieges mit Frankreich vermittelte er mehrfach zwischen Roon, Moltke und Bismarck und brachte am 18. Januar 1871 das Hoch auf »Kaiser Wilhelm« aus.

8c/11 König Albert von Sachsen (1828–1902)*

Lehnert
Bez.: Lehnert
Reliefbildnis, Marmor; Dm 73 cm
Berlin, DHM (1990/27)

Albert von Sachsen zeigte schon früh Interesse an militärischen Fragen und nahm am Sturm auf die Düppeler Schanzen am 13. April 1849 teil. Seine politische Haltung war von der Freundschaft mit Kaiser Franz Joseph geprägt. Er beteiligte sich an den Feldzügen von 1864 und stand 1866 mit der sächsischen Armee auf Seiten Österreichs. Doch die Neugestaltung der Bundesverhältnisse nach 1866 zwangen ihn zum Anschluß an den Norddeutschen Bund. Nach dem Tod König Johanns von Sachsen im Jahre 1873 trat Albert, der nach Gravelotte und Sedan zum preußischen Generalfeldmarschall ernannt worden war, die Thronfolge an. Aus dem einstigen Preußenfeind war ein treuer Reichsfürst geworden.

8c/11

8c/12 König Karl von Württemberg (1823–1891)*

S. Fischer
1886; bez.u.M.: S. Fischer 1886
Öl/Lw; 74 × 63 cm
Ulm, Ulmer Museum (4.398)

8c/12

Karl bestieg 1864 den Thron. Auf Rat seines Ministers Freiherr von Varnbüler schloß er als erster der Bundesfürsten ein Schutz- und Trutzbündnis mit Preußen am 13. August 1866 und verteidigte dieses Bündnis und den Eintritt Württembergs ins Zollparlament gleichen Datums gegen starken Widerstand im Landtag. Dem Deutschen Reich trat Württemberg als letzter Bundesstaat am 25. November 1870 bei.

8c/13 Reiterbildnis Herzog Ernsts II. von Sachsen-Coburg-Gotha im Deutsch-Französischen Krieg 1870/71*

Jacobus Leisten (1844–1918)
1892; bez.o.r.: Jacobus Leisten 92.
Öl/Lw; 87 × 60 cm
München, Bayerische Verwaltung der staatlichen Schlösser, Gärten und Seen [Coburg, Schloß Ehrenburg M 489 (Coburger Landesstiftung)]

Ernst II. (1818–1893) kam mit 25 Jahren auf den Thron der in Personalunion verbundenen Herzogtümer Sachsen, Coburg und Gotha. Er führte zahlreiche Reformen in der Landwirtschaft, im Bildungswesen, in der Industrie und im Eisenbahnbau durch. Als einziger Bundesfürst nahm er 1848 und 1864 aktiv am Feldzug gegen Dänemark teil. Er be-

8c/13

fürwortete die nationalen und liberalen Ideen, unterstützte die Sänger, Schützen und Turner und wurde Protektor des »Nationalvereins«, der für ein liberales kleindeutsches Reich auf der Grundlage der Paulskirchenverfassung eintrat. 1866 stellte er seine Truppen Preußen zur Verfügung und schloß sich 1867 dem Norddeutschen Bund an. Die Gründung des Deutschen Reiches betrachtete er als Krönung seiner Einheitsbestrebungen. Ungeachtet dessen brachten ihn seine demokratischen Überzeugungen in Gegensatz zu Bismarck.

8c/14 Fürst Heinrich XXII. Reuß, ältere Linie (1846–1902)*

Aloys Krüger
1878; bez.a.d. Rückseite: Prof. A. Krüger
Öl/Lw; 35 × 25 cm (oval)
Greiz, Kreisheimatmuseum

Heinrich XXII. folgte zwar nominell 1859 als Dreizehnjähriger auf den Thron des Fürstentums Reuß, das jedoch bis zu seiner Volljährigkeit von seiner Mutter Caroline regiert wurde. 1866 zogen seine Untertanen auf Seiten Österreichs in den Krieg, und auch später weigerte sich dieser Bundesfürst, Preußen Heeresfolge zu leisten. Dies mußte er mit einer hohen Bußzahlung wettmachen. Bis zu seinem Tod blieb er ein erbitterter Gegner des Bismarck-Reiches. Seine Starrsinnigkeit gegenüber Berlin trug ihm den Namen »Heinrich der Unartige« ein.

8c/14

8c/15 Fürst Heinrich XIV. Reuß, jüngere Linie (1832–1913)*

Öl/Lw; 48 × 40 cm
Privatbesitz

Fürst Heinrich XIV. Reuß, jüngere Linie, folgte am 11. Juli 1867 seinem Vater, dem Fürsten Heinrich LXVII., auf den Thron. In einer Denkschrift vom März 1867, als er als Erbprinz bereits maßgeblich an der Regierung beteiligt war, stellte er fest, daß sich »die Blicke der Bevölkerung sowohl als der Beamten ... mehr nach Berlin als auf die heimische Hauptstadt richten werden, weil dort jetzt der Schwerpunkt der Macht ruht, weil von dort aus der Gang der Politik geleitet, der Anstoß zu allen wichtigen Dingen im Staatsleben ausgehen wird«. Alle männlichen Familienmitglieder führten nach Kaiser Heinrich VI., mit dem der Aufstieg des Geschlechts begonnen hatte, den Vornamen Heinrich.

8c/16 Herzog Ernst I. von Sachsen-Altenburg (1826–1908)*

Gustav Walther (1828–1904)
Bez.u.r.: G. Walther
Öl/Lw; 117 × 90 cm (m.R.)
Altenburg, Staatliches Lindenau-Museum (1063)

Überzeugt davon, daß früher oder später die Nation unter preußischer Führung geeinigt würde, schloß Ernst I. bereits 1862 ein Militärbündnis mit Preußen und stellte sich im Krieg 1866 auf die Seite Preußens. Seine überzeugte Anhängerschaft erfuhr nur dann Einschränkungen, wenn es sich um Angelegenheiten des hannoverschen Königshauses handelte.

8c/16

8c/15

8c/17 Großherzog Carl Alexander von Sachsen-Weimar-Eisenach in der Eisengießerei von Stieberitz

Hans W. Schmidt
1889; Öl/Holz; 79 × 100 cm
Weimar, Kunstsammlungen zu Weimar (G 1632)

Mit der zeitgenössischen Kunst eng verbunden, galt Carl Alexander (1818–1901) als Förderer der Musen. Dank beträchtlicher persönlicher Einkünfte konnte er unabhängig vom Staatshaushalt viele seiner Ideen verwirklichen wie etwa den romantisch-historisierenden Ausbau der Wartburg als Denkmal deutscher Geschichte und die landschaftliche Gestaltung ihrer Umgebung durch Fürst Hermann Pückler-Muskau. Stets gesamtdeutsch gesinnt, stand er – obwohl Schwager Wilhelms I. – dem preußischen Machtstreben reserviert gegenüber und trat 1866 erst nach starkem Druck dem preußischen Bündnis bei. Im Alter wurde er seiner Zerstreutheit wegen zum Prototyp des »Serenissimus«, den die Witzblätter in allen Variationen als »vertrottelten Duodezfürsten« ausschlachteten.

8c/17

8c/18 Großherzog Friedrich Wilhelm von Mecklenburg-Strelitz (1819–1904)*

Georg Kannengießer (1814–1900)
1877; Öl/Lw; 20,6 × 19,6 cm (oval)
Fünfbronn-Spalt, Ernst August Prinz zur Lippe

Friedrich Wilhelm erblindete in jungen Jahren. Der ultrakonservative, seit 1860 regierende Großherzog schloß sich 1866 so zögernd Preußen an, daß sein Kontingent nicht mehr am Krieg teilnehmen konnte. 1867 trat er dem Norddeutschen Bund und 1868 dem Zollverein bei. Da er Preußen die Annexion Hannovers übelnahm, wurde seine Neustrelitzer Residenz eine Stätte »welfischer Umtriebe«.

8c/18

8c/19 Fürst Leopold III. zur Lippe (1821–1875)*

H. M. Müller
1867; bez.u.l.: H M Müller Dresden 1867
Öl/Lw; 136 × 102 cm (m.R.)
Detmold, Dr. Armin Prinz zur Lippe

Leopold III. bestieg 1851 den Thron des Fürstentums Lippe-Detmold. Wie auch bei den anderen Kleinstaaten bereitete der Beitritt des Fürstentums zum Norddeutschen Bund am 18. August 1866 und zur Militärkonvention am 1. Oktober 1867 den Weg ins Deutsche Reich vor.

8c/19

8c/20 Großherzog Friedrich Franz II. von Mecklenburg-Schwerin (1823–1883)*

Heinz Ewers (1817–1885)
1881; bez.u.r.: Heinz Ewers 1881
Öl/Lw; 120 × 85 cm (m.R.)
Glücksburg, Friedrich-Ferdinand Prinz zu Schleswig-Holstein

Friedrich Franz II. folgte 1842 auf den Thron. Seine Bereitschaft, die Verfassung zu liberalisieren, scheiterte 1848/49 am Widerstand des mecklenburgischen Adels. 1864 gehörte er dem Stab des Generalfeldmarschalls von Wrangel an und führte im 1866er Krieg das 2. Reservekorps gegen Bayern. Am 21. August 1866 trat er dem Norddeutschen Bund, am 11. August 1868 dem Zollverein bei. 1870/71 wurde er Generalgouverneur von Reims. Am 2. September 1873 wurde er zum Generaloberst der Infanterie mit dem Rang eines Generalfeldmarschalls ernannt.

8c/20

8c/21 Großherzog Ludwig III. von Hessen-Darmstadt und bei Rhein (1806–1877)*

Joseph Hartmann (1812–1885)
Öl/Lw; 61,5 × 37,5 cm
Darmstadt, Schloßmuseum Darmstadt

Ludwig III. bestieg am 16. Juni 1848 den Thron. Trotz seiner Gegnerschaft zu Preußen mußte er am 3. September 1866 aus wirtschaftlichen Gründen wegen der Mittellage des Großherzogtums dem Norddeutschen Bund beitreten.

8c/21

8c/22 Großherzog Peter Nikolaus Friedrich von Oldenburg (1827–1900)*

Carl Rahl (1812–1865)
1861; bez.: C. Rahl 1861
Öl/Lw; 70,5 × 57 cm
Oldenburg, Landesmuseum Oldenburg

Der Großherzog übernahm am 27. Februar 1853 die Regierung. Er widmete sich künstlerischen Neigungen und sammelte für seine Residenz Rastede bei Oldenburg eine bemerkenswerte Bildergalerie. Bismarck hatte ein gutes Verhältnis zu ihm, da er in Reichsangelegenheiten Zurückhaltung übte.

8c/23 Herzog Georg II. von Sachsen-Meiningen (1826–1914)*

Hans Olde (1855–1917)
1908; bez.a.d. Keilrahmen: No. 45. Herzog von Meiningen. Skizze. H. Olde
Öl/Lw; 100 × 75 cm
Kiel, Kunsthalle zu Kiel (467)

Bei diesem Porträt Georgs II. handelt es sich um eine unvollendete Studie für die Aula des neuen Universitätsgebäudes in Jena. Der liberale Regent war kunstinteressiert und besonders dem Theater aufgeschlossen. Durch seine Heirat mit der hessischen Prinzessin Carlotta von Nassau residierte er in der prachtvollen Villa Carlotta am Comer See. Im Bundesrat ließ er 1887 gegen eine zusätzliche Klausel zum Sozialistengesetz mit der Begründung stimmen, sie führe zu willkürlicher Polizeiherrschaft, gereiche dem Deutschen Reich zur Unehre und verstümmele den Rechtsstaat. Ihr hafte ein Geruch von den Karlsbader Beschlüssen an.

8c/24 Herzog Wilhelm von Braunschweig (1806–1884)*

Um 1860; Öl/Lw; 42 × 34,5 cm
Braunschweig, Braunschweigisches Landesmuseum (VM 6 692)

8c/22

8c/23

8c/24

Wilhelm bestieg am 20. April 1831nach Vertreibung seines Bruders Karl II. durch dessen Untertanen, den Thron; die Regentschaft hatte er auf Veranlassung der deutschen Bundesversammlung schon seit dem 2. Dezember 1830 übernommen. Nach dem Urteil anderer Bundesfürsten verstieß er damit gegen das Prinzip der Legitimität. Dem Norddeutschen Bund trat er am 18. August 1866 bei.

8c/25

8c/25 Fürst Adolf Georg zu Schaumburg-Lippe (1817–1893)*

Öl/Lw; 105 × 83 cm (oval, m.R.)
Bückeburg, Philipp-Ernst Fürst zu Schaumburg-Lippe (1376)

Nach dem Tod seines Bruders Georg Wilhelm folgte Adolf Georg 1860 auf den Thron. Das Fürstentum trat am 18. August 1866 dem Norddeutschen Bund bei. Die Residenzstadt Bückeburg wurde seit dem 1. Oktober 1867 Garnisonsstadt.

8c/26 Fürst Georg Viktor zu Waldeck und Pyrmont (1831–1893)*

C. Sohn
1860; bez.: C. Sohn
Öl/Lw; 92 × 75 cm (oval)
Arolsen, Fürstliche Sammlungen Arolsen

Georg Viktor übernahm 1845 zunächst unter der Vormundschaft seiner Mutter, seit 1852 allein die Regierung des Fürstentums. 1862 ging er eine Militärkonvention mit Preußen ein, sechs Jahre später übernahm Preußen die Verwaltung des Innern und die Vertretung des Fürstentums nach außen. Durch die Heiraten seiner Töchter war Georg Viktor dem württembergischen, dem niederländischen und dem englischen Königshaus verwandtschaftlich verbunden.

8c/26

8c/27 Otto Gildemeister (1823–1902)*

Photographie; 41 × 49 cm
Bremen, Bremer Landesmuseum für Kunst- und Kulturgeschichte (Focke Museum) (46.13)

Der Bremer Bürgermeister und Senator war seit 1857 an der Leitung der auswärtigen Angelegenheiten und des Postwesens der Freien Hansestadt beteiligt. Seit Herbst 1866 war er Bremer Bevollmächtigter bei den Beratungen über die Verfassung des Norddeutschen Bundes und vertrat die Stadt 1867 im Bundesrat.

8c/27

Von Oktober 1871 an war er mit den verfassungsmäßig vorgeschriebenen Pausen mehr als 14 Jahre lang Bürgermeister. Bismarck verehrte er trotz seiner liberalen Gesinnung als großen Staatsmann.

8c/28

8c/28 Theodor Curtius (1811–1889)*

Gustav Ludwig Meyn (1859–1920)
Bez.u.l.: Georg Ludwig Meyn
Öl/Lw; 185 × 130 cm (m.R.)
Lübeck, Der Senat der Hansestadt Lübeck

Als »Außenpolitiker« gehörte Curtius seit 1846 dem Lübecker Senat an. Er trat für die Reform der lübischen Verfassung und für den Bau der Büchen-Lübecker und der Lübeck-Hamburger Eisenbahn ein. Durch die Militärkonvention vom 27. Juni 1867 förderte er den Anschluß Lübecks an Preußen. Die Hansestadt trat 1868 dem Zollverein bei. In der Folgezeit war Curtius lange Jahre Bürgermeister von Lübeck.

8c/29 Gustav Heinrich Kirchenpauer (1809–1887)*

Carl Schumacher (1869–1919)
1910; bez.u.r.: C. Schumacher 1910
Öl/Lw; 160 × 129 cm (m.R.)
Hamburg, Senat der Freien und Hansestadt Hamburg

Als Senator gehörte Kirchenpauer seit 1843 der Kommission für auswärtige Angelegenheiten an und vertrat Hamburg in Kopenhagen, Berlin und Frankfurt. 1851 war er hamburgischer Bundestagsgesandter in Frankfurt, seit 1864 führte er den Vorsitz in der Deputation für Handel, Schiffahrt und Gewerbe, 1867 bis 1881 war er hamburgischer Bevollmächtigter beim Bundesrat des Norddeutschen Bundes und später des Deutschen Reiches. Kirchenpauer gehörte zu den entschiedenen Gegnern eines Zollanschlusses, dem Hamburg erst 1888 seine Handelsfreiheit opferte. Als Präses der Oberschulbehörde förderte er das Bildungswesen und die Museen.

8c/29

8c/30

8c/30 Fürst Günther Friedrich Karl II. von Schwarzburg-Sondershausen (1801–1889)*

Friedrich Wilhelm Herdt (geb. um 1791)
1841; bez.u.r.: F. W. Herdt 1841
Öl/Lw; 117,5 × 90 cm
Sondershausen, Staatliche Museen Sondershausen

Fürst Günther regierte seit 1835 in dem kleinen thüringischen Fürstentum. Der volkstümliche Fürst ließ sich gern auf Stammtischgespräche ein. Er litt – wie schon sein Vater – an einer Augenkrankheit, die zur Erblindung führte, und wurde 1880 von seinem Sohn zur Abdankung gezwungen.

8c/31 Fürst Georg von Schwarzburg-Rudolstadt (1838–1890)*

Ernst von Schönburg-Waldenburg nach Rudolf Oppenheim
1890; bez.: E S p. 1890.
Öl/Lw; 77 × 62 cm
Rudolstadt, Staatliche Museen Heidecksburg (M 35)

Das Porträt ist eine Neufassung eines Bildes von Oppenheim (1870), auf welchem Georg in der Generalsuniform des 6. Dragonerregi-

8c/31

ments dargestellt ist, dessen Chef er erst 1876 wurde. Neben der Ordenskette des Oldenburgischen Hausordens und dem Roten Adlerorden trägt er den Schwarzen Adlerorden, der ihm 1886 verliehen wurde, und vermutlich der Anlaß der Neufassung des Bildes war. Als Verehrer Wilhelms I. setzte er sich nach dessen Tod für die Errichtung eines Kaiser-Wilhelm-Denkmals auf dem Kyffhäuser ein, welcher auf seinem Territorium lag.

8c/32 Herzog Leopold IV. Friedrich von Anhalt (1794–1871)*

Nach Franz Krüger (1797–1857)
Lithographie; 65,5 × 51,5 cm
Dessau-Mosigkau, Staatliches Museum Schloß Mosigkau [Mos. 681 (alte Slg. Siegfried 18)]

Unter Leopold IV., der bereits 1817 auf den Thron in Dessau folgte und im Jahr der Reichsgründung starb, wurden große Teile der im 17. und 18. Jahrhundert aufgeteilten askanischen Familienbesitzungen wieder vereint. Die Landesverfassung stellte dem Herzog einen Landtag zur Seite, ohne dessen Einwilligung an Staatseigentum und Verfassung nichts geändert werden durfte. Das Herzoghaus war antimilitärisch und liberal eingestellt.

8c/33 Depesche zum Friedensschluß von Versailles, 26. Februar 1871*

»Extra-Blatt« des »Süddeutschen Correspondenz-Bureaus Stuttgart«, 27. Februar 1871
33,3 × 23 cm
Nürnberg, GNM, Graphische Slg. (Kapsel 1330[a], HB 6637)

»Heute Nachmittag wurden die Friedenspräliminarien definitiv unterzeichnet. Bedingungsannahmen: Abtretung von Elsaß und Metz. Zahlung einer Kriegskostenentschädigung von fünf Milliarden; bis zur Bezahlung derselben bleibt die Champagne mit Sedan besetzt. Die deutschen Truppen marschiren morgen in Paris ein.«

8c/34 Die Friedensdepesche 1871*

A. Müller-Schönhausen (geb. 1838)
1871/72; bez.u.l.: Müller-Schönhausen
Öl/Holz; 31,5 × 24,5 cm
Berlin, Berlin Museum (GEM 70/15)

In bewegter Szene gruppiert der Maler eine Menschenmenge um eine Berliner Litfaßsäule, die mit der Friedensdepesche beklebt ist. Die Häuser sind zur Feier des Tages beflaggt.

8c/32

Extra-Blatt

Depeschen des

Süddeutschen Correspondenz-Bureau Stuttgart

27. Februar 1871 Morgens 5 Uhr.

Versailles, 26. Februar. Offiziell. Heute Nachmittag wurden die Friedenspräliminarien definitiv unterzeichnet. Bedingungsannahmen: Abtretung von Elsaß und Metz. Zahlung einer Kriegskosten-Entschädigung von fünf Milliarden; bis zur Bezahlung derselben bleibt die Champagne mit Sedan besetzt. Die deutschen Truppen marschiren morgen in Paris ein.

Paris, 26. Februar Abends (über London). Hier Friedensgewißheit. Bedingungen desselben bekannt. Elsaß und Metz an Deutschland abzutreten. 5 Milliarden Zahlung.

8c/33

8c/35 Einzug deutscher Truppen in Paris, 1. März 1871*

Ludwig (Louis) Braun (1836–1916)
1873; bez.: Louis Braun München 73
Öl/Lw; 18,3 × 27,3 cm
Ingolstadt, Bayerisches Armeemuseum
(B 6785)

Vor dem Hintergrund des Arc de l'Etoile stellt Braun den Einmarsch der ersten Staffel der deutschen Truppen am 1. März 1871 in die französische Hauptstadt dar, bei der sich 11 000 Mann des II. bayerischen Armeekorps befanden. An der Spitze reitet Bismarck in preußischer Kürassieruniform, neben ihm der Kronprinz und in Husarenuniform Prinz Friedrich Karl.

8c/36 Bismarck beim Abschluß des deutsch-französischen Friedensvertrags in Frankfurt a. M.

Reproduktion einer Zeichnung von Wilhelm Amandus Beer (1837–1907); 17 × 23,3 cm
Frankfurt a. M., Historisches Museum
(C 6982)

Die Frankfurter Verhandlungskommission wurde auf deutscher Seite von Bismarck, auf französischer von Jules Favre im Hotel »Zum Schwan« geleitet.

8c/37a Der Friedensvertrag von Frankfurt, 10. Mai 1871

Faksimile; 35 × 44 cm
Berlin, DHM (Original: Bonn, Politisches Archiv des Auswärtigen Amtes)

Neben der Abtretung des Elsaß' und eines Teils von Lothringen mit Metz bestätigte der Friede von Frankfurt am 10. Mai 1871 den am 26. Februar 1871 geschlossenen Vorfrieden von Versailles. Frankreich mußte innerhalb von drei Jahren 5 Milliarden Francs Kriegsentschädigung zahlen. Während dieser Zeit blieben seine östlichen Departements für diese Zahlungen als Faustpfänder besetzt.

8c/37b »Frankfurter Friedensfeder«*

Gold, mit Brillianten besetzt, Feder: Golddraht; L 30 cm
Friedrichsruh, Fürstin Ann Mari von Bismarck

8c/34

8c/35

Otto von Bismarck unterzeichnete mit dieser Feder den Frankfurter Friedensvertrag am 10. Mai 1871.

8c/38 Die Friedensbedingungen für Frankreich

»Extrablatt der Stargarder Zeitung«, 12. Mai 1871
11 × 18,2 cm
Nürnberg, GNM, Graphische Slg. (Kapsel 1330[a], HB 4688[1])

Das Extrablatt übermittelt Bismarcks Ausführungen zu den Friedensbedingungen im Reichstag: »Die erste halbe Milliarde ist innerhalb 30 Tagen nach der Einnahme von Paris zahlbar. Als Zahlungsmittel ist Metall-Geld, sichere Banknoten und Wechsel festgesetzt, ferner eine Milliarde bis Dezember 1871 zahlbar, erst dann sind wir zur Räumung von Pariser Befestigungen verpflichtet, die vierte halbe Milliarde ist Mai 1872 zahlbar, die letzten drei Milliarden sind bis zum März 1874 zu zahlen. Der Handelsvertrag fällt fort. Deutschland tritt dafür an Stelle der meistbegünstigten Nationen.«

8c/39 Französische Anweisung von 2000 Talern Kriegsentschädigung, Paris, 15. September 1872*

11,8 × 27,8 cm
Nürnberg, GNM, Graphische Slg. (Kapsel 1364, HB 23921)

Der an die Berliner Bankiers Bonwitt & Littauer gerichtete Wechsel des Bankhauses R.D. Warburg & Cie. belegt eine Zahlung von 2000 preußischen Talern Kriegsentschädigung innerhalb von drei Monaten.

8c/40 Tabaksdose, Geschenk der Stadt Frankfurt an Minister Delbrück zum Andenken an den Frankfurter Frieden 1871*

Weisshaupt, Hanau (Dose); Spelz u. Sohn, Frankfurt (Adler)
1871; Gold, Brillanten; H 4,5 cm, Dm 9,5 cm
Frankfurt a. M., Historisches Museum (X 83:172)

Der Nachlaßerbe stellte die wertvolle Tabaksdose im Barockstil 1914 der Frankfurter Kriegsfürsorge zur Verfügung. Von dort ge-

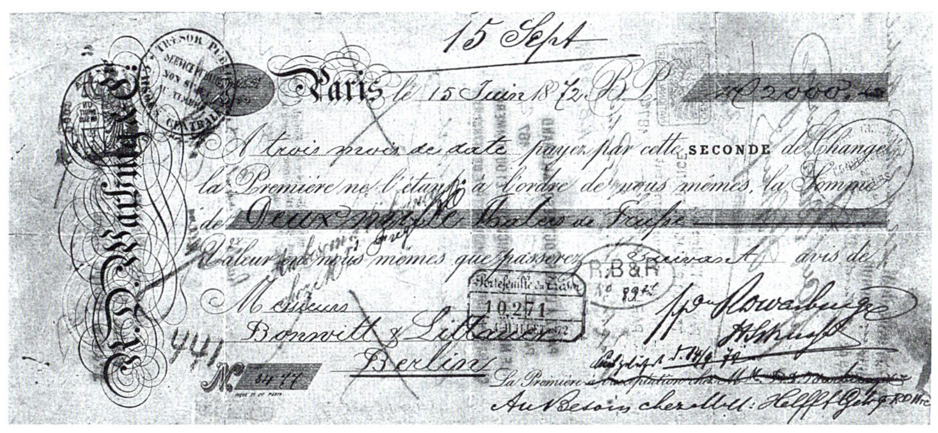
15 Sept

Paris le 15 Juin 1872 B.P. 2000.–

A trois mois de date payez par cette SECONDE de Change la Première ne l'étant à l'ordre de nous mêmes, la Somme de Deux mille Thaler de Prusse

Valeur en nous mêmes que passerez suivant avis de

Messieurs Bonwitt & Littauer Berlin

N° 8477

8c/39

langte sie durch Auslösungszahlung von 2000 Mark als Geschenk in den Silberschatz der Stadt Frankfurt.

8c/41 Münzhumpen zum Andenken an den Frankfurter Frieden 1871*

Gebr. Friedländer, Berlin
1871; bez.: Gebr. Friedländer; Reichsmarken 925 H
Silber; H 39 cm
München, Siegfried Kuhnke

Der mit Siegesmünzen, Medaillen und Porträtmünzen der Bundesfürsten geschmückte Humpen ist beispielhaft für die zahlreichen Erinnerungsobjekte auf die Reichsgründung und die Beendigung des Krieges mit Frankreich.

8c/42 Entwurf für das Velarium »Kampf und Sieg« für die Siegesfeier 1871

Anton von Werner (1843–1915)
1871; bez.u.r.: AvW 1871
Öl/Lw; 80 × 106 cm
Berlin, Berlin Museum (GEM 82/6)

Die Studie für die Berliner Siegesfeier anläßlich des Einzugs der Truppen in die Reichshauptstadt komponierte Werner als bewegte Heldenszene. In der Bildmitte stürmt Wilhelm I., überhöht von den Allegorien der Borussia und der Germania auf einem römischen Kampfwagen, über den bezwungenen Kaiser der Franzosen, Napoleon III. Den siegenden Preußen weist der Adler den Weg.

8c/43 »Bekanntmachung. Aus Anlaß des am 16. d. M. stattfindenden Einzugs der Truppen«, Berlin, 12. Juni 1871

Berlin: Ernst Litfaß
69 × 43 cm
Berlin, DHM (1987/74)

Am 16. Juni notierte die Frau des Württembergischen Gesandten in Berlin, Baronin Spitzemberg, zum festlichen Einzug der Truppen: »Uns gegenüber zwischen Universität und Zeughaus stand Tribüne an Tribüne, zum Brechen voll, ja alle Dächer waren mit Menschen bedeckt. Auf den Bürgersteigen standen die Offiziere, Verwundeten, Deputationen etc., unter uns ein kaum zu bändi-

8c/37b

8c/40

gendes Publikum ... Endlich um 1 Uhr fingen die Leute an der Universität an unruhig zu werden, Hochrufe, flatternde Tücher verkündeten die ersten Anfänge des Zuges, bestehend aus den Generalstabschefs, Kriegsministern, fremden Generalen etc.; die langsam, ohne feste Ordnung, über den Platz ritten; ihnen folgte das interessante Dreigestirn Roon, Bismarck und Moltke, letzterer heute zum Feldmarschall, ersterer zum Grafen ernannt ... Der stolzeste Anblick aber für ein deutsches Herz waren die Unteroffiziere aus allen Korps, die den Truppen voraus die 81 französischen Fahnen und Adler trugen!«

8c/44 Einzug der heimkehrenden sächsischen Truppen in Dresden, 11. Juli 1871

Johann Friedrich Wilhelm Wegener (1812–1879)
1871; bez.u.r.: Einzug des siegreichen Sächsischen Heeres unter der Führung ihres Reichsmarschalls Kronpr. Albert 1871 aus der Erinnerung skizziert von J. F. Wilhelm Wegener
Öl/Lw; 61 × 79 cm
Ingolstadt, Bayerisches Armeemuseum (210/65)

Die Menschenmenge auf dem Dresdener Paradeplatz läßt den heranreitenden Truppen kaum freie Bahn. »Treulich schlangen sich schwarz=weiß=roth (Handels- und Kriegsflagge des Norddeutschen Bundes) und grün=weiß (Farben des Königreichs Sachsen) ineinander, ein verheißendes Symbol kommender Tage« – so schwärmte die Leipziger »Illustrirte Zeitung« am 29. Juli 1871 in ihrem Bericht über die Truppeneinzugsfeier.

8c/45 Einzug der bayerischen Truppen in München, 16. Juli 1871

Behringer (vermutlich Ludwig B., 1824–1903)
1887; bez.: Behringer/1887
Öl/Lw; 100,8 × 161,6 cm
Ingolstadt, Bayerisches Armeemuseum (B 5644)

Einen Monat nach dem Einzug der Truppen in Berlin, an dem auch bayerische Abordnungen teilgenommen hatten, folgte der feierliche Einmarsch in München. Behringer stellte das Défilée vor König Ludwig II. und Kronprinz Friedrich von Preußen auf dem Odeonsplatz vor dem Denkmal König Ludwigs I. dar.

8c/46 Fürsten-Diplom für Otto von Bismarck, 21. März 1871*

Handschrift, Samtumschlag, Siegelkapsel; 40 × 62 cm, Kapsel: Dm 15 cm
Friedrichsruh, Bismarck-Museum

Zur Erhebung in den erblichen Fürstenstand schenkte Wilhelm I. Bismarck am 24. Juli 1871 aus königlichem Besitz den Sachsenwald mit allen Wegen und Gewässern als »Fideikomissherrschaft Schwarzenbek« mit der Bestimmung, jeder Besitznachfolger habe Titel und Namen des Fürsten zu tragen.

8c/41

8c/46

8c/47 Ansicht von Friedrichsruh

Hans Breuer
1898; Photographie; 16 × 22 cm
Friedrichsruh, Bismarck-Museum

Über die neue Besitzung Friedrichsruh schrieb Bismarck am 23. Juli 1871 seinem Bruder: »Die neue Dotation ist, wie ich denke, sehr wertvoll, bisher aber brachte sie mir eine Ausgabe von 85000 Taler, die ich aufgenommen habe, um eine veräußerte Parzelle mitten darin zu kaufen, den einzigen Fleck, wo man sich darin etablieren kann, wenn man nicht in einem verwunschenen Jagdschloß im wüsten Walde wohnen will. Die Einnahmen waren bisher 34000 Taler netto, darunter 3500 Taler Jagdpacht und 2 bis 3000 Taler für Mahl-, Brau- und Brennzwang. Beides fällt künftig fort, letztres durch die Gesetzgebung, und die Jagd kann ich doch nicht dauernd den Hamburgern lassen. Die Einnahmen stehen mir erst vom 1. Januar 1872 an zu. Bis dahin mache ich Schulden. Immer wären 30000 Taler eine schöne Revenue, nur muß man nicht Fürst dabei sein.«

8c/48 Ehrenbürgerbrief der Stadt Berlin für Otto von Bismarck*

Adolph Menzel (1815–1905)
1871; bez.: Adolph Menzel, Berlin
Wasser- und Deckfarben, in Klapptafel mit lederbezogenem Holzrahmen; 56 × 80 cm
Friedrichsruh, Bismarck-Museum

Der Text ist von figürlichen Darstellungen eingerahmt. Auf der linken Seite stellen drei

8c/48

Genien das Deutsche Reich und seine Bundesfürsten dar, rechts trägt ein Schmied eine Standarte mit der Aufschrift »Berlin«. Eine Ordenskette schmückt den Textkopf. Überall verstreut malte Menzel übermütige Putti: Während einer ein Sektglas ausschüttet, stülpt ein anderer sich eine riesige Pickelhaube über den Kopf.

8c/49 Ehrenbürgerbrief der Stadt Hamburg für Otto von Bismarck

Entwurf u. Malerei: Martin Gensler (1811–1881), Schnitzerei: Heinrich Friedrich Christoph Rampendahl (1822–1891)
1871; Tempera/Pergament, Holzkassette m. Elfenbeinschnitzerei, silberbeschlagen, Intarsien; 53 × 29 × 5,5 cm
Friedrichsruh, Bismarck-Museum (259)

Gensler wurde von seiner Vaterstadt häufig zu Auftragsarbeiten herangezogen. Die Schriftzeilen umgibt ein Kranz mit dem Wappen der deutschen Staaten und Freien Städte und dem Wahlspruch »Einheit, Macht und Stärke«. Über den Reichsadler setzte der Hamburger Historienmaler das Brustbild Wilhelms I. im Hermelinmantel mit der Devise des hohenzollernschen Hausordens »Vom Fels zum Meer«, flankiert von Symbolgestalten des Friedens und der Stärke.

Raum 9

DAS REICH IN EUROPA

Das Reich, an Bevölkerungszahl, Fläche, wirtschaftlicher Kraft und militärischer Stärke seinen Nachbarn Frankreich oder Österreich-Ungarn überlegen, sei »saturiert«, erklärte Bismarck nach der Reichsgründung mehrfach. Während es der deutschen Politik um den Erhalt und die Sicherung der neuen Reichsgrenzen ging, strebte Frankreich danach, Elsaß und Lothringen zurückzugewinnen. Von diesem unüberbrückbaren Gegensatz ausgehend, war die wichtigste Maxime Bismarck'scher Außenpolitik, Frankreich zu isolieren. Wie er im Juni 1877 ausführte, wollte er in Europa eine Situation schaffen, »in welcher alle Mächte außer Frankreich unserer bedürfen und von Koalitionen gegen uns durch ihre Beziehungen zueinander nach Möglichkeit abgehalten werden«.

Um eine Koalition der Verlierer von 1866 und 1870/71 zu verhindern und gleichzeitig Handlungsspielraum gegenüber Rußland zu gewinnen, bemühte Bismarck sich um ein Bündnis mit Österreich-Ungarn *und* Rußland. Im September 1872 trafen sich Wilhelm I., Franz Joseph I. und Alexander II. in Berlin und bekundeten ihr gemeinsames Interesse am Erhalt der monarchischen Staatsform. Im Juni des folgenden Jahres unterzeichneten Franz Joseph I. und Alexander II. eine Militärkonvention, die durch den Beitritt des deutschen Kaisers am 22. Oktober 1873 zum Drei-Kaiser-Abkommen erweitert wurde. Befürchtungen in England und Frankreich, das Abkommen der drei Kaiser könne zu einer Wiederbelebung der »Heiligen Allianz« führen, wurden zerstreut, als Frankreich während der »Krieg-in-Sicht-Krise« 1875 Rußland und England um Beistand bat und beide Mächte trotz ihrer globalen politischen Gegensätze deutlich machten, daß sie keinen weiteren Machtverlust Frankreichs dulden würden.

Eine kaum kalkulierbare Gefahrenquelle für den europäischen Frieden war der Balkan. Im Juni 1875 brach in Bosnien ein Aufstand gegen die türkische Herrschaft aus, der im Mai 1876 auf Bulgarien übergriff und bald die gesamte Balkanhalbinsel erfaßte. Vor allem England, Österreich-Ungarn und Rußland sahen ihre Interessen bedroht. Hatte das Zarenreich sich bislang als Schutzherr der orthodoxen Christen im Machtgebiet des Osmanischen Reichs verstanden, so drängte jetzt auch die nationalistische, panslavistische Bewegung Rußland zum militärischen Eingreifen. Am 14. April 1877 erklärte Rußland der Türkei den Krieg; Ende Januar 1878 standen russische Truppen vor Konstantinopel. Anfang März mußte die Türkei in San Stefano einen harten Frieden unterschreiben: Serbien, Montenegro und Rumänien wurden durch türkische Gebietsabtretungen vergrößert und autonom; Bulgarien, um Ostrumelien und Mazedonien zu einem großbulgarischen Fürstentum erweitert, erhielt Zugang zum Ägäischen Meer und geriet unter russischen Einfluß. Damit eröffnete sich für Rußland der Zugang zum Mittelmeer. Sofort nach Bekanntwerden der Friedensbedingungen protestierten England und Österreich-Ungarn scharf gegen die Machtausweitung Rußlands. Als englische Flottenverbände ins Marmarameer einliefen und ein Zusammenstoß mit Rußland unmittelbar bevorzustehen schien, schlug der österreich-ungarische Außenminister Andrássy einen europäischen Kongreß zur Regelung aller »Orientfragen« vor. Da Deutschland auf dem Balkan keine Interessen hatte, die – wie Bismarck formulierte – »auch nur die gesunden Knochen eines einzigen pommerschen Musketiers wert« wären, und Bismarck sich im Februar 1878 vor dem Reichstag bereit erklärt hatte, als »ehrlicher Makler« einen Friedenskongreß zu leiten, einigten sich die Großmächte auf Berlin als Tagungsort.

Am 13. Juni 1878 eröffnete Bismarck den Berliner Kongreß, dessen wichtigstes Ergebnis die russische Bereitschaft zur Aufteilung »Groß-Bulgariens« war. Weil Bismarck auf dem Kongreß darauf verzichtete, für Deutschland Vorteile zu erzielen, erwarb er sich insbesondere die Hochschätzung der englischen Delegation unter Lord Beaconsfield (Disraeli) und Salisbury. Anders urteilten Gortschakow und die russische Öffentlichkeit: Sie machten Bismarck für die Preisgabe ihres »Siegfriedens« verantwortlich. Als folgenreich erwies sich, daß der Kongreß die Klärung vieler Detailfragen internationalen Kommissionen überließ und das Streben der Balkanvölker nach nationaler Autonomie unterdrückte. Nach den Aufzeichnungen eines Mitglieds der französischen Delegation wies man ihnen »Gebiete zu, oder schlug sie ihnen ab, ohne sich um die Wünsche oder Einwendungen der einen oder anderen Seite zu kümmern, denen man eine erhabene Gleichgültigkeit entgegensetzte«. Für Bismarck war aber vor allem die Sicherheit Deutschlands entscheidend: »Es würde ein Triumph unserer Staatskunst sein, wenn es uns gelänge, das orientalische Geschwür offenzuhalten und dadurch die Einigkeit der anderen Großmächte zu vereiteln und unseren eigenen Frieden zu sichern«, schrieb er im November 1878 dem preußischen Kronprinzen.

Die deutsch-russischen Beziehungen verschlechterten sich weiter, als Preußen und Österreich im Februar 1879 mitteilten, sie hätten im April 1878 den Artikel 5 des Prager Friedens von 1866 gestrichen, der eine Volksabstimmung in Nordschleswig in Aussicht gestellt hatte (vgl. Raum 6). Aber gerade die Regulierung der deutsch-dänischen Grenze hatte Alexander II. als Dank für die russische Rückendeckung während der drei »Reichseinigungskriege« erwartet. Die Streichung des Artikels 5 kommentierte die russische Presse mit der Bemerkung, »der ehrliche Makler« habe sich eine »schöne Courtage« für die Benachteiligung Rußlands zahlen lassen. Als sich die russischen Vorwürfe über das Verhalten der deutschen Delegierten in den Grenzkommissionen auf dem Balkan häuften und – nach Ausbruch einer Viehseuche in Rußland – die Einfuhr von russischem Vieh und Fleisch nach Deutschland untersagt wurde, schrieb Alexander II. dem deutschen Kaiser am 15. August 1879 voller Empörung einen »Ohrfeigenbrief«, in dem er namentlich Bismarck für die schlechten Beziehungen zwischen Deutschland und Rußland verantwortlich machte. Während Wilhelm I. sich bemühte, die Verstimmungen mit Alexander II. in persönlichen Gesprächen auszuräumen, handelte Bismarck mit Andrássy ein geheimes Defensivbündnis gegen Rußland aus. Durch massive Rücktrittsdrohungen gelang es ihm, den Kaiser auf den Zweibund festzulegen. Mit den Worten, »die, welche mich zu diesem Schritt veranlaßt haben, werden es dereinst oben zu verantworten haben«, soll Wilhelm am 5. Oktober 1879 seine Zustimmung zum »Zweibund« mit Österreich-Ungarn gegeben haben.

Nach langwierigen Verhandlungen erneuerten Wilhelm I., Franz Joseph I. und Alexander III. die Zusammenarbeit der drei Monarchen und schlossen im Juni 1881 den Dreikaiserbund. 1884 wurde das Abkommen um drei Jahre verlängert, scheiterte dann aber an den Gegensätzen Österreich-Ungarns und Rußlands auf dem Balkan: 1879 hatte die bulgarische Nationalversammlung den 22jährigen Alexander von Battenberg zum Fürsten von Bulgarien gewählt. Ursprünglich eher ein »Statthalter« Rußlands, betrieb Alexander von Battenberg seit 1883 eine reformfreudige, antirussische Politik und vereinigte 1885 Bulgarien mit Ostrumelien. Nachdem er im August 1886 von einer russisch-orientierten Verschwörergruppe gestürzt worden war, entfachte die »bulgarische Frage« erneut den Zwist zwischen Österreich-Ungarn und Rußland. Beide Staaten waren nicht mehr bereit, das Dreikaiserbündnis zu verlängern.

Auch im Westen schien die Kriegsgefahr zu wachsen, als mit dem Sturz des Ministeriums Ferry Ende 1885 die kurze deutsch-französische »Kolonialentente« beendet wurde und General Boulanger das Kriegsministerium übernahm. Die französische Publizistik rief verstärkt nach einem Revanchekrieg, und in Rußland forderten die Panslavisten ein gegen den Zweibund gerichtetes Zusammengehen mit Frankreich. Angesichts eines möglichen Zweifrontenkrieges setzte Bismarck sich für eine Verstärkung der deutschen Rüstung ein und förderte den Abschluß einer »Mittelmeer-Entente« zwischen England und Italien, der im März 1887 auch Österreich-Ungarn beitrat. Mit Rußland wurde am 18. Juni 1887 in Berlin ein Rückversicherungsvertrag geschlossen, in dem Bismarck zusicherte, den russischen Wunsche nach einer Kontrolle der Meerengen zwischen Mittelmeer und Schwarzem Meer zu unterstützen. Mit dem streng geheim gehaltenen Rückversicherungsvertrag hoffte Bismarck vor allem, ein russisch-französisches Bündnis zu verhindern.

Die vielschichtigen Spannungen zwischen dem Reich und Rußland konnten mit dem Rückversicherungsvertrag aber nicht überbrückt werden. Ein Grund dafür war die Abkehr vom Freihandel, der in Deutschland seit dem Gründerkrach von 1873 in Mißkredit geraten war, und die Hinwendung zum Handelsprotektionismus: Als Importe aus Rußland und den USA Mitte der siebziger Jahre zu einem stetigen Preisverfall von Getreide führten, forderten vor allem die Großagrarier Schutzzölle. Diese Forderung unterstützte insbesondere der 1876 gegründete »Centralverband deutscher Industrieller«, der in

Zöllen auf Roheisen und Eisenprodukte ein wirksames Mittel zum »Schutz der nationalen Arbeit« sah. Gegen die Interessen der exportorientierten elektrotechnischen und chemischen Industrie, die bis 1914 eine internationale Spitzenstellung erreichten, beschloß der Reichstag am 12. Juli 1879, den Import landwirtschaftlicher und schwerindustrieller Produkte mit Schutzzöllen zu belegen. In dem Maße, wie Deutschland sich vor russischen Getreide- und Holzexporten abschottete, verlagerte Rußland seinen Außenhandel nach Frankreich.

Der Wirtschaftskonflikt verschärfte sich, als Alexander III. nach der Ausweisung von rund 30000 polnischen Untertanen Rußlands aus Preußen allen Ausländern im Mai 1887 verbot, in den westlichen Gebieten Rußlands Grundeigentum zu erwerben. Auf diese Maßnahme, die noch während der Verhandlungen über den Rückversicherungsvertrag erlassen wurde, setzte eine deutsche Pressekampagne ein, die den Wert und die Sicherheit russischer Staatspapiere in Frage stellte. Am 10. November 1887 untersagte die Reichsbank den Banken die Beleihung russischer Staatspapiere. Wenige Monate nach Abschluß des Rückversicherungsvertrags trieb dieses Lombardverbot Rußland finanz- und wirtschaftspolitisch in die Arme Frankreichs. Im Frühjahr 1888 verhandelten französische Bankiers in St. Petersburg über eine Anleihe, die im Herbst an der Pariser Börse aufgelegt wurde. Einige Tage nach der Entlassung Bismarcks wurde der Rückversicherungsvertrag nicht verlängert. Die Risse im europäischen Bündnissystem waren nicht mehr zu übersehen.

Burkhard Asmuss

9/1 »Zusammenkunft der drei Kaiser in Berlin 1872«*

Schnupftuch
1872/73; ca. 68 × 68 cm
Hamburg, Museum für Kunst und Gewerbe (1981 324 AB)

Im September 1872 trafen sich der deutsche Kaiser Wilhelm I., der österreich-ungarische Kaiser Franz Joseph I. und der russische Kaiser Alexander II. anläßlich der jährlichen Herbstmanöver in Berlin. Mit ihrem Händedruck demonstrieren die drei Monarchen politisches Einvernehmen; die anderen szenischen Darstellungen zeigen die Monarchen in der Hofloge der Oper (links), ihren Gang durch das Antilopenhaus des Zoologischen Gartens (rechts) sowie den Zapfenstreich vom 7. September (unten). Der Besuch signalisierte vor allem Frankreich, daß auch den beiden Gästen am Bestand des neugegründeten Reiches gelegen war. Seinen vertraglichen Ausdruck fand die Zusammenarbeit der Monarchen im Drei-Kaiser-Abkommen vom 22. Oktober 1873.

9/2 Zusatzprotokoll zum Drei-Kaiser-Bündnis, Berlin, 18. Juni 1881

Kanzleischrift; 34,5 × 42,5 cm (aufgeschl.)
Wien, Haus-, Hof- und Staatsarchiv (AUR 1881 Juni 23)

Seit dem Berliner Kongreß 1878 hatte sich das deutsch-russische Verhältnis spürbar verschlechtert. Nachdem Deutschland und Österreich-Ungarn am 7. Oktober 1879 den »Zweibund« geschlossen hatten, näherte sich Rußland aber wieder den Partnern des Drei-Kaiser-Abkommens: Die Vertreter der drei Kaiserreiche unterzeichneten 1881 in Berlin einen geheimen Bündnisvertrag und ein Zusatzprotokoll, in dem die vertragschließenden Parteien sich über ihre Balkanpolitik verständigten. Der russische Botschafter Sabourow siegelte den Vertrag mit einem schwarzen Trauersiegel: Am 13. März 1881 war Alexander II. in St. Petersburg einem Attentat zum Opfer gefallen.

9/1

9/3 Ovale Prunkdose für Otto von Bismarck*

Entwurf: Michael Evlampiewitsch Perchin (1860–1903)
St. Petersburg, Fabergé
1884; Gold, Email; L 10,5 cm
Friedrichsruh, Fürstin Ann Mari von Bismarck

Vermutlich aus Anlaß der Verlängerung des Drei-Kaiser-Bündnisses 1884 erhielt Bismarck von Alexander III. dieses wertvolle Präsent. Es handelt sich um eine der frühesten Arbeiten aus der Fabergé-Werkstatt, die durch ihr aufwendiges, aber für Fabergé untypisches Dekor auffällt. Bismarck war es trotz der tiefen Gegensätze zwischen Rußland und Österreich-Ungarn auf dem Balkan gelungen, die Bündnispartner von 1881 zur Verlängerung ihres Abkommens um weitere drei Jahre zu bewegen.

9/4 Bismarck in Skiernewice mit dem russischen Außenminister Giers und dem österreich-ungarischen Außenminister Kálnoky, 15.–17. September 1884

Photographie; 16,5 × 10,5 cm
Berlin, Bildarchiv PK (1299)

Im September 1884 trafen sich der deutsche, der österreich-ungarische und der russische

Kaiser mit ihren Außenministern in Skiernewice, um den Konflikt zwischen Rußland und Österreich-Ungarn auf dem Balkan zu entschärfen. Es zeigte sich immer klarer, daß die persönlich guten Beziehungen zwischen den Monarchen kein adäquates Mittel zur Lösung politischer und wirtschaftlicher Interessengegensätze waren.

9/5 »Übersicht des Personenstandes der Kaiserlich Deutschen resp. Königlich Preußischen Missionen am 1ten October 1886«

32,6 × 42,7 cm (aufgeschl.)
Friedrichsruh, Bismarck-Archiv (A 19)

1886 wurde Herbert von Bismarck zum Staatssekretär für die Auswärtigen Angelegenheiten ernannt. Ihm unterstanden die deutschen und preußischen Missionen. Das Verzeichnis führt neben den preußischen Gesandtschaften in deutschen Städten auch die Missionen des Reichs in Buenos Aires, Bukarest, (Den) Haag, Kopenhagen, Lissabon, Madrid, Peking, Rio de Janeiro, Rom, Stockholm, Teheran, Tokio und Washington auf. In aller Regel waren die Missionen des Reichs aus preußischen Missionen hervorgegangen.

9/6 Ankunft Otto von Bismarcks und seines Sohnes Herbert am Bahnhof Tiergarten, 12. August 1889

Ziesler
Photographie; 18 × 24 cm
Berlin, Bildarchiv PK (1299)

Am 12. August 1889 reiste Kaiser Franz Joseph I. über Dresden zu einem Freundschaftsbesuch nach Berlin. Gegen 17 Uhr rollte sein Zug im Bahnhof Tiergarten ein. Dort empfingen Bismarck und dessen Sohn Herbert den Kaiser. Herbert von Bismarck war 1888 zum preußischen Staatsminister ohne Geschäftsbereich ernannt worden. Er war für den Reichskanzler eine zuverlässige Stütze.

9/3

9/7a

9/7a Der Berliner Kongreß, 1878*

Lichtdruck nach dem Ölgemälde von Anton von Werner (1881); 40 × 60 cm
Berlin, Berlin Museum

Auf einem internationalen Kongreß sollten nach dem russisch-türkischen Krieg von 1877/78 die Probleme des Balkans geregelt werden. Nach einigem Zögern erklärte Bismarck sich bereit, als »ehrlicher Makler« den Kongreß zu leiten, der vom 13. Juni bis zum 13. Juli 1878 in Berlin tagte. Der Berliner Magistrat wollte ursprünglich zum Abschluß des Kongresses einen festlichen Empfang ausrichten. Als dieses Vorhaben scheiterte, nutzte der Magistrat das bereitgestellte Geld, um Anton von Werner mit der Anfertigung eines repräsentativen Gemäldes zu beauftragen. Am 22. März 1881, dem 84. Geburtstag Kaiser Wilhelms I., übergab der Künstler das Gemälde dem Magistrat. Im Mittelpunkt der Darstellung steht der Händedruck zwischen Bismarck und Schuwalow, dem zweiten Bevollmächtigten Rußlands. Über die guten Beziehungen Bismarcks zu Schuwalow war Gortschakow als Leiter der russischen Delegation verärgert; er torpedierte die weitere Karriere Schuwalows.

9/7b Erklärungstafel zum Berliner Kongreß

Anton von Werner (1843–1915)
1881; Lithographie; 27,1 × 38,5 cm
Berlin, Kunstbibliothek PK (5024.34)

Jeweils zwei führende Politiker waren aus Österreich-Ungarn (Andrássy und Haymerle), England (Beaconsfield und Salisbury), Rußland (Gortschakow und Schuwalow), Frankreich (Waddington und Desprez) sowie der Türkei (Karatheodory und Mehmed Ali) nach Berlin gereist; die in Berlin akkreditierten Botschafter dieser Länder nahmen als weitere Bevollmächtigte an den Verhandlungen teil. Italien war mit nur zwei Bevollmächtigten vertreten: Corti und Launay.

9/8 Skizze der Sitzordnung des Berliner Kongresses

Anton von Werner (1843–1915)
1878; Bleistiftzeichnung; 24,5 × 32,5 cm
Berlin, Berlin Museum (GHZ 89/6,1)

Die Verhandlungen fanden an einem hufeisenförmigen Tisch statt, der durch die Presse-Illustrationen international bekannt wurde. Anton von Werner nahm gelegentlich an den

9/14

Plenarsitzungen teil und fertigte zahlreiche Skizzen an. Da die Lichtverhältnisse nicht optimal waren, bat der Künstler den Reichskanzler, den abschließenden Vertrag nicht am hufeisenförmigen Verhandlungstisch zu unterzeichnen: Zur Unterzeichnung des Berliner Vertrags wurde ein anderer Tisch parallel zur Fensterfront aufgestellt.

9/9 Hughes-Telegraph

Erfinder: David Edward Hughes
(1831–1900)
1855; Eisen, Textil; H 170 cm
Berlin, Postmuseum

Der Berliner Kongreß rückte die Reichshauptstadt in das Rampenlicht der internationalen Öffentlichkeit. Mit seinen guten Verkehrsverbindungen und seinem ausgebauten Nachrichtenwesen zeigte sich Berlin den Aufgaben einer Kongreßstadt gewachsen. Briefe innerhalb Berlins wurden in zwei bis vier Stunden ausgeliefert und konnten zwischen 7 und 20 Uhr an den Postämtern aufgegeben werden. Die Reichspost hatte zwar im Jahr zuvor das Telephon eingeführt, aber der Telegraphendienst mit seinen rund 180 Leitungen war während des Berliner Kongresses ungleich wichtiger. Vor allem die internationale Presse nutzte diese Möglichkeit der schnellen Nachrichtenübermittlung. So hatte die »Times« für die Dauer des Kongresses einen eigenen Telegraphendraht zwischen 22 Uhr und 3 Uhr gemietet.

9/10 Liste der Bevollmächtigten, mit Angaben zu Rang und Wohnsitz während des Berliner Kongresses

1878; 23 × 29 cm
Friedrichsruh, Bismarck-Archiv (A 15)

Zur deutschen Delegation zählten Otto von Bismarck als Leiter des Berliner Kongresses, Staatssekretär Bernhard Ernst von Bülow als zweiter Bevollmächtigter sowie Clodwig zu Hohenlohe-Schillingsfürst, der als dritter Bevollmächtigter das Reich vor allem in den Sonderkommissionen vertrat, die zur Klärung von Detailfragen eingerichtet wurden.

9/11 »Berliner – Congress 1878«

Erinnerungsalbum mit handsignierten Porträts der Kongreßteilnehmer
1878; Photographien in Ledereinband mit Prägung; 28 × 24 cm
Bonn, Politisches Archiv des Auswärtigen Amtes, Bildersammlung (Alben 002)

Zum Abschluß des Berliner Kongresses erhielten die Teilnehmer ein Erinnerungsalbum. Es enthielt handsignierte Porträtphotos aller Bevollmächtigten. Bis auf Disraeli sprachen die Kongreßteilnehmer in den Hauptverhandlungen französisch. Diese Verhandlungen fanden im Reichskanzlerpalais statt, dem vormals Radziwillschen Palais. Zu kleineren Gesprächsrunden traf man sich auch in den Salons der Reichskanzlei, im Auswärtigen Amt, in den Botschaften der beteiligten Mächte und in namhaften Berliner Hotels wie dem neu errichteten »Kaiserhof«.

9/12 Benjamin Disraeli, Earl of Beaconsfield (1804–1881)

Kupferstich nach C. W. Walton
61 × 47,7 cm
London, The National Trust (Hughenden Manor [147])

Von allen Kongreßteilnehmern erregte der englische Premierminister Disraeli das größte Interesse der Öffentlichkeit. Schon seine Bereitschaft zur Teilnahme galt allgemein als Hinweis für einen Erfolg der Verhandlungen in Berlin. Disraeli war Sohn eines aus Venedig nach England eingewanderten jüdischen Schriftstellers und hatte selbst umfangreiche Romane verfaßt. Seit 1848 Führer der konservativen Partei, wurde er erstmals 1868 englischer Premier. Dem in England sehr populären Disraeli stand Bismarck zunächst skeptisch gegenüber. Die anfängliche Ablehnung schlug jedoch bald in Sympathie um: Die »Illustrated London News« sprachen freundlich von »Dizzy« (Disraeli) und »Bizzy« (Bismarck).

9/13

9/15

9/13 Gänsekiel, mit dem die Berliner Kongreßakte unterzeichnet wurde*

Berlin, Landesarchiv (Rep. 241, Acc. 223, Nr. 44)

Am 13. Juli 1878 unterzeichneten die Bevollmächtigten den Berliner Vertrag. Der Frieden von San Stefano (3. März 1878), mit dem Rußland seine Einflußsphäre auf dem Balkan nach dem Krieg gegen die Türkei 1877/78 ausgedehnt und Zugang zur Ägäis erhalten hatte, wurde weitgehend revidiert. Wie andere Beobachter, so äußerte sich auch die preußische Kronprinzessin Victoria kritisch über den Kongreß, wie aus einem Brief vom 13. Juli 1878 an ihre Mutter, die englische Königin, hervorgeht: »Der Kongreß hat seine Tätigkeit beendet! Ich fürchte nur, daß die Eile, die Arbeit zu beenden, zu groß war, so daß die Dauerhaftigkeit darunter leiden

9/17

könnte; er ist vom Fürsten Bismarck mit verzweifelter Hast vorwärtsgehetzt worden, und das ist nicht gut! Die Angelegenheit ist zu ernsthaft, um eine so flüchtige Behandlung zu vertragen.«

9/14 Einzug des Regiments Mollinary*

Alois Schönn (1826–1897)
Bez.u.r.: A. Schönn
Öl/Lw; 44,2 × 59,5 cm
Wien, Museen der Stadt Wien (44.500)

Gegen den Protest der Türkei hatten die auf dem Berliner Kongreß vertretenen Mächte dem Wunsch Österreich-Ungarns stattgegeben, Bosnien und die Herzegowina zu besetzen. Die österreich-ungarischen Okkupationstruppen stießen jedoch auf einen unerwartet harten Widerstand türkischer und slawischer Bevölkerungsgruppen. Das Regiment Mollinary machte von sich reden, als es Ende Oktober 1878 unter schwierigsten Bedingungen im Karstgebirge bei Sarajewo gegen gut verschanzte Insurgenten erfolgreich kämpfte. Entsprechend feierlich war der Empfang des Regiments bei der Rückkehr.

9/15 Alexander Fürst von Battenberg (1857–1893)*

1889; bez.l.: 18 FG 89
Öl/Lw; 76 × 56 cm
Privatbesitz

Wie kaum eine andere Person verkörpert Alexander von Battenberg die Wirren auf dem Balkan: Der Berliner Kongreß hatte von »Großbulgarien«, der russischen Staatsgründung nach dem Krieg gegen die Türkei, Ostrumelien abgetrennt und türkischer Verwaltung unterstellt. Im verkleinerten Bulgarien wurde auf Wunsch des Zaren im April 1879 Battenberg zum Fürsten gewählt. Ein Aufstand in Ostrumelien führte 1885 zur Personalunion Ostrumeliens mit dem Fürstentum Bulgarien unter Battenberg, der seit einigen Jahren eine liberale Politik betrieb. Russischer Druck zwang ihn 1886 zur Abdankung. Auf dem Gemälde, dessen Rahmen die bulgarische Fürstenkrone schmückt, trägt Battenberg drei Orden, die er gestiftet hat: den St. Alexanderorden, den Militärorden für Tapferkeit im Kriege sowie die Medaille für Wissenschaft und Kunst in Gold und Silber.

9/16 Zwei Säbel aus dem Besitz Alexander von Battenbergs

Mit Löwenkopfgriff und dazugehöriger Scheide; Gravur: Alexander Fürst von Battenberg; Stahl, Messing; L 100 cm; bzw. mit Gravur in kyrillischer Schrift: Zar Nikolaus I.; Stahl; L 106 cm
Privatbesitz

Battenberg war ein Neffe des russischen Kaisers Alexander II. Die Gravur in kyrillischer Schrift auf einem der Säbel deutet auf die ursprünglich guten Beziehungen Battenbergs zum russischen Kaiserhaus hin. Im Krieg gegen die Türkei hatte Battenberg im Kaiserlich-Russischen 8. Ulanenregiment gekämpft, das sein Vater befehligte. Als der auch in Deutschland beliebte Battenberg 1888 die preußische Prinzessin Victoria heiraten wollte, intervenierte Bismarck massiv gegen dieses Heiratsprojekt: Mit der Erklärung, eine Vermählung Battenbergs mit einer Tochter Kaiser Friedrichs III. würde zu erheblichen Belastungen der deutsch-russischen Beziehungen führen, verhinderte Bismarck die Heirat.

9/17 Bismarck verläßt den Reichstag*

Alexander Friedrich Werner (1827–1908)
1892; bez.u.l.: A. F. Werner
Öl/ Lw; 102 × 125 cm
Berlin, Erbengemeinschaft Gallus

Werner, seit 1880 ordentliches Mitglied der Berliner Akademie der Künste, hielt auf diesem detailreichen Gemälde fest, wie das Publikum Bismarck nach der Reichstagssitzung vom 6. Februar 1888 auf der Leipziger Straße mit Ovationen begrüßte. Hinter den haltenden Pferdestraßenbahnen ist der (alte) Reichstag zu erkennen, links daneben das Kriegsministerium. Am 6. Februar 1888 hatte Bismarck im Reichstag zur Vergrößerung des deutschen Heeres gesprochen und dabei die Wendung benutzt: »Wir Deutsche fürchten Gott, aber sonst nichts in der Welt; und die Gottesfurcht ist es schon, die uns den Frieden lieben und pflegen läßt.« Schon die Zeitgenossen zitierten vor allem den ersten Teil des Satzes.

9/18

9/18 Kürassieruniform Otto von Bismarcks*

Helm: Metall; H 30 cm; Überrock: L 120 cm; Pallasch mit Portepée: Stahl, Leder; L 117 cm
Berlin (DDR), Museum für Deutsche Geschichte (U 294; U 1192; W 1092 a, b)

Nach der Schlacht bei Königgrätz wurde Bismarck zum Generalmajor und Chef des 7. Schweren Landwehr-Reiter-Regiments und

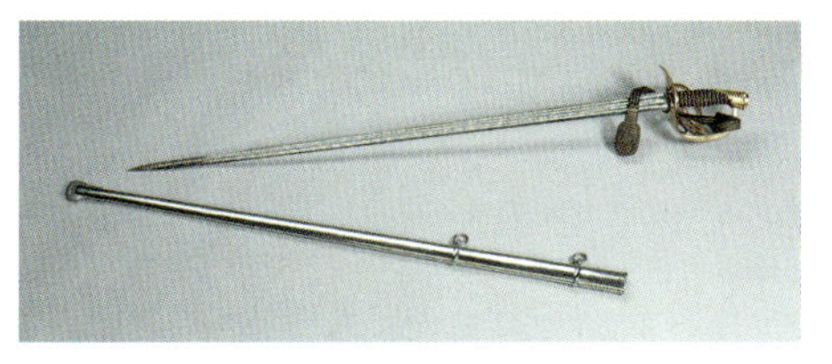

9/18

9/20

zwei Jahre später zum Chef des Landwehr-Regiments Nr. 26 ernannt. Damit gehörte er dem Kürassierregiment Nr. 7 an. Seitdem trug Bismarck bei offiziellen Anlässen nur noch die Uniform des Kürassierregiments: Der Überrock war schlicht und bequem. Zum Entsetzen der auf Etikette bedachten Militärs trug Bismarck seinen Uniformrock häufig geöffnet, so daß darunter eine zivile Stoffweste zu sehen war. Ebenfalls gegen Konventionen verstieß Bismarck, wenn er zum Uniformrock keinen Degen trug.

9/19 Ministerportefeuille aus dem Besitz Otto von Bismarcks

Leder, Messingbeschlag; 42 × 55 × 10 cm
Friedrichsruh, Bismarck-Archiv

9/20 Gerson Bleichröder* (1822–1893)

Emile Charles Wauters (1846–1933)
1888; bez.o.l.: Emile Wauters 88
Öl/Lw; 38,5 × 35,5 cm
Berlin, Berlin Museum (GEM 82/8)

Seit 1859 war Bleichröder persönlicher Vermögensberater Bismarcks. Bei der Finanzierung der »Reichseinigungskriege« beriet der Bankier Bismarck ebenso wie bei den Friedensverhandlungen mit Frankreich. Bleichröder war auch bei der Verstaatlichung der preußischen Eisenbahnen beteiligt.

9/21 Georg Siemens (1839–1901)*

Kopie von Paul Marten nach Max Koner
1897; bez.o.r.: Nach Max Koner 97
Öl/Lw; 135 × 115 cm
Frankfurt a. M., Deutsche Bank AG, Historisches Archiv

1870 wurde der Jurist Georg Siemens erster Direktor der neu gegründeten Deutschen Bank. Da die privaten Bankhäuser wie Rothschild, Bleichröder oder Warburg nicht mehr in der Lage waren, den Kapitalbedarf der nach 1871 boomenden Industrie zu befriedigen, traten zunehmend neue Geschäftsbanken auf Aktienbasis an die Stelle der bisherigen Privatbanken.

9/22 »Actie über Zweihundert Thaler Courant« der »Deutschen Bank, Actiengesellschaft zu Berlin«, 2. Januar 1873

22,3 × 29,5 cm
Frankfurt a. M., Deutsche Bank AG, Historisches Archiv (Abt. 1, Banken)

9/21

9/23

Auch die vorwiegend im Handels- und Exportgeschäft tätige Deutsche Bank erhöhte ihr Grundkapital durch zahlreiche Neuemissionen von Aktien. Trotz ihres starken Engagements im »Gründungsgeschäft«, das mit dem Börsenkrach von 1873 zu hohen Bilanzverlusten führte, überwand die Deutsche Bank die Krise schnell. Vom Geschäftsvolumen her zählte sie 1914 weltweit zu den größten Geschäftsbanken.

9/23 Volksbank kurz vor dem Krach (»The Broken Bank«)*

Christian Ludwig Bokelmann (1844–1894)
1877; bez.u.l.: Bokelmann Ddf 77
Öl/Lw; 96 × 132 cm
Milwaukee/Wisconsin, Milwaukee Art Museum, Layton Art Collection, Gift of Frederick Layton, 1888 (1888/24)

Bokelmanns auf der Pariser Weltausstellung 1878 gezeigtes Gemälde galt dort als eine der originellsten Leistungen deutscher Malerei. Das Genrebild spiegelt die Empfindungen der Sparer, die sich am 9. Mai 1873 in Wien aufgrund des Gerüchts vom »Bankenkrach« vor der Volksbank versammelt haben. Ihre Gesichter zeugen von der zunehmenden Gewißheit, daß die ersparten Gelder unwiederbringlich verloren sind. Dieser negative Aspekt des Themas wird durch den im Bildvordergrund umgestürzten Korb mit Schutt und Kehricht ikonographisch unterstrichen.

9/24 Patenturkunde für »Meister, Lucius & Brüning in Höchst a. M.«, Berlin, 11. Dezember 1878

29 × 19,8 cm
Frankfurt a. M., Hoechst AG, Firmenarchiv

1878 erteilte das Kaiserliche Patentamt der Firma Meister, Lucius & Brüning in Höchst am Main ein Patent für ein neues Verfahren zur Herstellung von Farbstoffen. Getragen von einer intensiven Forschung, eroberte die nach der Reichsgründung expandierende deutsche chemische Industrie einen weltweit führenden Platz. Den gleichen Erfolg verbuchte die Elektroindustrie.

9/27

9/25 Kuxschein des »Steinkohlen-Bergwerks Deutscher Kaiser«

39 × 27,2 cm
Frankfurt a. M., Deutsche Bank AG, Historisches Archiv (Abt. 3)

Ein Porträt Kaiser Wilhelms I. schmückt dieses Musterexemplar eines Kuxscheins. Seit dem Berggesetz von 1865, das die Privatisierung des Bergbaus fördern sollte, wurden die Zechen in 1000 Kuxe eingeteilt. Betrug die Steinkohlenförderung in Deutschland 1835 rund 2 Millionen Tonnen, so konnte sie über 30 Millionen (1873) auf 190 Millionen Tonnen (1913) gesteigert werden. Die Steinkohlenförderung zählte zu den wenigen Wirtschaftsbereichen, in denen England bis 1914 seinen Vorsprung vor dem Reich bewahren konnte.

9/26a Preisliste für Geschütze der Firma Krupp

1875; 20 × 32 cm
Essen, Friedrich Krupp GmbH (WA 4/268b)

9/26b Preisliste für Gußstahlfabrikate der Firma Krupp

Um 1875; Formular mit handschriftlichen Eintragungen; 22,5 × 29 cm
Essen, Friedrich Krupp GmbH (WA IV 268b)

Das international bekannteste Symbol für den Aufstieg der deutschen Wirtschaft im 19. Jahrhundert ist die Firma Krupp, die sich aus einer kleinen Gußstahlfabrik zu einem der größten Stahlproduzenten und Rüstungsbetriebe des Kontinents entwickelte. Wie zahlreiche andere Betriebe der eisenverarbeitenden Industrie litt auch die Firma Krupp unter der Baisse nach dem Gründerkrach. Der »Verein Deutscher Eisen- und Stahlindustrieller« zählte zu den entschiedenen Befürwortern der 1879 eingeführten Schutzzölle.

9/27 Einsatz der ersten Dreschmaschine in Lankow bei Schwerin*

C. Malchin
1882; bez.u.r.: C. Malchin. 1882
Öl/Lw; 60,5 × 94 cm
Berlin (DDR), Museum für Deutsche Geschichte (Kg 63/8)

Wichtiger Abnehmer des Maschinenbaus war seit dem letzten Drittel des 19. Jahrhunderts die Agrarwirtschaft. Auf seinem Gemälde zeigt der Schweriner Landschaftsmaler Malchin den Einzug moderner Technik in die bäuerliche Arbeitswelt, die als »ländliche Idylle« dargestellt ist. Der aus der Esse der Lokomobile aufsteigende Rauch vermischt sich so mit den dunklen Wolken, daß der Betrachter den Eindruck gewinnt, die Maschinen seien organischer Teil der Natur.

9/28 Modell einer Lokomobile*

Maßstab 1:10
Hermann Ranft
(Original: Fa. Wolf, Buckau bei Magdeburg, um 1890); 1964; Eisen; 40 × 25 × 65 cm
Berlin (DDR), Museum für Deutsche Geschichte (Pro 62/258)

Mit den mobilen Dampfmaschinen begann die Industrialisierung der Landwirtschaft. Zunächst nur auf großen Gütern eingesetzt, veränderten Dampfmaschinen auch die landwirtschaftliche Produktion grundlegend. Die durch die Verwendung von Dampfkraft »freigesetzten« Landarbeiter zogen in aller Regel in die Städte, um sich dort als Fabrikarbeiter zu verdingen.

9/29 Modell einer Dreschmaschine*

Maßstab 1:10
Hermann Ranft
(Original: Fa. Heinrich Lanz, Mannheim, um 1890); 1963; Holz; 53 × 26 × 30 cm
Berlin (DDR), Museum für Deutsche Geschichte (Pro 64/280)

Bot das Dreschen von Getreide den Landarbeitern bis dahin auch im Winter eine gesicherte Beschäftigung, so wurde diese Arbeit mit Dreschmaschinen in erheblich kürzerer Zeit erledigt. Die Maschinen veränderten auch in der Landwirtschaft die Arbeitszeit und den Arbeitsrhythmus grundlegend.

9/30 »Illustrirter Katalog von Lokomobilen und landwirthschaftlichen Maschinen«

Titelblatt: Ch. Seitz
Stuttgart: Deutsche Verlags-Anstalt 1888
Berlin (DDR), Museum für Deutsche Geschichte (Fs 87/406)

Im Unterschied zu den früheren Werbebroschüren für landwirtschaftliche Maschinen waren die Kataloge der Hersteller um 1890 graphisch aufwendig und ansprechend gestaltet.
Einer der wichtigsten Importeure englischer Landmaschinen war die Mannheimer Firma Heinrich Lanz, die um 1860 begann, kleinere landwirtschaftliche Geräte selbst herzustellen; 1866 baute Lanz bereits 50 unterschiedliche Gerätetypen. Als die Schutzzölle den Import von Maschinen verteuerten, nahm Lanz 1879 auch die Produktion von Lokomobilen und Dampfdreschmaschinen auf.

9/29, 9/28

9/31a Modell eines vierscharigen, eisernen Beetpfluges

Maßstab 1:3
Um 1875; Eisen, Stahl; 77 × 37 × 50 cm
Berlin (DDR), Museum für Deutsche Geschichte (Pro 65/89)

Der Einsatz von Dampfkraft ermöglichte die Verwendung mehrschariger, eiserner Pflüge. Schon seit Mitte des Jahrhunderts wurden zunehmend Eisenpflüge gebaut: Sie hielten auch einer größeren Zugkraft stand, und mit der massenhaften Produktion von Eisen verbilligte sich dieser Werkstoff spürbar. Bei dem Pflug der Berliner Firma Eckert konnte mit einem Hebel die Pflugtiefe verändert werden. Tieferes Pflügen erfordert zwar mehr Zugkraft, führt aber auch zu höheren Erträgen.

9/31b Illustrierter Katalog für landwirtschaftliche Maschinen der Firma H. F. Eckert

Berlin: Lewent'sche Buchdruckerei 1878
Berlin (DDR), Museum für Deutsche Geschichte (Fs 85/1280)

1848 errichtete Heinrich Ferdinand Eckert in Berlin die erste deutsche Pflugfabrik mit Massenproduktion. Seit 1861 betrieb die Firma eine Handelsniederlassung in Kiew und weitete ihr Absatzgebiet bis Südafrika aus; 1871 wurde die Firma in eine Aktiengesellschaft umgewandelt. Anregungen für die Entwicklung neuartiger Geräte bekam Eckert durch einen eigenen landwirtschaftlichen Versuchsbetrieb.

9/32 »Illustrirter Catalog der landwirthschaftlichen Maschinen«

Dreisprachige Werbebroschüre der Fa. Ransome, Sims & Mead, London
Ipswich/London: Orwell Works 1878
Berlin (DDR), Museum für Deutsche Geschichte (Fs 90/8)

Bis zur Verhängung der Schutzzölle 1879 hatte sich ein internationaler Markt für landwirtschaftliche Geräte entwickelt. Hauptanbieter waren englische, aber auch amerikanische Firmen.

9/33 »Was der Deutsche an Steuern u. Zöllen für seinen und seiner Familie Unterhalt zu zahlen hat«

Johannes Bartsch
Berlin: Rudolf Mosse, um 1880/90
Berlin (DDR), Museum für Deutsche Geschichte (Do 90/303)

Die Schutzzölle waren nicht unumstritten, führten sie doch zu einer Preiserhöhung der Grundnahrungsmittel: Während ein Doppelzentner deutsches Mehl in England für umgerechnet 12 Mark angeboten wurde, lag der Preis in Deutschland mit 20 Mark um 8 Mark über dem Weltmarktpreis. Das im Zeitungsverlag Mosse gedruckte Blatt setzt sich kritisch mit der Verteuerung von Nahrungsmitteln auseinander. Nur noch Wasser und Luft seien zollfrei, resümiert das Blatt.

Raum 10

INNENANSICHTEN – »GRÜNDER« UND »REICHSFEINDE«

Im April 1871 wurde die Verfassung des Deutschen Reiches verkündet, am 4. Mai trat sie in Kraft. Dieser politische Neuanfang und die französischen Reparationszahlungen in Milliardenhöhe lösten einen Wirtschaftsboom aus, dem schon die Zeitgenossen den Namen »Gründerzeit« gaben. Zu den »Gründern« gehörten Industrielle, Bankiers und Kaufleute, aber auch weite Kreise des bürgerlichen Mittelstandes, die nun in die unterschiedlichsten Bereiche der Wirtschaft investierten – zum Teil ohne von ihren Marktchancen und Zukunftsaussichten sehr klare Vorstellungen zu haben. Vor allem aber erlebte die großbetrieblich organisierte Wirtschaft einen steilen Aufstieg. Zu den bekanntesten Repräsentanten dieser Großindustrie gehörten Krupp, Stinnes und Haniel an der Ruhr, Stumm und Röchling an der Saar, Henckels und Mannesmann im Bergischen Land, Maffei in Bayern, Henschel in Kassel sowie Borsig und Schwartzkopff in Berlin. Mit dem wirtschaftlichen Aufschwung wuchs auch ihr politischer Einfluß. Insbesondere die rheinischen Unternehmer neigten in wirtschaftlicher wie in politischer und gesellschaftlicher Hinsicht traditionell liberalen Vorstellungen zu. Im Gefolge der »Gründerkrise«, dem wirtschaftlichen Einbruch nach 1873, trat hierin ein grundlegender Wandel ein. Viele Großindustrielle plädierten nun gemeinsam mit den Großagrariern für wirtschaftlichen und sozialen Protektionismus, für Schutzzölle und Staatsinterventionismus. Auch in seinem Lebensstil orientierte sich das industrielle Bürgertum fortan verstärkt an der alten Elite – dem Adel. Die neuen Fabrikantenvillen wurden nicht mehr wie früher auf dem Fabrikgelände, sondern als Quasi-Landsitze errichtet; der Aufwand für einen repräsentativen Lebensstil war dabei so bemerkenswert, daß man noch heute von einem speziellen »Gründerstil« spricht.

In den Jahren des »Gründerbooms« 1871 bis 1873 entstanden 103 neue Aktienbanken, 25 Eisenbahngesellschaften, 102 Bau- und Montanunternehmen – insgesamt 843 Aktiengesellschaften. An der Börse wurde spekuliert wie nie zuvor. Im Mai 1873 kam es zum »großen Krach« an der Wiener Börse, im Spätsommer machten sich die gewaltigen Kurseinbrüche auch in Berlin bemerkbar. Bis 1876 brachen 61 Banken, 4 Eisenbahn- und 115 Industriegesellschaften zusammen. Eine Stabilisierung der Wirtschaft erhoffte sich Bismarck durch Schutzzölle, die ab 1879 für Landwirtschafts- und Industrieprodukte eingeführt wurden. Lediglich die Freien Städte Hamburg und Bremen, deren wirtschaftliche Leistungsfähigkeit auf einer liberalen Handelspolitik und international offenen Märkten basierte, konnten sich bis 1884/88 das Privileg der Zoll-Exterritorialität bewahren, da sie bis dahin noch nicht Mitglieder des

Zollvereins waren und damit außenwirtschaftlich nicht der Reichsgesetzgebung unterlagen. Der Widerstand gegen eine Änderung der bisherigen Verhältnisse blieb in den beiden Hansestädten auch in den achtziger Jahren noch groß: Man befürchtete, mit dem Zollanschluß auch einen wichtigen Teil seiner bürgerlichen Freiheiten zu verlieren. Der Bremer Bürgermeister Otto Gildemeister sprach von einem »Angriff gegen bürgerliche Selbstregierung«.

Das neugegründete Deutsche Reich umfaßte drei Freie Städte – Hamburg, Bremen und Lübeck –, 18 Klein- und Mittelstaaten, die Königreiche Bayern, Sachsen und Württemberg, das »Reichsland Elsaß-Lothringen« und natürlich Preußen, das in vielerlei Hinsicht eine besondere Stellung einnahm. Obwohl das Reich verfassungsrechtlich ein Bundesstaat war, wurde es faktisch doch von Preußen dominiert: Bis zur Einrichtung der ersten Reichsämter 1878 nahmen die jeweiligen preußischen Ämter und Ministerien deren Aufgaben zum großen Teil wahr, darunter auch die Vorbereitung der Gesetzentwürfe für das Reich. Im Bundesrat, dem gesetzgebenden Organ, verfügte Preußen über 17 der 58 Stimmen (Bayern 6, Sachsen und Württemberg je 4), und ohne preußische Zustimmung durften laut Verfassung keine Änderungen im Militär- und Zollwesen vorgenommen werden.

Dem »Reichsland Elsaß-Lothringen«, dessen Zugehörigkeit zum Deutschen Reich im Frankfurter Friedensvertrag vom 10. Mai 1871 festgelegt worden war, wurde eine Sonderstellung zugewiesen. Die Bevölkerung von Elsaß-Lothringen wuchs keineswegs, wie von deutscher Seite erhofft, rasch in das neue Reich hinein. Deshalb blieb dem »Reichsland« auch bis 1911 ein Sitz im Bundesrat und damit eine eigene Stimme im Kreis der Bundesstaaten verwehrt. Regierung und Verwaltung des Landes lagen zunächst direkt bei Bismarck, bis 1879 die Zentralverwaltung nach Straßburg verlegt wurde und ein Statthalter an Stelle des Reichskanzlers die Regierung übernahm. In Straßburg wurde 1874 erstmals ein Landesausschuß gewählt, der sich aus Mitgliedern der drei Bezirkstage Elsaß-Lothringens (früher »conseils généraux«) zusammensetzte. Dieses Gremium hatte vorerst lediglich eine beratende Funktion bei der Gesetzgebung und der Verabschiedung des Landeshaushalts, die Entscheidungen fielen in Berlin.

Um die Zugehörigkeit des »Reichslandes Elsaß-Lothringen« zum Deutschen Reich zu betonen, erhielt Straßburg eine ganze Reihe repräsentativer öffentlicher Bauten. Dies waren der Centralbahnhof und das Reichspostamt, der Kaiserpalast, das Landesausschuß- und das Ministerialgebäude, das Kollegiengebäude sowie die Universitäts- und Landesbibliothek für die 1872 neugegründete Universität. Ähnlich wie dann auch bei der Planung des Berliner Reichstags wurde beim Straßburger Kaiserpalast die Frage nach »dem deutsche Stil« lebhaft erörtert.

Im Reichstag traten die Abgeordneten aus Elsaß-Lothringen ebenso wie die Vertreter aus den polnischen Gebieten Preußens als eigene Fraktion auf. Im Gegensatz zum preußischen Landtag, der nach dem Dreiklassensystem gewählt wurde und in dem neben den liberalen die konservativen Kräfte entsprechend stark vertreten waren, galt für den Reichstag das allgemeine und gleiche Stimmrecht für Männer ab 25 Jahren. Der Reichstag besaß zwar nicht unerhebliche, aber in entscheidenden Punkten doch nur begrenzte Rechte: Die Chefs der obersten Reichsbehörden waren politisch nur dem Kanzler und dieser wiederum allein dem Kaiser verantwortlich; der Reichstag verfügte allerdings über das volle Budget- und das Gesetzgebungsrecht, dessen Bedeutung immer größer wurde.

Das Spektrum der im Reichstag vertretenen Parteien reichte von den »Deutschkonservativen« und den »Freikonservativen« (Deutsche Reichspartei) auf der rechten Seite bis zu den Sozialisten auf der linken. In den Gründerjahren hatten die Liberalen den größten Zuspruch: Von den 382 Abgeordneten des ersten Reichstages gehörten 202 zu den liberalen Fraktionen, den Nationalliberalen und der »Fortschrittspartei«. Rechts von den Liberalen war das »Zentrum« einzuordnen, eine konfessionelle Partei, die 1870/71 gegründet worden war, um die Interessen der katholischen Bevölkerung im protestantisch geprägten Preußen-Deutschland zu vertreten. Neben Ludwig Windthorst gehörte der Mainzer Bischof Ketteler, der eine christliche Sozialpolitik forderte, zu den führenden Köpfen der Partei. Im sogenannten Kulturkampf gewann das »Zentrum« in scharfer Opposition zu Bismarck immer mehr an Gewicht und politischer Bedeutung.

Der Konflikt mit der katholischen Kirche beherrschte die Anfangsjahre des neuen Reiches. Nach der Aufhebung der »Katholischen Abteilung« im preußischen Kultusministerium wurde der sogenannte Kulturkampf Ende 1871 auf Reichsebene mit der Verabschiedung des »Kanzelparagraphen« eröffnet. Bismarck wollte mit seiner Hilfe den politischen Einfluß der Geistlichen, den er vor allem in den polnischen Gebieten als Bedrohung ansah, unterbinden. Diese Politik wurde von den Liberalen nachdrücklich unterstützt. Das Schulaufsichtsgesetz (11. März 1872) unterstellte alle kommunalen und privaten Schulen in Preußen der staatlichen Aufsicht, das Jesuitengesetz (4. Juli 1872) verbot jede weitere Tätigkeit der Jesuiten auf deutschem Boden. Es folgten 1873 die preußischen »Maigesetze«: Für Geistliche wurde ein Hochschulstudium in den Fächern Philosophie, Geschichte und deutsche Literatur mit staatlicher Abschlußprüfung Voraussetzung einer Einstellung; außerdem behielt sich der Staat ein Vetorecht bei der Besetzung geistlicher Ämter vor. 1874 wurde die obligatorische Zivilehe eingeführt; dieses preußische Gesetz wurde 1875 auch vom Reich übernommen. Weitere Kirchenkampfgesetze, z. B. über die kirchliche Vermögensverwaltung, folgten. Bischöfe und Geistliche, die den Maigesetzen zuwiderhandelten, wurden strafrechtlich verfolgt.

Die Auseinandersetzungen beschränkten sich nicht auf die gesetzgeberische Ebene und auf die unmittelbar Betroffenen. Der Konflikt weitete sich zu einem prinzipiellen weltanschaulichen Streit zwischen dem Liberalismus und der katholischen Kirche sowie der katholischen Bewegung aus. Die Verketzerung innenpolitischer Gegner zu »Reichsfeinden« und der aggressive Nationalismus gehörten zum politischen Erbe dieses erbitterten Streits. Bismarck trug seinen Teil zur Verschärfung der Gegensätze bei und wurde schließlich die Geister, die er rief, nicht mehr los. So formulierte er in der Debatte vom 14. Mai 1872, in der es um die deutsche Gesandtschaft beim Vatikan ging, jenen Satz, der dann zum geflügelten Wort wurde: »Seien Sie außer Sorge: Nach Canossa gehen wir nicht – weder körperlich noch geistig!« Er spielte auf ein Ereignis an, das den Zeitgenossen wohlbekannt war: Der deutsche König Heinrich IV. hatte sich im Januar 1077 mit wenigen Begleitern nach Italien aufgemacht, um von Papst Gregor VII. die Lösung vom Kirchenbann zu erreichen. Drei Tage stand er im Büßergewand im Burghof der Apenninfeste Canossa, bevor der Papst die Exkommunikation aufhob. Der Canossagang, den man im 19. Jahrhundert einseitig als Tiefpunkt deutscher Kaiserherrlichkeit, als schmachvollen Kniefall des Staates vor der Kirche begriff, wurde in nationalliberalen Kreisen, in der Presse und an den Stammtischen immer wieder als warnendes Beispiel beschworen.

Zur Beilegung des Kulturkampfes trug wesentlich die versöhnliche Politik Leos XIII. bei, der 1878 das Amt des verstorbenen Papstes Pius IX. übernommen hatte. In den folgenden Jahren wurden alle Kulturkampfgesetze wieder aufgehoben, bis auf die Bestimmungen über den Kanzelmißbrauch, über die staatliche Schulaufsicht, über die Zivilehe und das Verbot der Jesuiten.

Der Kulturkampf war in den preußischen Ostgebieten mit einer Germanisierungspolitik einhergegangen, die in den achtziger Jahren durch Umsiedlungsmaßnahmen noch verschärft wurde. Bismarck hatte seine polenfeindliche Einstellung bereits 1861 in einem Brief an seine Schwester in drastischer Form zu erkennen gegeben: »Haut doch die Polen, daß sie am Leben verzagen ... Ich habe alles Mitgefühl für ihre Lage, aber wir können, wenn wir bestehen wollen, nichts anderes tun, als sie auszurotten; der Wolf kann auch nichts dafür, daß er von Gott geschaffen ist, wie er ist, und man schießt ihn doch dafür tot, wenn man kann.« Bei den 1885 angeordneten Ausweisungen polnischer Zuwanderer spielte auch der sich immer stärker ausbreitende Antisemitismus eine Rolle: Ein Drittel der Vertriebenen waren Juden.

Der starke Industrialisierungsschub der Gründerjahre war begleitet vom politischen Aufstieg der Sozialdemokratie. In den Jahren der Reichsgründung existierten zunächst zwei konkurrierende Arbeiterparteien, der Lassallesche »Allgemeine Deutsche Arbeiterverein« (ADAV) und die von Bebel und Liebknecht gegründete »Sozialdemokratische Arbeiterpartei« (SDAP). Bei den Reichstagswahlen von 1871 gelang es allerdings nur der SDAP, zwei Mandate zu erobern. Spätestens seit Bebels Ablehnung der Annexion Elsaß-Lothringens und seinem Eintreten für die Pariser Kommune am 25. Mai 1871 wurden beide Parteien von Bismarck mit dem Etikett »reichsfeindlich« und »staatsgefährdend« versehen. 1872 kam es zu einem ersten Versuch, die Sozialdemokratie mit Hilfe eines in Leipzig geführten Hochverratsprozesses, in dem Bebel und Liebknecht zu zweijähriger Festungshaft verurteilt wurden, zu kriminalisieren. Zahlreiche örtliche Parteienverbote, Haftstrafen für Redakteure sozialdemokratischer Zeitungen und Ausweisungen schlossen sich an. 1875 reagierten die beiden Arbeiterparteien mit dem Zusammenschluß zur »Sozialistischen Arbeiterpartei«, die bei den Reichstagswahlen 1877 mit einem Stimmenanteil von 9,8 % einen deutlichen Zuwachs erlangte. Bismarck hatte sich zunächst mit gleicher Schärfe sowohl gegen das »Zentrum« als auch gegen die Sozialdemokratie gewandt. Mit der Absage an den Wirtschaftsliberalismus und dem Übergang zur Schutzzollpolitik näherte er sich jedoch auf der Suche nach neuen Mehrheiten dem »Zentrum« an. Die Ausgrenzungsstrategie den Sozialdemokraten gegenüber setzte der Kanzler dagegen mit neuen Waffen fort. Als im Sommer 1878 kurz hintereinander zwei Attentate auf den Kaiser verübt wurden, gelang es Bismarck, die Revolutionsängste des Bürgertums so geschickt zu schüren, daß der Reichstag sich schließlich zur Annahme eines Ausnahmegesetzes gegen die Sozialdemokratie bereitfand. Das Sozialistengesetz sollte zunächst nur bis zum 31. März 1881 gelten, wurde aber bis 1890 verlängert. Die Absicht des Gesetzes war, den Einfluß der »Sozialistischen Arbeiterpartei« auszuschalten. Deshalb wurden sämtliche sozialistische Organisationen, Versammlungen und Druckschriften verboten und viele Sozialdemokraten aus ihren Gemeinden ausgewiesen. Da die Reichsverfassung die reine Persönlichkeitswahl vorsah, konnten Sozialdemokraten jedoch weiter in den Reichstag gewählt werden und hier sogar eine sozialdemokratische Fraktion bilden. Für das Überleben der Partei war darüber hinaus entscheidend, daß es ihr nach dem Verbot sämtlicher sozialdemokratischer Zeitungen rasch gelang, mit der Gründung des in Zürich erscheinenden »Sozialdemokraten« ihren organisatorischen Zusammenhalt trotz der Restriktionen aufrechtzuerhalten.

Die Zahl der bei den Reichstagswahlen für die »Sozialistische Arbeiterpartei« abgegebenen Stimmen wuchs trotz aller Unterdrückungsmaßnahmen kontinuierlich an. Die doppelte Erfahrung der Verfolgungszeit – Ausgrenzung und Unterdrückung einerseits, Wahlerfolge andererseits – bewirkten, daß ein Jahr nach dem Fall des Sozialistengesetzes auf dem Parteitag in Erfurt 1891 ein marxistisches Programm verabschiedet wurde. Dem Glauben an den mit naturgesetzlicher Notwendigkeit erfolgenden Untergang der bürgerlich-kapitalistischen Gesellschaftsordnung verlieh Bebel in Erfurt mit seiner Zukunftsprophezeiung Ausdruck: »Ja, ich bin überzeugt, die Verwirklichung unserer Ziele ist so nahe, daß wenige im Saale sind, die diese Lage nicht erleben werden.«

Leonore Koschnick, Agnete von Specht

10/1 Prunktisch »Das einige deutsche Reich«*

M. H. Wilkens & Söhne, Bremen
1890; Silber, Email, Holz; 200 × 108 × 70 cm
Bremen, Bremer Landesmuseum für Kunst- und Kulturgeschichte (Focke Museum)
(76.570)

Der silberne Tischaufsatz ist eine in dieser Form einmalige Apotheose auf die Reichseinigung. Die Firma Wilkens & Söhne stellte ihn für die Norddeutsche Gewerbe- und Industrie-Ausstellung 1890 in Bremen her. Die allegorischen Verzierungen wurden in einer Firmenschrift erläutert: Der »Deutsche Michael«, der die vielköpfige Hydra bezwungen hat, trägt einen Pokal »auf einem mit Kraft und Ruhm geschmückten Schilde«. Am Kelchansatz des Pokals halten Genien »Erinnerungszeichen an die blutigen schweren Kämpfe«, die der Reichseinigung vorausgingen. Die Medaillen im Innern des Deckels zeigen Bildnisse König Wilhelms, Napoleons III. und Bismarcks, auf dem Deckel thronen die drei Kaiser des Jahres 1888: Wilhelm I., Friedrich III. und Wilhelm II. Die gesamte Komposition wird von Germania überragt, die in der Rechten ein Schwert und in der Linken eine Friedenspalme hält. Allegorien der Schiffahrt, des Handels, der freien Kunst und des Kunstgewerbes schmücken die vier Ecken der umlaufenden Tischbalustrade.

10/1

10/2 »Einmarsch der deutschen Truppen in Strasburg«

Schnupftuch; ca. 68 × 68 cm
Hamburg, Museum für Kunst und Gewerbe
(1981 318 AB)

Knapp einen Monat lang stand die Stadt Straßburg unter Beschuß, bevor der Festungskommandant am 28. September 1870 die Kapitulation unterzeichnete und die deutschen Truppen einmarschierten. Daß dieses Ereignis auf Schnupftüchern abgebildet wurde, zeigt die in Deutschland vorherrschende Begeisterung für die Einnahme Elsaß-Lothringens.

10/3 »Steinstrasse vom Steinthor aus am Tage nach der Capitulation, 28. Sept. 1870«*

Photographie; 18,5 × 24,5 cm
Straßburg, Cabinet des Estampes
(Photo 1870c)

Die im Nordwesten gelegenen Stadtteile hatten am meisten unter der Beschießung durch deutsche Artillerie gelitten: So glich die Steinstraße nur noch einem Trümmerfeld. Insgesamt verloren 220 Bürger ihr Leben, in der Stadt wurden 350 Gebäude vollkommen zerstört. Am 29. September 1870 telegraphierte Bismarck an den General-Gouverneur des Elsaß: »Lassen Euer Exc. pp. sofort die Schäden von Straßburg inventarisiren und durch beruhigende Proclamation, ohne specielle Verpflichtungen einzugehen, Herstellung in Aussicht stellen.«

10/4 »Photographische Bilder über verschiedene Objekte von Strassburg ... nach der Beschiessung«

a) »Lager vor der porte serpinoise«
b) »Praefectur und Theater«
c) »Das National-Thor«

C. M. Eckert u. a.
1871; 3 Photographien; 19,8 × 24,2 cm (a), 20,9 × 26,0 cm (b), 20,1 × 26,2 cm (c)
Wien, Österreichisches Staatsarchiv, Kriegsarchiv (H IV C 297–3)

10/3

Die Umwallung und die Festungsbauwerke hatten gegen die moderne Artillerie wenig Schutz geboten. Überall in der Stadt fanden sich Spuren der Verwüstung. Die deutschen Truppen schlugen ihre Lager vor den Toren der Stadt in der Nähe der Eisenbahntrasse auf.

10/5 »Alsace et Lorraine« Titelseite eines Notenblattes

Text: Villemer und H. Nazet; Musik: Ben Tayoux
1870; Lithographie; 33,5 × 26 cm
Straßburg, Cabinet des Estampes (EV 1870, LX VIII 201)

In einer dramatischen Szene werden die Schwestern »Alsace et Lorraine« von einem preußischen Soldaten niedergeworfen und gefangengenommen. Die Autoren Villemer und Nazet widmeten ihren patriotischen »Chant National« den Städten Metz und Straßburg. Die Besetzung durch deutsche Truppen wurde in Elsaß-Lothringen keineswegs als Befreiung empfunden, wie Teile der deutschen Presse es ihren Lesern weiszumachen suchten.

10/6 Erklärung der Abgeordneten von Elsaß-Lothringen, 1. März 1871

Lithographie; 60 × 40 cm
Berlin, Privatbesitz

Die Darstellung zeigt eine Frau in elsässischer Tracht an eine Mauer gekettet unter einem Schild mit der Aufschrift »Deutsches Reich«. Die Abgeordneten von Elsaß-Lothringen hatten im Februar 1871 in der französischen Nationalversammlung eine »Protestation« mit folgendem Wortlaut unterzeichnet: »Europa kann nicht ein Volk nehmen lassen wie eine Herde Vieh; es kann nicht taub bleiben gegen die wiederholten Proteste der Bevölkerung ... Hiermit proklamieren wir auf alle Zeit das unzerstörbare Recht der Elsässer und Lothringer, Glieder der französischen Nation zu bleiben, und schwören, sowohl in unserm Namen als auch für die diejenigen, die uns beauftragt haben, daß wir dies Recht immer und durch alle Mittel und Wege gegen jeden Usurpator beanspruchen werden.«

10/7

10/7 »Notre drapeau quand même!«*

A. Lemercier nach Jan Baptist Huysmans (geb. 1826)
1871; kolorierte Lithographie; 35 × 45,5 cm
Straßburg, Cabinet des Estampes
(EV 1870–74)

Nach 1870 verbot Preußen den Bewohnern von Elsaß-Lothringen jegliches Tragen von Abzeichen in den Farben der Trikolore. Die Lithographie zeigt, wie drei junge Frauen dieser Anordnung folgen und trotzdem ihre nationale Identität zur Schau stellen: Sie tragen jeweils Kleider in Blau, Weiß und Rot.

10/8 »Zusammenstellung des Gesetz=Entwurfs, betreffend die Vereinigung von Elsaß und Lothringen mit dem Deutschen Reiche«

In: Stenographische Berichte über die Verhandlungen des Deutschen Reichstages, I. Legislaturperiode – I. Session, Bd. 21, Berlin 1871
Berlin, Senatsbibliothek (Parl 4-1871, 1, 1, 3)

Der Anschluß Elsaß-Lothringens an das Deutsche Reich wurde im Reichstag kontrovers diskutiert. Einig war man sich darüber, »daß die schweren Beschädigungen einzelner, besonders hart mitgenommener Städte und die Kriegsleistungen der Gemeinden und Bewohner eine Ausgleichung finden und daß für dringende Bedürfnisse eine rasche Hilfe gewährt werden möge«. Dagegen konnte sich die Ansicht nicht durchsetzten, daß es ein »Gebot des heutigen Staatsrechts verlange, daß über das Geschick eines Landes nicht entschieden werden dürfe, ohne daß die Vertretung des Landes bei der Entscheidung betheiligt oder mindestens gehört worden sei«. Eine Mitsprache hätte sicher nicht das gewünschte Resultat gebracht. Der Gesetzentwurf sah vor, daß in Elsaß-Lothringen am 1. Januar 1873 die deutsche Reichsverfassung in Kraft treten sollte. Später wurde jedoch der 1. Januar 1874 als Stichtag festgelegt.

10/9 »Option des Alsaciens-Lorrains / Pour la nationalité française ou allemande«, Paris, 29. Juni 1872

42 × 66 cm
Coburg, Staatsarchiv (LA A, Nr. 7308)

In dem Aufruf fordert die französische Regierung die Elsässer und Lothringer auf, für den Fall, daß sie ihre französische Staatsbürgerschaft behalten wollten, eine entsprechende Erklärung in den Rathäusern von Paris oder im Département de la Seine abzugeben. Im Frankfurter Friedensvertrag vom 10. Mai 1871 war den Einwohnern Elsaß-Lothringens garantiert worden, daß sie statt der deutschen Nationalität auch die französische wählen könnten und daß es ihnen frei stünde, nach Frankreich überzusiedeln. Von den 1,2 Millionen Menschen, die ursprünglich in diesen Gebieten ansässig waren, verließen zwischen 1871 und 1914 über 400000 ihre Heimat.

10/10 Telegramm Rudolf Delbrücks an den »Fürst Reichskanzler«, 9. September 1873

13,8 × 21,5 cm
Friedrichsruh, Bismarck-Archiv (B 34)

1873 wurden die letzten deutschen Truppen aus Frankreich abgezogen. Am 9. September schickte Delbrück Bismarck diese Nachricht nach Külz in Pommern: »General von Manteuffel meldet, daß Verdun am 13. geräumt sein und am 16. die deutsche Grenze mit den letzten Truppentheilen zwischen Doncourt und Gravelotte überschreiten werde.«

10/11 »Nouveau plan de Strasbourg«, 1870

Maßstab 15:100000
E. Simon
Kolorierte Lithographie; 48 × 63 cm
Straßburg, Cabinet des Estampes (H. VII)

Auf dem Plan sind einige Gebiete markiert als »gänzlich verbrannt oder zerstört« und »sehr bedeutend beschädigt, fast nicht zu reparieren«. Am 29. Mai 1871 besichtigte General von Moltke Straßburg, im Februar 1872 wurde von der Reichsregierung beschlossen, die Stadt mit neuen Befestigungsanlagen militärisch zu sichern und gleichzeitig eine Stadterweiterung nach Norden vorzunehmen.

10/12 »Plan der Stadt Strassburg«, 1882

R. Fleury nach F. Rösler
Kolorierte Lithographie; 33 × 59 cm
Straßburg, Cabinet des Estampes (tt.28)

1879 wurde die Stadterweiterung vollzogen, wodurch die Fläche der inneren Stadt von 232 auf 618 Hektar anwuchs; drei Bebauungspläne standen zur Wahl. Eine von der Berliner Baubehörde einberufene Kommission von Sachverständigen hatte sich 1878 für den Entwurf des Straßburger Stadtbaumeisters Geoffroy Conrath (1824–1892) entschieden. Ein etwas modifizierter Bebauungsplan wurde am 7. April 1880 durch die Reichsregierung genehmigt und veröffentlicht.

10/13 Die »Place de la République« in Straßburg

Nach 1918; kolorierte Photographie;
19 × 45 cm
Straßburg, Cabinet des Estampes (To)

Im Zentrum des neuen Bebauungsplans von Conrath lag der Kaiserplatz (heute Place de la République). Zwischen 1883 und 1914 wurde er rundum bebaut, u.a. mit der Universitäts- und Landesbibliothek, dem Landesausschußgebäude (links) und dem Kaiserpalast (rechts, heute Palais du Rhin).

10/14 »Kaiserpalast in Strassburg. Hauptfacade«*

Hermann Eggert (geb. 1844)
1885; bez.u.r.: Zum Bericht vom heutigen Tage Strassburg i/E, den 17. Februar 1885.

10/14

10/16

Der Landbauinspektor H. Eggert
Kolorierte Lithographie; 65 × 94,5 cm
Straßburg, Service Départemental de l'Architecture du Bas-Rhin (1040)

Das erste öffentliche Gebäude, das am Kaiserplatz errichtet wurde, war der Kaiserpalast (1883–89). Er sollte die Zugehörigkeit Elsaß-Lothringens zum Deutschen Reich auf repräsentative Art und Weise dokumentieren. Am Entwurf des Berliner Architekten Eggert wurde kritisiert, daß er nicht im »deutschen Stil« (= Gotik) gehalten war. Die Wahl des Renaissance-Stils fand dann aber doch im Reichstag eine Mehrheit. Allerdings hatten weder Wilhelm I. noch Friedrich III. ein Interesse, den Palast zu nutzen. Nach Intervention Bismarcks, der darauf hinwies, daß »die Zweckbestimmung des Palastes auf einen Beschluß der gesetzgebenden Körperschaften des Reiches gegründet« sei, wurde im Sommer 1889 auf Anordnung Wilhelms II. die »erste Kaiserpfalz im neuen Reich« eingeweiht.

10/15 Uniform eines Kaiserlichen Geheimen Regierungsrates bei der Statthalterschaft der Reichslande in Straßburg und Elsaß/Lothringen

Rastatt, Wehrgeschichtliches Museum
(100 213–100 219)

10/16 »Die Industrie« Tafelaufsatz aus dem Kölner Ratssilber*

Entwurf: Johann Baptist Schreiner (geb. 1866), Ausführung: Gabriel Hermeling Köln 1904; Silber, teilvergoldet, Stahl, Email, Halbedelsteine; H 85 cm, Dm 75 cm
Köln, Kölnisches Stadtmuseum (KSM 1969/415/5, Hermel.)

Mit dem Tafelaufsatz wurde den rheinischen Unternehmern ein Denkmal gesetzt. Unter dem Schutz der »Colonia« gehen sechs Figuren Tätigkeiten aus der Textilfabrikation und dem Maschinenbau nach. Diese Wirtschaftszweige trugen zum gewaltigen Aufschwung der deutschen Industrie nach der Reichsgründung wesentlich bei.

10/17 In der Werkhalle beim Lokomotivenbau (Borsig)

Paul Friedrich Meyerheim (1842–1915)
Um 1872/73; bez.u.r.: Paul Meyerheim
Öl/Lw/Karton; 64,5 × 44,5 cm
Schweinfurt, Slg. Georg Schäfer (5699)

1870–76 schuf Paul Meyerheim für die Gartenhalle der Villa Borsig in Berlin einen Zyklus von sieben wandgroßen Gemälden. Die »Werkhalle« ist der Entwurf zu einem dieser Monumentalbilder, die den industriellen Fortschritt feierten und die Fabrikarbeit idealisierten. Die 1837 von August Borsig gegründete Maschinenbaufabrik hatte sich rasch zu einem expandierenden, auf Lokomotivbau spezialisierten Industrieunternehmen entwickelt. Nicht nur für den privaten Reiseverkehr und den Transport von Wirtschaftsgütern, sondern auch für militärische Zwecke wurde der Eisenbahnbau überall vorangetrieben.

10/18

10/21

10/18 Vor der Schicht*

Gotthardt Kuehl (1850–1915)
Um 1900; bez.u.l.: Gotthardt Kuehl
Öl/Lw; 129 × 104 cm
München, Bayerische Staatsgemäldesammlungen, Neue Pinakothek (8684)

Das Gemälde zeigt Bergleute im Gebet vor der Einfahrt in den Schacht. Eine Orgel im Hintergrund des Raumes und auf den Holzbänken gestapelte Gesangbücher weisen darauf hin, daß in dem Raum auch Gottesdienste abgehalten wurden. In den Gründerjahren war der Bergbau neben Textilindustrie und Maschinenbau der wichtigste Industriezweig im Deutschen Reich. Gefördert wurden in erster Linie Eisenerze sowie Braun- und Steinkohle. Die Arbeit der Bergleute war hart, die Schachttiefe lag im westfälischen Kohlebergbau Mitte der achtziger Jahren bei 300 Meter, Anfang der neunziger Jahre bereits bei 700 bis 800 Meter.

10/19 Oscar Henschel (1837–1894)

Hubert von Herkomer (1849–1914)
1901; Öl/Lw; 175 × 125 cm (m.R.)
Kassel, Stadtmuseum (Leihgabe aus Privatbesitz)

Oscar Henschel leitete von 1861 bis zu seinem Tode 1894 die von seinem Urgroßvater Carl 1810 in Kassel gegründete Firma »Henschel & Sohn«. Auch dieses Unternehmen hatte sich auf den Lokomotivbau spezialisiert: Henschel-Lokomotiven wurden u.a. nach Dänemark, Holland, Italien, Portugal, Ungarn, Rumänien, Rußland und Südamerika exportiert. Als infolge der Wirtschaftskrise in der zweiten Hälfte der siebziger Jahre die Nachfrage nach Lokomotiven sank, produzierte Henschel verstärkt Werkzeugmaschinen, hydraulische Anlagen, Straßenwalzen, Lokomobile und andere bewegliche Maschinen.

10/22

10/20 Sophie Henschel, geb. Caesar (1841–1915)

Hubert von Herkomer (1849–1914)
1901; Öl/Lw; 175 × 125 cm (m.R.)
Kassel, Stadtmuseum (Leihgabe aus Privatbesitz)

Sophie Henschel war seit 1862 mit Oscar Henschel verheiratet und übernahm nach dessen Tod 1894 die Leitung der Firma »Henschel & Sohn«. Von 1900 bis 1912 führte sie das Unternehmen gemeinsam mit ihrem Sohn Karl. Sie veranlaßte bereits 1866 die Gründung einer innerbetrieblichen Invaliden-, Witwen- und Waisenkasse, die 1887 vom preußischen Ministerium als vorbildlich für andere Betriebe anerkannt wurde. Ihre Statuten dienten als Vorlage für die staatliche Invalidenversicherung.

10/21 Bei der Stellenvermittlung*

Fritz Paulsen (1838–1898)
1881; Öl/Lw; 89,5 × 135 cm
Berlin, DHM (1988/85)

Allein in Berlin gab es um 1880 mehr als 400 »Gesinde-Vermietungsbureaus«, durch die das wohlhabende Bürgertum und der Adel ihr Hauspersonal beziehen konnten. Für junge, unverheiratete Mädchen und Frauen aus einfachen Verhältnissen war die Arbeit im Privathaushalt häufig die einzige Erwerbsmöglichkeit. Neben Dienstmädchen waren vor allem Spreewälder Ammen als »Nährmütter« gefragt.

10/22 Testamentseröffnung*

Christian Ludwig Bokelmann (1844–1894)
1879; bez.u.r.: Bokelmann Ddf 79
Öl/Lw; 95,5 × 130,5 cm
Posen, Muzeum Narodowe (Mo 716)

Die Testamentseröffnung findet in einem für die Gründerjahre typischen großbürgerlichen Ambiente statt. Die Kleidung der etwa zwanzig anwesenden Personen zeugt von Wohlstand, die Ausstattung des Raumes entspricht mit den schweren Vorhängen und der massiven Holzverkleidung dem vorherrschenden Geschmack der Zeit.

10/23

10/23 Im Leihhaus*

Christian Ludwig Bokelmann (1844–1894)
1876; bez.u.l: Bokelmann Ddf 76
Öl/Lw; 103 × 151 cm
Düsseldorf, Galerie G. Paffrath (28 A II 179)

Das Leih- bzw. Pfandhaus wurde in den siebziger Jahren zu einem beliebten Bildmotiv. Vor allem ältere Frauen, ehemals gutgestellt, waren nach dem Tod ihrer Männer sozial nicht abgesichert und gezwungen, ihr Hab und Gut zu versetzen.

10/24 Prunkvase mit Bildnissen Kaiser Wilhelms I. und Kaiser Wilhelms II.

KPM, Berlin
Um 1888; Porzellan; H 66 cm
Bremen, Bremer Landesmuseum für Kunst- und Kulturgeschichte (Focke Museum) (83.508)

Die Vase war ein Geschenk Bismarcks an den Bremer Bürgermeister Otto Gildemeister, dem er in einem Begleitschreiben vom 26. Oktober 1888 für die Verdienste um den Zollanschluß der Hansestadt dankte. Die Verhandlungen über den zollrechtlichen Anschluß Bremens an das Deutsche Reich waren 1884 zum Abschluß gebracht worden, nachdem sich die Bürgerschaft der Stadt lange dagegen ausgesprochen hatte. Am 15. Oktober 1888 traten die neuen Zollbestimmungen in Kraft, sechs Tage später wurde der neuerrichtete Freihafen feierlich eingeweiht.

10/25 »Mittheilung des Senats an die Bürgerschaft, betreffend die Einverleibung eines Theiles von St. Pauli in das Reichszollgebiet«, Hamburg, 3. Mai 1880

33 × 21 cm
Hamburg, Staatsarchiv (111–1 Senat Cl., Lit. T, Nr. 21, Vol. 1, Fasc. 7t, Inv. 1 p. 34)

Auch die Mitglieder des Hamburger Senats sahen zunächst keinen Grund, einem Zollanschluß an das Deutsche Reich zuzustimmen, da sie für Hamburg wirtschaftliche Nachteile befürchteten. In der Mitteilung an die Bürgerschaft heißt es: »Der Senat wird auch ferner dem Antrage der Königlich Preußischen Regierung mit allen ihm zu Gebot stehenden Mitteln entgegentreten.«

10/26 Antrag einiger Mitglieder des Reichstags, die Vorstadt St. Pauli nicht ohne Zustimmung der Stadt Hamburg an den Zollverein anzuschließen, Berlin, 5. Mai 1880

30 × 21,5 cm
Hamburg, Staatsarchiv (111–1 Senat Cl., Lit. T, Nr. 21, Vol. 1, Fasc. 7, Inv. 1 p. 43)

Die preußische Regierung hatte im Bundesrat einen Antrag eingebracht, den Zollanschluß Altonas, St. Paulis sowie der Unterelbe – alles Gebiete, die nicht zu Hamburg gehörten – notfalls gegen den Willen der Hansestadt zu vollziehen. Dagegen erhoben liberale Reichstagsmitglieder wie Lasker, Bamberger, Forckenbeck und Virchow Einspruch.

10/27 Bau und Eröffnung des Hamburger Freihafens

a) Speicherbau auf der Kehrwiederspitze, 1887
b) Bau des Zollkanals, 1887
c) Feierliche Eröffnung im Oktober 1888 am geschmückten Brooktor

G. Koppmann
1887/88; Photographien; a) 48,5 × 57,3 cm; b) 48,4 × 51,7 cm; c) 32,2 × 40,9 cm
Hamburg, Museum für Hamburgische Geschichte [a) 1914, 338; b) 55, 19–293; c) 1918, 686]

Im Juni 1881 stimmte der Hamburger Senat schließlich dem Zollanschluß zu. Für den neu zu errichtenden Freihafen mußten ganze Wohngebiete niedergerissen und viele Bewohner umgesiedelt werden. Dank geschickter Verhandlungsführung hatte Hamburg von der Reichsregierung bessere Konditionen aushandeln können als Bremen. Mit 40 Millionen Mark beteiligte sich das Reich an den Gesamtkosten von 106 Millionen Mark.

10/28 Entwurf der »Festdecoration zur Grundsteinlegung des Nord-Ostsee-Canales in Holtenau bei Kiel«, 3. Juni 1887

O. Poetsch
Bez.u.r.: O. Poetsch
Aquarellierte Lithographie; 22 × 33,2 cm
Kiel, Schleswig-Holsteinische Landesbibliothek (E 561)

Kaiser Wilhelm I. legte am 3. Juni 1887 den Grundstein für den Kanal, der seit 1864 in konkreter Planung war. Im Auftrag der preußischen Regierung hatte der Reeder Dahlström Geländeuntersuchungen vorgenommen und den Verlauf festgelegt: von der Elbe über Brunsbüttel und Rendsburg zur Kieler Förde. Innerhalb von nur acht Jahren wurde das Riesenbauwerk für 156 Millionen Mark fertiggestellt. Vor allem Hamburg profitierte wirtschaftlich von der direkten Verbindung zur Ostsee.

10/29 Plakat »Hamburgische Gewerbe- und Industrie-Ausstellung...«, 15. Mai bis 15. September 1889

10/30

Entwurf: Oskar Schwindrazheim
(1865–1907)
Hamburg: F. W. Kähler
Chromolithographie; 87,3 × 54,2 cm
Hamburg, Museum für Kunst und Gewerbe
(E 1892.370)

Die Wirtschaftsmacht Hamburgs beruhte zum großen Teil auf dem Überseehandel. Deswegen wird auf dem Plakat zur Gewerbe- und Industrieausstellung insbesondere auf die Präsentation »überseeischer Rohstoffe und Halbfabrikate« hingewiesen.

10/30 Allegorie auf Hamburgs Stellung im Deutschen Reich*

Hermann Katsch (1853–1924)
1899; bez.u.l.: H. Katsch Charlottenburg
1899; Öl/Lw; 58 × 161 cm
Hamburg, Museum für Hamburgische
Geschichte (1975,60)

Das Bild war vermutlich als Entwurf für ein Wandgemälde im Hamburger Rathaus gedacht, das jedoch nicht ausgeführt wurde. Im Zentrum steht »Hammonia« vor einem Portal mit dem Hamburger Wappen. Seeleute und Abordnungen überseeischer Handelspartner sind links vor der Silhouette des Hafens angetreten, während auf der rechten Seite ein Herold mit Reichsadler und Zepter auf fahnentragende Vertreter von Industrie und Gewerbe hinweist. Umgeben von Senatoren unterzeichnet Bismarck gerade den Zollanschluß-Vertrag.

10/31 Bismarck bei Kaiser Wilhelm I. im historischen Eckzimmer des Königlichen Palais'*

Konrad Siemenroth (geb. 1854)
Reproduktion des Aquarells von 1887;
64,8 × 41,5 cm
Friedrichsruh, Bismarck-Museum

Die Szene im Arbeitszimmer Wilhelms I. zeigt die beiden alten Herren 1887 im letzten Jahr ihres Zusammenwirkens. Das enge Vertrauensverhältnis zwischen Kaiser und Kanzler war die Grundlage der fast 30 Jahre währenden gemeinsamen Arbeit. Wilhelm I. äußerte einmal, es sei »nicht leicht, unter einem solchen Kanzler Kaiser zu sein«.

10/31

10/32 Lamellenbild (Harfenbild) mit den Porträts Otto von Bismarcks, Wilhelms I. und Friedrich Wilhelms

Vor 1888; Öldruck; 67 × 54 cm (m.R.)
Köln, Kölnisches Stadtmuseum
(KSM 1989/259)

Das Verhältnis zwischen Bismarck und Friedrich Wilhelm war eher distanziert. Am 31. Dezember 1870 notierte der Kronprinz in sein Tagebuch: »Bismarck hat uns groß und mächtig gemacht, aber er raubte uns unsere Freunde, die Sympathien der Welt und – unser gutes Gewissen. Ich beharre auch heute noch fest bei der Ansicht, daß Deutschland ohne Blut und Eisen allein mit seinem guten Rechte ›moralische‹ Eroberungen machen und einig, frei und mächtig werden konnte. Dann erlangte es ein ganz anderes Übergewicht als lediglich durch die Gestalt der Waffen, weil deutsche Kultur, deutsche Wissenschaft und deutsches Gemüt uns Achtung, Liebe und – Ehre gewinnen mußten. Der kühne, gewalttätige Junker hat es anders gewollt.« Der Kronprinz wurde 1888, nach dem Tode Wilhelms I., zum Kaiser Friedrich III. gekrönt. Nach nur 99 Tagen Regentschaft erlag er einer schweren Krankheit.

10/33 Empfangszimmer Otto von Bismarcks im Berliner Reichskanzlerpalais*

A. Müller
Bez.u.l.: A. Müller
Aquarell; ca. 45 × 60 cm (m.R.)
Friedrichsruh, Bismarck-Museum

Das Reichskanzlerpalais in der Wilhelmstraße 74 war ursprünglich 1736 als Privathaus errichtet worden. 1799 zog das preußische Justizministerium ein, von 1848 bis 1868 war das Palais Sitz des Staatsministeriums. 1872–74 wurde das Gebäude – entsprechend seiner neuen Funktion als Reichskanzlerpalais – vergrößert und durchgreifend umgestaltet. Das Empfangszimmer Bismarcks lag neben dem Arbeitszimmer im ersten Stockwerk des Vorderhauses. Der Sitzungssaal des Bundesrates mit 60 Plätzen nahm den ganzen linken Flügel des Gebäudes ein.

10/34 Rudolf von Delbrück (1817–1903)

Franz von Lenbach (1836–1904)
Um 1896; Öl/Lw; 123 × 87 cm
München, Städtische Galerie im Lenbachhaus (L 76)

Der Rechtswissenschaftler und Verwaltungsfachmann Delbrück, seit der Gründung des Norddeutschen Bundes 1867 Chef des Kanzleramtes, blieb auch nach 1871 in diesem Amt. Als engster Mitarbeiter Bismarcks wurde er häufig mit dem Vorsitz des Bundesrats betraut. Den Schwerpunkt seiner Arbeit legte er auf die Gesetzgebung im Wirtschafts- und Finanzbereich. 1876 trat er nach Differenzen mit Bismarck von seinem Amt zurück. Als unabhängiger Reichstagsabgeordneter nahm er 1878–81 gegenüber der restriktiven Finanzpolitik des Kanzlers eine kritische Haltung ein. 1896 wurde er geadelt.

10/33

10/36

10/35 Telegramm Rudolf Delbrücks an den »Fürst Reichskanzler«, Berlin, 25. Oktober 1875

14 × 21,8 cm
Friedrichsruh, Bismarck-Archiv

Wenn keine dringenden Amtsgeschäfte den Aufenthalt Bismarcks in Berlin erforderlich machten, zog er sich nach Varzin oder Friedrichsruh zurück. Die laufende Korrespondenz wurde durch Kuriere hin- und hergeschickt. In dem Telegramm fordert Delbrück den Kanzler auf, nach Berlin zu kommen: »Im Einverständnis mit Camphausen und Eulenburg bitte ich Euer Durchlaucht, wenn Ihre Gesundheit es gestattet, an Stelle des Kaisers die Eröffnung [des Reichstages] vorzunehmen. Die sofortige Rückkehr nach Varzin würde damit völlig vereinbar sein.«

10/38

10/36 Bismarck, eine Rede haltend*

Anton von Werner (1843–1915)
1888; bez.u.l.: A.v.W. 1888
Öl/Lw; 155 × 115 cm
Bonn, Deutscher Bundestag

Seit 1871 trug Bismarck im Reichstag ebenso wie bei anderen offiziellen Auftritten in Berlin stets die Kürassieruniform. Am 6. Februar 1888 hielt er im Reichstag eine Rede, in der er auf die vier Jahrzehnte seines politischen Wirkens zurückblickte und in der auch der immer wieder zitierte Satz fiel: »Wir Deutsche fürchten Gott, aber sonst nichts in der Welt; und die Gottesfurcht ist es schon, die uns den Frieden lieben und pflegen läßt.«

10/37 Eduard Simson (1810–1899)

Fritz Paulsen (1838–1898)
1880; bez.r.: F. Paulsen 1880
Öl/Holz; 74 × 60,5 cm
Berlin, Nationalgalerie SMPK (A I 456)

Nachdem der Jurist und liberale Politiker Simson bereits 1848 Präsident der Frankfurter Nationalversammlung gewesen war, übertrug ihm 1867 auch der Reichstag des Norddeutschen Bundes (1871 des Deutschen Reiches) das Präsidium. Bis 1874 hatte er dieses Amt inne. Die zunehmende Schärfe und Polemik in den Debatten veranlaßten ihn, sich ganz aus dem politischen Geschäft zurückzuziehen. 1879 bis 1891 war er Präsident des Reichsgerichts, 1888 wurde er geadelt.

10/38 »Die Deutschen Fürsten, Mitglieder des Bundesrathes und des Reichstages 1878–1881«*

Lichtdruck nach Photographien;
46,5 × 58,2 cm
Nürnberg, GNM, Graphische Slg. (Kapsel 1330F, HB 9287)

In den oberen Reihen des Sammelporträts sind die deutschen Landesfürsten, die Bundesratsmitglieder und die Minister angeordnet. Darunter gruppieren sich die Fraktionen, die 1878–81 im deutschen Reichstag vertreten waren: die »Deutsch Conservativen« mit Moltke und Kleist-Retzow, die »Deutsche Reichs-Partei« unter Bethusy-Huc, das »Cen-

10/39

trum« unter Windthorst, die »Nationalliberale Partei« unter dem Vorsitz Bennigsens, die »Fortschritts-Partei« mit Schulze-Delitzsch und die »Social-Demokraten« unter der Führung Bebels. Eine Reihe von Abgeordneten, darunter Delbrück, gehörten keiner Fraktion an. Außerdem saßen polnische und elsaßlothringische Abgeordnete sowie Vertreter der Welfen und Dänen im Reichstag.

10/39 Bismarck im Gespräch mit Reichstagsabgeordneten auf einem parlamentarischen Bierabend*

Ernst Henseler (geb. 1852)
1894; bez.u.l.: E. Henseler. 1894.
Öl/Lw; 45 × 60 cm
Berlin, Verwaltung der Staatlichen Schlösser und Gärten

In den Räumen der Reichskanzlei fanden regelmäßig »parlamentarische Bierabende« statt. Sie boten Bismarck Gelegenheit, außerhalb des Parlaments politische Überzeugungsarbeit zu leisten.

10/40 Wilhelm Emanuel Freiherr von Ketteler (1811–1877)

Kopie von Anna Maria Freiin von Oer nach Hendrik Jan Sinkel (1835–1908) [Das Original von 1879 ist 1943 verbrannt]
Öl/Lw; 127 × 105 cm
Lippstadt, Schloß Schwarzenraben, Sophie Freifrau von Ketteler

Der Jurist und Theologe Ketteler war seit 1850 Bischof von Mainz und 1871/72 »Zentrums«-Abgeordneter im Reichstag. Er kämpfte für die rechtliche und kulturelle Autonomie der Kirche und verfaßte einige Schriften gegen die sogenannten Maigesetze, die ein Kernstück des staatlichen Kulturkampfes gegen die katholische Kirche darstellten: Ein am 11. Mai 1873 verabschiedetes Gesetz schrieb für Geistliche eine Ausbildung nach wissenschaftlichen Kriterien sowie Prüfungen unter staatlicher Aufsicht vor und sprach dem Staat ein Vetorecht bei der Besetzung kirchlicher Ämter zu.

10/41

10/41 Ludwig Windthorst (1812–1891)*

Vilma von Parlaghi-Brachfeld (1863–1924)
1890; bez.u.r.: V. Parlaghi
Öl/Lw; 110 × 87,5 cm
Hannover, Niedersächsisches Landesmuseum, Landesgalerie (59)

Windthorst war der führende Kopf des 1870/71 gegründeten »Zentrums«, einer Partei, die in erster Linie die Interessen der katholischen Bevölkerung vertrat und im Kulturkampf gegen die Politik Bismarcks opponierte. Allerdings sprach sich der brillante Redner und Taktiker Windthorst auch gegen die päpstliche Unfehlbarkeit aus; für seine Gesinnung spricht der Satz: »Ich werde das Recht, welches ich für die Katholiken und die katholische Kirche und deren Diener in Anspruch nehme, jederzeit vertreten auch für die Protestanten und nicht minder für die Juden.«

10/42 »Deutsche Antwort auf ein Römisches Schreiben«, 7. August und 3. September 1873

Kolorierte Lithographie; 51 × 35 cm
Berlin, Staatsbibliothek PK, Handschriftenabteilung (YB 20770 gr.)

Papst Pius IX. richtete am 7. August 1873 ein Schreiben an Kaiser Wilhelm I., um ihn von der Unannehmbarkeit der Maigesetze zu überzeugen. Er war zuvor darüber informiert worden, daß der Kaiser der Kirchenpolitik Bismarcks reserviert gegenüber stünde. Der in dem Schreiben enthaltene Satz »denn Jeder, welcher die Taufe empfangen hat, gehört in irgendeine Art und in irgend einer Weise ... dem Papste an« veranlaßte Wilhelm allerdings zu einer entschiedenen Zurückweisung dieses universalen Machtanspruchs: Der evangelische Glaube, zu dem er sich mit seinen Vorfahren bekenne, gestatte ihm nicht, »in dem Verhältnis zu Gott einen anderen Vermittler als unsern Herrn Jesum Christum anzunehmen«.

10/43 »Der Mordversuch auf den Fürsten Bismarck am 13. Juli 1874 zu Kissingen«

Textil/Karton; 63 × 71 cm
Bad Kissingen, Stadtarchiv

Während seines Kuraufenthaltes in Kissingen im Juli 1874 war Bismarck Ziel eines Attentats durch den 21jährigen Böttchergesellen Kullmann. Obwohl sich die Zentrumspartei kurz darauf von dem Täter distanzierte, trug der Vorfall wesentlich zur Verschärfung des Kulturkampfes bei.

10/44 Gebetbüchlein aus dem Besitz des Eduard Kullmann »für katholische Christen aller Stände«

Georg Stangl
Passau: Georg Kanzler 1866
Samteinband, Metallschließe; 10 × 6 cm
Bad Kissingen, Stadtarchiv

Eduard Kullmann (1853–1892) war Mitglied des katholischen Vereins in Salzwedel. Der junge Katholik wollte den Reichskanzler als Gegner der katholischen Kirche treffen.

10/45 Pistole des Attentäters Eduard Kullmann

Eisen, Holz; L 28 cm
Friedrichsruh, Bismarck-Museum

Eine Verbindung des Attentäters zu politischen Hintermännern konnte nicht nachgewiesen werden. Das Schwurgericht Würzburg verurteilte ihn am 29. Oktober 1874 zu 14 Jahren Zuchthaus.

10/46 »Erinnerung an den Culturkampf«*

H. Schwertführer
Lithographie; 49,4 × 34 cm
Nürnberg, GNM, Graphische Slg. (Kapsel 1330F^F, HB 18948)

Die Bischöfe, die entgegen den Bestimmungen der Maigesetze Amtshandlungen vornahmen, wurden zu Geldstrafen verurteilt. Konnten sie die beträchtlichen Summen nicht zahlen, mußten sie ersatzweise eine Haftstrafe verbüßen, außerdem drohte ihnen ein Absetzungsverfahren. Für die Gläubigen in ihren Diözesen wurden die inhaftierten Bischöfe zu Märtyrern. Das Gedenkblatt ist »Den Opfern des Culturkampfes gewidmet«. Um das zentrale Porträt Papst Pius IX. sind im Uhrzeigersinn dargestellt: der Bischof von Ermland Krementz (Geldstrafe, Haftverschonung), der Bischof von Osnabrück Beckmann (starb 1878), der Bischof von Münster Brinkmann ($1^1/_2$ Monate Gefängnis, Absetzung 1876), der Bischof von Trier Eberhard (130000 Mark Strafe, 10 Monate Gefängnis, starb vor Abschluß des Absetzungsverfahrens 1876), der Bischof von Limburg Blum (Absetzung 1877), der Bischof von Paderborn Martin, ($5^1/_2$ Monate Gefängnis, Absetzung 1875), der Erzbischof von Köln Melchers (29500 Taler Strafe, 6 Monate Gefängnis, Absetzung 1876), der Fürstbischof von Breslau Förster (3700 Taler, entging der Haftstrafe durch Übersiedelung nach Österreich) und der Erzbischof von Posen-Gnesen Ledóchowski (29700 Taler, 2 Jahre Haftstrafe, Absetzung 1874).

10/46

10/47 Bischof Konrad Martin

N. Kneer
1864; kolorierte Photographie; 24,5 × 21 cm (oval)
Paderborn, Erzbischöfliches Generalvikariat, Erzbistumsarchiv (Eigentum Metropolitan-Kapitel)

Konrad Martin (1812–1879) war seit 1856 Bischof von Paderborn. Unter dem romtreuen und dogmenstrengen Bischof entwickelte sich Paderborn zu einer Hochburg des Widerstandes gegen die Maigesetze. Im Januar 1875 wurde er mit der Begründung seines Amtes enthoben, sein Verhalten sei mit der öffentlichen Ordnung unvereinbar. 1879 starb er im belgischen Exil.

10/48 Hirtenbrief Bischof Martins zu den Maigesetzen, Paderborn, 20. März 1874

Faksimile; 27 × 20,5 cm
Paderborn, Erzbischöfliches Generalvikariat, Erzbistumsarchiv (Bischöfe II,2)

Anlaß zu einer wahren Prozeßlawine war der Hirtenbrief des Bischofs Martin vom 14. März 1874. Nachdem die Geistlichen das Hirtenschreiben von den Kanzeln verlesen hatten, wurden in der gesamten Diözese Hunderte von Abdrucken von der Polizei beschlagnahmt. In den meisten Fällen waren dafür Hausdurchsuchungen nötig. Außer dem Bischof wurden über 150 Geistliche wegen Verstoßes gegen den Kanzelparagraphen in Strafprozesse verwickelt.

10/49 Vorladung der Zeugen zum Verfahren gegen Bischof Martin, Brilon, 15. Mai 1874

Faksimile; 35 × 20 cm
Paderborn, Erzbischöfliches Generalvikariat, Erzbistumsarchiv (Bischöfe II, 1)

Im vorliegenden Verfahren bestätigte die Beweisaufnahme den Vorwurf, Bischof Martin habe ohne staatliche Genehmigung dem Seminarpriester Freusberg im November 1873 gestattet, in der Pfarrei des erkrankten Kaplans Münstermann auszuhelfen. Am 7. Juli 1874 wurde der Bischof vom Kreisgericht Paderborn zu 200 Mark bzw. sechs Wochen Gefängnis verurteilt.

10/50 Anzeige zum Haftantritt Bischof Martins, Paderborn, 15. September 1874

Faksimile; 33 × 19 cm
Paderborn, Erzbischöfliches Generalvikariat, Erzbistumsarchiv (Bischöfe II, 1)

Da Bischof Martin sich weder willens noch fähig zeigte, die verhängten Geldstrafen zu zahlen und ihre Tilgung durch Paderborner Gläubige gerichtlich untersagt wurde, verbüßte der Bischof die ersatzweise verhängten Gefängnisstrafen unter größter Anteilnahme der Bevölkerung.

10/51 Steckbrief gegen Bischof Martin, Paderborn, 26. Dezember 1875

15 × 20 cm
Paderborn, Erzbischöfliches Generalvikariat, Erzbistumsarchiv (Bischöfe II, 2)

In der Nacht vom 2. zum 3. August 1875 flüchtete der amtsenthobene und in Wesel internierte Bischof nach Holland. Da er sich damit der Vollstreckung einer weiteren Geldstrafe von 2400 Mark oder 24 Wochen Haft entzogen hatte, veröffentlichte das Kreisgericht zu Paderborn am 26. Dezember zur Empörung der Bevölkerung einen Steckbrief.

10/52 Petition an den preußischen König wegen der Kulturkampfgesetze, Paderborn, 20. Februar 1880

Faksimile; 33 × 20 cm
Paderborn, Erzbischöfliches Generalvikariat, Erzbistumsarchiv (Bischöfe II, 1)

Mit der Feststellung, die Kulturkampfgesetze hätten das allgemeine Rechtsbewußtsein und alle Ehrfurcht untergraben und letztlich dazu beigetragen, »der Sozialdemokratie ein Vorbild für die Angriffe auf die von Gott eingesetzten Autoritäten und die Heiligkeit des Eigentums zu geben«, appellierten Paderborner Katholiken an Wilhelm I., »der Gewissensfreiheit« wieder Raum zu geben.

10/53 Gedenkmedaille zum Kulturkampf*

J. Lorenz
1872; Bronze; Dm 4,25 cm
Berlin, DHM (1989/1156)

Ein Indiz für die politische Wirkung der Canossarede Bismarcks vom 14. Mai 1872 ist diese Medaille, die vermutlich noch im selben Jahr entstand. Sie zeigt auf der Vorderseite ein Porträt des Reichskanzlers mit der Umschrift: »Der Kaiser ist Herr im Reich und muß es bleiben. Fürst von Bismarck.« Auf der Rückseite kämpft Germania mit Schwert und Bibel gegen den Papst, der eine Bannbulle in der Hand hält, und sucht den deutschen Adler vor der gefährlichen Schlange zu schützen. Im Hintergrund erhebt sich eine Burg, wohl Canossa, wie sich aus der Mahnung unter dem Bild schließen läßt: »Nicht nach Canossa!«

10/53

10/54

10/54 »Canossasäule oder Bismarck=Stein auf dem Burgberg zu Harzburg«*

C. Grote
Holzstich (Reproduktion) aus: Illustrirte Zeitung, Nr. 1784, 8. September 1877
Berlin, DHM (1986/20)

Am 26. August 1877, im Erinnerungsjahr an die denkwürdigen Tage in Canossa, wurde auf dem Burgberg bei Harzburg, dem vermeintlichen »Lieblingsaufenthalt des kaiserlichen Büßers« (Heinrich IV.) die Canossasäule enthüllt – ein anschauliches Beispiel dafür, wie die Propagandaschlachten des Kulturkampfes auch auf nichtpreußischem Gebiet aufgegriffen und weitergeführt wurden. Der ca. 19 Meter hohe Obelisk war eines der frühesten Bismarck-Denkmäler überhaupt. Das bronzene Reliefporträt Bismarcks auf der Südseite und die beiden Genien bzw. Walküren (erst 1883 in Zinkguß hergestellt und 1930 wieder beseitigt) modellierte der Hannoveraner Bildhauer Engelhard. Laut den Inschriften an der Ost- und Westseite wurde das Denkmal »Von deutschen Männern und Frauen … Aus Dankbarkeit und Zuversicht« errichtet. Auf der Nordseite sind Bismarcks Worte eingemeißelt: »Nach Canossa gehen wir nicht!«

10/55 Spendenaufruf des Komitees zur Errichtung der Canossasäule, Harzburg, 23. Mai 1875

35 × 21 cm
Wolfenbüttel, Staatsarchiv (2/Z182)

Der Spendenaufruf resümiert die Intentionen und Ziele des geplanten Denkmalprojekts und schließt mit einer Liste der Komiteemitglieder. Eingedenk der Tage in Canossa und der Bismarckrede vom 14. Mai 1872 sollten sich »alle, Mann für Mann … in die Wehr des im neuen Reich entbrannten Culturkampfes« werfen. Bismarck hatte telegraphisch das Vorhaben gebilligt. Zum Komitee gehörten Honoratioren aus Wirtschaft und Verwaltung, die aus dem Herzogtum Braunschweig stammten (darunter zwei nationalliberale Reichstagsabgeordnete), und wohlhabende Bürger aus Bremen, Berlin und Magdeburg, die in ihren Villen in Bad Harzburg den Sommer verbrachten.

10/56 Spendenbuch für die Beiträge zur Errichtung eines Denkmals auf dem Burgberge

Gandersheim 1875–77
Wolfenbüttel, Staatsarchiv (129 neu, 3, Nr. 2)

Das Spendenbuch, das der Kreisdirektor in Gandersheim führen ließ, hält die Sammlungen der Ortsvorsteher fest, die unter den patriotisch gesinnten Männern ihrer Gemeinden für die Canossasäule warben. Der Großteil der Einnahmen stammte allerdings aus Sonderveranstaltungen, den vielen Einzelspenden finanzkräftiger Mäzene und von Kurgästen aus aller Welt. Hinzu kamen private Zirkel und Gruppen, z. B. Freimaurerlogen und patriotische Vereine. Insgesamt dürften zwischen 5000 und 10 000 Personen ihren Beitrag zu den Gesamteinnahmen von 18 240 Mark geleistet haben. Über ein Drittel dieses Betrags stammte von Leuten außerhalb des Herzogtums Braunschweig.

10/60

10/57 Der Stein des Anstoßes

F. Graetz
Farblithographie aus: Lustige Blätter, Oktober 1894; 31,5 × 23,4 cm
Nürnberg, GNM (Bismarck-Karikaturen)

Als das Denkmal 1877 eingeweiht wurde, war der Kulturkampf bereits zum Stillstand gekommen. Doch das langwierige Ringen um seine endgültige Beilegung verhalf der Canossasäule zu einer ungeahnten Publizität. Vor allem die Autoren und Zeichner der satirischen Zeitschriften nahmen sich immer wieder des Canossagangs und speziell des Denksteins auf dem Burgberg an. Noch 1894 griff ein Karikaturist der Berliner »Lustigen Blätter« auf dieses Motiv zurück, als er die Annäherung des italienischen Staates an den Vatikan kommentierte. Auf dem Bild übergibt Bismarck dem italienischen Ministerpräsidenten den Obelisken als »Stein des Anstoßes« mit den Worten: »Hier, lieber Crispi, bringe ich Dir meinen alten Canossa-Stein, wir Deutsche brauchen ihn nicht mehr, und Du wirst ihn bald nöthig haben!«

10/58 Papst Leo XIII. (1810–1903)

Franz von Lenbach (1836–1904)
1885; Öl/Holz; 65,5 × 53,5 cm
München, Städtische Galerie im Lenbachhaus (L 262)

Als Leo XIII. 1878 die Nachfolge von Pius IX. antrat, änderte sich auch die Politik des Vatikans. Mit diplomatischem Fingerspitzengefühl und Verständnis für staatspolitische Zwänge trug er zur Beendigung des Kulturkampfes in Preußen bei. Auf die Bemerkung Lenbachs, daß ihm das Porträt des Papstes Probleme bereiten könne, schrieb sein Freund Wilhelm Busch im Februar 1885 ermutigend: »Daß Du den alten verschrumpelten Halbgott mit den wilden pfiffigen Augen recht kräftig und wahrhaftig in Öl setzen wirst, ist mir unzweifelhaft...«

10/59 Urteil »Im Namen des Königs« gegen den polnischen katholischen Geistlichen Jan Gałecki, Posen, 19. August 1879

Handschrift; 33,5 × 21 cm
Posen, Archiwum Panstwowe (Polizei-Präsidium 3224)

»In der Untersuchungssache wider Galecki und Genossen« erging folgendes Urteil: »...des Vergehens gegen die Maigesetze schuldig«, Höhe der Geldstrafe 150 Mark, ersatzweise im »Unvermögensfalle (15) fünfzehn Tage Gefängniß«.
Die Erzdiözese Posen-Gnesen war mit am stärksten vom Kulturkampf betroffen. Die dortigen katholischen Geistlichen waren in der Mehrzahl Polen. Als ihnen untersagt wurde, den Religionsunterricht an den Schulen in polnischer Sprache abzuhalten, und als ein Gesetz nur noch Deutsch als Amtssprache zuließ – das Schlagwort hieß Germanisierung –, bekam der Kulturkampf eine zusätzliche nationalpolitische Färbung. Bismarck behauptete 1884 rückblickend, er sei »in den ganzen Kampf nur durch die polnische Seite der Sache hineingezogen worden«. Nach der Beilegung des Kulturkampfes war die Zahl der Priester in der Diözese Posen-Gnesen von 814 im Jahre 1873 auf 450 geschrumpft.

10/61

10/60 Mieczyslaw Ledóchowski (1822–1902)*

Um 1886; Öl/Lw; 105 × 75 cm
Posen, Erzbischöfliches Palais

Ledóchowski, seit 1866 Erzbischof von Posen-Gnesen und zuerst eher zurückhaltend in nationalpolitischen Fragen, geriet 1873 in Konflikt mit dem preußischen Staat, als er das Verbot der polnischen Sprache im Religionsunterricht der Gymnasien kritisierte und die Maigesetze nicht respektierte. Am 3. Februar 1874 wurde er festgenommen und nach der Verbüßung einer zweijährigen Haftstrafe 1876 von der preußischen Regierung ausgewiesen. Zuvor hatte Papst Pius IX. ihn demonstrativ zum Kardinal ernannt. 1886 verzichtete Ledóchowski auf sein Erzbistum, ab 1892 leitete er die Kongregation »de propaganda fidei« des Vatikans.

10/61 Die Ausweisung aus Preußen 1885/86*

Wojciech Kossak (1857–1942)
1909; Öl/Lw; 85 × 132 cm
Thorn, Muzeum Okregowe (MT/M/245/1)

Die Darstellung zeigt einen preußischen Gendarmen zu Pferde, der polnischen Landarbeitern einen Ausweisungsbefehl vorliest. Der preußische Innenminister Robert von Puttkamer hatte am 26. März und am 26. Juli 1885 die Anordnungen getroffen, daß alle aus den russischen und österreich-ungarischen Gebieten übergesiedelten Polen und Juden ohne preußische Staatsangehörigkeit das Land zu verlassen hätten. Von der Ausweisung, die ohne Rücksicht auf persönliche Schicksale vollzogen und wegen ihrer Brutalität auch im preußischen Herrenhaus kritisiert wurde, waren ca. 32000 Personen betroffen. Viele von ihnen lebten bereits seit Jahrzehnten in den von Preußen annektierten Gebieten Polens.

10/62 »Gesetz betreffend die Beförderung deutscher Ansiedelungen in den Provinzen Westpreußen und Posen«, Berlin, 26. April 1886

In: Gesetz=Sammlung für die Königlichen Preußischen Staaten, 1886, Nr. 14
Berlin, Senatsbibliothek (Ges 8-1886)

Nachdem bereits im März 1885 die Ausweisung aller »polnischen Überläufer« (Einwanderer aus den russischen Teilgebieten Polens) angeordnet worden war, folgte im April 1886 das Gesetz zur Förderung deutscher Ansiedelung. In § 1 heißt es: »Der Staatsregierung wird ein Fonds von 100 Millionen Mark zur

Verfügung gestellt, um zur Stärkung des Deutschen Elements in den Provinzen Westpreußen und Posen gegen polonisierende Bestrebungen durch Ansiedelung deutscher Bauern und Arbeiter ... Grundstücke käuflich zu erwerben...« Eine von Wilhelm I. am 21. Juni 1886 berufene »Königliche Ansiedlungs-Kommission für Westpreußen und Posen« sollte die Umsiedlungsmaßnahmen vorantreiben. Sie trug zur Verschärfung der Gegensätze wesentlich bei.

10/63 Gründungsmitglieder des »Allgemeinen Deutschen Arbeitervereins« (ADAV)*

Christian August Alexander Eulenstein
1863; Photographie; 22 × 26 cm (oval)
Leipzig, Museum für Geschichte der Stadt Leipzig (V 6a)

Am 23. Mai 1863 wurde in Leipzig von 12 Delegierten, die 11 Städte und 400 Mitglieder vertraten, der »Allgemeine Deutsche Arbeiterverein« (ADAV) als erste proletarische Partei in Deutschland gegründet. Eingeladen waren alle mit dem »Offenen Antwortschreiben« Ferdinand Lassalles einverstandenen Arbeitervereine. In diesem Aufruf begründete Lassalle in scharfer Frontstellung zum bürgerlichen Liberalismus die Notwendigkeit einer eigenständigen politischen Arbeiterpartei, um die Abschaffung des Dreiklassenwahlrechts und das allgemeine, gleiche und direkte Wahlrecht durchzusetzen. Die Demokratisierung des Staates sollte den Arbeitern die politische Macht und die Lösung der sozialen Frage bringen. Lassalle, auf der Photographie ganz rechts – zum Präsidenten des ADAV auf fünf Jahre gewählt – starb bereits ein Jahr später nach einem Duell.

10/64 Anteilschein und Quittung über einen Taler zur Gründung des »Demokratischen Wochenblatts«, Leipzig, 1. Januar 1868

Berlin (DDR), Museum für Deutsche Geschichte (Do 62/790)

Seit Januar 1868 erschien in Leipzig das »Demokratische Wochenblatt«, das »von Liebknecht redigiert und von Bebel expediert«, im folgenden Jahr unter dem Titel »Der Volksstaat« den Charakter eines Zentralorgans der neugegründeten »Sozialdemokratischen Arbeiterpartei« erhielt. Aus dem Bewußtsein, eine eigenständige politische Kraft zu sein, ergab sich zwangsläufig die Notwendigkeit, auch über ein eigenes Medium zu verfügen.

10/65 »Protokoll über die Verhandlungen des Allgemeinen Deutschen sozial-demokratischen Arbeiterkongresses«, Eisenach, 7.–9. August 1869

Leipzig: F. Thiele 1869
Bonn, Bibliothek der sozialen Demokratie/ Friedrich-Ebert-Stiftung (X 1328)

In Eisenach gründeten Delegierte des »Vereinstages deutscher Arbeitervereine« (VDAV) unter der Führung von Bebel, Liebknecht und einigen ehemaligen Lassalleanern die »Sozialdemokratische Arbeiterpartei« Deutschlands. Die entscheidende Weichenstellung war bereits ein Jahr zuvor in Nürnberg erfolgt. Dort hatte der VDAV, dem überwiegend Arbeiterbildungsvereine unter bürgerlich liberaler Führung angehörten, eine Erklärung verabschiedet, die die Gründung einer eigenständigen Arbeiterpartei forderte. Die neue Partei konstituierte sich als Sektion der von Marx gegründeten »Internationalen Arbeiter-Assoziation«.

10/66 Die Delegierten des Kongresses der Sozialdemokratischen Arbeiterpartei, Dresden, August 1871

Photographie (Reproduktion)
Bonn, Archiv der sozialen Demokratie/ Friedrich-Ebert-Stiftung

Am zweiten Kongreß der Sozialdemokratischen Arbeiterpartei in Dresden nahmen 66 Delegierte, die über 6000 Parteigenossen aus 81 Orten vertraten, teil. Die Hochburg der Sozialdemokraten lag in Sachsen. In der beruflichen Zusammensetzung überwogen in der frühen Arbeiterbewegung Handwerker.

10/63

10/67 Fahne der Sozialdemokratischen Partei, »Ortsgruppe Lunden u. Umgebung«

Um 1871; Textil; ca. 120 × 120 cm
Meldorf, Dithmarscher Landesmuseum

Mit der organisatorischen Ausbildung der Arbeiterbewegung in den siebziger Jahren wurde die rote Vereinsfahne unentbehrliches Requisit, das in den »Sanktuarien« der Bewegung sicher aufbewahrt wurde.

10/68 Polizeiakte betreffend Wilhelm Liebknecht und andere Sozialdemokraten in Leipzig

1871/72; Handschrift; 36 × 46 cm (aufgeschl.)
Berlin, DHM (1988/1899)

Liebknecht wurde 1871/72 zusammen mit Bebel und Adolf Hepner, Redakteur der sozialdemokratischen Zeitung »Der Volksstaat« in Leipzig in ein Hochverratsverfahren verwickelt und wie Bebel zu zwei Jahren Festungshaft verurteilt. Hepner dagegen wurde freigesprochen. Die Akte datiert aus der Zeit zwischen der Anklageerhebung im Juli 1871 und dem Antritt der Strafe im Juni 1872. Sie zeigt den Versuch der Behörden, durch tägliche Observationen Material für zusätzliche Strafverfahren zu gewinnen, um die politischen Aktivitäten Liebknechts noch vor der Verurteilung im Hochverratsprozeß zum Erliegen zu bringen.

10/69 »Protokoll des Vereinigungs-Congresses der Sozialdemokraten Deutschland«, Gotha 1875

Leipzig: Genossenschaftsbuchdruckerei 1875
Lübeck, Bibliothek der Hansestadt Lübeck (Camer 8° 11 300)

10/71

Vom 22. bis 27. Mai 1875 tagte in Gotha der Einigungskongreß der »Sozialdemokratischen Arbeiterpartei« Deutschlands und des »Allgemeinen Deutschen Arbeitervereins«. Aus ihrer Verbindung ging die »Sozialistische Arbeiterpartei Deutschlands« hervor. Der Tagungsort war aufgrund des liberalen Vereinsgesetzes gewählt worden, da in fast allen Bundesstaaten örtliche Verbote gegen die beiden Organisationen bestanden. Die aufgeschlagene Seite gibt die Diskussion über das Frauenwahlrecht wieder.

10/70 Erinnerungskarte an den Einigungskongreß der deutschen Sozialdemokraten, Gotha, 22.–27. Mai 1875

Postkarte; 14 × 9 cm
Bonn, Archiv der sozialen Demokratie/ Friedrich-Ebert-Stiftung [Gedenkblatt PK (Bild Nr. A 80 1355)]

In der Mitte sind, umgeben von Porträts der führenden Vertreter der Parteien, die geistigen Väter der Arbeiterbewegung vereint: der verstorbene Lassalle für den ADAV, Marx für die »Sozialdemokratische Arbeiterpartei«. Die verschlungenen Hände sollen die Überbrückung aller Gegensätze symbolisieren. Von Marx wurde allerdings das Gothaer Programm als Sieg der Lassalleaner kritisiert.

10/71 Politisierende Arbeiter*

Hugo Wilhelm Kaufmann (1844–1915)
1868; bez.l.: Hugo Kauffman̄ 68
Öl/Lw; 25,8 × 25,8 cm
Hamburg, Hamburger Kunsthalle (1098)

Eine Zeitungsmeldung scheint die Grundlage für das politische Gespräch der beiden Alten am Wirtshaustisch zu sein. Mit dieser genrehaften Szene hat Kaufmann die erste seiner vielen Darstellungen aus dem ländlichen und kleinstädtischen Milieu geschaffen, aus einer Welt, in der politische Konflikte scheinbar keinen Platz hatten und das »Politisieren« in äußerst moderater Form vor sich ging.

10/72 Wirtshausszene*

Ernst Henseler (geb. 1852)
1877; bez.u.r.: E. Henseler Wr 1877
Öl/Lw; 76,5 × 117 cm
Darmstadt, Hessisches Landesmuseum (GK 522)

Der Anschlag an der Wand, der für den Kandidaten der Sozialistischen Arbeiterpartei wirbt, läßt vermuten, daß es sich bei der Szene um eine politische Diskussion im Vorfeld der Reichstagswahl von 1877 handelt. Das Exemplar des »Volksfreund«, das dem Arbeiter zur Linken offenbar den Gesprächsstoff liefert, und die Zeitungen auf dem Tisch demonstrieren, welche Bedeutung der Presse für die Politisierung der Bevölkerung zukam, wobei die teils bäuerlich, teils bürgerlich gekleideten Zuhörer die Bedeutung des Wirtshauses als öffentlicher Raum erkennen lassen.

10/73 Attentat auf Kaiser Wilhelm I., 11. Mai 1878

Farblithographie; 33,7 × 42 cm
Berlin, Museum für Deutsche Volkskunde SMPK (33 C 1054)

Am 11. Mai 1878 wurden auf den Kaiser bei einer Ausfahrt in den Berliner Tiergarten drei Schüsse abgegeben. Der Schütze, ein einundzwanzigjähriger arbeitsloser Klempnergeselle namens Hödel, trug ein Mitgliedsbuch der »Christlich-Sozialen Arbeiterpartei« bei sich und war kurz vorher aus der »Sozialisti-

10/72

schen Arbeiterpartei« ausgeschlossen worden. Bismarck nahm das Attentat zum Anlaß, dem Reichstag den Entwurf eines Gesetzes »zur Abwehr sozialdemokratischer Ausschreitungen« vorzulegen. Mit 251 gegen 57 Stimmen lehnte das Parlament die Vorlage am 23./24. Mai 1878 ab.

10/74 Schrotkörner vom Attentat auf Kaiser Wilhelm I. am 2. Juni 1878 in Berlin Unter den Linden

Schrot in Glaskugel
Berlin, Sammlung H.B.

Am 2. Juni 1878 wurden zwei Schrotladungen vom Fenster eines Hauses auf den Kaiser abgefeuert, als dieser in Richtung Tiergarten fuhr. Hildegard von Spitzemberg notierte über diesen zweiten Anschlag: »Der Mörder soll Dr. Nobiling heißen, seit dem 1. Januar in dem Haus wohnen, dem eindringenden Wirte schoß er ins Gesicht, dann sich selbst in den Kopf, doch ist er am Leben. Bis vier Uhr waren die Ärzte noch beschäftigt, und hatten 30 Schrote aus Gesicht, Kopf und Arm des Kaisers entfernt.«

10/75 Begrüßung Kaiser Wilhelms I. durch die Kasseler Schuljugend vor dem weißen Palais nach dem Attentat vom 2. Juni 1878*

Adolf Wagner (geb. 1861)
Bez.u.l.: A. WAGNER
Öl/Lw; 145 × 145 cm
Kassel, Stadtmuseum

Wilhelm I. war bei dem Attentat vom 2. Juni 1878 schwer verletzt worden. Bei seinem Wiedererscheinen in der Öffentlichkeit bereitete die Bevölkerung dem bei Jung und Alt gleichermaßen beliebten »Heldengreise«, wie hier in Kassel am 15. September 1878, einen festlichen Empfang.

10/76 Aufruf zur Wahl des Drechslermeisters August Bebel, 1878

Dresden: Hermann Müller
33 × 23 cm
Berlin, GStA PK (XII HA IV, Nr. 44)

Kurz vor dem zweiten Mordanschlag hatte das Parlament die Verabschiedung des Sozialistengesetzes abgelehnt. Mit einer sofort lan-

10/75

cierten Falschmeldung, es handele sich um die Tat eines Sozialdemokraten, konnte nun Bismarck die Auflösung des Reichstages durchsetzen. Trotz einer massiven antisozialistischen Pressekampagne gelang es Bebel, den Wahlkreis Dresden-Altstadt zu behaupten.

10/77 »Gesetz gegen die gemeingefährlichen Bestrebungen der Sozialdemokratie« (Sozialistengesetz), Berlin, 21. Oktober 1878

In: Reichsgesetzblatt, Nr. 34, 22. Oktober 1878
Berlin, Senatsbibliothek (Ges. 7–1878)

Am 20. Oktober 1878 wurde vom neugewählten Reichstag das Sozialistengesetz in verschärfter Form angenommen. Verboten wurden nicht nur alle Ortsvereine der Partei, sondern auch Gewerkschaften, Unterstützungsvereine, wie Sterbe- und Krankenkassen sowie Konsum-, Bildungs-, Unterhaltungs- und Sportvereine, ferner Versammlungen, Beitragssammlungen und Druckschriften. Als besonders einschneidend erwies sich der »kleine Belagerungszustand«, der es ermöglichte, Sozialdemokraten ohne gerichtliches Verfahren aus den Gemeinden auszuweisen.

10/78 Knopflochkamera*

R. Stirn, Berlin
1886; Metall, Glas; in Holzkasten, mit Kordel; 16,5 × 15,6 cm
Köln, Agfa-Foto Historama

Ein polizeiliches Spitzelsystem überwachte die Aktivitäten der Sozialdemokraten. Die Polizei bediente sich dabei modernster Technik wie der seit 1886 von R. Stirn in Berlin hergestellten Geheimkamera. Mit ihr konnte durch ein Knopfloch photographiert werden.

10/79 Schwarze Liste der deutschen Sozialdemokratie

Hottingen/Zürich 1884
Bonn, Archiv der sozialen Demokratie/
Friedrich-Ebert-Stiftung

Die »Schwarze Liste« bestand aus Kurzfassungen der Warnungen, die in den Jahren 1880–83 im »Sozialdemokraten« veröffentlicht worden waren. Drei Kategorien von Personen werden aufgeführt: »I. Verräther, Überläufer und Verläumder II. Spitzel und Denunzianten III. Schuldenmacher, Schwindler und Brandschatzer.«

10/80 Spendenmünze der Sozialdemokratie*

Nach 1878; Silber; Dm 2 cm
Berlin (DDR), Museum für Deutsche Geschichte (N 77/209)

Insgesamt 892 Sozialdemokraten traf die Ausweisung aufgrund der Verhängung des »kleinen Belagerungszustandes« über ihren Wohnort. Für die Verfolgten und ihre oft völlig mittellos zurückbleibenden Familien organisierten die Sozialdemokraten vielfältige Solidaritätsaktionen, u. a. wurden mit sozialistischen Parolen versehene Geldstücke des Deutschen Reiches und Münzen mit den Bildnissen von Bebel und Liebknecht verkauft.

10/81 Porträttafel der sozialdemokratischen Reichstagsfraktion, 1884

Hamburg: J. H. W. Dietz
Lichtdruck nach Photographien; 40 × 55 cm
Bonn, Archiv der sozialen Demokratie/
Friedrich-Ebert-Stiftung

Bei der Reichstagswahl 1884 gewannen die Sozialdemokraten 549000 Wählerstimmen und 24 Mandate. Als wichtigste sozialdemo-

10/78

kratische Zentren erwiesen sich die »Belagerungsgebiete« Berlin, Hamburg, Altona und Leipzig. Während der Geltungsdauer des Sozialistengesetzes blieb die parlamentarische Tätigkeit die einzige legale politische Arbeit. Die Führungsrolle in der illegal weiterbestehenden Partei fiel damit automatisch der Reichstagsfraktion zu.

10/82 »Der Sozialdemokrat«, Nr. 10, 8. März 1890

Titelblatt
London 1890; 44 × 30,5 cm
Bonn, Archiv der sozialen Demokratie/
Friedrich-Ebert-Stiftung

Der »Sozialdemokrat« erschien vom 5. Oktober 1879 an wöchentlich in Zürich, ab 1888 in London. Über das vom »roten Feldpostmeister« Julius Motteler organisierte Verteilersy-

10/80

10/85

stem gelangte die Zeitung in stetig steigender Auflage ins Deutsche Reich. Die »Rote Siegnummer« feierte einen triumphalen Erfolg bei der Reichstagswahl vom 2. Februar 1890. Die »Sozialistische Arbeiterpartei« erhielt mit 19,7% den größten Stimmenanteil. Wegen der ungerechten Wahlkreiseinteilung fielen ihr allerdings nur 35 Mandate zu. Im Vergleich kamen die Konservativen bei 12,4% auf 75 Sitze.

10/83 Das »Erfurter Programm« der Sozialdemokratischen Partei Deutschlands, 1891

Berlin: Verlag des »Vorwärts« 1891
Berlin, FUB, UB (Bibl. Stein, Prg 13)

Bei der Rückkehr in die Legalität gab sich die Sozialdemokratie einen neuen Namen und ein neues Programm. Seit Oktober 1890 nannte sie sich »Sozialdemokratische Partei Deutschlands«. Auf dem Parteitag in Erfurt vom 14. bis 20. Oktober 1891 erhob sie die marxistische Theorie zur Grundlage sozialdemokratischer Politik.

10/84 Bilder vom sozialdemokratischen Parteitag in Berlin 1892

In: Wahrer Jakob, Nr.167, 1892
Lithographie; 32 × 48 cm (aufgeschl.)
Berlin, FUB, UB (Bibl. Stein Z 596 Rara)

Berlin als Tagungsort und die große Zahl der Delegierten lassen die politische und organisatorische Festigung der SPD nach 1890 erkennen. In der seit dieser Zeit beliebten Form »Lebender Bilder« wurden 1892 auf dem Parteitag das Gemälde von Eugène Delacroix »Die Freiheit führt das Volk an« dargestellt sowie eine symbolische Bekränzung der Büste Karl Marx' mit dem Titel »Proletarier aller Länder vereinigt Euch!« und eine Huldigung an Lassalle.

10/85 August Bebel (1840–1913)*

Georg Tronnier (geb. 1873)
Bez.o.r.: Georg Tronnier
Öl/Lw; 107 × 89 cm (m.R.)
Bonn, Helmut Schmidt

Das Porträt zeigt den Mitbegründer und langjährigen Vorsitzenden der Sozialdemokratischen Partei. Seit 1867 Mitglied des Norddeutschen Reichstages und von 1871 bis zu seinem Tode auch Angehöriger des Deutschen Reichstages, faszinierte Bebel als politischer Redner selbst seine Gegner. Mit seinem Werk »Die Frau und der Sozialismus«, zu seinen Lebzeiten 53 mal verlegt und in 15 Sprachen übersetzt, trug Bebel entscheidend dazu bei, daß das Frauenwahlrecht 1891 in das Parteiprogramm aufgenommen wurde.

Raum 11

»SOCIAL-POLITIK«

Die stürmische industrielle Entwicklung der Gründerjahre und der folgende Konjunktureinbruch ließen die Spannung zwischen Besitzenden und dem Millionenheer der Besitzlosen weiter wachsen. Angesichts des Massenelends und der aus ihm erwachsenden sozialrevolutionären Gefahr wurde sowohl von den Vertretern der christlichen Soziallehre und des »Vereins für Socialpolitik«, als auch von Unternehmern sozialpolitisches Handeln des Staates angemahnt. Bismarck seinerseits hatte unter dem Eindruck der Pariser »Commune« bereits 1871 sein sozialpolitisches Konzept mit »Entgegenkommmen gegen die Wünsche der arbeitenden Klasse durch Gesetzgebung und Verwaltung« und »Hemmung der staatsgefährdenden Agitation durch Verbote und Strafgesetze« formuliert. Aber erst sein Bruch mit den Liberalen, nicht zuletzt innerhalb der Ministerialbürokratie, setzte 1878 die konkrete sozialpolitische Aktion der Regierung in Gang. Sie war zu diesem Zeitpunkt in erster Linie als Gegengewicht zu den verschärften Repressionsmaßnahmen des Sozialistengesetzes gedacht und sollte die Arbeiterschaft ohne politische Konzessionen in den monarchischen Staat integrieren.

Der wohl bedeutendste sozialpolitische Mitarbeiter Bismarcks, Theodor Lohmann, setzte bei der Revision des Unfallhaftpflichtgesetzes von 1871 an, dessen krasse Unzulänglichkeit darin bestand, daß verunglückte Arbeiter nur dann eine Entschädigung erhielten, wenn ihnen der Nachweis eines Verschuldens des Unternehmers gelang. Eine verschärfte Unfallhaftpflicht und sie ergänzende Arbeiterschutzmaßnahmen lehnte der Kanzler jedoch ab. Stattdessen wies er Lohmann an, ein Unfallversicherungsgesetz auszuarbeiten, für das sich auch einer der einflußreichsten Großindustriellen, der Mitbegründer des »Zentralverbandes Deutscher Industrieller«, Louis Baare, in einer Denkschrift verwandt hatte. Zentraler Gedanke des Kanzlers war dabei eine Finanzierung durch das Reich: »Der, welcher uns am leichtesten Geld aufbringen kann, der Staat, muß die Sache in die Hand nehmen. Nicht als Almosen, sondern als Recht auf Versorgung, wo der gute Wille zur Arbeit nicht mehr kann. Wozu soll nur der, welcher im Kriege erwerbsunfähig geworden ist oder als Beamter, durch Alter, Pension haben, und nicht auch der Soldat der Arbeit? Diese Sache wird sich durchdrücken. Sie hat ihre Zukunft. Es ist möglich, daß unsere Politik einmal zugrunde geht, wenn ich tot bin. Aber der Staatssozialismus paukt sich durch. Jeder, der diesen Gedanken wieder aufnimmt, wird ans Ruder kommen«, äußerte er Juni 1881 gegenüber Moritz Busch. Der Plan einer Verstaatlichung der Tabakindustrie zur Aufbringung der nötigen Gelder wie auch der Entwurf des Unfallversicherungsgesetzes stießen jedoch im

Reichstag und in der Öffentlichkeit auf breiten Widerstand. Nach dem Sieg der Oppositionsparteien bei den Reichstagswahlen vom Oktober 1881 suchte der Kanzler daher die Autorität des Kaisers ins Spiel zu bringen, indem er in Form einer Kaiserlichen Botschaft die Fortsetzung und Erweiterung seines sozialpolitischen Programms ankündigte. Die Eindämmung der Unzufriedenheit der Arbeiter sollte dadurch gelingen, daß die Lebensrisiken Krankheit, Unfall, Invalidität und Alter, denen die besitzlosen Industriearbeiter schutzlos preisgegeben waren, versichert würden. Die Durchsetzung der bahnbrechenden Sozialpolitik gegen große Widerstände in allen Lagern, vor allem bei den Linksliberalen, war allerdings nur unter erheblichen Konzessionen Bismarcks möglich.

Das Krankenversicherungsgesetz wurde bereits 1883 verabschiedet, da auf Erfahrungen mit den vielfältigen bereits existierenden Hilfskassen zurückgegriffen werden konnte. Gewerbliche Arbeiter, die länger als eine Woche beschäftigt waren und nicht mehr als 2000 Mark jährlich verdienten, unterlagen von nun an der Versicherungspflicht. Die Beiträge wurden zu einem Drittel von den Unternehmern und zu zwei Dritteln von den Arbeitern bezahlt. Anders als in den Betriebskrankenkassen erwarben die Arbeiter in der gesetzlichen Versicherung durch ihre Beiträge einen von persönlichem Wohlverhalten unabhängigen Rechtsanspruch auf Leistungen, der auch bei einem Arbeitsplatzwechsel erhalten blieb. Die Krankenkassen verwalteten sich selbst.

Die Unfallversicherung wurde nach jahrelangem Ringen und dem Scheitern zweier Vorlagen 1884 verabschiedet. Von nun an wurden bei einem Betriebsunfall der Verunglückte oder dessen Hinterbliebene unabhängig von der Schuldfrage entschädigt. Beitragspflichtig waren nur die Unternehmer. Die Arbeitgeber gleicher oder ähnlicher Sparten wurden zu Berufsgenossenschaften zusammengeschlossen und diese zu selbstverwaltenden Trägern der Unfallversicherung gemacht. Wie Lohmann berichtete, hatte Bismarck mit dem korporativen Zusammenschluß »eine Grundlage für künftige Volksvertretung« zu gewinnen gehofft, »welche anstatt oder neben dem Reichstage ein wesentlich mitbestimmender Faktor der Gesetzgebung werde«. Für die praktische Wirksamkeit der Unfallversicherung wurde jedoch stattdessen entscheidend, daß es über den Weg der Unfallprävention entgegen Bismarcks Absichten gelang, den Arbeiterschutz teilweise zu realisieren. Dies war vor allem das Verdienst Tonio Bödikers, der die Leitung der obersten Rechts- und Aufsichtsinstanz, des Reichsversicherungsamtes, übernahm. Mit der Unfallschutzausstellung von 1889 erreichte das öffentliche Interesse an diesen Fragen einen deutlichen Höhepunkt.

Die Verwirklichung der Alters- und Invaliditätsversicherung zog sich schließlich bis 1889 hin, wobei sogar der federführende Staatssekretär Heinrich von Boetticher Zweifel an der Berechtigung der Altersrente bekannte: »Wer im hohen Alter von 70 Jahren noch arbeitsfähig sei, der müsse für dies seltene Geschick Gott dankbar sein und könne eigentlich keine Rente verlangen.« Erst unter dem Eindruck des Massenstreiks der Bergarbeiter im Mai

1889 erfolgte die Annahme des Gesetzentwurfes mit 185 gegen 165 Stimmen. Das Gesetz schrieb die Versicherungspflicht für alle Arbeitnehmer mit einem Jahreseinkommen bis zu 2000 Mark vor. Entgegen der Absicht Bismarcks brachte das Reich die Renten nicht allein auf, sondern leistete lediglich einen Zuschuß zur Finanzierung. Auf Ablehnung stieß die Altersversicherung auch bei den Arbeitern, deren Kritik Ignaz Zadek, Gründungsmitglied des »Vereins sozialdemokratischer Ärzte«, vier Jahre nach dem Inkrafttreten des Gesetzes wohl treffend formulierte: »Und ebensowenig genügt die Tatsache, daß der Arbeiter – ein weißer Rabe – 70 Jahre alt geworden ist, um ihn in Besitz von 33¹/2 Pfennigen Altersrente täglich für den Rest seiner Tage zu setzen, man verlangt von ihm den Nachweis, daß er mindestens 30 Jahre lang, mindestens 47 Wochen im Jahr, gearbeitet und geklebt hat. Die Tatsache allein, daß der Arbeiter es bis zu 70 Jahren gebracht hat, spricht doch wahrlich laut genug, wie anders ist es ihm denn möglich, ein so hohes Alter zu erreichen, als indem er sein Leben lang gearbeitet hat!«

Wie Lohmannn prognostiziert hatte, verfehlte Bismarcks Mischung von Repressionspolitik und staatlicher Fürsorge von oben jedoch ihr Ziel, die Arbeiter mit dem konservativen Staat auszusöhnen, »weil die eigentliche soziale Mißstimmung ihren Grund nicht sowohl in materiellen Mißständen (die eigentlichen Träger derselben sind die bessergestellten Arbeiter) als in dem Drange nach wirklicher Rechtsgleichheit und Teilnahme an den Errungenschaften der modernen Kultur hat. Befriedigung kann für die unzufriedenen Arbeiterkreise nur geschaffen werden, wenn man ihnen das Gefühl wirklicher Gleichberechtigung mit den besitzenden Klassen (z. B. auf dem Gebiet des Vereins- und Versammlungsrechtes) und durch Ermöglichung eines geordneten Familienlebens (Regelung der Frauen-, Nacht- und Sonntagsarbeit, Maximalarbeitstag) den Zugang zu einem höheren sittlichen Lebensgenuß verschaffen kann.«

Mit dem Argument, staatliche Eingriffe in die industrielle Arbeitswelt gefährdeten die internationale Wettbewerbsfähigkeit der deutschen Industrie, widersetzte sich Bismarck bis zuletzt allen Bestrebungen, durch Arbeiterschutzgesetze dem täglichen Verschleiß von Leben und Gesundheit der Arbeiter Einhalt zu gebieten. Das Anschwellen des Auswanderungsstromes in den achtziger Jahren zur dritten großen Auswanderungswelle des 19. Jahrhunderts spiegelt deshalb nicht zuletzt die Krise der Bismarckschen Innenpolitik.

Agnete von Specht

11/1

11/1 Gußstahlfabrik Essen, Tiegelguß im Schmelzbau*

Otto Bollhagen (nach einem Holzstich)
1912; Öl/Lw; 110 × 170 cm
Essen, Friedrich Krupp GmbH (45)

Das Gemälde ist ein Auftragswerk der Firma Krupp zu ihrer Hundertjahrfeier. Der Tiegelstahlguß, eine Erfindung des Firmengründers Friedrich Krupp, stellte lange Zeit das Kernstück des Unternehmens dar. Da die Herstellung großer Gußstahlblöcke bis zu 80 Tonnen Gewicht »die gleichzeitige Schmelzung und Entleerung von 2000 Tigeln« bedingte, konnte sie nur gelingen, wenn geübte und disziplinierte Arbeiter am Werke waren. Bereits seit den fünfziger Jahren suchte daher Alfred Krupp durch innerbetriebliche Sozialleistungen wie Kranken- und Pensionskassen, Wohnungsbau und ähnliches einen festen Arbeiterstamm an das Unternehmen zu binden.

11/2 Büste eines Bergmanns*

Constantin Meunier (1831–1905)
Um 1885; bez.: C. Meunier/B.VERBEYST, Fondeur Bruxelles
Bronze; H 53,7 cm
Dortmund, Museum für Kunst und Kulturgeschichte der Stadt Dortmund (C 7115)

Meunier stellte, wie kein anderer Künstler seiner Zeit, das Leben der Berg- und Hüttenarbeiter in das Zentrum seines Schaffens. Die Unzufriedenheit der Bergarbeiter mit ihren Arbeitsbedingungen entlud sich im Mai 1889 in einem Massenstreik, der Wilhelm II. bewog, von Bismarck energische Schritte im Bereich des Arbeitsschutzes zu verlangen.

11/3 Puddler (Arbeiter am Hochofen)*

Constantin Meunier (1831–1905)
1893; bez. am rechten Rand: C. Meunier
Bronzerelief; 31 × 50 cm
Darmstadt, Hessisches Landesmuseum (Pl. 09:9)

Das Bronzerelief stellt drei Puddler beim Anstechen eines Hochofens dar. Wie ein verunglückter Puddler in einem Haftpflichtprozeß

1882 zu Protokoll gab, betrug bei einem zwölfstündigen Arbeitstag »die Arbeitszeit eines Puddlers im Jahre durchschnittlich 330 Tage«. Fehlende Gesetze über Maximalarbeitszeiten führten zu früher Invalidität und hohen Unfallquoten.

11/3

11/4 Statuette eines Schmiedes

Otto Rasmussen (geb. 1845)
1890; Bronze; H 22 cm
Dortmund, Bundesanstalt für Arbeitsschutz

Die Statuette ist mit den typischen Attributen eines Schmiedes, Lederschürze, offener Bluse mit hochgekrempelten Ärmeln, langstieligem Hammer und einem Konstruktionsplan ausgestattet. Mit dem Motiv begann in der Mitte des 19. Jahrhunderts eine neue künstlerische Auseinandersetzung mit der Arbeitswelt. Die jahrhundertelange zentrale Rolle des Schmiedes in der Eisenverarbeitung prädestinierte ihn zum Vertreter der Arbeit, aber auch der Arbeiterklasse, die sich gerade im Rahmen der Schwerindustrie entwickeln konnte.

11/2

11/5 Entwurf der Kaiserlichen Botschaft, Varzin, 17. November 1881*

Handschrift; 37 × 45 cm (aufgeschl.)
Potsdam, Zentrales Staatsarchiv
(07.01 Reichskanzlei/1819)

»Heute ist der ganze Abend der Thronrede gewidmet, die Papa vollständig neu redigieren mußte« berichtete Herbert von Bismarck am 10. November 1881 seinem Bruder aus Varzin. Der Entwurf, den Bismarck ursprünglich als Thronrede Wilhelms I. konzipiert hatte, mußte in letzter Minute wegen der plötzlichen Erkrankung des Monarchen in eine »Allerhöchste Botschaft« umgearbeitet und vom Kanzler selbst vorgetragen werden. »Bismarck schiebt jetzt die Person Sr. Majestät sehr in den Vordergrund und macht ihn in persönlichster Weise zum Träger seiner sozialen und Finanzreformpläne«, notierte Lucius von Ballhausen nach der Reichstagseröffnung. Konkret wurden Unfall-, Kranken- sowie Alters- und Invaliditätsversicherung als Gesamtprogramm angekündigt.

11/6 Gesetz betreffend die Krankenversicherung der Arbeiter

Stuttgart: J. H. W. Dietz 1884
Bonn, Bibliothek der sozialen Demokratie/Friedrich-Ebert-Stiftung (A 37405)

Am 15. Juni 1883 verabschiedete der Reichstag nach 50 Sitzungen das Krankenversicherungsgesetz. Im Krankheitsfall trug die Kasse die Kosten der ärztlichen Behandlung sowie der Medikamente und bezahlte bei Arbeitsunfähigkeit vom dritten Tag der Krankheit an für höchstens 13 Wochen Krankengeld in Höhe von 50% des durchschnittlichen

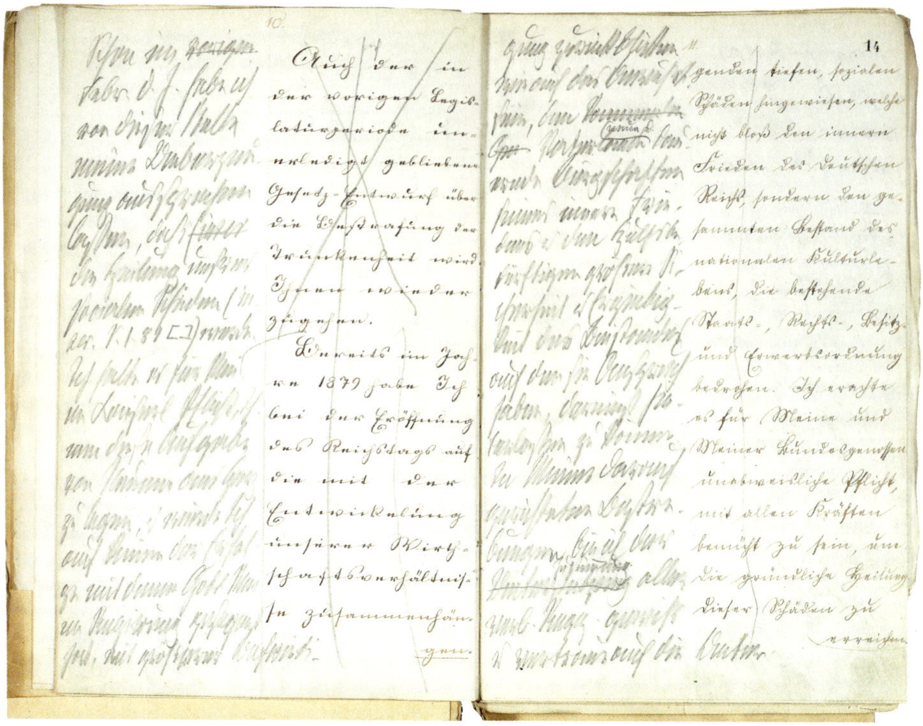

11/5

Lohnes der Kassenmitglieder, höchstens jedoch zwei Mark pro Arbeitstag. Da das Existenzminimum für eine vierköpfige Familie bei ca. 25 Mark pro Woche lag, bewahrte das Krankengeld bei längerer Krankheit des Haupternährers eine Arbeiterfamilie nicht vor schwerer materieller Not. Der Krankenversicherung war es aber zu verdanken, daß ärztliche Behandlung, zumal im Krankenhaus, für die Arbeiter, wenn auch nicht für die unversicherten Familienmitglieder, überhaupt möglich wurde.

11/7 Das Unfallversicherungsgesetz vom 27. Juni 1884

Stuttgart: J. H. W. Dietz 1884
Bonn, Bibliothek der sozialen Demokratie/ Friedrich-Ebert-Stiftung (A 37404)

Am 6. Juli 1884 trat das Unfallversicherungsgesetz in Kraft, mit dem die Mängel des Reichshaftpflichtgesetzes von 1871 beseitigt werden sollten. Von nun an zahlte die Unfallversicherung unabhängig von der Schuldfrage bei einem Betriebsunfall ab der 14. Woche, also nach Ablauf der Leistungen aus der Krankenversicherung, die Kosten des Heilverfahrens und, bei völliger Erwerbsunfähigkeit, zwei Drittel des Arbeitslohnes als Rente. Die Unfallversicherung galt zunächst nur für Steinbrüche, Fabriken und Bergwerke, wurde aber bereits in den folgenden Jahren auf die Forst- und Landwirtschaft ausgedehnt. Die Witwen von Unfallopfern erhielten Renten in Höhe von 20% des Verdienstes des Umgekommenen.

11/8 Theodor Lohmann (1831–1905)*

J. C. Schaarwächter
Um 1883; Photographie; 16,5 × 11 cm
Bremen, Lothar Machtan (mit freundlicher Genehmigung von Frau Rosemargrit Lohmann)

Bei Lohmann konzentrierten sich die Vorarbeiten zur Sozialgesetzgebung. Im Oktober 1883 kam es anläßlich der Ausarbeitung des dritten Entwurfes des Unfallversicherungsgesetzes zum Bruch zwischen Bismarck und Lohmann, da dieser eine sozialpolitische Konzeption vertrat, in deren Mittelpunkt Arbeiterschutzgesetze sowie die Erziehung der Arbeiter zur Selbst- und Mitverantwortung standen. Zudem sah er sich, wie er schrieb, außerstande, »allen Unsinn in gehorsamstem Schweigen mitzumachen«.

11/8

11/9 Büste des Tonio Bödiker (1843–1907)

Gerhard Janensch (1860–1933)
1910; Eisenerz; H 220 cm (m. Stele)
Berlin, DHM (1989/1904) (Dauerleihgabe des Bundesversicherungsamtes, Berlin)

Bödiker, von 1884 bis 1897 Präsident des Reichsversicherungsamtes, schuf nach dem Ausscheiden Lohmanns die endgültige Fassung des Unfallversicherungsgesetzes. Dabei gelang es ihm, den korporativen Zusammenschluß der Unternehmer, den Bismarck gewünscht hatte, in Form der Berufsgenossenschaften durchzuführen. Dem neugeschaffenen Reichsversicherungsamt (RVA) als staatlicher Aufsichtsbehörde gehörten auf Bismarcks ausdrückliches Verlangen ehrenamtlich neben Vertretern der Arbeitgeber auch Arbeitnehmer an. Als erster Präsident des RVA gelang es Bödiker, sich durch seine Rechtsprechung das Vertrauen der Arbeiter zu erwerben, aber auch das Interesse der Industrie an der Unfallverhütung zu wecken.

11/10 Taschenkalender 1889 zum Gebrauche bei Handhabung der Unfall- u. Kranken-Versicherungsgesetze

Buschmann und Götze (Hg.)
Berlin: Liebelsche Buchhandlung 1889
Tübingen, Universitätsbibliothek (Ee 2085)

Mit den Sozialversicherungsgesetzen wurde völliges Neuland betreten. Für all diejenigen, die sich im Dickicht der neuen Institutionen und Bestimmungen zurechtfinden mußten, entwickelte das Reichsversicherungsamt einen praktischen Ratgeber in Form eines Taschenkalenders.

11/11 »Unfall-Anzeige«, Brackel bei Dortmund, 22. Oktober 1884

Formular mit handschriftlichen Eintragungen; 33 × 19,5 cm
Dortmund, Archiv der Hoesch AG (DHHU 2118)

Nach dem Inkrafttreten des Unfallversicherungsgesetzes war jeder Unfall meldepflichtig. Die Unfallversicherung bezog sich nur auf Arbeitsunfälle, für Berufskrankheiten sah es keine Entschädigung vor. Über die Frage, ob ein entschädigungspflichtiger Unfall vorlag, entschieden die Berufsgenossenschaften. Bismarck hatte der obligatorischen Unfallanzeige skeptisch gegenübergestanden: »Jeder blaue Fleck« wäre also dann meldepflichtig, vermerkte er am Rande des Entwurfs.

Unter dem Allerhöchsten Protektorat Sr. Majestät des Kaisers und Königs,
Deutsche Allgemeine Ausstellung für Unfallverhütung.

Officielle Ausstellungs-Zeitung

Sonder-Ausgabe der „Berufsgenossenschaft",
Organ für die Deutschen Berufsgenossenschaften,

Insertionspreis pro viergespaltene Petitzeile 50 Pfennige.

herausgegeben von Otto Wenzel und Max Schlesinger, redigirt von Dr. Schwartz in Berlin.

Abonnementspreis 20 Mark für die ganze Dauer der Ausstellung.

No. 79. Donnerstag, den 18. Juli. 1889.

11/13

11/12 Unfallverhütungsvorschriften der Rheinisch-Westfälischen Hütten- und Walzwerks- Berufsgenossenschaft

Essen: Buchdruckerei des Krupp'schen Etablissements 1888
Dortmund, Archiv der Hoesch AG (DHHU 731)

Das Unfallversicherungsgesetz übertrug den Berufsgenossenschaften nur das Recht, Unfallverhütungsvorschriften zu erlassen, verpflichteten sie aber nicht dazu. Da aber die Beiträge, nach Gefahrenklassen gestaffelt, mit der Unfallhäufigkeit stiegen, wuchs allmählich die Einsicht der Unternehmer, den Gefahren der technischen Entwicklung aktiv entgegenzutreten. In rascher Folge wurden Unfallverhütungsvorschriften erlassen. Sie umfaßten zwei Hauptgruppen: Vorschriften, die die Unternehmer banden, und solche, die die Versicherten zu gewissen Vorsichtsmaßnahmen verpflichteten. Eine der ausführlichsten, mit 213 Paragraphen, stellt das ausgestellte Beispiel dar.

11/13 »Officielle Ausstellungs Zeitung« der »Deutschen Allgemeinen Ausstellung für Unfallverhütung«, Berlin 1889*

Berlin, Bundesversicherungsamt, Bibliothek (Lg 5)

Vom 30. April bis zum 15. Oktober 1889 fand in Berlin die vom Verband der Berufsgenossenschaften organisierte erste »Deutsche Allgemeine Ausstellung für Unfallverhütung« statt. Nach der Vorstellung des Hauptinitiators Richard Roesicke sollte sie einen

11/15

11/14

»...Überblick über die Unfallschutzvorrichtungen geben, den Erfindergeist und solche Unternehmer anregen, die bisher noch nichts unternommen haben«. Die täglich erscheinende Zeitung stellte das breite Spektrum der Ausstellung, das sogar einen »Gefrierschacht« und eine »Tauchstation« umfaßte, vor. Zugleich bot sie ausstellenden Unternehmern auch die Gelegenheit, ihre sozialpolitischen Vorstellungen den Arbeitern nahezubringen, die mit rund 300000 ermäßigten Karten zum Besuch der Ausstellung animiert wurden.

11/14 Unfall in einer Maschinenfabrik*

Johann Bahr (geb. 1859)
Um 1890; kolorierter Holzstich; 41 × 54 cm
Berlin, DHM (1989/918)

Mit der Veröffentlichung der Szene eines Unfalles, »der nur entstehen konnte, weil Schutzvorrichtungen fehlten«, warb die »Illustrirte Zeitung« für den Besuch der »Deutschen Allgemeinen Ausstellung für Unfallverhütung« in Berlin. Entsprechend detailfreudig sind die Unfallursachen und -folgen ins Bild gesetzt und kommentiert. Im Hintergrund sieht man die schreckerfüllte Ehefrau herbeieilen, »welche soeben, begleitet von ihrem Kinde, dem arbeitenden Gatten das Essen bringen wollte, und ihn da leblos und vielleicht für immer zum Krüppel geworden am Boden liegen sieht«. Die vorliegende kolorierte Fassung wurde 1890 in der Sammelmappe »Meisterwerke der Holzschneidekunst« verbreitet.

11/15 Klapptiegel mit Fußantrieb und Schutzvorrichtung*

Jaensch & Söhne, Berlin
Um 1880; Gußeisen; 123 × 75 × 100 cm
Mannheim, Landesmuseum für Technik und Arbeit (83/009)

Kleine Tiegeldruckpressen mit Fußbetrieb, wie der ausgestellte Klapptiegel, fanden vorwiegend in Kleinbetrieben für den Druck von Akzidenzien – Visiten- und Geschäftskarten, Formularen etc. – Verwendung. An den Pressen, deren Stundenleistung bei ca. 600 Stück lag, arbeiteten überwiegend Frauen. Sie mußten das Papier per Hand einlegen und ausrichten, das heißt gerade an den

Stellen greifen, die beim Schließen des Tiegels unter Druck gesetzt wurden. Schutzvorrichtungen wie hier in Form eines Scherengitters, das die Hand vor dem Schließen des Tiegels wegschob, fehlten meist. Die Folge war, daß schwere Fingerquetschungen durch Tiegeldruckpressen in der Unfallstatistik der Berufsgenossenschaften weit oben rangierten. Bismarck – und mit ihm viele Unternehmer – waren hingegen der Meinung, die Unfälle würden »in der Regel durch verbotswidrige Unvorsichtigkeit herbeigeführt«.

11/16 Abricht- und Walzenhobel-Maschine mit Schutzvorrichtung der Firma Krumrein & Katz, 1880

In: Katalog mit Illustrationen und Beschreibungen über Holzbearbeitungs-Maschinen neuester bewährter Construktion ..., Stuttgart 1880
München, Deutsches Museum München (Firmenschriftensammlung)

Der Hinweis auf Schutzvorrichtungen spielte in der Firmenwerbung bereits eine Rolle. Maschinen mit Schutzvorrichtungen wurden bevorzugt von selbständigen Handwerkern gekauft, die selbst an den Maschinen arbeiteten. Wie groß dagegen das Desinteresse vieler Unternehmer am Arbeitsschutz war, zeigt ein Bericht Boettichers, der im Oktober 1887 mitteilte, bei einem Besuch der Bismarckschen Holzpflasterfabrik keine Schutzvorrichtungen gesehen zu haben, »alle Sägen liefen frei, weil unser Holz keine Schutzvorrichtungen verträgt«, sei ihm bedeutet worden.

11/17 Arbeitsschutzbrillen

Nürnberg/Fürth
Um 1880; Metall, Glas; B 13 cm
Mannheim, Landesmuseum für Technik und Arbeit (87/1211 u. 87/854–012)

Die Abteilung IX der Unfallschutzausstellung war der Ausrüstung der Arbeiter mit Schutzmitteln wie Brillen, Masken, Hand- und Fußbekleidungsstücken etc. gewidmet.

11/18 Katalog der »Deutschen Allgemeinen Ausstellung für Unfallverhütung Berlin 1889«

Berlin: Carl Heymanns 1889
Berlin, Bundesversicherungsamt (Lg 4)

Der Katalog, der während der Ausstellung bereits in zweiter verbesserter Auflage erschien, führte 22 Gruppen mit insgesamt 1330 Ausstellern auf, zu denen auch das Reichsversicherungsamt gehörte, das seit 1887 eine «Sammlung zur Unfallverhütung« aufbaute. Der Gedanke, »daß die vielen wertvollen Vorrichtungen und Apparate, welche auf der Ausstellung – sei es im Original, sei es im Modell, Zeichnung oder Beschreibung – zur Verfügung gebracht sind, auch nach Abschluß der Ausstellung in einem Orte vereinigt bleiben«, lag deshalb nahe. Zahlreiche Exponate blieben daher in Berlin und bildeten mit der Sammlung des RVA den Grundstock für das 1895 eröffnete »Museum zur Förderung der Sicherheit und Wohlfahrt der Arbeiter«.

11/19 Maschinenbau-Werkstätte der Gutehoffnungshütte für Bergbau und Hüttenbetrieb Sterkrade*

Um 1886; Photographie; 27,5 × 33 cm
Duisburg, Haniel-Archiv (351205/1)

Wie aus dieser frühen Photographie zu ersehen ist, bestand eine große Kluft zwischen der breiten Palette der ausgestellten und in Unfallverhütungsvorschriften vorgesehenen Schutzmittel und ihrer tatsächlichen Anwendung in den Betrieben.

11/20a Papierschneidemaschine

Karl Kraus, Leipzig
Um 1880; Metall, Holz; 180 × 100 × 150 cm; Gewicht ca. 800 kg
Mannheim, Landesmuseum für Technik und Arbeit (86/393)

Den Erfolg der Bemühungen um Unfallprävention spiegelt die von der Leipziger Firma Kraus hergestellte Papierschneidemaschine wider. Das äußert gefährliche Modell wurde auf der Unfallschutzausstellung bereits in wesentlich verbesserter Form präsentiert. Wie

11/19

die Statistik der Berufsgenossenschaften jedoch zeigt, fanden die verbesserten Maschinen zunächst nur dort Verwendung, wo den Berufsgenossenschaften durch schwere Unfälle dauernde Rentenzahlungen drohten.

11/20b Bericht über die Deutsche Allgemeine Ausstellung für Unfallverhütung Berlin 1889

Darin: die verbesserte Papierschneidemaschine von K. Kraus
Berlin: Carl Heymanns 1891
Berlin, Bundesversicherungsamt (Lg 6)

Die wirkungsvollsten Schutzvorrichtungen wurden in den Abschlußbericht aufgenommen, der mit einer Besucherzahl von über einer Million eine positive Bilanz der Ausstellung ziehen konnte.

11/21 Das Reichsgesetz, betreffend die Invaliditäts- und Altersversicherung. Vom 22. Juni 1889

Berlin: J. Guttentag 1889
Berlin, Staatsbibliothek PK (GV 15 144–30)

Am 24. Mai 1889 verabschiedete der Reichstag das Gesetz über die Invaliditäts- und Altersversicherung, das die Versicherungspflicht für alle Arbeitnehmer mit einem Jahreseinkommen bis zu 2000 Mark einführte. Nach 30 Jahren Beitragszahlung und Erreichen des 70. Lebensjahres wurde die Altersrente fällig. Bei Invalidität, das heißt der Verminderung der Erwerbsfähigkeit um zwei Drittel, wurde nach mindestens fünf Jahren Beitragszahlung ein Drittel des Durchschnittslohnes als Rente bezahlt. Das Reich leistete für jede Invaliden- und Altersrente einen jährlichen Grundbetrag von 50 Mark, der Rest wurde mit Beiträgen finanziert, die je zur Hälfte von den Versicherten und ihren Arbeitgebern aufzubringen waren.

11/24

11/22 Die Kommission zur Vorbereitung des Entwurfs eines Gesetzes zur Invaliditäts- und Altersversicherung

Julius Braatz
1889; Photographie; 12,5 × 16 cm
Berlin, Bildarchiv PK (1329 N)

In der ersten Reihe sitzt als Fünfter von links der Zentrumsabgeordnete Georg von Franckenstein, unter dessen Führung ein Teil des »Zentrums« abstimmungsentscheidend für das Gesetz votierte. Rechts neben Franckenstein ist Boetticher, stehend als Dritter von links Lohmann zu erkennen. Die starken Modifikationen, die der Regierungsentwurf der Alters- und Invaliditätsversicherung sowohl in den 41 Sitzungen der Kommission als auch im Reichstag selbst erfuhr, veranlaßten Bismarck im Rückblick, abfällig vom »parlamentarisch-geheimrätlichen Wechselbalg« zu sprechen. Das Bild wurde im alten Reichstag aufgenommen.

11/23 Entwurf für ein »Arbeiter-Pensionsbuch«

In: F. W. Abel, Das Arbeiter-Pensionsbuch. Ein Beitrag zur schwebenden Frage der Invaliditäts- und Altersversorgung unserer Arbeiter, Magdeburg [1881]
Berlin, Bundesversicherungsamt, Bibliothek (Hc 91)

In der Auseinandersetzung um die Alters- und Invaliditätsversicherung im Reichstag nahm der Kampf gegen die als Beleg für die Beiträge der Arbeiter geplanten Quittungsbücher breiten Raum ein. Die Sozialdemokraten befürchteten, daß Bücher – wie z. B. von dem Unternehmer Abel zum Einkleben der Quittungsmarken entworfen – zur Kennzeichnung politisch aktiver Arbeiter mißbraucht würden, und riefen daher zu einer Unterschriftenaktion auf. Insgesamt gingen dem Reichstag 2142 Petitionen mit mehr als 200 000 Unterschriften zu, die bewirkten, daß stattdessen Quittungskarten eingeführt wurden.

11/25

11/24 Karl Heinrich von Boetticher mit Otto von Bismarck*

Julius Braatz
1889; Photographie (Reproduktion)
Berlin, DHM (Original: Koblenz, Bundesarchiv)

Boetticher, seit 1880 Staatssekretär des Innern und preußischer Staatsminister, 1881 Stellvertreter des Reichskanzlers und 1888 Vizepräsident des preußischen Staatsministeriums, hat die Sozialgesetzgebung wesentlich mitgestaltet. Die Aufnahme entstand am 18. Mai 1889 im Reichstag anläßlich der dritten Lesung des Alters- und Invaliditätsversicherungsgesetzes, bei der Bismarck – zum letzten Mal überhaupt in seiner Amtszeit – in die parlamentarische Debatte eingriff. 1890 beschuldigte Bismarck nach seiner Entlassung Boetticher, an der Intrige gegen ihn maßgeblich mitgewirkt zu haben, und stellte ihn insofern bloß, als er preisgab, Boetticher 1880 aus Mitteln des Reptilienfonds aus finanzieller Bedrängnis geholfen zu haben.

11/25 Allegorie auf die Sozialversicherungsgesetze, Figurengruppe zum Kaiser-Wilhelm-Denkmal, Hamburg*

Johannes Schilling (1828–1910)
1903; Bronze; H ca. 260 cm
Hamburg, Freie und Hansestadt Hamburg, Kulturbehörde

Die Bronzegruppe »Wohlfahrtsgesetze« war Teil eines 1889 entworfenen und preisgekrönten, aber erst 1900/03 realisierten Kaiser-Wilhelm-Denkmals in Hamburg (vgl. L/26). Eine weibliche Figur, die von einem jugendlichen Arbeiter den Beitrag fordert, um einen Greis zu unterstützen, symbolisiert das Alters- und Invaliditätsversicherungsgesetz. Dieses war der Abschluß der Sozialgesetzgebung der achtziger Jahre und langfristig gesehen die eigentliche Pioniertat, da es gesamtgesellschaftlich den Grundstein für eine bis dahin unbekannte arbeitsfreie Altersphase legte.

11/26

11/26 Altmännerhaus in Lübeck*

Gotthardt Kuehl (1850–1915)
1896; bez.u.r.: Gotthardt Kuehl
Öl/Lw; 123 × 101 cm
Berlin, Nationalgalerie SMPK (A I 575)

Kuehl thematisierte mehrfach die soziale Tradition seiner Heimatstadt Lübeck, hier mit dem Blick in das sogenannte Lange Haus des Hl. Geist Spitals, in dem alte Matrosen ihren Lebensabend verbrachten. Auch nach dem Inkrafttreten des Alters- und Invaliditätsversicherungsgesetzes im Januar 1891 blieb die Masse der Betroffenen auf die Armenpflege oder Angehörige angewiesen, da die Leistungen der Rentenversicherung nicht zur Existenzsicherung, sondern als Zuschuß gedacht waren und bestenfalls die Ernährungskosten deckten.

11/27

11/27 Der Kaminkehrer*

Ludwig Knaus (1829–1910)
1879; bez.u.l.: L. Knaus 1879
Öl/Lw; 89,5 × 59 cm
Schweinfurt, Slg. Georg Schäfer (2077)

Über eine halbe Million Kinder unter 14 Jahren mußten im Kaiserreich einer regelmäßigen, oft gesundheitszerstörenden Erwerbstätigkeit nachgehen wie z.B. der von Knaus gemalte Schornsteinfegerjunge, zu dessen Aufgaben es gehörte, durch die Kamine zu kriechen. Lediglich im Bereich der Fabrikarbeit hatte die Novellierung der Gewerbeordnung 1878 den Schutz der Kinder erhöht. Auf den Antrag der Reichstagskommission, Kinderarbeit unter zwölf Jahren generell zu verbieten, reagierte Bismarck mit dem Aktenvermerk: »auch nicht Eicheln sammeln?«

11/28 Im Leihhaus

Gotthardt Kuehl (1850–1915)
1873; bez.u.M.: G. Kuehl 73
Öl/Lw; 39 × 48,5 cm
Kiel, Stiftung Pommern (B 42/17511)

Der Gang ins Leihhaus bedeutete meist nur einen Aufschub der sozialen Katastrophe, der sich Arbeiterfamilien bei Krankheit, Tod, Arbeitslosigkeit oder auch nur verminderter Erwerbsfähigkeit des Haupternährers, die meist schon mit 40 Jahren begann, gegenübersahen. An der Existenzunsicherheit der Frauen und Kinder änderte auch die Einführung der Alters- und Invaliditätsversicherung im Grunde nichts, da Rentenzahlungen beim Tod des Versicherten erloschen.

11/29 Generalbericht betreffend die Ergebnisse der Erhebungen über die Beschäftigung gewerblicher Arbeiter an Sonn- und Festtagen

Berlin: Carl Heymanns 1887
Berlin, Staatsbibliothek PK (4° Ds 3868)

Den Bestrebungen der sozialpolitisch fortschrittlichen Kräfte im Reichstag und innerhalb der Ministerialbürokratie, die Sonntagsarbeit gesetzlich zu verbieten, hielt der Kanzler entgegen, daß das Verbot der Sonntagsarbeit Lohnerhöhungen und damit den Verlust der Wettbewerbsfähigkeit der Industrie auf dem Weltmarkt zur Folge haben würde.

11/30 Hörrohr

R. J. Dowling, London
Um 1880; Messing, Kupfer, Hartgummi;
L 36 cm, Dm 11 cm
Mannheim, Landesmuseum für Technik und Arbeit (87/853–005)

Die Arbeit im tosenden Lärm der Maschinen zog sehr oft Schwerhörigkeit und Taubheit nach sich. Obwohl die von Lärm, schlechter Beleuchtung, Belüftung, Staub, Gasen und Abfällen ausgehende Gesundheitsgefährdung längst bekannt war, wollte Bismarck die staatliche Kontrolle nicht auf diesen Bereich ausgedehnt wissen.

11/31

11/31 Bleibergwerk in Selbeck bei Kettwig*

Christian Ludwig Bokelmann (1844–1894)
1888; bez.u.l.: C. L. Bokelmann 1888
Öl/Karton; 50 × 60 cm
Berlin, Nationalgalerie SMPK (Donop 5)

Trotz der bekannten Gefährlichkeit von Blei, Phosphor, Quecksilber und anderen Stoffen wurden die gewerblichen Krankheitsrisiken weiter ignoriert und erst 1925 in die Unfallversicherung integriert. Die Arbeiter in Bleibergwerken, die meist Opfer der Bleikrankheiten wurden, blieben daher auf die niedrigen Invalidenrenten, ihre Hinterbliebenen auf die Armenpflege angewiesen.

11/32 »Fabrik-Ordnung«, 1. Mai 1886

In: Eugen Dillmann, Die Entwicklung des Anwesens Wendlingen und der Betrieb der Weberei, Wendlingen 1889
Mannheim, Landesmuseum für Technik und Arbeit (871.1 Otto Nr. 184)

Zwar hatte die Reichsgewerbeordnung von 1871 die Fabrikordnungen zum »Gegenstand der freien Übereinkunft« erklärt, de facto waren sie aber Diktate der Unternehmer. Der »Fabrikabsolutismus« wurde erst durch die Novellierung der Gewerbeordnung von 1891, die wesentlich auf den Vorarbeiten Theodor Lohmanns beruhte, beseitigt.

11/34

11/33 Vier Erinnerungsbänder

a) »Deutscher Arbeiter-Verein Bern, 50jähriges Stiftungsfest verbunden mit Fahnenweihe am 3. April 1892«
b) »Achtstunden-Bewegung. Arbeiter aller Länder vereinigt Euch! 1. Mai 1893«
c) »Internationaler Sozialistischer Arbeiter-Congress Zürich 6.–12. August 1893«
d) »Arbeiter-Feier-Tag Zürich 1. Mai 1894«

1892–94; Textil; je L 10,5 – 12 cm,
B 3,5 – 4,5 cm
Bonn, Archiv der sozialen Demokratie/
Friedrich-Ebert-Stiftung

Mit dem Argument, daß Arbeitszeitverkürzungen das Einkommen der Arbeiterfamilien unzumutbar mindern würden, hatte Bismarck die Einführung eines »Normalarbeitstages« nach englischem Vorbild stets abgelehnt. Erst nach seiner Entlassung wurde die Fabrikarbeitszeit für Frauen auf elf Stunden und für Jugendliche auf zehn Stunden gesetzlich festgelegt. Die Hauptforderung der internationalen Arbeiterbewegung, die Festlegung der Maximalarbeitszeit für männliche Arbeiter, blieb jedoch unerfüllt. Der schon damals geforderte Achtstundentag schien demgemäß als Utopie.

11/34 Der Unzufriedene*

Ludwig Knaus (1829–1910)
1877; bez.u.r.: L. Knaus 1877
Öl/Holz; 82 × 62 cm
Berlin, DHM (1988/810)

Die »Berliner Freie Presse« in den Zeitungshalterungen gibt Aufschluß über das politische Milieu der Darstellung. Die 1876 gegründete Zeitung war das Berliner Lokalorgan der Sozialdemokratie. Die Lebenswirklichkeit politisch engagierter Arbeiter stand allerdings in krassem Widerspruch zum Titelmotto »Freiheit! Gerechtigkeit!«. Hausdurchsuchungen, Verbote, Beschlagnahmungen und Verhaftungen waren in Berlin auch schon vor dem Inkrafttreten des Sozialistengesetzes an der Tagesordnung.

11/35 Der Sozialist*

Robert Koehler (1850–1917)
1885; bez.u.r.: Rob. Koehler.
Öl/Holz; 39,7 × 31 cm
Berlin, DHM (1989/1144)

Koehlers Gemälde wurde 1885 in New York erstmals ausgestellt und im selben Jahr als Holzstich mit der Bildunterschrift »A German socialist propounding his bloodthirsty ideas« publiziert. Vermutlich wurde Koehler, der als Kind mit seinen Eltern nach Milwaukee, USA, ausgewandert war und in München studiert hatte, zu seiner Themenwahl durch die aufsehenerregenden Agitationsreisen prominenter deutscher Sozialdemokraten durch die USA angeregt. Die Rundreisen führten nicht nur zu einem steten Spendenfluß für die verfolgten deutschen Genossen, sondern auch zu verstärktem Zulauf zur wesentlich von deutschen Auswanderern getragenen sozialistischen Bewegung in den USA.

11/35

11/37

11/36 »Deutsche Auswanderer, von Hamburg kommend, schiffen sich in Glückstadt ein«

Kolorierter Holzstich nach einer Zeichnung von Artur Langhammer (1854–1901), aus: Deutsche Illustrierte Zeitung, Jg. 3, 1886
37,8 × 58 cm
Kiel, Schleswig-Holsteinische Landesbibliothek (E 700)

Die wirtschaftliche Lage und die zunehmenden sozialen Spannungen im Deutschen Reich bewogen in den achtziger Jahren jährlich über 200000 Menschen, ihre Heimat zu verlassen. Größte Anziehungskraft bewiesen als »Land der unbegrenzten Möglichkeiten« die Vereinigten Staaten von Amerika.

11/37 »Directe regelmäßige Postdampfschiffahrt nach Nord-Amerika, Süd-Amerika, Bremen und New York«*

Plakat des Norddeutschen Lloyd Bremen
Entwurf: Carl Schünemann
1878; Buchdruck und Autotypie; 48 × 72,5 cm
München, Münchner Stadtmuseum

Seit dem Beginn der siebziger Jahre hatte sich die Dampfschiffahrt endgültig durchgesetzt, die durch verkürzte Reisezeiten den Auswanderern wesentliche Erleichterungen brachte. In Bremen entwickelten sich der »Norddeutsche Lloyd«, in Hamburg die »Hamburg-Amerikanische Packetfahrt-Actiengesellschaft« (HAPAG) zu führenden Schiffahrtsgesellschaften. Beide waren bemüht, durch intensive Werbemaßnahmen die Auswandererströme auf ihre Schiffe zu lenken.

11/38 Drei Werbebroschüren für Auswanderer

a) »Dominion von Canada«, Ottawa 1880
b) »Süd=Ost=Missouri und Louisiana Arkansas«*
c) »United States of America/The People's Guide to Dakota«*

Hamburg, Staatsarchiv [373–7 I, Auswanderungsamt I (IV B I 26)]

Die Werbeanstrengungen gingen teils von den Einwanderungsländern aus, die Kapital und Arbeitskraft der Siedler zum Aufbau der

Gebiete und zur Erschließung der Ressourcen benötigten, teils wurde die Auswanderung von amerikanischen Eisenbahn- und Binnenschiffahrtsgesellschaften propagiert.

11/38c

11/39 Dienstzeichen der Auswandererbehörde

a) »Legitimations-Karte«
b) Karte der »Polizei-Behörde« »Dem Auswanderer-Logiswirth«*
c) Legitimationsplakette »Amtmann-Behoerde für das Auswandererwesen«

Hamburg, Museum für Hamburgische Geschichte

Die Auswandererbehörde sollte Hamburg als Transithafen attraktiver machen, indem sie die Auswanderer vor betrügerischen Agenten schützte. Ihre Angestellten wiesen den Auswanderern bei ihrer Ankunft im Hamburger Bahnhof die konzessionierten Wirte nach und informierten sie über Wechselkurse, die üblichen Preise für Reiseutensilien und Passagekosten.

11/38b

11/40 »Fremden-Bureau/Auswanderer-Expedition/Paßwesen«

Formular mit handschriftlichen Eintragungen; 33 × 21,5 cm,
Hamburg, Staatsarchiv [373–7 I, Auswanderungsamt I (II AI, 1k)]

Bei den Auswanderungsexpedienten lag ein großer Teil des Auswanderungsgeschäftes, sie unterhielten Agenturen in den Binnenstädten, legten Reiserouten, Abfahrtstermine, die Unterbringung der Passagiere und die Passagepreise fest. Da die Auswanderung zu einem erheblichen Wirtschaftsfaktor der Hansestädte geworden war, sollten im Interesse der Gesamtwirtschaft staatliche Kontrolle und Konzessionspflicht unlautere Geschäftspraktiken unterbinden.

11/41 Erlaubnis zur Beförderung von Auswanderern »nach den vereinigten Staaten von Nord= Amerika«, Hamburg, 13. Juli 1887

Formular mit handschriftlichen Eintragungen; 33 × 21 cm
Hamburg, Staatsarchiv [373–7 I, Auswanderungsamt I (IV BI 1a)]

Durch eine aggressive Preispolitik hatte Albert Ballin als Leiter der »Morris & Co Agentur« in den achtziger Jahren den Konzentrationsprozeß bei den transatlantischen Dampferlinien entscheidend gefördert, deren Gewinne zum großen Teil aus der Auswandererbeförderung stammten. Seit 1886 Leiter der Passageabteilung, wurde er 1899 Generaldirektor der HAPAG, die sich unter seiner Führung zu einer der größten Reedereien der Welt entwickelte (vgl. Raum 12).

11/39b

Raum 12

»ZU NEUEN UFERN« – KOLONIALE ERWERBUNGEN

Nach der Reichsgründung 1871 tauchte eine Problematik auf, die Bismarck schon in seinem Amt als Kanzler des Norddeutschen Bundes beschäftigt hatte: die Frage nach der Notwendigkeit deutscher Kolonien in Übersee. 1868 hatte er eine Reihe von Gründen gegen koloniale Erwerbungen angeführt: Die Erfahrungen der Kolonialpolitik Englands und Frankreichs hätten bewiesen, daß »die Kosten, welche die Unterstützung und namentlich die Behauptung der Kolonien« verursache, »sehr oft den Nutzen, den das Mutterland hieraus« ziehe, überstiegen. Es sei »schwer zu rechtfertigen..., die ganze Nation zum Vorteil einzelner Handels- und Gewerbezweige zu erheblichen Steuerlasten heranzuziehen«. 1871 lehnte Bismarck den Vorschlag, französische Kolonien in Fernost als Kriegsentschädigung zu fordern, mit der Bemerkung ab: »Diese Kolonialgeschichte wäre für uns genau so wie der seidene Zobelpelz in polnischen Adelsfamilien, die keine Hemden haben.«

Zu diesem Zeitpunkt hatten die großen Handelshäuser der Freien Städte Hamburg und Bremen schon ein weitverzweigtes Netz von Niederlassungen in aller Welt aufgebaut: Seit 1847 bzw. 1856 waren die Firmen C. Woermann (Hamburg) und F.M. Vietor & Söhne (Bremen) an der westafrikanischen Küste vertreten, an der ostafrikanischen Küste wurden 1859 durch einen Vertrag mit dem Sultan von Sansibar deutsche Handelsinteressen gesichert. Das Hamburger Familienunternehmen J.C. Godeffroy & Sohn unterhielt Ende der vierziger Jahre bereits Stationen auf Cuba und an den Küsten Kaliforniens und Chiles. Erster Stützpunkt in der Südsee war Hawaii, 1857 folgte Samoa. Von hier aus breitete sich Godeffroy in der gesamten Südsee aus: auf Tahiti, den Salomonen und den Inseln vor Neuguinea (später Bismarck-Archipel); 1876 und 1879 wurden die Freundschaftsverträge mit dem Königreich Tonga und mit Samoa geschlossen. Die auf den Inseln angelegten Plantagen lieferten u.a. Kopra (getrocknetes Kokosnußfleisch zur Gewinnung von Fetten) und Zuckerrohr.

Infolge der seit 1873 andauernden Weltwirtschaftskrise wandelte sich Ende der siebziger Jahre die allgemeine Einschätzung vom Nutzen überseeischer Besitzungen. Wie in Paris und London wurden auch in Berlin Pläne entwickelt, wie man das erhoffte Potential unbegrenzter Absatzmärkte und Rohstoffreserven in Übersee zur Bewältigung der Krise nutzen könnte. Die Kolonialidee fand auch ein Echo in breiteren Bevölkerungskreisen, insbesondere nach der Veröffentlichung von Friedrich Fabris Denkschrift zur Frage »Bedarf Deutschland der Kolonien?« (1879). Die Enthusiasten sammelten sich im »Deutschen Kolonialverein« (1882) und in der »Gesellschaft für deutsche Kolonisation« (1884). Sie rechneten nicht nur mit wirtschaftlichen Erfolgen, sondern hofften auch, die Aussiedlerströme, die sich in Bremerhaven und Hamburg nach Nordamerika einschiffen ließen, in die neuen deutschen Kolonien umleiten zu können, um dem »Verlust an nationaler Volkskraft« entgegenzuwirken. Bismarck blieb von diesem massiven Stimmungsumschwung nicht unbeeinflußt. Vor allem aber registrierte er, wie koloniale Fragen zunehmend Bedeutung für die Politik der europäischen Mächte gewannen. Er war daher bestrebt, der Stimme des Reiches auch auf diesem Feld Gehör zu verschaffen. In diesem Sinne griff er nach 1880 die koloniale Frage auf.

1880 brachte Bismarck im Reichstag die »Samoa-Vorlage« ein, die dem in wirtschaftlichen Schwierigkeiten steckenden Handelshaus Godeffroy einen festen Zinssatz garantieren sollte. Als die Vorlage mit knapper Mehrheit abgelehnt wurde, reagierte der Kanzler empört, stellte aber der zur Rettung der Südseebesitzungen gegründeten »Deutschen See-Handels-Gesellschaft« »Marine- und Konsularschutz« in Aussicht. Unterdessen wurde auch von der Hamburger Kaufmannschaft der Schutz des Reiches zur Sicherung deutscher Wirtschaftsinteressen in Westafrika gefordert; neben C. Woermann hatten seit 1874 weitere Firmen, z. B. Jantzen & Thormählen, Faktoreien in Kamerun errichtet. Schließlich legte Adolf Woermann im Juli 1883 eine Denkschrift über die Situation in Westafrika und die politischen Wünsche der dort ansässigen Handelshäuser vor. Sie wurde von der Hamburger Handelskammer gebilligt und nach Berlin geschickt. Kurz darauf empfing Bismarck eine Delegation Hamburger Kaufleute, um sich über deren Anliegen zu informieren.

Wenig später wurde das Kanonenboot »Möwe« an die westafrikanische Küste geschickt, um an Plätzen, die bereits von deutschen Handelsniederlassungen okkupiert waren, die deutsche Flagge zu hissen. Am 5. Juli 1884 schloß Gustav Nachtigal, ein erfahrener Afrikaforscher, im Auftrag Bismarcks mit dem König von Togo einen Schutzvertrag ab, und am 12. Juli unterzeichneten die »unabhängigen Könige und Häuptlinge des Landes Kamerun am Kamerunfluß« einen Vertrag, in dem sie die Hoheitsrechte, die Gesetzgebung und Verwaltung des Landes an die Vertreter der Firmen C. Woermann und Jantzen & Thormählen in Hamburg abtraten. Die »Möwe« hatte eine knappe Woche Vorsprung vor englischen Schiffen, die ebenfalls von Kamerun Besitz ergreifen wollten. Bismarck wünschte für Westafrika eine Regierung durch das »Syndikat für Westafrika«, zu dem sich die Hamburger Handelshäuser zusammengeschlossen hatten. Regierende Kaufleute waren dem Kanzler lieber als Bürokraten und Militärs. Das »Syndikat« lehnte allerdings ab und stand dem Auswärtigen Amt lediglich beratend zur Seite.

Unterdessen hatte Adolph Hansemann für die Südsee eine Initiative ergriffen: Ein Banken-Konsortium, dem auch Gerson Bleichröder angehörte, schickte den Naturwissenschaftler Otto Finsch im Herbst 1884 auf eine Expedition nach Neuguinea. Dem Forschungsschiff »Samoa« folgten zwei Kriegsschiffe, um an verschiedenen Plätzen Neubritanniens und Neuguineas die deutsche Flagge zu hissen. Es bedurfte allerdings noch zäher Verhandlungen mit Großbritannien über die beiderseitigen Besitzansprüche in dieser Region, bevor Bismarck und Kaiser Wilhelm I. am 17. Mai 1885 den kaiserlichen Schutzbrief für die Erwerbungen in Neuguinea unterzeichneten.

Während die Gründung von Kolonien in der Südsee und an der westafrikanischen Küste von dort seit Jahrzehnten ansässigen Handelshäusern betrieben wurde, machten sich in anderen Regionen Abenteurer auf den Weg, um koloniales Neuland zu erwerben. Adolf Lüderitz und Carl Peters kauften an den Küsten Südwest- bzw. Ostafrikas 1883/84 Ländereien, ohne viel über deren wirtschaftlichen Wert zu wissen, und beantragten den Schutz des Reiches. Nach anfänglichem Zögern entsprach Bismarck den Bitten. Das Hinterland der Bucht von Angra Pequeña und das der Insel Sansibar gegenüberliegende Festland wurden am 24. April 1884 bzw. am 27. Februar 1885 unter deutschen Schutz gestellt. Zur Flaggenhissung wurden jeweils Kriegsschiffe entsandt. Nachdem es zwischen Deutschland und England zunächst zu erheblichen Spannungen über diese wie andere koloniale Erwerbungen des Reiches gekommen war, klärte das deutsch-englische Abkommen von 1886 die beiderseitigen Ansprüche an der ostafrikanischen Küste.

Eine Zusammenarbeit in kolonialen Fragen mit Frankreich ergab sich erstmals 1884: England und Portugal hatten im Februar 1884 einen Exklusivvertrag über die Nutzung des unteren Kongo abschlossen, der alle anderen Seehandelsnationen benachteiligte. Daraufhin berief Bismarck gemeinsam mit dem französischen Ministerpräsidenten Jules Ferry die Kongokonferenz ein. Vom 15. November 1884 bis zum 26. Februar 1885 tagten die Bevollmächtigten Deutschlands, Österreich-Ungarns, Belgiens, der Niederlande, Frankreichs, Spaniens, Portugals, Italiens, Großbritanniens, Dänemarks, Norwegens und Schwedens, der Türkei sowie der Vereinigten Staaten von Amerika in Berlin. Zwei wesentliche Punkte der von allen Teilnehmern unterzeichneten Kongo-Akte waren die Einigung über eine Zollfreiheit im Kongo- und Nigergebiet sowie die Errichtung eines »unabhängigen« Kongostaates unter dem belgischen König Leopold. Außerdem wurde in diesem Dokument der Anspruch der Europäer, Afrika untereinander aufzuteilen, festgeschrieben.

Die Kolonialpolitik Bismarcks blieb im Reichstag nicht unumstritten. Während die konservativen Parteien, einschließlich eines Teils der Nationalliberalen, vom »Kolonialfieber« infiziert waren, bezweifelten »Freisinnige«, »Zentrum« und Sozialdemokraten die Rechtmäßigkeit der Landerwerbungen und deren wirtschaftlichen Nutzen. »Wie sind die Landkäufe dort zu Stande gekommen?«, fragte Wilhelm Liebknecht im März 1885 in einer Reichstagsdebatte. – »Einfach durch Betrug! Man hat die Leute betrunken gemacht und sie dann über den Löffel barbirt.« Direkt gegen Bismarck war der Vorwurf gerichtet, er exportiere die soziale Frage. Er zaubere »vor die Augen des Volks eine Art Fata Morgana auf dem Sande und auf den Sümpfen Afrikas«. Dem hielt Bismarck entgegen, die wirtschaftlichen Hoffnungen seien durchaus begründet. Man beziehe von den Plantagen tropische Produkte und rechne auch mit Bodenschätzen. Umgekehrt habe ihm Woermann Verzeichnisse präsentiert »von den Hunderten von Artikeln, die die deutsche Industrie nach jenen Gegenden hin« liefere.

In der Folgezeit kam es in fast allen deutschen Kolonien zu Auseinandersetzungen mit Eingeborenen: In Deutsch-Südwestafrika widersetzen sich zahlreiche Hererohäuptlinge der »Deutschen Kolonialgesellschaft«, als diese 1888 für das gesamte Herero-Gebiet die Minenkonzession erhielt. Eine erste staatliche Schutztruppe, noch in Deutschland aufgestellt, um das Gebiet zu »befrieden«, traf im Juni 1889 in »Südwest« ein. Der andauernde Krieg zwischen den verfeindeten Stämmen der Hereros und Hottentotten wurde durch die Anwesenheit der Schutztruppe noch verschärft. Auch bei der Bekämpfung des illegalen Waffen- und Alkoholhandels war das Militär wenig erfolgreich. Windhuk, eine verlassene Missionsstation, wurde ausgebaut und am 18. Oktober 1890 zum Regierungssitz erklärt. In Ostafrika stellte der von Bismarck eingesetzte Hauptmann Hermann Wissmann eine Polizei- und Schutztruppe auf, die überwiegend aus Farbigen bestand: Sudanesen, die zuvor in der ägyptisch-türkischen Armee gedient hatten. Kriegerische Auseinandersetzungen gab es hier vor allem mit arabischen Händlern, die um ihr einträgliches Geschäft mit dem Sklavenhandel fürchteten.

Nach der Entlassung Bismarcks 1890 gewann die deutsche Kolonialpolitik unter Kaiser Wilhelm II. eine neue Dimension. Mit dem Beginn des Schlachtflottenbaus 1894, der Ernennung des Konteradmirals Tirpitz zum Staatssekretär des Reichsmarineamtes und der Gründung des »Deutschen Flottenvereins« 1898 wurden die Voraussetzungen geschaffen, daß das Deutsche Reich als Seemacht auftreten konnte. Statt der Kaufleute und Diplomaten bestimmten Militärs zunehmend die Richtung der Kolonialpolitik.

Leonore Koschnick

12/1 Adolf Lüderitz (1834–1886)*

1884; Photographie; 50,3 × 39,5 cm
Bremen, Staatsarchiv Bremen (10, B-A2–49)

Lüderitz, Sohn eines Bremer Tabakhändlers, hatte in den Vereinigten Staaten und Mexiko im Tabakgeschäft gearbeitet, bevor er sich Afrika zuwandte. Im Frühjahr 1882 erwarb er in Lagos (Nigeria) den Hauptanteil einer Handelsniederlassung. Im Mai und August 1883 kaufte Heinrich Vogelsang in seinem Auftrag von dem Hottentottenhäuptling Joseph Frederiks die Bucht und das sich anschließende Hinterland von Angra Pequeña an der südwestafrikanischen Küste. Nachdem Lüderitz wiederholt vergeblich im Auswärtigen Amt um die Anerkennung seiner Erwerbungen als Kolonie nachgesucht hatte, führte schließlich die Audienz bei Bismarck am 19. April 1884 zum gewünschten Ergebnis: Angra Pequeña wurde am 24. April 1884 unter deutschen »Schutz« gestellt. Damit war der definitive Schritt zu einer deutschen Kolonialpolitik getan.

12/1

12/2 Die ersten Angestellten der Firma F. A. E. Lüderitz in Lüderitzbucht (Vogelsang, Franke und Wagner)

Um 1885; Photographie; 17,7 × 12,8 cm
Bremen, Staatsarchiv Bremen (7,15–19/1)

Heinrich Vogelsang, der bereits auf verschiedenen Faktoreien der Firma F.M. Vietor & Söhne in Westafrika gearbeitet hatte, wurde 1882 von Lüderitz unter Vertrag genommen und reiste noch im selben Jahr mit einem englischen Schiff nach Kapstadt. Franke und Wagner trafen im April 1883 mit der »Tilly« aus Bremen kommend in Südwestafrika ein.

12/3 Fünf Ansichten von Angra Pequeña

a) Die »Tilly« im Hafen von Lüderitzbucht
b) Flaggenhissung
c) Die Fischerei
d) Angra Pequeña von der Landseite
e) Die beiden großen Faktorei-Gebäude, von der Seeseite aufgenommen

1883–86; 5 Photographien; 5,7 × 9,3 cm (a), 10,2 × 14,8 cm (b), 12,3 × 21 cm (c-e)
Bremen, Staatsarchiv Bremen (7,15–19/1)

Die Segelbrigg »Tilly« hatte Lüderitz im Sommer 1882 in Bremen gekauft. Unter dem Kommando von Kapitän Karl Timpe ankerte sie im April 1883 erstmals in der Bucht von Angra Pequeña (Lüderitzbucht). In den folgenden Monaten sorgten Lüderitz' Mitarbeiter Vogelsang, Franke und Wagner für den Aufbau der Faktorei.

12/4 Erinnerungen an Kapstadt und das Kapland von Adolf Lüderitz

1883–86; Photoalbum; 25 × 73 cm (aufgeschl.)
Bremen, Staatsarchiv Bremen (7,15–22/2)

Die Reise nach Angra Pequeña an die Südwestküste Afrikas führte stets über Kapstadt (engl. Besitz), wo Lüderitz und seine Mitarbeiter Baumaterial, Zelte und Ochsenkarren einkauften und sich mit Proviant versorgten.

12/5

12/5 Abfahrt Adolf Lüderitz' von Ans zum Oranje-Fluß*

1886; Photographie; 12,3 × 21 cm
Bremen, Staatsarchiv Bremen (7,15–19/1)

Im Herbst 1886 unternahm Lüderitz eine Expedition zum Oranje-Fluß, von der er nicht mehr zurückkehrte. Wahrscheinlich ertrank er am 24. Oktober 1886 auf einer Forschungsfahrt in der Mündung des Flusses.

12/6 Beileidsbrief des »Deutschen Kolonialvereins« an die Witwe von Adolf Lüderitz in Bremen, Berlin, 26. März 1887

Handschrift; 28,5 × 45 cm
Bremen, Staatsarchiv Bremen (7,15–17/1)

In dem vom Vorsitzenden des Kolonialvereins, Fürst zu Hohenlohe-Langenburg, unterzeichneten Beileidsbrief heißt es u. a.: »Wir verehren in Ihrem Herrn Gemahl einen unserer ersten kolonialen Pioniere, einen Mann, der mit weitschauendem Blick und opfermuthigem Herzen sich wahrhaft deutschen Interessen widmete, einen treuen Berather und Mitarbeiter unseres Vereins.« Lüderitz hatte »seine Kolonie« 1885 an die neugegründete »Deutsche Kolonialgesellschaft für Südwestafrika« verkaufen müssen, nachdem sein Privatvermögen aufgezehrt war und sich die Erwartungen rascher Gold- und Diamantenfunde nicht erfüllt hatten.

12/7 »Verordnung betreffend das Bergwesen und die Gewinnung von Gold und Edelsteinen im südwestafrikanischen Schutzgebiet«

In: Reichsgesetzblatt, Nr. 14, 25. März 1888
Berlin, Senatsbibliothek (Ges 7)

Da sich die »Deutsche Kolonialgesellschaft für Südwestafrika« große Erfolge bei der Suche nach Bodenschätzen erhoffte, wurden die Schürfrechte per Reichsgesetz geregelt. In § 8 heißt es u. a.: »Die Schürferlaubnis wird ... für die Dauer von sechs Monaten ertheilt«, und in § 11 wird weiter ausgeführt: »Die Schürferlaubnis giebt dem Inhaber das Recht, in dem Gebietstheile, für welchen sie ertheilt ist, auf einer von ihm zu wählenden kreisförmigen Fläche, deren Durchmesser ein Kilometer nicht überschreiten darf, zu schürfen ...«

12/8 Uniform der Schutztruppe in Deutsch-Südwestafrika

Textil und Kork; Jacke L 77,5 cm; Hose L 115 cm, Bund 43 cm; Helm H 24 cm
Berlin, DHM (1987/33)

Im Juni 1889 ging in Südwestafrika die erste in Deutschland angeworbene staatliche Schutztruppe an Land. Das Kommando übernahm Hauptmann Kurt von François. Bereits im August 1889 kam es zu ersten Gefechten mit den Hottentotten. Die khakifarbene Uniform mit kornblumenblauen Vorstößen, silbernen Kronenknöpfen und einem versilberten Reichsadler auf dem Helm wurde von den Mannschaftsangehörigen der Schutztruppe getragen.

12/9 Adolf Woermann (1847–1911)*

Karl Ludwig Bantzer (1857–1941)
1911; bez.u.r.: Bantzer
Öl/Lw; 137 × 88 cm
Hamburg, Museum für Hamburgische Geschichte (1965, 166)

Woermann leitete seit 1880 die von seinem Vater Carl gegründete Firma C. Woermann, die 1847 ihr erstes Schiff erworben und in Liberia, Gabun und später auch in Kamerun Handelsniederlassungen errichtet hatte. Das Hamburger Unternehmen spielte eine führende Rolle im Afrikahandel und schaffte die Voraussetzungen dafür, daß Kamerun im Juli 1884 unter deutschen Schutz gestellt wurde. 1885 gründete Woermann die »African. Dampfschiffahrts AG« (Woermann-Linie), 1890 die »Deutsche Ostafrika-Linie« (vgl. 12/45). Bismarck schätzte den Reeder und Kaufmann als Ratgeber in Kolonialfragen.

12/10 »Hamburger-Waaren-Einfuhr-Liste«, zusammengestellt für die Deputation für Handel und Schiffahrt

Hamburg 1883
Hamburg, Commerzbibliothek

Die aufgeschlagene Seite zeigt die Frachtliste der »Carl Woermann« und der »Aline Woermann« (24. März und 2. Mai 1883), die nicht nur für die Firma Woermann, sondern auch für Hamburger Konkurrenzunternehmen wie Jantzen & Thormählen oder Wölber & Brohm bestimmt war. Die Lieferung aus Westafrika enthielt u.a. Kakao und Kaffee, Elfenbein, Gummi, Edelhölzer und Palmkerne.

12/9

12/11 Abschrift eines Schreibens des »Syndikats für Westafrika« an »den Herrn Reichskanzler Fürsten v. Bismarck«, Hamburg, 11. Oktober 1884

Handschrift; 32,8 × 21 cm
Hamburg, Commerzbibliothek

In dem Brief wird Bismarck die Gründung des »Syndikats für Westafrika« mitgeteilt. Die größten im Westafrikahandel tätigen Hamburger Unternehmen hatten sich im »Syndikat« zusammengeschlossen, um ihre politischen Interessen gezielter durchsetzen zu können.

12/12 »Prospekt der Kamerun-Hinterland-Gesellschaft«, 1890

29,3 × 22,7 cm
Friedrichsruh, Bismarck-Archiv (A 20)

Die »Kamerun-Hinterland-Gesellschaft« wurde 1890 in Berlin als Aktiengesellschaft gegründet, um die einheimischen Zwischenhändler auszuschalten, die bisher die an der Küste Kameruns gelegenen europäischen Faktoreien mit Waren aus dem Hinterland beliefert hatten.

12/13 Anfrage des Paul Kufahl an das »Wohllöbliche Syndikat für West-Afrika«, Berlin, 16. Juni 1885

Handschrift; 28,5 × 22,4 cm
Hamburg, Commerzbibliothek (Rot 47)

In dem Schreiben fragt Kufahl, ob das Syndikat ihm »irgend einen Platz anzuweisen« hätte, auf dem er »zur Kultivirung und Civilisation Afrikas« seinen »bescheidenen Theil mitbeitragen könnte«. Dieselbe Bitte habe er bereits »an seine Durchlaucht den Fürsten Bismarck« gerichtet. Zu seiner Person schreibt Kufahl: »Ich bin 20 Jahr alt, habe die Realschule bis zur 2. Klasse besucht und bin gelernter Buchhändler. Außerdem widmete ich mich der Turnerei und erhielt vor kurzem vom Berliner Turnrath das Diplom als Vorturner. Irgendwelche Familien- oder sonstige Verhältnisse könnten mich hier nicht zurückhalten, denn meine Eltern besitze ich nicht mehr...«

12/14 Nach Kamerun! Aus den hinterlassenen Papieren meines in Kamerun gestorbenen Sohnes

Carl Scholl
Leipzig: F. Cavael 1890 (2. Aufl.)
Berlin, Staatsbibliothek PK (Us 4599F²)

In dem Buch beschreibt Carl Scholl die Erlebnisse seines Sohnes Carl Adolf (1864–1885), der am 5. Dezember 1884 von Cuxhaven aus seine Reise nach Kamerun angetreten hatte, nachdem ihm eine kaufmännische Stellung auf den Faktoreien der Firma Woermann zugesagt worden war. Vier Monate nach seiner Ankunft, am 29. April 1885, starb er an Malaria. Gegen diese von den Europäern meistgefürchtete Tropenkrankheit gab es noch keine wirksamen Mittel.

12/15 20 Figuren aus dem Kameruner Grasland, »Europäer« und »Afrikaner«*

Vor 1909; Ton; H 14 – 21 cm
Stuttgart, Linden-Museum, Abt. Afrika (Slg. Diehl)

In das Hinterland Kameruns drangen die deutschen Kolonialtruppen erst um die Jahrhundertwende vor. 1902 erreichten sie das Grasland, wo sie mit einer hochentwickelten Kultur konfrontiert wurden. Kunstgegenstände, die ursprünglich eine soziale oder religiöse Bedeutung besessen hatten, waren bevorzugte Sammelobjekte der Europäer. Auf den zentralen Märkten des Graslandes wurden jedoch bald auch eigens für die Weißen hergestellte Erinnerungsstücke angeboten: Gebrauchsgegenstände, z. B. Becher und Pfeifen, sowie Figuren aus Ton wie die hier gezeigten uniformtragenden Afrikaner (Askari) und bärtigen Europäer.

12/15

12/17

12/16 Drei Pfeifen aus dem Kameruner Grasland

Kupfer bzw. Messing; L 22,5 – 29 cm
Stuttgart, Linden-Museum, Abt. Afrika
(F 54073, F 54074, 75055)

Die Pfeifen, deren Köpfe wiederum den Köpfen von Europäern nachgebildet sind, wurden auf dem Markt in Bali erworben. Bali war Hauptstadt eines der kleinen Fürstentümer im Kameruner Grasland.

12/17 Carl Peters (1856–1918)*

Um 1885; Photographie; 35,3 × 27,7 cm
Bremen, Staatsarchiv Bremen (10,B-A3–82)

Peters war Mitbegründer der »Gesellschaft für deutsche Kolonisation« (1884). Nach Rückkehr von einer ersten Expedition an die der Insel Sansibar gegenüberliegende Ostküste Afrikas konnte er im Februar 1885 in Berlin den Schutzbrief für Deutsch-Ostafrika aushandeln. Seit der von ihm geleiteten Hilfs-Expedition für den Afrikaforscher Emin Pascha 1889–91 galt Peters als deutscher Kolonialheld. In den folgenden Jahren wurde jedoch sein brutales Vorgehen gegen Eingeborene zunehmend kritisch gesehen. 1895/96 brachte die Sozialdemokratische Partei im Reichstag zwei Fälle zur Sprache, in denen der mittlerweile zum Reichskommissar ernannte Peters seinen Diener und eine junge Frau ohne rechtmäßige Verfahren hatte hinrichten lassen. Als Peters 1897 durch ein Disziplinargericht zur Entlassung aus dem Reichsdienst verurteilt wurde, regten sich in der Öffentlichkeit starke Proteste. Zur Genugtuung der Kolonialenthusiasten wurde Peters 1905 rehabilitiert. Für die Sozialdemokratische Presse blieb er jedoch ein »feiger Mörder«, der mit »sadistischer Grausamkeit« und »scheußlicher Perversität« handelte. Seiner Popularität tat das jedoch keinen Abbruch.

12/18 Der wirthschaftliche Werth von Deutsch=Ostafrika

Grimm
Berlin: Walther & Apolant 1886
Berlin, Staatsbibliothek PK (Us 1058)

Über den wirtschaftlichen Wert von Deutsch-Ostafrika, insbesondere über die Bodenschätze, herrschte Mitte der achtziger Jahre noch weitgehend Unklarheit. Grimm stützte sich in seiner »Zusammenstellung von Aussprüchen hervorragender Forscher« auch auf den »Brockhaus« und das Alte Testament.

12/19 Aktie der »Deutsch-Ostafrikanischen Plantagengesellschaft«, Berlin, 18. Januar 1887*

35 × 25 cm
Berlin, Dietrich Schneider

Auf den Plantagen in Deutsch-Ostafrika wurden Kautschuk, Kokospalmen und seit den neunziger Jahren auch Sisalagaven gepflanzt. Die Aktie No. 1728 für Fräulein B. Langenbeck trägt die Unterschrift von Carl Peters.

12/20 »General-Akte der Berliner Konferenz«, April 1885

In: Aktenstücke betreffend die Kongo-Frage
Hamburg: L. Friedrichsen & Co
Berlin, Staatsbibliothek PK (4° Us 3902)

Deutsch-Ostafrikanische Plantagengesellschaft.

ACTIE №1728

über

EINTAUSEND MARK.

Auf diese Aktie ist die erste Liquidationsrate gezahlt worden.
Deutsch-Ostafrikanische Plantagengesellschaft i. Liq.
Lange, Rady, Dr. Arendt.

300 Mark
Deutsch-Ostafrikanische Plantagengesellschaft

Herr Fräulein B. Langenbeck, Berlin

ist an der Deutsch-Ostafrikanischen Plantagengesellschaft für den Betrag von

Eintausend Mark

betheiligt und hat alle statutenmäfsigen Rechte und Pflichten.

Dieser Actie sind zehn Dividendenscheine nebst Talon beigefügt.

Actien können gemäfs § 8 des Statuts durch Indossement übertragen werden, jedoch nur unter Genehmigung der Majorität des Aufsichtsraths.

Die Aktie kann durch Indossament übertragen werden, jedoch nur unter Genehmigung des Aufsichtsrats und

Deutsch-Ostafrikanische Plantagengesellschaft.

Der Aufsichtsrath.

Der Vorstand.

Eingetragen Fol. 173 Contr. No. Der Controlbeamte:

A. Lichtenau. Berlin.

12/19

Vom 15. November 1884 bis zum 26. Februar 1885 fand in Berlin die »Kongo-Konferenz« statt. Bismarck hatte diese Krisensitzung einberufen, da die ungeklärten Rechtsverhältnisse im Kongogebiet die Beziehungen der europäischen Kolonialmächte zueinander belastete. Sechs Punkte wurden in der abschließenden Akte festgelegt: 1. »eine Erklärung, betreffend die Freiheit des Handels...«, 2. »eine Erklärung, betreffend den Sklavenhandel...«, 3. »eine Erklärung, betreffend die Neutralität der ... Gebiete«, 4. »eine Kongo=Schiffahrtsakte...«, 5. »eine Niger=Schiffahrtsakte...« und 6. »eine Erklärung, welche in die internationalen Beziehungen einheitliche Regeln für zukünftige Besitzergreifungen an den Küsten des afrikanischen Festlandes einführt«.

12/21 Politische Wandkarte von Afrika

Maßstab 1:8000000
Heinrich Kiepert (1818–1899); neu bearbeitet von Richard Kiepert
Berlin: Reimer
1890; kolorierte Lithographie; 120 × 114 cm
Berlin, Staatsbibliothek PK, Kartenabteilung (Kart. 23837)

12/22 Plakat zu »Umlauff's Welt-Museum. Hamburg ... Das Amazonen-Corps ... aus der Leibgarde des Königs v. Dahomey in Westafrika«

Entwurf: Christian Bettels
Hamburg: Adolph Friedländer
1890; Lithographie; 113 × 76,5 cm
Hamburg, Museum für Kunst und Gewerbe

Das große Interesse der deutschen Öffentlichkeit an den Kolonien führte dazu, daß Eingeborene aus Afrika und der Südsee nach Deutschland gebracht und im Zoo, im Zirkus oder auf Rummelplätzen vorgeführt wurden. Berühmt waren die »Hagenbeckschen Völkerschauen«. Der auf dem Plakat angekündigte Auftritt weiblicher Krieger aus dem westafrikanischen Königreich Dahomey auf dem Spielbudenplatz von St. Pauli war eine besondere Attraktion.

12/23 Plakat zur »Kolonial-Ausstellung im Deutschen Kolonial-museum«

Entwurf: Carl Schnebel (geb. 1874)
Berlin: Hollerbaum & Schmidt
1900; Lithographie; 67 × 44 cm
Berlin, Kunstbibliothek SMPK (Thyssen 2945)

Der Erfolg der 1896 im Rahmen der Großen Berliner Gewerbeausstellung veranstalteten Kolonialausstellung gab den Anstoß, außer dem 1880–86 erbauten Museum für Völkerkunde auch noch ein »Deutsches Kolonial-Museum« einzurichten. Es wurde 1899 im ehemaligen Marine-Panorama am Lehrter Bahnhof eröffnet. Während das Berliner Museum für Völkerkunde seine wissenschaftliche Arbeit in den Vordergrund stellte, diente das Kolonialmuseum in erster Linie Propagandazwecken.

12/24 Johann Cesar Godeffroy (1813–1885)

Robert Schneider (1809–1885)
Um 1840; Öl/Lw; 77 × 63 cm
Bonn, Johann Heinrich Müller-Godeffroy

Seit 1842 leitete Godeffroy das bereits 1766 von seinem Großvater gegründete Hamburger Familienunternehmen »Godeffroy«, das sich ursprünglich auf den Handel mit schlesischem Leinen spezialisiert hatte. Gemeinsam mit seinen Brüdern Gustav und Alfred erweiterte Johann Cesar die Firma und errichtete Handelsniederlassungen in Havanna (1837), in Valparaiso (1845), in San Francisco (1849) und in Apia auf den Samoainseln (1857). 1856 zählte die firmeneigene Flotte 27 Schiffe. Seit den siebziger Jahren konzentrierte sich die Überseetätigkeit auf Samoa. Die Firma erlitt dabei allerdings so große Verluste, daß sie 1879 Konkurs anmelden mußte.

12/25 »Vertrag zwischen dem Deutschen Reiche und der Regierung von Huahine«, 28. April 1879

30,2 × 42 cm (aufgeschl.)
Bremen, Staatsarchiv Bremen (7,16–32/7)

Mit diesem »Freundschafts- und Handels-Vertrag«, der von den Bevollmächtigten des Deutschen Kaisers – dem »Konsul zu Papeete, Herrn G. Godeffroy«, und dem Kapitän der S.M.S. »Bismarck«, Deinhard – sowie von der Königin von Huahine, Tehapapa, unterzeichnet wurde, erweiterte das Handelshaus Godeffroy seinen Einzugsbereich um eine weitere Südseeinsel. In »Artikel II.« wird der Handel mit »berauschenden Getränken« ausdrücklich untersagt, »Artikel V.« verpflichtet die Regierung von Huahine, »alle ihr zu Gebote stehenden Mittel anzuwenden zur Habhaftwerdung fahnenflüchtiger Seeleute«.

12/26 »Subscription auf 8000 Actien der Deutschen See-Handels-Gesellschaft...«, Berlin, 12. Januar 1880

28,4 × 22,5 cm
Bremen, Staatsarchiv Bremen (7,16–32/7)

Nachdem Godeffroy 1879 Konkurs angemeldet hatte, gründete der Berliner Bankier Adolph von Hansemann am 21. Januar 1880 die »Deutsche See-Handels-Gesellschaft«, die deren Niederlassungen in der Südsee übernahm. Aktien im Wert von je 1000 Mark konnten bei allen namhaften Bankhäusern erworben werden. Hansemann erreichte auch, daß Bismarck im Reichstag die sogenannte Samoa-Vorlage einbrachte, die eine finanzielle Unterstützung der Südsee-Niederlassungen und den Schutz durch das Deutsche Reich vorsah. Die Reichstagsmehrheit sprach sich allerdings zu diesem Zeitpunkt noch gegen eine Aneignung von Kolonien in der Südsee aus.

12/27 Samoafahrten. Reisen in Kaiser-Wilhelms-Land und Englisch-Neu-Guinea in den Jahren 1884 u. 1885 an Bord des deutschen Dampfers »Samoa«

Otto Finsch (1839–1917)
Leipzig: Ferdinand Hirtz & Sohn 1888; mit einem Porträt des Autors auf dem Frontispiz
Berlin, Staatsbibliothek PK (Uz 8625)

Finsch, 1864 bis 1878 Leiter der zoologischen Sammlung in Bremen, kehrte Ende 1882 von einer fast vierjährigen Südseereise zurück und wurde kurz darauf von der »Deutschen See-Handels-Gesellschaft« mit einer weiteren Forschungs-Expedition beauftragt. Hauptinitiator war Adolph von Hansemann. Am 11. September 1884 startete das Schiff »Samoa« unter Kapitän Eduard Dallmann von Sydney Richtung Neuguinea. In den folgenden neun Monaten wurden sechs Reisen unternommen. Über 2000 Sammlungsstücke schickte Finsch von dieser Expedition allein an das Berliner Museum für Völkerkunde.

12/28 Begrüßung des Dr. Finsch in Dallmannhafen (Kaiser-Wilhelms-Land)*

Moritz Hoffmann
1885–90; Tempera/Lw; 110 × 90,8 cm
Bremen, Übersee-Museum (D 15393)

Hoffmann malte für die Gewerbeausstellung 1890 in Bremen eine Reihe von Bildern mit Motiven von der Südsee-Expedition Otto Finschs. Im Katalog der Ausstellung wurden die dargestellten Szenen ausführlich beschrieben: »Die Eingeborenen ... haben sich zutraulich um Dr. Finsch versammelt und heissen ihn willkommen. Dazu gehört nach weitverbreiteter Papuasitte zumeist das Anbieten von Betelnüssen ... Im Vordergrund Landesprodukte: gefesseltes Schwein, Kokosnüsse, rechts Paradiesvogel und Krontaube als charakteristische Repräsentanten der Vogelwelt Neu-Guineas.«

12/29 Häuptling Makiri von Finschhafen (Kaiser-Wilhelms-Land)

Moritz Hoffmann
1885–90; Tempera/Lw; 110 × 60 cm
Bremen, Übersee-Museum (D 15391)

Im »Officiellen Katalog der Handels-Ausstellung in Bremen« wird auch dieses Bild erklärt: »Der hübsche von lieblichen parkähnlichen Bergen umzogene Hafen bildet den Hauptsitz der Verwaltung von Kaiser Wilhelms-Land und dem Bismarck-Archipel. Makiri ist ein einflussreicher Häuptling des Dorfes Szuam, mit dem Dr. Finsch zuerst in Verbindung trat. Die hohe Mütze aus Tapa und der reich mit Hundezähnen besetzte Brustbeutel deuten den ›Abumtau‹ oder vornehmen Eingeborenen an, die Steinaxt in der Rechten das Steinzeitalter; im linken Arm hält Makiri die kunstvoll geschnitzte Holztrommel, um damit vielleicht seinen Genossen Signale geben zu können ... Das Haus im Hintergrunde zeigt einen Pfahlbau jenes Gebietes, davor zwei kolossale Figuren, die Ahnenfiguren darstellen sollen.«

12/30 Häuptling Topulu von Makada, gen. »King Dick« (Neu-Lauenburg, Bismarck-Archipel)

Moritz Hoffmann
1885–90; Tempera/Lw; 108 × 60 cm
Bremen, Übersee-Museum (D 15392)

Über die Verdienste des Häuptlings Topulu heißt es im Katalog der Bremer Ausstellung von 1890: »Die von Hamburger Häusern in der Mitte der 70er Jahre zuerst im heutigen Bismarck-Archipel eingesetzten Händler (Trader) legten den Grundstein der jetzigen Schutzgebiete Deutschlands in der Südsee ... Der Verkehr mit ihnen [den Eingeborenen] wurde dadurch wesentlich erleichtert, dass verschiedene Männer ... etwas Englisch kannten. Zu diesen gehörte ›King Dick‹, der ziemliches Ansehen und Einfluß genoss und sich den deutschen Niederlassungen vielfach nützlich erwies ... Das Gewand der Civilisation, in welchem sich Topulu auf dem Bilde (nach einer Skizze von Dr. Finsch) präsentiert, ist nicht das alltägliche.«

12/31 »Schutzbrief Sr. Majestät des Kaisers von Deutschland vom 17. Mai 1885«

In: Nachrichten für und über Kaiser Wilhelms=Land und den Bismarck=Archipel. Herausgegeben im Auftrage der Neu Guinea Compagnie zu Berlin, Jg. 1 (1885); mit einer ausklappbaren Karte von »KAISER WILHELMS LAND«
Berlin, Staatsbibliothek PK (Uz 8617)

Anfang November 1884 hißten deutsche Kriegsschiffe, die das Forschungsschiff »Samoa« begleiteten, im Archipel von Neubritannien die Reichsflagge. Deutschland, die Niederlande und Großbritannien teilten Neuguinea untereinander auf. Das »Kaiser Wilhelms-Land« an der Nordküste und der »Bismarck-Archipel« gingen laut kaiserlichem Schutzbrief vom 17. Mai 1885 in die Verwaltung und den Besitz der »Neu Guinea Compagnie« in Berlin über. Die Gründung dieser Gesellschaft ging wiederum auf eine Initiative des Bankiers Hansemann zurück.

12/32 »Übersichtskarte der deutschen Kolonieen«

Maßstab 1:8000000
Weimar: Geographisches Institut
1885; Stich und Mehrfarbendruck;
26,5 × 49 cm
Berlin, Staatsbibliothek PK, Kartenabteilung (Kart. L 3680)

12/28

12/33

12/33 »Kiepert's Handkarte der deutschen Kolonien«*

Maßstab 1:16 000 000
Berlin: D. Reimer
Um 1895; photolithographischer Mehrfarbendruck; 41,5 × 57 cm
Berlin, Staatsbibliothek PK, Kartenabteilung (Kart. L 3719)

12/34 »Deutsche Reichs-Colonial-Uhr«*

Um 1900; Metall; 38,5 × 31,5 cm
Rastatt, Wehrgeschichtliches Museum (003 752)

Die Uhr ist mit exotischen Landschaftsmotiven und einem Kriegsschiff auf See bemalt. Auf Spruchbändern steht das politische Ziel der Protagonisten eines deutschen Kolonialismus zu lesen: »Kein Sonnen-Untergang in unserm Reich. Unsere Zukunft liegt auf dem Wasser«.

12/35 Die Schonerbrigg »Dahomey« vor Helgoland

1864; Öl/Lw; 53 × 77,5 cm
Bremen, Bremer Landesmuseum für Kunst- und Kulturgeschichte (Focke Museum) (B 741)

Die »Dahomey« wurde 1857 für die Bremer Afrika-Reederei F.M. Vietor & Söhne gebaut und als Missionsschoner auf der Route nach Westafrika eingesetzt; der Name des Schiffes Dahomey geht auf das der späteren deutschen Kolonie Togo benachbarte, sagenumwobene Land der Amazonen zurück (vgl. 12/22). Die deutsche Handelsflotte bestand vor allem aus Segelschiffen: 1871 zählte man 132 Dampfer und 4589 Segler, von denen 2470 hochseetüchtig waren.

12/36 Bark »Emin Pascha«*

J. H. Mohrmann (1857–1916)
1895; Öl/Lw; 62 × 102 cm
Brake, Schiffahrtsmuseum der oldenburgischen Weserhäfen (B 1010)

Auch in den neunziger Jahren waren für den Transport von Handelsgütern noch zahlreiche Segler unterwegs. Der elegante Dreimaster auf dem Gemälde ist nach dem 1892 auf einer Expedition in das Kongogebiet ermordeten Afrikaforscher Emin Pascha benannt, der eigentlich Eduard Schnitzler hieß.

12/37 Menue-Karte des Dampfers »Deutschland« vom Norddeutschen Lloyd »Zu Ehren des Königs Wilhelm I. u. Graf von Bismarck«, 15. Juni 1869

22,5 × 14 cm
Bremen, Bremer Landesmuseum für Kunst- und Kulturgeschichte (Focke Museum)
(B 700 c)

1857 gründete der Bremer Kaufmann Hermann Henrich Meier den Norddeutschen Lloyd. Zuerst fuhren nur Segelschiffe, in den sechziger Jahren wurden dann die ersten dampfbetriebenen Schiffe mit Hilfsbesegelung eingesetzt. Auf der Nordamerikaroute spielte das Geschäft mit den Auswanderern eine entscheidende Rolle. Die »Deutschland« war 1866 auf einer englischen Werft gebaut worden und strandete 1875 unter Totalverlust mit 157 Todesopfern in der Themsemündung.

12/34

12/36

12/38 »Dem Norddeutschen Lloyd am Tage seines fünfundzwanzigjährigen Bestehens«

Beilage zur »Weser-Zeitung«, Bremen, 20. Februar 1882
Lithographie; 56,5 × 41 cm
Bremen, Staatsarchiv Bremen (7,16–26/6)

Das Schmuckblatt zum Firmenjubiläum des Norddeutschen Lloyd ist reich an allegorischen Anspielungen: Durch einen verwitterten Torbogen, zu dessen Füßen ein Flußgott sitzt, blickt man auf ein am Horizont fahrendes Segeldampfschiff. In großen Schritten eilt von links Neptun, der Gott des Meeres, herbei. Auf dem Mauergesims über ihm sind die Attribute der Seefahrt plaziert: ein Globus, Seekarten, Handbücher und nautisches Meßgerät. Von rechts schaut Merkur, der Gott des Handels, zu Neptun herüber. Über ihm hängt das Posthorn. Am oberen Bildrand ist dem Torbogen eine Kartusche mit dem Porträt des Firmengründers Meier vorgeblendet. Zwei schnaubende Drachen in den oberen Zwikkeln weisen auf die Risiken der Seefahrt hin.

12/39 Der Dampfer »Eider« vom Norddeutschen Lloyd

Carl Fedeler (1837–1897)
1885; bez.u.r.: C. Fedeler 1885
Öl/Lw; 80 × 120 cm
Bremen, Bremer Landesmuseum für Kunst- und Kulturgeschichte (37.388)

1885 verfügte der Norddeutsche Lloyd über die größte Dampfschiff-Flotte des Deutschen Reiches. Mit 40 Passagier- und Frachtschiffen lag die Reederei weit vor der HAPAG mit 25 Schiffen.

12/40

12/40 Plakat des Norddeutschen Lloyd für »Post- und Schnelldampfer...«*

Hamburg/Bremen: Mühlmeister & Johler
Vor 1893; Chromolithographie;
89,5 × 63,5 cm
Hamburg, Museum für Kunst und Gewerbe

Die Seeroute des Dampfers »LAHN«, für den das Plakat wirbt, führte von Bremen über New York, Baltimore, Südamerika und Ostasien bis nach Australien. Seit 1881 setzte der Norddeutsche Lloyd Schnelldampfer der »Lahn«-Klasse ein. Nach Inkrafttreten des Reichspostdampfer-Gesetzes 1885, das einen Zuschuß von 4,1 Millionen Mark jährlich für die Reedereien vorsah, die einen regelmäßigen Post-, Fracht- und Passagierdienst nach Ostasien und Australien mit Schiffen aus deutscher Produktion unterhielten, gab der Lloyd zusätzlich sechs Dampfer modernster Bauart bei der Stettiner Vulcanwerft in Auftrag (vgl. L/28). Die regelmäßige Post- und Passagierverbindung nach Australien wurde im Juli 1886 aufgenommen.

12/41 Plakat des Norddeutschen Lloyd für »Amerika – OST-ASIEN – Australien«

Entwurf: Hans Bohrdt (1857–1945)
Hamburg/Bremen: Mühlmeister & Johler
Nach 1897; Lithographie; 100 × 68 cm
Hamburg, Museum für Kunst und Gewerbe

Der auf dem Plakat abgebildete Dampfer trägt den Namen »KAISER WILHELM DER GROSSE«. Er löste nach 1897 gemeinsam mit zwei Schwesterschiffen die Schnelldampfer der »Lahn«-Klasse ab und bot Passagieren der ersten Klasse jeden erdenklichen Luxus. Mit über 14000 BRT und mehr als 22 Knoten Höchstgeschwindigkeit war der Ozeanriese in dieser Zeit weltweit das größte und schnellste Schiff.

12/42 Plakat der HAPAG für den Passagier- und Frachtverkehr von Hamburg via Le Havre nach Westindien

Hamburg: F.W. Kähler
Nach 1871; Lithographie; 73 × 52 cm
Hamburg, Museum für Kunst und Gewerbe

Sowohl die HAPAG in Hamburg als auch der Norddeutsche Lloyd in Bremen richteten 1870/71 direkte Fracht- und Passagierverbindungen nach Mittelamerika und in die Karibik ein. Aufgrund der englischen und französischen Konkurrenz konnten die deutschen Reedereien jedoch keine Gewinne erwirtschaften. Bereits 1874 gab der Lloyd diese Linie wieder auf. Auch die HAPAG verzichtete ab 1879 auf die Beförderung von Passagieren und setzte nur noch Frachtdampfer ein. Die Zahl der monatlichen Abfahrten von Hamburg konnte bis 1893 von zwei auf sieben erhöht werden.

12/43 Tafelaufsatz*

Bez.: »HERRN ADOLPH GODEFFROY ... IN EHRENDER ANERKENNUNG SEINER VERDIENSTVOLLEN WIRKSAMKEIT / DIE HAMBURG AMERIKANISCHE PAKETFAHRT AKTIEN GESELLSCHAFT«

Sy & Wagner, Berlin
1880; Silber, getrieben, gegossen, graviert und teilw. vergoldet; 46 × 68 × 48 cm
Hamburg, Senat der Freien und Hansestadt Hamburg (Ratssilberschatz; Nr. 72)

Der silberne Tafelaufsatz wurde 1880 dem Mitbegründer und langjährigen ersten Direktor der »Hamburg-Amerikanischen Paketfahrt-Aktien-Gesellschaft« (HAPAG) Adolph Godeffroy, dem Bruder und Geschäftspartner Johann C. Godeffroys (vgl. 12/24), anläßlich seines Ausscheidens aus der Firma überreicht. Die HAPAG war 1847 in Hamburg gegründet worden. Den Tafelaufsatz schmücken allegorische und mythologische Figuren: Die Oberfläche des Sockels soll das Meer versinnbildlichen, auf dem ein Boot mit der weiblichen Personifikation der HAPAG von Seepferdchen gezogen wird. Am Heck des Schiffes sitzt ein Steuermann, am Bug bläst ein Knabe ins Posthorn, und der Handelsgott Merkur hockt auf einem Warenballen. Aus den Wellen tauchen neben Delphinen zwei muschelhornblasende Knaben, eine Nereide sowie die Meeresgötter Triton und Poseidon auf.

12/43

12/44

12/44 Plakat der »Deutschen Dampfschiffs-Rhederei zu Hamburg SUNDA-LINIE ... VIA AMSTERDAM ... nach SINGAPORE, BATAVIA, SAMARANG und SOERABAYA ...«*

Hamburg/Bremen: Mühlmeister und Gohler
Vor 1893; Chromolithographie; 76,5 × 47 cm
Hamburg, Museum für Kunst und Gewerbe

Die »Deutsche Dampfschiffs-Rhederei zu Hamburg« eröffnete 1872 die erste Schiffsverbindung nach China (Kingsin-Linie). Anfangs fuhr sie nur alle zwei Monate mit kleinen Dampfern, 1883 ging man zu monatlichen Abfahrten über. Das Plakat wirbt für »neue Dampfschiffe« mit den klingenden Namen »Salatiga«, »Tosari«, »Lawang« und »Priok«.

12/45

12/46

12/45 Plakat der »Deutschen Ost-Afrika-Linie«*

Hamburg: Charles Fuchs
Nach 1890; Chromolithographie; 72 × 55 cm
Hamburg, Museum für Kunst und Gewerbe

Die »Regelmässige Reich-Post-Dampfer-Verbindung zwischen Hamburg und den Ost-Afrikanischen Küstenplätzen«, die das Plakat annonciert, wurde erst 1890 eingerichtet, nachdem die Reichsregierung eine Subventionierung der Route in Aussicht gestellt hatte. Hamburger Kaufleute, darunter Woermann, beteiligten sich an der »Ost-Afrika-Linie«, die allerdings ein Zuschußgeschäft blieb.

12/46 Plakat der »Deutschen Ost-Afrika-Linie, Hamburg. Directe Durchfrachten von deutschen Eisenbahnstationen ...«*

Hamburg: Charles Fuchs
1895; Chromolithographie; 74,5 × 54,5 cm
Hamburg, Museum für Kunst und Gewerbe

Nach Aufnahme der Schiffsverbindung von Hamburg nach Ostafrika 1890 verkehrten die Dampfer zunächst alle zwei Monate, ab 1891 im Vierwochenturnus. Die Route führte durch den 1869 fertiggestellten Suezkanal zu den Häfen der deutschen Kolonie. Trotz der Werbung für den guten Eisenbahnanschluß wurde die Verbindung nach Ostafrika kein Erfolg. Erst nach Einrichtung einer Linie rund um Afrika (1908) verbesserte sich die Auslastung der Schiffe.

12/47 Tafelaufsatz*

Bez.: »Sr. Magnifizenz Herrn Bürgermeister ... Carl Petersen Dr. Als Zeichen Der Dankbaren Verehrung / Die Diplomatischen Und Konsularischen Vertreter In Hamburg / 6. Juli 1809 – 6. Juli 1889«

Entwurf: H. Zacharias
Sy & Wagner, Berlin
1889; Silber, teilweise vergoldet, mit Wappen in Emaille; 27 × 75 × 45 cm
Reichsstempel: Halbmond und Krone
Hamburg, Senat der Freien und Hansestadt Hamburg (Ratssilberschatz, Nr. 69)

Hamburg war Deutschlands wichtigstes Handelstor zur Welt und damit Hauptumschlagplatz im internationalen Warenverkehr. Mit diesem Geschenk brachten die diplomatischen Vertreter gegenüber dem Bürgermeister der Stadt ihren Dank zum Ausdruck. Den Tafelaufsatz schmücken rundum Staatswappen: Der Reigen beginnt alphabetisch mit »VStvAmerika« und endet mit »Zanzibar«.

12/48 Jules Ferry (1832–1893)*

Léon Bonnat (1833–1922)
1888; bez.o.l.: Ln Bonnat 1888
Öl/Lw; 60 × 53 cm
Saint Dié, Musée municipal de Saint-Dié-des-Vosges [VII. D 52 (D 22)]

Einer der konsequentesten Befürworter der Kolonialpolitik war der französische Ministerpräsident der Jahre 1880/81 und 1883–85, Jules Ferry. Er betrieb, zeitweilig mit Rückendeckung durch Deutschland, die Ausdehnung des französischen Kolonialreichs auf Tunesien, Madagaskar und Tonking. Die Notwendigkeit kolonialer Erwerbungen begründete er mit dem Expansionsdrang der Industrie, die neue Absatzmärkte und Verbraucherschichten gewinnen müsse, um konkurrenzfähig zu bleiben. Die Programmpunkte der Berliner Kongokonferenz wurden im Sommer 1884 mit Hilfe der Botschafter Hohenlohe-Schillingsfürst in Paris und Courcel in Berlin vorab ausgehandelt und von Ferry und Bismarck gemeinsam festgelegt.

12/47

12/48

12/49 Otto von Bismarck*

Franz von Lenbach (1836–1904)
1884; bez.u.r.: F. Lenbach 1884
Öl/Karton; 82,5 × 121,5 cm
München, Städtische Galerie im Lenbachhaus (Dauerleihgabe aus Privatbesitz)

Das Porträt zeigt Bismarck im Jahr der ersten kolonialen Erwerbungen des Deutschen Reiches. Hatte der Kanzler ursprünglich die Bewilligung des Reichsschutzes für deutsche Handelsniederlassungen abgelehnt, um englische Interessen nicht zu verletzen, so erklärte er 1884 im Vorfeld der Kongokonferenz, man dürfe keine französischen »Rechte provozieren«, er wünsche gegen Frankreich »in allem, was nicht Elsaß ist, versöhnliches Auftreten«. Mit Blick vor allem auf die europäischen Mächtebeziehungen ließ er sich unter dem Einfluß von Adolf Woermann (»Syndikat für Westafrika«) und Adolph von Hansemann (»Neu Guinea Compagnie«) Mitte der achtziger Jahre von der Notwendigkeit kolonialer Erwerbungen überzeugen. Bismarck nutzte die Kolonialpolitik zugleich als Ventil für den Abbau des innenpolitischen Drucks, dem er zunehmend ausgesetzt war.

12/49

12/50 Herbert von Bismarck (1849–1904)

Franz von Lenbach (1836–1904)
1894; bez.M.l.: F. Lenbach Friedrichsruh
28. Dez. 1894, bez.u.M.: Graf Herbert von Bismarck
Öl/Lw; 145 × 98 cm (m. R.)
Friedrichsruh, Bismarck-Museum

Der Sohn Otto von Bismarcks, Herbert, wurde seit 1874 von seinem Vater für außenpolitische Aufgaben eingesetzt. Als Legationssekretär an der Londoner Botschaft verhandelte er 1883/84 mit dem britischen Außenminister Granville und dem Kolonialminister Derby über die Erwerbungen des Bremer Kaufmanns Lüderitz in Südwestafrika. Seit 1886 bekleidete Herbert das Amt des Staatssekretärs des Auswärtigen Amtes, später des Außenministers. Er blieb in dieser Eigenschaft weiterhin zuständig für die Kolonialpolitik des Reiches und leitete auch die Vorverhandlungen mit Chamberlain, die 1890 zum Helgoland-Sansibar-Abkommen führten.

Raum 13

MYTHOS ZU LEBZEITEN – BISMARCK ALS NATIONALE KULTFIGUR

Mit der Thronbesteigung Wilhelms II. am 15. Juni 1888 wandelte sich das seit den siebziger Jahren unveränderte Machtgefüge an der Spitze des Deutschen Reiches. Da der junge Kaiser nicht gewillt war, die Rolle seines Großvaters zu übernehmen und sich dem Willen des Kanzlers weitgehend unterzuordnen, kam es schon bald zu Auseinandersetzungen zwischen ihm und Bismarck, die zwar auf der politischen Bühne ausgetragen wurden, aber auch ins Persönliche spielten. Wilhelm II. nutzte Bismarcks lange Abwesenheit von Berlin im Winter 1889/90 dazu, Pläne für eine Sozialpolitik zu entwickeln, die weit über die Vorstellungen des Kanzlers hinausreichten. Wie zu erwarten, ging Bismarck in der Kronratssitzung am 24. Januar 1890 auf Konfrontationskurs zu dieser Politik. Als seine Vorlage für ein dauerndes Sozialistengesetz im Reichstag jedoch keine Mehrheit fand, bat er am 27. Januar um die Entlassung aus dem für die Sozialpolitik zuständigen Amt des preußischen Handelsministers, das er seit 1880 innehatte. Als Nachfolger wurde Hans Hermann von Berlepsch berufen, der die Amtsgeschäfte am 1. Februar 1890 übernahm.

Die nächste Niederlage mußte Bismarck hinnehmen, als Wilhelm II. am 4. Februar gegen seinen ausdrücklichen Rat zwei Erlasse unterschrieb und im »Reichsanzeiger« veröffentlichen ließ, die ein detailliert entwickeltes Programm für die Sozialpolitik enthielten. Bismarck versuchte nun, die Minister anderer Ressorts gegen den Kaiser zu mobilisieren und berief sich dabei auf eine königliche Ordre des Jahres 1852, die dem Ministerpräsidenten das Recht gab, in alle Gespräche zwischen dem Monarchen und einzelnen Ministern eingeschaltet zu werden. Der Konflikt zwischen Kaiser und Kanzler um die Inhalte der Sozialpolitik eskalierte zur Machtfrage. Als Bismarck auch im konservativen Lager kaum noch Unterstützung fand, kam er am 18. März 1890 um seine Entlassung als Ministerpräsident, Reichskanzler und Außenminister ein. Sie wurde zwei Tage darauf von Wilhelm II. vollzogen.

In einem Brief vom 3. April 1890 an Kaiser Franz Joseph I. versuchte Wilhelm II. die Entlassung Bismarcks zu rechtfertigen: »Er wollte allein Alles machen und herrschen und der Kaiser nicht einmal mitarbeiten dürfen ... Ich ließ ihn noch einmal bitten die Aufhebung der Ordre einzusenden und sich meinen ihm früher ausgesprochenen Wünschen und Bitten zu accomodieren, was er glatt verweigerte ... Da riß mir die Geduld ... jetzt galt es den alten Trotzkopf zum Gehorsam zu zwingen oder die Trennung herbei zu führen; denn jetzt hieß es der Kaiser oder der Kanzler bleibt oben.«

Innerhalb kürzester Zeit mußte Bismarck seine Wohnung und die Arbeitszimmer in der Wilhelmstraße räumen, in die sein Nachfolger Leo von Caprivi einzog. »Wir wurden wie Hausdiebe auf die Straße gesetzt und haben beim überhasteten Bergen unserer Sachen vielerlei Eigentum verloren«, klagte der Exkanzler. Am 29. März erfolgte die Abreise nach Friedrichsruh, wo er als der »Alte im Sachsenwald« seinen Lebensabend verbrachte.

Die Zeitgenossen sahen den entlassenen Kanzler so, wie er in den vielfach reproduzierten Zeichnungen von Christian Wilhelm Allers (Bismarck-Allers) erscheint: als gütigen deutschen Hausvater, patriarchalisch und volksnah, glücklich im Kreise seiner Familie. In Wirklichkeit hatte Bismarck mit andauernden Depressionen zu kämpfen, Gefühle der Enttäuschung und Verbitterung über sein politisches Schicksal konnte er nicht überwinden, Machtbesessenheit und Rachsucht ließen ihn nicht zur Ruhe kommen. Auf Anraten seines Arztes Schweninger nahm er die Niederschrift der »Gedanken und Erinnerungen« in Angriff, allerdings ohne allzugroße Begeisterung. Vielmehr interessierte ihn die aktuelle Tagespolitik, und er nutzte seine guten Verbindungen zur Presse, insbesondere zu den »Hamburger Nachrichten«, um die gegenwärtige Politik Berlins massiv zu kritisieren und die Sorge um »sein« Reich zum Ausdruck zu bringen.

In den ersten beiden Jahren nach der Entlassung hielt sich der Bismarck-Kult noch in Grenzen. Nur wer offziell in Opposition zur Berliner Politik stand, konnte es sich leisten, dem Exkanzler seine Aufwartung zu machen, ohne für die politische Karriere Nachteile fürchten zu müssen. Die Stimmung schlug im Sommer 1892 um, als Wilhelm II. durch einen Brief an Kaiser Franz Joseph von Österreich erreichte, daß Bismarck bei einem Aufenthalt in Wien nicht in Audienz empfangen wurde, obwohl er den Kaiser darum gebeten hatte. Einen entsprechenden Erlaß, der Bismarck von fast allen offiziellen Kontakten abschnitt, ließ Caprivi auch im »Reichsanzeiger« veröffentlichen, was einen Sturm der Entrüstung hervorrief und auf das Ansehen von Kaiser und Regierung einen düsteren Schatten warf. Die Annäherung der beiden Kontrahenten im Jahre 1894 – der Besuch des Exkanzlers im Berliner Schloß im Januar und der Gegenbesuch des Kaisers in Friedrichsruh am 19. Februar – wurde deshalb in der Öffentlichkeit mit Erleichterung aufgenommen und als »historische Aussöhnung« gefeiert.

Die Bismarck-Verehrung wurde nun zur patriotischen Pflicht für alle Vaterlandsliebenden. Nicht dem aktiven Politiker galten Zuneigung und Anerkennung, sondern dem lebenden Denkmal, dem schon historischen Helden, der mit der Gründung des Deutschen Reiches die Fundamente für »Deutschlands Größe« gelegt hatte. In politischen Gegenwartsfragen wurde ihm jedoch kaum Gehör geschenkt. Zum 80. Geburtstag Bismarcks am 1. April 1895 pilgerten ganze Heerscharen nach Friedrichsruh, unter ihnen Delegationen deutscher Bundesländer sowie Abordnungen zahlloser Berufs- und Standesgruppen. Über 450 Städte verliehen Bismarck die Ehrenbürgerschaft. Das Postamt in Friedrichsruh mußte um 23 Mitarbeiter verstärkt werden und nahm in der Zeit vom 25. März bis zum 2. April 9875 Telegramme entgegen, 450000 Briefe, Postkarten und Drucksachen wurden ausgeliefert. 70 Pressevertreter aus aller Welt berichteten über das Ereignis. Die schönsten und originellsten Geschenke wurden noch im selben Jahr im Berliner Konzerthaus in der Leipziger Straße ausgestellt. Im Katalog dazu sind mehr als 1100 Objekte verzeichnet, darunter viele bestickte Ruhekissen, Bettvorleger und ähnliche Handarbeiten – Präsente weiblicher Anhängerinnen.

Von den Vorkämpferinnen der Emanzipation wurde diese Form der Bismarck-Verehrung sehr kritisch gesehen: »Warum hat die deutsche Weiblichkeit nicht schon vor dreiundzwanzig Jahren dem göttergleichen Manne begeisterte Huldigungen und kostbare Ehrengaben dargebracht?« fragte Gisela von Streitberg 1894/95 in ihrer Untersuchung zum Thema »Die deutschen Frauen und der Bismarckkultus«. Und sie weist im folgenden darauf hin, daß »erst in den allerletzten Jahren ... die Schwärmerei für Bismarck ausgebrochen [sei] wie eine Epidemie, so blind in ihrer Art wie der einstige Haß. Dieses Wunder ward aber nicht etwa durch die Erweckung des nationalen Reichsgedankens hervorgebracht, sondern durch das Mitgefühl mit dem zeitweiligen Märthyrerthum des Exreichskanzlers und durch die Freude über seine Aussöhnung mit Kaiser Wilhelm II. – Der Bismarckkultus hat große Ähnlichkeit mit dem Wagnerkultus.«

Der 80. Geburtstag des Altkanzlers wurde von vielen Städten und Gemeinden, aber auch von Vereinen und Privatleuten zum Anlaß genommen, ein Bismarck-Denkmal in Auftrag zu geben. Seit der Reichsgründung hatte sich ein bestimmter Denkmalstypus durchgesetzt: Bismarck in Kürassieruniform auf einem Postament stehend, mit oder ohne Helm, die eine Hand auf den Pallasch gestützt, in der anderen die Verfassungsurkunde des Deutschen Reiches mal entfaltet, mal aufgerollt, manchmal auch ganz fehlend (vgl. L/15). Seltener und erst in den neunziger Jahren realisiert wurden Denkmäler, die Bismarck als Privatmann zeigen. Reiterstandbilder, die eigentlich nur souveränen Fürsten vorbehalten waren, wurden in Bremen (vgl. L/25) und Leipzig errichtet. Einen großen Wettbewerb für ein Bismarck-Nationaldenkmal vor dem Reichstag in Berlin rief Wilhelm II. 1895 aus. Der erste Preis ging zur großen Enttäuschung des Kaisers an Otto Lessing. Um dem Lieblingsbildhauer Wilhelms II., Reinhold Begas, noch eine Chance zu geben, wurde 1896/97 ein zweiter Wettbewerb veranstaltet, diesmal mit dem gewünschten Resultat: 1901 konnte das Denkmal von Begas feierlich eingeweiht werden (heutiger Standort: am Großen Stern im Tiergarten).

Vereinzelt wurden 1895 auch schon Bismarck-Säulen geplant. 1898, nach dem Tode des Exkanzlers, riefen die deutschen Studenten dazu auf, überall im Lande Säulen und Türme zu Ehren des Verstorbenen zu errichten. Den Denkmalskult in der Zeit von 1898 bis zum Ersten Weltkrieg hat Karl Scheffler in seiner »Bismarck-Studie« von 1919 treffend charakterisiert: »Man darf sich nicht täuschen lassen von dem Pathos, womit kurz vor dem Kriege an vielen Orten im Reich Bismarckdenkmale in drohend monumentalen Formen errichtet oder in noch größerem Umfange geplant worden sind. Man darf sich nicht täuschen lassen von den Versuchen, die Gestalt ins Übermenschliche zu erhöhen, sie ins geheimnisvoll Heroische gewaltsam hineinzuzwingen und ihr gegenüber von ›germanischer Reckenhaftigkeit‹, von ›Siegfried‹ oder ›Hagen‹ zu sprechen. Das alles sprach mehr gegen ein lebendes Verhältnis als dafür. Die Bismarckdenkmale aus der Zeit vor 1914 gelten gar nicht der großen Persönlichkeit, es sind vielmehr allgemein gedachte Nationaldenkmale, die sich eines gegebenen Namens bedienen.«

Nicht nur Nationaldenkmäler, auch Straßen und Plätze sowie ganze Landstriche und Inselgruppen in den deutschen Kolonien wurden nach dem Reichsgründer benannt. Der in München lebende Maler Franz von Lenbach war auf eine andere Art an der Schaffung der nationalen Kultfigur beteiligt: Er porträtierte den Reichskanzler vor und nach der Entlassung in über 80 Variationen. Noch kurz vor dem Tode des alten Staatsmannes Ende Juli 1898 wurde dem Künstler gestattet, von dem 83jährigen ein sehr persönliches Porträt zu skizzieren. Während der Denkmalskult und die Historienmalerei heute vielfach nur noch als kuriose Erscheinungen des 19. Jahrhunderts angesehen werden, wird den Werken Lenbachs ein bleibender künstlerischer Wert zugebilligt. Lenbach hat das Bismarck-Bild der Nachwelt am stärksten geprägt.

Leonore Koschnick

13/1

13/1 Kaiser Wilhelm II. und Bismarck in Friedrichsruh, 30. Oktober 1888*

M. Ziesler
Photographie; 23 × 18 cm
Berlin, Bildarchiv PK (1300)

Viereinhalb Monate nachdem Wilhelm II. am 15. Juni 1888 die Nachfolge seines nur 99 Tage regierenden Vaters Kaiser Friedrich III. angetreten hatte, besuchte er Bismarck in Friedrichsruh. Der seit seiner Geburt am linken Arm behinderte und in seiner Jugend häufig etwas gehemmt wirkende Wilhelm hatte den Kanzler bis dahin vergöttert, wie er immer wieder hervorhob. Alfred von Waldersee schrieb am 7. April 1889: »Der Kanzler, der den Kaiser nicht oft sieht, ist entschieden gealtert. Er ist ja noch sehr wertvoll dem Auslande gegenüber; dort ist sein Ansehen noch ungeschwächt. Im Innern verliert er langsam an Boden und hat ja auch in der Tat innerhalb der letzten drei Vierteljahr große Fehler gemacht. Er ist im 75. Jahre und daher ohne Tatendrang.«

13/2 »Zur Erinnerung an den 1. Mai 1890«*

Illustration zum »Wahren Jakob«
1890; Holzschnitt; 30 × 21 cm
Bonn, Archiv der sozialen Demokratie/Friedrich-Ebert-Stiftung

Mit dem Gedenkblatt sollten die zentralen Forderungen der Sozialdemokratischen Partei zum 1. Mai 1890 auf plakative Art veranschaulicht werden. Die Komposition wurde auf dem Parteitag im Herbst des Jahres unter großem Beifall als lebendes Bild nachgestellt: Eine auf einem Sockel stehende weibliche Allegorie hält einen Schild mit der Aufschrift »SCHUTZ DER ARBEIT«, zu ihren Füßen demonstrieren Vertreter von Kunst, Arbeit und Wissenschaft ihre Einigkeit, indem sie einander die Hände reichen und ihre Arbeitsutensilien – Palette, Hammer und Buch – unter einem Olivenzweig zusammengelegt haben. Links des Sockels kümmert sich die Göttin der Gesundheit »Hygieia« um eine Frau mit zwei Kindern; die Gruppe nimmt zugleich das christliche Motiv der Schutzmantelmadonna auf. Die Szene rechts des Sockels, wo

Zur Erinnerung an den 1. Mai 1890.

13/2

drei Jungen von einem Lehrer unterrichtet werden, verweist auf Forderungen des internationalen Arbeiterkongresses von 1889: Verbot der Kinderarbeit und bessere Schulbildung auch für sozial benachteiligte Jugendliche.

13/3 Zwei Erlasse Wilhelms II. zur Sozialpolitik, Berlin, 4. Februar 1890

In: Deutscher Reichs=Anzeiger und Königlich Preußischer Staats=Anzeiger, No. 34, 5. Februar 1890
Trier, Stadtbibliothek (Ztg 63)

Mit der Veröffentlichung der beiden Erlasse trat der Konflikt zwischen Wilhelm II. und Bismarck offen zutage: Gegen die ausdrückliche Empfehlung Bismarcks, der in der Arbeiterfrage einen harten Kurs befürwortete, entschied sich der Kaiser für eine Politik des Ausgleichs. »Ich bin entschlossen, zur Verbesserung der Lage der deutschen Arbeiter die Hand zu bieten«, erklärte er einleitend in dem an den Reichskanzler addressierten Erlaß, und in dem folgenden, »an die Minister der öffentlichen Arbeiten und für Handel und Gewerbe« gerichteten Dekret führte er einige Beispiele notwendiger Sozialmaßnahmen an, insbesondere den »weiteren Ausbau der Arbeiter-Versicherungsgesetzgebung«, eine verbesserte Arbeitszeitregelung, die Einrichtung von Arbeiter-Interessenvertretungen, die Entwicklung der staatlichen Bergwerke zu sozialen »Musteranstalten« sowie eine staatliche Kontrolle des Privatbergbaus.

13/4 Entwurf zum Abschiedsgesuch Otto von Bismarcks, 18. März 1890

Kanzleischrift mit handschriftlichen Anmerkungen Bismarcks; 33 × 22,5 cm
Friedrichsruh, Bismarck-Archiv (A 37)

Zu den Meinungsverschiedenheiten über die Sozialpolitik traten andere Konflikte, die eine weitere Zusammenarbeit zwischen Kaiser und Kanzler unmöglich machten, beispielsweise Bismarcks Festhalten an einer Kabinettsordre von 1852, die den Verkehr der einzelnen Minister mit der Krone unter die Kontrolle des Ministerpräsidenten stellte. Als Wilhelm II. seinen Kanzler ultimativ dazu aufforderte, statt dieser Ordre neue Bestimmungen zu erarbeiten und für den Fall der Verweigerung mit Konsequenzen drohte, sah Bismarck sich gezwungen, sein Abschiedsgesuch einzureichen: »...nach gewissenhafter Erwägung der Allerhöchsten Intentionen, zu deren Ausführung ich bereit sein müßte, wenn ich im Dienste bliebe, kann ich nicht anders als Ew. M. allerunterthänigst bitten, mich aus dem Amt des Reichskanzlers, des Ministerpräsidenten und des Preußischen Ministers der auswärtigen Angelegenheiten in Gnaden und mit der gesetzlichen Pension entlassen zu wollen...«

13/5 Mitteilung Wilhelms II. an das Staatsministerium über die Entlassung Bismarcks, Berlin, 20. März 1890

Kanzleischrift; 36 × 52 cm
Berlin, GStA PK (III. HA, Rep. 90, Nr. 2352)

Mit dem Entlassungsgesuch Bismarcks hatte Wilhelm II. den Machtkampf für sich entschieden. Zwei Tage darauf informierte er das Staatsministerium: »Nachdem Ich den Fürsten von Bismarck seinem Antrage gemäß von der Stellung als Reichskanzler, als Präsident des Staats-Ministeriums und als Minister der auswärtigen Angelegenheiten entbunden und den kommandirenden General des X. Armee-Korps, General der Infanterie von Caprivi zum Reichskanzler und zum Präsidenten des Staats-Ministeriums ernannt und mit der Leitung des Ministeriums der auswärtigen Angelegenheiten einstweilen den Staatsminister, Staatssekretär des Auswärtigen Amts, Grafen von Bismarck-Schoenhausen beauftragt habe, lasse Ich dem Staats-Ministerium Abschrift Meiner bezüglichen Erlasse vom heutigen Tage anliegend zur Kenntnißnahme zugehen.«

DROPPING THE PILOT.

13/6 »Dropping the Pilot«*

John Tenniel (1820–1914)
Lithographie aus: Punch, März 1890;
45 × 28 cm
Berlin, DHM (1988/1075)

Diese englische Karikatur auf die Entlassung Bismarcks macht deutlich, daß der Machtwechsel im Ausland mit gemischten Gefühlen aufgenommen und befürchtet wurde, das Deutsche Reich könnte ohne seinen »Lotsen« vom Kurs abkommen.

13/7 Entwurf zu einem Dankesbrief Bismarcks an Wilhelm II.

Handschrift; 33 × 20,8 cm
Friedrichsruh, Bismarck-Archiv (A 37)

Kaiser Wilhelm II. hatte Bismarck zu seiner Entlassung den Titel »Herzog von Lauenburg« verliehen, worauf dieser mit einem bitterbösen Dankschreiben reagierte: »Ew. M.[ajestät] danke ich in Ehrfurcht für die huldreichen Worte, mit denen Allerh[öchst]dieselben meine Verabschiedung begleitet haben ... Ew. M. haben mir gleichzeitig die Würde eines Herzogs von Lauenburg zu verleihen die Gnade gehabt. Ich habe mir ehrfurchtsvoll gestattet, dem Geh. Cab[inetts]rath v. Lucanus mündlich die Gründe darzulegen, welche mir die Führung eines derartigen Titels erschwerten und daran die Bitte geknüpft, diesen weiteren Gnadenact nicht zu veröffentlichen...
In tiefster Ehrfurcht ersterbe ich...«

13/8

13/8 Kaiser Wilhelm II. (1859–1941)*

Christian Heyden (1854–1933)
Bez.u.l.: Chr. Heyden. Df.
Öl/Lw; 155 × 91 cm
Berlin, DHM (1987/111)

Das Verhältnis Wilhelms II. zu Bismarck blieb auch nach der Entlassung gestört, obwohl der Monarch immer wieder beteuerte, wie sehr er den Reichsgründer verehre. Bismarck ließ auch ein Jahr nach seiner Entlassung kaum ein gutes Haar an dem jungen Kaiser: »...er will der Große werden – möge ihm Gott die Gaben dazu verleihen! Ich bin der dicke Schatten, der zwischen ihm und der Ruhmessonne steht, er kann nicht wie sein Großvater zugeben, daß von dem Glanze der Regierung etwas auf seine Minister falle. Dazu der Mangel an Rechtsgefühl und an Augenmaß, er achtet noch empfindet das Recht anderer und schießt über das Ziel hinaus! Es ist ganz undenkbar, daß er und ich je zusammengehen, sogar der gegenseitige Anblick würde uns peinlich sein, ich bin ihm ein Vorwurf; wenn mich ein Blitz vom Himmel schlüge, wäre ihm ein Stein von der Seele gewälzt.«

13/9 Bismarcks Abreise von Berlin*

Alexander Friedrich Werner (1827–1908)
1892; bez.o.l.: 18. 6. 1892 A. F. Werner
Öl/Holz; 43 × 31,5 cm
Friedrichsruh, Fürstin Ann Mari von Bismarck

Zur Verabschiedung Bismarcks am 29. März 1890 fand sich im Lehrter Bahnhof eine große Menschenmenge ein. Nach den Berichten einer Augenzeugin herrschte ein großer Enthusiasmus, »die inneren Räume waren zum Erdrücken voll, die Fenster wurden ausgehoben, an den Säulen hingen die Menschen bis hoch oben, jubelnd, weinend, sich die Hände drückend; plötzlich fing einer an, die ›Wacht am Rhein‹ zu singen…; der Kürassierschwadron liefen die hellen Tränen von den Wangen«.

13/10 Bismarcks Bleistift

Vor 1898; Holz; L 32 cm
Friedrichsruh, Bismarck-Museum

Im Herbst 1890 begann Bismarck, seinem Mitarbeiter Lothar Bucher persönliche Erinnerungen zu diktieren; den Bleistift benutzte er zu Korrekturen an den Manuskripten. In einem Gespräch mit Moritz Busch im Januar 1892 äußerte Bucher darüber seine Unzufriedenheit: »Da arbeitet man in jeder Beziehung ohne Erfolg und Freude. Es ist ein ganz hoffnungsloses Abmühen und gibt nichts für die Geschichte. Nicht nur, daß sein Gedächtnis mangelhaft und sein Interesse für das, was wir fertig haben, gering ist, … er fängt an, auch absichtlich zu entstellen, und zwar selbst bei klaren, ausgemachten Tatsachen und Vorgängen. Bei nichts, was mißlungen ist, will er beteiligt gewesen sein, und niemand läßt er neben sich gelten als etwa den alten Kaiser.«

13/11 Brille und Pfeife Bismarcks

Glas, Metall (Brille); Haselholz (Pfeife), L 80 cm
Friedrichsruh, Bismarck-Museum

Alexander Keyserling beobachtete anläßlich eines Besuches in Friedrichsruh im Juni 1890: »Der Fürst kann seine Augen in der Nähe gebrauchen bis in die Nacht hinein; nur wegen geringer Fernsicht trägt er eine Brille beim Spazieren.«

13/9

13/12 Otto von Bismarck: Gedanken und Erinnerungen, Bd. 3

Reinschrift für den Verleger
1895 ff.; Handschrift; 33 × 21 cm
Friedrichsruh, Bismarck-Archiv

Ende 1898, vier Monate nach dem Tode Bismarcks, erschienen die ersten beiden Bände seiner »Gedanken und Erinnerungen«. Dazu notierte die Baronin Spitzemberg in ihr Tagebuch: »…in den Buchhandlungen prügelt man sich um Bismarcks Einnerungen … längst ist die Auflage von 100 000 Exemplaren vergriffen, und Cotta kann auch nicht annähernd nachliefern, was gefordert wird.« Es sei noch nie dagewesen, daß nicht nur »die gebildeten Kreise« das Buch kauften, »sondern zu Dutzenden ehrbare Handwerksmeister, Bäcker, Schlächter, die offen sagen, sie wollen Bismarcks Buch bloß im Hause haben, besitzen, lesen und verstehen können sie es kaum!«
Der dritte Band der »Gedanken und Erinnerungen« mit der Schilderung der Entlassung Bismarcks durfte erst 1919, nach dem Sturz der Hohenzollernmonarchie, veröffentlicht

13/15

werden. Im ersten Kapitel des Manuskripts (S. 8) schrieb Bismarck über Prinz Wilhelm: »Ein Thronerbe als Kamerad unter jungen Offizieren, deren begabteste vielleicht ihre dienstliche Zukunft vor Augen haben, kann nur in seltenen Fällen darauf rechnen, durch den Einfluß seiner Umgebung in der Vorbereitung für seinen künftigen Beruf gefördert zu werden.« Der folgende Absatz wurde später gestrichen: »Er ist denn auch mit seinen Anschauungen auf den Thron gekommen, die für unsere preußischen Begriffe neu und nicht durch unser Verfassungsleben geschult sind.«

13/13 Friedrichsruher Gästebuch mit Eintragungen vom 2. Oktober 1887 bis zum 8. Mai 1895

Ledereinband, Metallbeschläge;
22,2 × 17,4 cm
Friedrichsruh, Bismarck-Archiv (A 35)

Auch nach der Entlassung Bismarcks kamen Gäste aus aller Welt nach Friedrichsruh, um dem »Alten im Sachsenwald« ihre Aufwartung zu machen. Zu den häufigsten Besuchern gehörten Journalisten, die der Exkanzler einlud, um über die Presse, insbesondere die »Hamburger Nachrichten«, weiterhin politisch Einfluß zu nehmen. Am 19. Februar 1894 trug sich Wilhelm II. in das Gästebuch ein. Mit diesem Besuch und dem bereits im Januar des Jahres arrangierten Empfang für Bismarck im Berliner Schloß wurde der erste Schritt zu einer »Versöhnung« getan.

13/14 Ansichten von Varzin

a) »Gartenansicht«
b) »Grabkapelle«
c) »Bills Zimmer«
d) »Mama's Schlafzimmer«

Hermann Scholtz
1898; 4 Photographien; 26 × 32 cm (a,c,d), 22 × 17 cm (b)
Friedrichsruh, Bismarck-Archiv

In den ersten Jahren nach der Entlassung verbrachte die Familie Bismarck immer einige Zeit auf dem Gut Varzin in Pommern. Erst nach dem Tode seiner Frau im November 1894 blieb Otto von Bismarck dauernd in Friedrichsruh.

13/15 Porträtstudien von Mitgliedern der Familie von Bismarck*

Franz von Lenbach (1836–1904)
Um 1890; Öl/Lw; 97,5 × 120,5 cm
München, Städtische Galerie im Lenbachhaus (L 223)

Nach seinem Rückzug ins Privatleben bot die Familie Otto von Bismarck Rückhalt. Dargestellt sind (von l. o. nach r. u.) seine Frau Johanna, Sohn Wilhelm (Bill) und Schwiegertochter Sibylle, Tochter Marie und Schwiegersohn Kuno zu Rantzau, nochmals Johanna, Sohn Herbert sowie die Kinder des Ehepaars Rantzau.

13/16 Johanna von Bismarck (1824–1894)*

Franz von Lenbach (1836–1904)
1894; bez.u.l.: Ddf 94
Öl/Lw; 139, 5 × 115 cm (m.R.)
Friedrichsruh, Fürst Ferdinand von Bismarck

Am 27. November 1894 starb Johanna: die »treueste, hingebendste Frau…, die er von Jugend auf geliebt, die ihm geistig nicht ebenbürtig und seine vaterländischen und politischen Bestrebungen nicht teilend, ja oft verwünschend, trotzdem die wahre und rechte Lebensgefährtin war, wie er sie sich wünschte, und ohne deren Fürsorge und Pflege diejenigen, welche das Haus kennen, ihn sich gar nicht vorstellen mögen«, wie Hildegard von Spitzemberg sie aus diesem Anlaß in ihrem Tagebuch beschrieb. Bismarck kam nur langsam über den Verlust hinweg. Besucher beobachteten an ihm in den folgenden Monaten eine andauernde depressive Stimmung.

13/16

13/17 Bismarckfeier 1885

Josef Wenglein (1845–1919)
Öl/Lw; 55,5 × 100 cm
München, Münchner Stadtmuseum (II b/97)

Der 70. Geburtstag Bismarcks bot Anlaß zu zahlreichen Huldigungsfeiern. In München fand am 28. März 1885 auf dem Königsplatz eine Kundgebung statt, ohne daß der Jubilar persönlich anwesend war. Der Münchner Hofdichter Paul Heyse ließ sich dazu ein »Bismarck-Lied« einfallen, daraus im folgenden zwei Strophen:

»Wem soll das Lied erklingen?
Dem Mann auf hoher Wacht,
Der Elsaß und Lothringen
Ans Reich zurückgebracht.
Der Trutz und Hohn der Welschen brach
Und Rache nahm für lange Schmach,
Wir preisen ihn und singen
Von seiner Größ' und Macht.
Wem soll das Lied erklingen?
Dem weisen Friedenshort,
Der Diplomatenschlingen
Zerhaut mit blankem Wort.
Das deutsche Reich, das Herz der Welt,
Hat er zur Hut des Rechts bestellt,
Gott laß es ihm gelingen
In Treuen fort und fort!«

13/18

13/18 Kaiser Wilhelm II. in Friedrichsruh, 26. März 1895*

M. Ziesler
1895; 4 Photographien; je 18,5 × 24 cm
Köln, Kölnisches Stadtmuseum (Graphische Slg. KSM 1988/914,1–4)

Die Reichstagsentscheidung vom 23. März 1895, Bismarck zu seinem 80. Geburtstag keine Glückwünsche auszusprechen, wurde in der Öffentlichkeit mit Entrüstung aufgenommen. Wilhelm II. benutzte daraufhin die Gelegenheit, Bismarck am 26. März einen demonstrativen »Versöhnungsbesuch« abzustatten und in Friedrichsruh eine militärische Geburtstagsparade abzuhalten. Auf den Photos ist neben Bismarck im Wagen sitzend Kronprinz Wilhelm zu erkennen. Bismarck dankte zurückhaltend: »Eure Majestät wollen gestatten, Ihnen meinen untertänigsten Dank zu Füßen zu legen. Meine militärische Stellung Eurer Majestät gegenüber gestattet mir nicht, Eurer Majestät meine Gefühle weiter auszusprechen. Ich danke Eurer Majestät.«

13/19 Die deutschen Studenten in Friedrichsruh, 1. April 1895

Willy Wilcke
Photographie; 13,5 × 20,8 cm
Friedrichsruh, Bismarck-Archiv

Zahlreiche Delegationen reisten nach Friedrichsruh, um Bismarck zum 80. Geburtstag zu gratulieren. Der Jubilar nutzte die Gelegenheit zu Ansprachen, in denen er auf seine großen Erfolge hinwies. An die Studenten appellierte er: »... geben Sie sich dem deutschen Bedürfnis der Kritik nicht allzusehr hin, akzeptieren Sie, was Gott uns gegeben hat und was wir mühsam unter dem bedrohenden – Angriff kann ich nicht sagen, – aber Gewehranschlag des übrigen Europa ins Trockene gebracht haben. Es war nicht ganz leicht.«

13/20 »Huldigung der Rheinländer« in Friedrichsruh, 19. Mai 1895

Strumper
Photographie; 15,8 × 21,8 cm
Köln, Kölnisches Stadtmuseum

13/18

Die Huldigungsfeierlichkeiten zum 80. Geburtstag zogen sich über mehrere Wochen hin. Die Wallfahrten nach Friedrichsruh waren generalstabsmäßig geplant, so daß die Eisenbahn den Transport der zahlreichen Delegationen aus den verschiedenen Provinzen problemlos bewältigen konnte.

13/21 Deutsche Frauenverbände gratulieren Bismarck zum 80. Geburtstag

Christian Wilhelm Allers (1857–1915)
1895; Bleistiftzeichnung; 80 × 142 cm
Worms, Museum Kunsthaus Heylshof

Die Huldigung der Frauenverbände ging auf eine Initiative Sophie von Heyls zurück. Seit die Frau des Reichstagsabgeordneten Max von Heyl Bismarck bei einem parlamentarischen Abend im Reichskanzlerpalais vorgestellt worden war, gehörte sie zu seinen glühendsten Verehrerinnen. In den 1917 erschienenen »Erinnerungen an Sophie Freifrau v. Heyl zu Hernsheim« wird der Besuch beim »Altreichskanzler« im Jahre 1895 beschrieben: »An seinem 80sten Geburtstage begab sie sich mit einigen anderen Damen in Vertretung von 120000 rheinischen, pfälzischen und badischen Frauen nach Friedrichsruh und hatte dort die Ehre, bei diesem feierlichen Akt dem Fürsten einen bekränzten, mit Wormser Liebfrauenmilch gefüllten Pokal zu kredenzen.«
Von Anhängerinnen der Sozialdemokratischen Partei wurde diese Form der Bismarck-Verehrung schärfstens kritisiert. Gisela von Streitberg machte 1894/95 in ihrem Buch »Die deutschen Frauen und der Bismarckkultus« deutlich, daß dies »keine Aeußerung gesunden Nationalgefühls« sei: »Von Seiten der politisch gebildeten Männer enspringt er im Grunde doch meistentheils ihrer Unzufriedenheit mit der jetzigen Staatsleitung; von Seiten der Frauen aber nur einer blinden Schwärmerei, da sie die wenigste Ursache zur Dankbarkeit gegen den vormaligen Reichskanzler haben.«

13/22 Fahne des »Patriotischen Kriegervereins Fürst Bismarck«

Textil; ca. 120 × 140 cm
Friedrichsruh, Fürstin Ann Mari von Bismarck

Der »Patriotische Kriegerverein Fürst Bismarck« war am 1. April 1895 anläßlich des 80. Geburtstags Bismarcks gegründet worden. Die weißblaue Fahne, von Eichenlaub umrankt, schmückt in der Mitte das Wappen der Familie Bismarck mit dem Motto »IN TRINITATE ROBUR«. Ein Spruchband trägt das Bismarck-Zitat: »Wir Deutschen fürchten Gott, sonst aber nichts auf der Welt!«

13/23 Eichenstuhl

Holz; 108 × 94,5 × 148 cm
Friedrichsruh, Fürstin Ann Mari von Bismarck

Conrad von Wartensleben-Minowsky schenkte Bismarck zum 80. Geburtstag diesen Stuhl, der aus einer Eiche des Gutes Minowsky geschnitzt ist. Die Widmung in der Rückenlehne bezieht sich auf Bismarcks Funktion als Chef des nach dem Reitergeneral Seydlitz benannten Kürassierregiments. Seydlitz hatte ebenfalls auf dem Gut Minowsky gelebt: »Des Helden Seydlitz Eichen grüßen Dich,/ Du hehrer Fürst, der Deutschen Stolz und Ehr'!/Um Dich und Sie schlingt unzerreißbar sich/Das Band der Deutschen Liebe, deutscher Treue.«
In den Sitz ist eine Landkarte von Elsaß-Lothringen geschnitzt sowie die Sätze »Deines Geistes Macht hat uns dies Stück entrafft« und »Erholung Dir wünschen wir«.

13/24 Ehrenschild

Entwurf: Adolf M. Hildebrandt (1844–1918)
Silber, getrieben; in Kassette, Holz, Samt; 103 × 80 × 25 cm
Friedrichsruh, Bismarck-Museum

Der Ehrenschild wurde laut Inschrift auf der Innenseite »Seiner Durchlaucht dem Fürsten zum achtzigjährigen Geburtstage in Liebe und Treue gewidmet vom Bund der Landwirte«. Der Prachtband »Das Bismarck-Museum in Bild und Wort« von 1898 liefert eine genaue Beschreibung des Schildes: »Um die Mittel für dieses kostbare Geschenk flüssig zu machen, richtete der Bund einen warmen Appell an seine Mitglieder.« In der Mitte des Schildes »erblickt man einen Großgrundbesitzer und einen Bauern, die einander die Hand zum Einigungsbunde reichen unter dem Wahlspruch: ›Das ganze Deutschland soll es sein.‹ Sie sind umgeben von wogenden Kornfeldern, zwischen denen ein freundlicher Weiler durchblickt; im Vordergrunde liegen landwirthschaftliche Geräthe am Boden. Oberhalb dieses … Mittelstückes thront eine kraftvolle Germania auf Wolken … Um den Schild herum läuft … eine breite Borde … Auf dieser Borde ruhen … die in farbenprächtigem Email ausgeführten Wappen der deutschen Bundesstaaten und preußischen Provinzen, im Ganzen vierunddreißig.«

13/27

13/25 Plakat für die Bismarck-Nummer der »Münchner neuesten Nachrichten«, 1. April 1895

Franz von Stuck (1863–1928)
1895; Lithographie; 36 × 27,5 cm
Berlin, Kunstbibliothek PK (Thyssen 3215)

Zahlreiche Zeitungen brachten anläßlich des 80. Geburtstags von Bismarck am 1. April 1895 Sondernummern heraus. Das von Stuck entworfene Ankündigungsplakat wirbt mit dem Titel »DER ZWIETRACHT EISERNER ERWVERGER DES DEVTSCHEN REICHES EHRENBVERGER«.

13/26 »Zeitungs-Archiv«

Holz, Messing, Papier; 31 × 68 × 48 cm
Friedrichsruh, Bismarck-Archiv

Die Holztruhe, ein Geschenk des Freiherrn Carl von Stein-Liebenstein zu Barchfeld, enthält eine Sammlung internationaler Zeitungsberichte zum 80. Geburtstag Bismarcks.

13/27 »Bursch und Germania«*

Theodor Charlemont (1859–1938)
Bronze, versilbert, Holz (Sockel);
H ca. 50 cm
Friedrichsruh, Bismarck-Museum

Als ehemaliges Mitglied einer schlagenden Verbindung war Bismarck bei den Burschenschaftlern besonders populär. Das Geschenk der »Linzer D. C. Burschenschaften« zum 80. Geburtstag zieren Sprüche von heroischem Pathos: »Vom Fels bis zum Meer halten wir unzertrennlich zusammen« und »Wir Deutsche fürchten Gott, sonst nichts auf der Welt«. Bismarck soll sich über dieses Geschenk besonders gefreut haben, da die österreichische Regierung für den Geburtstag geplante Ehrenkundgebungen in Wien, Innsbruck, Graz und Czernowitz untersagt hatte.

13/28 Couleurband des Corps Hannovera

B 3 cm, L 179 cm
Friedrichsruh, Bismarck-Museum

Während seiner Göttinger Studienzeit war Bismarck Mitglied des Corps Hannovera geworden. In Erinnerung daran schenkte ihm diese studentische Verbindung 1895 das rot-blau-goldene Couleurband in den Farben des Königreichs Hannover mit der Aufschrift »Dem Einiger Deutschlands zu seinem 80. Geburtstag in Verehrung gewidmet«.

13/29 Amboß mit Werkzeugen*

Hans Friedel, Feller und Bogus
Holz, Eisen, Leder, Blech; H 150 cm,
Dm ca. 70 cm
Friedrichsruh, Bismarck-Museum

Der Amboß, ein Geschenk der »Bergischen Schmiede von Remscheid« zum 80. Geburtstag Bismarcks, wird in dem 1898 erschienenen Prachtband »Das Bismarck-Museum in Bild und Wort« wie folgt beschrieben: Er »besteht aus einem Eichenstamm mit Ambos, auf dem zwei Hämmer und eine Zange stehen, umschlungen von vergoldetem schmiedeeisernen Lorbeer- und Eichenzweig. Auf dem Ambos liegt eine kurze zusammengeschweißte Eisenstange, deren eine Hälfte das Wort ›Nord‹, die andere das Wort ›Süd‹ trägt. Den Eichenstamm umgiebt in der Mitte ein geschnittener, verzierter Ledergurt, in dem wunderbar fein gearbeitete Werkzeuge stekken; seine obere Fläche wird von einem eisernen Reifen mit erhabener Kaiserkrone umspannt, der die Inschrift trägt: ›Der mit Eisen und Blut / Aus Haders Glut / Geschmiedet des neuen Reiches Krone – / Nimm Bergischer Schmiede Dank zum Lohne!‹«

13/29

13/30 Plakat der »Fahrrad Werke Bismarck G.m.b.H.«*

Nach 1896; Chromolithographie; 67 × 40 cm
Hamburg, Museum für Kunst und Gewerbe

Seit dem 80. Geburtstag Bismarcks wurde sein Name verstärkt zu Werbezwecken genutzt. Auf dem Plakat der Fahrradwerke wird darauf hingewesen, daß die Werbung »Mit besonderer Genehmigung seiner Durchlaucht, d. Fuersten Bismarck« geschehe. Die Bismarck-Fahrradwerke wurden erst 1984 aufgelöst.

13/30

13/31 Plakat für den »Fürst Bismarck Doppelschrauben-Schnelldampfer der Hamburg-Amerikanischen Paketfahrt-Actien-Gesellschaft in Hamburg«

Berlin/London: J. Aberle
Vor 1896; Chromolithographie; 60 × 80 cm
Hamburg, Museum für Kunst und Gewerbe

Der Schnelldampfer der HAPAG, 1891 auf der Stettiner Werft »Vulcan« vom Stapel gelaufen, war nicht das erste Schiff, das nach Bismarck benannt wurde: 1867 war in Rostock ein Handelsschiff auf den Namen »Bismarck« getauft worden, 1877 eine Kreuzerfregatte, die u. a. in der Südsee zum Einsatz kam (vgl. 12/25). Mit der Benennung eines Panzerkreuzers erklärte sich Bimarck 1897 einverstanden, äußerte bei dieser Gelegenheit aber auch Kritik an der neuen deutschen Flottenpolitik.

13/32 »Aulhorn's Nähr-Kakao«

a) »Bismarck u. Napoleon am 2. Sept. 1870«
b) »Bismarck u. Napoleon in Donchery 2. Sept. 1870«
c) »Friedensverhandlungen zu Versailles Febr. 1871«
d) »Berliner Congress Juni-Juli 1878«
e) »Nach der grossen Rede vom 6. Febr. 1888«
f) »Am 80. Geburtstage in Friedrichsruh 1. Apr. 1895«

Reklame-Sammelbilder-Serie »Aus dem Leben des Fürsten Bismarck«
Dresden: C.C. Petzold
1898; 6 Chromolithographien;
je 7,2 × 10,5 cm
Berlin, Detlef Lorenz

Die Motive der Sammelbilder erinnern an Werke von Wilhelm Camphausen oder auch Anton von Werner. Entsprechen schon deren Historiengemälde in ihrer idealisierenden Darstellungsweise selten den wahren Begebenheiten, so wurde Bismarck in der Lebensmittelwerbung als Held in allen Lebenslagen glorifiziert.

13/33 »C. H. KNORR'S NAHRUNGSMITTELFABRIKEN«

a) »BISMARCK und KÖNIG WILHELM im Kartätschenfeuer bei Königgrätz«
Dazu: »Knorr's REISMEHL«

b) »BISMARCK verliest die DEPESCHE von der ANKÜNDIGUNG des KRIEGES 15. Juni 1870«
Dazu: »Knorr's TAPIOCA«

c) »BISMARCK und NAPOLEON bei SEDAN«
Dazu: Grünkern-Suppe, Reis-Suppe und Erbsen-Suppe von Knorr

d) »Die Unterzeichnung der FRIEDENSPRAELIMINARIEN (Versailles 26. Febr. 1871)«
Dazu: »Knorr's Erbswurst«

e) »KAISER WILHELM und sein KANZLER«
Dazu: »Knorr's GRÜNKERN-EXTRACT«

f) »In FRIEDRICHSRUH am 26. MAERZ 1895«
Dazu: »Knorr's HAFER-MEHL«

Reklame-Sammelbilder-Serie mit Momenten »aus dem Leben Bismarcks«
Rheyd: Kunstanstalt Hermann Schött
1901; 6 Chromolithographien; je 7 × 11 cm
Berlin, Detlef Lorenz

13/34 »VERO ESTRATTO DI CARNE LIEBIG«

a) Bismarck vor dem Prorektor der Universität Göttingen 1833
b) Der Deichhauptmann, Schönhausen 1846
c) Beratung mit Moltke über die Militär-Reorganisation, Berlin 1863
d) Kaiserproklamation in Versailles, 18. Januar 1871
e) Im Reichstag, 6. Februar 1888: »Noi Tedeschi temiamo Dio, ma nessun altro al mondo«
f) In Friedrichsruh, Ehrung zum 80. Geburtstag, 1. April 1895

Reklame-Sammelbilder-Serie für »Liebigs Fleisch-Extract« in italienischer Sprache
Detmold: Kunstanstalt der Gebr. Klingenberg
1899; 6 Chromolithographien;
je 7,2 × 10,5 cm
Berlin, Detlef Lorenz

Auch im europäischen Ausland wurde mit dem Namen Bismarcks Produktwerbung betrieben. Er bürgte offensichtlich für Qualität. Die Firma Liebig verzichtete in ihrer Sammelbilder-Serie bemerkenswerterweise auf Kriegsszenen.

13/35 Das »Café Roland von Berlin« in der Potsdamer Straße 129/130, Berlin-Schöneberg

a) Fassade mit allegorischem Figurenschmuck und den Namen deutscher Kolonien
b) Innenansicht, jeweils über den Wandspiegeln Bismarck als allegorische Figur
c) Bismarck als »Roland von Berlin«*

Um 1900; 3 Photographien; 23 × 29 cm (a,b), 28 × 23 cm (c)
Berlin, Privatbesitz

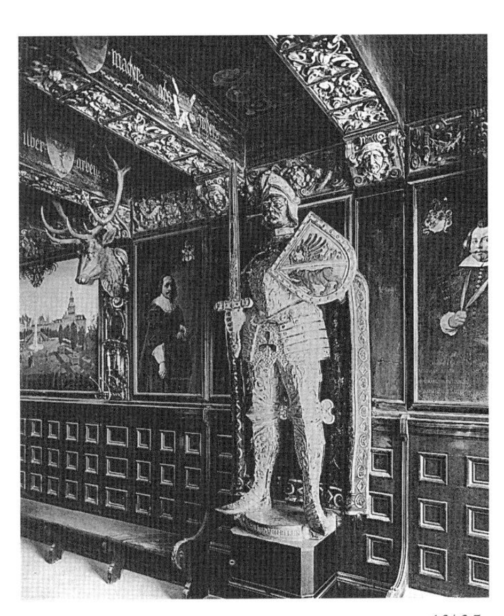

13/35c

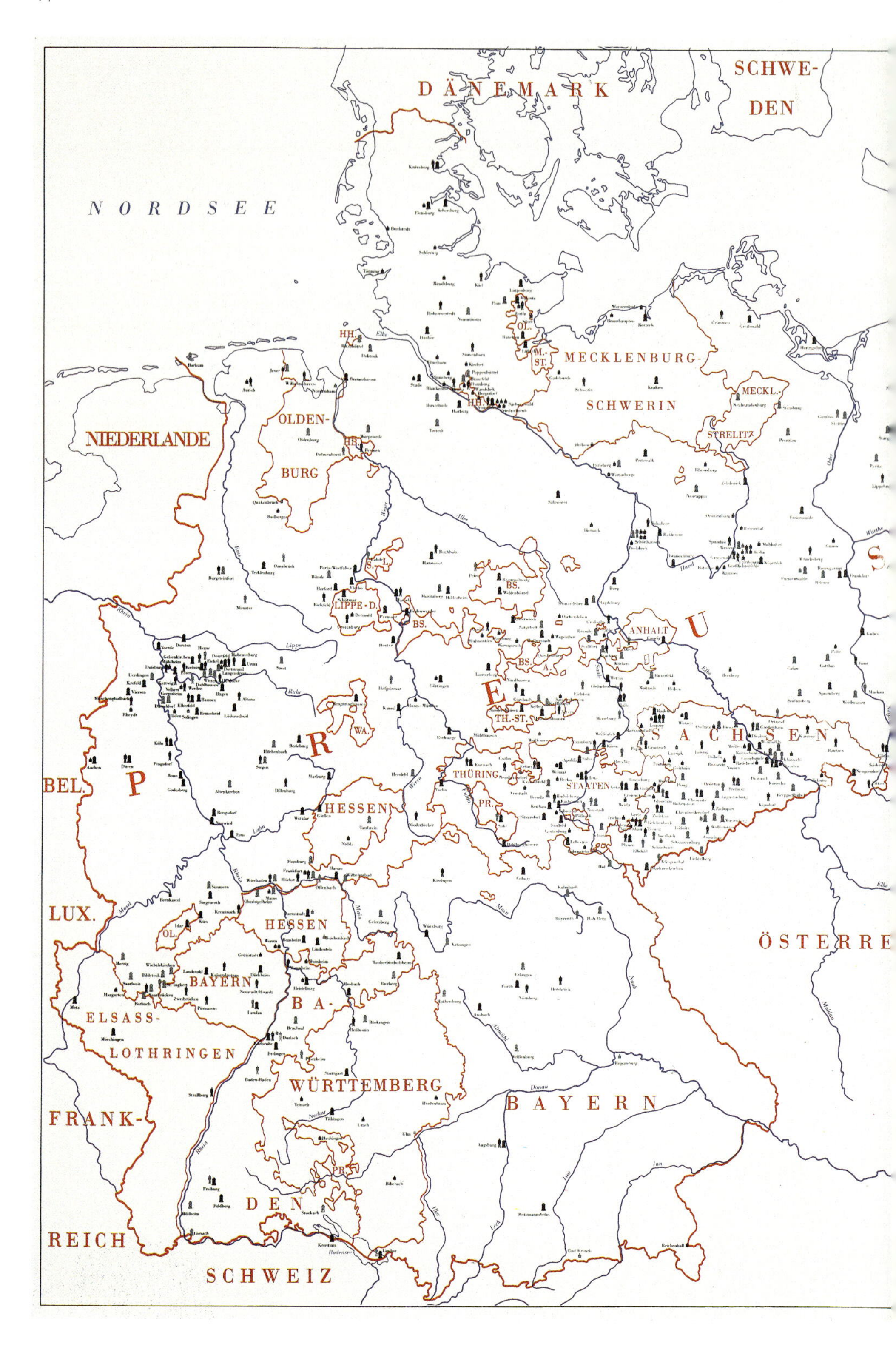
DÄNEMARK
SCHWEDEN
NORDSEE
NIEDERLANDE
OLDENBURG
MECKLENBURG-SCHWERIN
MECKL.-STRELITZ
HH.
OL.
M.-ST.
LIPPE-D.
BS.
ANHALT
WA.
HESSEN
THÜRING. STAATEN
TH.-ST.
PR.
SACHSEN
P R E U S
BEL.
LUX.
OL.
BAYERN
ELSASS-LOTHRINGEN
BADEN
WÜRTTEMBERG
BAYERN
ÖSTERRE
FRANKREICH
SCHWEIZ

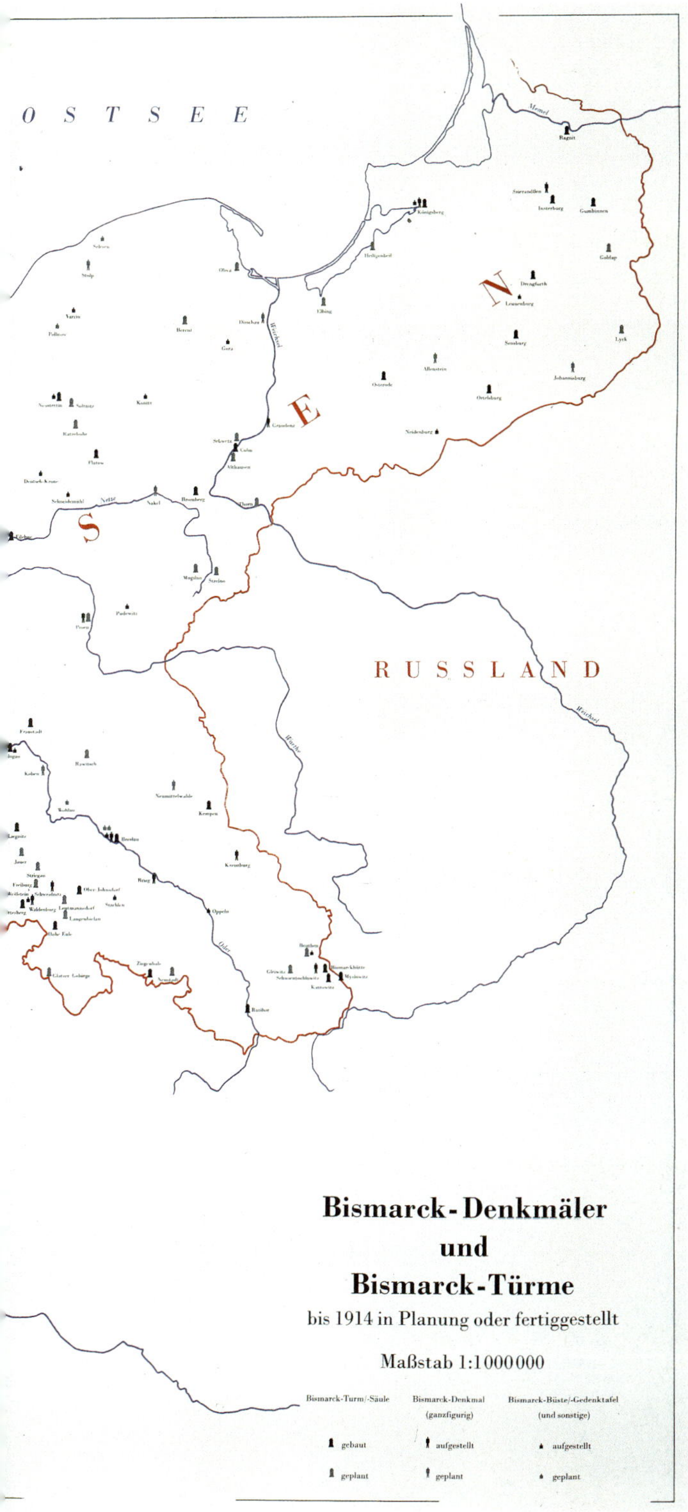

OSTSEE

RUSSLAND

Bismarck-Denkmäler und Bismarck-Türme

bis 1914 in Planung oder fertiggestellt

Maßstab 1:1000000

Bismarck-Turm/-Säule	Bismarck-Denkmal (ganzfigurig)	Bismarck-Büste/-Gedenktafel (und sonstige)
gebaut	aufgestellt	aufgestellt
geplant	geplant	geplant

13|36

Das »Café Roland von Berlin« war in einem Geschäftshaus mit aufwendigem Fassadenschmuck untergebracht. Die Innenausstattung mit den zahlreichen Bismarck-Allegorien in der Wanddekoration wurde sicherlich schon von den zeitgenössischen Besuchern mit Schmunzeln quittiert. Kult und Kitsch lagen hier nah beieinander. »Bismarck als Roland« wurde auch zu einem Denkmalstypus, teilweise stark stilisiert und überdimensioniert (z. B. in Hamburg von Hugo Lederer, 1906). Die Figur des Roland besitzt vor allem in Norddeutschland als Personifikation der Markt- und Handelsfreiheit Tradition.

13/37

13/36 Karte des Deutschen Reiches mit den bis 1914 geplanten Bismarck-Denkmälern und -Türmen*

Karsten Bremer (nach Unterlagen von Dr. Hans-Walter Hedinger)
1990; 100 × 120 cm
Berlin, DHM

Von den über 700 Bismarck-Denkmälern jeglicher Art, einschließlich der Gedenksteine, Brunnen, Porträtbüsten und Reliefs, die bis 1914 in Planung waren, wurden mindestens 500 realisiert. Hinzu kamen noch die auf der Karte nicht verzeichneten Monumente im europäischen Ausland und in Übersee. Deutlich ist der Karte zu entnehmen, daß die Hochburgen der Bismarck-Verehrung in den industriellen Ballungszentren in Westfalen, in Thüringen und in Sachsen zu finden waren, während die Denkmäler in dünner besiedelten Regionen wie Pommern und in den traditionell antipreußisch eingestellten Reichsgebieten Bayern, Hannover oder auch Elsaß-Lothringen nur spärlich auftauchten. An den äußeren Grenzen des Reiches, beispielsweise in Bromberg, Myslowitz (Schlesien), Konstanz, Metz, Aachen, Borkum und Heringsdorf (Ostsee), wurden die Monumente demonstrativ als Symbol gegen die »Bedrohung« durch den Feind errichtet.

13/37 Modell des Kölner Bismarck-Denkmals auf dem Augustinerplatz*

Fritz Schaper (1841–1919)
1876; Zinkguß; H 68 cm (m.S.)
Privatbesitz

Das Kölner Denkmal, 1879 von Schaper fertiggestellt, war das erste öffentliche Monument für den Reichskanzler (Original zerstört). Bismarck trägt die Interimsuniform der Kürassiere, mit der linken Hand stützt er sich auf einen Pallasch, während er mit der rechten seitlich in den zugeknöpften Rock greift. Diese Form der Bismarck-Darstellung wurde in den folgenden zwanzig Jahren immer wieder aufgegriffen, wobei dem Reichsgründer häufig auch noch die Verfassungsurkunde in die Hand gegeben wurde.

13/38

13/38 Nachbildung des Bismarck-Denkmals auf der Rudelsburg*

Nach Norbert Pfretschner (1850–1927)
(Original 1896); Bronze; H 42 cm
Würzburg, Institut für Hochschulkunde

Anläßlich des 80. Geburtstags von Bismarck 1895 beschloß der »Verband alter Korpsstudenten«, der alljährlich auf der Rudelsburg in Thüringen zusammentraf, für den Jubilar ein Denkmal zu schaffen, das an dessen frühere Mitgliedschaft in einer schlagenden Verbindung erinnern sollte. Bereits 1896 konnte das Monument, das unter den figürlichen Bismarck-Denkmälern eine Besonderheit darstellt, eingeweiht werden. In einer zeitgenössischen Beschreibung heißt es: »Auf granitenem Sockel erblickt man auf dem Stuhle sitzend einen flotten Korps-Studenten, Jung-Bismarck, ... in ungezwungener Haltung, lässig zurückgelehnt, barhäuptig, in der Rechten wie spielend den Korbschläger, um die Brust das Burschenband. Links auf der unteren Stufe des ... Postamentes erhebt sich, zu ihrem Herren aufschauend, eine Ulmer Dogge. Embleme zur Versinnbildlichung des studentischen Verbindungslebens zieren die rechte Ecke des Sockels, den ein Eichenkranz umschlingt.«

13/39 »Situations und Nivellements Plan von dem Hochplateau der Rudelsburg«

Maßstab 1:500
1895; kolorierte Federzeichnung; 69 × 96 cm
Würzburg, Institut für Hochschulkunde

Der Plan zeigt, daß das Bismarck-Denkmal auf der Rudelsburg zwischen zwei bereits vorhandenen Denkmälern errichtet werden sollte: einem Erinnerungsmal für Gefallene und einem Kaiser-Wilhelm-Monument.

13/40 Büste des Otto von Bismarck*

Harro Magnussen (1861–1908)
1894; bez.: Harro Magnussen Berlin 1894
Kupfer, getrieben; H 45 cm (m.S.)
Berlin, Berlinische Galerie, Studiensammlung Grzimek

Eine Marmorversion dieser Büste des »Alten im Sachsenwalde« schuf Magnussen 1895 für den »Verein deutscher Reichsangehöriger« in Moskau. Denkmäler mit Bismarck als Privatperson, im Zivilrock und mit Schlapphut, wurden nur zu dessen Lebzeit errichtet. In der Kolonie Berlin-Grunewald feierte man beispielsweise 1897 die Einweihung eines Standbildes von Bismarck mit Hund (nicht erhalten).

13/41 Statuette Bismarcks als Schmied

Bronze; H 35 cm
Hamburg, Dr. Hans-Walter Hedinger

Bismarck als »Schmied der deutschen Einheit«, mit hochgekrempelten Hemdsärmeln, Lederschürze sowie Hammer und Amboß, erfreute sich bei seinen Verehrern als Personifikation deutscher Manneskraft großer Beliebtheit. Entsprechende Darstellungen wurden häufiger für den Privatgebrauch als für öffentliche Denkmäler geschaffen, beispielsweise als Fassadenschmuck für eine Stadtvilla (vgl. Li/21) oder wie hier als Statuette für den Schreibtisch.

13/40

13/42 Entwurf für ein Bismarck-Denkmal

Hermann Wislicenus (1825–1899)
1898; Bleistiftzeichnung; 40 × 21 cm
Goslar, Goslarer Museum

Der Entwurf von Wislicenus, der vermutlich nicht realisiert wurde, zeigt Bismarck in Handwerkerkleidung mit dem Hammer in der einen und den Reichsinsignien in der anderen Hand. Die Denkmal-Inschrift sollte lauten: »Bismarck – des Deutschen Reiches Schmied« und »Wir fürchten Gott – sonst nichts auf der Welt!«

13/43 »Der Schmied der deutschen Einheit«

Reproduktion eines verschollenen Gemäldes von Guido Schmitt (1834–1922)
Photographie; 27 × 18,5 cm
Privatbesitz

Bismarck ist hier als Schmied, gemeinsam mit seiner Dogge und Germania, der Personifikation des Deutschen Reiches, dargestellt. Er übergibt ihr gerade das von seiner Hand geschmiedete Reichsschwert.

13/44 Bismarck-Säule in Zehdenick in der Mark

Wilhelm Kreis (1873–1955)
1898/99; Feder- und Tuschzeichnung;
50 × 36 cm
Bad Honnef a. Rh., Nachlaß Kreis

Der Architekt Kreis gewann 1899 einen von der deutschen Studentenschaft ausgerufenen Wettbewerb mit einem Bismarck-Säulen-Entwurf, der den lokalen Denkmalskomitees überall in Deutschland als Vorbild diente. Die meisten der ca. 20 Meter hohen Bauwerke wurden auf Anhöhen errichtet. An den Geburtstagen des verstorbenen Reichsgründers pilgerten seine Verehrer zu den Säulen und entzündeten Bismarck-Feuer, die das gesamte Reich symbolisch erhellen sollten. Diese Form des Bismarck-Kultes erinnert an die Weihefeste für germanische Gottheiten.

13/46

13/45 Plakat für die »Sammelstelle Freiwilliger Gaben Zur Errichtung Einer Bismarck-Säule In Nürnberg«

Nürnberg: E. Nister
Um 1900; Lithographie; 47 × 27 cm
Hamburg, Museum für Kunst und Gewerbe

Die Finanzierung der Bismarck-Denkmäler und -Türme wurde meist durch lokale Behörden oder durch Vereine organisiert. Viele Projekte konnten mangels Unterstützung nicht realisiert werden.

13/46 »Das deutsche Nationaldenkmal auf dem Niederwald«*

Schnupftuch
Kattundruck; ca. 68 × 68 cm
Hamburg, Museum für Kunst und Gewerbe
(1981 323 AB)

Das Niederwalddenkmal, von Friedrich Schilling 1877 bis 1883 in der Nähe von Rüdesheim am Ufer des Rheins errichtet, ist eines der berühmtesten deutschen Nationalmonumente. Während Bismarck nur im Reliefschmuck des Sockels auftaucht, wird das Denkmal von Germania, der Personifikation des Deutschen Reiches, überragt. In der Linken hält sie das Reichsschwert, mit der Rechten hebt sie stolz die Kaiserkrone empor. Kaiser Wilhelm I. schenkte Bismarck 1883 ein Modell des Denkmals in Bronze. Tücher mit

Denkmalsmotiven und Ereignisdarstellungen von nationaler Bedeutung wurden als Souvenirs verkauft.

13/47 Entwurf für das »Bismarck-National-Denkmal auf der Elisenhöhe über Bingen«

Wilhelm Kreis (1873–1955)
1912; Photographie; 60 × 87,5 cm
Bad Honnef a. Rh., Nachlaß Kreis

Anläßlich eines Wettbewerbs von 1910 für das Bismarck-Nationaldenkmal auf der Elisenhöhe, das als Pendant zum Niederwalddenkmal gedacht war, wurden 379 Entwürfe eingereicht. Darunter waren auch Arbeiten von Architekten der jüngeren Generation wie Ludwig Mies van der Rohe, Walter Gropius und Hans Poelzig. Wilhelm Kreis, der schon die Konkurrenz zur Bismarck-Säule gewonnen hatte, errang auch diesmal den ersten Preis. Er entwarf eine Ruhmeshalle, in der Bismarck in übermenschlicher Größe thronen sollte.

13/48 Plakatentwurf mit Spendenaufruf für das »Bismark National-Denkmal Auf Der Elisenhöhe Bei Bingen-Bingerbrück«*

13/48

Martin Wiegand (geb.1867)
Um 1909; Tempera, Goldbronze; 88 × 76 cm
München, Münchner Stadtmuseum

1907/08 wurde der »Verein zur Errichtung eines Bismarck-Nationaldenkmals« ins Leben gerufen, der den Bau des Monuments mit Hilfe von Spendenaktionen finanzieren wollte. Über 1,2 Millionen Mark wurden gesammelt, zur Ausführung kam es trotzdem nicht, weil mit Beginn des Ersten Weltkrieges das Interesse an dem Projekt erlahmte und weitere Spenden ausblieben.

13/49 Postkarten-Sammlung mit Ansichten von Bismarck-Denkmälern und -Türmen

Ca. 100 Postkarten; je ca. 9 × 14 cm bzw. 14 × 9 cm
Hamburg, Dr. Hans-Walter Hedinger

Die Ansichtskarten verdeutlichen die Vielfalt der zu Ehren Bismarcks errichteten Monumente. Wie viele der Denkmäler heute noch erhalten sind, kann nur vage geschätzt werden.

13/50 Im Atelier des Malers Franz von Lenbach

Photographie (Reproduktion)
Berlin, DHM

Sein erstes Bismarck-Porträt malte der Münchner Künstler 1878/79 für die Berliner Nationalgalerie. Anläßlich eines Besuches in Friedrichsruh hatte er Gelegenheit, einige Skizzen zu fertigen, Bismarck weigerte sich jedoch, dem Künstler Modell zu sitzen. Entsprechend unbefriedigend fiel das Bild aus. Es »war ähnlich, aber dennoch, das sagte jeder, fehlte etwas: das Sprechende, Packende des Ausdrucks, namentlich der Augen«, urteilte Christoph Tiedemann, nachdem Lenbach sein Werk in der Reichskanzlei zur Begutachtung vorgezeigt hatte.
Später entwickelte der Künstler eine Arbeitsmethode, die das Modellsitzen weitgehend überflüssig machte: Er bat Bismarck um einige Phototermine und verschaffte sich auf diese Weise eine umfangreiche Sammlung von Porträtphotos, die er je nach gewünsch-

13/53

ter Wirkung retuschieren und als Vorlage für die Ölgemälde nutzen konnte. Lenbach wurde zu einem gefragten Porträtmaler, 1882 bekam er den Adelstitel verliehen. Die Familie Lenbachs hielt allerdings nicht allzuviel von der Kunst des Münchners und sprach von den »falschen Rembrandts«. Einem Freund gegenüber äußerte Lenbach 1890 seine Enttäuschung über die mangelnde Anerkennung: »was aber den Fürsten anbelangt, so beschränkt sich sein Verhältnis zu mir darauf, daß ich nach seiner Ansicht gerade kein Dummkopf und diskret bin, ihn auch sonst weiter in keiner Weise geniere. Für meine Arbeiten und die Bilder, die ich produziere, interessiert er sich nicht im mindesten, richtet auch kaum jemals eine Frage an mich...«

13/51 Brille des Malers Franz von Lenbach

Glas, Metall
Oberkochen, Optisches Museum Oberkochen des Unternehmens Carl Zeiss

Bei seiner Arbeit trug Lenbach stets diese runde Schläfenbrille mit Doppelstangen aus Stahldraht. Sie wurde von der Witwe des Künstlers an einen Münchner Optiker und Sammler verkauft und gelangte später in das Optische Museum in Oberkochen.

13/52 Avis für die »Hofhaltung Sr. Durchlaucht des Fürsten Bismarck in Friedrichsruh« über eine Kiste Gemälde, München, 30. Oktober 1903

Formular mit handschriftlichen Eintragungen; 22,7 × 29 cm
Friedrichsruh, Bismarck-Archiv (B 67 5 c)

Das Dokument kündigt dem Sohn Otto von Bismarcks, Herbert, die Lieferung einer Kiste Gemälde an. Lenbach hatte seine Besuche in Friedrichsruh dazu genutzt, auch von anderen Mitgliedern und Freunden des Hauses Bismarck Skizzen und Photos als Vorlagen für sein Porträtbilder anzufertigen.

13/61

13/53 Blick in die Lenbach-Ausstellung »Werke aus Fürstlich Bismarckschem Besitz«, Hamburg 1904*

Rudolph Dührcoop (1848–1918)
Photographie; 22,8 × 28,4 cm
Friedrichsruh, Bismarck-Archiv

Lenbach malte Otto von Bismarck in über 80 Fassungen für öffentliche Auftraggeber und für private Interessenten. Die Hamburger Ausstellung von 1904 bot den Besuchern einen Überblick über die Bismarcksche Privatsammlung von Lenbach-Bildern. Neben verschiedenen Bismarck-Porträts sind auf dem Photo auch die Bildnisse von Ernst Schweninger (vgl. V/20) und von Johanna von Bismarck (vgl. 13/16) zu erkennen.

13/54 Otto von Bismarck

Franz von Lenbach (1836–1904)
1884; Öl/Lw; 100 × 75 cm
Berlin, FUB, Fachbereich Geschichtswissenschaften

13/55 Otto von Bismarck

Franz von Lenbach (1836–1904)
Um 1885; Öl u. Tempera/Pappe;
108,5 × 86,5 cm
München, Städtische Galerie im Lenbachhaus (L 766 vs)

13/56 Otto von Bismarck

Franz von Lenbach (1836–1904)
Öl/Lw; 110 × 90 cm
Berlin, DHM (1988/1502)

13/57 Otto von Bismarck

Franz von Lenbach (1836–1904)
Um 1896; Öl/Lw; 115 × 87 cm
Hamburg, Museum für Hamburgische Geschichte (1973, 36)

13/58 Otto von Bismarck

Franz von Lenbach (1836–1904)
1890; bez. o.l.: F. Lenbach/Friedrichruh 1890
Öl/Lw; 119 × 96 cm
München, Städtische Galerie im Lenbachhaus (L 752)

13/59 Otto von Bismarck

Franz von Lenbach (1836–1904)
Nach 1890; Öl/Lw; 124,5 × 101 cm
München, Städtische Galerie im Lenbachhaus (L 274)

13/60 Otto von Bismarck

Franz von Lenbach (1836–1904)
1895; bez.: F. Lenbach
Öl/Lw; 114,5 × 87 cm
Hannover, Niedersächsisches Landesmuseum, Landesgalerie (KM 99/1912)

13/61 Otto von Bismarck*

Franz von Lenbach (1836–1904)
1895; bez.u.r.: F. Lenbach/Friedrichsruh/1895.
Öl/Lw; 130 × 103,5 cm
München, Städtische Galerie im Lenbachhaus (L 253)

13/63

13/62 Die letzte Ausfahrt Otto von Bismarcks, 28. September 1897

Willy Wilcke
Photographie; 11,8 × 16,6 cm
Friedrichsruh, Bismarck-Archiv

Der Gesundheitszustand Bismarcks verschlechterte sich seit dem Sommer 1897 rapide. Bei seinem letzten Besuch in Friedrichsruh am 15. Dezember 1897 wurde Wilhelm II. von Bismarck im Rollstuhl empfangen. Ebenso Alfred von Waldersee, der nach einem Besuch bei Bismack am 7. Mai 1898 in sein Tagebuch notierte: »Ich hatte ihn anderthalb Jahre nicht gesehen und war sehr berührt von der Veränderung. Sein Gesicht war kleiner als sonst, er sprach wenig, aß und trank höchst bescheiden. Während er sonst die Unterhaltung führte, ... plauderte man jetzt allgemein und laut, nur der Fürst blieb still.«

13/63 Otto von Bismarck auf dem Totenbett*

Franz von Lenbach (1836–1904)
1898; bez.u.r.: F. Lenbach/Friedrichsruh/30. Juli
Öl und Tempera/Pappe; 73 × 99,5 cm
München, Städtische Galerie im Lenbachhaus (L III)

Als Lenbach Bismarck am 30. Juli 1898 malte, hatte sich dessen Gesundheitszustand scheinbar verbessert. Sogar der Arzt war kurz zuvor abgereist. Bismarck verstarb jedoch abends gegen 23 Uhr. Von dem Toten durfte Lenbach kein Porträt skizzieren, so wie auch dem Bildhauer Reinhold Begas nicht gestattet wurde, eine Totenmaske abzunehmen.

13/64 Extra-Ausgabe des »Reichsboten« zum Tode Bismarcks, 31. Juli 1898

Berlin: H. Engel
46,8 × 31,4 cm
Frankfurt a. M., Stadtarchiv (S 2/116)

Fast alle Zeitungen brachten nach Eingang der Todesnachricht Extra-Ausgaben heraus. Die Blätter schilderten die letzten Stunden des Verstorbenen und berichteten über die Reaktionen in aller Welt. Aus Bergen meldete der »Reichsbote«: »Se. Majestät der Kaiser erhielten gestern Abend spät die erste besorgnißerregende Nachricht über das Befinden des Fürsten Bismarck, heut früh tief erschüttert die Todesnachricht. Die Flagge der ›Hohenzollern‹ weht auf Halbmast. Die Flaggenparade unterblieb. Se. Majestät befahlen die sofortige Rückkehr nach Deutschland und treffen in Kiel morgen Abend ein.«

13/65 Neuruppiner Bilderbogen »Bismarck ist nicht mehr!«

Neu-Ruppin: Gustav Kühn
1898; Farblithographie; 34 × 42 cm
Nürnberg, GNM, Graphische Slg. (Kapsel 1362[a], HB 19223)

Der Text des Bilderbogens schildert in volkstümlicher Weise den Abschied von Bismarck: »Unter den Eichen des Sachsenwaldes haben sich zwei Augen geschlossen, Germania's treuester Sohn hat sein Leben ausgehaucht.« Das Bild dazu soll anrühren: Alle Familienmitglieder sind um das Sterbebett versammelt, die Männer mit versteinerten Gesichtern, während Frauen und Kinder ihren Tränen freien Lauf lassen.

13/66 Kranzspenden zum Tode Bismarcks

Ismael Gentz (1862–1914)
1898; bez.u.l.: Ism. Gentz 3. Aug 98 8–11 Friedrichsruh
Öl/Lw; 35,2 × 48,3 cm
Hamburg, Hamburger Kunsthalle (3415)

Auf Wunsch der Familie fand die Trauerfeier für Bismarck in Friedrichsruh am 2. August 1898 weitgehend unter Ausschluß der Öffentlichkeit statt. Kaiser Wilhelm II. hatte sich jedoch für eine Teilnahme entschlossen und war mit Gefolge aus Kiel angereist. Die eigentliche Beisetzung wurde erst im folgenden Frühjahr nach Fertigstellung des Mausoleums arrangiert; Baronin Spitzemberg notierte am 17. März 1899 in ihr Tagebuch: »Fürst und Fürstin Bismarck im Sachsenwald zur letzten Ruhe gebettet.«

EINE AUSSTELLUNG IN DER AUSSTELLUNG – BILDZEUGNISSE DER BISMARCKZEIT

»Es gibt keinen deutschen Staatsmann von glänzenderem Verstand und von stärkerer Energie, und es lassen sich die Züge häufen, die beides erweisen« – so urteilte 1919 der Kultursoziologe Karl Scheffler über Otto von Bismarck. Das Verhältnis der Deutschen, die er mit seiner zweckrationalen Politik in einer Nation vereint hatte, zu seinem Werk blieb undankbar. Als ungewöhnlicher politischer Praktiker, als loyaler Diplomat verfolgte er sein Konzept mit größtmöglicher Umsicht und bezog auch seine Feinde in seine Absichten ein.

Seine Grundsätze richteten sich nach dem Gebot der Zweckmäßigkeit. »Wenn ich mit Grundsätzen durchs Leben gehen soll, so komme ich mir vor, als wenn ich durch einen engen Waldweg gehen sollte, und müßte eine lange Stange im Mund halten!« So überliefert es die Aufzeichnung von einem Tischgespräch in Friedrichsruh am 20. Dezember 1890. Da er die »lange Stange« nicht im Munde trug, wechselten seine Prinzipien häufig. Dies erschwerte nicht nur seinen Zeitgenossen die Einschätzung seiner Persönlichkeit.

Wird eine Ausstellung einer so facettenreichen, einer so widersprüchlichen Figur gerecht? Zumindest kann ein solches Medium die Dramaturgie seiner Epoche entwickeln und die »dramatis personae« des Stückes vorstellen, in dem er oft genug die Hauptrolle spielte. Das Zeitalter Bismarcks war auch das Zeitalter der Trikoloren, der identitätsstiftenden Banner der nationalen Bewegungen in Mittel- und Südeuropa und der Beweger wie Giuseppe Garibaldi und Camillo Cavour, Giuseppe Mazzini und Leon Gambetta, Lajos Kossuth und Lajos Batthyány, František Palacký und Robert Blum.

Bismarcks differenzierte Geistigkeit und seine Bildung bezeugen seine Briefe. Thomas Mann bezeichnete ihn 1949 in seinem Essay über »Goethe, das deutsche Wunder« in einer vergleichenden Betrachtung dreier deutscher Geistesgrößen – Luther, Goethe und Bismarck – als »Phänomen eines politischen Genies von deutschem Stamm, der in drei blutigen Kriegen das preußisch-deutsche Machtreich schuf und ihm für Jahrzehnte die Hegemonie in Europa sicherte«, als »einen hysterischen Koloß mit hoher Stimme, brutal, sentimental und zu nervösen Weinkrämpfen geneigt, alles auf einmal, ein Riese von unergründlicher List und so zynischer Offenheit der Rede dabei, daß amtlich darüber zu berichten (nach Lord Russell) nicht tunlich war, ein Menschenverächter und Menschenüberwinder durch Charme oder Gewalt, Erfolgsmensch, Realist, Antiideologe ganz und gar, eine Persönlichkeit übermäßigen, fast übermenschlichen Formats, die, icherfüllt, alles um sich her zur Begeisterung verknechtete und zittern machte...«. Der große Schriftsteller beschreibt den

»so eisernen wie pathologisch irritablen Autokraten« im Verhältnis zu Luther und Goethe mit wuchtigen Worten, die sein Format erfassen.

Friedrich Nietzsche, zunächst ein Bewunderer Bismarcks, hat in seinen »Unzeitgemäßen Betrachtungen« (1873–76) die Trennung des politischen Stils vom Kulturstil, der Kulturnation von der politischen Nation, bezeichnet: Sein Begriff des »Willens zur Macht« hebt terminologisch den Widerspruch von Kultur und Staat auf. Nietzsche hat den Kompromißcharakter der Bismarckschen Politik zwischen preußisch-konservativen Traditionen und nationalliberalem Bürgertum, das Ende der siebziger Jahre zerbrach, richtig erkannt. Im 324. Aphorismus der »Vermischten Meinungen und Sprüche«, die als Nachtrag zu seinen 1878 veröffentlichten »Gedanken über die moralischen Vorurtheile« unter dem Haupttitel »Morgenröthe« erschienen, läßt er einen Ausländer über die Deutschen resümieren: »Die Zukunft der Deutschen fand er bedroht und bedrohlich: denn sie hätten verlernt, sich zu freuen (was die Italiener so gut verstünden) aber sich durch das große Hazardspiel von Kriegen und dynastischen Revolutionen an die Emotion gewöhnt, folglich würden sie eines Tages die Emeute haben. Denn dies sei die stärkste Emotion, welche ein Volk sich verschaffen könne... ›Den Faust-Teufel nämlich‹, rief er zuletzt, ›von dem die gebildeten Deutschen so geplagt wurden, hat Bismarck ihnen ausgetrieben: nun ist der Teufel aber in die Säue gefahren und schlimmer als je vorher!‹«.

Im Gegensatz zu Nietzsche machte Richard Wagner seinen Frieden mit dem Bismarckreich und erklärte seinen Gründer aus den Strömungen des Bildungsphilistertums, das er den Deutschen vorwarf: »Was erschwerte denn durch ein ganzes Jahrhundert hindurch dem leitenden Staatsmann Deutschlands so sehr das Regieren, als die in den deutschen Köpfen schwirrenden, angelernten, ja gleichsam angestohlenen Begriffe ausländischer Partei-Politik, denen keine Anschauung aus der Heimat entspricht, jene Bedürfnisse aus Worten und Schematen, nicht Bedürfnisse aus lebendigen Nöten? Was ist die eigentliche Ursache jenes beschämenden und im Auslande verspotteten Konfliktes, in dem wir Deutschen mit dem schöpferischen Kunstgenius unserer Zeit leben, mit dessen Namen doch eben diese Zeit in dem Gedächtnis der Nachwelt gezeichnet und geehrt wird?«

Das Bildprogramm im Lichthof-Umgang, »Der Deutschen Seelensuche«, spürt dem »Kunstgenius« nach, von dem Wagner sprach: dem »Mythos der deutschen Einheit« in der Historienmalerei des 19. Jahrhunderts, die sich zur aktuellen Geschichtsmalerei erst infolge der Reichsgründung steigerte. Es entlarvt viele Motive, die nach der Bismarckzeit den Zielen einer totalitären Kunstpolitik anheimfielen, als geläufige Bildtraditionen des 19. Jahrhunderts.

Im Zeitrahmen der Überlieferung dieser Epoche muß ein so groß angelegtes Unternehmen die grundsätzliche Frage nach dem Quellenwert der Bilder stellen und überprüfen, unter welchen Bedingungen überhaupt Gemälde und graphische Darstellungen als Spiegelungen der geschichtlichen Wirklichkeit entstanden sind, mit welchen Maßstäben die Zuverlässigkeit ihrer historischen Aussage gemessen werden kann. Dieses Bedenken gilt insbesondere den Ereignisbildern. Beispielhaft für das Dilemma zwischen Wirklichkeit und Rekonstruktion steht der preußische Hofmaler Anton von Werner mit seiner Hinwendung zu aktuellen Themen, zu einem »strengen Realismus, der seinen Hauptzweck in der peinlich treuen Widergabe der wirklichen Erscheinung sucht«, wie sein Biograph Adolf Rosenberg 1895 formulierte. So sei seine Wahrheitsliebe grundlegend für seine Schöpfungen einer monumentalen Geschichtschronik. Seine Arbeit an dem Berliner Kongreßbild belegt nach den Aufzeichnungen in seinen Memoiren die akribische Rekonstruktion der realistischen Historienmaler auf das Deutlichste (vgl. L/7*; 8a/15; 8b/2; 9/9a). Doch hält diese Einschätzung nicht die Wahrheitstreue, die sie verspricht. Vielmehr spiegeln seine Bilder, die tausendfach reproduziert wurden, das nationale Selbstverständnis der Zeitgenossen. Dies trifft vor allem für sein populärstes Werk, die »Kaiserproklamation in Versailles« zu (vgl. 8c/1*), das die Auffassung von der Reichsgründung in entscheidender Weise prägte. Die Umstände seiner Entstehung machen es nachgerade unmöglich, dem Bild einen wahrheitsgetreuen Aussagewert zukommen zu lassen.

Detailtreue zeichnete auch die Vorarbeiten Adolph Menzels für die »Königskrönung in Königsberg« aus. Er war 1861 vom Berliner Hof beauftragt worden, die glanzvolle borussische Zeremonie für die Nachwelt festzuhalten. Er stellte den Moment dar, da der Monarch sich vom Altar der Festversammlung zuwandte und das Reichsschwert in die Höhe reckte. In verschiedenen Versionen veränderte er die Stellung Bismarcks nach seiner Berufung zum Ministerpräsidenten (vgl. 6/24*). Die Verwalter des Kronschatzes hatten Menzel jedoch nicht das bei der Zeremonie verwandte Symbolschwert »von der Preußischen Souveränität, so noch von Alberto, Hertzog von Preußen, herrühret«, entliehen, da es gerade auf eine Ausstellung verschickt war, sondern das brandenburgische Kurschwert. Zwar hat dieser Umstand den Quellenwert des Bildes nicht beeinträchtigt, jedoch sollte es den Historiker ermahnen, ihn gegebenenfalls genau zu überprüfen.

Die Geschichtswissenschaft ist noch heute weitgehend bildfremd: Wie Peter G. Thielen 1964 in seinen Ausführungen zur »Historienmalerei der Bismarckzeit« (Spiegel der Geschichte, Festgabe für Max Braubach) zeigte, zählte Droysen in einer Zeit, da die Verleger ihren Lesern ganze Bildersäle der vaterländischen Geschichte eröffneten, zur Gattung der Denkmäler Kunstwerke, und zwar Kunstwerke aller Art, Inschriften und Medaillen, ließ aber die eigentlichen Bildquellen unerwähnt, sofern sie nicht monumentaler Art waren. Erst in den Weltkriegsjahren wuchs das Verlangen nach aktueller Bildinformation – dem entsprach die Einrichtung von amtlich bestellten Armeemalern bei der British Army im Ersten Weltkrieg, die das Kriegsgeschehen an der Front zu dokumentieren hatten (vgl. L/40*). Im Zuge der Verbesserung und Entwicklung der Photo- und Reproduktionstechnik und Einrichtung von Bildarchiven in Zeitungshäusern veränderte sich zugleich die zunehmend politisierte Rolle der Presse in der Öffentlichkeit. Erst auf dem Historikerkongreß in Oslo im Jahre 1928 konstituierte sich ein internationaler Ikonographischer Ausschuß. Er stellte in seinen Arbeitsgrundsätzen fest, daß das Museumsgut bisher fast ausschließlich Gegenstand einseitiger kunstwissenschaftlicher Betrachtung geblieben sei. Dieses Material müsse der Geschichtsforschung erschlossen werden, und man forderte die Ausbildung einer Methode, die der historischen Ikonographie »Maßstäbe geben sollte zur kritischen Auswertung des historisch Verwendbaren aus dem Bestande der künstlerisch geformten Überreste der Vergangenheit« (so Steinberg in der »Historischen Zeitung« 1931). Der deutsche Historikertag in Halle brachte 1930 die Gründung einer entsprechenden nationalen Kommission. Sie betreute in der Folgezeit eine ganze Reihe programmatischer Arbeitsvorhaben, z. B. die Registrierung der öffentlichen und privaten Sammlungen bildlicher Geschichtsquellen in Deutschland, die jedoch über erste Ansätze nicht hinausgelangte. Die Erstausgabe der Propyläen-Weltgeschichte ist von 1931 bis 1933 nach den Leitsätzen dieser Kommission bebildert worden.

Die neue Kunst der Klebetechnik, die schon vor dem Ersten Weltkrieg mittels der Photomontage zu einem Instrument politischer Satire und Aufklärung werden sollte, schuf in diesen Jahren weiteres ambivalentes Quellenmaterial, das aktuelle Ereignisse illustrierte. Dafür steht das damals weitverbreitete Photo der Kaiserin Eugénie beim Verlassen der Tuilerien nach der Abdankung Napoleons III. am 4. September 1870 auf dem Weg ins englische Exil. Diese »wahrheitsgetreue Fotofälschung« wurde in den ersten Band der Propyläen-Weltgeschichte aufgenommen. Die Szene hat jedoch so nie stattgefunden. Selbst Wilhelm I. hatte seit 1860, einer Anregung seines Vorlesers folgend, ein Album mit Illustrationen zu den Hauptgeschehnissen seines bewegten Lebens angelegt. Ob die Klebebilder des Hofphotographen H. Schnaebeli dazugehörten, der mit Vorliebe die preußischen Potentaten zu Pferde vor dem Hintergrund der Kriegsschauplätze vor Nikolsburg (vgl. 6/103, 104) oder vor Paris zeigte, bleibt offen. Der preußische König und deutsche Kaiser bestellte die Künstler, setzte die Bildthemen fest und korrigierte solange an den Entwürfen, bis die Details seiner Erinnerung entsprachen.

Dem Bildreichtum des späten 19. Jahrhunderts und seiner Begeisterung für das Abbild huldigten auch die über 80 Bismarck-Porträts des Kunstmalers Franz von Lenbach, der seine Bildnisse nach kurzer Skizzenaufnahme mit Hilfe von Photographien fertigte – in einem Brief an seine Frau sprach er sogar von 137 Porträts, die er skizziert habe. Zahlreiche Bismarck-Denkmäler und -Apotheosen entstanden anläßlich des 70. Geburtstages und vor allem nach dem Tod des »Reichsgründers« (vgl. L/15*, 23*, 24* und Raum 13). Seit Ende der siebziger Jahre wurden die ersten lokalen Denkmäler aufgestellt, die dem Kanzler allein gewidmet waren, wie Volker Plagemann in einer Studie (München 1972) gezeigt hat. Bis zum 100. Geburtstag im Jahre 1915 wurden die Monumente in Ortschaften und auf Bergeshöhen innerhalb der Reichsgrenzen, aber auch in den afrikanischen und asiatischen Kolonien errichtet. Selbst in Österreich sind sie nachweisbar. Dafür verantwortlich war nach dem Bismarck-Biographen Bruno Garlepp, der in seinem Werk »Bismarck-Denkmal für das Deutsche Volk« 1913 den zu verehrenden Helden titanisch überhöhte, »eine mächtige elementare Kraft, der heiße Trieb zu danken und das sehnsüchtige Verlangen, daß der Heros uns auch nach seinem Tod noch in irgendwelcher Art gleichsam gegenwärtig sei«.

In manchen Fällen wurden Historienbilder weitaus später im Auftrag hergestellt, um das politische Gewicht längst vergangener Ereignisse zur Stärkung kämpferischen Nationalgeistes oder als Programm für restauratives Staatsbewußtsein zu nutzen: Dies gilt 1869, im Entstehungsjahr, für den Ankauf der Darstellung des Vorabends der Schlacht von Waterloo, die sich auf den 17. Juni 1815 bezieht, nachdem John-Lewis Brown sein Gemälde auf dem Pariser Salon gezeigt hatte (vgl. L/1*), ebenso wie für Engelbert Seibertz' Entwurf für die Ausstattung des Münchener Maximilianeums, (vgl. L/3), das als Abschluß der nach dem bayerischen König Maximilian II. benannten Prachtstraße von 1857 bis 1874 von Gottfried Semper und Friedrich Bürcklein erbaut wurde. Ein Jahrzehnt nach der 1848er Revolution stellte sein Fresko die Staatsmänner der Restaurationsperiode dar.

Diese Lust an Vergegenwärtigung, an Versinnbildlichung, an Verewigung und am Ahnenkult macht die Auswahl aus der Fülle der Überlieferung trotz hoher Verluste durch zwei Weltkriege nicht leichter. Dank eines europäischen Zusammenwirkens kann die Besichtigung der großen Spannungen und Bewegungen des 19. Jahrhunderts am roten Faden der Biographie des Staatsmannes vorgenommen werden. Die weiblichen Allegorien des Nationalgefühls, wie sie die Ausstellung am Beispiel der »Mutter Dänemark« (vgl. 3c/38*), der Italia (vgl. 5/37*) oder der französischen Marianne (vgl. 8b/1*) bis zum ideologischen Bedeutungswandel der Germania (vgl. L/42*; U/20*; 3b/23) vorführt, belegen die Bildkraft der Identifikationsfiguren in beinahe religiöser Symbolik. Die Schnitt- und Höhepunkte an sozialen Konflikten (vgl. L/29*–31*), kriegerischen Auseinandersetzungen (vgl. L/5, 6*), humanitären Verbesserungen (vgl. L/12*, 13*) und wirtschaftlichen Expansionen (vgl. L/27*, 34*) sind in großer Zahl und oft im Kolossalformat überliefert. Die Ausstellung lebt von diesen zwei- und dreidimensionalen Objekten (vgl. L/26; 11/25*), die so beredte Zeitzeugen sind, daß eine inszenierte Aufbereitung sich gegen ihre Botschaft wenden würde. Wo konservatorische Bedenken oder lokale Bedingungen die Ausleihe der Originale verhindert haben (vgl. 3b/23), wurden Repliken in den Originalmaßen angefertigt. Auf diese Weise bestimmen ganz wesentlich Monumentalgemälde und -plastiken, gleichberechtigt neben der konventionellen historischen Quelle der Schriftzeugnisse, der Archivalien, das Gewicht der Ausstellung. Für die unmittelbare Lesbarkeit der Berichterstattung, Dokumentation und Erfassung der Ereignisse sorgten neben dem zunehmenden Einfluß der Presseorgane für die politische Meinungsbildung die Maueranschläge, Flugblätter und Bekanntmachungen zur 48er Revolution (vgl. Raum 3b), die bürokratische Revision der handschriftlichen Verlusteingaben über die Schlacht bei Königgrätz (vgl. Raum 6) oder die Depeschen vom Kriegsschauplatz der Feldzüge von 1866 und von der französischen Front 1870/71 (vgl. Räume 6 und 8a).

Zwei Jahre intensiver Recherchenarbeit, Objektforschung im In- und Ausland und strengste Auswertung der Materialien haben einen verführerischen Reichtum an Funden ergeben. Die Vielfalt der Objekte, neben ihrem Zeugnischarakter nach Maßgabe ihres Quellenwerts und ihres erzählerischen Gehalts ausgewählt, wird auch von dem System der Paraventfelder berücksichtigt, das die Unterkapitel der Themenräume in Sektionen gliedert. Dieses Ordnungsprinzip verdichtet die Aussage und erhöht die Transparenz, ohne dadurch den Bildwert der Objekte etwa einem gewollten Schauwert von Inszenierung zu beugen. Zugleich nimmt es ihre Eigenständigkeit als Dokument ernst. Die hochwertigen Leihgaben bezeugen den aktuellen Ereignischarakter der darstellenden Kunst im Jahrhundert der Staaten und der Nationen für ganz Europa (vgl. 3a/1*,4; 3b/3*; 6/49–51*, 64*; 10/22*, 23*).

Somit fiel der Gestaltung nicht die Aufgabe zu, die Ausstellungsstücke aufzuwerten. Dessen bedürfen sie nicht, da die europäische Dimension der Konzeption eine Vielzahl von Leihgebern dazu bewogen hat, bedeutende Kunst- und Zeitzeugnisse zur Verfügung zu stellen. Die Üppigkeit der Historiengemälde wird durch Konfrontation mit den Umständen ihrer Entstehung in Verbindung mit den neuen Bildmedien der Epoche auf ihren Aussagewert hin befragt, ohne dadurch den illustrativen Charakter des Dargestellten zu schmälern. Photographie und Holzstich, die neuen Bild- und Druckmedien, veränderten und beeinflußten auch die Wahrnehmung der Künstler. Diese Konfrontation wird deutlich am Gemälde des Pariser Salonmalers Isidore Pils, dessen Sicht des »Schützengraben vor Sewastopol« Holzstiche aus den »Illustrated London News« nach Photographien von den Kriegsschauplätzen auf der Krimhalbinsel als Vorlage dienten. Seine gemalte Vision von der Front wird den ersten Bildzeugnissen der europäischen Militärphotographie der englischen Photographen James Robertson und Roger Fenton gegenübergestellt (vgl. 5/13*, 14*). In manchen Fällen ist es gelungen, den Blick eines deutschen und eines französischen Historienmalers – z. B. Carl Röchlings und Alphonse de Neuvilles, auf denselben Schauplatz der Schlacht von Gravelotte im deutsch-französischen Krieg – zu dokumentieren (vgl. 8a/30*, 31).

Für die im Lichthof und im Kino des Martin-Gropius-Baus gezeigten Karikaturenfilme ist dies Prinzip der Konfrontation programmatisch geworden: Der Blick der europäischen Zeitgenossen auf die Figur Bismarcks hat erstaunliches Material ergeben, das vielfach die Zielsetzungen seiner politischen Absichten und Bestrebungen mit großer Bildkraft entlarvt. Wo es nicht gelungen ist, thematisch wichtige Passagen mit Ausstellungsobjekten zu versinnbildlichen, haben wir uns bewußt der Visualisierung durch die Verwendung zeitgenössischer Graphik und Presse bedient (Räume 3b, 4, 6). Ein solches Mediendokument verdient besonderes Interesse: Die im Staatsarchiv Coburg bewahrten Telegramme zum Krieg von 1866 (vgl. 6/71), beginnend am 9. Mai mit Meldungen über das Attentat Cohen-Blinds auf Bismarck, der Mobilmachung preußischer Truppeneinheiten, österreichischer und preußischer Truppenbewegungen, endend mit dem Einmarsch preußischer Truppen in Hannover, Sachsen und Hessen am 15. Juni 1866. Die Verbindung der ausgestellten Originale mit filmisch aufbereiteten telegraphischen Meldungen vermittelt einen Eindruck von den technischen Möglichkeiten der Kommunikation auf schnellstmöglichem Wege, heutigen Agenturmeldungen vergleichbar. Besonders delikat ist die Tatsache, daß die feindlichen kriegführenden Souveräne ihre telegraphischen Meldungen zum Stand der Kriegsvorbereitung und der Frontbewegung über den gemeinsamen »Deutsch-Österreichischen Telegraphen-Verein« betrieben.

Mit geringfügigen Ausnahmen verzichtet die Ausstellung bewußt auf Kitschobjekte, Gedenkgegenstände, Nippes und Erinnerungsstücke, deren Zahl zum Thema Bismarck unermeßlich ist. Die Kataloge der Ehrengeschenke zu seinem 80. Geburtstag sprudeln von materialreicher Üppigkeit und der Erfindungsgabe der vielen, den Exreichskanzler kultisch verehrenden Verbände, Vereine, Privatpersonen und Komitees, vom Stickkissen mit seinem Porträt bis zur silbergeschmiedeten Postkarte mit seinem Namenszug.

In Gartenbauzeitungen und horticologischen Fachzeitschriften wurde die Anzucht von »Bismarck-Äpfeln« und »Fürst-Bismarck-Gurken« empfohlen. Auch »Bismarck-Sonnenblumen« pflanzte der nationaldeutsch gesinnte Kleingärtner reichstreu in sein Beet.

Eine ganze Nation schien im Bismarck-Rausch versunken. Dies vor Augen zu führen, war nicht die Absicht der Ausstellung, sondern vielmehr die Strukturen und Voraussetzungen seiner Lebenszeit und seines Wirkens in Wechselwirkung auf die Belange zu zeigen, die seine politische Rolle geprägt haben.

»Bismarck erhebt sich über alle; er ist 1,90 m groß, würde ich meinen, und entsprechend stark; mit einer wohlklingenden und vornehmen Stimme und einer besonders gebildeten Ausdrucksweise, die in einem eigentümlichen und seltsamen Gegensatz steht zu den schrecklichen Dingen, die er sagt: Schrecklich wegen ihrer Offenheit und Kühnheit. Er ist hier ein vollständiger Despot, und vom Höchsten bis zum Niedrigsten der Preußen und aller ständigen ausländischen Diplomaten beben alle vor seinem Stirnrunzeln und werben höchst emsig um sein Lächeln.« Daß die körperliche Wirkung Bismarcks von so vielen Zeitgenossen wie 1878 von dem englischen Premierminister Lord Beaconsfield (Benjamin Disraeli) betont wurde, kann auch in der Ausstellung nachvollzogen werden: Im Vestibül, auf dem Rundgang durch die Themenräume um den Lichthof »Halbzeit«, wird der Privatmann »Bismarck bei sich selbst« vorgeführt: seine Liebe zur Natur, seine lyrischen Neigungen, denen er in Briefen an seine Frau Ausdruck gab, seine kulinarischen Vorlieben und Leidenschaften und seine bemerkenswert häufigen Kuraufenthalte, die ihn für die große Politik fit hielten.

Die Ausstellung richtet ihren Blick auf das 19. Jahrhundert nicht aus der Perspektive des preußisch-deutschen Nationalismus. Sie zeigt in ihren Anfangsräumen (Räume 1–3c und Raum 5) das Zeitpanorama der Neuordnung Europas seit dem Wiener Kongreß mit ihren Erschütterungen durch die 48er Revolution und ihren Gewichtungen bis zum Entscheidungsjahr von 1866. Sie führt in wertvollen Dokumenten ein Stück europäischer Kulturgeschichte der Diplomatie vor. Bis 1848, als Bismarck in Vertretung eines erkrankten Landtagsabgeordneten (vgl. 3b/7*) die politische Szene betrat, wird er zunächst als Zeitgenosse und Zaungast präsentiert. 1851 wurde er zum Gesandtschaftsrat ernannt (vgl. Raum 4) und absolvierte seine Lehrzeit als Bundestagsgesandter in Frankfurt, später als preußischer Diplomat in St. Petersburg und in Paris.

Wenn es gelungen ist, die Figur des Menschen, den Werdegang des Staatsmannes und des Politikers auf der europäischen Bühne vor dem Hintergrund der großen Konfliktfelder plastisch zu machen, dann kann man mit Heinrich Mann sagen: Ein Zeitalter wird besichtigt – dessen Probleme in ihren gelungenen und mißlungenen Lösungsversuchen erneut gegenwärtig geworden sind.

Marie-Louise von Plessen

ZEITTAFEL

1815

1. April
Otto Eduard Leopold von Bismarck wird in Schönhausen bei Stendal geboren

22. Mai
Verfassungsversprechen des preußischen Königs Friedrich Wilhelm III.

8. Juni
Vereinbarung der deutschen Bundesakte auf dem Wiener Kongreß: Gründung des Deutschen Bundes

9. Juni
Vereinbarung der Kongreßakte. Ende des Wiener Kongresses (seit 18. September 1814)

12. Juni
Gründung der Jenaer Burschenschaft

18. Juni
Niederlage Napoleons bei Waterloo (Belle-Alliance)

22. Juni
Endgültige Abdankung Napoleons

26. September
Gründung der Heiligen Allianz zur Stabilisierung des 1815 erreichten Status quo

20. November
Zweiter Pariser Frieden zwischen Frankreich und den Alliierten

1816

5. November
Eröffnung der Bundesversammlung in Frankfurt a. M.

1817

18./19. Oktober
Wartburgfest der deutschen Burschenschaften

1819

23. Mai
Ermordung des Schriftstellers August von Kotzebue durch den Burschenschaftler Karl Ludwig Sand

6.–31. August
Karlsbader Ministerkonferenzen: Einigung der beteiligten deutschen Regierungen auf die Einschränkung politischer Freiheiten

20. September
Annahme der Karlsbader Beschlüsse durch den Bundestag. Einrichtung einer Bundeszentralbehörde in Mainz zur Untersuchung »revolutionärer Umtriebe«

1820

1. Januar
Revolution in Spanien

20. Mai
Öffentliche Hinrichtung Sands in Mannheim

Juli
Revolution der Carbonari in Neapel

24. August
Revolution in Portugal

1821

Januar
Bismarck wird Schüler der Plamannschen Lehranstalt in der Wilhelmstraße in Berlin

März
Revolution in Piemont

März/April
Im Auftrag der Heiligen Allianz Niederwerfung der Revolution in Italien durch österreichische Truppen

1822

1. Januar
Proklamation der Unabhängigkeit Griechenlands

1823

7. April
Beginn der französischen Intervention in Spanien zur Niederschlagung der Revolution im Auftrag der Heiligen Allianz

1827

6. Juli
Londoner Vertrag: Tripelallianz zwischen Großbritannien, Frankreich und Rußland zugunsten der griechischen Aufständischen

21. September
Eintritt Bismarcks in das Friedrich-Wilhelm Gymnasium in Berlin

20. Oktober
Seeschlacht von Navarino: Vernichtung der türkischen Flotte durch ein britisch-französisch-russisches Geschwader

1829

14. September
Frieden von Adrianopel zwischen Rußland und dem Osmanischen Reich beendet den Konflikt um Griechenland

1830

4. Mai
Bismarck setzt seine Schulausbildung im Gymnasium zum Grauen Kloster in Berlin fort

16. Juni
Beginn der französischen Militärexpedition nach Algerien

5. Juli
Eroberung Algiers durch französische Truppen

27.–29. Juli
Julirevolution in Paris

2. August
Abdankung des französischen Bourbonenkönigs Karl X.

9. August
Thronbesteigung und Verfassungseid Louis Philippes

25. August
Erhebung in Brüssel: Beginn der belgischen Revolution

2. September
Aufstand in Braunschweig. Weitere Unruhen und Proteste in Kurhessen, Sachsen und Hannover

4. November
Proklamation der Unabhängigkeit Belgiens

29. November
Aufstand in Warschau: Beginn der polnischen Revolution

20. Dezember
Anerkennung der Neutralität Belgiens im Londoner Protokoll

1831

4.–9. Januar
Unruhen im Königreich Hannover. Bewaffnung der Bürger und Studenten und Absetzung der städtischen Behörden in Göttingen

5. Februar
Aufstand in Bologna. Er greift auf weite Teile des Kirchenstaates und auf die Herzogtümer Modena und Parma über

26. März
Bei Ancona kapitulieren italienische Aufständische vor österreichischen Truppen

8. September
Eroberung Warschaus durch russische Truppen: Ende der polnischen Revolution

1832

14. April
Bismarck besteht das Abitur

10. Mai
Bismarck immatrikuliert sich an der Universität Göttingen. Studium der Rechts- und Staatswissenschaften

27. Mai
Hambacher Fest

28. Juni
Im Kampf gegen die nationale und liberale Opposition erläßt der Bundestag in Frankfurt den »Bundesbeschluß über Maßregeln zur Aufrechterhaltung der gesetzlichen Ruhe und Ordnung in Deutschland« (Sechs Artikel)

6. Juli
Aufnahme Bismarcks in das landsmannschaftliche Studentenkorps »Hannovera«

1833

Februar
Erste Karzerstrafe für Bismarck wegen Anwesenheit bei einem Pistolenduell

3. April
Frankfurter Wachensturm

11. September
Bismarck wechselt an die Universität Berlin

1834

1. Januar
Der Deutsche Zollverein tritt in Kraft

1835

20. Mai
Bismarck besteht sein erstes juristisches Staatsexamen

5. Juni
Bismarck wird Referendar am Königlichen Stadtgericht in Berlin

7. Dezember
Jungfernfahrt der ersten deutschen Eisenbahn (Nürnberg–Fürth)

1836

5. Juli
Bismarcks Vereidigung als Regierungsreferendar in Aachen

1837

19. Februar
Karl Georg Büchner stirbt in Zürich

1. Juni
Bismarck läßt sich wegen Unwohlseins beurlauben. Er überschreitet seinen Urlaub um Monate

9. November
Entlassung Bismarcks aus dem Regierungsdienst in Aachen. Fortsetzung der Referendarzeit bei der Regierung in Potsdam

18. November
Protest der »Göttinger Sieben« gegen die Aufhebung der Landesverfassung durch den König von Hannover

14. Dezember
Amtsenthebung der »Göttinger Sieben«

1838

25. März
Bismarck bricht sein Referendariat ab. Militärdienst als »Einjährig-Freiwilliger«

8. Mai
Veröffentlichung der »Charta des Volkes« (People's Charta): Kerndokument der englischen Chartistenbewegung

1839

1. Januar
Bismarcks Mutter stirbt. Otto und sein Bruder Bernhard von Bismarck übernehmen gemeinsam die Bewirtschaftung der väterlichen Güter Kniephof, Külz und Jarchelin in Pommern

19. April
Londoner Protokoll: Internationale Garantie der Unabhängigkeit und Neutralität Belgiens

1840

7. Juni
Tod Friedrich Wilhelms III., Friedrich Wilhelm IV. preußischer König

1844

3. Mai
Bismarck setzt seine Referendarzeit in Potsdam fort. Nach zwei Wochen endgültiger Abbruch seiner Ausbildung

4.–6. Juni
Weberaufstand in Schlesien

1845

Oktober
Eintritt Bismarcks als Abgeordneter in den Provinziallandtag von Pommern

22. November
Bismarcks Vater stirbt

1846

Februar
Bismarck übernimmt das väterliche Gut Schönhausen

Herbst
Ernennung Bismarcks zum Deichhauptmann von Jerichow für das rechte Elbufer

1847

22. März
Hungerdemonstration in Breslau

11. April
Eröffnung des Ersten Vereinigten Preußischen Landtags in Berlin (bis 26. Juni)

21.–22. April
Hungerunruhen in Berlin

8. Mai
Bismarck rückt als Stellvertreter eines erkrankten Abgeordneten in den Vereinigten Preußischen Landtag nach

15. Mai
Bismarcks erste Rede im Vereinigten Preußischen Landtag

28. Juli
Vermählung Bismarcks mit Johanna von Puttkamer in Reinfeld (Pommern)

12. September
Offenburger Programm der süd- und westdeutschen Demokraten

10. Oktober
Heppenheimer Versammlung der süd- und westdeutschen Liberalen

Dezember
Gründung der Zeitschrift »Il Risorgimento« in Piemont durch Graf Cavour

1848

1. Januar
Unruhen im Königreich Lombardo-Venetien

12. Januar
Aufstand in Palermo

22. Februar
Demonstrationen in Paris. Beginn der Februarrevolution

24. Februar
Abdankung des französischen Königs Louis Philippe, der ins Exil nach England geht. Bildung einer provisorischen Regierung, welche die Zweite Republik ausruft

Ende Februar
Veröffentlichung des Kommunistischen Manifests

3. März
Die Bundesversammlung in Frankfurt gestattet die Aufhebung der Zensur. In Preßburg fordert Lajos Kossuth eine demokratische Verfassung für Österreich und eine eigene Regierung für Ungarn

9. März
Die Bundesversammlung in Frankfurt erklärt die Farben Schwarz-Rot-Gold zu Bundesfarben

13. März
Beginn der Revolution in Wien. Rücktritt und Flucht Metternichs. Verfassung für den Kirchenstaat

17. März
Revolution in Venedig

18. März
Revolution in Berlin. Barrikadenkämpfe. Revolution in Mailand

22. März
Ausrufung der Republik in Venedig. Rückzug der österreichischen Truppen unter Radetzky aus Mailand. In Ungarn Bildung einer liberal-nationalen Regierung unter Lajos Graf Batthyány

24. März
Kriegserklärung Piemont-Sardiniens an Österreich. Loslösung der Herzogtümer Schleswig und Holstein von Dänemark und Bildung einer provisorischen Regierung

30. März–3. April
Vorparlament in Frankfurt a. M.

2. April
Zusammentritt des Zweiten Vereinigten Preußischen Landtags (bis 10. April). *Bismarck Abgeordneter*

9. April
Zusammenstoß zwischen dänischen und schleswig-holsteinischen Truppen

10. April
Einmarsch preußischer Truppen in Schleswig: Beginn des deutsch-dänischen Krieges

11. April
František Palacký lehnt die tschechische Beteiligung am Frankfurter Vorparlament ab

12. April
Republikanischer Aufstand in Baden

23. April
Wahl der Verfassungsgebenden Nationalversammlung in Frankreich

4. Mai
Eröffnung der französischen Nationalversammlung. Offizielle Proklamation der Zweiten Republik

18. Mai
Eröffnung der deutschen Nationalversammlung in der Frankfurter Paulskirche

22. Mai
Eröffnung der preußischen Nationalversammlung in der Berliner Singakademie

29. Mai
In Prag Bildung einer provisorischen Regierung für Böhmen unter Graf Thun

2. Juni
Eröffnung des Slawenkongresses in Prag unter Vorsitz von František Palacký

11. Juni
Sieg der österreichischen Armee unter Radetzky bei Vicenza gegen italienische Truppen

12. Juni
Revolution in Prag (Pfingstaufstand). Ende des Slawenkongresses

14. Juni
Sturm auf das Berliner Zeughaus

16. Juni
Erste Probenummer der Kreuzzeitung *(seit April Teilnahme Bismarcks an den Beratungen zur Gründung der Zeitung)*

17. Juni
Blutige Niederschlagung des Prager Aufstands durch österreichische Truppen unter Fürst Windischgrätz. Verlängerung des Belagerungszustands am nächsten Tag.

23.–26. Juni
Arbeiteraufstand in Paris von Kriegsminister Cavaignac niedergeschlagen

29. Juni
In Frankfurt a. M. Wahl Erzherzog Johanns von Österreich zum Reichsverweser

2. Juli
Eröffnung des ungarischen Reichstags

22. Juli
Eröffnung des österreichischen konstituierenden Reichstags in Wien

25. Juli
Niederlage der piemontesischen Truppen bei Custoza gegen die österreichische Armee unter Radetzky

6. August
Besetzung Mailands durch österreichische Truppen

18.–19. August
Bismarck nimmt am »Junkerparlament« in Berlin teil

26. August
Preußisch-dänischer Waffenstillstand von Malmö

12. September
Rücktritt des ungarischen Ministerpräsidenten Graf Batthyány. Lajos Kossuth übernimmt die Regierung

21. September
In Lörrach Proklamation der deutschen Republik durch Gustav von Struve

3. Oktober
Auflösung des ungarischen Reichstags. Verhängung des Belagerungszustands über Ungarn

6. Oktober
Beginn der Oktoberrevolution in Wien

7. Oktober
Flucht des österreichischen Kaisers mit seiner Familie nach Olmütz

22. Oktober
Verlegung des österreichischen konstituierenden Reichstags nach Kremsier

31. Oktober
Einnahme Wiens durch kaiserliche Truppen. Ende der Revolution in Wien

4. November
Verabschiedung der französischen Verfassung

9. November
Verlegung der preußischen Nationalversammlung nach Brandenburg. Erschießung Robert Blums in Wien

10. November
Einmarsch preußischer Truppen unter General Wrangel in Berlin

12. November
Verhängung des Belagerungszustands über Berlin

15. November
Aufruf zum Steuerboykott durch die preußische Nationalversammlung

24./25. November
Flucht des Papstes Pius IX. nach Gaeta

2. Dezember
Abdankung Ferdinands I., Franz Joseph I. österreichischer Kaiser

5. Dezember
Auflösung der preußischen Nationalversammlung und Oktroyierung einer Verfassung

10. Dezember
Wahl Louis-Napoleon Bonapartes zum Präsidenten der Zweiten Republik

28. Dezember
Publikation der »Grundrechte des deutschen Volkes« im Reichsgesetzblatt

1849

5. Februar
Wahl Bismarcks in die Zweite Kammer des Preußischen Landtags

9. Februar
Ausrufung der Republik in Rom

26. Februar
Eröffnung des Preußischen Landtags in Berlin
7. März
Auflösung des österreichischen Reichstags in Kremsier. Oktroyierung einer Verfassung
23. März
Sieg des österreichischen Heeres bei Novara. König Karl Albert von Piemont-Sardinien dankt zugunsten seines Sohnes Viktor Emanuel II. ab. **V**ittorio **E**manuele, **R**e **d'I**talia (Verdi) wird zum Erkennungszeichen der Risorgimento-Bewegung
28. März
Verkündung der Reichsverfassung durch die deutsche Nationalversammlung. Wahl des preußischen Königs Friedrich Wilhelm IV. zum Kaiser der Deutschen
1. April
Dänemark kündigt den Waffenstillstand von Malmö: Fortsetzung des deutsch-dänischen Krieges
3. April
Empfang der Frankfurter Kaiserdeputation durch den preußischen König
13. April
Ausrufung der Republik in Ungarn
28. April
Ablehnung der Kaiserwürde durch den preußischen König
13. Mai
Wahlen zur Gesetzgebenden Nationalversammlung in Frankreich
14. Mai
Rückruf der preußischen Abgeordneten aus Frankfurt
21. Mai
Kaisertreffen in Warschau: Zar Nikolaus I. gewährt dem österreichischem Kaiser Franz Joseph I. militärische Unterstützung in Ungarn
30. Mai
Verlegung der deutschen Nationalversammlung nach Stuttgart. Einführung des Dreiklassenwahlrechts in Preußen
18. Juni
Auflösung der Nationalversammlung in Stuttgart durch württembergische Truppen
23. Juli
Kapitulation badischer Revolutionäre in der Festung Rastatt vor preußischen Truppen. Ende der Revolution in Deutschland
3. August
Eroberung Roms durch französische Truppen. Ende der Römischen Republik
6. August
Friedensvertrag zwischen Österreich und Piemont-Sardinien
13. August
Kapitulation der ungarischen Revolutionsarmee unter Artur Görgey bei Vilàgos. Ende der Revolution in Ungarn
22. August
Kapitulation Venedigs vor österreichischen Truppen. Ende der Revolution in Italien
6. Oktober
Hinrichtung des Grafen Batthyány und anderer Führer der Revolution in Ungarn

1850

31. Januar
Wahl Bismarcks zum Abgeordneten des Erfurter Unionsparlaments
20. März–29. April
Erfurter Unionsparlament
2. Juli
Berliner Friedensvertrag zwischen Preußen und Dänemark
1. September
Wiedereröffnung des Frankfurter Bundestages
1. November
Krise zwischen Österreich und Preußen. Einmarsch preußischer und bayerischer Truppen in Hessen
29. November
Olmützer Punktation: Ende der preußischen Unionspolitik

1851

1. Mai
Eröffnung der ersten Weltausstellung in London
8. Mai
Ernennung Bismarcks zum Geheimen Legationsrat und Rat bei der preußischen Gesandtschaft am Bundestag in Frankfurt a. M.
15. Juli
Ernennung Bismarcks zum preußischen Bundestagsgesandten in Frankfurt a. M.

23. August
Aufhebung des Reichsgesetzes vom 27. Dezember 1848 über die Grundrechte des deutschen Volkes

2. Dezember
Staatsstreich Napoleon Bonapartes: Auflösung der französischen Nationalversammlung. *Wiederwahl Bismarcks in die Zweite Kammer des preußischen Landtags*

1852

25. März
Duell Bismarcks mit dem Abgeordneten Freiherr von Vincke

4. November
Berufung Graf Cavours zum Ministerpräsidenten von Piemont-Sardinien

2. Dezember
Bonaparte nimmt den erblichen Kaisertitel an: Napoleon III. Ende der Zweiten Republik und Beginn des Zweiten Kaiserreichs

1853

19. Januar
Österreichisch-preußischer Handelsvertrag

1. November
Beginn des russisch-türkischen Krieges, der sich zum Krimkrieg ausweitet

1854

27./28. März
Kriegserklärungen Frankreichs und Englands an Rußland. Kriegsschauplatz: Halbinsel Krim

20. September
Schlacht von Alma: Niederlage der russischen Truppen

21. November
Berufung Bismarcks in das preußische Herrenhaus

8. Dezember
Papst Pius IX. verkündet das Dogma der unbefleckten Empfängnis Marias

1855

2. März
Tod Nikolaus I., Zar Alexander II. wird Nachfolger

1. Mai
Eröffnung der zweiten Weltausstellung in Paris

9. September
Fall der russischen Festung Sewastopol

1856

30. März
Friede von Paris: Beendigung des Krimkrieges

1858

21. Juli
Geheimtreffen zwischen Napoleon III. und dem piemontesischen Ministerpräsidenten Graf Cavour im Kurort Plombières (Vogesen). Absprache eines Bündnisses gegen Österreich

1859

26. Januar
Bündnis zwischen Frankreich und Sardinien

29. Januar
Ernennung Bismarcks zum preußischen Gesandten am russischen Hof in St. Petersburg

25. April
Beginn des Suezkanalbaus

3. Mai
Kriegserklärung Frankreichs und Piemonts an Österreich

4. Juni
Schlacht von Magenta. Niederlage Österreichs

24. Juni
Niederlage der Österreicher in der Schlacht von Solferino-S. Martino

11. Juli
Vorfriede von Villafranca

16. September
Gründung des Deutschen Nationalvereins

10. November
Friedensschluß von Zürich: Österreich tritt die Lombardei an Napoleon ab, der sie an Piemont weitergibt

1860

12. Januar
Kriegsminister Roon bringt die Vorlage für eine Heeresreform im preußischen Abgeordentenhaus ein: Beginn des Heereskonflikts

24. März
Piemont tritt Savoyen und Nizza an Frankreich ab

11. Mai
Landung Garibaldis mit einem Freiwilligenheer in Sizilien. Beginn der Eroberung des Königreichs Neapel

16.–18. Juni
Erstes deutsches Turnfest in Coburg

1861

2. Januar
Tod Friedrich Wilhelms IV., Wilhelm I. preußischer König

17. März
Ausrufung Viktor Emanuels II. von Piemont zum König von Italien. Gründung des Königreichs Italien mit der vorläufigen Hauptstadt Turin

6. Juni
Gründung der linksliberalen Deutschen Fortschrittspartei

31. Oktober
Beginn der französischen Intervention in Mexiko

1862

29. März
Unterzeichnung des preußisch-französischen Handelsvertrages

1. Mai
Eröffnung der dritten Weltausstellung in London

22. Mai
Ernennung Bismarcks zum preußischen Gesandten in Paris

29. August
Niederlage Garibaldis im Aspromonte in Kalabrien gegen italienische Regierungstruppen

22. September
Unterredung Bismarcks mit König Wilhelm I. von Preußen in Babelsberg

23. September
Das preußische Abgeordnetenhaus lehnt alle Ausgaben für die Heeresreform ab: Der Heereskonflikt verschärft sich zum Verfassungskonflikt. *Vorläufige Berufung Bismarcks zum preußischen Ministerpräsidenten*

30. September
Bismarcks »Eisen und Blut«-Rede in der Budgetkommission des preußischen Abgeordnetenhauses

8. Oktober
Ernennung Bismarcks zum preußischen Ministerpräsidenten und Minister des Auswärtigen

1863

22. Januar
Aufstand in dem von Rußland annektierten Teil Polens (bis April 1864)

8. Februar
Alvenslebensche Konvention: Preußisch-russische Militärkonvention zur Bekämpfung des polnischen Aufstandes

12.–13. Mai
Erstes geheimes Gespräch zwischen Bismarck und Lassalle

23. Mai
Gründung des Allgemeinen Deutschen Arbeitervereins durch Ferdinand Lassalle in Leipzig

16. August–1. September
Frankfurter Fürstentag: Österreichs Antrag auf Reform des Deutschen Bundes scheitert an Preußen

16./18. November
Eine neue dänische Verfassung trennt das Herzogtum Schleswig von Holstein und gliedert es in den dänischen Staat ein

15. November
Tod Friedrichs VII., Christian IX. König von Dänemark

1864

1. Februar
Beginn des deutsch-dänischen Krieges

16. April
Preußischer Sieg über dänische Truppen an den Düppeler Schanzen

28. Juni
Landung preußischer Truppen auf der Insel Alsen

22. August
Genfer Konvention: Internationale Übereinkunft zum Schutz verwundeter Soldaten (Rotes-Kreuz-Konvention)

8. Dezember
Syllabus errorum: Katalog von 80 »Zeitirrtümern«, veröffentlicht mit der Enzyklika »Quanta cura« des Papstes Pius IX.

1865

14. August
Konvention von Gastein: Regelung der Verwaltung Schleswig-Holsteins zwischen Preußen und Österreich

16. September
Bismarck wird in den Grafenstand erhoben

1866

8. April
Abschluß eines Geheimbündnisses zwischen Preußen und Italien

7. Mai
Attentat auf Bismarck durch den Tübinger Studenten Ferdinand Cohen-Blind

12. Juni
Französisch-österreichischer Geheimvertrag. Gegen die Zusicherung der französischen Neutralität verpflichtet sich Österreich zur Abtretung Venetiens

14. Juni
Der Deutsche Bundestag beschließt auf Antrag Österreichs die Mobilmachung gegen Preußen. Austritt Preußens aus dem Deutschen Bund

20. Juni
Dritter Unabhängigkeitskrieg Italiens gegen Österreich

21. Juni
Kriegserklärung Preußens an Österreich

24. Juni
Italienische Niederlage gegen Österreich bei Custoza

3. Juli
Preußischer Sieg über Österreich bei Königgrätz/Sadowa. Wahlen zum preußischen Abgeordnetenhaus: Niederlage der linksliberalen Fortschrittspartei (Rückgang von 141 Mandaten auf 61)

20. Juli
Niederlage der italienischen Flotte gegen österreichische Geschwader in der Seeschlacht bei Lissa

26. Juli
Vorfriede von Nikolsburg zwischen Preußen und Österreich

13./17. August
Preußische Friedens- und Bündnisverträge mit Württemberg und Baden

18. August
Bündnisverträge zwischen Preußen und den norddeutschen Kleinstaaten zur Bildung eines Norddeutschen Bundes

22. August
Friedens- und Bündnisvertrag zwischen Preußen und Bayern

23. August
Friede von Prag zwischen Preußen und Österreich: Auflösung des Deutschen Bundes

3. September
Indemnitätsvorlage: Das preußische Abgeordnetenhaus billigt nachträglich die Staatsausgaben seit 1862 für die Heeresreform. Ende des Verfassungskonflikts

20. September
Preußen annektiert Hannover, Kurhessen, Nassau und Frankfurt a. M.

3. Oktober
Friede von Wien. Abtretung Venetiens an Italien

1867

12. Januar
Preußen annektiert Holstein und Schleswig

Februar
Abzug der französischen Truppen aus Mexiko

12. Februar
Allgemeine, gleiche und direkte Wahlen zum konstituierenden Reichstag des Norddeutschen Bundes. *Bismarck erhält von König Wilhelm I. eine Dotation von 400000 Talern. Er erwirbt das Gut Varzin bei Köslin in Pommern (23. April)*

24. Februar
Eröffnung des konstituierenden Norddeutschen Reichstags in Berlin

28. Februar
Beginn der Luxemburg-Krise: Französischer Versuch, Luxemburg zu erwerben. Gründung der Nationalliberalen Partei

1. April
Eröffnung der vierten Weltausstellung in Paris

11. April
Bündnisvertrag zwischen Preußen und Hessen-Darmstadt

11. Mai
Londoner Vertrag über die Neutralität Luxemburgs

12. Juni
Ausgleich mit Ungarn: Umwandlung Österreichs in die Doppelmonarchie Österreich-Ungarn

1. Juli
Die Verfassung des Norddeutschen Bundes tritt in Kraft

8. Juli
Erneuerung des Deutschen Zollvereins

14. Juli
Ernennung Bismarcks zum Kanzler des Norddeutschen Bundes

1868

17. September
Revolution in Spanien

30. September
Sturz der spanischen Königin Isabella II.

1869

21. Juni
Gewerbeordnung für den Norddeutschen Bund. Koalitions- und Streikrecht für Arbeiter

7.–9. August
Gründung der Sozialdemokratischen Arbeiterpartei in Eisenach unter Führung von August Bebel und Wilhelm Liebknecht

17. November
Eröffnung des Suezkanals

1870

10. März
Gründung der Deutschen Bank AG Berlin

12. Juli
Im Namen seines Sohnes, des Prinzen Leopold von Hohenzollern, verzichtet Fürst Karl Anton von Hohenzollern auf die spanische Thronkandidatur

13. Juli
Der französische Botschafter verlangt von König Wilhelm in Bad Ems die Zusicherung, auch künftig keine Hohenzollernkandidatur in Spanien zuzulassen. Der König lehnt ab und berichtet telegraphisch an Bismarck. *Bismarck veröffentlicht die »Emser Depesche« in verschärfter Form in der Presse.* Sie erregt einen Sturm nationaler Entrüstung in Frankreich und Deutschland

18. Juli
Das Vatikanische Konzil beschließt die Unfehlbarkeit des Papstes in Entscheidungen, die er ex cathedra in der Glaubens- und Sittenlehre trifft und bestätigt seinen Primat gegenüber den Bischöfen

19. Juli
Kriegserklärung Frankreichs an Preußen: Beginn des deutsch-französischen Krieges

5. August
Abzug der französischen Truppen aus Rom

18. August
Schlacht von Gravelotte/St. Privat

1./2. September
Schlacht bei Sedan: Kapitulation der französischen Armee unter Marschall MacMahon und Gefangennahme Kaiser Napoleons III.

4. September
Ausrufung der Dritten Republik in Frankreich. Ende des Kaiserreichs. Bildung einer provisorischen Regierung

18. September
Die deutschen Truppen schließen den Belagerungsring um Paris

20. September
Besetzung des Kirchenstaates durch italienische Truppen. Vollendung der Einigung Italiens

28. September
Kapitulation von Straßburg

27. Oktober
Kapitulation der französischen Rheinarmee in Metz

15./23./25. November
Novemberverträge zwischen dem Norddeutschen Bund und den süddeutschen Staaten Baden, Hessen, Württemberg und Bayern über die Gründung eines Bundesstaates (Verfassung des Deutschen Bundes)

9./10. Dezember
Der Norddeutsche Reichstag billigt die Novemberverträge (Verfassung des Deutschen Bundes). Beschluß über die Einführung der Bezeichnungen »Deutsches Reich« und »Deutscher Kaiser«

31. Dezember
Deutsche Artilleriegeschütze eröffnen das Bombardement auf Paris

1871

18. Januar
Ausrufung Wilhelms I. zum Deutschen Kaiser im Spiegelsaal in Versailles

28. Januar
Waffenstillstand. Kapitulation von Paris

8. Februar
Wahlen zur französischen Nationalversammlung

12. Februar
Zusammentritt der Nationalversammlung in Bordeaux

17. Februar
Wahl Adolphe Thiers zum Chef der provisorischen französischen Regierung

26. Februar
Vorfriede von Versailles: Abtretung von Elsaß und Teilen Lothringens mit Metz an Deutschland sowie Zahlung einer Kriegsentschädigiung von 5 Milliarden Francs

1. März
Einzug deutscher Truppen in Paris

3. März
Erste Wahlen zum Deutschen Reichstag

13. März
Abschluß der Pontuskonferenz in London: Mit deutscher Unterstützung erhält Rußland das Recht zurück, im Schwarzen Meer eine Schlachtflotte zu unterhalten

18. März
Aufstand in Paris. Beginn der Commune

21. März
Eröffnung des 1. Deutschen Reichstags. *Bismarck wird in den erblichen Fürstenstand erhoben und zum Reichskanzler ernannt*

14. April
Der Reichstag verabschiedet die Verfassung des Deutschen Reichs. Sie tritt am 4. Mai in Kraft und ersetzt die Novemberverträge (Verfassung des Deutschen Bundes) aus dem Jahr 1870

10. Mai
Der Friedensvertrag von Frankfurt a. M. bestätigt die Annexion Elsaß-Lothringens

21.–28. Mai
Niederschlagung der Pariser Commune

24. Juni
Bismarck erhält von Kaiser Wilhelm I. den Sachsenwald (Friedrichsruh) bei Hamburg als Dotation

1. Juli
Rom wird Hauptstadt Italiens

8. Juli
Aufhebung der katholischen Abteilung des Kultusministeriums: Beginn des Kulturkampfes in Preußen

1872

6.–11. September
Drei-Kaiser-Treffen in Berlin: Zar Alexander II. (Rußland), Kaiser Franz Josef I. (Österreich), Kaiser Wilhelm I. (Deutsches Reich)

20. Dezember
Rücktritt Bismarcks als preußischer Ministerpräsident zugunsten des Kriegsministers Roon

1873

1. Mai
Eröffnung der fünften Weltausstellung in Wien

6. Mai
Deutsch-russische Militärkonvention

9. Mai
Börsenkrach in Österreich: Die Wirtschaftskrise greift auf Deutschland über (Gründerkrise)

11.–14. Mai
Maigesetze. Staatliche Reglementierung des kirchlichen Lebens. Erster Höhepunkt des Kulturkampfes in Preußen und im Deutschen Reich.

16. September
Die letzten deutschen Besatzungstruppen verlassen französisches Territorium

22. Oktober
Drei-Kaiser-Abkommen zwischen Österreich, Rußland und dem Deutschen Reich

9. November
Bismarck wieder preußischer Ministerpräsident

1874

1. Januar
Einführung der Reichsverfassung in Elsaß-Lothringen

13. Juli
Attentat auf Bismarck durch den Böttchergesellen Eduard Kullmann in Kissingen

1875

5. Februar
Papst Pius IX. erklärt die preußischen Kulturkampfgesetze für ungültig

6. Februar
Einführung der obligatorischen Zivilehe und Übertragung der Beurkundung des Personenstandes von der Kirche auf die neu errichteten Standesämter in Deutschland

9. April–13. Mai
Krieg-in-Sicht-Krise: Die deutsche Drohung mit Präventivkrieg gegen Frankreich führt zur diplomatischen Intervention Englands und Rußlands

4. Mai
Erneutes Entlassungsgesuch Bismarcks

22.–27. Mai
Gothaer Kongreß: Vereinigung der Lassalleaner und der Eisenacher zur Sozialistischen Arbeiterpartei Deutschlands

4. Juni
Wilhelm I. beurlaubt Bismarck auf unbestimmte Zeit. Bismarck zieht sich bis zum 20. November nach Varzin zurück

9. Juli
Rebellion gegen die osmanische Herrschaft in der Herzegowina, die auf Bosnien übergreift: Beginn der Orientkrise

1876

1. Januar
Umwandlung der Preußischen Bank zur Deutschen Reichsbank

15. Februar
Gründung des »Centralverbandes deutscher Industrieller«

24. Februar
Gründung der »Vereinigung der Steuer- und Wirtschaftsreformer« als Interessenvertretung der Großagrarier

10. Mai
Eröffnung der Weltausstellung in Philadelphia

30. Juni/2. Juli
Serbien und Montenegro erklären dem Osmanischen Reich den Krieg

17. August
»Götterdämmerung« von Richard Wagner. Uraufführung in Bayreuth

1877

27. März
Nach einem Konflikt mit Admiral von Stosch bittet Bismarck um seine Entlassung, die abgelehnt wird. Er zieht sich bis Februar 1878 nach Varzin und Friedrichsruh zurück

24. April
Kriegserklärung Rußlands an das Osmanische Reich

1878

7. Februar
Tod des Papstes Pius IX.

19. Februar
Bismarck erklärt vor dem Reichstag seine Bereitschaft, in der Orientkrise als »ehrlicher Makler« zu vermitteln

20. Februar
Wahl von Kardinal Pecci zum neuen Papst Leo XIII.

3. März
Friede von San Stefano zwischen Rußland und dem Osmanischen Reich. Die Ausdehnung des russischen Einflusses auf dem Balkan führt zur Intervention Großbritanniens und Österreich-Ungarns

1. April
Eröffnung der sechsten Weltausstellung in Paris ohne offizielle deutsche Beteiligung

11. Mai
Attentatsversuch auf Kaiser Wilhelm I.

24. Mai
Der erste Entwurf des Sozialistengesetzes wird vom Deutschen Reichstag abgelehnt

2. Juni
Erneutes Attentat auf Wilhelm I.: Schwere Verwundung des Kaisers

13. Juni–13. Juli
Berliner Kongreß: Revision des Friedens von San Stefano führt zur Verstimmung Rußlands über die deutsche Haltung

17. Juli
Arbeiterschutz-Novelle: Einführung der obligatorischen Fabrikaufsicht durch staatliche Fabrikinspektoren

18. Oktober
Der zweite Entwurf des Sozialistengesetzes wird vom Deutschen Reichstag verabschiedet

1879

12. Juli
Der Deutsche Reichstag beschließt die Einführung von Schutzzöllen für Landwirtschaft und Industrie

15. August
»Ohrfeigenbrief« des Zaren Alexander II. an Wilhelm I.: Verschlechterung der deutsch-russischen Beziehungen

7. Oktober
Zweibund zwischen Österreich und dem Deutschen Reich

1880

6. Januar
Erneutes Abschiedsgesuch Bismarcks wird abgelehnt

14. Juli
Erstes Milderungsgesetz in Preußen entschärft den Kulturkampf

15. September
Bismarck übernimmt das preußische Handelsministerium

1881

12. Mai
Errichtung des französischen Protektorats über Tunesien: Beginn einer neuen Phase kolonialer Erwerbungen durch europäische Mächte

18. Juni
Dreikaiservertrag zwischen Österreich-Ungarn, Rußland und dem Deutschen Reich

1882

20. Mai
Dreibundvertrag zwischen Österreich-Ungarn, Italien und dem Deutschen Reich

11. Juli
Beginn der Okkupation Ägyptens durch England

1883

1. Mai
Der Bremer Kaufmann Adolf Lüderitz erwirbt die Bucht von Angra Pequeña an der Südwestküste Afrikas

31. Mai
Annahme des Gesetzes über die Krankenversicherung im Deutschen Reichstag

30. Oktober
Geheimes Defensivbündnis zwischen Österreich-Ungarn, Rumänien und dem Deutschen Reich

1884

5. März
Gründung der Deutschen Freisinnigen Partei

27. März
Verlängerung des Dreikaiservertrages

24. April
Die deutsche Regierung beschließt, Angra Pequeña unter den Schutz des Deutschen Reiches zu stellen. Erste deutsche Kolonialerwerbung

9. Juni
Grundsteinlegung für das Reichstagsgebäude in Berlin. Architekt: Paul Wallot

27. Juni
Annahme des Unfallversicherungsgesetzes im Deutschen Reichstag

5.–6. Juli
Flaggenhissung in Bagidá und Lomé durch Gustav Nachtigall. Togo wird deutsche Kolonie

14. Juli
Kamerun wird deutsche Kolonie

7. August
Flaggenhissung in Angra Pequeña. Die von Lüderitz erworbenen Gebiete werden offiziell unter den Schutz des Deutschen Reiches gestellt

10. November–17. Dezember
Landerwerbungen Carl Peters' an der ostafrikanischen Küste

15. November
Eröffnung der Kongo-Konferenz in Berlin

1885

26. Februar
Verabschiedung der Kongo-Akte durch die Berliner Kongo-Konferenz: Anerkennung eines unabhängigen Kongo-Staates unter der Souveränität des belgischen Königs Leopold II.

1. April
Kaiser Wilhelm I. schenkt Bismarck zu seinem 70. Geburtstag Anton von Werners Gemälde »Proklamierung des Deutschen Kaiserreiches am 18. Januar 1871«

17. Mai
Kaiserlicher Schutzbrief für Deutsch-Neuguinea (Kaiser-Wilhelms-Land) und den Bismarck-Archipel

25. August
Besitzergreifung der Karolinen-Inseln durch das Deutsche Reich: Konflikt mit Spanien

18. September
Vereinigung Ostrumeliens mit Bulgarien: Beginn der Bulgarischen Krise, die zur Verschlechterung der russisch-österreichischen Beziehungen führt

22. Oktober
Schiedsspruch des Papstes im Karolinenstreit: Spanien behält die Souveränität über das Gebiet, das Deutsche Reich die Handelsfreiheit

1886

7. Januar
General Boulanger wird französischer Kriegsminister: Anwachsen der Revanche-Stimmung in Frankreich

1887

20. Februar
Erneuerung des Dreibundes

11. März
Der Deutsche Reichstag stimmt der Heeresvermehrung (Septennatsgesetz) zu

24. März
Annahme des zweiten Friedensgesetzes durch das preußische Abgeordnetenhaus: Ende des Kulturkampfes

23. April
Wegen Spannnungen zwischen Rußland und Österreich- Ungarn lehnt die russische Regierung die Verlängerung des Dreikaiservertrages endgültig ab

17. Mai
Sturz der französischen Regierung und Entlassung des Kriegsministers Boulanger

18. Juni
Geheimer Rückversicherungsvertrag mit Zusatzprotokoll zwischen Rußland und dem Deutschen Reich

1888

9. März
Tod Wilhelms I., Friedrich III. Deutscher Kaiser

15. Juni
Tod Friedrichs III., Wilhelm II. Deutscher Kaiser

29. Oktober
Suezkanalvertrag: Garantie der freien Benutzung des Suezkanals

1889

11. Januar
Bündnisangebot Bismarcks an England: Der britische Premierminister Salisbury lehnt ab (22. März 1889)

31. März
Einweihung des Eiffelturms, der anläßlich der Weltausstellung in Paris errichtet wurde

30. April–15. Oktober
Deutsche Allgemeine Ausstellung für Unfallverhütung in Berlin

3. Mai–6. Juni
Ruhrarbeiterstreik

6. Mai
Eröffnung der Weltausstellung in Paris

24. Mai
Annahme des Gesetzes über die Invaliditäts- und Altersversicherung im Deutschen Reichstag

14. Juni
Samoa-Vertrag: England, die USA und das Deutsche Reich stellen Samoa unter gemeinsame Schutzhoheit

1890

25. Januar
Der Deutsche Reichstag lehnt eine Verlängerung des Sozialistengesetzes ab

31. Januar
Bismarck tritt als Handelsminister zurück

20. Februar
Reichstagswahl. Die Sozialdemokraten erhalten mit 19,7 Prozent die meisten Stimmen

15.–29. März
Internationale Arbeiterschutzkonferenz in Berlin

15. März
Nach innen- und außenpolitischen Meinungsunterschieden Bruch zwischen Kaiser Wilhelm II. und Bismarck

17. März
Wilhelm II. fordert Bismarck zum Rücktritt auf

18. März
Abschiedsgesuch Bismarcks

20. März
Entlassung Bismarcks als Reichskanzler und preußischer Ministerpräsident. Bismarck erhält den Titel eines Herzogs von Lauenburg

23. März
Graf von Caprivi wird zum Reichskanzler und preußischen Ministerpräsidenten berufen

27. März
Die deutsche Regierung unter Kaiser Wilhelm II. beschließt, den Rückversicherungsvertrag mit Rußland nicht zu verlängern

18. Juni
Ende des Rückversicherungsvertrages

1. Juli
Helgoland-Sansibar-Vertrag. Ausgleich britisch- deutscher Kolonialinteressen

30. September
Ende des Sozialistengesetzes

1891

30. April
Bismarck wird als Kandidat der Nationalliberalen in den Deutschen Reichstag gewählt. Er übt das Mandat nicht aus

6. Mai
Dritter Dreibundvertrag

23. Juli
Französischer Flottenbesuch in Kronstadt (Rußland): Begeisterter Empfang der Matrosen

1892

17. August
Französisch-russische Militärkonvention: Auflösung des Bismarckschen Bündnissystems

1894

27. Januar
Besuch Bismarcks im Berliner Schloß: Offizielle Aussöhnung mit Kaiser Wilhelm II.

19. Februar
Kaiser Wilhelm II. besucht Bismarck in Friedrichsruh

29. Oktober
Berufung des Fürsten Chlodwig zu Hohenlohe-Schillingsfürst zum Reichskanzler und preußischen Ministerpräsidenten

27. November
Tod von Bismarcks Frau Johanna

5. Dezember
Eröffnung des Reichstagsgebäudes in Berlin

1895

23. März
Der Reichstag lehnt eine Glückwunsch-Adresse zu Bismarcks 80. Geburtstag ab

1896

3. Januar
Krügerdepesche Kaiser Wilhelms II. Krise in den englisch-deutschen Beziehungen

24. Oktober
Bismarck enthüllt in den »Hamburger Nachrichten« den Rückversicherungsvertrag

1897

14. November
Besetzung der chinesischen Festung Tsingtau in der Bucht von Kiautschou durch deutsche Truppen

6. Dezember
Der Staatssekretär des Äußeren, von Bülow, fordert im Reichstag einen »Platz an der Sonne« für das Deutsche Reich

1898

6. März
Deutsch-chinesischer Pachtvertrag über Kiautschou

28. März
Zustimmung des Deutschen Reichstags zum ersten Flottengesetz: Ausbau der Kriegsflotte

30. Juli
Tod Bismarcks in Friedrichsruh bei Hamburg

PERSONEN- UND ORTSREGISTER

ABKÜRZUNGSVERZEICHNIS

a.	auf
Abt.	Abteilung
ADAV	Allgemeiner Deutscher Arbeiterverein
aufges.	aufgesetzt
aufgeschl.	aufgeschlagen
Aufl.	Auflage
AUR	Allgemeine Urkundenreihe
B	Breite
Bd.	Band
Bearb.	Bearbeiter
bez.	bezeichnet
Bl.	Blatt
BRT	Bruttoregistertonnen
CC	Coburger Convent
C.N.A.M.	Conservatoire National des Arts et Métiers
d.	des, dem, der
d. Ä.	der Ältere
d. J.	der Jüngere
Dep.	Département
Dm	Durchmesser
etc.	et cetera
f	folgende
Fa.	Firma
fol.	Folio
franz.	französisch
geb.	geboren
Gebr.	Gebrüder
gen.	genannt
gest.	gestorben
GStA	Geheimes Staatsarchiv
H	Höhe
HAPAG	Hamburg-Amerika-Paketfahrt-Aktiengesellschaft
Hg.	Herausgeber
hg.	herausgegeben
Jg.	Jahrgang
Jh.	Jahrhundert
KPM	Königliche Porzellanmanufaktur
L	Länge
l.	links
Lw	Leinwand
M	Mark
m.	mit
M.	Mitte
Maj.	Majestät
Min.	Minuten
m.R.	mit Rahmen
Mz	Meisterzeichen
Nr.	Nummer
o.	oben, oberer
o. J.	ohne Jahr
o. O.	ohne Ort
PK	Preußischer Kulturbesitz
Plr.	Plattenrand
r	recto
R.	Rahmen
r.	rechts
S.	Seite, Seine
SDAP	Sozialdemokratische Arbeiterpartei
Sign.	Signatur
SKH	Seine Kaiserliche Hoheit
Slg.	Sammlung
SMPK	Staatliche Museen Preußischer Kulturbesitz
sog.	sogenannt(e, en)
T	Tiefe
Tf.	Tafel
u.	unten
u. a.	unter anderem(n)
UB	Universitätsbibliothek
v	verso
v.	von
v.a.	vor allem
v.l.n.r.	von links nach rechts
VAC	Verband Alter Corpsstudenten
vorm.	vormals
z. B.	zum Beispiel
*	Hinweis auf Abbildung

ABBILDUNGSNACHWEIS

Soweit nicht anders vermerkt, liegen die Urheberrechte der Photographien bei den Leihgebern.

Aarhus, Thomas Pedersen og Poul Pedersen L/30
Albstadt-Ebingen, Helmut Rominger 6/33
Bad Kissingen, Bildniskunst Dittmar/Karl Eugen Renner 6/101
Berlin (DDR), Saczewski L/28, U/7, 2/36, 6/24
Berlin, Jörg P. Anders U/14, V/25, 1/12, 3b/86, 10/40, 11/31
– Hans Joachim Bartsch L/21, 6/34, 7b/14, 8c/34, 9/7a, 9/20,
– Bildarchiv PK L/6, 1/18, 12/33, 13/1
– DHM L/8, L/9, L/17, L/23, L/33, U/12, 1/65, 6/1, 6/25, 7a/6, 8a/12, 8c/11, 8c/14–17, 8c/19, 8c/26, 8c/30, 8c/31, 9/17, 9/18, 9/27–29, 10/37, 10/60, 10/64, 10/81, 10/85, 11/5, 11/8, 11/13, 12/19, 13/37
– Gerd Kemner 3b/55, 8a/46
– Hermann Kiessling 13/40
– Kranichphoto 6/133
– Knut Petersen 7b/7, 9/13
– A. C. Theil 1/5a, 2/13, 2/46, 3b/60, 3c/39, 6/15, 6/130, 7a/5, 8a/2, 8a/32, 10/54, 11/35
– Kurt Winkler 1/26
Bremen, Alfred Rosteck 3c/12
– H. und E. Scheidulin 3c/13
Budapest, András Dabasi 3a/18, 3a/19
– Zoltán Hasznos 3a/20
Bückeburg, Wilfried Klimmer 8c/25
Coburg, Klaus Leibing 6/2, 8c/13
Darmstadt, Roland Grimm 8c/21
Dessau-Mosigkau, Fräßdorf 8c/32
Dreieich, J. Spranz 9/21
Florenz, Isabella Sansoni 3a/29
Frankfurt a. M., E. Müller 7a/23
– Ursula Seitz-Gray 2/19, 2/31, 3b/41–43, 3b/46, 3b/47, 4/14
Genf, Jean-Marc Yersin L/12
Genua, Agosto, s. n. c. 3b/52
– Agosto di Bongiardina Mura 2/41
Göttingen, Foto Bieling 2/5
Goslar, Volker Schadach U/19
Hamburg, Fischer-Darber 7a/27, 10/30, 11/39, 12/9
– Christoph Irrgang L/7, 1/31, 1/32, 1/38, 4/7, 4/8, 13/16
– Kiemer & Kiemer 9/1, 12/40, 12/44-46, 13/30, 13/46
– Alf Völckers V/21
– Elke Walford V/20, V/24, 1/37, 1/41, 1/42, 1/44, 1/45, 1/54, 2/9, 3b/7, 4/9, 8a/36, 8c/1, 8c/29, 8c/37b, 8c/46, 8c/48, 9/3, 10/31, 10/33, 10/72, 11/25, 12/43, 12/47, 13/9, 13/27, 13/29, 13/53
Hannover, R. Gottschalk 6/97
Heinsberg, Franz Schotten jr. U/13
Ingolstadt, Heinz E. Hassfurther 8a/22
– Dieter Peter 8a/25, 8b/5, 8c/35
Kassel, Gabriele Bößert 4/2, 6/98
– Arno Hensmanns 3b/92
– Photohaus C. H. Ebert 3b/34
Kiel, Foto Carstens 3c/1, 3c/33
– Foto Renhard 8c/23
Köln, Wolfgang F. Meier 3b/62, 3b/65, 6/131, 13/18
– Rheinisches Bildarchiv 10/16
Konstanz, Atelier Oeß 8c/10
Kopenhagen, Hans Petersen L/27
Lübeck, St. Annen-Museum 11/26
– Dr. Wolfgang G. Ulrich 8c/28
Mailand, Luca Carrà L/31
– Giancarlo Costa 3a/25, 5/15, 5/22, 5/37
Marburg, Bildarchiv Foto Marburg 7b/13
Milwaukee/Wisconsin, P. Richard Eells 9/23
Montauban, Guy Roumagnac 3a/3
München, Wolfgang Pulfer L/42, 6/123
Offenbach, Christel Knetsch V/15
Oldenburg, H. R. Wacker U/20, 8c/22
Oslo, Jacques Lathion 3b/3
Paris, Photothek des Musées de la Ville 3a/1, 7b/9, 8a/44, 8b/4, 8b/14, 8b/16, 8b/20, 8b/25
– C. Le Toquin 7b/15
– G. Leyris 7b/4
– Réunion des Musées Nationaux 1/10, 5/26, 8a/21, 8b/1

Peissenberg, Artothek 10/18
Posen, Jerzy Nowakowski 3c/9, 3b/8, 3b/10, 3b/14, 10/22
Rastatt, Foto Haase 2/29
Schafflund, Maria Lang 6/119
Schleswig, Mense Fotografie 3c/4, 8c/20
Schwäbisch Hall, Kern-Atelier 6/111
Stuttgart, Ursula Didoni 12/15
Thorn, Zbigniew Smoliński 10/61
Turin, Epaminonda 5/17, 5/19
Ulm, Ingeborg Schmatz 8a/19, 8c/12
Velmar, Marlies Hensmanns 6/47, 8a/42, 10/76
Weddel, Lutz Pape 8c/24
Wendelstein, Klaus Musolf 8c/18
Wien, Foto Leutner 8a/16, 8a/39, 8b/8
– Fotostudio Otto 1/13, 6/102
– Michael Oberer 9/15
– Dr. Parisini 10/21
Wilhelmshaven, Foto Sagkob 7a/17

PREUSSISCHE FLÜSSIGKEITSMASSE

für Wein und Branntwein

in den Steuer- und Zollordnungen

1 Oeßsel = 0,5 Quart = 0,572515 l
1 preußische (Berliner) Quart = 1,145031 l
(häufig auch als Maaß bezeichnet)
1 Stübchen = 0,1 Anker = 3 Quart = 3,43509 l
1 Anker = 0,5 Eimer = 30 Quart = 34,3509 l
1 Eimer = 60 Quart = 68,702 l
1 Tonne „nach Heringsband" faßt rund 70 l
also etwa soviel wie der Eimer;
aber „die Tonne Heringe ist 3 Centner schwer".
1 Cardel hält 2,5 Tonnen
1 Ohm = 2 Eimer = 120 Quart = 137,4037 l
1 Oxhoft = 1,5 Ohm = 3 Eimer = 6 Anker =
180 Quart = 206,1055 l
1 Pipe = 2 Oxhoft = 360 Quart = 412,21 l
1 Faß = 2 Oxhoft, also dasselbe wie die Pipe
und etwas mehr als doppelt so groß wie das Faß Bier
1 Zulast = 2,5 Oxhoft = 515,30 l
1 Both = 7 Eimer = 420 Quart = 492,35 l
1 Fuder = 4 Oxhoft = 6 Ohm = 720 Quart = 824,422 l
1 Last = 4 Oxhoft, also dasselbe wie das Fuder
1 Stückfaß = 15 Eimer = 10,305 hl

Aus dem Archiv der
Fürstlich von Bismarck'schen Kornbrennerei
als historisch-amüsante Mengenlehre.
